파워포인트
2013
더[THE] 쉽게 배우기

장경호 저

YoungJin.com Y.
영진닷컴

파워포인트 2013 더 쉽게 배우기

ISBN : 978-89-314-4558-9

독자님의 의견을 받습니다.

이 책을 구입한 독자님은 영진닷컴의 가장 중요한 비평가이자 조언가입니다. 저희 책의 장점과 문제점이 무엇인지, 어떤 책이 출판되기를 바라는지, 책을 더욱 알차게 꾸밀 수 있는 아이디어가 있으면 이메일, 또는 우편으로 연락주시기 바랍니다. 의견을 주실 때에는 책 제목 및 독자님의 성함과 연락처(전화번호나 이메일)를 꼭 남겨 주시기 바랍니다. 독자님의 의견에 대해 바로 답변을 드리고, 또 독자님의 의견을 다음 책에 충분히 반영하도록 늘 노력하겠습니다.

이 메 일 : support@youngjin.com
주   소 : (우)153-803 서울특별시 금천구 가산동 664번지 대룡테크노타운 13차 10층
대표전화 : 1588-0789
등   록 : 2007. 4. 27. 제16-4189호

STAFF

저자 장경호 | **책임 · 진행** 김태경 | **본문 편집** 최동연 · 지화경 | **본문 디자인** 지화경 | **표지 디자인** 임정원

INTRODUCTION 들 어 가 면 서

성공적인 프레젠테이션은 그 안에 스토리를 담고 있습니다. 핵심 내용에 스토리를 담아 청중들에게 전달하기 위해서는 내용 기획력과 더불어 파워포인트 등 다양한 프레젠테이션 도구를 활용할 수 있어야 합니다.

필자는 파워포인트를 비롯해 프레지, 키노트, 한쇼 등 다양한 프레젠테이션 도구를 활용해 오고 있으며, 관련 도서 집필을 비롯해 많은 분들에게 온/오프상으로 프레젠테이션 노하우를 공유해 오고 있습니다. 도구들마다 다양한 특징과 장점이 존재하지만, 국내 현실에서 단기간에 배울 수 있고 의도한대로 표현할 수 있는 도구는 아무래도 파워포인트라고 생각합니다.

인기 있는 프레젠테이션 도구를 모두 활용할 수 있다면 금상첨화겠지만 시간이 없고 바쁜 현실에서 하나의 도구라도 전문가 수준만큼 다룰 수 있다면 그것이야말로 회사에서 인정받고 능력있는 직장인이 아닐까 합니다.

'더(THE) 쉽게 배우기 파워포인트 2013'은 같은 내용을 설명하더라도 복잡하고 이해하기 어려운 설명에서 탈피하여 실무에 바로 적용할 수 있는 실무 예제를 토대로 간결하면서도 쉽게 설명하려고 노력했습니다. 더불어 파워포인트 2013에 국한하지 않고 프레젠테이션 전반에 관한 다양한 이야기와 정보를 다루고 있습니다.

500페이지가 넘는 분량으로 구성하여 웬만한 파워포인트 기능은 대부분 설명하고 있지만 지면 관계상 넣지 못한 부분은 책 구석구석 포함되어 있는 QR 코드와 저자의 블로그 링크를 통해 다시 한번 설명하고 있으며, 향후에도 지속적인 업데이트를 약속드립니다.

필자가 수년 혹은 10년 넘게 운영하고 있는 아래 사이트를 통해 프레젠테이션을 비롯해 파워포인트, 엑셀, 워드 등 다양한 자료 및 정보를 얻을 수 있습니다. 아무쪼록 이 책과 더불어 성공적인 프레젠테이션에 적지 않은 도움이 되기를 진심으로 바래봅니다.

- 프레젠테이션 도구 사이트 : http://www.presentationtool.co.kr
- 프레젠테이션 도구 사용자 모임 : http://www.facebook.com/pttool
- 오피스 실무카페 : http://cafe.naver.com/ppt
- 저자 블로그 : http://www.blog21.kr

좋은 책을 만들어야 한다는 신념하에 밤낮으로 고생하신 김태경 차장님을 비롯해 성민 대리님께 감사의 인사를 전하며, 지난 수년 동안 함께 기획하고 집필을 허락해 주신 영진닷컴 관계자분들께도 고마움을 전합니다. 진심으로 감사합니다.

2013년 8월 해운대에서

저자 장경호

미리보기

이 책은 파워포인트 2013을 처음 사용하는 입문자들이 체계적으로 학습할 수 있도록 8개의 PART로 구성되어 있으며 각각의 PART는 Lesson과 따라하기 형식의 Step으로 세분화되어 있습니다. 각 Lesson의 시작 부분에는 '기초탄탄' 코너를 마련하여 어떤 내용을 학습하게 되고, 중요하게 사용하는 대화상자나 메뉴들의 기능들도 소개합니다. 'Tip'이나 '문제해결' 코너에서는 따라하기 단계별 참고 내용을 소개하며, '연관 검색'에서는 복합적으로 학습하면 좋을 내용들의 위치를 안내합니다. 그럼 미리 보기 내용을 통해 '파워포인트 2013 더 쉽게 배우기'를 간략하게 소개합니다.

Lesson
파워포인트 2013의 다양한 기능을 Lesson으로 구성합니다.

Step
본격적인 학습 코너로써 따라하기 형식으로 구성하여 파워포인트 2013의 기능을 쉽게 익힐 수 있도록 유도합니다.

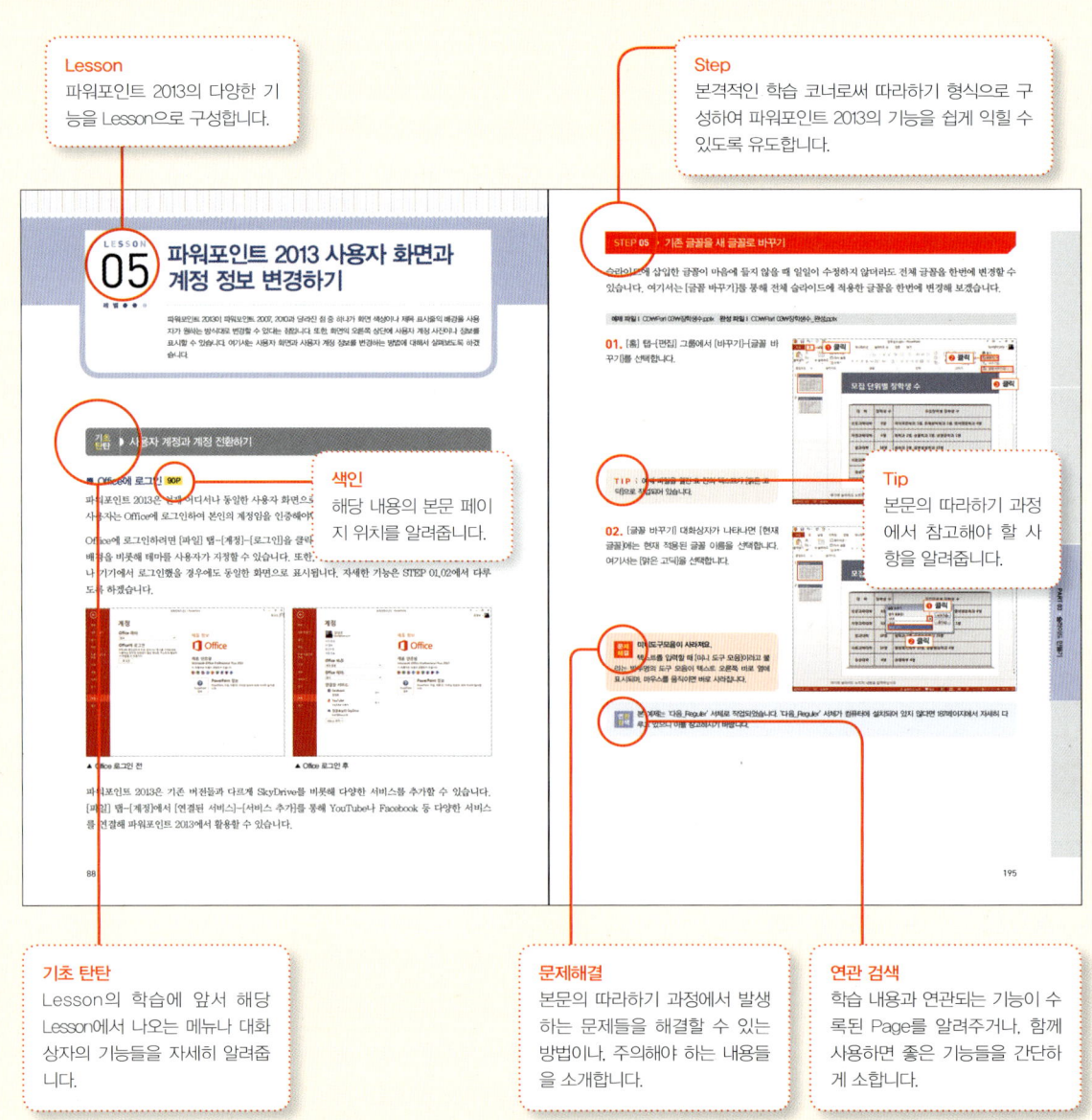

색인
해당 내용의 본문 페이지 위치를 알려줍니다.

Tip
본문의 따라하기 과정에서 참고해야 할 사항을 알려줍니다.

기초 탄탄
Lesson의 학습에 앞서 해당 Lesson에서 나오는 메뉴나 대화상자의 기능들을 자세히 알려줍니다.

문제해결
본문의 따라하기 과정에서 발생하는 문제들을 해결할 수 있는 방법이나, 주의해야 하는 내용들을 소개합니다.

연관 검색
학습 내용과 연관되는 기능이 수록된 Page를 알려주거나, 함께 사용하면 좋은 기능들을 간단하게 소개합니다.

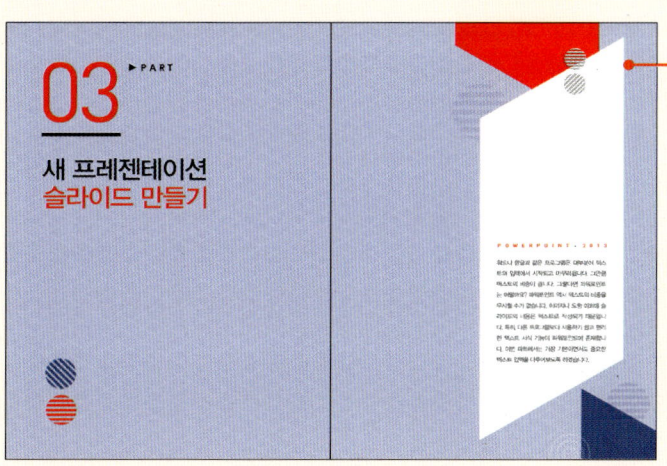

PART
총 8개의 PART로 구성되어 있으며 PART
의 시작 전에 배우게 될 내용을 간략하게
살펴봅니다.

PART Summary
PART에서 배운 파워포인트 2013의 핵심
내용들 다시 한 번 복습할 수 있도록 간
단히 요약해서 소개합니다.

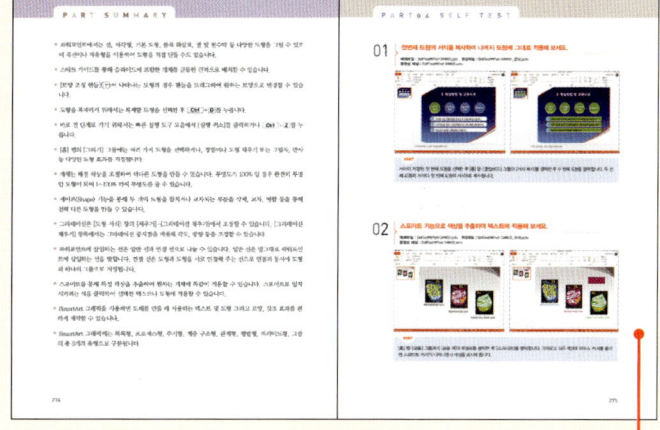

SELF TEST
PART에서 배운 내용을 바탕으로 문제를
풀어볼 수 있는 코너로써, 문제 풀이 과정
은 별도의 동영상으로 제공합니다.

실무에선 이렇게
본문의 학습 내용과는 별도로 실무 활용
팁이나 저자의 파워포인트 2013 사용 노
하우를 소개합니다.

이 책의 구성

파워포인트 2013을 통해 멋진 프레젠테이션을 할 수 있도록 구성되어 있는 '파워포인트 2013 더 쉽게 배우기'의 PART 별 구성을 간단하게 소개합니다.

PART 01

클라우드 중심의 달라진 파워포인트 2013

Part 01에서는 파워포인트 2013을 본격적으로 다루기에 앞서 업그레이드되거나 새롭게 변경된 기능 과 파워포인트 2013의 화면 구성부터 파워포인트 2013의 핵심 기능이라고 할 수 있는 클라우드 서 비스인 SkyDrive, 그리고 서식이 가득한 Office.com에 대해서 살펴봅니다.

PART 02

파워포인트 2013 시작하기

Part 02에서는 프레젠테이션 슬라이드 제작을 할 때 꼭 알아야 하는 파워포인트 2013의 핵심 기능 들을 살펴봅니다. 파워포인트로 프레젠테이션을 제작할 때 가장 기본적인 작업인 열기와 저장부터 파워포인트의 기본적인 인터페이스인 리본 메뉴와 빠른 실행 도구 모음에 대해 알아보고, 손쉽게 슬라이드를 통합하고 정리할 수 있는 슬라이드 구역 기능에 대해서도 설명합니다.

PART 03

새 프레젠테이션 슬라이드 만들기

파워포인트에서 텍스트의 비중을 무시할 수가 없습니다. 이미지나 도형 이외에는 슬라이드의 내용 은 대부분 텍스트로 작성되기 때문입니다. 파워포인트에는 다른 프로그램보다 사용하기 쉽고 편리 한 텍스트 서식 기능이 존재합니다. 이번 파트에서는 가장 기본이면서도 중요한 텍스트 입력을 다 루어 봅니다.

PART 04

도형과 그라데이션, SmartArt 만들기

파워포인트 2013에서는 도형과 그래픽 개체에서 적용할 수 있는 다양한 기능이 새롭게 추가되었습 니다. 그 중 대표적인 것이 스포이트 기능과 도형 병합 기능입니다. 이번 파트에서는 도형을 그리는 다양한 방법과 함께 반사, 네온, 부드러운 가장자리, 입체 효과, 그리고 3차원 회전 등 다양한 그래 픽 효과를 주는 방법에 대해서 살펴봅니다.

PART 05 사진과 멀티미디어 기능 활용하기

기존 영상 편집 프로그램에서나 가능하던 오디오, 비디오 편집 기능을 파워포인트 2013에서 바로 적용할 수 있습니다. 오디오나 비디오에서 원하는 부분만 편집하여 재생할 수 있으며. 유튜브나 웹 사이트에서 보았던 동영상을 바로 스트리밍으로 연결할 수 있습니다. 이번 파트에서는 이미지와 그림을 삽입하고 꾸미는 다양한 방법과 오디오, 비디오 편집 기능에 대해서 살펴봅니다.

PART 06 표와 차트, 그리고 애니메이션 기능 살펴보기

프레젠테이션에서는 수많은 텍스트와 수치 데이터가 오고 갑니다. 짧은 시간 안에 많은 내용을 설명하기에는 표나 차트만큼 좋은 도구도 없습니다. 수많은 텍스트를 표를 이용하여 일목요연하게 작성하고, 보기에도 머리아픈 수치 데이터를 차트를 이용하여 한 눈에 볼 수 있게 작성할 수 있습니다. Part 06에서는 표와 차트를 비롯해 애니메이션 기능에 대해서 살펴봅니다.

PART 07 슬라이드 쇼와 테마 그리고 인쇄하기

슬라이드 쇼는 프레젠테이션 진행시 반드시 익혀야하는 기능입니다. 이번 파트에서는 슬라이드 쇼를 비롯해 다양한 서식과 디자인을 빠르게 만들어 주는 테마와 슬라이드 마스터, 그리고 인쇄 기능에 대해서 살펴봅니다.

PART 08 파워포인트 2013 활용 노하우

맞춤법 검사를 비롯해 발표자 도구를 활용한 프레젠테이션 발표, 스크린샷과 화면 캡처 기능 등 파워포인트 2013에는 숨겨진 유용한 기능들이 많이 존재합니다. Part 08에서는 파워포인트 2013으로 할 수 있는 다양한 실무 활용 노하우에 대해서 살펴봅니다.

부록 CD

이 책에서 제공하는 부록 CD에는 각 Part별 예제 파일과 완성 파일, 그리고 각 Part별 Self Test의 풀이 과정을 담은 동영상 파일이 수록되어 있습니다. 부록 CD의 파일들은 내 컴퓨터에 복사한 후에 사용할 것을 권장합니다.

■ 예제 파일 사용법

부록 CD의 각 Part별 폴더에는 각 Part 별로 제공하는 예제 파일과 완성 파일이 수록되어 있습니다.

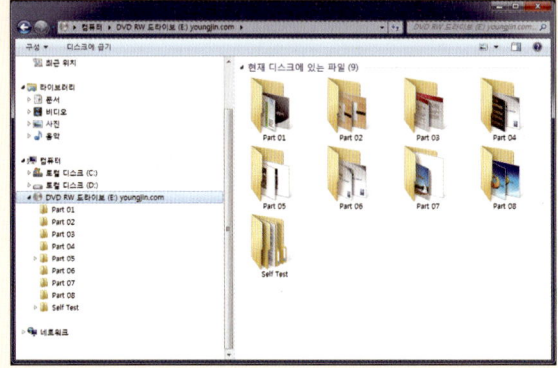

■ Self Test 동영상

부록 CD의 Self Test 폴더에는 각 Part별 Self Test의 풀이 과정을 담은 동영상 파일이 수록되어 있습니다.

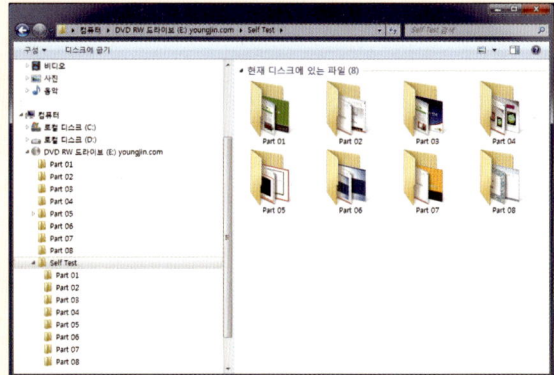

■ 홈페이지에서 부록 CD 자료 다운로드 받는 법

이 책에서 제공하는 부록 CD의 내용은 영진닷컴 홈페이지(www.youngjin.com)의 [고객센터]–[도서자료실/CD다운로드] 게시판에서 검색 창에 도서명이나 키워드를 입력한 후 다운로드 받아 사용하실 수 있습니다.

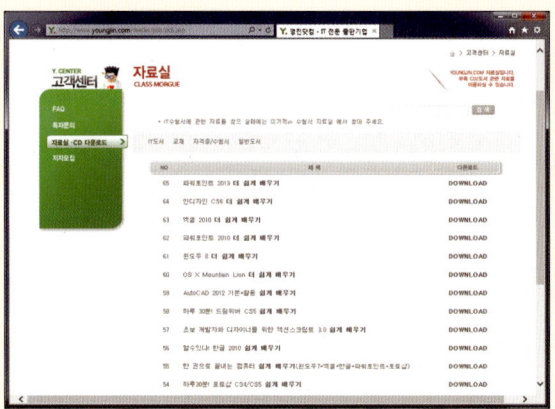

목차

PART 01

클라우드 중심의
달라진
파워포인트 2013

파워포인트 2013 시작하기

PART
03

새 프레젠테이션
슬라이드 만들기

PART
04

도형과
그라데이션,
SmartArt 만들기

PART 05

사진과
멀티미디어 기능
활용하기

PART
06

표와 차트,
그리고
애니메이션 기능
살펴보기

PART 08

파워포인트 2013 활용 노하우

클라우드 중심의 달라진
파워포인트 2013

POWERPOINT · 2013

우리는 그동안 '프레젠테이션 = 파워포인트' 라는 인식과 함께 프레젠테이션 자료의 대부분을 파워포인트로 만들어왔습니다. 최근 프레지나 키노트, 그리고 한쇼와 같은 여러 좋은 프레젠테이션 프로그램이 나오고 있지만 국내에서는 아직 '프레젠테이션 = 파워포인트'라는 인식이 강한 편인듯 합니다. 이번 파트에서는 국내에서 가장 널리 사용되고 있는 프레젠테이션 도구인 파워포인트 2013의 화면 구성부터 클라우드 서비스인 SkyDrive, 그리고 서식이 가득한 Office.com에 대해서 살펴보도록 하겠습니다. 파워포인트 2013의 기능부터 빠르게 배우고 싶다면 Part 02부터 시작해도 됩니다.

파워포인트 2013 화면 구성과 리본 메뉴

파워포인트를 제대로 활용하기 위해서는 빠른 실행 도구 모음, 리본 메뉴, 상황별 탭을 비롯해 각종 작업 창 등 파워포인트의 화면 구성에 대해서 이해하고 있어야 합니다. 이번 레슨에서는 파워포인트 2013을 배우기 전에 화면 구성과 리본 메뉴, 상황별 탭과 옵션 단추에 대해서 살펴보도록 하겠습니다.

기초탄탄 ▶ 프레젠테이션과 파워포인트, 그리고 활용 도구

■ 국내 프레젠테이션 환경

우리는 수없이 많은 프레젠테이션을 경험하며 진행하고 있습니다. 직장이나 학교에서 프레젠테이션으로 인해 많은 밤을 지새우며 때로는 전문가의 도움과 조언을 구해 좀 더 명확하고 완전한 프레젠테이션을 꿈꿉니다.

우리가 하는 프레젠테이션은 슬라이드라는 정형화된 프레임 안에서 이루어지며, 지금까지 진행된 수많은 프레젠테이션이 이런 형식을 따르고 있습니다. 물론 이런 형식은 틀린 방식이 아닙니다. 오랜 경험과 철학에서 나온 방식이며, 이런 저런 방식으로 프레젠테이션이 진행되다가 그나마 가장 나은 방식이 지금과 같은 정형화된 글머리 기호와 여러 개체 틀로 이루어진 슬라이드 방식이라고 생각됩니다.

창조적이면서 깔끔한 프레젠테이션을 연구하는 많은 분들이 스티브잡스식 프레젠테이션 혹은 줌인 / 줌아웃으로 이루어지는 프레지(Prezi)와 같은 프레젠테이션 도구에 관심을 갖고 있습니다. 하지만 정작 실무에서는 최종 결정권자의 보수적인 접근 방식을 비롯해 데이터 취합 및 호환 등의 이유로 아무래도 실무에 적용하기가 힘든 부분이 많습니다.

예를 들어 키노트나 프레지 등의 경우 생산적이면서도 이익을 창출해야 하는 경쟁 프레젠테이션이나 정부나 공공기관에서 진행하는 프레젠테이션, 혹은 부서의 슬라이드를 취합하여 보고서를 작성하거나 기획안 등을 제출해야 하는 일반적인 실무 환경에서는 사용하기가 여간 힘든 것이 아닙니다. 그래서 어쩔 수 없이 컴퓨터에 설치되어 있고, 대다수의 사람들이 쉽게 사용하고 접근할 수 있는 파워포인트를 사용하는 것인지도 모르겠습니다. 특히, 클라우드로 보다 업그레이드된 파워포인트 2013의 경우 더더욱 대중이 접근하기 쉬워졌습니다.

물론, 스티브잡스의 프레젠테이션이나 키노트, 프레지 등은 한번쯤 배우고 익힐 필요가 있습니다. 하지만, 굳이 파워포인트를 버리고 다른 프레젠테이션 도구를 사용해야 할 의무는 없습니다.

■ 프레젠테이션과 파워포인트

프레젠테이션이란, 자신이 전달하고자 하는 바를 효과적인 매체를 이용하여 청중들에게 전달함으로써 원하는 목적을 달성하는 커뮤니케이션 방법을 의미합니다. 발표자의 의견이 청중들에게 가장 효과적으로 전달되면 최상의 프레젠테이션이라 할 수 있습니다. 이런 프레젠테이션을 가능하게 해 주는 도구가 바로 파워포인트라고 할 수 있습니다.

• 프레젠테이션 : 자신이 전달하고자 하는 바를 전달함으로써 원하는 목적을 달성하는 커뮤니케이션
• 파워포인트 : 프레젠테이션을 가능하게 해 주는 최상의 프레젠테이션 도구

■ 키노트, 프레지, 한쇼 등 프레젠테이션 도구

파워포인트가 프레젠테이션의 대명사가 되었지만 파워포인트만큼 경쟁력을 갖춘 프레젠테이션 도구도 꾸준히 출시되고 있습니다. 프레젠테이션을 기획하고 디자인할 때 다양한 프레젠테이션 도구 중 가장 효과적으로 프레젠테이션 내용을 표현해 줄 도구를 선택해 보는 것도 좋은 방법이 될 것입니다.

돋보이는 아이디어로 승부하는 키노트

키노트는 애플사의 매킨토시용 프레젠테이션 도구이며, 매킨토시의 오피스 프로그램인 아이워크 (iWork)에 포함되어 있습니다. 키노트는 스티브잡스의 신제품 설명회 때 사용되어 유명해진 도구로서 다른 도구와는 다르게 애니메이션이나 장면 전환 효과 등 여러 멀티미디어적인 요소에 강한 면모를 보이고 있습니다.

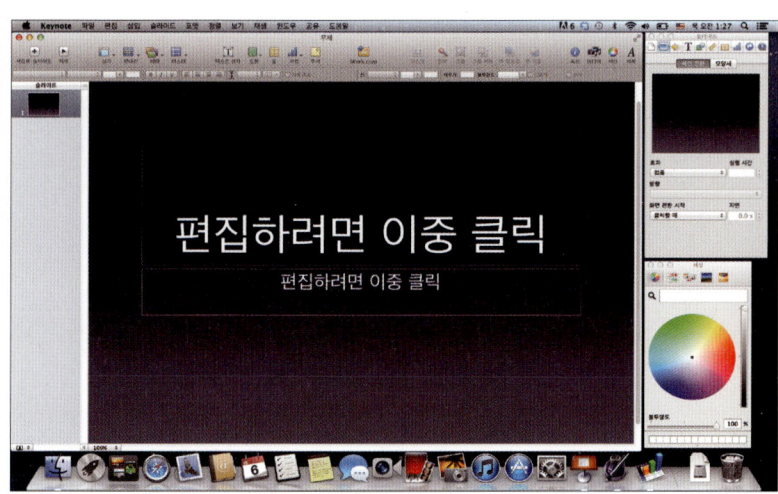

스티브잡스 스타일의 프레젠테이션이나 제품 발표 및 설명회 등에 사용하면 더욱 효과가 빛나는 프로그램이지만 애플사에서 출시된 매킨토시 컴퓨터에서만 사용 가능하다는 것이 단점입니다.

TIP : 키노트의 사용 방법이 궁금하다면 필자가 운영하는 프레젠테이션 도구 사이트 http://www.presentationtool. co.kr/keynote.php를 살펴보기 바랍니다. QR 코드를 스마트폰에서 찍으시면 바로 확인할 수 있습니다.

탄탄한 스토리로 남들과 차별화되는 프레지

청중의 연령대가 젊거나 참신한 아이디어와 스토리라인이 탄탄한 기획의 경우 프레지와 같은 지금까지 경험해 보지 못한 프레젠테이션 도구로 청중의 이목을 집중시킬 수도 있습니다.

프레지는 온라인에서 작업하는 프레젠테이션 도구이기 때문에 프레지 미팅이라는 기능으로 하나의 프레지 자료를 놓고도 여러 사람이 동시에 접속하여 편집할 수 있으며, 별도의 작업이나 공유 권한 없이도 프레지 주소만 알아도 내용을 확인하고 의견을 남길 수 있습니다.

> **TIP**: 프레지의 사용 방법이 궁금하다면 필자가 운영하는 프레젠테이션 도구 사이트 http://www.presentationtool.co.kr/prezi.php 를 살펴보기 바랍니다. QR 코드를 스마트폰에서 찍으시면 바로 확인할 수 있습니다.

파워포인트와 호환이 가능한 한쇼 2010

한쇼는 한글로 잘 알려진 한글과 컴퓨터에서 만든 오피스 제품입니다. 대부분의 기업이 MS 오피스를 사용하고 있는 실정에서 한글과 컴퓨터에서는 엑셀, 파워포인트, 워드와 호환성이 뛰어난 한컴오피스 2010을 내놓았습니다. 한쇼는 쉽고 빠르게 전문가 수준의 프레젠테이션을 만들어 주는 40여 종의 테마와 테마별 활용 슬라이드로 구성된 디자인마당, 그리고 150여종의 디자인 서식을 제공하고 있습니다.

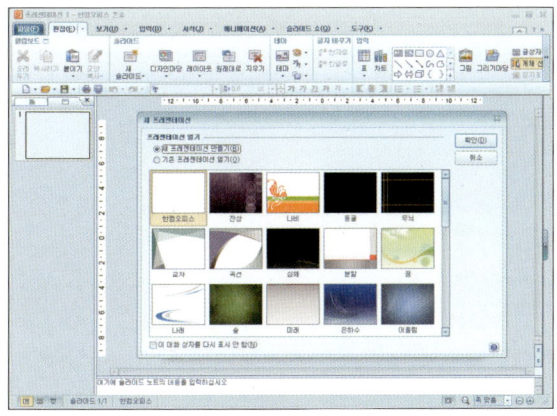

한쇼의 고급 디자인 서식을 활용하면 디자인적인 감각이 없거나 빠르게 슬라이드 작업을 해야할 경우 유용하게 사용될 수 있습니다. 특히, 파워포인트와 호환이 되기 때문에 한쇼의 결과물을 파워포인트에 불러 계속 작업할 수 있습니다.

프레젠테이션 도구 사용자 모임

파워포인트를 비롯해 프레지와 키노트 등을 프레젠테이션 도구라고 부릅니다. 이런 프레젠테이션 도구의 사용 방법 및 관련 소식이 궁금하다면 아래 사이트에 접속하여 정보를 얻을 수 있습니다.

- 프레젠테이션툴 : http://www.presentationtool.co.kr
- 프레젠테이션 도구 사용자 모임 : http://www.facebook.com/pttool

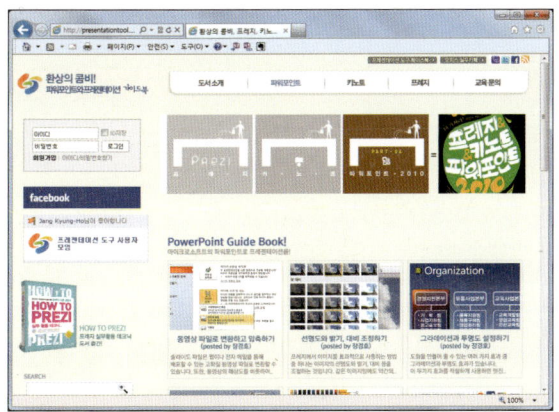

▲ 프레젠테이션 툴 사이트

▲ 프레젠테이션 도구 사용자 모임 페이스북

파워포인트와 같은 오피스 실무 프로그램은 기능만큼이나 화면에 구성되는 메뉴 및 명령 단추에 대해서 알고 있는 것이 좋습니다. 여기서는 파워포인트의 화면 구성을 통해 각각의 메뉴별 기능 및 용어에 대해서 살펴보도록 하겠습니다.

■ 파워포인트 2013 화면 구성

파워포인트 2013은 [파일] 단추, 리본 메뉴, 미리보기 창, 슬라이드 작업 창 등으로 구분할 수 있습니다.

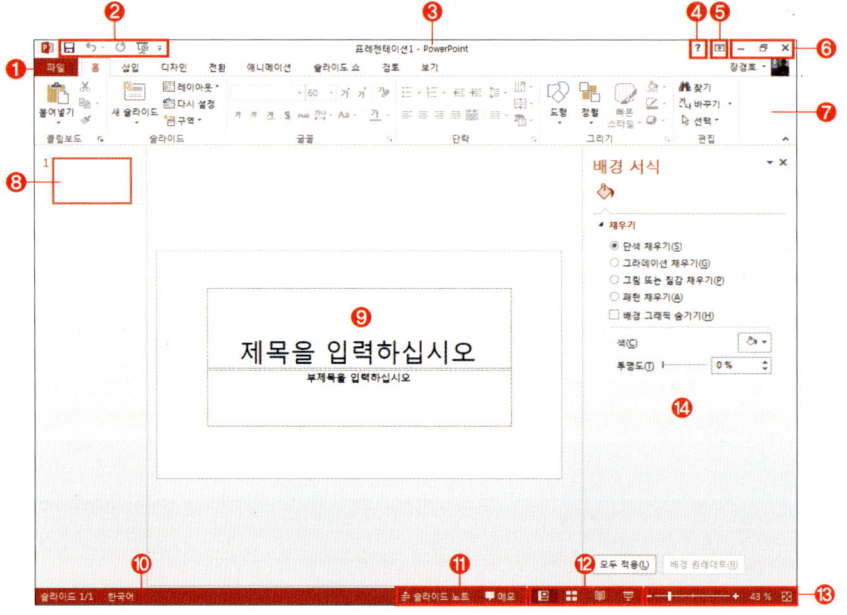

❶ **[파일] 단추** : 클라우드 서비스를 비롯해 새로 만들기, 열기, 저장, 인쇄 등의 기본적인 메뉴와 파워포인트의 다양한 옵션을 지정할 수 있는 [PowerPoint 옵션]을 제공합니다.

❷ **빠른 실행 도구 모음** : 자주 사용하는 기능을 아이콘 형식으로 표시하여 편하게 불러올 수 있습니다.

❸ **제목 표시줄** : 작업 중인 프레젠테이션의 파일명을 표시합니다.

❹ **도움말** : 파워포인트의 기능이나 사용법 등을 매뉴얼 형식으로 표시해 줍니다.

❺ 리본 메뉴 표시 옵션 : 리본 메뉴를 숨겨 슬라이드 작업창을 크게 하여 작업하거나 탭만 표시할 수 있습니다.

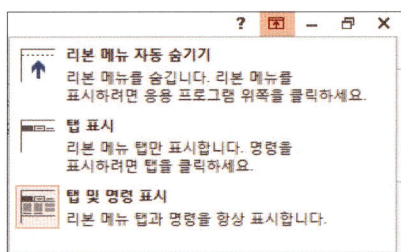

❻ 화면 조절 버튼 : 슬라이드 화면을 확대 및 축소하거나 슬라이드를 현재 창 크기로 맞출 수 있습니다.

화면의 크기 조정을 비롯해 파워포인트 프로그램을 종료할 수 있습니다.

❼ 리본 메뉴 : [홈], [삽입], [디자인] 등 유사한 기능이 탭으로 구분되어 있으며, 각각의 탭은 그룹이라는 이름으로 묶여있습니다.

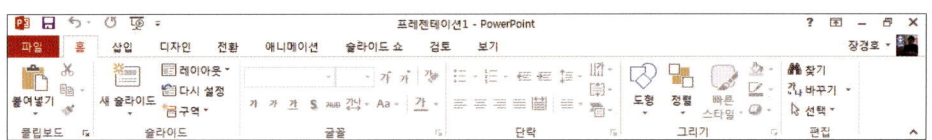

❽ 미리보기 창 : 미리보기 창을 통해 슬라이드 화면을 섬네일로 표시합니다.

❾ 슬라이드 작업 창 : 제목 개체틀, 내용 개체틀을 비롯해 슬라이드 작업을 하는 공간입니다.

❿ 상태 표시줄 : 슬라이드의 번호, 디자인 테마, 언어를 표시합니다.

⓫ 슬라이드 노트 및 메모 단추 : 슬라이드에 대한 시나리오나 간단한 설명 등을 텍스트로 입력할 수 있는 슬라이드 노트 및 여러 사람들과 함께 의견을 나눌 수 있는 메모를 표시합니다.

⓬ 보기 단추 : 기본, 여러 슬라이드, 읽기용 보기, 슬라이드 쇼로 슬라이드를 보는 방법을 선택합니다.

⓭ 확대/축소 단추 : 슬라이드 화면을 확대하거나 축소할 수 있습니다.

⓮ 옵션 창 : 선택하는 기능에 따라 다양한 옵션 창이 슬라이드 편집 화면 오른쪽에 나타납니다.

■ 슬라이드 화면의 4가지 작업 영역

슬라이드 화면은 [개요] 창, [슬라이드] 미리보기 창, [슬라이드] 편집 창, [슬라이드 노트] 창으로 구분됩니다.

[개요] 창

[개요] 창은 슬라이드 텍스트를 개요 형식으로 보여 줍니다. [개요] 창은 보다 빠르고 내용을 요약, 정리할 수 있는 장점이 있는 반면, 텍스트 이외의 그래픽이나 애니메이션 등은 표시되지 않습니다. [개요] 창은 상태 표시줄의 [슬라이드 노트] 단추 오른쪽에 있는 [기본] 단추를 클릭해서 열 수 있습니다.

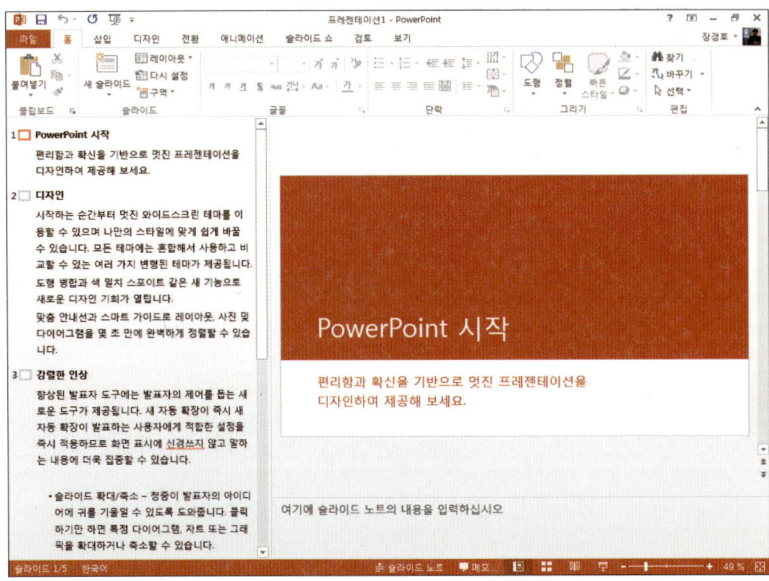

[슬라이드] 미리보기 창

슬라이드를 축소판 그림으로 표시합니다. 축소판 그림을 사용하면 쉽게 슬라이드의 구성을 확인할 수 있으며, 슬라이드를 정렬할 수 있습니다.

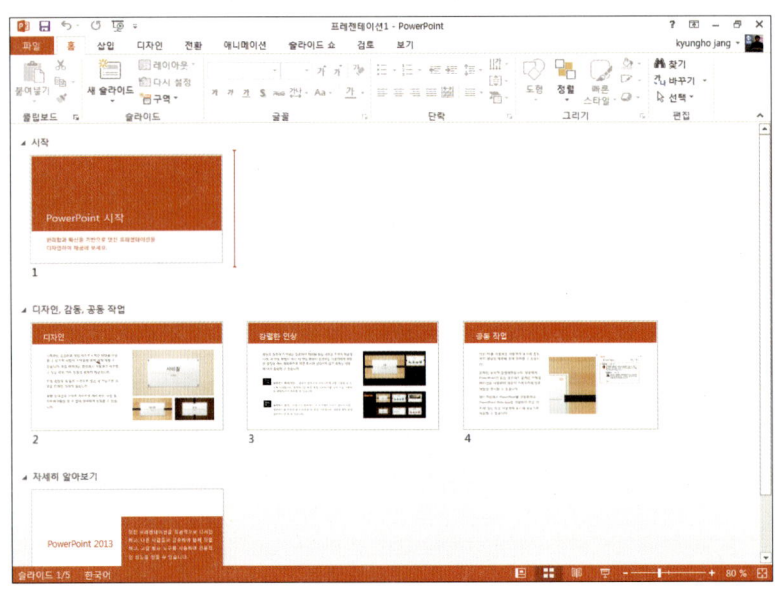

[슬라이드] 편집 창

슬라이드 작업이 이루어지는 공간으로 텍스트를 추가하고, 다양한 멀티미디어 기능 및 개체를 삽입할 수 있습니다.

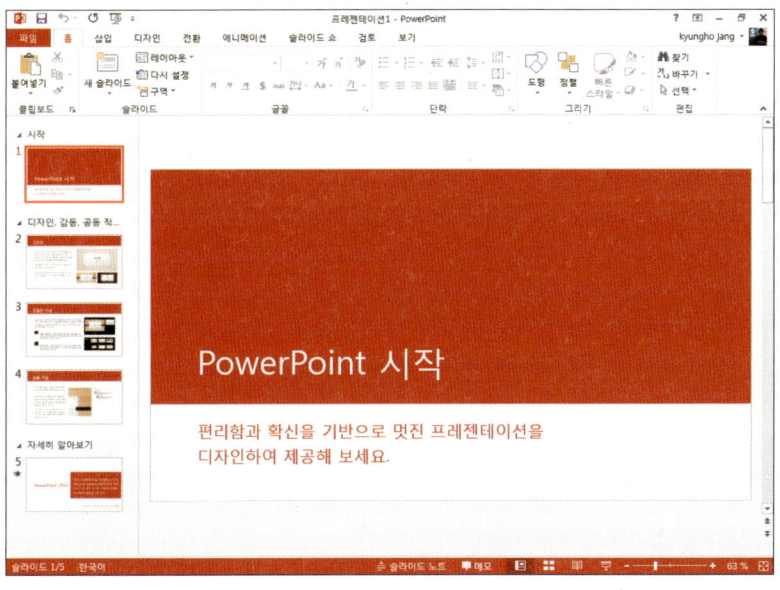

[슬라이드 노트] 창

[슬라이드] 편집 화면 아래에는 현재 슬라이드와 관련된 내용을 입력할 수 있는 [노트] 창이 있습니다. [노트] 창에는 현재 슬라이드에 해당하는 내용을 입력할 수 있으며, [노트] 창에 입력하는 내용은 슬라이드 쇼를 진행할 때에는 나타나지 않습니다. [노트] 창을 불러오기 위해서는 상태 표시줄에서 [슬라이드 노트] 단추를 클릭합니다.

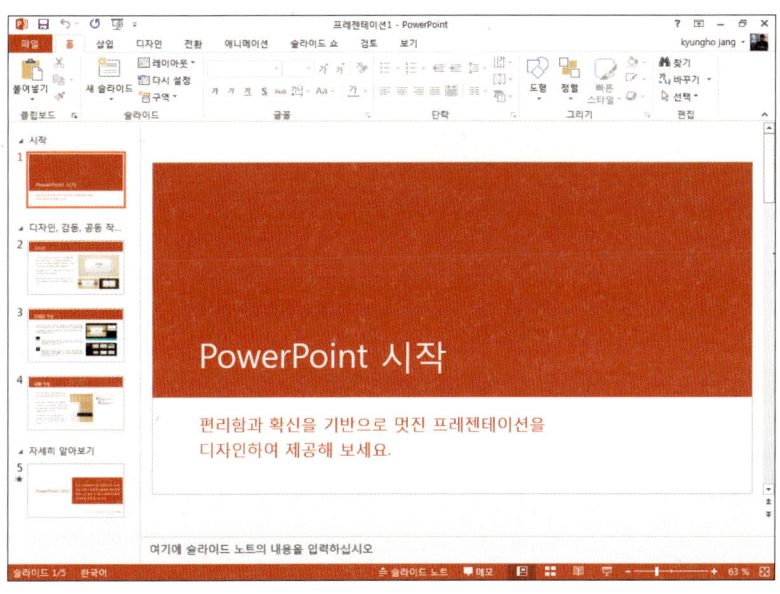

리본 메뉴는 홈, 삽입, 디자인, 전환, 애니메이션, 슬라이드 쇼, 검토, 보기 등의 여러 가지 탭으로 구성
되어 있습니다. 이 탭들은 또 다시 각기 다른 기능들이 그룹별로 구성되어 있습니다.

[홈] 탭

빠른 실행 도구 모음, 다양한 슬라이드 레이아웃, 그리고 글꼴 서식이나 단락 서식을 지정해 주는 등 여
러 가지 자주 사용하는 기능들을 모아두었습니다.

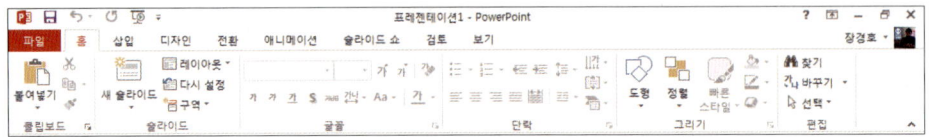

[삽입] 탭

텍스트나 그림, 차트 등 슬라이드의 디자인에 필요한 것들을 삽입할 때 사용합니다. 또한, 여러 가지 멀
티미디어 기능을 사용할 때에도 [삽입] 탭에서 진행합니다.

[디자인] 탭

[디자인] 탭에서는 테마를 비롯하여 배경, 글꼴의 색 구성 등 전체 슬라이드 디자인을 변경할 수 있습
니다.

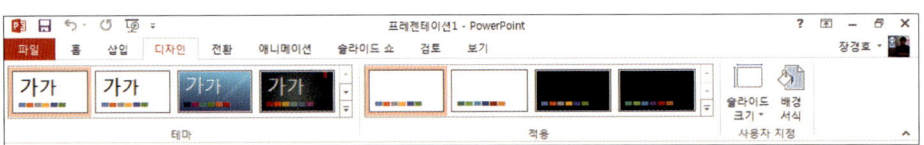

[전환] 탭

[전환] 탭은 슬라이드 화면 전환을 하거나 소리, 기간을 설정할 수 있는 타이밍 등으로 구성되어 있습
니다.

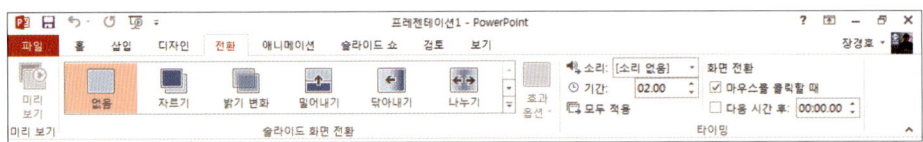

[애니메이션] 탭

[애니메이션] 탭은 사용자 지정 애니메이션 등 슬라이드의 움직이는 기능을 수행하고 싶을 때 사용하는 탭입니다.

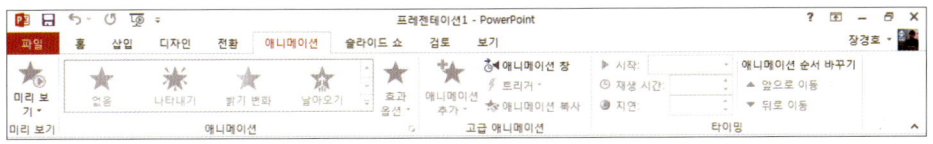

[슬라이드 쇼] 탭

슬라이드 쇼가 진행될 때 사용되는 기능들로서 설명을 녹화하거나 슬라이드 설정, 발표자 도구 등을 사용할 수 있습니다.

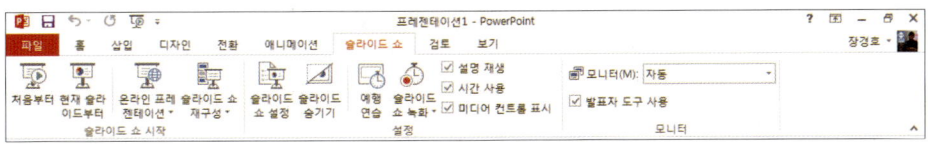

[검토] 탭

언어 교정이나 메모 또는 프레젠테이션 파일의 보호를 위한 기능을 수행합니다.

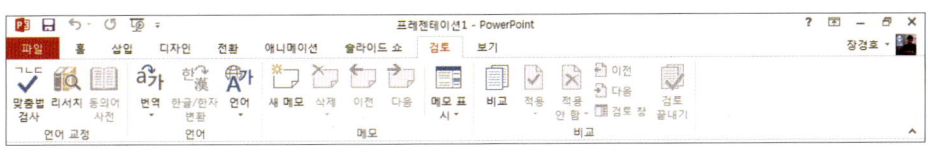

[보기] 탭

여러 슬라이드를 본다거나 슬라이드 노트, 슬라이드 쇼를 진행할 수 있습니다. 또한 매크로 기능도 수행할 수 있습니다.

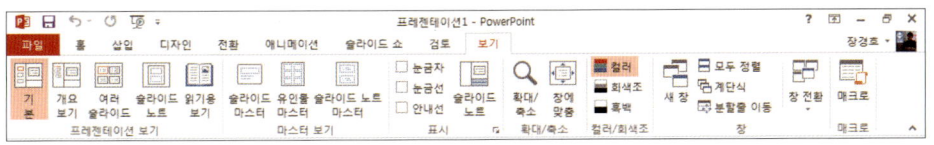

파워포인트의 몇가지 명령을 선택하면 상황별 탭이라는 메뉴가 확장되어 표시됩니다. 예를 들어 슬라이드 편집 화면에 사진을 삽입하면 존재하지 않던 [그림 도구] 상황별 탭이 표시됩니다. 여기서는 상황별 탭에 대해서 잠시 살펴보도록 하겠습니다.

[그림 도구] 상황별 탭

사진이나 그림을 선택하면 나타나는 [그림 도구] 상황별 탭은 그림 스타일을 비롯해 그림 테두리, 그림 효과, 그림 레이아웃 등 다양한 그림 관련 기능을 사용할 수 있습니다.

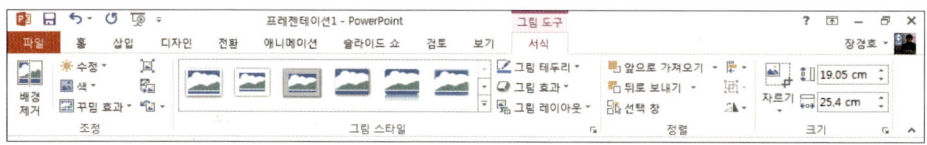

[그리기 도구] 상황별 탭

그리기 관련 기능을 선택하면 생성되는 [그리기 도구] 상황별 탭은 도형 스타일을 비롯해 워드아트 스타일 등 여러 가지 그리기 관련 기능을 사용할 수 있습니다.

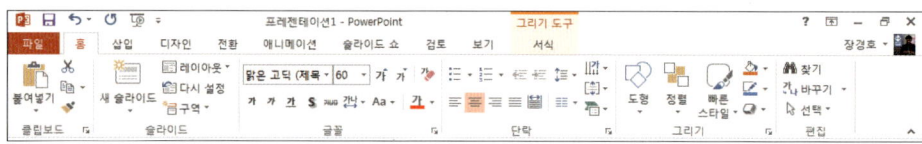

▲ [그리기 도구]─[서식] 상황별 탭

[SmartArt 도구] 상황별 탭

SmartArt 기능을 선택하면 생성되는 [SmartArt 도구] 상황별 탭은 레이아웃을 비롯해 SmartArt 스타일 등을 선택할 수 있습니다.

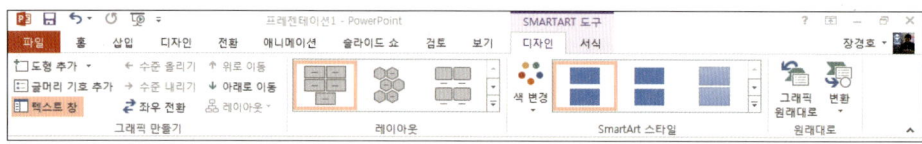

▲ [SMARTART 도구]─[디자인] 상황별 탭

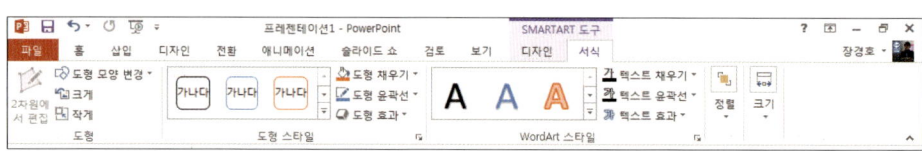

▲ [SMARTART 도구]─[서식] 상황별 탭

[비디오 도구] 상황별 탭

비디오와 관련된 기능을 선택하면 생성되는 [비디오 도구] 상황별 탭은 비디오 스타일을 비롯해 여러 가지 비디오 관련 기능을 선택할 수 있습니다.

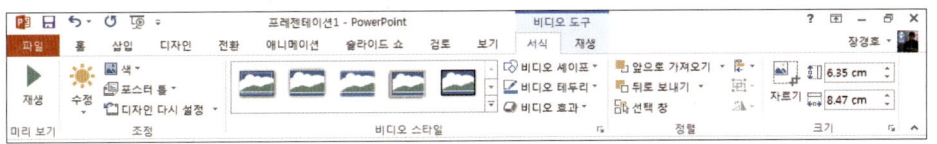

▲ [비디오 도구]-[서식] 상황별 탭

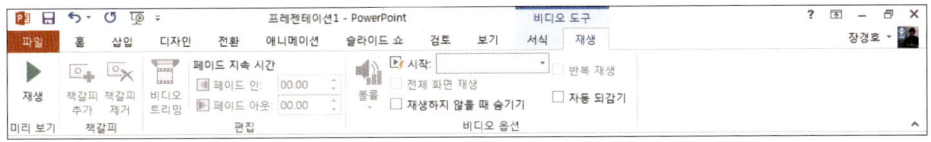

▲ [비디오 도구]-[재생] 상황별 탭

[오디오 도구] 상황별 탭

오디오와 관련된 기능을 선택하면 생성되는 [오디오 도구] 상황별 탭은 오디오 옵션을 비롯해 여러 가지 오디오 관련 기능을 선택할 수 있습니다.

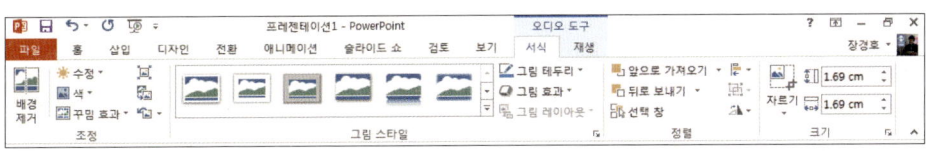

▲ [오디오 도구]-[서식] 상황별 탭

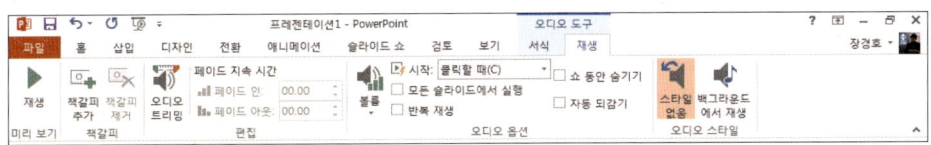

▲ [오디오 도구]-[재생] 상황별 탭

[표 도구] 상황별 탭

표 관련 기능을 선택하면 생성되는 [표 도구] 상황별 탭은 표 스타일을 비롯해 테두리 그리기 등 여러 가지 표 관련 기능을 사용할 수 있습니다.

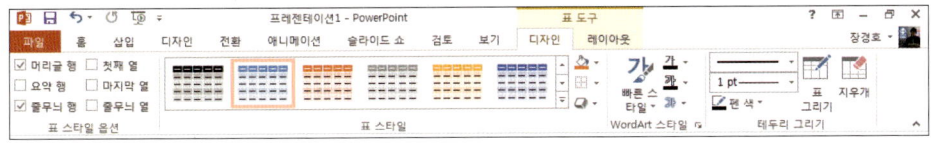

▲ [표 도구]-[디자인] 상황별 탭

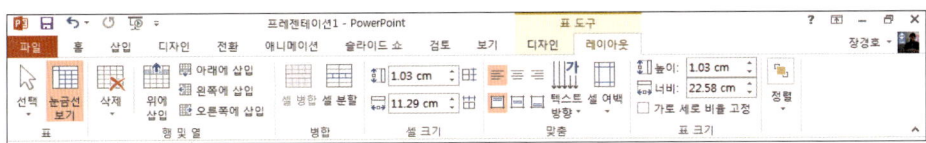

▲ [표 도구]-[레이아웃] 상황별 탭

[차트 도구] 상황별 탭

차트 관련 기능을 선택하면 생성되는 [차트 도구] 상황별 탭은 차트 레이아웃 및 차트 스타일을 비롯해 다양한 차트 서식을 선택할 수 있습니다.

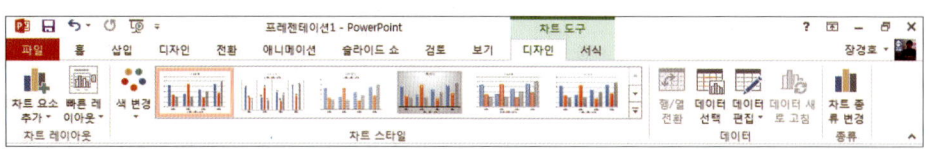

▲ [차트 도구]-[디자인] 상황별 탭

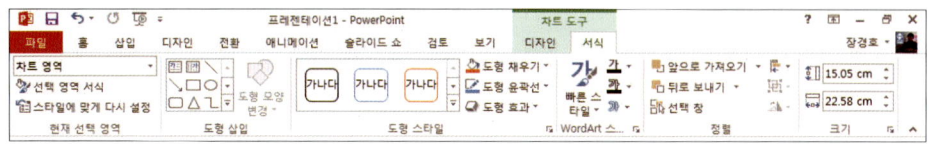

▲ [차트 도구]-[서식] 상황별 탭

파워포인트 2007이나 2010에서는 모든 [옵션] 관련 대화상자나 [옵션] 관련 창이 모두 새 창이 뜨면서 나타났지만, 파워포인트 2013에서는 선택하는 명령에 따라 새로운 화면이나 슬라이드 편집 화면의 오른쪽에 옵션 창으로 나타납니다.

[옵션] 대화상자 표시하기

리본 메뉴의 그룹에는 오른쪽 하단에 [옵션] 단추가 표시되어 있습니다. 제목 개체 틀을 선택한 후 [홈] 탭의 [단락] 그룹의 [옵션] 단추를 클릭합니다. [단락] 대화상자가 나타납니다.

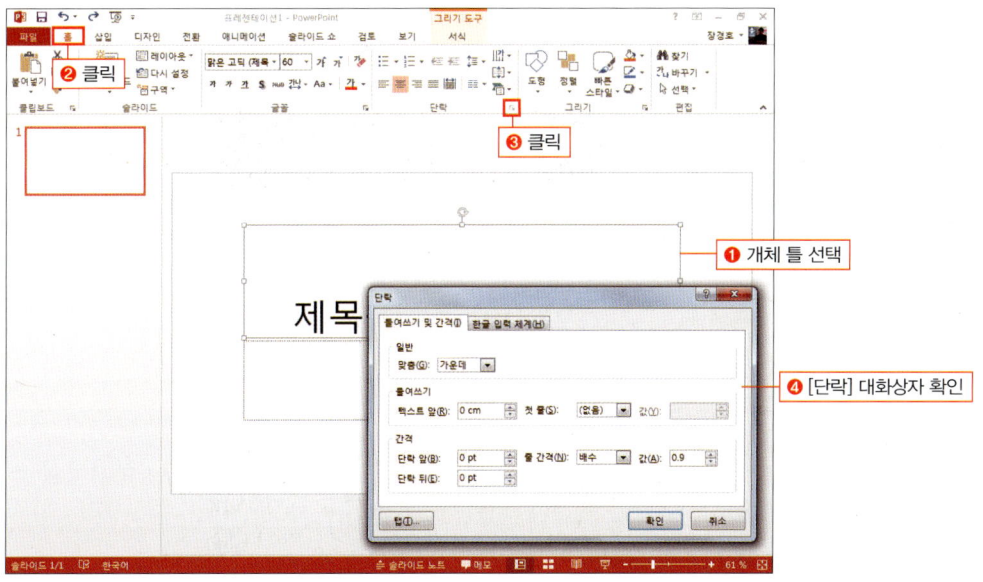

[옵션] 창 표시하기

제목 개체 틀을 선택한 후 [그리기 도구]–[서식] 상황별 탭의 [도형 스타일] 그룹의 [옵션] 단추를 클릭합니다. 슬라이드 편집화면의 오른쪽에 [도형 서식] 창이 나타납니다.

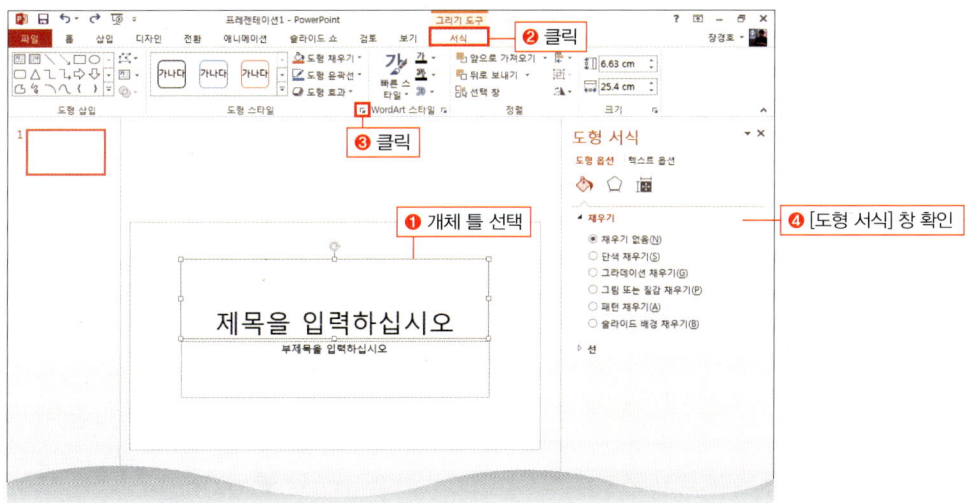

프레젠테이션의 4단계 살펴보기

프레젠테이션은 기획단계, 준비단계, 실시단계, 평가단계로 이루어집니다. 여기서는 프레젠테이션의 4단계에서 대해서 자세히 살펴보도록 하겠습니다.

1. 기획단계

기획단계	01. Presentation Concept 확정
	02. 발표 계획 수립
	03. 자료 및 정보 수집

프레젠테이션을 하는 목적을 수립하는 기획단계는 프레젠테이션을 통해 우리가 이뤄내야 하는 달성 내용을 먼저 인식하는 것이 중요합니다. 오로지 프레젠테이션을 진행하는 것에만 목적이 있다면 실패한 프레젠테이션이 되기 쉽습니다. 프레젠테이션의 컨셉을 확정하거나 접근 방법도 다양화할 필요성이 있습니다. 이 때 유사하게 진행된 프레젠테이션 자료가 있다면 이를 분석하는 과정이 반드시 필요하며, 혹시 경쟁 프레젠테이션이라면 경쟁사의 과거 프레젠테이션도 면밀히 살펴보아야 합니다. 우수 사례를 점검한다든지 경쟁 대상을 분석하는 것도 좋습니다.

발표 계획이 수립되었다면 자료나 정보를 수집하되 기획단계에서는 자료나 정보는 많으면 많을수록 좋습니다. 기획단계에서 수집되는 자료나 정보는 준비단계에서 중요한 자료나 정보만 추려질 것입니다. 기획단계에서는 자유롭게 의견을 제시하는 브레인스토밍 기법을 통해 프레젠테이션의 컨셉을 확정하거나 발표 계획을 수립할 수 있습니다.

2. 준비단계

준비단계	01. 청중, 장소 분석 및 시간 확인
	02. 스토리 보드 및 발표 시나리오 작성
	03. 자료 작성 및 시각화

기획단계에서 나온 내용을 토대로 프레젠테이션의 준비단계로 넘어갑니다. 준비단계에서는 먼저 사전 점검사항을 확인합니다. 프레젠테이션의 청중이 누구인지를 분석하고 발표할 장소와 시간, 일자 등을 확인합니다. 이 분석이 먼저 이루어지는 이유는 청중과 장소, 시간이나 일자에 따라 프레젠테이션의 시나리오 작성이 달라질 수 있기 때문입니다. 분석이 끝나면 프레젠테이션의 예산 및 스케줄 등을 미리 점검하여 계획에 차질이 없도록 준비합니다.

3. 실시단계

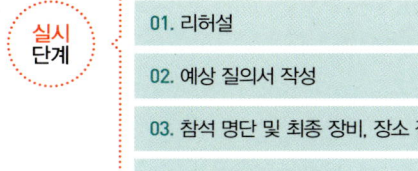

준비단계의 마지막 단계인 프레젠테이션의 자료를 작성하고 시각화 과정을 끝나면 이제 발표를 하기 전 리허설 과정을 거칩니다. 리허설은 특히 프레젠테이션 경험이 많이 없는 사람에게는 매우 중요한데 리 허설을 거치면서 잘못된 부분을 고칠 수 있으며 자신감도 얻을 수 있습니다. 리허설을 통해 예상 질의서 를 작성해 보는 것도 자신감을 얻는데 좋습니다.

프레젠테이션 발표를 앞두고 마지막으로 점검해야할 부분이 있다면 그것은 프레젠테이션에 참석할 명 단을 점검하는 일입니다. 당연히 발표 장소를 최종 점검하는 것도 중요합니다. 실시 단계의 핵심은 물론 발표입니다. 프레젠테이션 발표는 그 분야의 전문가나 실무자가 하는 것이 보통이나 프레젠테이션 상황 에 따라서 전문 프레젠터를 영입하여 진행하기도 합니다.

4. 평가단계

프레젠테이션의 발표가 무사히 끝났다고 프레젠테이션이 끝난 것은 아닙니다. 피드백 과정을 거쳐야 합 니다. 피드백을 통해 향후 발생할 프레젠테이션시 개선안을 도출해낼 수 있습니다. 또한 자체 평가를 통 해 냉정한 평가가 필요합니다. 왜 프레젠테이션을 전문으로 하는 기업이 항상 우수한 성과를 내는지는 평가단계의 피드백 과정을 통해 알 수 있습니다. 특히, 경험이 많이 없는 업체일수록 피드백 과정은 중 요합니다.

마지막으로 개선사항을 최종 점검하고 각 단계에서 나온 여러 자료나 정보는 따로 모아두어 다음 프레 젠테이션에 대비합니다. 여기서는 유형적인 자료나 정보뿐 아니라 무형의 인적 자산과 시행착오 등의 과정도 자료로 따로 정리하여 모아두는 것이 중요합니다.

파워포인트 2013
새 기능과 오피스 로그인

파워포인트 2013의 새 기능 중 하나인 스포이트 기능은 그림이나 사진 등의 색상을 그대로 불러와 사용할 수 있는 기능입니다. 예전에는 RGB 색상값을 불러와야했지만 이제는 스포이트 기능을 통해 일치시키려는 색을 클릭하여 손쉽게 가져올 수 있습니다. 이 외에도 파워포인트 2007이나 2010보다 강력해진 파워포인트 2013의 새로운 기능과 Office 2013 제품군에 대해서 살펴보도록 하겠습니다.

기초탄탄 ▶ Office 제품군 살펴보기

■ Office 제품군

뉴 오피스라는 명칭은 마이크로소프트가 출시한 오피스 365, 오피스 2013 등을 모두 통칭하는 용어입니다. 종류에 따라서 최대 5대의 PC, 태블릿 및 Mac에 설치할 수 있으며 문서에 손쉽게 액세스할 수 있도록 20GB의 온라인 저장소가 제공되기도 합니다. 여기서는 마이크로소프트의 오피스 제품군에 대해서 살펴보도록 하겠습니다.

Office 선택	Office 365 Home Premium	Office Home and Student 2013	Office Home and Business 2013	Office Professional 2013
설치 수	5대의 PC 또는 Mac 과 선택 모바일 장치	PC 1대	PC 1대	PC 1대
간편한 연간 구독 [1]	○			
사용 허가	가정용	가정용	가정 또는 업무용	가정 또는 업무용
핵심 Office 응용 프로그램 [2]	○	○	○	○
전자 메일, 일정 및 작업 : Outlook	○		○	○
게시 및 데이터베이스 : Publisher, Access	○			○
20GB 이상의 SkyDrive 저장소 [3]	○			
개인 설정된 환경 [4]	○			
Office on Demand [5]	○			

참조 : http://office.microsoft.com/ko-kr/buy/FX102898564.aspx
[1] 버전 업그레이드, 여러 장치 설치 및 Office on Demand 서비스에 지속적인 액세스 포함
[2] Word, Excel, PowerPoint, OneNote
[3] SkyDrive에 온라인으로 문서를 저장하여 어디서나 간편하게 액세스 및 공유
[4] 필요한 경우 언제든지 응용 프로그램, 설정 및 문서에 액세스
[5] 인터넷에 연결된 Windows PC에 완전한 기능의 Office 응용 프로그램 스트리밍

■ Office 제품군 종류 살펴보기

마이크로소프트사에서 제공하는 Office 제품에는 파워포인트를 비롯해 엑셀, 워드, 원노트를 비롯해 아웃룩, 엑세스, 퍼블리셔 등 다양한 제품이 있습니다. 이 중 대표적인 몇 가지 제품군 종류에 대해서 살펴보도록 하겠습니다.

워드 2013 (Word)	워드프로세서 프로그램으로 다양한 문서 편집을 비롯하여 맞춤법 검사, 번역 기능 등 전문적인 모양의 문서를 작성할 수 있습니다.
엑셀 2013 (Excel)	국내에서 가장 많은 사용자를 보유한 스프레드시트 프로그램으로 강력한 데이터 분석을 비롯하여 데이터 관리 기능을 제공합니다.
파워포인트 2013 (PowerPoint)	다양한 동영상 편집을 비롯하여 다양한 슬라이드 구성을 통해 최적의 프레젠테이션을 진행할 수 있습니다.
원노트 2013 (OneNote)	메모를 효과적으로 저장하고 공유할 수 있으며, 화면 캡처, 오디오 녹음 및 비디오 녹화 등을 통해 언제든지 활용할 수 있습니다.
아웃룩 2013 (Outlook)	전자 메일을 취합하거나 일정 도구를 통해 언제든지 메일과 일정을 확인하며 효율적으로 관리할 수 있습니다.
링크 2013 (Lync)	실시간 메시징, 화상 회의, 음성 통화 등과 결합된 서비스로 익스체인지 이메일과 마이크로소프트 애플리케이션과도 통합, 관리할 수 있습니다.

■ 뉴 오피스와 오피스 365, 오피스 2013

지금까지 마이크로소프트사의 오피스 제품의 경우 출시년도를 뒤에 붙여 오피스 2007, 오피스 2010으로 불러왔습니다. 하지만 이번 오피스 2013의 경우 뉴 오피스, 오피스 365, 오피스 2013 등 다양한 이름으로 불리고 있습니다.

또한, 오피스 제품이 내 컴퓨터에 설치해서 사용하는 설치형인지 아니면 매달 비용을 지불해서 사용하는 클라우드 중심의 구독형인지에 따라 달라집니다. 오피스 2013은 지금까지 나왔던 제품들과 동일하게 내 컴퓨터에 설치해서 사용하는 오피스 제품으로 비용을 지불하고 사용하는 설치형 오피스 프로그램입니다.

반면, 오피스 365의 경우 매달 비용을 지불해서 사용하는 구독형 제품으로 한 달에 1회, 혹은 매년 1회 단위로 사용료를 지불하는 오피스 제품을 말합니다. 오피스 365의 특징은 한 번의 구독으로 여러 장치에서 사용(최대 5대)할 수 있다는 점과 지속적인 소프트웨어 업그레이드가 가능하다는 점입니다. 뉴 오피스는 바로 오피스 2013과 오피스 365를 통합한 개념이라고 볼 수 있습니다.

- **오피스 2013** : 내 컴퓨터에 설치해서 사용하는 설치형 오피스 제품
- **오피스 365** : 매달 혹은 매년 사용료를 지불하고 사용하는 구독형 오피스 제품
- **뉴 오피스** : 오피스 2013과 오피스 365를 통합한 명칭

파워포인트 2013의 업그레이드된 기능과 새롭게 추가된 기능에 대해서 살펴보도록 하겠습니다.

새로운 시작 옵션

파워포인트를 실행하면 빈 슬라이드가 아닌 최근에 사용한 파일이나 자주 사용하는 서식 파일이 표시됩니다. 더 쉽고 빠르게 파워포인트를 사용할 수 있습니다.

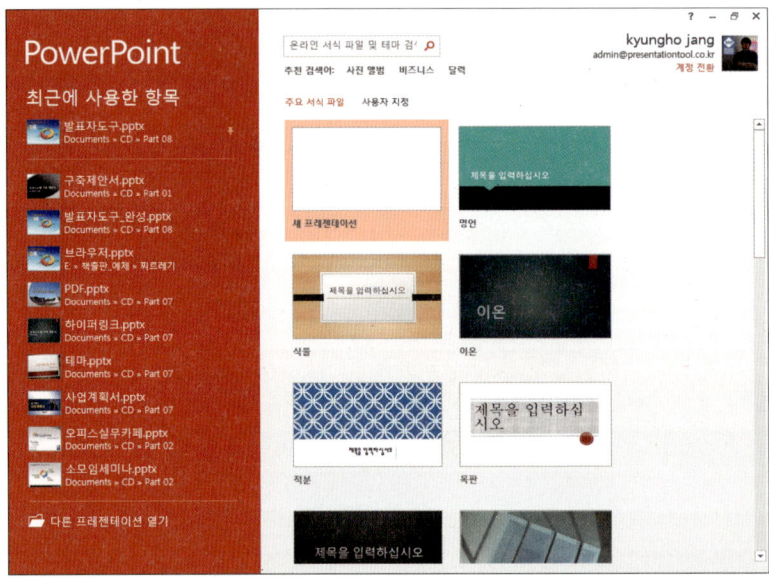

와이드 스크린

파워포인트 2007과 2010의 슬라이드 크기는 4 : 3 비율을 가지고 있는 반면에, 파워포인트 2013의 슬라이드 크기는 16 : 9 의 와이드 화면입니다. 물론 기존 슬라이드 크기대로 변경할 수 있습니다.

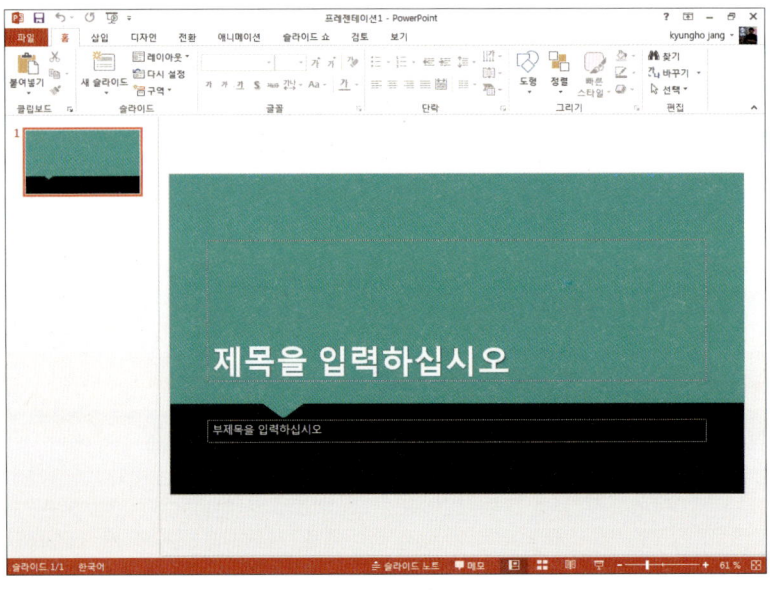

향상된 발표자 도구

그동안 사용하기 다소 불편했던 발표자 도구가 사용자 편의성을 대폭 강화하여 보다 쉽고 편리하게 변경되었습니다. 기능도 많은 부분 향상되었습니다.

색 일치를 위한 스포이트

사진이나 그림에서 마음에 드는 색상을 RGB 색상 값으로 불러오는 것이 아닌 스포이트 기능을 통해 파워포인트에 바로 적용할 수 있습니다.

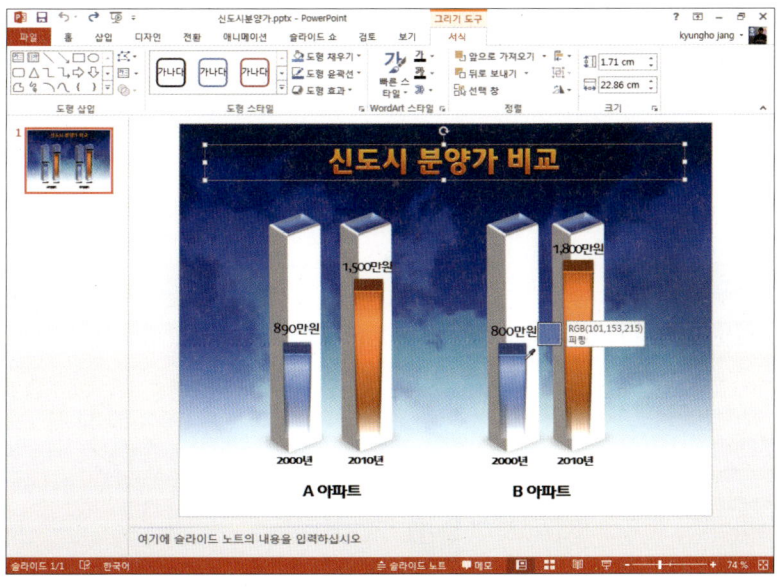

균등한 간격으로 개체 정렬

개체를 배열할 때 별다른 설정 없이도 자동으로 위치 및 공간 값을 표시해 주는 스마트 가이드가 나타납니다. 이를 통해 눈으로 보면서 균등하게 간격을 조정할 수 있습니다.

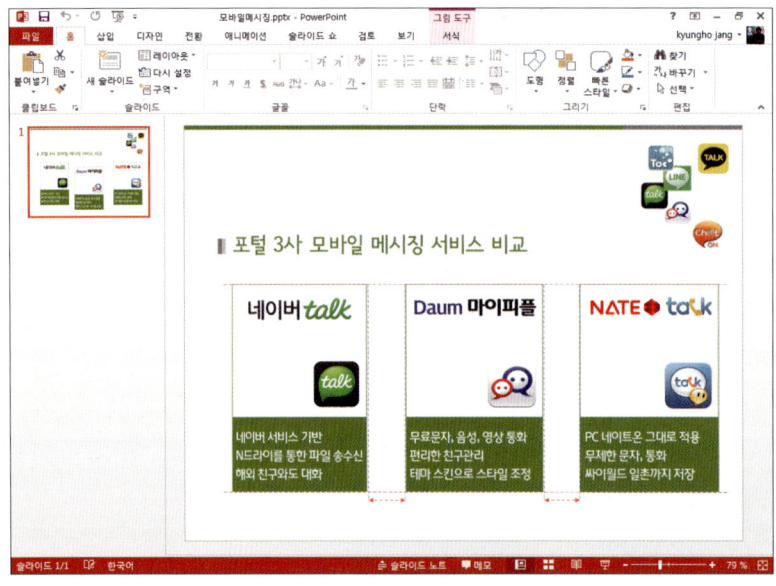

마지막으로 읽은 위치

여러 장의 슬라이드로 구성되어 있을 경우 책갈피처럼 마지막에 읽은 슬라이드 위치 및 읽은 날짜 등을 슬라이드 편집 화면의 오른쪽에 표시해 줍니다. 이를 통해 기존에 하던 작업을 이어서 진행할 수 있습니다.

파워포인트 2013으로 버전이 업그레이드되면서 몇 가지 기능이 중단되거나 변경되었습니다. 예를 들어, Microsoft Clip Organizer 와 같은 프로그램은 파워포인트 2013에서는 제공되지 않습니다.

기능	이전 버전의 PowerPoint	PowerPoint 2013
PowerPoint Viewer	PowerPoint가 설치되지 않은 상태에서도 뷰어를 통해 슬라이드를 볼 수 있습니다.	PowerPoint 2013용 뷰어는 따로 제공되지 않습니다. 대신 PowerPoint Web App을 통해 슬라이드를 볼 수 있습니다.
HTML로 저장	슬라이드 내용을 웹 페이지로 저장하고 웹서버에 업로드할 수 있습니다.	SkyDrive 에 업로드하고 링크를 제공해 슬라이드를 볼 수 있습니다.
비디오 및 오디오 기본 형식	비디오는 .wmv 형식으로 제공되며, 오디오는 .wma 형식으로 제공됩니다.	비디오의 새 기본 형식은 H.264이며, 오디오의 새 기본 형식은 AAC입니다.
사용자 지정 테마 색 만들기	[디자인] 탭에서 지정합니다.	[슬라이드 마스터 보기]의 [보기] 탭에서 지정합니다.
배경 그래픽 숨기기	[디자인] 탭에서 지정합니다.	[배경 서식] 작업 창에서 지정합니다.
애니메이션 재생	첫 번째 애니메이션부터 순차적으로 재생됩니다.	첫 번째 애니메이션이 아니라 현재 선택되어 있는 애니메이션부터 재생됩니다.
수식 편집기	수식 편집기는 WYSIWYG 환경에서 수학 및 과학 수식을 작성할 수 있는 수식 편집기입니다.	제공 안함
Microsoft Clip Organizer	[Microsoft Clip Organizer]를 클릭하면 클립 아트나 이미지 등을 클립 오거나이저에 저장할 수 있습니다.	제공 안함
Microsoft Office Picture Manager	[Picture Manager]를 통해 그림을 관리하고, 공유합니다.	이 기능은 더 이상 Office 2013에 포함되어 있지 않습니다.

참고 : http://office.microsoft.com/ko-kr/powerpoint-help/HA102749223.aspx?CTT=1

마이크로소프트 오피스 2013을 설치하면 Office 정품 인증 창이 나타나게 됩니다. 본인의 오피스 2013이 정품인지 혹은 소프트웨어가 인증되었는지 확인하기 위해서는 [파일] 탭-[계정]을 클릭한 후 '제품 인증됨' 이라는 마크가 보이면 프로그램이 인증되어 있는 것입니다. 정품 인증을 받게 되면 중요 및 권장 업데이트 옵션을 통해 원하는 서비스를 받을 수 있습니다.

01. 파워포인트 2013을 설치 후 처음 실행하면 [Office 정품 인증]이 나타납니다. [제품 키 입력]을 눌러 제품 키를 입력하거나 전자 메일 주소를 입력해 인증을 받습니다.

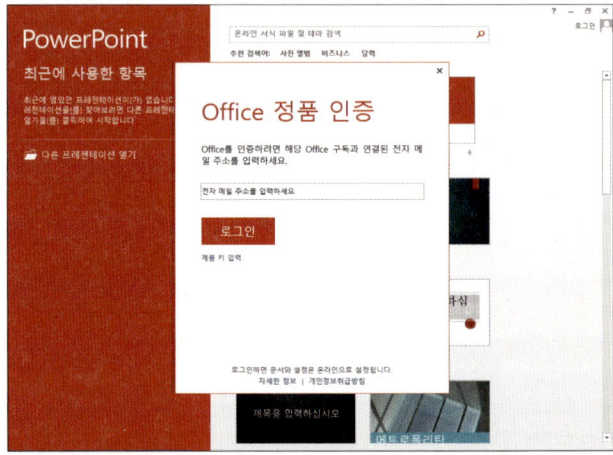

02. [중요 및 권장 업데이트 설치] 창이 나타나면 원하는 옵션을 선택하거나 [동의함]을 클릭하여 인증을 마칩니다.

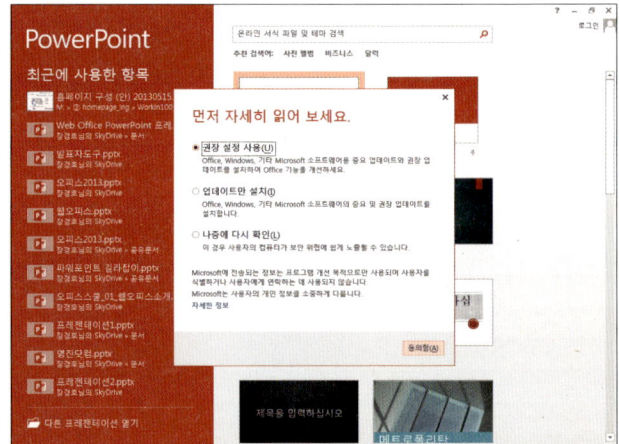

TIP : 파워포인트 2013 설치하기
파워포인트 2013 프로그램을 설치하는 과정이 궁금하신 분은 필자의 블로그 http://blog21.kr/40189939395 에서 확인하시기 바랍니다. QR 코드를 스마트폰에서 찍으시면 바로 확인할 수 있습니다.

STEP 04 ● 사용자 로그인하기

오피스 로그인 계정은 윈도우 7이나 윈도우 8 사용자에 따라서 방식에 조금씩 차이가 있습니다. 윈도우 7 사용자의 경우 로그인 계정 없이도 파워포인트를 실행할 수 있습니다.

01. 윈도우 7 사용자라면 [파일] 탭–[계정]을 클릭한 후 [Office에 로그인]–[로그인]을 선택하여 사용자 로그인합니다. [로그인] 창이 뜨면 이메일 주소를 입력한 후 [다음]을 클릭합니다.

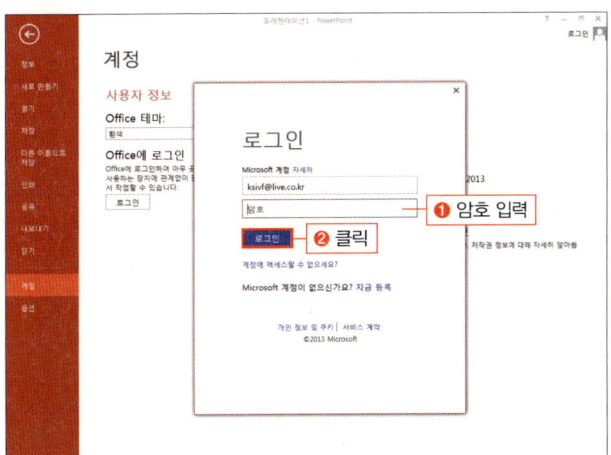

> **TIP** : 윈도우 8 사용자라면 자동 로그인이 되기에 사용자 로그인이 따로 필요하지 않습니다. 하지만, [파일] 탭–[계정]을 클릭한 후 [사용자 정보]–[계정 전환]을 클릭해 로그인 과정을 따라해 볼 수 있습니다.

02. [암호] 입력란에 암호를 입력한 후 [로그인]을 클릭합니다.

03. 사용자 계정으로 접속이 되면서 사용자 정보에 본인의 이름과 이메일 주소 등이 표시됩니다.

> **TIP** : 본 과정은 Wlindows Live ID가 있어야 따라 할 수 있습니다. ID가 존재하지 않는다면 STEP 05 (44 페이지)를 참조하세요.

작업 중인 문서를 SkyDrive에 저장하거나 슬라이드 파일을 공유하기 위해서는 Windows Live ID가 필요합니다. 만일 Hotmail, Outlook.com 메일, Msn, 혹은 Xbox LIVE, Windows phone 아이디가 있으면 새로 생성할 필요없이 로그인할 수 있습니다. 만일, 아이디가 없다면 [등록]을 클릭해 아이디를 만듭니다.

01. Step 04.에서와 같이 사용자 아이디 및 패스워드를 입력하여 로그인할 수 있습니다. 하지만 로그인 정보가 없다면 메일 주소 창에 이메일 주소를 입력하여 로그인 정보를 만들 수 있습니다. [파일] 탭–[계정]을 클릭한 후 [Office에 로그인]–[로그인]을 선택합니다. [로그인] 창이 뜨면 Windows Live ID 계정을 만들기 위해 사용을 원하는 이메일 주소를 입력한 후 [다음]을 클릭합니다.

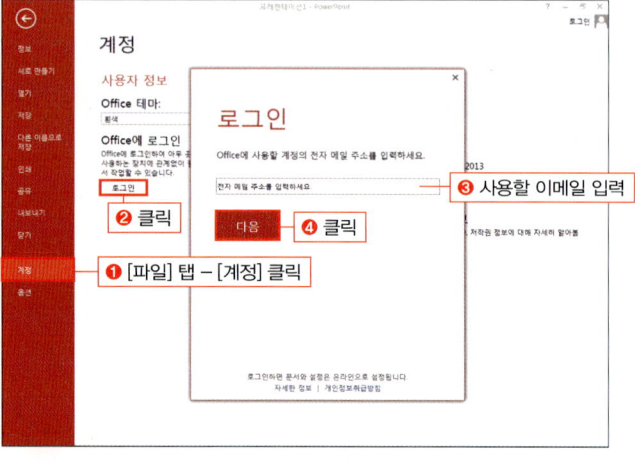

02. 마이크로소프트사의 계정을 만들어야 하기에 [지금 등록]을 클릭합니다.

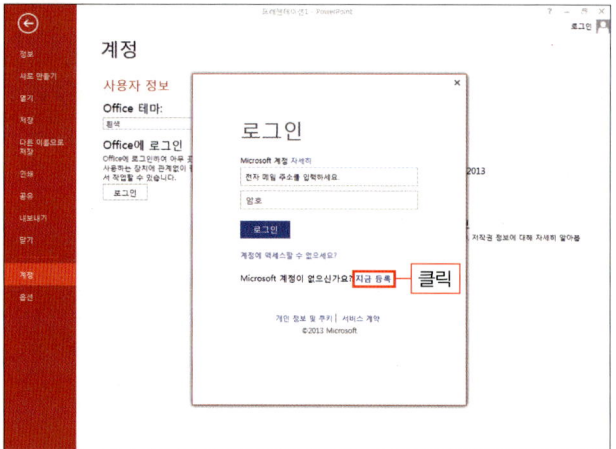

03. [Microsoft 계정] 창이 나타나면 해당하는 내용을 입력합니다.

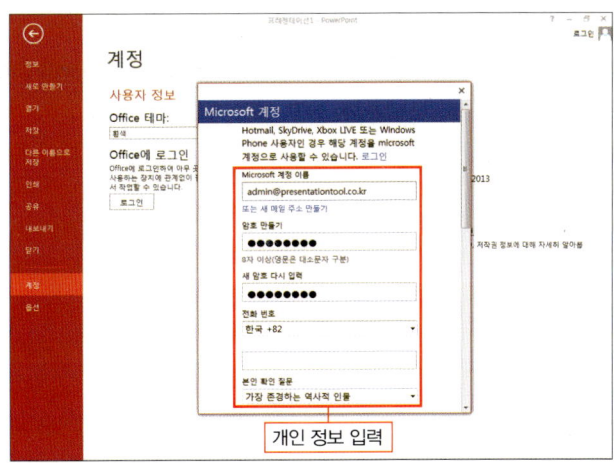

04. 사용자 정보를 모두 입력했으면 [동의함]을 클릭합니다.

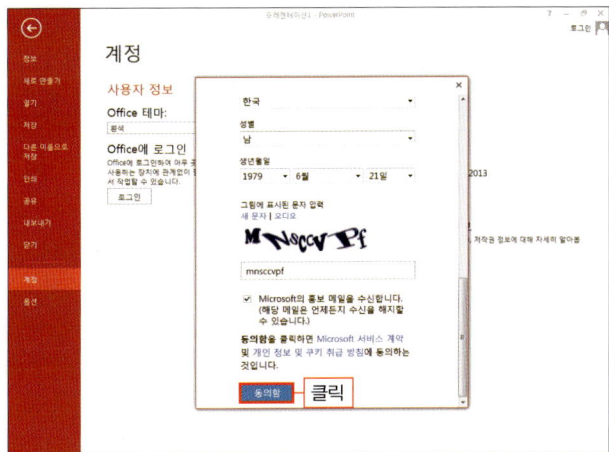

05. 작성한 메일 주소로 본인 메일 주소인지 확인해야 정상적인 서비스가 가능합니다. 본인의 메일 주소가 맞는지 확인한 후 [계속]을 클릭하거나 [닫기] 단추를 클릭합니다.

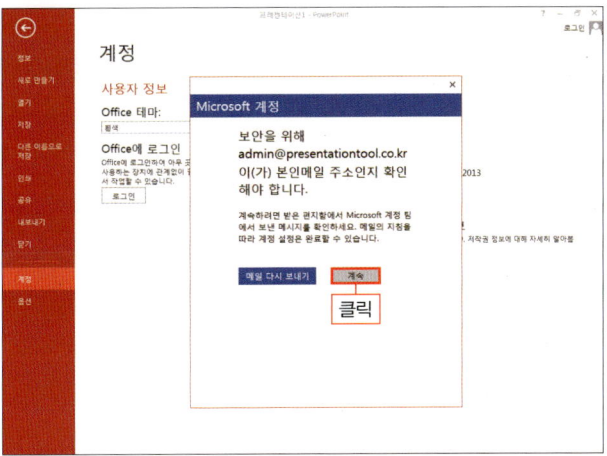

06. 본인의 메일 계정을 열어 '메일 주소 확인' 이라는 제목으로 도착한 마이크로소프트 발신 메일을 엽니다. [검증] 배너를 클릭합니다.

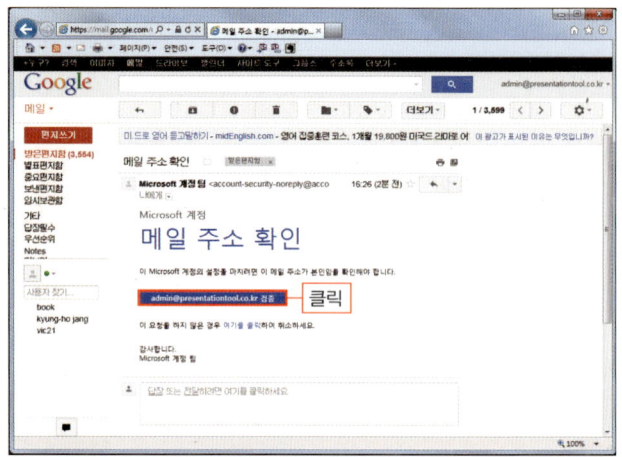

07. 본인 메일 주소 계정에서 본인 인증을 하면 http://www.live.com 홈페이지에 자동 접속됩니다. 입력했던 이메일 주소와 암호를 입력합니다. [로그인]을 클릭합니다.

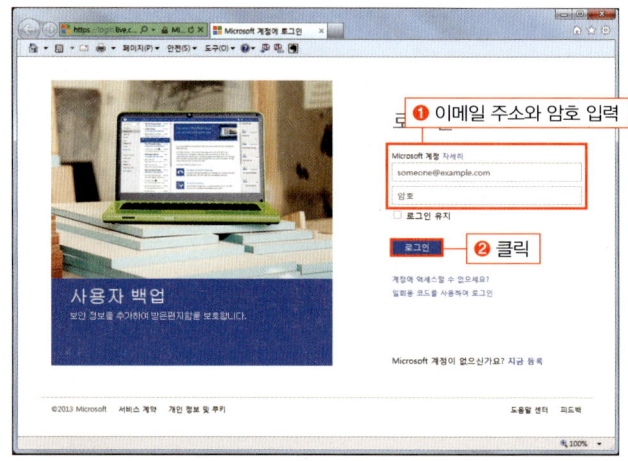

08. 인증이 최종 완료되면 '완료' 창이 뜹니다. [확인]을 클릭합니다.

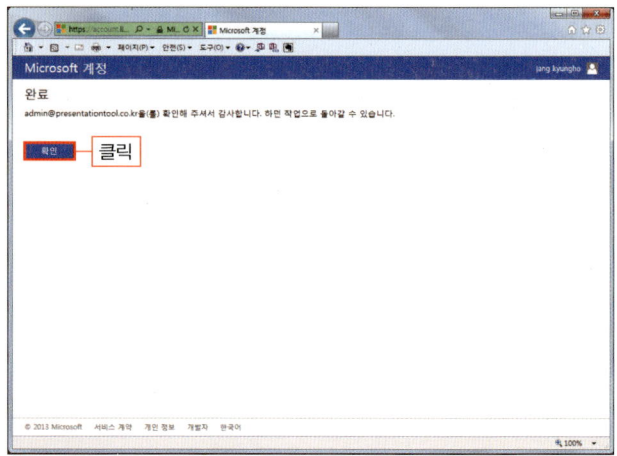

09. 다시 파워포인트를 엽니다. [홈] 탭–[계정] 항목을 클릭한 후 [로그인]을 선택한 후 생성한 이메일 주소와 암호를 입력합니다. [로그인]을 선택합니다.

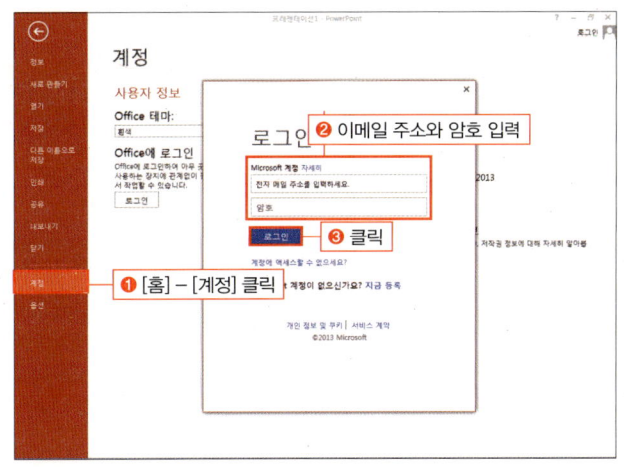

10. 사용자 계정으로 접속됩니다. 이제 사용자가 사용하는 메일 주소와 패스워드로 로그인 후 파워포인트 2013을 사용할 수 있습니다.

03 SkyDrive 계정과 클라우드 서비스

레 벨 ● ● ●

SkyDrive는 마이크로소프트사에서 제공하는 웹 오피스를 위한 클라우드 서비스입니다. 마이크로소프트에서 제공하는 서비스 중 가입되어 있는 서비스가 있다면 굳이 SkyDrive 계정을 만들지 않아도 SkyDrive 계정을 이용할 수 있습니다. 예를 들어, Hotmail(핫메일), Outlook(아웃룩메일), Messenger(메신저), box LIVE(엑스박스 라이브) 또는 Office Live(오피스 라이브)의 아이디가 있으면 계정을 새로 생성할 필요없이 로그인할 수 있습니다.

**기초
탄탄** ● SkyDrive 살펴보기

■ SkyDrive란 무엇인가?

SkyDrive는 마이크로소프트사에서 만든 클라우드 서비스를 말합니다. 휴대폰, 태블릿, PC 또는 Mac(맥) 어디에서나 SkyDrive(스카이드라이브) 계정만 있다면 연결된 모든 사진이나 오피스 문서 혹은 그 외 기타 중요한 파일 등을 보관하고 원할 때마다 바로바로 사용할 수 있습니다.

Microsoft 계정을 사용하면 SkyDrive(스카이드라이브) 무료 파일 저장소를 무려 7GB를 사용할 수 있습니다. 연결된 SkyDrive 계정은 파워포인트 2013에서도 바로 불러와서 작업할 수 있으며, 작업한 슬라이드 파일은 SkyDrive 계정으로 업로드하여 굳이 이동식 하드나 내 컴퓨터에 저장하지 않더라도 언제 어디서나 불러와 작업할 수 있습니다.

■ 온라인 SkyDrive와 데스크톱 앱

SkyDrive 계정에 접속하거나 SkyDrive를 통해 오피스 웹 앱을 이용하기 위해서는 'http://www. skydrive.com' 혹은 'http://office.live.com'에 접속하여 본인의 Windows Live 아이디 및 암호를 입력하여 사용할 수 있습니다. 본인의 계정이 열리면 사용자가 Sky Drive에 저장한 엑셀이나 파워포인트 등 다양한 오피스 파일이 열립니다. SkyDrive에 저장되어 있는 파워포인트 파일을 선택한 후 [열기]를 클릭하면 온라인에서 파일을 열 것인지 아니면 내 컴퓨터에 설치되어 있는 파워포인트에서 열 것인지를 선택할 수 있습니다.

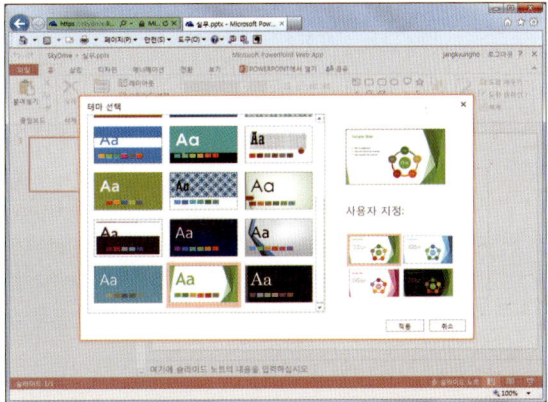

웹 브라우저를 열어 사용하는 온라인 SkyDrive와는 달리 내 컴퓨터에 설치하여 사용할 수 있는 오프라인 SkyDrive도 존재합니다. SkyDrive(스카이드라이브) 데스크톱 앱을 설치하면 내 컴퓨터에 존재하는 모든 파일을 자동으로 동기화할 수 있습니다.

SkyDrive 데스크톱 앱의 설정은 작업 표시줄 맨 오른쪽의 알림 영역에서 변경할 수 있으며, 내 컴퓨터의 SkyDrive 폴더를 열면 웹 브라우저를 열 필요없이 SkyDrive를 활용할 수 있습니다. 보다 자세한 사항은 63페이지에서 설명합니다.

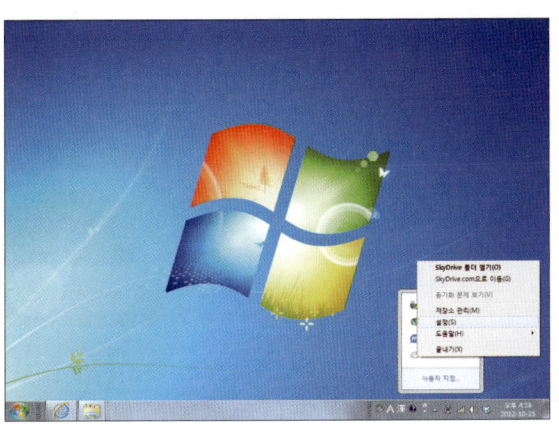
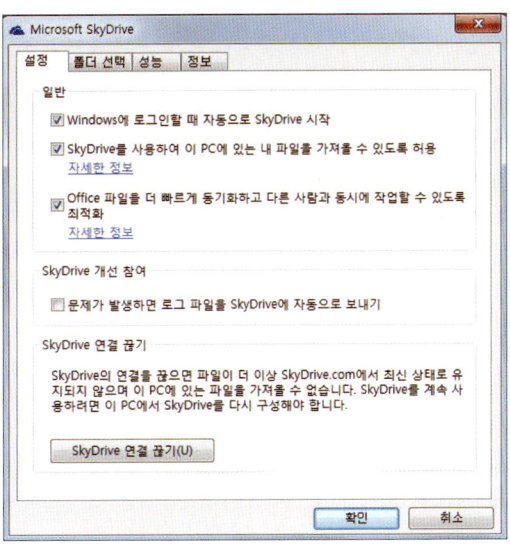

■ PowerPoint Web App

SkyDrive의 파워포인트 슬라이드 파일을 선택한 후 [PowerPoint Web App]을 선택하면 자동으로 PowerPoint Web App 화면이 열립니다. 슬라이드 편집에서부터 공유, 슬라이드 쇼 등을 진행할 수 있습니다. STEP 01에서부터 Web App을 통해 슬라이드를 생성하고 편집, 공유하는 다양한 방법에 대해서 살펴보도록 하겠습니다.

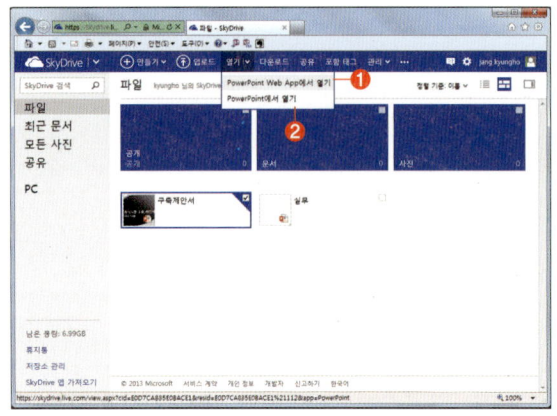 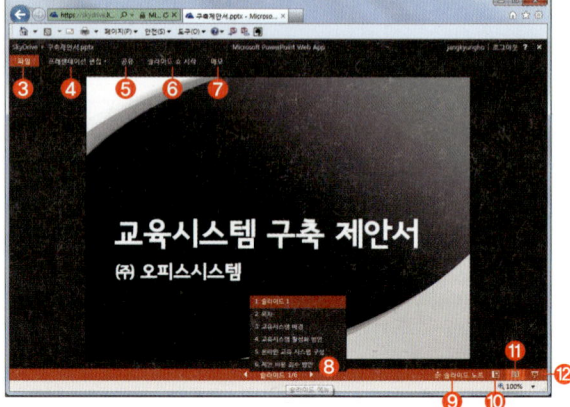

❶ **PowerPoint Web App에서 열기** : 파워포인트 웹 앱을 엽니다.

❷ **PowerPoint에서 열기** : 파워포인트 2013 프로그램을 엽니다.

❸ **파일** : 인쇄나 공유, 도움말 등을 확인할 수 있습니다.

❹ **프레젠테이션 편집** : 파워포인트 프로그램에서 파일을 열기 위해 [PowerPoint에서 편집]이나 SkyDrive에서 웹 앱으로 열기 위해 [PowerPoint Web App] 중에서 선택할 수 있습니다.

❺ **공유** : 메일을 보내거나 SNS 공유, 링크 만들기 등 공유를 위해 선택할 수 있습니다.

❻ **슬라이드 쇼 시작** : 파워포인트 웹 앱에서 슬라이드 쇼를 시작할 수 있습니다.

❼ **메모** : 메모를 추가하거나 협업 대상자와 메모를 공유할 수 있습니다.

❽ **슬라이드 메뉴** : 슬라이드 중에 원하는 슬라이드를 선택할 수 있습니다.

❾ **슬라이드 노트** : 슬라이드 노트를 열 수 있습니다.

❿ **편집용 보기** : 파워포인트 웹 앱에서 슬라이드 파일을 편집할 수 있습니다.

⑪ **읽기용 보기** : 읽기용 보기로 열 수 있습니다.

⑫ **슬라이드 쇼** : 슬라이드 쇼를 시작할 수 있습니다.

SkDrive에서는 오피스 웹 앱이라는 온라인 클라우드 오피스를 제공합니다. 즉, 파워포인트 없이도 오피스 웹 앱을 통해 온라인으로 파워포인트를 사용할 수 있습니다.

01. 'http://office.live.com' 혹은 'http://www.skydrive.com' 에 접속한 후 Windows Live 아이디 및 암호를 입력합니다. [로그인]을 클릭합니다.

02. SkyDrive 페이지에 접속되면 웹 오피스에서 새로운 슬라이드를 만들기 위해 상단의 [만들기]-[PowerPoint 프레젠테이션]을 클릭합니다.

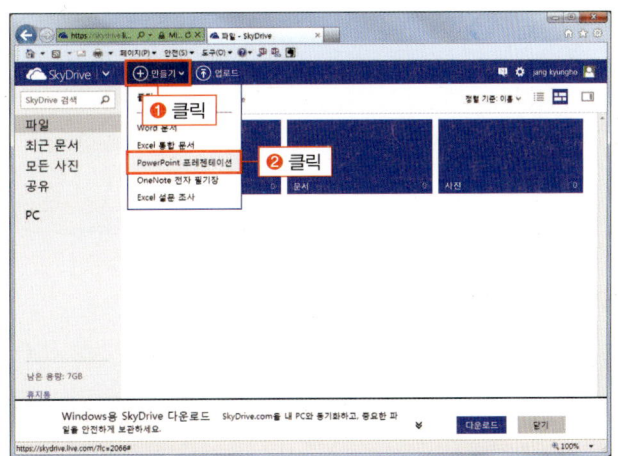

03. 새 Microsoft PowerPoint 프레젠테이션 페이지가 열리면 파일 이름을 입력한 후 [만들기]를 클릭합니다.

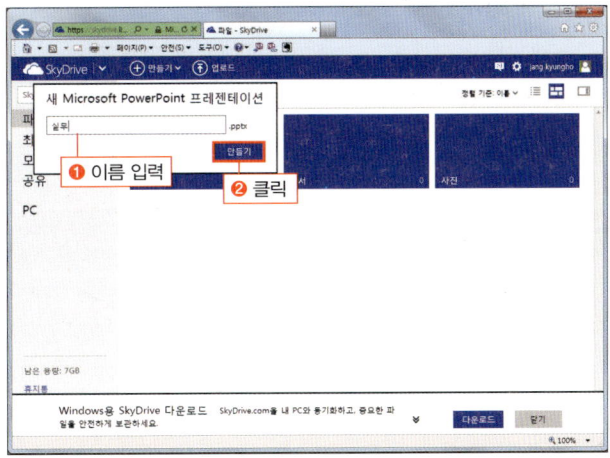

04. 화면이 열리면 설치형 파워포인트와 비슷한 화면, 즉 파워포인트 웹 앱이 열립니다. [디자인] 탭-[테마] 그룹의 [자세히]를 클릭합니다. 테마를 선택합니다.

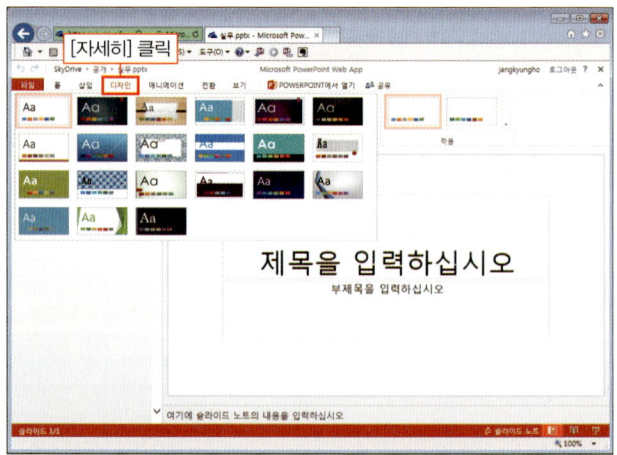

05. 선택한 테마로 슬라이드가 열립니다. 새 슬라이드를 추가하거나 슬라이드 레이아웃을 선택하여 슬라이드 파일을 완성할 수 있습니다. [홈] 탭-[슬라이드] 그룹-[새 슬라이드]를 클릭한 후 [제목 및 내용] 슬라이드를 선택합니다. [슬라이드 추가]를 클릭합니다.

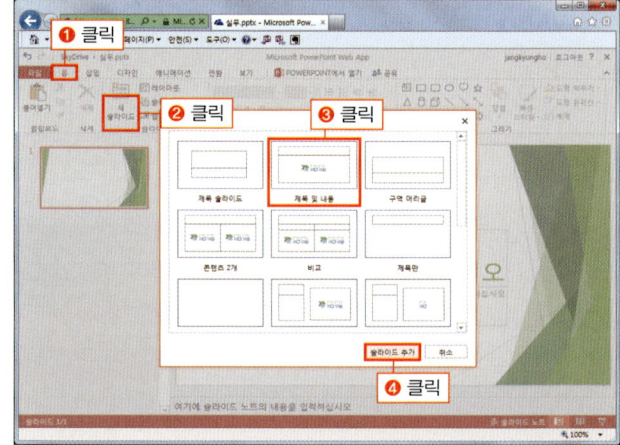

06. 슬라이드가 추가됩니다. [SkyDrive]를 클릭합니다. 작성했던 파일을 확인할 수 있습니다.

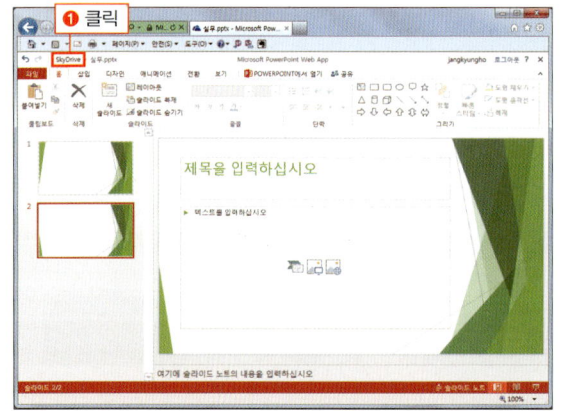
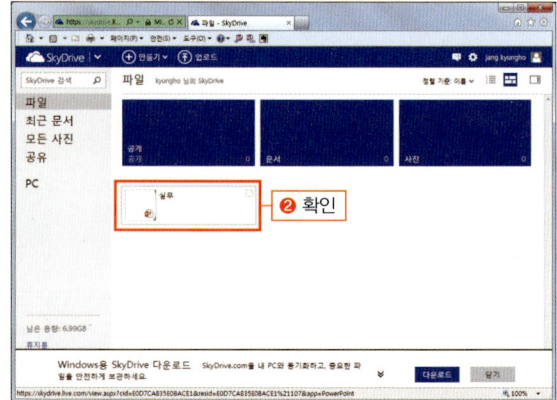

TIP : 오피스 웹 앱에는 [저장] 단추가 따로 존재하지 않습니다. 작업한 내용이 실시간 자동으로 클라이드에 저장되기에 작업을 완료했으면 [SkyDrive]를 눌러 오피스 웹 앱에서 나옵니다.

STEP 02 · SkyDrive에서 슬라이드 파일 업로드하기

이번에는 SkyDrive에 슬라이드 파일을 업로드 해보도록 하겠습니다. 파워포인트에서 슬라이드 파일을
바로 업로드하거나 SkyDrive 계정에서 슬라이드 파일을 업로드할 수 있습니다.

예제 파일 | CD₩Part 01₩구축제안서.pptx

01. 예제 파일을 SkyDrive에 업로드해 보도록
하겠습니다. 예제 파일을 연 다음 [파일] 탭–[다른
이름으로 저장]–[SkyDrive]–[찾아보기]를 차례대
로 클릭합니다.

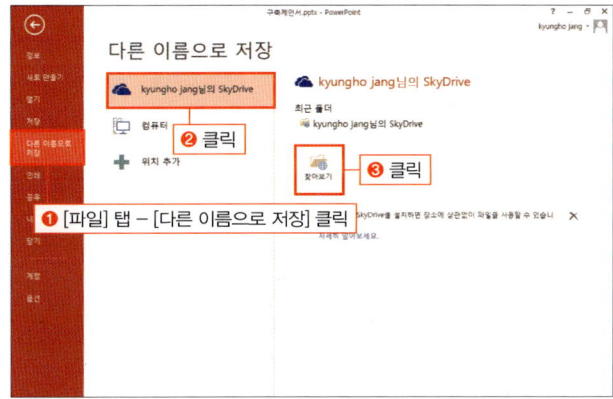

02. [다른 이름으로 저장] 대화상자가 나타납니
다. [파일 이름] 및 [저장 위치]를 확인한 후 [저장]
을 클릭합니다.

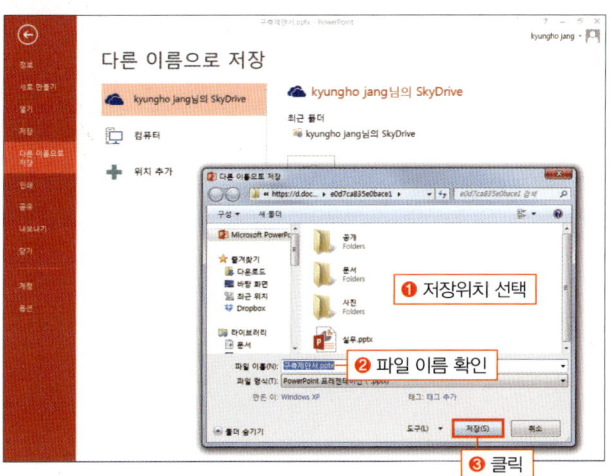

03. '구축제안서.pptx' 파일이 SkyDrive에 업로드
됩니다. SkyDrive에 정상적으로 업로드되었는지
확인하기 위해 [닫기] 단추를 클릭해 파워포인트
2013을 종료합니다.

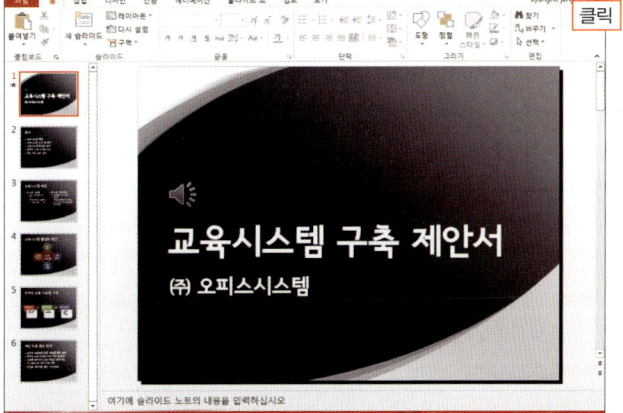

T I P : SkyDrive에 업로드가 진행되면 [상
태 표시줄]에 SkyDrive에 업로드하는 중
[Skydrive에 업로드하는 중 ▨▨▨▨▨] 메시지가 표시됩니다.

04. 'http://office.live.com'에 접속하여 파일이 정상적으로 업로드되었는지 확인해 보도록 하겠습니다. SkyDrive에 접속하면 '구축제안서' 파일에 체크 표시를 한 후 [열기]를 클릭합니다. [열기]를 선택하면 [PowerPoint Web App에서 열기]와 [PowerPoint에서 열기] 메뉴가 나타납니다. [PowerPoint Web App에서 열기]를 클릭합니다.

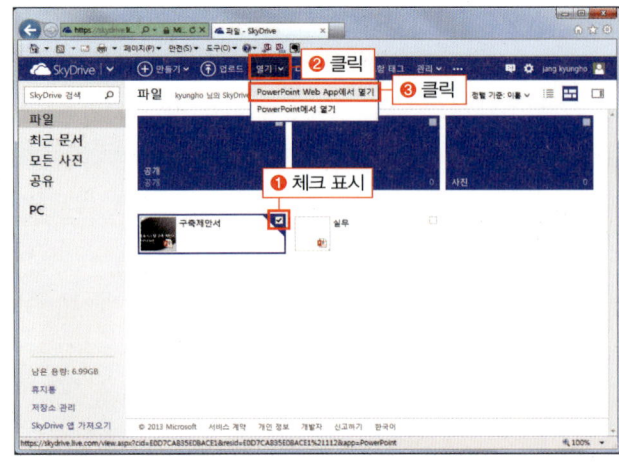

> **TIP** : [PowerPoint에서 열기]를 선택하면 파워포인트 2013 프로그램이 실행되면서 파일이 열립니다.

05. 'PowerPoint Web App'에 접속되며 슬라이드 쇼 화면으로 전환됩니다. 슬라이드의 목차를 확인하기 위해 [슬라이드 메뉴]를 클릭합니다. 내용을 확인하기 위해 원하는 항목을 선택합니다. 여기서는 [온라인 교육 시스템 구성]을 클릭합니다.

> **연관 검색** 'PowerPoint Web App'에서 프레젠테이션 편집을 비롯해 공유, 슬라이드 쇼, 메모 등 여러 가지 기능을 실행할 수 있습니다. 자세한 내용은 50페이지의 기능 설명을 참조하시기 바랍니다.

06. '온라인 교육 시스템 구성' 슬라이드가 표시됩니다. 슬라이드 편집을 위해 [프레젠테이션 편집]-[PowerPoint Web App에서 편집]을 선택합니다.

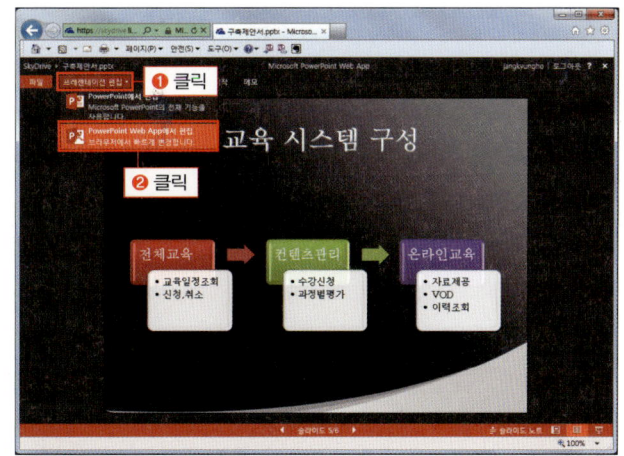

07. [홈] 탭을 비롯해 [삽입], [디자인], [애니메이션] 등 다소 제한적이긴 하지만 파워포인트에서 작업하던대로 슬라이드 작업을 진행할 수 있습니다.

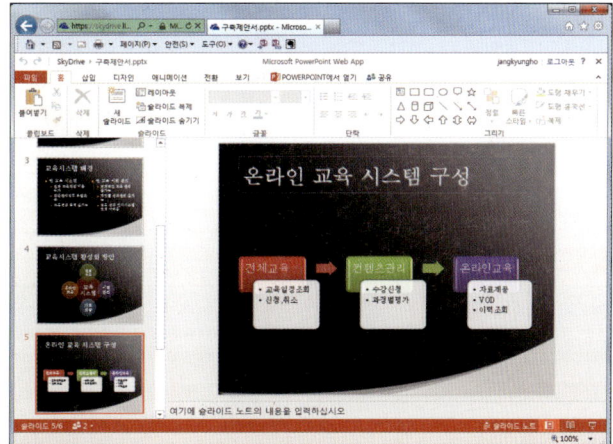

문제해결 SkyDrive에 업로드되었다는 것은 어떻게 알 수 있나요?

SkyDrive에 업로드가 되면 [빠른 실행 도구 모음]의 [저장] 단추가 연동되고 있다는 표시와 함께 나타납니다.

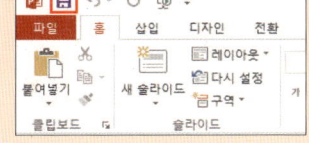

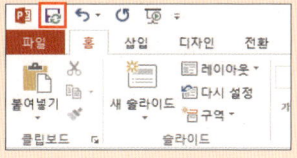

▲ 내 컴퓨터에 저장했을 경우　　▲ SkyDrive에 저장했을 경우

파워포인트 웹 앱을 통해 다소 제한적이긴 하지만 파워포인트에서 작업하던대로 슬라이드 작업을 진행할 수 있습니다. 만일 파워포인트의 모든 기능을 사용하고 싶다면 [PowerPoint에서 열기]를 클릭하여 웹 앱스에 저장된 문서를 파워포인트에서 열어야 합니다.

01. 이번에는 파워포인트 웹 앱에서 작업하던 내용을 파워포인트 2013 프로그램에서 열어 작업을 이어서 해보도록 하겠습니다. [POWERPOINT 에서 열기]를 선택합니다. 경고창이 뜨면 [허용]을 클릭합니다.

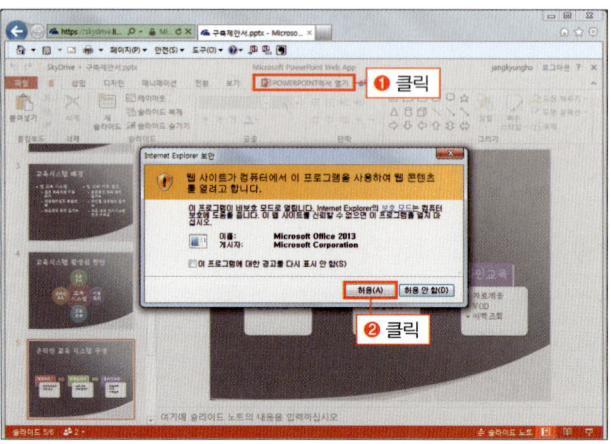

02. [Microsoft Office] 경고창이 뜨면 [예]를 클릭합니다. 파워포인트 웹 앱과의 원활한 연동을 위해 [내 문서를 열었습니다. Power Point Web App 을(를)닫습니다.] 항목을 클릭하여 파워포인트 웹 앱을 닫습니다.

> **TIP :** 사용하는 윈도우 환경에 따라 본 화면이 생략될 수 있습니다.

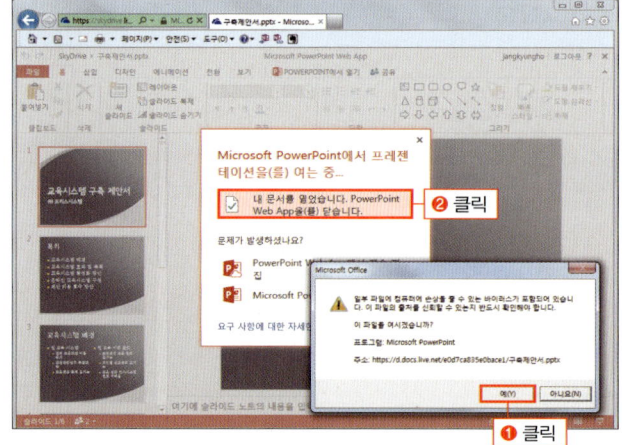

03. 파워포인트 2013이 실행됩니다. 이제 SkyDrive의 파워포인트 웹 앱의 슬라이드 파일과 파워포인트 2013 프로그램의 슬라이드 파일이 서로 연동되어 작업을 진행할 수 있습니다.

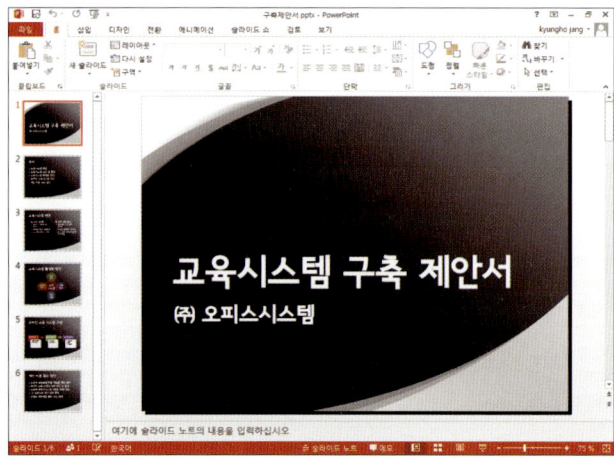

04. 슬라이드 편집 화면에서 내용을 수정하거나 텍스트를 입력합니다. [빠른 실행 도구 모음]에서 [저장]을 클릭하면 SkyDrive 상에 슬라이드 파일이 저장됩니다.

연관 검색 슬라이드 편집 화면에 텍스트를 입력하는 방법은 165페이지에서 설명합니다.

05. SkyDrive 상에 파일이 제대로 수정되어 있는지 확인하기 위해 [파일] 탭–[정보]를 클릭한 후 [SkyDrive]–[파일 위치 열기]를 클릭합니다.

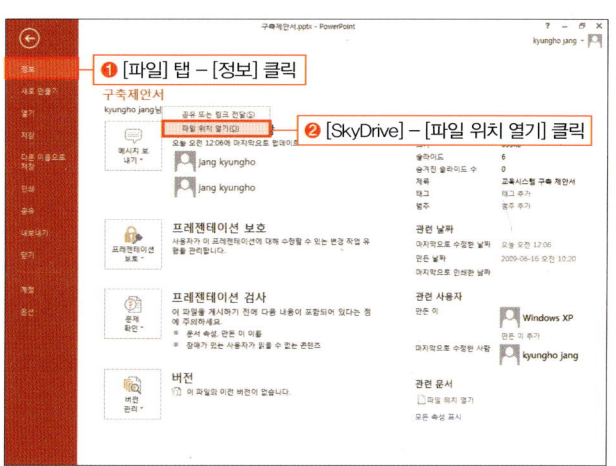

06. SkyDrive 페이지가 열립니다. '구축제안서' 파일을 클릭합니다. 파워포인트 웹 앱이 열립니다. 수정한 텍스트 내용을 확인할 수 있습니다.

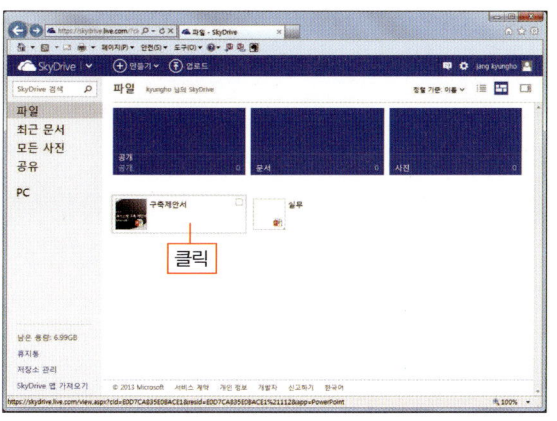
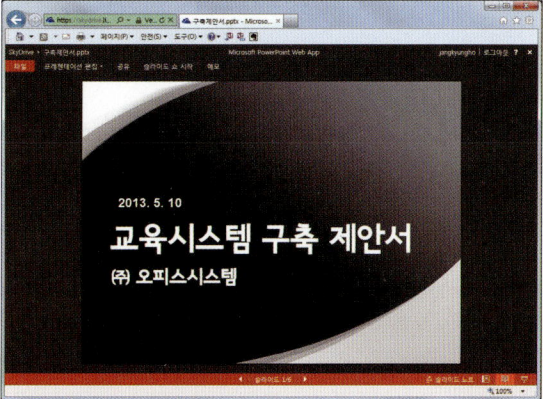

SkyDrive와 오피스 웹 앱을 통해 Word(워드), Excel(엑셀), PowerPoint(파워포인트), 혹은 OneNote(원노트) 파일을 원하는 사람과 공유하고 공동 작업할 수 있습니다.

01. 방금 수정한 문서를 공유해 보도록 하겠습니다. 공유할 문서에 체크 표시를 한 후 [공유]를 클릭합니다.

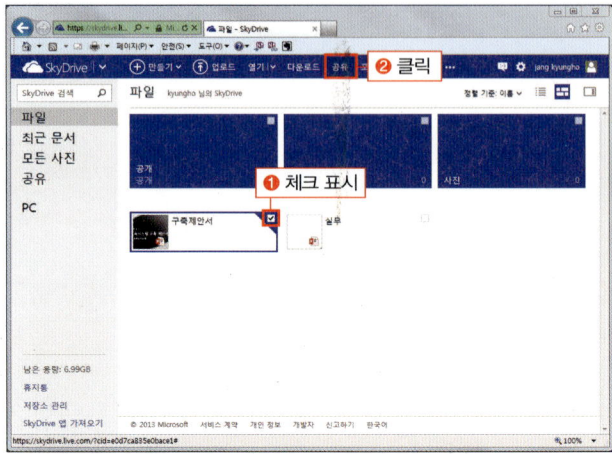

02. 먼저, 파일을 메일로 공유해 보겠습니다. [메일 보내기]를 선택한 후 [받는 사람]의 입력란에 메일 주소를 입력합니다. [초대 메시지 포함]에 내용을 입력한 후 [받는 사람이 편집할 수 있습니다.]에 체크 표시를 한 후 [공유]를 클릭합니다.

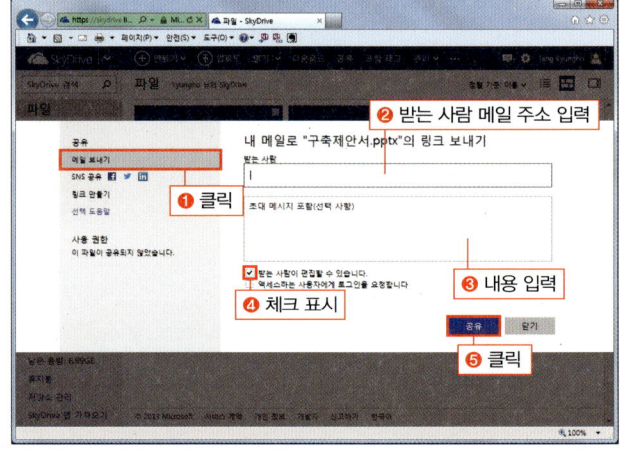

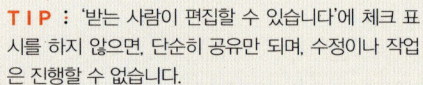

> **TIP :** '받는 사람이 편집할 수 있습니다'에 체크 표시를 하지 않으면, 단순히 공유만 되며, 수정이나 작업은 진행할 수 없습니다.

03. 이번에는 링크를 만들어 공유해 보겠습니다. [링크 만들기]를 클릭하면 [보기 전용], [보기 및 편집], [제한 없음(공개)] 중에서 원하는 항목을 선택할 수 있습니다. 문서를 공유하고 수정이 가능하도록 [보기 및 편집]의 [링크 만들기]를 클릭합니다.

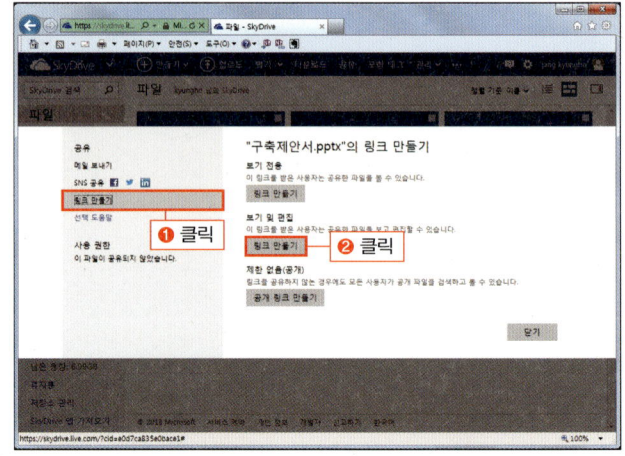

04. 링크가 만들어집니다. 링크를 복사하여 공유를 원하는 당사자에게 메신저나 Lync로 보냅니다.

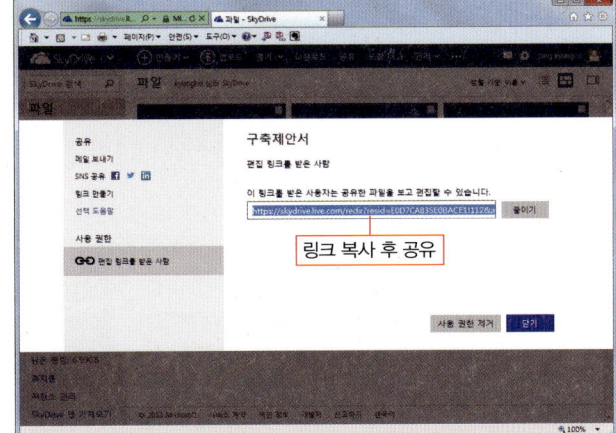

링크 복사 후 공유

TIP : [줄이기]를 클릭하여 짧은 주소로 링크를 공유할 수 있습니다.

05. 다시 [링크 만들기]를 클릭하면 [보기 및 편집]에 링크 표시가 삭제되어 나타납니다. 이미 공유되었기에 중복 공유가 되지 않도록 설정되어 있습니다. 만일 링크를 다시 만들고 싶다면 [편집 링크를 받은 사람]을 클릭합니다.

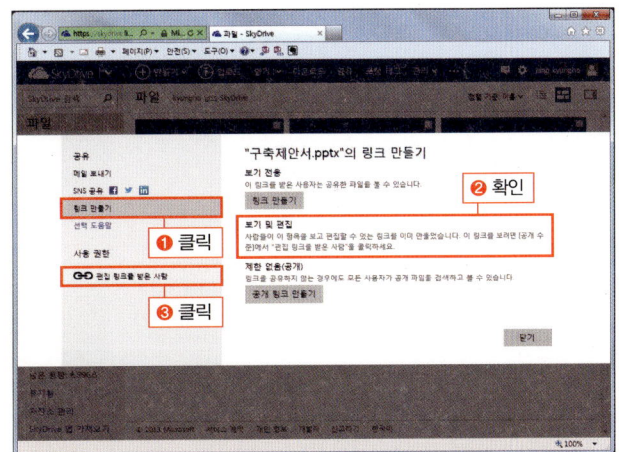

06. 링크가 다시 표시되어 나타납니다. 링크를 복사하여 파일을 공유합니다. 공유를 취소하려면 [사용 권한 제거]를 눌러 공유를 제거합니다.

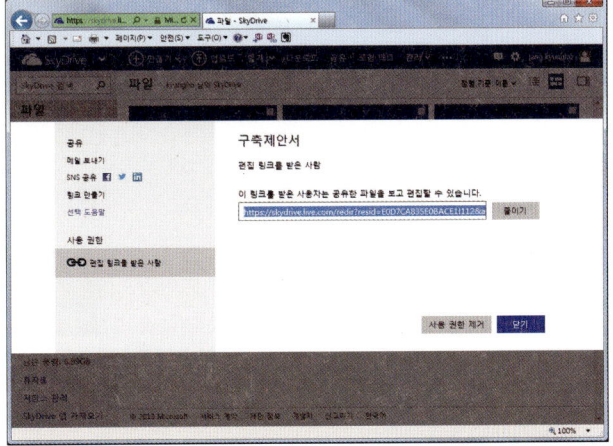

SkyDrive의 각종 오피스 파일은 페이스북을 비롯한 다양한 소셜 네트워크를 통해 공유하거나 배포할 수 있습니다. 여기서는 페이스북을 비롯해 다양한 소셜 네트워크 서비스를 추가해보고 공유하는 방법에 대해서 살펴보도록 하겠습니다.

01. SkyDrive에 업로드한 파워포인트 슬라이드는 페이스북 등의 소셜 네트워크에 파일을 공유할 수 있습니다. [SNS 공유]를 클릭한 후 [서비스를 추가]-[Facebook]을 선택합니다.

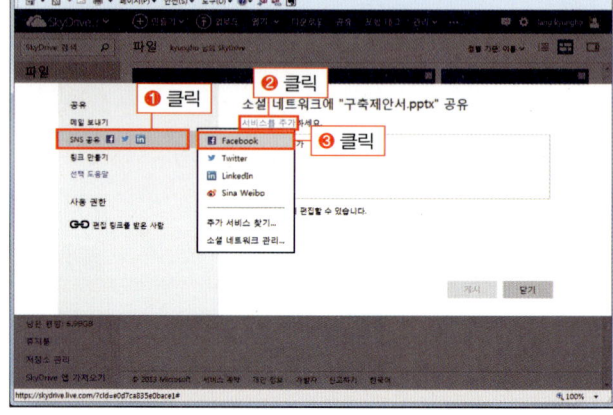

TIP : 본 기능을 사용하기 위해서는 페이스북(www. facebook.com)에 가입되어 있어야 합니다.

02. [Facebook 연결] 창이 뜨면 페이스북과 문서와 사진을 공유하겠다는 동의를 해야 하므로 [연결]을 클릭합니다.

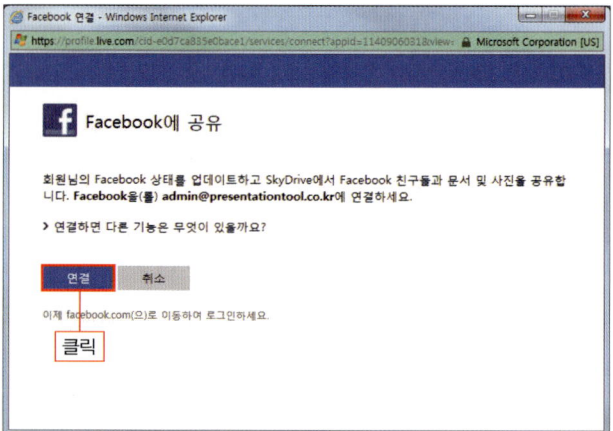

03. [이동할 준비가 되었습니다.] 창이 뜨면 [완료]를 클릭합니다.

04. SkyDrive에서 [공유] 창을 다시 엽니다. [SNS 공유]에서 [Facebook]에 체크되어 있는지 확인한 후 [빠른 메모 추가]에 내용을 입력한 후 [게시]를 클릭합니다.

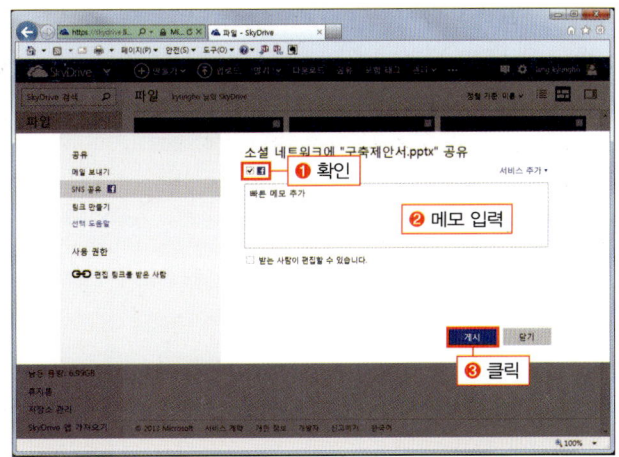

05. 게시가 완료되면 [닫기]를 클릭합니다.

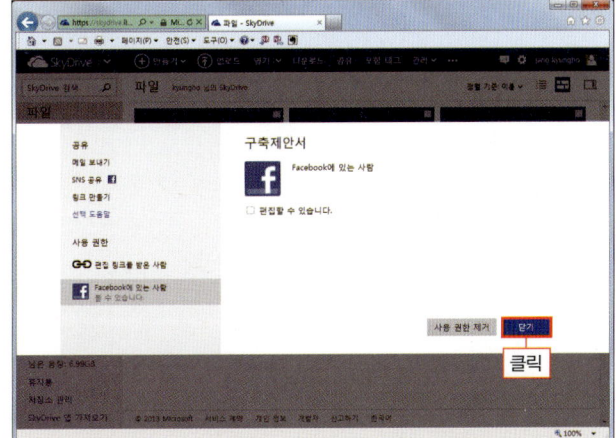

TIP : 페이스북상에 공유한 파워포인트 슬라이드 파일을 누구나 편집할 수 있도록 하기 위해 [편집할 수 있습니다]에 체크 표시를 할 수 있습니다.

06. 페이스북을 열면 문서가 공유된 것을 확인할 수 있습니다. 페이스북 친구라면 누구나 열람이 가능하고, 편집 허용을 하였다면 편집도 자유자재로 진행할 수 있습니다.

07. 참고로, SkyDrive에서 [서비스 추가]를 클릭하면 트위터, 링크드인 등도 연결하여 파일을 공유할 수 있습니다. 또한, [추가 서비스 찾기]나 [소셜 네트워크 관리]를 클릭하여 원하는 소셜 네트워크를 찾거나 관리할 수 있습니다. 여기서는 [추가 서비스 찾기]를 클릭합니다.

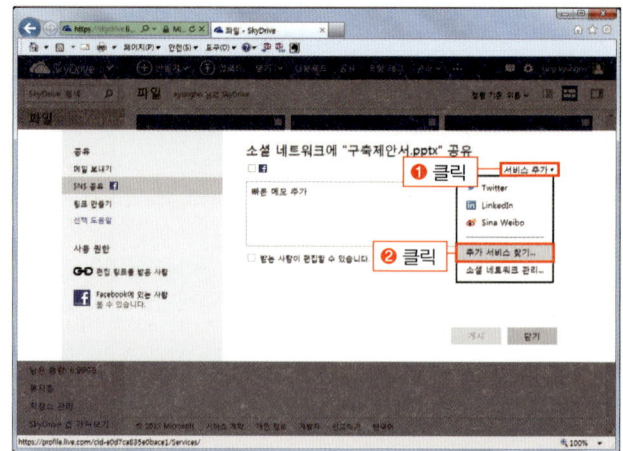

08. 웹 페이지가 열리며 다양한 추가 서비스가 검색됩니다. 추가하고 싶은 서비스를 선택합니다.

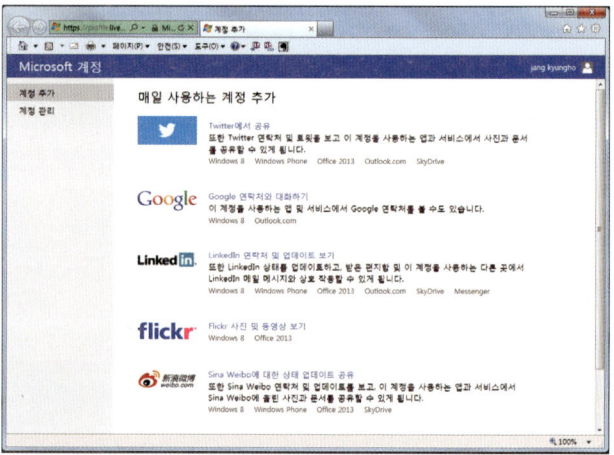

내 컴퓨터에 SkyDrive 데스크톱 앱 설치하기

PC나 Mac(맥)에 SkyDrive 데스크톱 앱을 설치하면 내 컴퓨터에 SkyDrive 폴더가 자동으로 만들어집니다. 이 폴더에 파일이나 사진을 넣으면 SkyDrive가 있는 다른 컴퓨터와 자동으로 동기화되기에 본인의 휴대폰이나 다른 기기에서도 파일에 손쉽게 액세스할 수 있습니다. 여기서는 SkyDrive 데스크톱 앱을 설치한 후 파일에 액세스해 보도록 하겠습니다.

01. 'http://office.live.com' 혹은 'http://www.skydrive.com'에 접속한 후 [PC]를 클릭합니다. [Windows용 SkyDrive 다운로드]를 선택합니다. 경고창이 뜨면 [실행]을 클릭한 후 내 컴퓨터에 프로그램을 설치합니다.

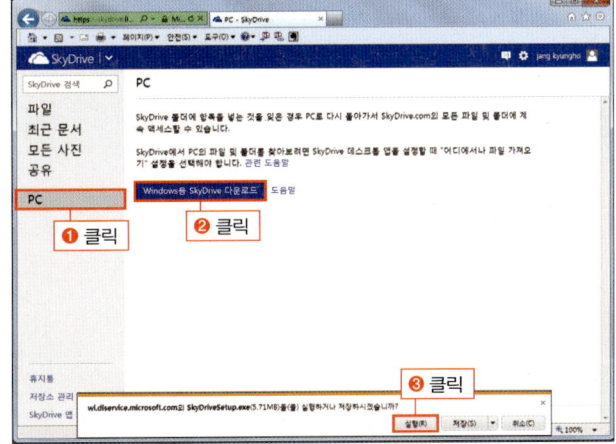

02. [Microsoft SkyDrive] 창이 뜨면 [시작하기]를 클릭합니다. 아이디, 패스워드 입력 창이 뜨면 Windows Live 아이디와 암호를 입력한 후 [로그인]을 클릭합니다.

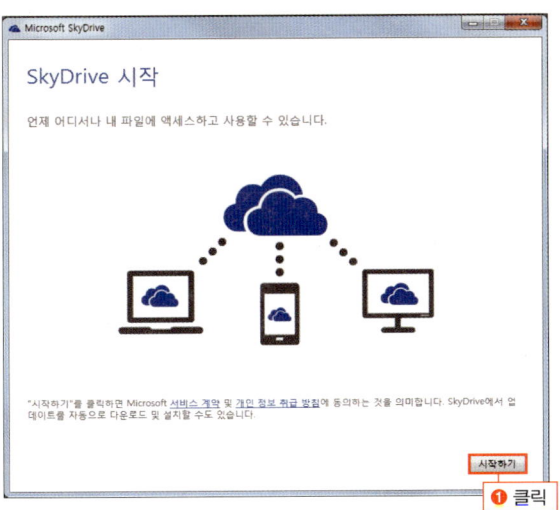

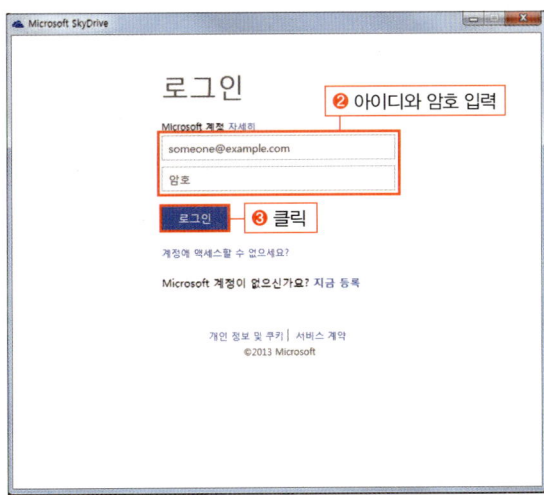

03. 기본 설정 폴더를 그대로 사용하기 위해 [다음]을 클릭합니다.

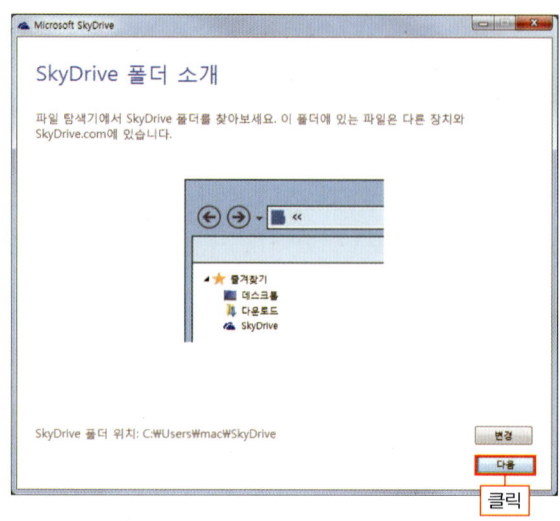

TIP : [변경]을 클릭하면 기본 설정 폴더를 선택할 수 있습니다. 내 컴퓨터에서 엑세스되는 기본 위치는 변경할 수 있습니다.

04. SkyDrive에 있는 모든 항목을 내 컴퓨터에 다운로드 및 동기화하기 위해 [내 SkyDrive의 모든 파일 및 폴더]를 선택한 후 [다음]을 클릭합니다.

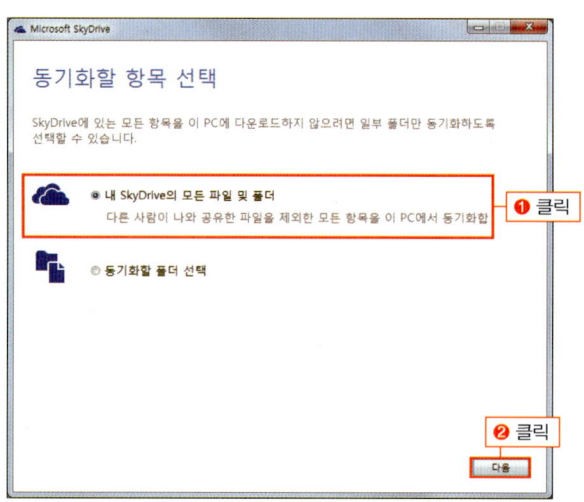

TIP : [동기화할 폴더 선택]의 경우 SkyDrive에서 원하는 폴더만 선택하여 부분 동기화할 수 있습니다.

05. [SkyDrive를 사용하여 이 PC에 있는 내 파일을 가져올 수 있도록 허용]에 체크한 후 [완료]를 선택합니다. 체크할 경우 내 컴퓨터에 있는 파일을 다른 컴퓨터나 장치에서 바로 가져올 수 있습니다.

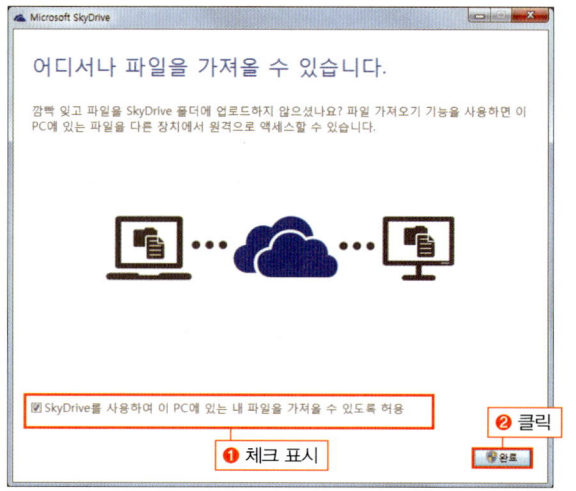

06. 윈도우 탐색기가 자동 실행되면서 SkyDrive 의 모든 파일 및 데이터가 내 컴퓨터에 다운로드 되면서 연동됩니다. 외부의 파일을 SkyDrive 폴더 에 드래그하면 자동으로 SkyDrive가 연동되어 온라인, 오프라인 모두에서 SkyDrive를 사용할 수 있습니다.

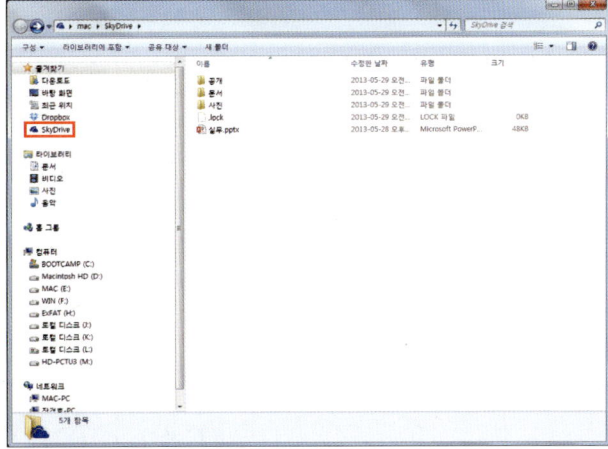

07. 내 컴퓨터에 설치된 SkyDrive 데스크톱 앱 의 설정은 작업 표시줄 맨 오른쪽의 알림 영역에 서 변경할 수 있습니다. 작업 표시줄 맨 오른쪽의 알림 영역을 클릭합니다. [SkyDrive(스카이드라이 브)](🌥️) 아이콘을 마우스 오른쪽 클릭한 후 [설 정] 항목을 클릭합니다.

08. [설정], [폴더 선택], [성능], [정보] 탭 중에서 원하는 영역을 선택하여 SkyDrive 데스크톱 앱의 설정을 변경할 수 있습니다.

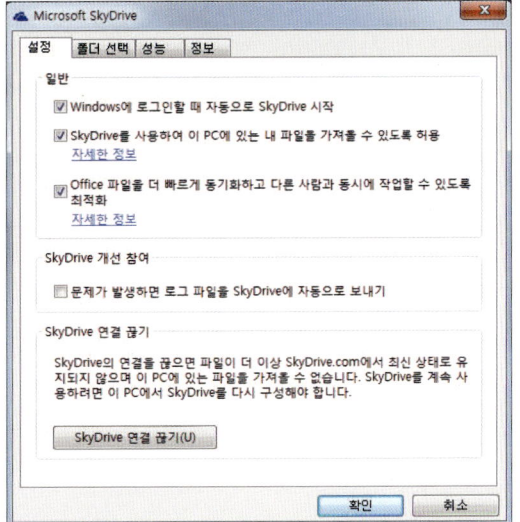

09. [SkyDrive(스카이드라이브)](☁) 아이콘을 마우스 오른쪽 클릭한 후 [저장소 관리]를 선택합니다. SkyDrive의 용량을 비롯해 추가로 저장 공간을 구입할 수 있습니다.

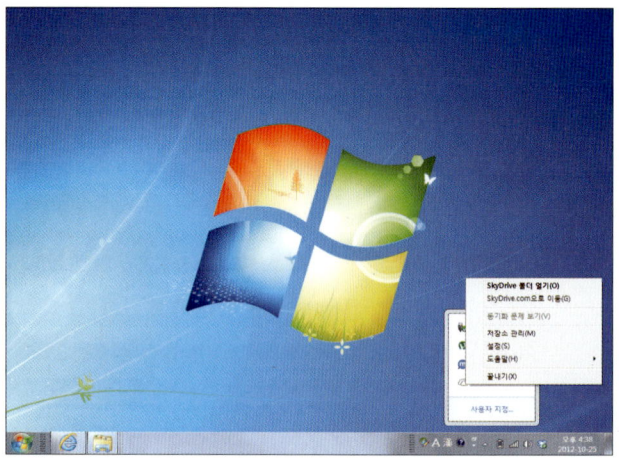

10. SkyDrive의 용량을 비롯해 추가로 저장 공간을 구입할 수 있습니다.

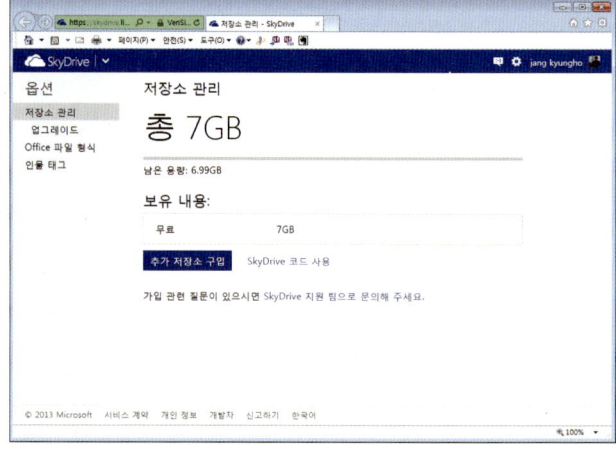

LESSON
04

레벨 ● ● ●

다양한 서식이 있는 Office.com 과 도움말

파워포인트 2013을 사용하다보면 생소한 기능이나 사용 방법을 모르는 기능이 나올 수 있습니다. 이럴 때에는 파워포인트에서 기본적으로 제공해주는 도움말 기능을 이용하면 어느 정도 쉽게 해결할 수 있습니다. 여기서는 다양한 서식과 템플릿이 가득한 Office.com 사용 방법을 비롯해 도움말 기능에 대해서 살펴보도록 하겠습니다.

기초탄탄 ▶ Office.com 살펴보기

■ 다양한 서식과 템플릿이 가득한 Office.com `69P`

파워포인트 작업시 스토리에 부합하는 이미지나 멀티미디어적인 요소를 찾는 것은 쉽지 않습니다. 설명하고자 하는 내용에 적합한 이미지를 함께 삽입하여 표현해야 독자들이 쉽게 이해하고 전달받을 수 있기에 스토리에 부합하는 이미지를 찾는 것은 매우 중요합니다.

마이크로소프트사에서 제공해 주는 Office.com을 이용하면 다양한 서식과 템플릿을 다운로드 받아 슬라이드에서 사용할 수 있습니다. 예를 들어, '지도' 관련 이미지를 다운로드 받고 싶다면 『지도』, 혹은 『MAP』 등으로 검색하여 파워포인트로 불러옵니다.

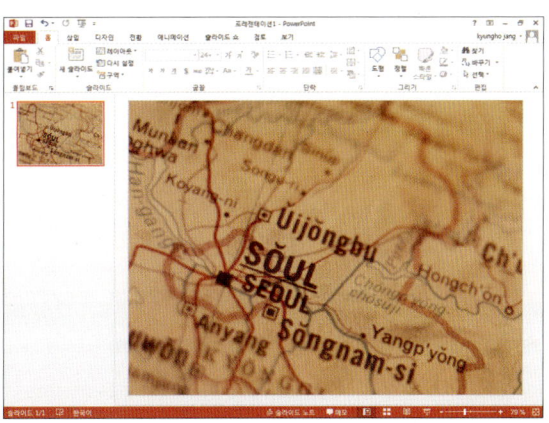

■ 파트너사 이미지 출처 살펴보기 71P

Office.com에도 제공하는 서식이나 이미지도 저작권에 유념해야 합니다. 만일, 프레젠테이션 문서가 배포되거나 공유가 목적이라면 Office.com에서 다운로드 받은 이미지나 사진도 사용할 때 주의해야 합니다. 각 이미지마다 제공자가 나타나게 되는데 아래의 이미지 제공자는 iCLIPART, Fotolia라는 마이크로소프트사의 파트너사입니다. Office.com을 통해 보통은 무료로 이미지를 사용할 수 있지만 관련 저작권 규정이 존재할 수 있으니 반드시 숙지하도록 합시다.

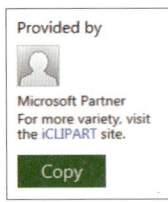

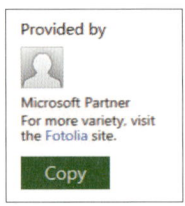

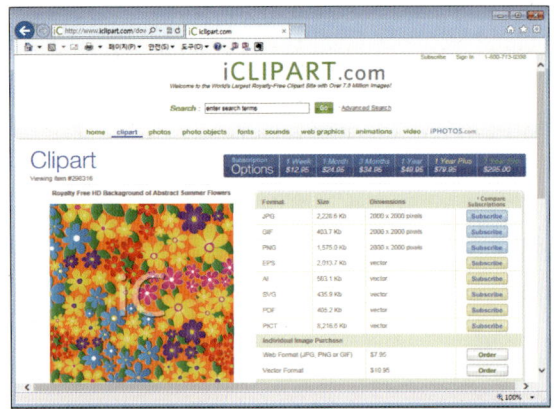

▲ iCLIPART

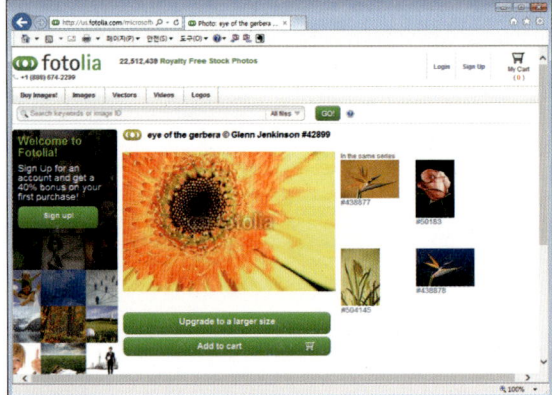

▲ Fotolia

■ Office.com 으로 새로운 기능 배우기 73P

오피스 2013 설치 완료 창이 나타났을 때 [온라인 서비스 이용]을 클릭하거나 http://www.office.com 에 접속하여 [지원]을 클릭하면 오피스 2013 관련 다양한 정보를 확인할 수 있습니다. 파워포인트 뿐 아니라 워드, 엑셀, 원노트 등 오피스 2013 제품군의 새로운 기능이나 기본 기능 등을 동영상과 함께 배울 수 있습니다. 빠른 시작 가이드를 가져오는 방법은 STEP 03에서 다루겠습니다.

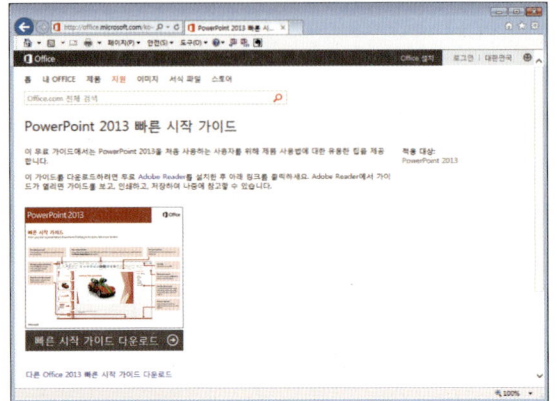

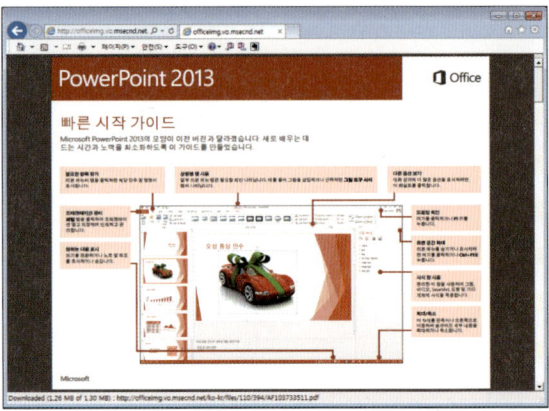

Office.com에는 배경 이미지, 아이콘, 사진, 양식, 일러스트레이션, 애니메이션, 사운드 등 다양한 자료가 많습니다. 여기서는 Office.com을 이용하는 방법에 대해서 살펴보겠습니다.

01. 'http://www.office.com'에 접속합니다. [서식 파일]을 클릭한 후 [모든 서식 파일 검색]에 원하는 검색어를 입력합니다. 여기서는 『무대 커튼』을 입력한 후 [검색]을 클릭합니다.

02. 서식 파일이 검색되면 원하는 서식 파일을 클릭합니다.

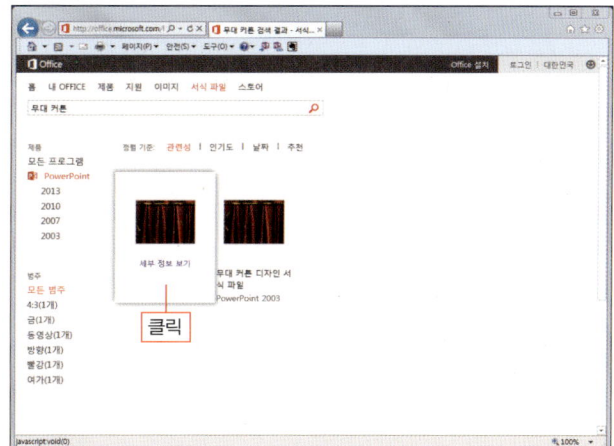

03. 슬라이드 화면과 설명을 확인할 수 있으며, 버전 및 다운로드 수, 파일 크기, 추천 수 등이 표시되는 상세 페이지가 열립니다. [다운로드]를 선택합니다.

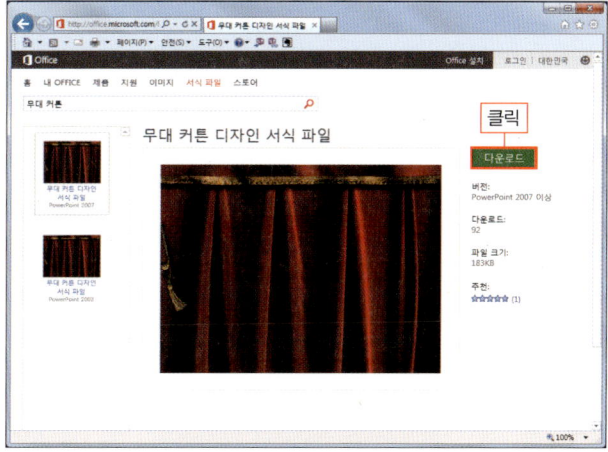

04. 만일, [Microsoft 서비스 계약] 고지 사항이
나타나면 내용을 확인 후 [동의함]을 클릭합니다.

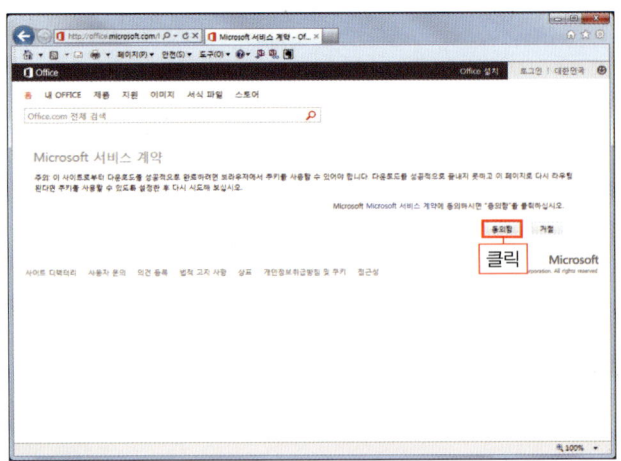

05. 잠시 후, [다른 이름으로 저장] 대화상자가
표시됩니다. [저장]을 클릭합니다.

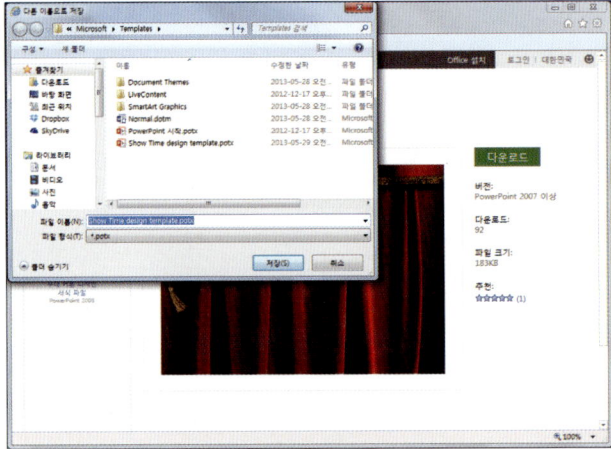

> **TIP** : 윈도우 환경에 따라 [다른 이름으로 저장] 대
> 화상자 없이 바로 파워포인트가 실행되며 서식 파일이
> 열릴 수도 있습니다.

06. 파워포인트 2013이 실행되며 서식 파일이
열립니다.

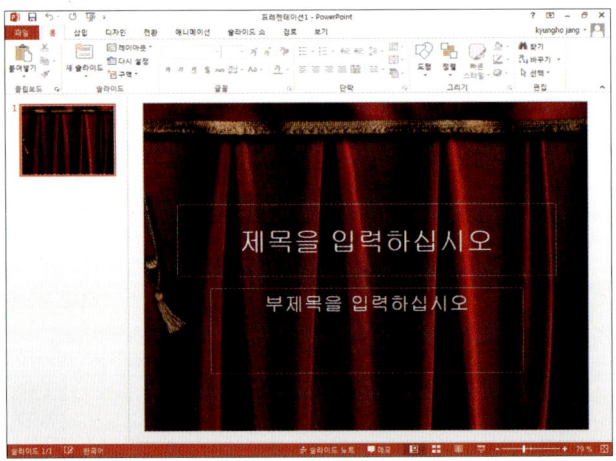

STEP 02 ● 미국, 일본 계정으로 이미지 검색하기

Office.com에 접속한 후 [이미지]를 클릭하면 일러스트레이션부터 사진, 애니메이션 그리고 사운드까지 다양한 멀티미디어적인 요소를 다운로드 받을 수 있습니다. 국내 계정으로 접속하게 되면 한글 사이트로 접속되는데 한글 사이트보다는 미국 사이트로 접속해 이미지를 검색하는 것이 훨씬 효율적이며, 검색되는 이미지 수도 많습니다.

01. 여기서는 한국 계정에서 미국 계정으로 변경해서 이미지를 검색해 보겠습니다. 한글 사이트에서 미국 사이트로 변경하기 위해 오른쪽 상단의 [대한민국]을 클릭한 후 [United States – English]를 선택합니다.

 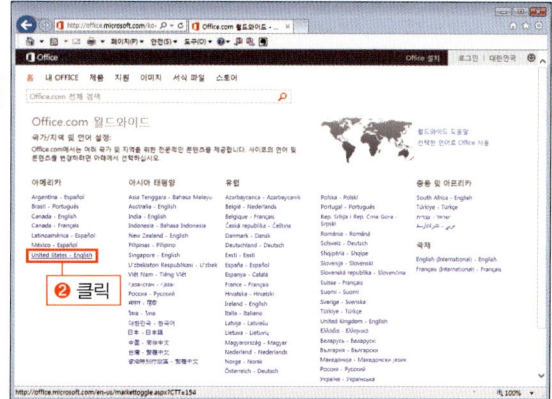

02. 미국 사이트로 변경되면 [images]를 클릭합니다. 키워드 입력란에 『JAPAN』을 입력한 후 [Search]를 클릭합니다. 일러스트 이미지를 비롯해 사진 등 다양한 일본 관련 이미지가 검색됩니다.

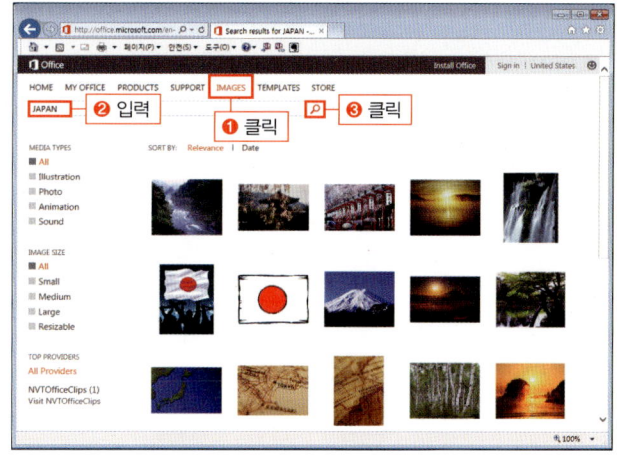

03. [MEDIA TYPES]에서 일러스트나 사진, 애니메이션 등을 선택할 수 있습니다. 여기서는 [MEDIA TYPES] 항목의 [Photo]를 선택합니다. 사진 이미지만 검색됩니다. 원하는 이미지를 클릭합니다.

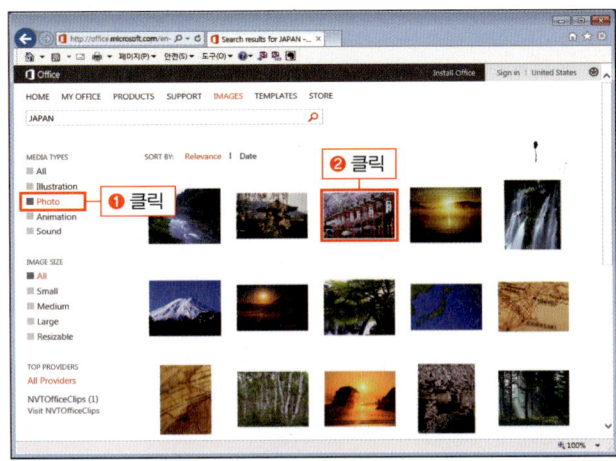

> **TIP :** 검색되는 이미지는 사용자에 따라 다를 수 있습니다. 본 이미지가 검색되지 않으면 다른 이미지를 선택합니다.

04. 상세 페이지가 나타납니다. 이미지 사이즈를 비롯해 용량, 다운로드 횟수 등을 확인할 수 있습니다. [Copy]를 누릅니다.

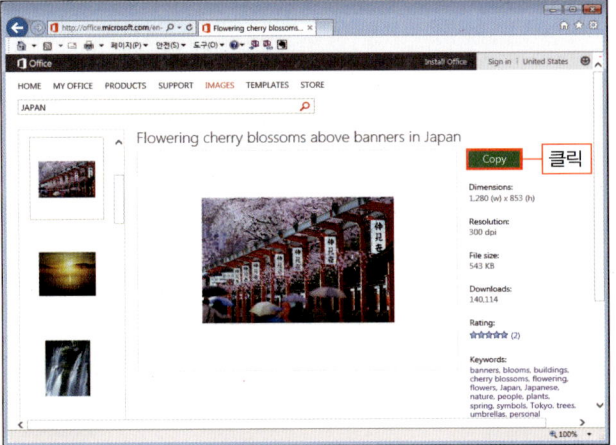

05. 파워포인트를 열어 복사한 이미지를 Ctrl + V 를 눌러 붙여넣기 합니다.

> **TIP :** 선택한 이미지와 유사한 이미지를 더 찾고 싶다면 [See similar images]를 클릭합니다. 본 과정이 궁금하신 분은 저자의 블로그 http://blog21.kr/401928780035에서 알아보시기 바랍니다. QR 코드를 스마트폰에서 찍으시면 바로 확인할 수 있습니다.

Office.com을 통해 파워포인트 2013을 비롯한 엑셀, 워드, 엑세스 2013 등의 빠른 시작 가이드를 불러올 수 있습니다. 다운로드하거나 인쇄하여 활용할 수 있습니다.

01. 빠른 시작 가이드를 불러오기 위해 Office.com에서 [지원]을 클릭합니다.

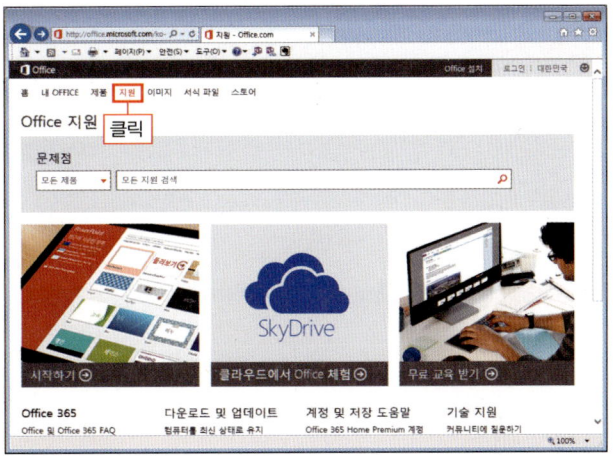

02. 다양한 오피스 관련 내용을 확인할 수 있습니다. 여기서는 [모든 Office 2013 빠른 시작 가이드]를 클릭합니다.

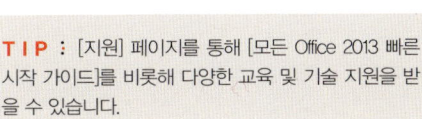
TIP : [지원] 페이지를 통해 [모든 Office 2013 빠른 시작 가이드]를 비롯해 다양한 교육 및 기술 지원을 받을 수 있습니다.

03. [모든 Office 2013 빠른 시작 가이드] 페이지가 나타납니다. 다양한 오피스 관련 시작 가이드 중에서 [PowerPoint 2013 빠른 시작 가이드]를 클릭합니다.

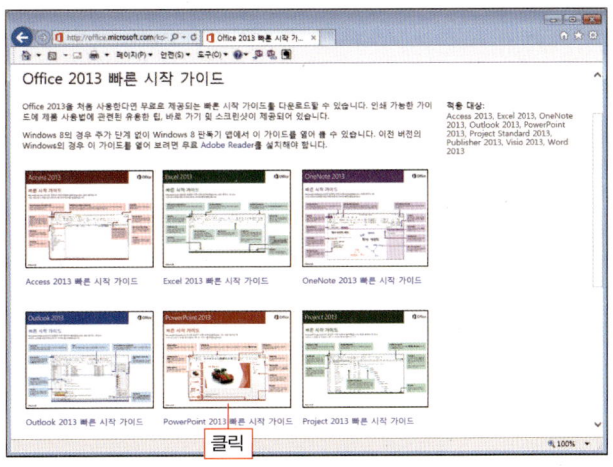

04. [PowerPoint 2013 빠른 시작 가이드] 페이지가 나타나면 [빠른 시작 가이드 다운로드]를 클릭합니다.

05. PDF 파일이 실행되며 빠른 시작 가이드 내용을 확인할 수 있습니다.

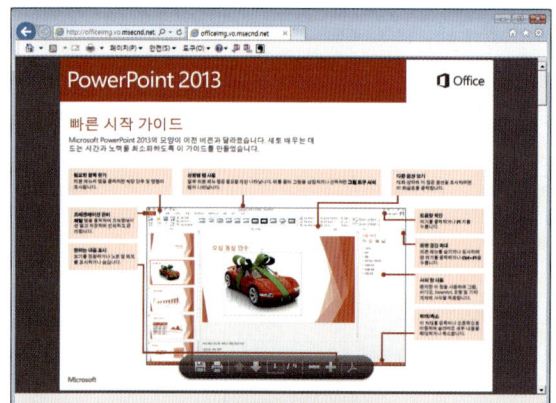
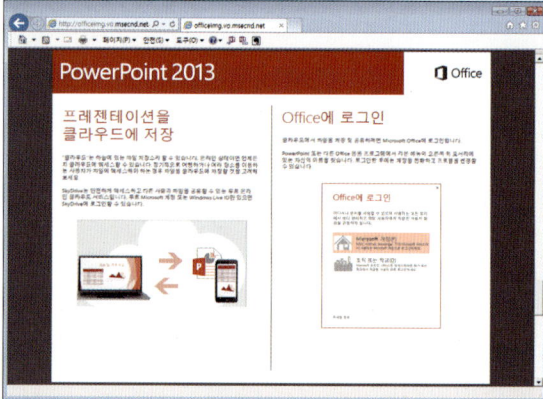

파워포인트를 사용하다가 모르는 용어나 기능의 경우 파워포인트의 막강한 정보 창고인 도움말 기능을 이용하면 쉽고 빠르게 해결할 수 있습니다.

01. 파워포인트 오른쪽 상단에 있는 [도움말] (?)을 클릭합니다. [PowerPoint 도움말] 대화상 자가 나타나면 질문 상자에 해결하기 원하는 질문을 입력합니다. 여기서는 『레이아웃』이라고 입력합니다. 그런 다음 [검색]을 클릭합니다.

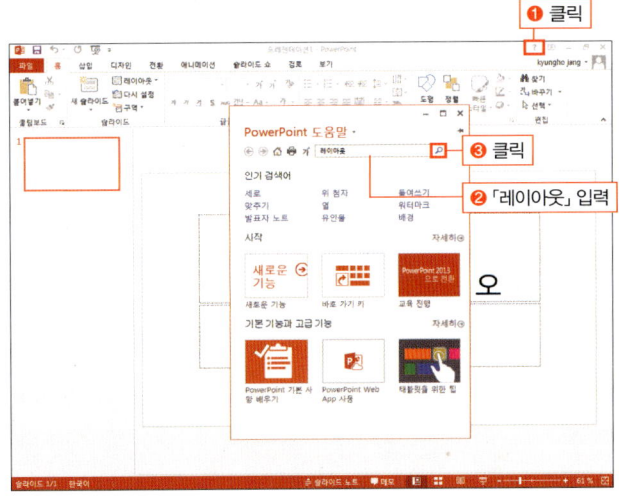

> **TIP :** [도움말] 대화상자는 **F1** 을 눌러 불러올 수 있 습니다.

02. 검색 결과가 나타납니다. '레이아웃'에 관한 다양한 도움말이 나타납니다. 그 중 원하는 도움 말을 선택합니다.

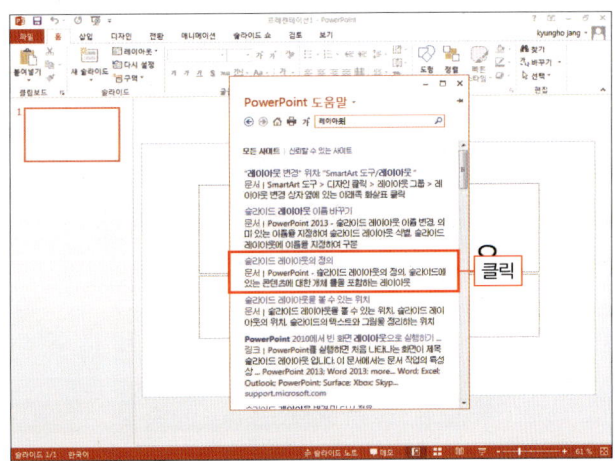

03. 관련된 도움말이 상세히 나타납니다.

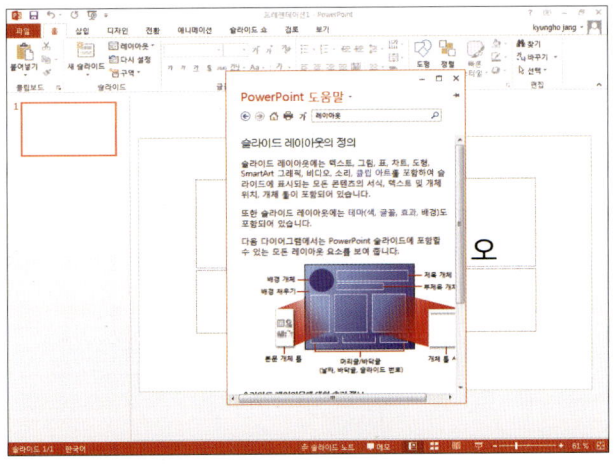

> **TIP :** [인쇄](🖨) 단추를 클릭하면 해당되는 도움말 을 인쇄할 수 있습니다.

이미지를 정리하고 효율적으로 검색하는 방법

슬라이드 작성시 내용을 구성하고 원하는 느낌의 이미지를 정확히 찾아내기란 생각보다 쉽지 않습니다. 또한, 내 컴퓨터에 있는 무수히 많은 이미지를 제대로 정리하기도 쉽지 않습니다. 그렇다고 슬라이드를 작성할 때마다 유료 이미지 제공 사이트를 통해 이미지를 찾는 것 역시 많은 시간적, 물질적 비용이 필요하기에 그마저 쉽지 않은 방법입니다.

그렇다면 이미지를 제대로 정리하고 효율적으로 검색하는 방법은 없을까요? 여기서는 무료로 제공되는 서비스 중 원하는 느낌의 이미지를 손쉽게 가져오고 활용하는 방법에 대해서 살펴보도록 하겠습니다.

1. 피카사(Picasa)를 활용하여 이미지 보관과 정리하기

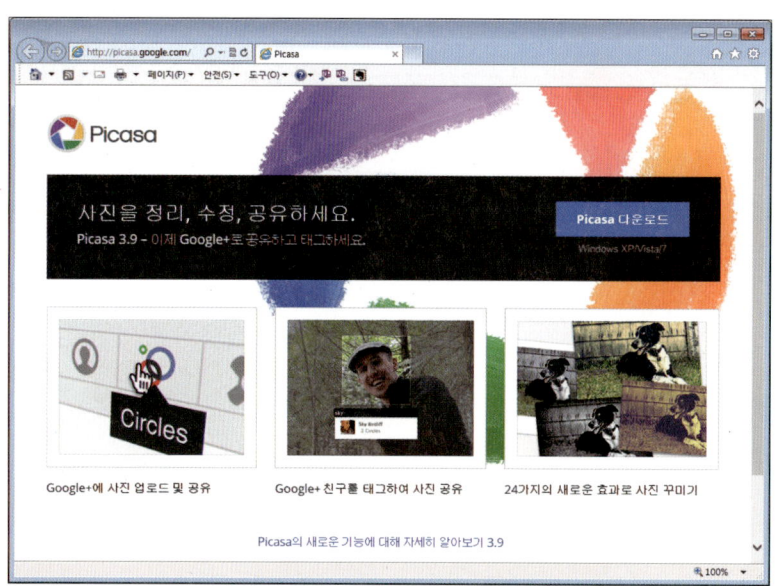

▲ Picasa 사이트 (http://picasa.google.com)

Picasa라는 사이트는 구글에서 제공하는 서비스로서 사진 보관과 정리를 위해 특화된 이미지 검색 플러그인입니다. 이를 사용하기 위해서는 Picasa 프로그램을 내 컴퓨터에 설치해야 하는데, 일단 설치가 되면 내 컴퓨터 안에 분산되어 있는 모든 사진들과 동영상을 검색하여 시간대별로 한 화면에 정리해 줍니다.

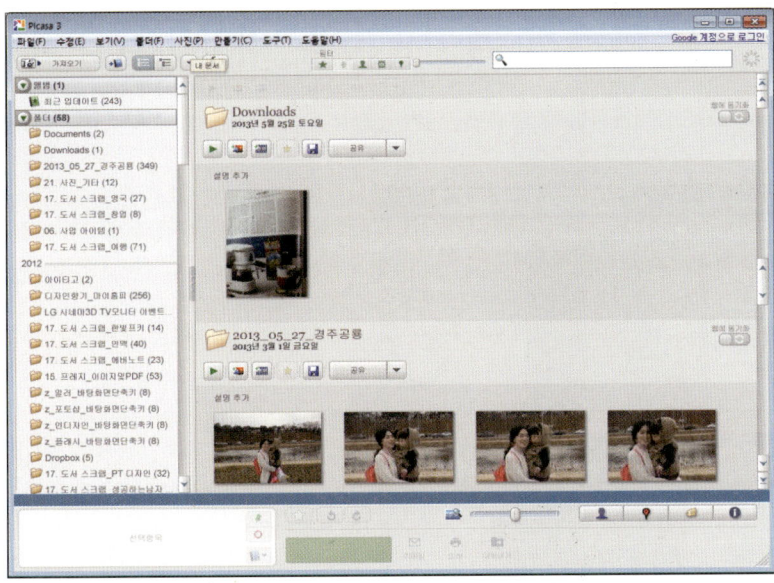
▲ Picasa 검색 플러그인

Picasa의 특징 중 하나는 사람의 얼굴을 인물별로 인식하여 자동으로 정리하는 기능이 존재한다는 점입니다. 먼저 Picasa를 통해 사람의 얼굴을 인식시킨 후 인식한 얼굴 중 하나를 선택하면 그 인물이 찍힌 모든 사진들이 검색되어 보여집니다. 내 컴퓨터 안에 프레젠테이션을 위한 사진들이 뒤죽박죽되어 정리가 되어 있지 않을 때 Picasa를 이용하면 손쉽게 정리가 가능하며, 비슷한 사진을 분류하여 원하는 사진을 쉽게 찾을 수 있습니다.

2. Flickr를 통한 저작권 없는 이미지 검색하기

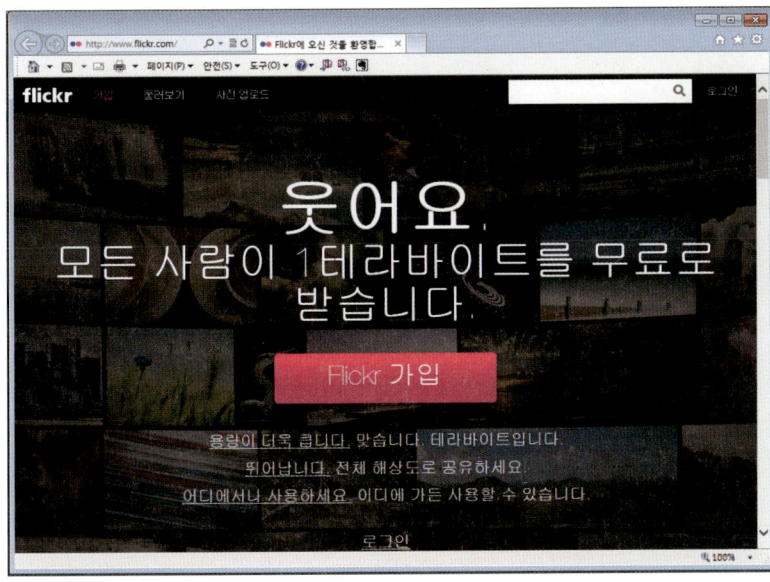
▲ Flickr 사이트 (http://www.flickr.com)

Flickr의 가장 큰 특징은 전 세계의 다양한 사진을 빠르게 검색할 수 있다는 점입니다. 따라서 네이버나 다음처럼 국내의 이미지 검색에서 찾아지지 않는 이미지도 쉽게 찾을 수 있다는 장점이 있습니다.

▲ 'twitter' 라는 단어로 검색

특히, Flickr는 개인이 직접 찍은 사진을 서로 공유하는 기능도 활성화되어 있어 개인의 사진을 Flickr에 올려 공유하는 경우도 많이 있습니다. 특히, Creative Commons를 통해 이미지의 변경을 금지하는 저작권 표시 이미지와 저작권이 자유로운 비영리 사용권 이미지를 분류하여 검색할 수 있습니다. 그렇기에 배포를 목적으로 하는 프레젠테이션 작업 시 유용하게 활용할 수 있습니다. 이미지 검색 시 [고급 검색]을 클릭하여 저작권 범위를 선택하여 원하는 이미지를 검색할 수 있습니다.

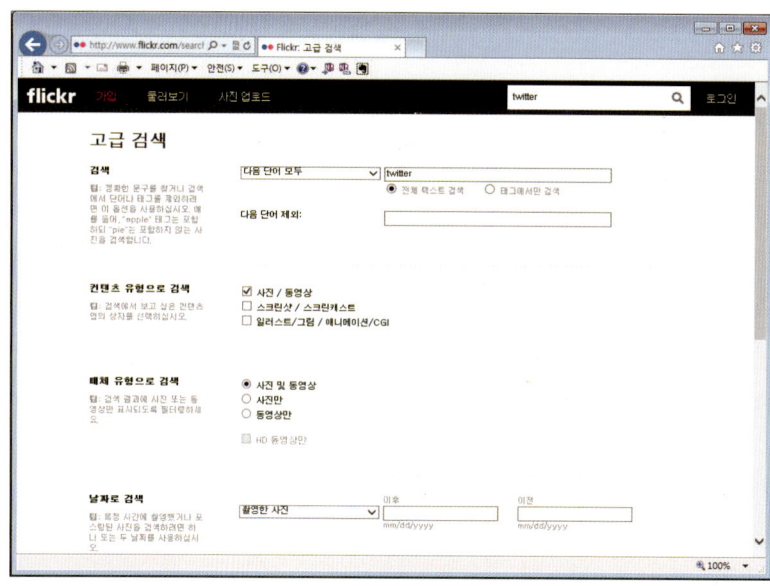

▲ 이미지 고급 검색

3. 지니픽(Ginipic)을 통해 검색어로 이미지 수집하기

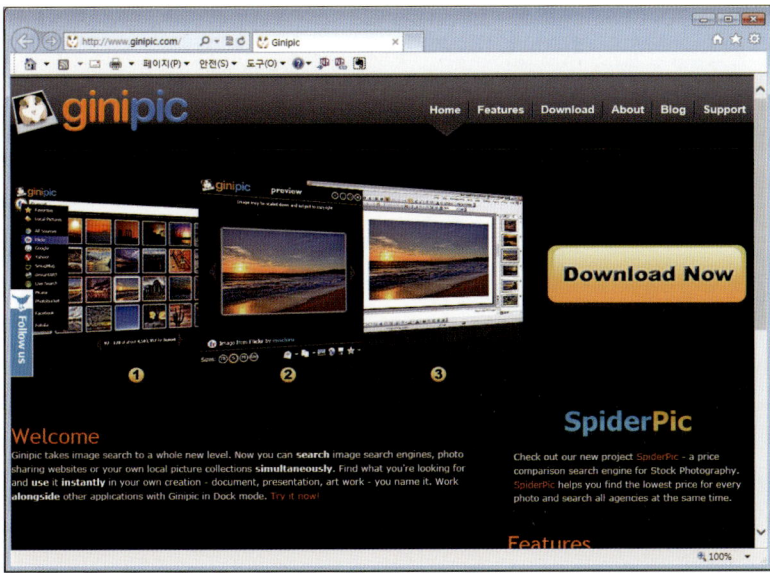

▲ Ginipic 사이트 (http://www.ginipic.com)

지니픽(Ginipic)의 특징은 유명한 검색 엔진과 이미지 사이트를 연동하여 여러 이미지 검색 사이트의 다양한 이미지를 한 번에 검색할 수 있다는 점입니다. 지니픽(Ginipic)을 사용하기 위해서는 먼저 프로그램을 설치해야 합니다. 프로그램이 설치되면 오른쪽 사이드 바에 이미지를 검색할 수 있는 창이 생성됩니다. 자동 숨기기 기능이 있어 이미지 검색이 필요한 경우에만 창을 활성화 할 수 있습니다.

이미지를 선택하면 Preview 창에 저작권이 있는 경우 저작권 표시 안내가 나타나며, 우측 하단에 메일이나 Clipboard 복사 등 다양한 기능도 함께 제공되어 이미지 검색을 간편하게 할 수 있습니다.

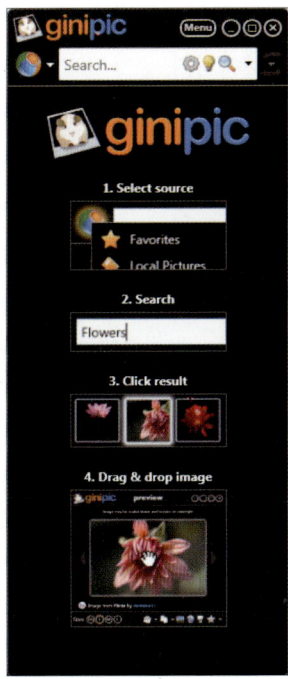

▲ Quick view

4. flicker 사진을 보다 쉽게 검색할 수 있는 Compfight

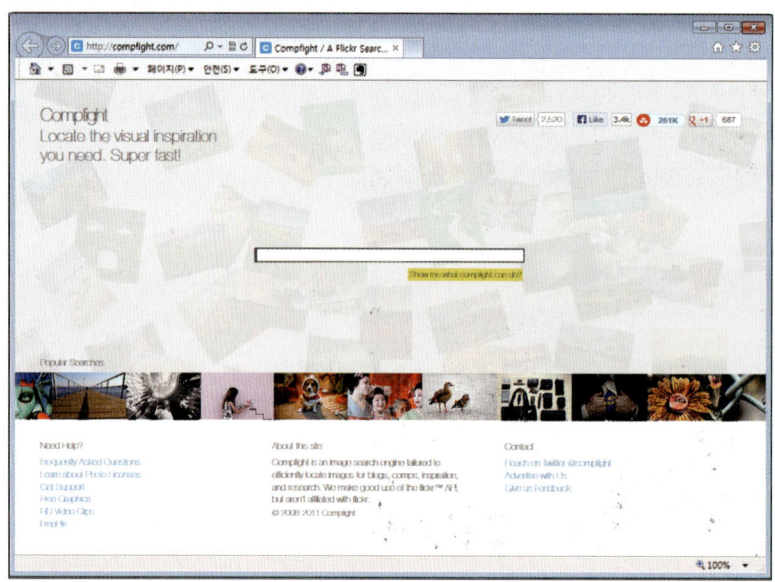

▲ Compfight 사이트 (http://www.compfight.com)

Compfight는 방대한 flicker의 원하는 이미지를 빠른 속도로 검색할 수 있는 인터페이스를 제공합니다. 특히 한 화면에 표시되는 이미지의 수가 많기 때문에 다음 페이지로 이동시키는 수고를 덜어주는 특징이 있습니다. 이미지를 선택하면 Flickr 사이트에 접속되어 해당하는 계정으로 자동 연결됩니다. Flicker의 이미지를 보다 빠르게 찾고자 한다면 compfight를 사용해 보시기 바랍니다.

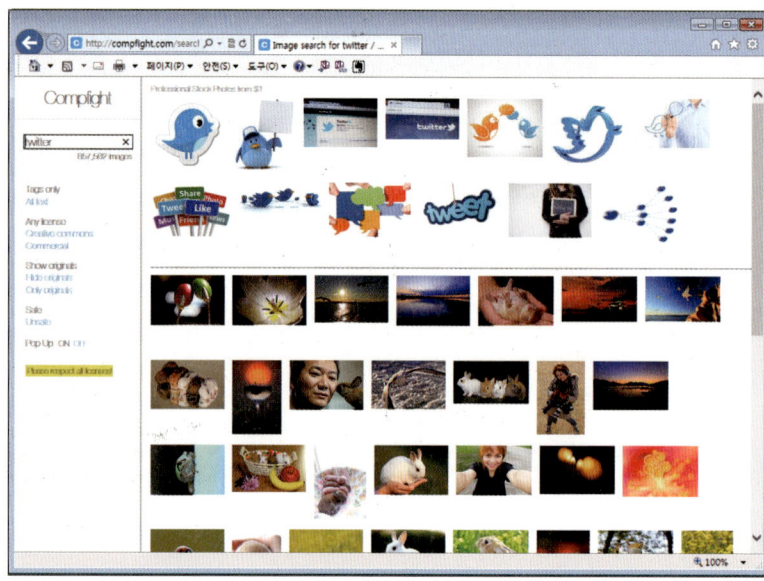

▲ 이미지를 보다 빠르게 검색할 수 있는 Compfight

5. 아이콘을 빠르게 검색해 주는 ICON FINDER

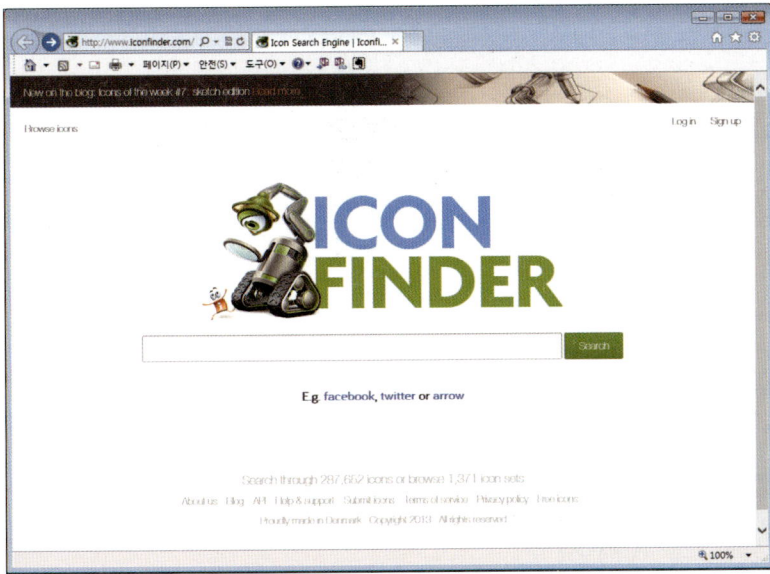

▲ ICON FINDER 사이트 (http://www.iconfinder.com)

ICON FINDER 사이트를 통해 다양한 종류의 아이콘을 손쉽게 검색하고 다운로드 받을 수 있습니다. 그 중 유료 아이콘도 있으니 참고하기 바랍니다.

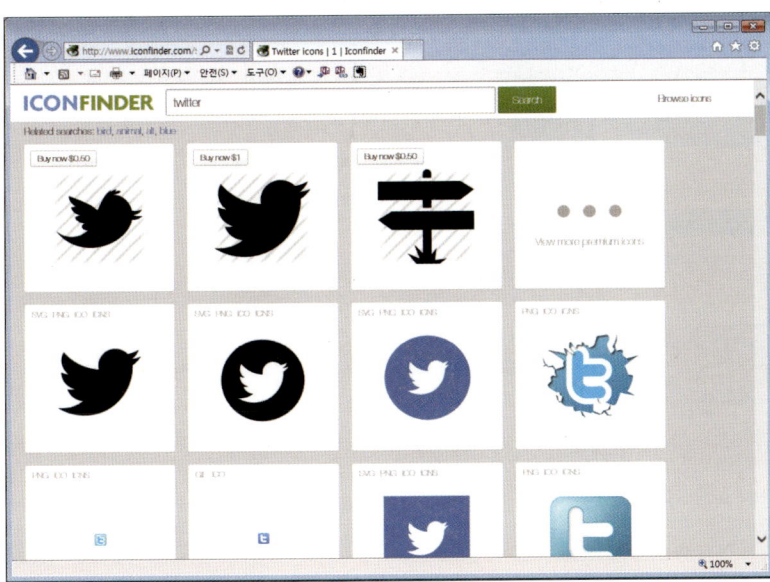

▲ 아이콘 검색하기

TIP : 더 많은 서식 및 이미지 사이트가 궁금하신 분은 필자의 블로그 http://blog21.kr/40190007517 에서 살펴보기 바랍니다. QR 코드를 스마트폰에서 찍으시면 바로 확인할 수 있습니다.

자료 수집 단계와 반드시 알아야 하는 정보 수집 창고

프레젠테이션을 기획하고 목표가 설정되면 청중을 설득하기 위해 필요한 자료를 수집해야 합니다. 수집하는 자료는 설정해 놓은 목표에 최대한 부합해야 하는데, 처음 단계에서는 원하는 자료가 아니더라도 무조건 수집을 해 놓는 것이 좋습니다.

1. 자료 수집 단계

청중을 설득하기 위한 이슈는 언제나 달라질 수 있고, 필요없는 자료라도 나중에는 귀한 자료가 되는 경우도 흔하게 있습니다. 물론, 필요 유무에 상관없이 자료를 무조건적으로 수집하는 것이 아니라 수집 이후에 어떻게 가공해 놓고 필요할 때 어떻게 제시할 수 있느냐가 중요합니다.

자료는 신문이나 잡지, 인터넷 등의 다양한 매체를 통해 얼마든지 확인하고 얻을 수 있습니다. 수집한 자료를 분석할 때에는 그 자료를 얼마나 신뢰할 수 있으며, 얼마나 최근의 자료인지를 밝혀내는 것이 중요합니다. 무엇보다 중요한 것은 이 자료가 어디서 나온 것인지 출처를 명확히 밝힐 필요가 있습니다. 출처는 내가 주장하는 내용의 신뢰도를 높이고, 청중들을 설득하는 좋은 무기입니다.

▲ 자료 수집 단계

> **TIP : 자료 수집시 유의할 점**
> • 자료는 최대한 많이 수집한다.
> • 관련 업체나 경쟁 업체의 정보도 수집한다.
> • 신문이나 잡지, 전문지 등의 가공된 정보를 최대한 활용한다.
> • 출처는 반드시 표기하며 오류를 확인한다.
> • 공신력 있는 연구기관의 데이터나 전문가의 전문지식은 믿을 수 있다.
> • 최신 자료 위주로 구한다.

2. 산업 지표 및 행정 자료 수집 창고

국내에는 무료로 제공되는 정보 수집을 위한 사이트가 여러 개 존재합니다. 회사 내의 실적이나 주요 지표는 직접 확인하고 파악할 수 있지만, 회사 외의 산업 지표나 행정 자료는 직접 확인할 수 없습니다. 자료 수집 단계에서 알고 있으면 좋은 사이트 몇가지를 소개하겠습니다.

e-나라지표 시스템

e-나라지표 시스템은 국가 공식 승인 통계 자료뿐만 아니라, 각종 현황이나 행정 자료들을 제공하는 서비스입니다. 시계열 자료를 통하여 정책 결과의 변동을 확인할 수 있으며, 이를 그래프로 도식화하여 쉽게 그 추이를 알 수 있습니다. 또한, 이용자들의 이해를 돕고자 지표에 대한 분석 자료를 함께 제공하고 있습니다.

▲ e-나라지표 홈페이지 (http://www.index.go.kr)

e-나라지표 사이트를 방문하면 경제, 사회, 문화별로 다양한 지표를 확인할 수 있습니다. 예를 들어 [지표 분류]-[분야별지표]를 클릭하면 총량지표부터 경제, 사회, 문화 등 사회 전반적인 경제 지표에 대해서 살펴볼 수 있습니다.

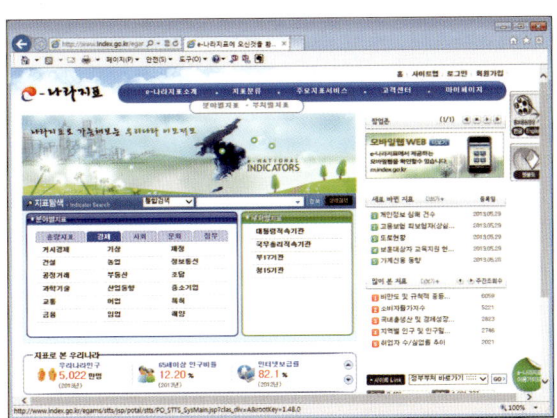 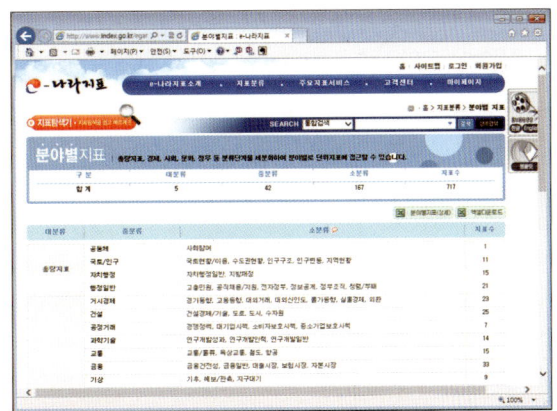

▲ [지표 분류]-[분야별지표] 클릭

[문화] 항목의 [관광산업]-[관광수지 실적]을 선택하면 우리나라의 관광수지에 대해서 시계열 분석으로
확인할 수 있습니다.

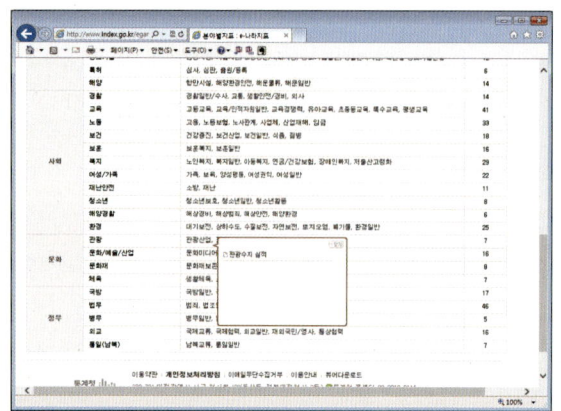 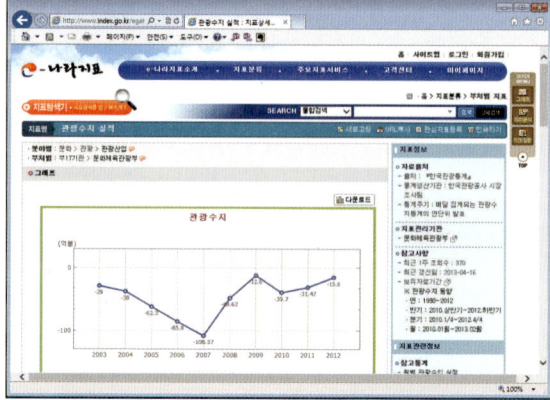

▲ [지표 분류]-[분야별지표] 클릭

선택한 항목에 따라 연관된 관련 파일을 다운로드 받을 수 있으며, 다양한 의견 및 질문도 할 수 있습니
다. 또한, 각종 데이터는 관련 파일을 다운로드 받거나 현재 데이터를 엑셀로 가져와 각종 보고서나 프
레젠테이션 시 참조할 수 있습니다.

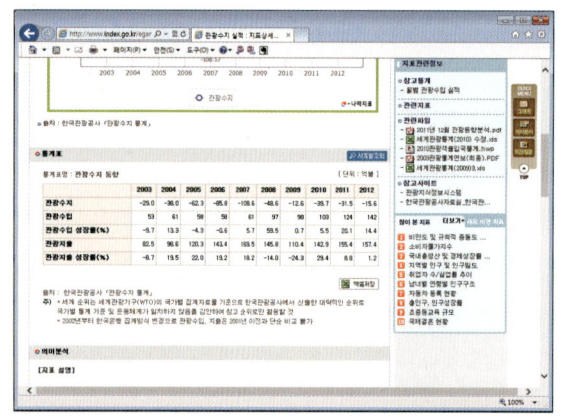 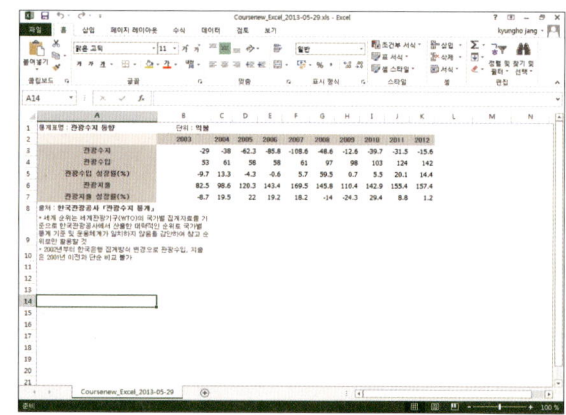

▲ 다양한 통계 및 분석 열람 및 다운로드 가능

KOSIS 국가통계포털

보다 전문적인 통계 자료가 필요하다면 KOSIS 국가통계포털을 방문해 정보를 얻을 수 있습니다. 각종 통계자료가 주제별로 나열되어 있으며, 기관별, 명칭별로도 검색할 수 있습니다. 다만 보다 자세한 통계 데이터베이스를 검색하기 위해서는 통계 DB 조회 프로그램(SIGA)을 설치하여야 합니다. 이를 설치하면 자료 분석 및 차트 등 다양한 고급 기능을 이용할 수 있습니다.

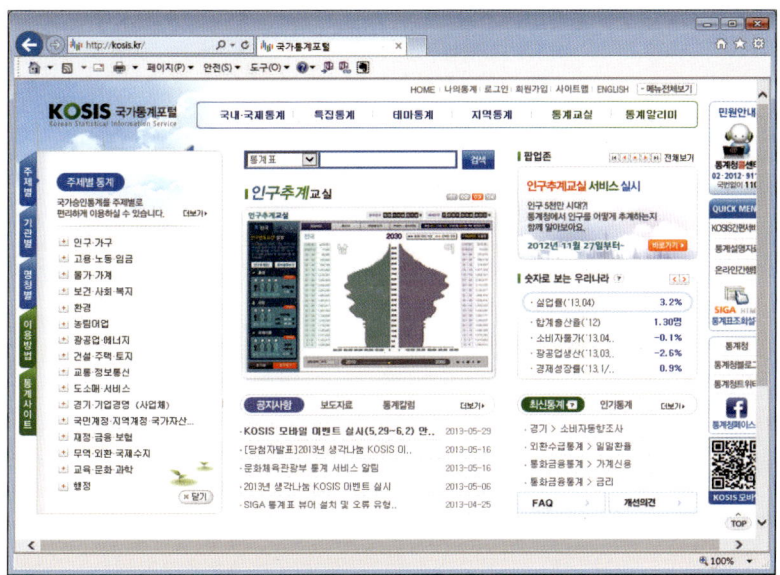

▲ KOSIS 국가통계포털 사이트 (http://www.kosis.kr)

[국내·국제통계]에서 [주제별 통계]를 선택합니다. 각종 통계가 주제별로 나타나면 원하는 주제를 검색합니다. [통계표보기]를 클릭하면 통계표를 확인할 수 있습니다.

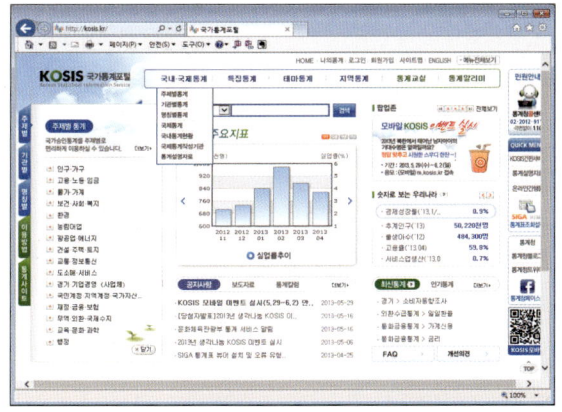
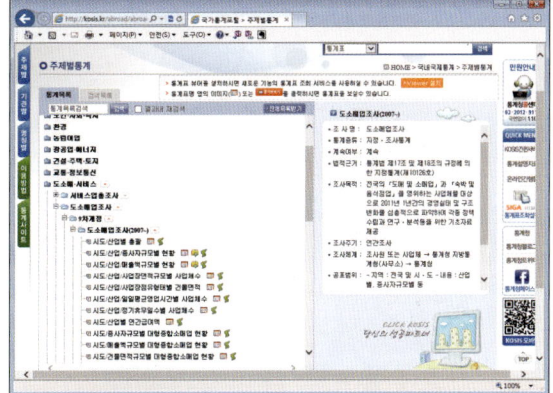

▲ 다양한 통계 및 분석 열람 및 다운로드 가능

통계 DB 조회 프로그램이 실행되면 원하는 데이터를 확인하거나 데이터 정렬 혹은 차트 보기 등을 선택할 수 있습니다. 또한, 엑셀이나 CSV 혹은 텍스트 파일로 다운로드 받아 활용할 수 있습니다.

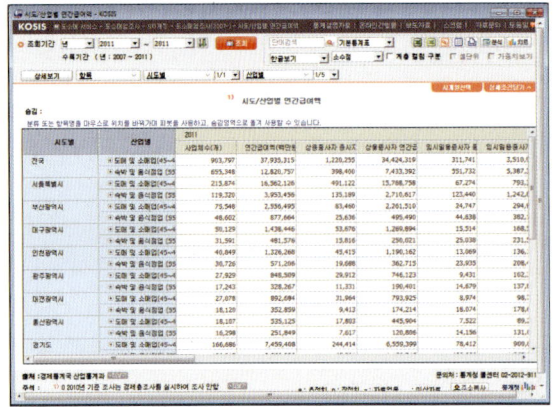 

▲ 통계 항목 확인 및 지도로 보고서 보기

통계청에서 운영하는 KOSIS 국가통계포털에는 이 외에도 다양한 통계나 온라인 간행물을 다운로드 받아 확인할 수 있습니다. 프레젠테이션을 기획할 때 여러 통계 자료가 필요하면 반드시 접속하여 필요한 자료를 다운로드 받으시기 바랍니다.

SERI.org

삼성경제연구소에서 운영하는 SERI.org는 다양한 국내외 보고서 및 연구 보고서를 제공하는 사이트입니다. SERI의 전문 연구원이 경영, 경제, 산업, 정책 등에 대한 방대한 자료의 보고서를 수시로 업로드하고 있기 때문에 틈틈이 필요한 자료를 얻을 수 있습니다.

▲ 삼성경제연구소 홈페이지 (http://www.seri.org)

SERI.org는 무료로 운영되지만 회원가입 후 원하는 카테고리에 접속하여 정보를 검색할 수 있습니다. 특히, 동영상으로 제공되는 주요 경영·경제 관련 보고서가 인기가 높습니다. 그 외 오디오 보고서를 비롯하여 다양한 연구 보고서도 볼 수 있으며, 특히 연구 보고서는 PDF로 다운로드 받아 활용할 수 있습니다.

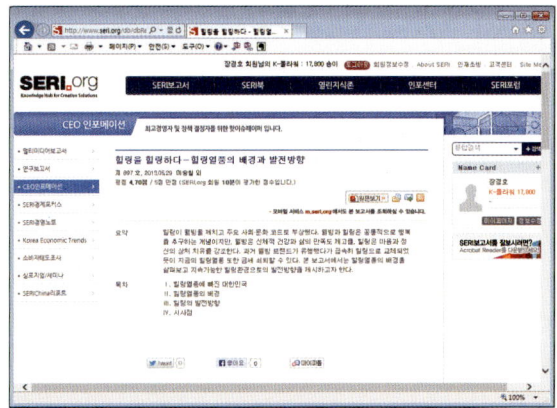 

파워포인트 2013 사용자 화면과 계정 정보 변경하기

파워포인트 2013이 파워포인트 2007, 2010과 달라진 점 중 하나가 화면 색상이나 제목 표시줄의 배경을 사용자가 원하는 방식대로 변경할 수 있다는 점입니다. 또한, 화면의 오른쪽 상단에 사용자 계정 사진이나 정보를 표시할 수 있습니다. 여기서는 사용자 화면과 사용자 계정 정보를 변경하는 방법에 대해서 살펴보도록 하겠습니다.

기초탄탄 ▶ 사용자 계정과 계정 전환하기

■ Office에 로그인 90P

파워포인트 2013은 언제 어디서나 동일한 사용자 화면으로 슬라이드 작업을 진행할 수 있습니다. 물론, 사용자는 Office에 로그인하여 본인의 계정임을 인증해야만 가능합니다.

Office에 로그인하려면 [파일] 탭-[계정]-[로그인]을 클릭하여 진행할 수 있으며, 로그인할 경우 Office 배경을 비롯해 테마를 사용자가 지정할 수 있습니다. 또한, 이렇게 지정한 배경이나 테마는 다른 컴퓨터나 기기에서 로그인했을 경우에도 동일한 화면으로 표시됩니다. 자세한 기능은 STEP 01, 02에서 다루도록 하겠습니다.

▲ Office 로그인 전

▲ Office 로그인 후

파워포인트 2013은 기존 버전들과 다르게 SkyDrive를 비롯해 다양한 서비스를 추가할 수 있습니다. [파일] 탭-[계정]에서 [연결된 서비스]-[서비스 추가]를 통해 YouTube나 Facebook 등 다양한 서비스를 연결해 파워포인트 2013에서 활용할 수 있습니다.

■ [계정] 살펴보기 92P

[파일] 탭-[계정]을 통해 사용자 계정을 변경하거나 정보를 확인할 수 있습니다.

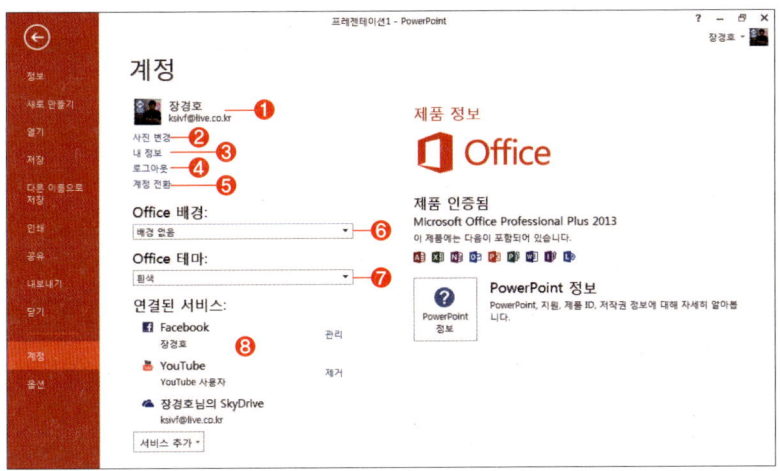

① **계정** : 사용자 사진을 비롯해 연결된 이메일 주소가 나타납니다.

② **사진 변경** : 파워포인트 오른쪽 상단에 나타나는 사진을 변경할 수 있습니다.

③ **내 정보** : 이메일 주소를 비롯해 Skype, Messenger, 연결된 서비스 등 내 정보를 변경할 수 있습니다.

④ **로그아웃** : 연결된 계정을 로그아웃합니다.

⑤ **계정 전환** : 파워포인트 2013은 여러 개의 계정을 만들어 목적에 맞게 전환할 수 있습니다.

⑥ **Office 배경** : 구름, 기하 도형, 나이테 등으로 리본 메뉴의 배경을 변경할 수 있습니다.

⑦ **Office 테마** : 흰색, 연한 회색, 어두운 회색 등으로 테마 색상을 변경할 수 있습니다.

⑧ **연결된 서비스** : 페이스북을 비롯해 유튜브 등 이미지 및 비디오, 저장소 등의 서비스를 파워포인트에 연결할 수 있습니다.

■ 사용하는 계정 추가 95P

[파일] 탭-[계정]에서 [사진 변경] 혹은 [내 정보]를 선택하면 페이스북을 비롯해 트위터, 링크드인 등 다양한 계정의 친구를 공개 및 추가할 수 있습니다.

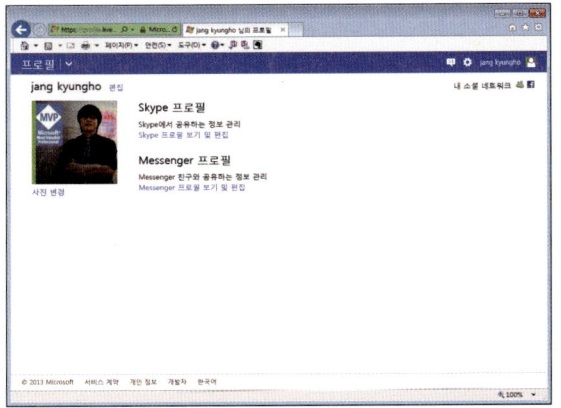

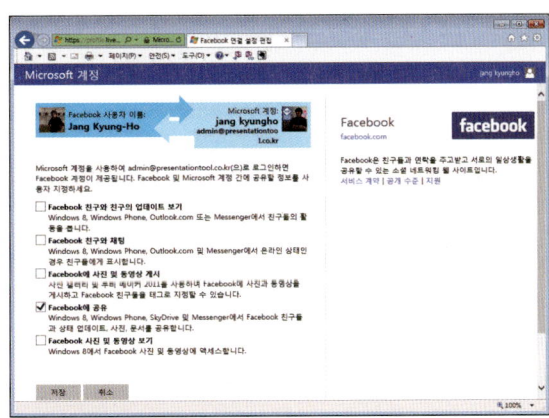

Office 테마와 마찬가지로 Office 배경을 변경하고 싶다면 [파일] 탭-[계정]의 [Office 배경]을 클릭하여 변경할 수 있습니다. Office 배경은 제목 표시줄 및 리본 메뉴 오른쪽 상단의 빈 여백을 기호나 도형 등으로 채우는 배경을 말합니다.

01. [파일] 탭-[계정]을 클릭합니다. [Office 배경] 드롭다운 단추를 클릭한 후 [원고 줄무늬]를 선택합니다.

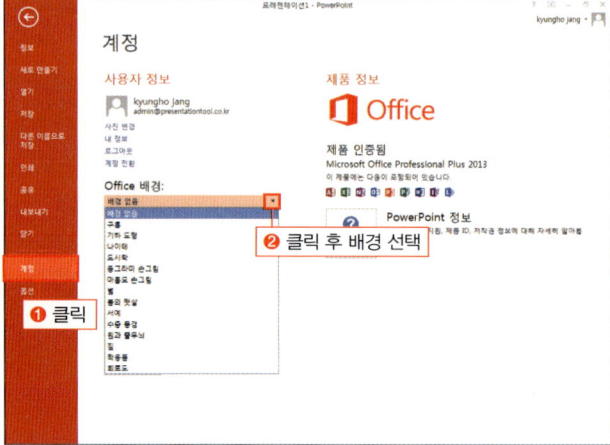

02. 제목 표시줄의 오른쪽 상단에 변경된 배경을 확인할 수 있습니다. [이전] 단추를 클릭하여 변경된 배경을 확인할 수 있습니다.

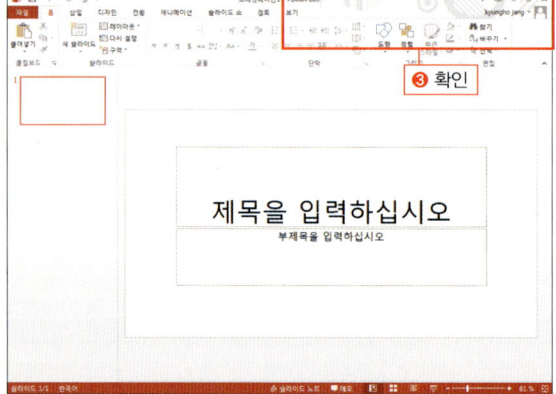

STEP 02 · Office 테마 변경하여 사용자 색상 바꾸기

[파일] 탭-[계정]의 [Office 테마]를 클릭해 파워포인트 2013 화면 색상을 변경할 수 있습니다.

01. [파일] 탭을 클릭한 후 [계정]을 선택합니다. [Office 테마]의 드롭다운 단추를 클릭한 후 [어두운 회색]을 선택합니다. 색상이 변경되면 [이전] 단추를 클릭합니다.

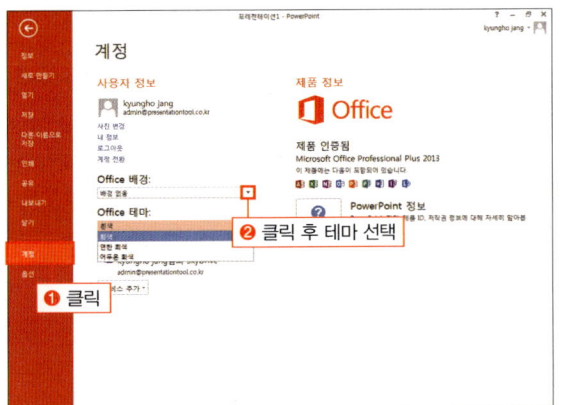

02. 파워포인트 2013의 리본 메뉴를 비롯해 화면 색상이 어두운 회색으로 변경됩니다.

TIP : Office 테마는 흰색, 연한 회색, 어두운 회색 중에서 선택할 수 있습니다.

03. 다시 원래의 배경 및 테마를 변경하기 위해 [파일] 탭-[계정]을 선택합니다. [Office 배경]-[배경 없음], [Office 테마]-[흰색]을 선택합니다.

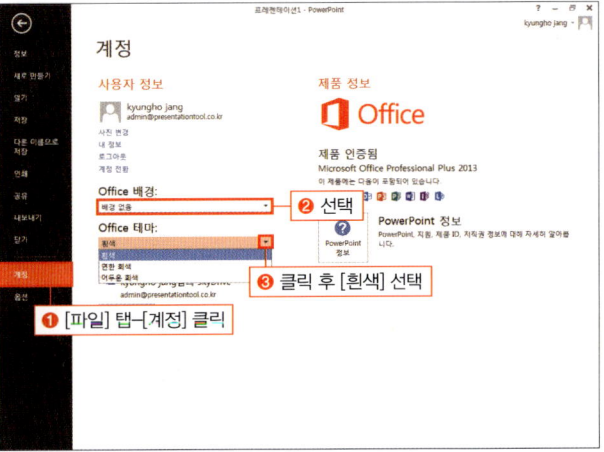

파워포인트 2013의 특징 중 하나는 바로 사용자 계정 사진을 표시해 준다는 점입니다. 표시되는 사진은 SkyDrive를 비롯해 Office 계정에 공통적으로 사용되므로 원하는 사진으로 추가하거나 해당되는 정보를 변경해 주는 것이 좋습니다.

01. [파일] 탭–[계정]을 클릭합니다. 사용자 계정 사진 및 정보를 변경하기 위해 [사진 변경] 혹은 [내 정보]를 선택합니다.

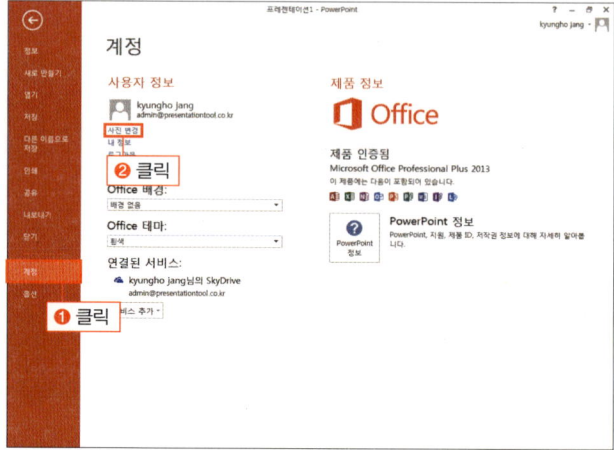

02. 'Microsoft 계정에 로그인' 페이지가 나타납니다. 본인의 Microsoft 계정 이메일 주소와 암호를 입력한 후 [로그인] 합니다.

> **TIP** : Microsoft 계정이 없다면 [지금 등록]을 클릭해 계정을 만들도록 합시다. 컴퓨터 환경에 따라 로그인 없이 본인의 계정에 바로 접속될 수 있습니다.

03. 프로필 페이지가 나타나면 [사진 변경]을 클릭해 Office 계정 사진을 변경합니다.

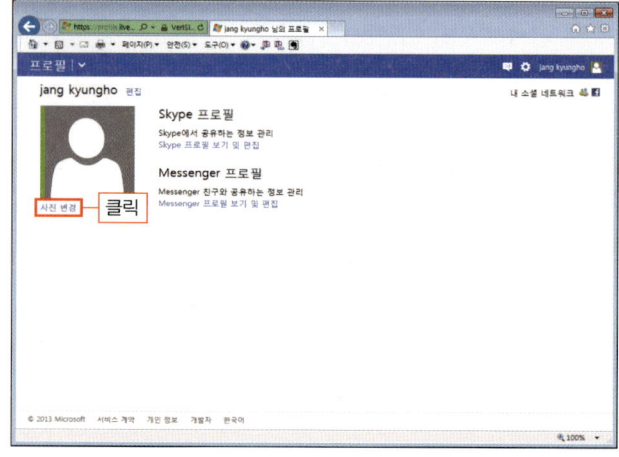

04. [찾아보기]를 클릭한 후 원하는 사진을 삽입한 후 [저장]을 클릭합니다.

05. [Messenger 프로필 보기 및 편집]을 클릭하면 연락처 정보를 비롯해 직장 정보 등을 변경할 수 있습니다.

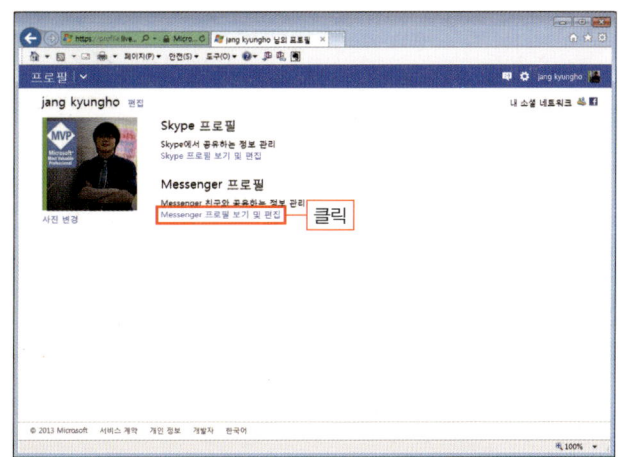

06. 연락처 정보 등은 개인 정보이기에 공개, 비공개로 수준을 설정할 수 있습니다. [연락처 정보]-[편집]을 클릭합니다.

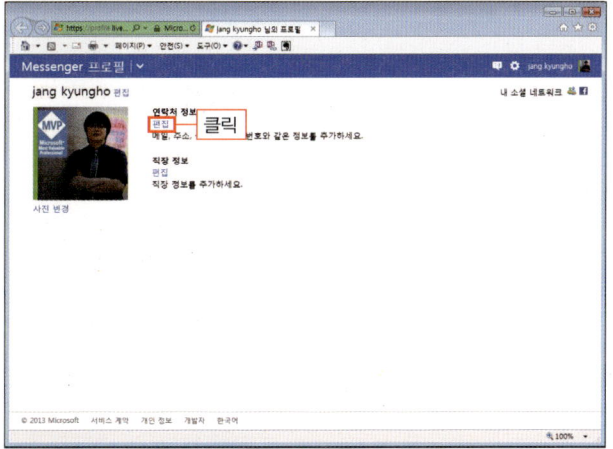

07. [연락처 정보]에서 [내가 선택한 사람] 또는
[일부 Messenger 친구]를 클릭합니다.

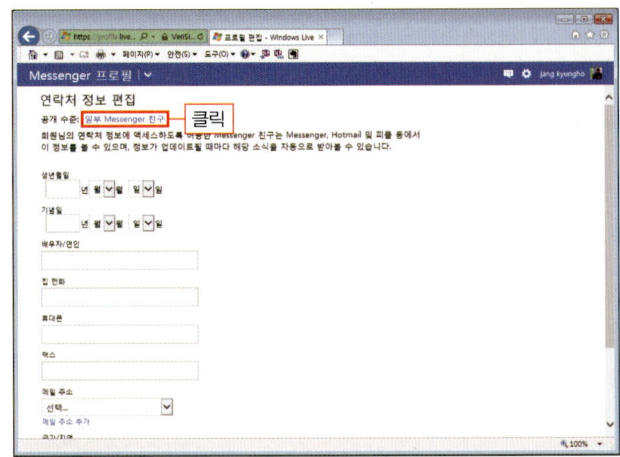

08. 프로필에 적혀 있는 연락처 정보 및 직장 정
보를 비공개할 것인지, 모든 Messenger 친구에게
공개할 것인지 설정합니다.

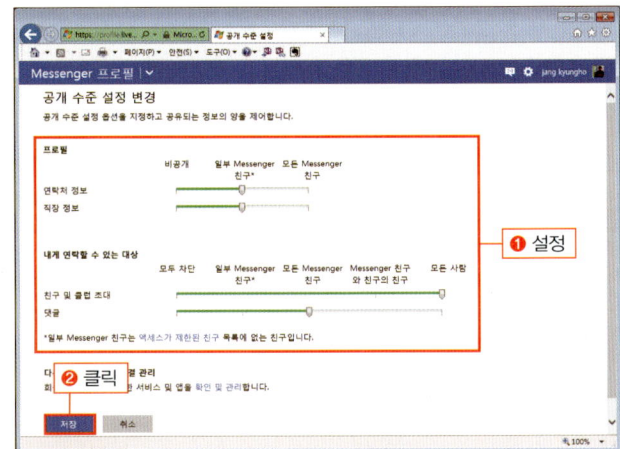

09. 파워포인트를 종료 후 다시 열어봅니다. 사
진 등 사용자 정보가 변경되어 표시되는 것을 확
인할 수 있습니다.

STEP 04 ● 페이스북, YouTube 등을 내 계정에 연결하기

Office에 로그인하면 기본적으로 SkyDrive 계정과 자동으로 연결됩니다. 그렇기에 본인의 계정에 저장되어 있는 오피스 파일을 비롯해 사진이나 이미지도 손쉽게 파워포인트로 가져올 수 있습니다. SkyDrive 이외에도 페이스북, YouTube 등의 다양한 서비스를 파워포인트에 연결하여 활용할 수 있습니다.

01. [파일] 탭–[계정]을 클릭한 후 [연결된 서비스]에 보면 현재 연결된 서비스가 표시되어 나타납니다. 여기서는 동영상을 가져오기 위한 YouTube 서비스를 추가해 보겠습니다. [서비스 추가]–[이미지 및 비디오]–[YouTube]를 선택합니다.

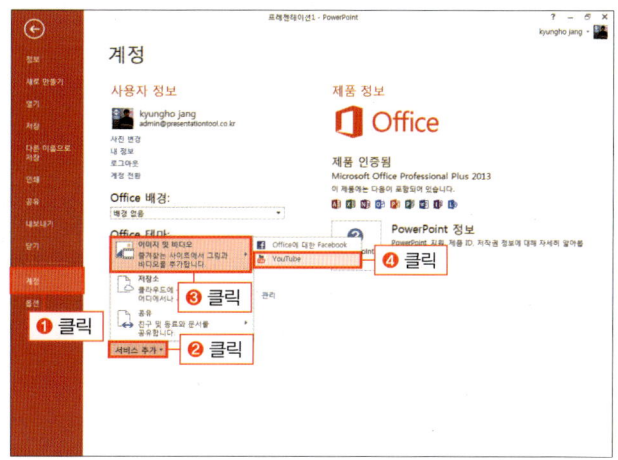

02. 잠시 후 YouTube 계정이 연결됩니다. 이제 YouTube의 다양한 이미지 및 비디오를 파워포인트 2013에서 활용할 수 있습니다.

연관검색 파워포인트 2013에서 YouTube의 다양한 비디오를 활용할 수 있는 방법은 343페이지에서 자세히 다루고 있으니 이를 참고하시기 바랍니다.

클라우드 서비스,
구글 문서도구 살펴보기

구글 문서도구(Google Docs)는 구글의 웹 기반 오피스 도구로서 워드 프로세서, 스프레드시트, 프레젠테이션 등이 제공됩니다. 마이크로소프트가 페이스북과 손을 잡고 자사의 오피스를 페이스북 독스에 제공하고 있지만 구글은 오래전부터 문서도구(Docs)를 통해 마이크로소프트의 엑셀이나, 파워포인트, 워드 문서 뿐 아니라 PDF, HTML, CSV, RTF 파일 등을 읽거나 저장하는 서비스를 제공하고 있습니다.

예제 파일 I CD₩Part 01₩정보화시스템.pptx

1. 구글 문서도구로 슬라이드 작성하기

클라우드 환경이 점차 강조되면서 구글에서도 오피스 프로그램을 구글 웹페이지에서 편집하고 저장, 거기다가 웹하드 기능까지 가능한 기능을 제공하고 있습니다. 특히, 남들에게 공유하거나 협업하는 경우가 많은 프레젠테이션 파일의 경우 구글 문서도구를 통해 유용하게 사용할 수 있습니다.

01. 프레젠테이션 파일을 구글의 아이디와 패스워드만으로 저장하고, 관리할 수 있어 편리합니다. 먼저 구글(http://www.google.com)에 접속하여 로그인합니다. 상단 메뉴에서 [드라이브]를 클릭하거나 [더보기]의 [모두 보기]를 클릭한 후 [문서도구]를 선택합니다.

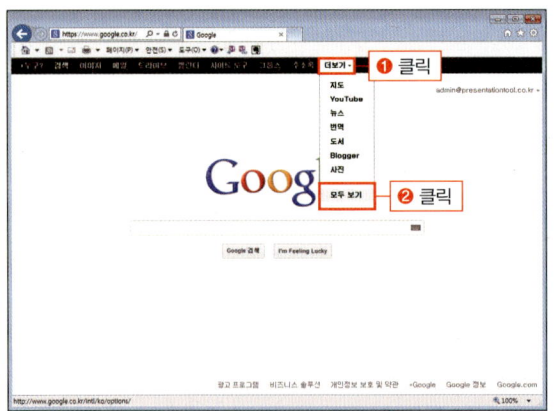
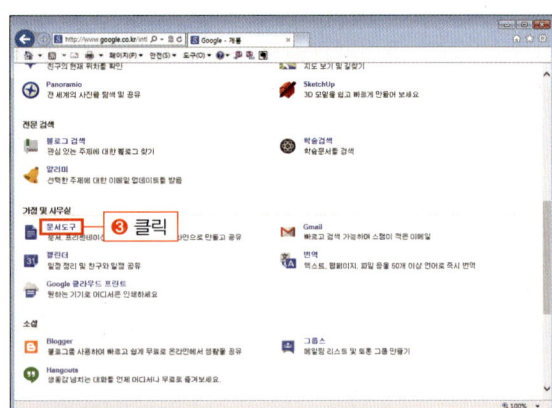

TIP : 구글(Google) 아이디 및 패스워드가 없다면 구글(http://www.google.com)에 접속하여 계정을 생성해야 합니다.

02. 문서도구 페이지가 열리면 [만들기]를 클릭하여 [프리젠테이션]을 선택합니다. 구글 문서도구도 프레젠테이션을 만들기 위한 다양한 기능을 제공합니다. 먼저, [테마 선택] 창이 열리면 원하는 테마를 선택합니다.

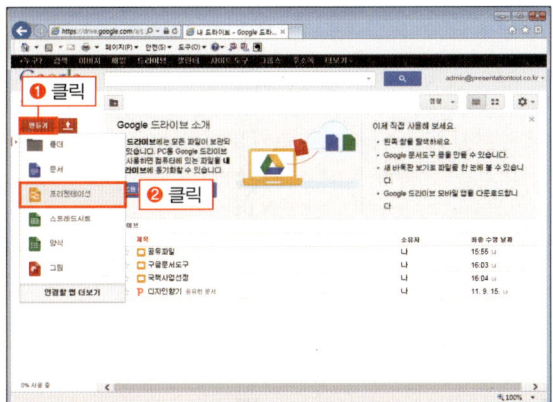

03. [서식] 메뉴를 선택하여 테마를 변경할 수도 있으며, [슬라이드] 메뉴를 선택하여 슬라이드를 추가하거나 복제하거나 [표] 메뉴를 선택하여 표를 추가하거나 편집할 수 있습니다.

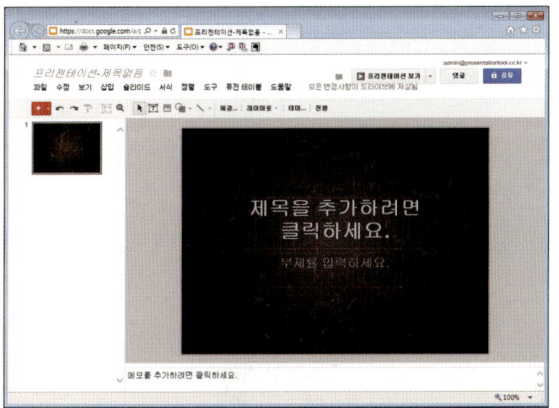
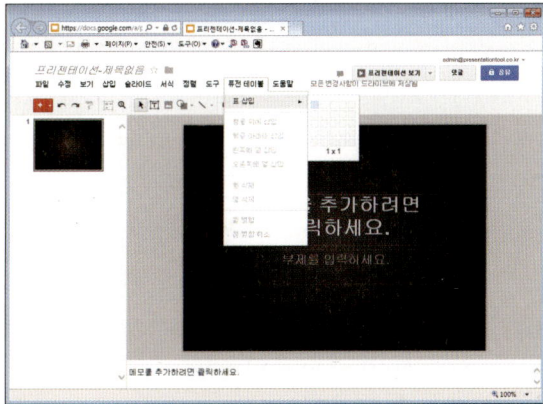

04. [공유]를 통해 원하는 사용자의 이름과 이메일을 입력하여 공유하거나 [이메일에 첨부하기]를 통해 메일로 문서를 첨부할 수도 있습니다. [공유]를 클릭해 [공유 이전 이름]에 원하는 파일 이름을 입력한 후 [저장]을 클릭합니다. 비록 파워포인트로 만든 파일이 아니지만 파워포인트로 변환 후 메일로 보낼 수 있으며, PDF 파일로 변환 후 메일로 보낼 수도 있습니다.

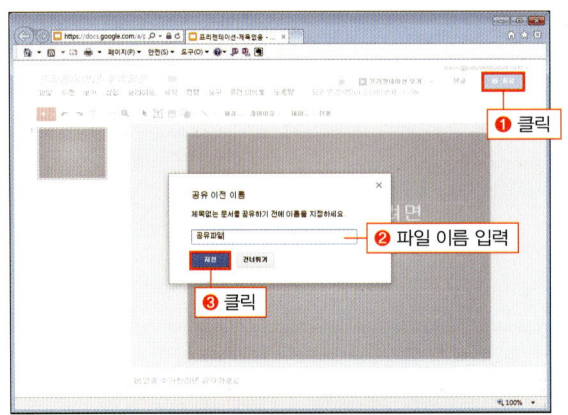 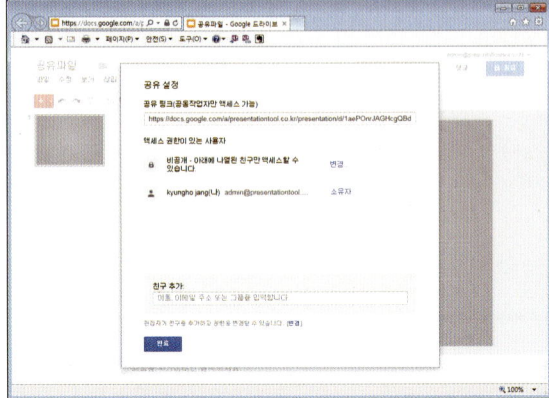

2. 데스크톱에서 작성한 슬라이드 업로드하기

내 컴퓨터에서 작성한 파워포인트 파일을 구글 문서도구에서 업로드하여 웹하드로 사용하거나 여러 사람들과 공유나 공동 작업을 위해 사용할 수 있습니다.

01. 구글 드라이브로 돌아온 후 [업로드]−[파일]을 클릭한 후 파워포인트 파일을 선택하면 구글 문서도구에 자동 저장됩니다. 여기서는 'CD\Part 01\정보화시스템.pptx'을 선택한 후 [열기]를 클릭합니다. 업로드된 파일은 언제 어디서나 다운로드 받거나 이를 더블 클릭하여 수정할 수 있습니다.

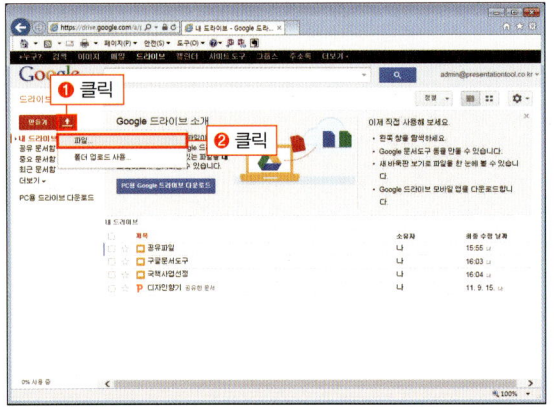 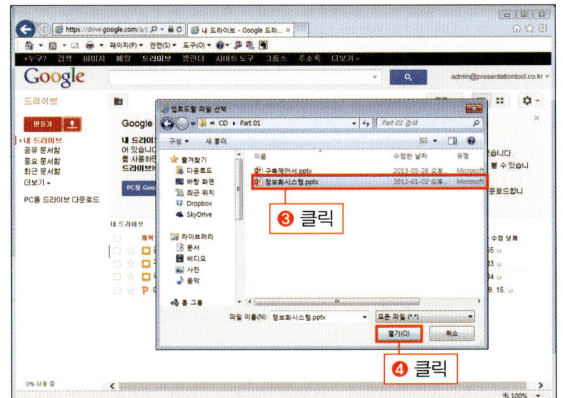

02. 구글 문서도구를 활용해 파워포인트 파일을 수정하거나 슬라이드 쇼를 진행할 수 있습니다. 먼저 업로드된 파일을 클릭합니다. 파워포인트 슬라이드 파일이 구글 문서도구에서 열립니다.

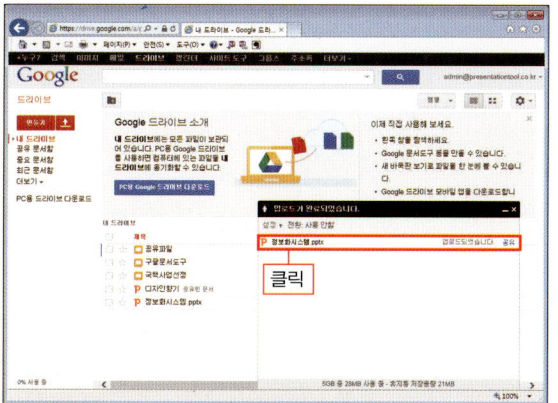 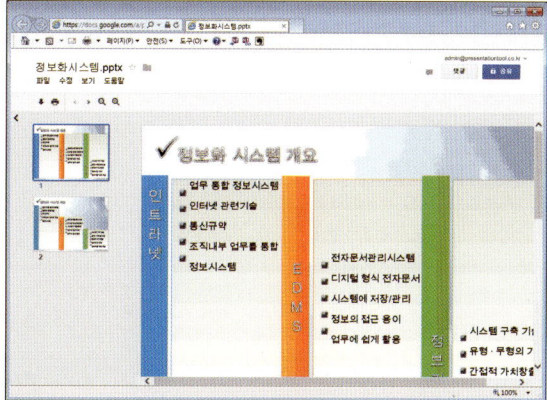

TIP : 스마트 기기에서 구글 문서도구 활용하기

구글 문서도구는 아이폰 계열을 비롯하여 안드로이드 계열에서도 사용할 수 있습니다.

구글 문서도구에 업로드한 프레젠테이션(PPT) 파일을 비롯하여 PDF, DOC 등 여러 문서를 다운로드 받거나 편집할 수 있으며 웹하드 역할도 하기 때문에 슬라이드 작성을 위한 이미지 파일 등을 보관할 때에도 유용하게 사용할 수 있습니다.

▲ 구글문서도구

최강의 슬라이드 자료실
슬라이드쉐어(SlideShare)

슬라이드쉐어는 프레젠테이션 파일이나 PDF, Word 파일 등을 공유하는 사이트입니다. 공유된 자료도 카테고리별로 잘 정리되어 있으며, 파워포인트 파일도 통째로 다운로드 받을 수 있습니다. 매일 다양한 주제의 프레젠테이션 슬라이드가 업로드되고 있으므로 이곳에 올라오는 다양한 프레젠테이션 슬라이드를 참조하시기 바랍니다.

01. 슬라이드쉐어(http://www.slideshare.net) 홈페이지에 접속합니다. 슬라이드쉐어 홈페이지에서 원하는 자료를 찾아보겠습니다. [Browse]–[Popular]를 클릭합니다.

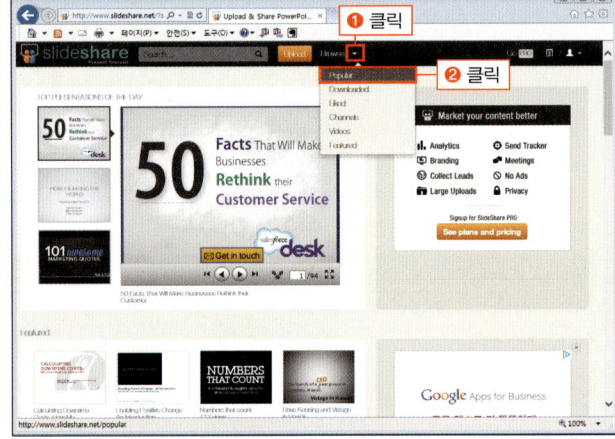

> **TIP :** 회원가입이 되어 있지 않다면 오른쪽 상단의 [Signup]을 눌러 회원가입을 한 후 로그인합니다.

02. 인기있는 슬라이드 목록이 나타납니다. 슬라이드를 클릭한 후 내용을 확인하거나 내 컴퓨터에 다운로드받아 파워포인트 혹은 PDF 파일로 실행할 수 있습니다.

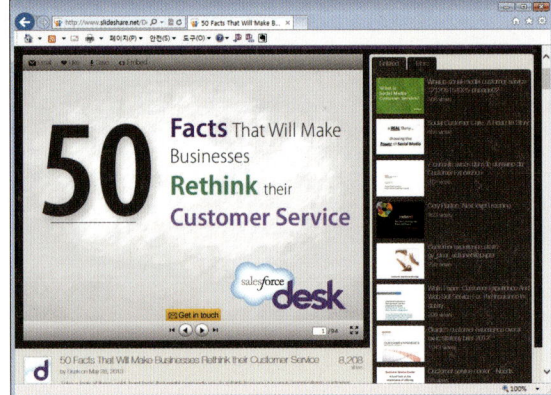

> **TIP :** 슬라이드쉐어(SlideShare)는 오늘의 우수 프레젠테이션이 소개되기도 하고 매일 매일 유저들에게 가장 많은 표를 얻은 슬라이드를 소개하기도 합니다. 특히, 다양한 슬라이드 소스를 얻거나 디자인 색감, 스타일 등을 공부하는 데에도 많은 도움을 받을 수 있습니다. 슬라이드 작업이 많을 경우 슬라이드쉐어 사이트를 통해 영감을 얻어보기 바랍니다.

■ 자신이 전달하고자 하는 바를 전달함으로써 원하는 목적을 달성하는 커뮤니케이션을 프레젠테이션 이라고 합니다. `21P`

■ 프레젠테이션을 가능하게 해 주는 도구(소프트웨어)는 파워포인트, 키노트, 프레지, 한쇼 등 다양합니다. 그중 국내에서 가장 많은 사용자를 보유하고 있는 도구가 파워포인트입니다. `21P`

■ 프레젠테이션은 보통 기획단계, 준비단계, 실시단계, 평가단계로 4단계로 나누어 볼 수 있습니다. `34P`

■ 마이크로소프트사의 오피스 제품은 연도를 뒤에 붙여 오피스 2007, 오피스 2010 등으로 불러왔습니다. 하지만 이번 오피스 2013의 경우 뉴 오피스, 오피스 365, 오피스 2013 등 다양한 이름으로 불리고 있습니다. `37P`

■ 오피스 2013은 내 컴퓨터에 설치해서 사용하는 설치형 오피스 제품이며, 오피스 365는 매달 혹은 매년 사용료를 지불하고 사용하는 구독형 오피스 제품입니다. `37P`

■ 뉴 오피스라는 명칭은 마이크로소프트가 출시한 오피스 365, 오피스 2013 등을 모두 통칭하는 용어입니다. `37P`

■ 파워포인트 2013을 실행하면 빈 슬라이드가 아닌 최근에 사용한 파일이나 자주 사용하는 서식 파일이 표시됩니다. 이를 통해 더 쉽고 빠르게 파워포인트를 사용할 수 있습니다. `38P`

■ 파워포인트 2007 이나 2010 버전의 슬라이드 크기는 전형적인 4 : 3 비율을 가지고 있는 반면에 파워포인트 2013의 슬라이드 크기는 16 : 9 의 와이드 화면으로 시작됩니다. `38P`

■ 파워포인트 2013은 마이크로소프트사에서 제공하는 온라인 무료 클라우드 공간인 SkyDrive를 통해 문서를 저장하거나 내려 받을 수 있습니다. `48P`

■ SkyDrive는 마이크로소프트사에서 만든 클라우드 서비스를 말합니다. 휴대폰, 태블릿, PC 또는 Mac(맥) 어디에서나 SkyDrive(스카이드라이브) 계정만 있다면 연결된 모든 사진이나 오피스 문서 혹은 그 외 기타 중요한 파일 등을 보관하고 원할 때마다 바로바로 사용할 수 있습니다. `48P`

■ Microsoft 계정을 사용하면 SkyDrive(스카이드라이브) 무료 파일 저장소를 무려 7GB를 사용할 수 있습니다. `48P`

■ SkyDrive와 Word(워드), Excel(엑셀), PowerPoint(파워포인트), 혹은 OneNote(원노트) 웹 앱을 통해 원하는 사람과 공유하고 함께 공동 작업할 수 있습니다. `58P`

■ SkyDrive에 업로드한 각종 오피스 파일은 페이스북을 비롯한 다양한 소셜 네트워크를 통해 공유하고나 배포할 수 있습니다. `60P`

■ 마이크로소프트사에서 제공해 주는 Office.com을 이용하면 다양한 서식과 템플릿을 다운로드 받아 슬라이드에서 사용할 수 있습니다. `67P`

01 예제파일을 SkyDrive에 업로드하여 파워포인트 웹 앱에서 수정해 보세요.

예제파일 : SelfTest₩Part 01₩01.pptx **완성파일** : SelfTest₩Part 01₩01_완성.pptx
동영상 해설 : SelfTest₩Part 01₩01.wmv

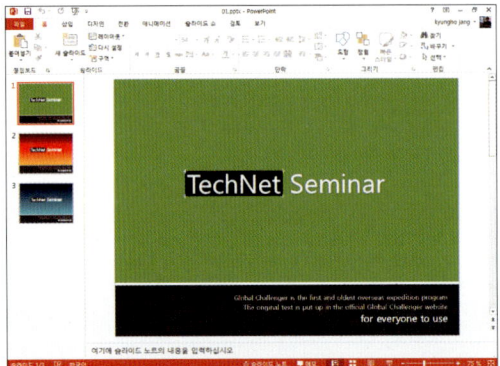 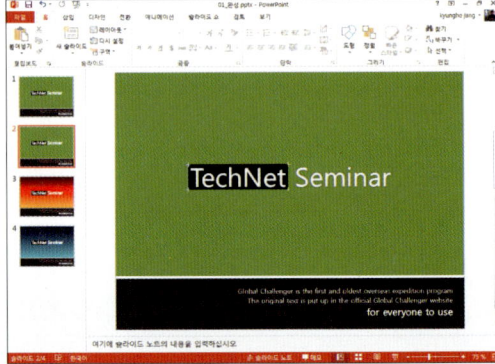

HINT

예제 파일을 연 다음 [파일] 탭-[다른 이름으로 저장]-[SkyDrive]-[찾아보기]를 차례대로 클릭한 후 SkyDrive 폴더 중 원하는 폴더에 저장합니다.

02 Office.com의 일본 계정에 접속한 후 사진을 파워포인트에서 열어보세요.

동영상 해설 : SelfTest₩Part 01₩02.wmv

HINT

'http://www.office.com'에 접속한 후 오른쪽 상단의 [대한민국]을 클릭한 후 일본 계정을 선택합니다. [서식 파일]을 클릭한 후 [모든 서식 파일 검색]에 원하는 검색어를 입력합니다.

▶ PART

02

파워포인트 2013
시작하기

Part 01에서는 파워포인트 2013에서 업그레이드 되거나 새롭게 변경된 기능을 비롯해 파워포인트 2013의 핵심 기능이라고 할 수 있는 클라우드 서비스를 위주로 살펴보았습니다. 이번 Part 02에서는 파워포인트로 프레젠테이션 슬라이드 제작을 할 때 우선적으로 알아야하는 기능 위주로 살펴보도록 하겠습니다.

01 파워포인트 실행하고
슬라이드 만들기

레벨 ● ○ ○

파워포인트로 프레젠테이션을 제작할 때 가장 기본적인 작업이 바로 열기와 저장입니다. 여기서는 파워포인트의 열기와 저장을 비롯해 파워포인트 2003 버전으로 저장하는 방법 등에 대해서 살펴보도록 하겠습니다.

기초탄탄 ▶ 첫 화면과 지원하는 파일 형식 살펴보기

■ 파워포인트 2013 첫 화면 살펴보기

파워포인트 2010 혹은 그 이전의 파워포인트를 실행하면 만날 수 있는 첫 번째 화면은 바로 제목 슬라이드였습니다. 하지만 파워포인트 2013의 첫 번째 화면은 최근에 사용한 항목을 비롯해 주요 서식 파일 목록입니다.

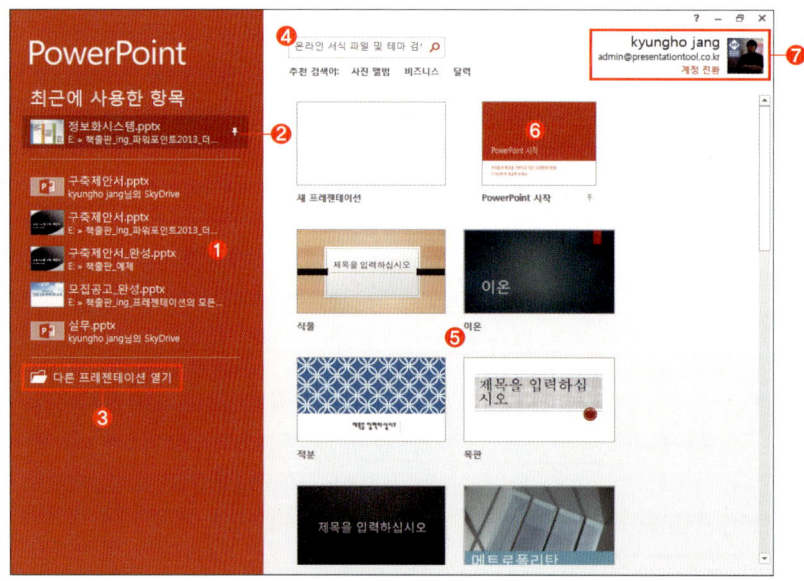

❶ **최근에 사용한 항목** : 가장 최근에 열어본 슬라이드 파일부터 차례대로 사용했던 슬라이드 파일이 표시됩니다.

❷ **이 항목을 목록에 고정** : 목록에 고정 아이콘을 클릭하면 최상단에 슬라이드 파일명이 표시됩니다. 최근에 사용한 항목 리스트가 변경되어도 고정된 목록은 그대로 표시됩니다.

❸ **다른 프레젠테이션 열기** : 내 컴퓨터나 SkyDrive에 저장된 프레젠테이션 목록을 엽니다.

❹ **온라인 서식 파일 및 테마 검색** : Office.com의 다양한 온라인 서식 파일 및 테마를 검색할 수 있습니다.

❺ **주요 서식 파일** : 파워포인트 2013에서 추천하는 주요 서식 파일이 표시됩니다.

❻ **사용자 지정** : 사용자가 직접 만들거나 지정한 사용자 서식 파일이 표시됩니다.

❼ **로그인 사용자** : 오피스에 로그인하였을 경우 로그인 사용자의 사진과 계정 정보가 표시됩니다.

■ 파워포인트 2013의 확장자 살펴보기

파워포인트 2013은 다양한 파일 형식을 지원합니다. 기본 확장자인 .pptx를 비롯해 파워포인트에서 제공하는 확장자는 다음과 같습니다.

저장 파일 형식	확장자명	용도
PowerPoint 프레젠테이션	.pptx	파워포인트 2010에서 기본적으로 사용하는 파일 저장 형식입니다.
PowerPoint 매크로 사용 프레젠테이션	.pptm	VBA(Visual Basic for Applications) 코드가 포함되어 있는 프레젠테이션을 저장할 때 사용합니다.
PowerPoint 97~2003 프레젠테이션	.ppt	파워포인트 2007 이전 버전에서 열 수 있는 파일 저장 형식입니다.
PDF, XPS 문서 형식	.pdf .xps	PDF 또는 XPS 파일로 저장할 수 있습니다. 다만, 추가 기능을 설치한 이후에만 사용 가능합니다.
PowerPoint 서식 파일	.potx	프레젠테이션 서식을 지정하여 서식 파일로 저장합니다.
PowerPoint 쇼	.pps, .ppsx	슬라이드 쇼 보기로 프레젠테이션을 열 수 있습니다.
웹 보관 파일	.mht, mhtml	이미지, 소리, CSS 스타일시트, 스크립트 등을 포함한 하나의 파일로 된 웹 페이지로 저장합니다. 프레젠테이션 파일을 전자 메일로 보낼 때에도 사용합니다.
웹 페이지	.htm, .html	이미지, 소리, CSS 스타일시트, 스크립트 등을 포함한 폴더로 구성된 웹 페이지로 저장합니다. 웹 사이트에 게시할 수 있습니다.
GIF, JPEG, PNG, TIFF 이미지 파일 형식	.gif, .jpg, .png, .tif	GIF, JPEG, PNG, TIFF 등 다양한 이미지 파일 형식으로 저장합니다.

■ MS 오피스 제품군의 파일 형식 살펴보기

파워포인트 이외의 마이크로소프트 오피스 제품군의 파일을 저장할 때 사용하는 파일 형식은 다음과 같습니다.

	2003 이전 버전	2007 이후 버전
파워포인트	ppt	pptx
엑셀	xls	xlsx
워드	doc	docx
엑세스	mdb	accdb

파워포인트의 기본적인 조작은 실행과 종료에서 시작됩니다. 파워포인트를 다루는데 있어서의 기본인 실행과 종료부터 다루어 보겠습니다.

01. 윈도우에서 [시작] 단추를 클릭하고 [모든 프로그램]–[Microsoft Office 2013]–[PowerPoint 2013]을 차례대로 선택합니다.

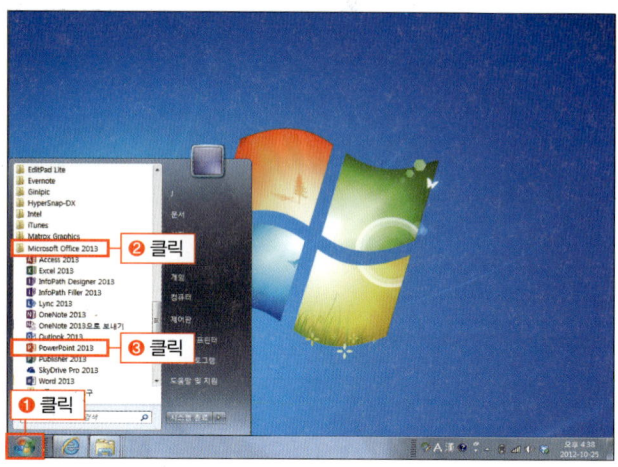

> **TIP :** '내 컴퓨터'에서 '.ppt'나 '.pptx' 확장자를 지닌 파워포인트 파일을 찾아 더블클릭하여도 파워포인트 프로그램을 불러올 수 있습니다.

02. 파워포인트 2013 프로그램이 실행됩니다. 원하는 서식 파일을 선택합니다.

03. [닫기] 단추를 클릭하거나 [파일] 탭–[종료] 를 클릭하여 파워포인트를 종료합니다.

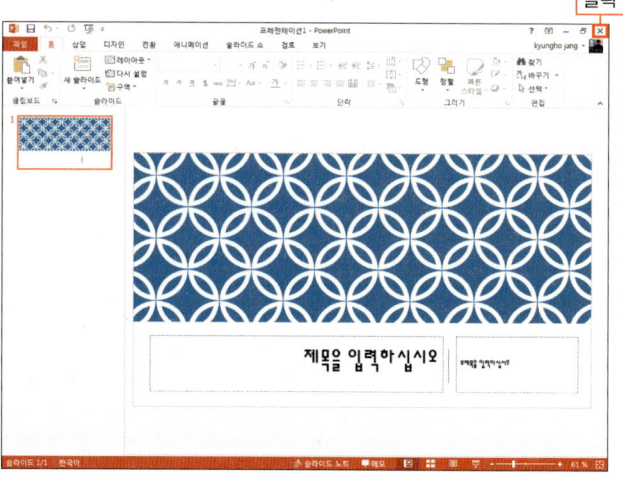

파워포인트를 열었을 때 먼저 저장부터 하는 습관을 들이는 것이 좋습니다. 혹시 모를 시스템 오류나 실수로 인하여 강제 종료되었을 때 중요한 파일을 보호할 수 있기 때문입니다. 여기서는 파워포인트에서 새 파일을 만들고 저장하는 방법에 대해서 살펴보도록 하겠습니다.

01. 파워포인트를 실행하면 처음 만나는 화면이 바로 최근에 사용한 항목을 비롯해 주요 서식 파일입니다. 빈 슬라이드를 열기 위해서 [새 프레젠테이션]을 클릭합니다.

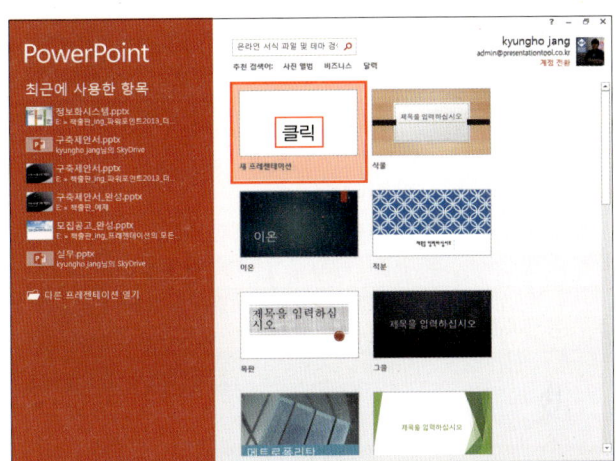

TIP : 본인의 오피스 계정이 연결되어 있으면 계정을 통해 작업한 프레젠테이션 파일이 왼쪽에 위치하고 있는 최근에 사용한 항목에 표시되어 나타납니다.

02. '제목을 입력하십시오'라고 적힌 제목 개체틀을 클릭합니다.

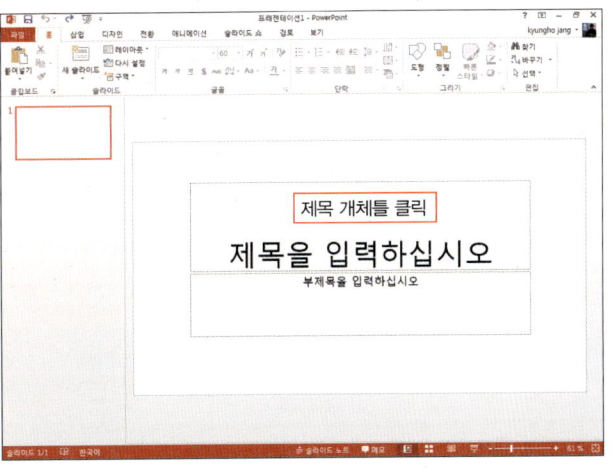

03. 『파워포인트 2013』이라고 입력합니다. 입력을 한 후 Esc 를 눌러 마칩니다.

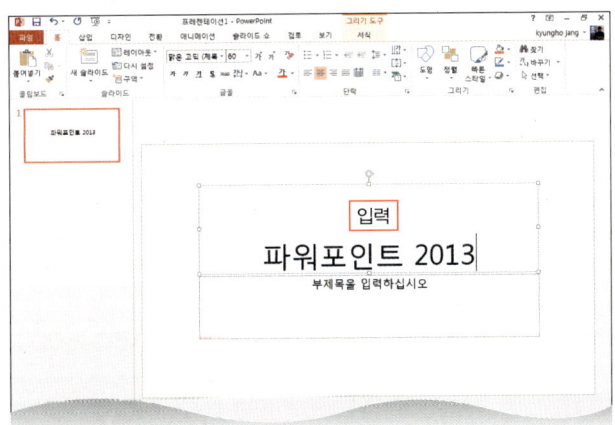

04. [파일] 탭을 클릭한 후 [다른 이름으로 저장]을 선택합니다. [컴퓨터]-[내 문서]를 클릭합니다.

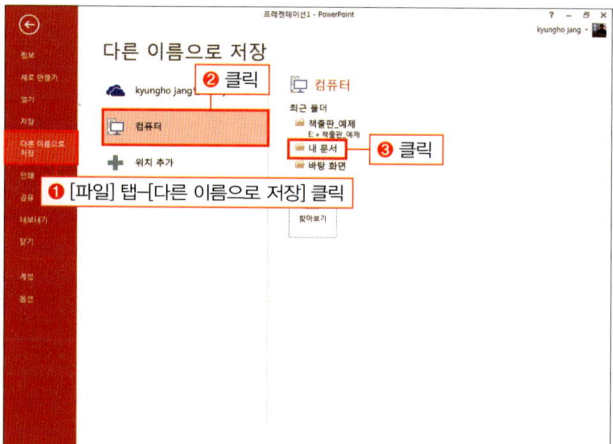

T I P : **F12**를 눌러도 [다른 이름으로 저장] 대화상자를 불러올 수 있습니다.

05. [다른 이름으로 저장] 대화상자가 나타납니다. 원하는 파일 이름을 입력한 후 [저장]을 클릭합니다.

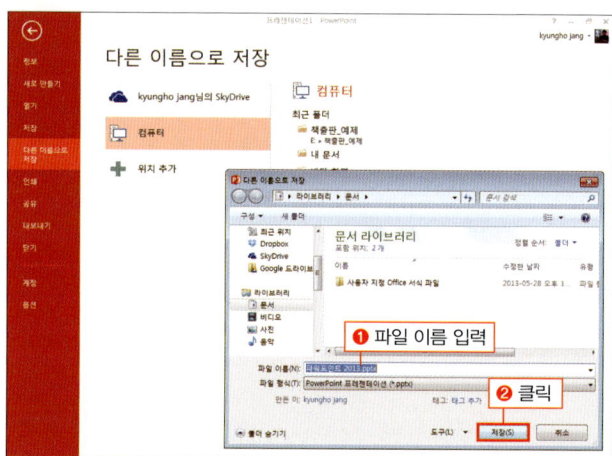

T I P : **[다른 이름으로 저장] 대화상자의 [도구] 단추 활용하기**

[다른 이름으로 저장] 대화상자의 [도구] 단추를 클릭하면 저장 옵션 및 사용자 암호 등 다양한 옵션을 지정할 수 있습니다.

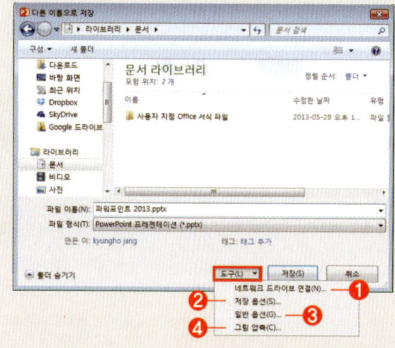

❶ 네트워크 드라이브 연결 : 네트워크 드라이브를 통해 파워포인트 슬라이드 저장시 드라이브와 폴더를 지정할 수 있습니다.
❷ 저장 옵션 : [PowerPoint 옵션] 대화상자의 [저장] 옵션을 불러와 파일의 글꼴 포함을 비롯하여 다양한 저장 옵션을 지정할 수 있습니다.
❸ 일반 옵션 : 파일에 암호를 지정하여 문서를 보호할 수 있습니다. 열기 암호를 비롯해, 쓰기 암호, 매크로 보안 등을 지정할 수 있습니다.
❹ 그림 압축 : 용량이 큰 그림 등을 압축하여 문서의 용량을 줄일 수 있습니다. 인쇄용, 화면용, 전자 메일용 등 다양한 방법으로 그림을 압축할 수 있습니다.

파워포인트 2013 이전 버전인 파워포인트 2003 등의 버전에서도 아무런 문제없이 보기를 원한다면 [다른 이름으로 저장]이라는 메뉴에 있는 [PowerPoint 97-2003 프레젠테이션]을 선택합니다. 이렇게 저장하면 제목 표시줄에 '호환 모드'라는 문구가 나타나는데 이는 파워포인트 2013 이하 버전에서도 호환이 되는 문서라는 뜻입니다.

예제 파일 l CD\Part 02\경영전략보고서.pptx **완성 파일 l** CD\Part 02\경영전략보고서.ppt

01. [파일] 탭–[내보내기]를 클릭한 후 [파일 형식 변경]–[PowerPoint 97-2003 프레젠테이션 (*.ppt)]을 두 번 클릭합니다.

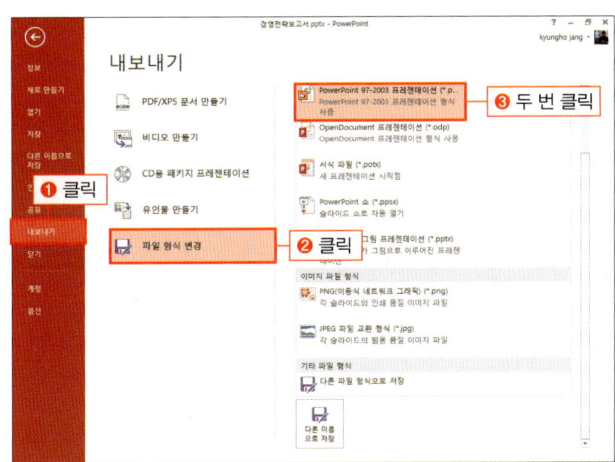

TIP : [파일] 탭–[다른 이름으로 저장]을 클릭하여 [컴퓨터]–[찾아보기]를 클릭한 후 [다른 이름으로 저장] 대화상자가 나타나면 [파일 형식]에서 [PowerPoint 97-2003 프레젠테이션 (*.ppt)]을 선택하여도 됩니다.

02. [다른 이름으로 저장] 대화상자가 나타납니다. [파일 형식]이 [PowerPoint 97-2003 프레젠테이션 (*.ppt)]으로 변경되어 있는 것을 확인한 후 [파일 이름]에 원하는 파일명을 입력한 후 [저장]을 클릭합니다.

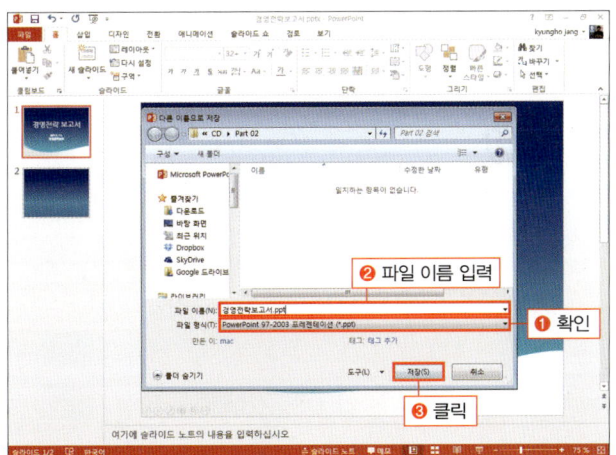

03. [Microsoft Office PowerPoint 호환성 검사] 대화상자가 나타납니다. [계속] 단추를 클릭합니다.

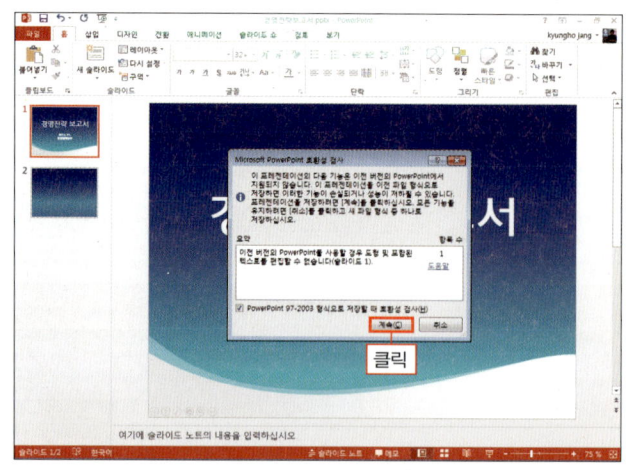

TIP : Microsoft Office PowerPoint 호환성 검사는 파워포인트 2010 이전 버전에서는 지원하지 않는 기능이 있을 경우에 대화상자를 통해 미리 알려주는 역할을 합니다.

04. 제목 표시줄에 [호환 모드]라는 문구가 표시됩니다. 이는 파워포인트 2013 이전 버전에서도 열 수 있는 파일임을 뜻합니다.

TIP : 호환성 체크하기

[PowerPoint 97-2003 형식으로 저장할 때 호환성 검사]에 체크 표시를 하면 파일을 저장할 때 자동으로 [호환성 검사] 대화상자가 나타납니다. 저장하기 전 호환성을 먼저 체크할 수 있습니다. 호환성 체크를 위해 [파일] 탭을 클릭한 후 [정보]-[문제 확인]-[호환성 검사]를 차례대로 클릭하면 [호환성 검사] 대화상자가 나타납니다.

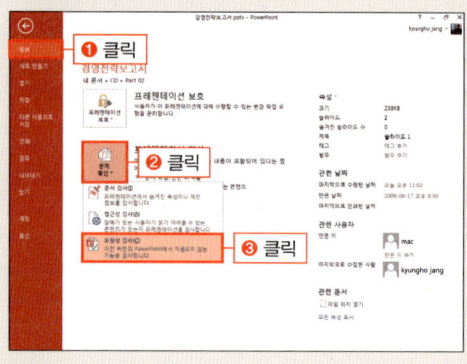
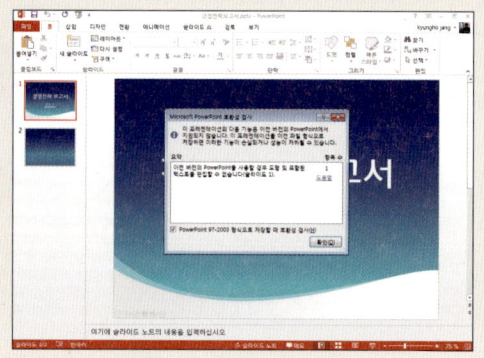

자동 복구 정보 저장 간격 설정하기

혹시나 모를 시스템 상의 오류나 Microsoft Office 프로그램 상의 문제로 작업 중인 파일이 한순간에 날아갈 버릴 경우가 있습니다. 이를 방지하기 위한 파일 복구 저장 간격을 조절하여 놓으면 이런 상황을 미연에 방지할 수 있습니다.

01. 손실된 파일 복구 및 저장 간격을 조절하기 위해 [파일] 탭을 클릭하여 [옵션]을 선택합니다.

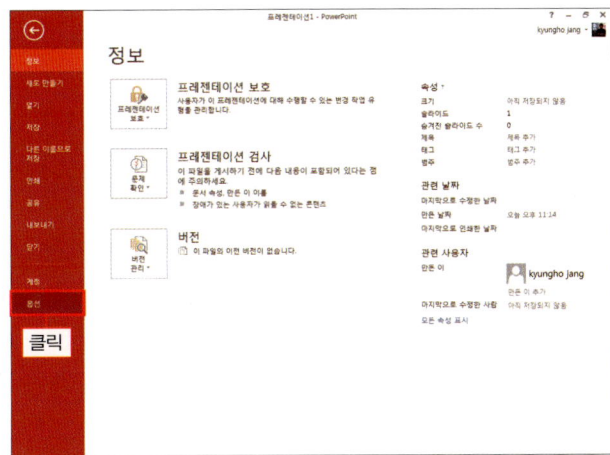

02. [PowerPoint 옵션] 대화상자가 나타나면 [저장] 항목을 클릭한 다음 [자동 복구 정보 저장 간격]에 자동 저장할 시간을 입력합니다. 여기서는 『5』를 입력한 다음 [확인]을 클릭합니다.

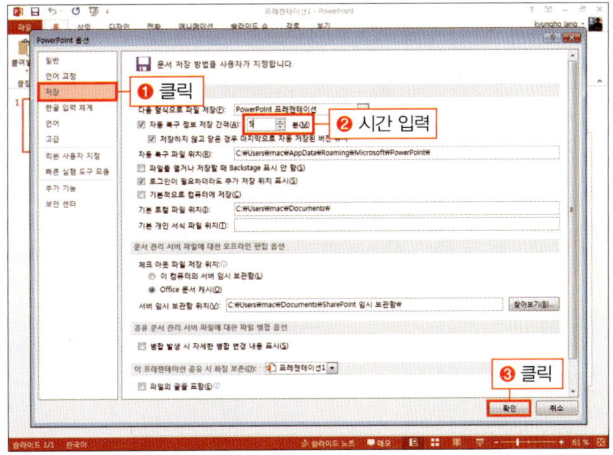

TIP : 비정상적으로 닫힌 후 프로그램을 다시 시작하면 프로그램 상태 중 일부가 복구됩니다. 이는 Microsoft Office 프로그램 상에서 제공하는 복구 기능으로 중요한 문서를 보존할 수 있습니다. 하지만 이보다 먼저 파워포인트 문서를 자주 저장해주는 습관을 가지는 것이 가장 좋습니다.

리본 메뉴 자유롭게 사용하기

파워포인트는 리본 메뉴라는 독특한 구조의 화면으로 구성되어 있는데 자주 사용하는 기능은 나만의 리본 메뉴로 추가하여 별도로 하나의 탭이나 그룹으로 만들어 사용할 수 있습니다. 이 외에도 리본 메뉴를 숨기거나 표시하는 방법, 그리고 숨겨진 [개발 도구] 탭을 불러오는 방법에 대해서 살펴보도록 하겠습니다.

기초탄탄 ▶ 단축키로 리본 메뉴 사용하기

■ Alt 를 눌러 리본 메뉴 사용하기

원하는 기능을 단축키로 선택하고 싶을 때에는 Alt 를 눌러 간단히 선택할 수 있습니다. Alt 를 누르면 리본 메뉴에 숫자를 비롯해 알파벳이 나타납니다. 이를 눌러 단축키를 기억할 수 있습니다.

예를 들어, [삽입] 탭에 있는 [이미지] 그룹의 [그림]을 선택하고 싶다면 Alt 를 누른 상태에서 [삽입] 탭 단축키인 N 을 누릅니다. [삽입] 탭으로 변경되면서 [삽입] 탭의 명령과 관련된 단축키가 나타나게 됩니다. [그림]의 단축키는 P 이므로 P 를 눌러 [그림] 명령을 선택합니다. 위의 단축키를 더하면 [그림] 단축키는 Alt + N + P 가 됩니다.

• [삽입] 탭–[이미지] 그룹의 [그림] 단축키 : Alt + N + P

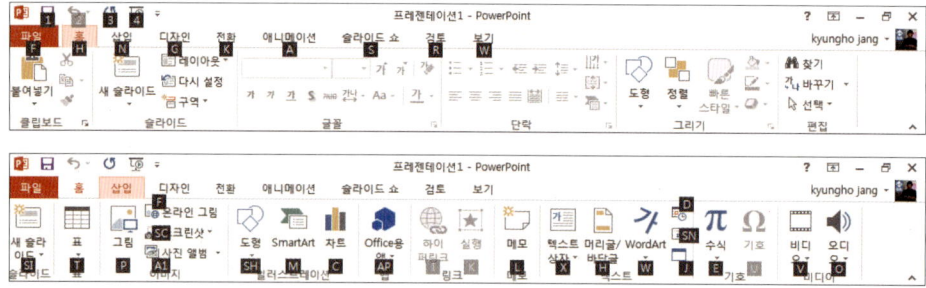

■ 자주 사용하는 단축키 확인하기

파워포인트는 다른 오피스 프로그램보다 단축키의 활용도가 높은 편입니다. 한꺼번에 모두 외우겠다는 생각보다는 파워포인트를 사용하면서 하나씩 익혀보시기 바랍니다.

파일과 편집 관련 단축키	개체 복제	Ctrl + D
	다른 이름으로 저장	F12
	문서 닫기	Ctrl + W
	복사	Ctrl + C
	붙여넣기	Ctrl + V
	새 슬라이드	Ctrl + M
	새문서 생성	Ctrl + N
	인쇄	Ctrl + P
	잘라내기	Ctrl + X
	재실행	Ctrl + Y
	전체 선택	Ctrl + A
	찾기	Ctrl + F
	취소	Ctrl + Z
	파일 열기	Ctrl + O
	파일 저장	Ctrl + S
	프로그램 닫기	Alt + F4
	하이퍼링크 삽입	Ctrl + K
보기 관련 단축키	개요 / 슬라이드 탭 전환	Ctrl + Shift + Tab
	눈금 및 안내선 대화상자 열기	Ctrl + G
	눈금 표시 / 눈금 숨기기	Shift + F9
	안내선 표시 / 안내선 숨기기	Alt + F9
	작업창 표시	Ctrl + F1
데이터 서식 관련 단축키	글꼴 대화상자 열기	Ctrl + T
	글꼴 변경	Ctrl + Shift + F
	글꼴 크기 변경	Ctrl + Shift + P
	글자 굵게	Ctrl + B
	글자 작게 하기	Ctrl + Shift + [
	글자 크게 하기	Ctrl + Shift +]
	기울임	Ctrl + I
	대소문자 전환	Shift + F3
표 관련 단축키	다음 셀로 이동	Tab
	다음 행으로 이동	↓
	새 단락 시작	Enter
	셀에 탭 삽입	Ctrl + Tab
	이전 행으로 이동	↑
	이젠 셀로 이동	Shift + Tab
F키	다른 이름으로 저장	F12
	도움말 표시	F1
	맞춤법 검사	F7
	슬라이드 쇼 보기	F5
	화면의 보기 창을 차례로 선택	F6

자주 사용하는 기능은 나만의 리본 메뉴를 추가하여 하나의 그룹으로 만들어 사용할 수 있습니다. 자주 사용하는 기능이 몇 가지 되지 않는다면 [빠른 실행 도구 모음]에 추가해서 사용하는 것이 편하지만, 자주 사용하는 기능이 많다면 나만의 리본 메뉴를 만들어 사용하는 것이 훨씬 효율적입니다.

01. [파일] 탭─[옵션]을 클릭하여 [PowerPoint 옵션] 대화상자를 불러옵니다. [리본 사용자 지정] 항목을 클릭한 후 [새 탭]을 클릭합니다.

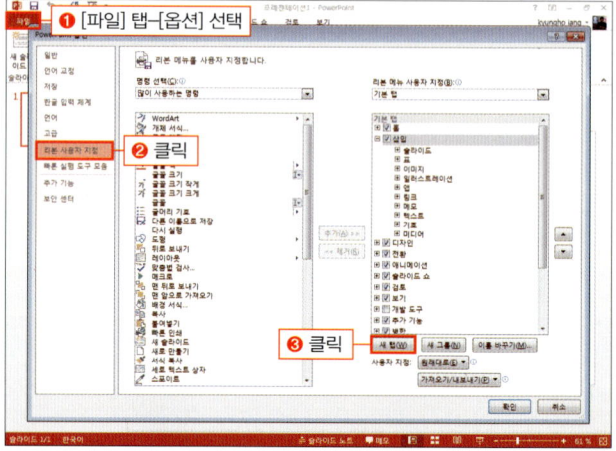

02. [새 탭(사용자 지정)]과 [새 그룹(사용자 지정)]이 생성됩니다.

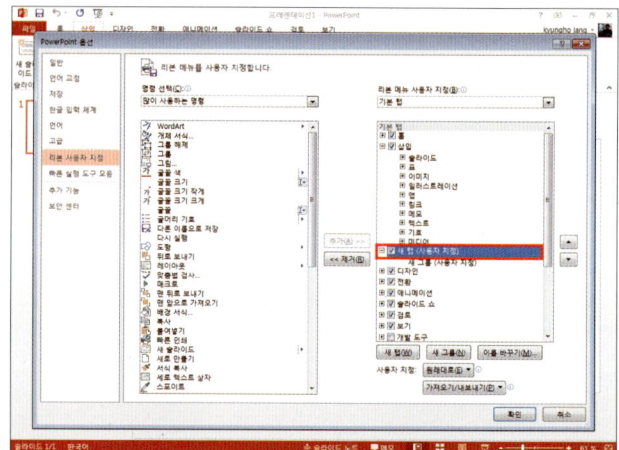

03. 먼저, [새 탭(사용자 지정)]과 [새 그룹(사용자 지정)]의 탭 위치를 변경하기 위해 [위로 이동] 단추를 클릭하여 [홈] 탭 앞으로 이동합니다.

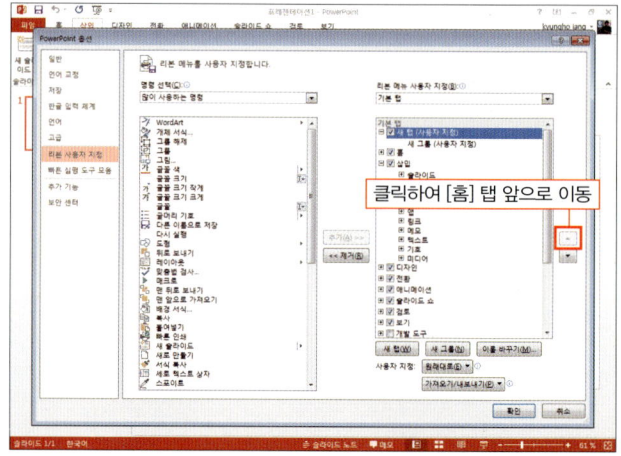

04. [새 그룹(사용자 지정)]을 선택한 후 [명령 선택]-[모든 명령]을 클릭합니다.

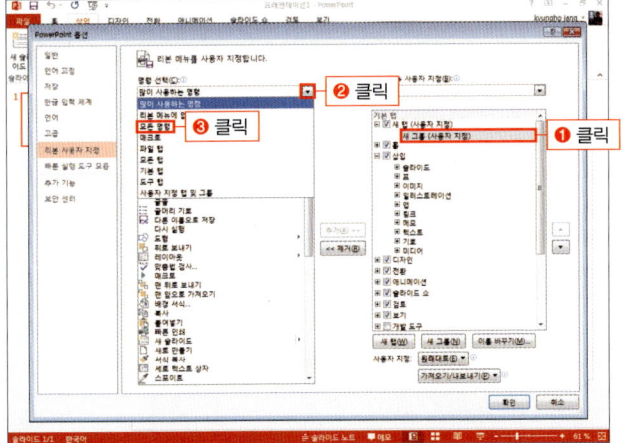

TIP : [모든 명령]을 선택하면 파워포인트 2013의 모든 기능을 불러올 수 있습니다.

05. 원하는 명령을 선택한 후 [추가]를 클릭합니다.

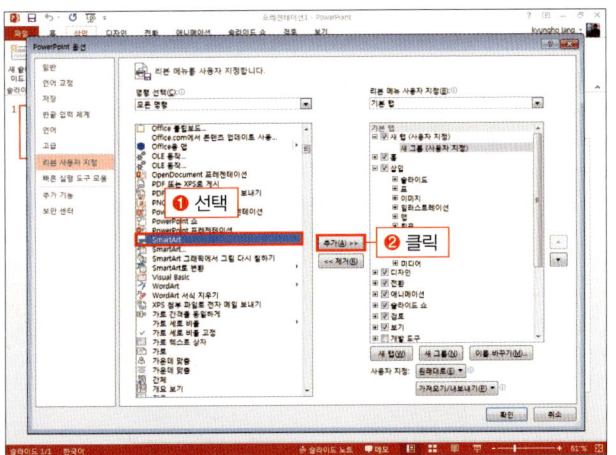

06. 명령이 [새 그룹(사용자 지정)]에 추가됩니다. 여러 개의 명령을 계속 추가합니다. 여기서는 SmartArt 그래픽 관련 기능을 모두 추가합니다.

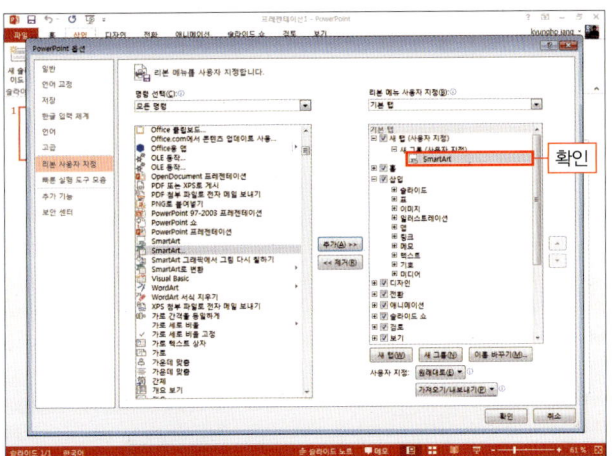

07. 명령 추가를 마쳤다면 [새 그룹(사용자 지정)]의 이름을 변경하기 위해 [이름 바꾸기]를 클릭합니다. [이름 바꾸기] 대화상자가 뜨면 원하는 기호를 선택합니다. [표시 이름]에 『스마트아트』를 입력한 후 [확인]을 클릭합니다. [PowerPoint 옵션] 대화상자의 [확인]을 클릭합니다.

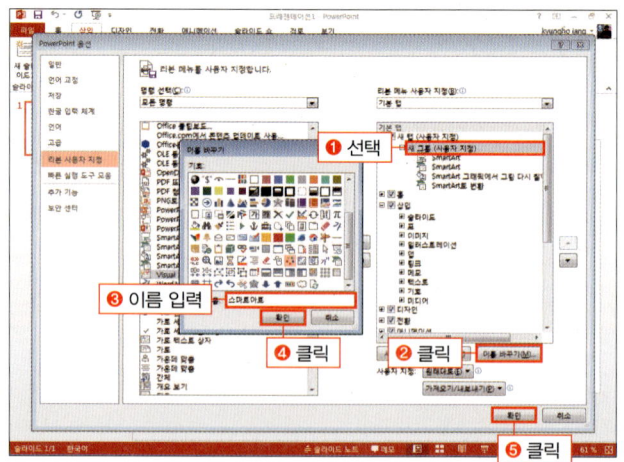

TIP : [새 탭(사용자 지정)]도 동일한 방법으로 추가하고 이름을 변경할 수 있습니다.

08. [새 탭] 탭을 클릭하면 새롭게 추가한 [스마트아트] 그룹이 나타나는 것을 확인할 수 있습니다.

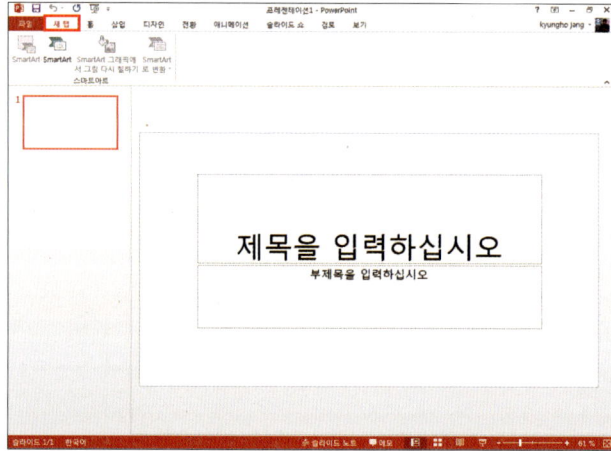

사용자가 직접 만든 리본 메뉴는 1회성으로 사용하고 버리기에는 너무 아쉽습니다. 힘들게 만든 사용자 리본 메뉴를 다른 컴퓨터에서도 사용하기 위해 [가져오기/내보내기] 기능을 활용할 수 있습니다.

완성 파일 l CD\Part 02\PowerPoint Customizations.exportedUI

01. [파일] 탭–[옵션]을 클릭합니다. [PowerPoint 옵션] 대화상자에서 [리본 사용자 지정]을 선택한 후 [가져오기/내보내기]를 클릭합니다. [모든 사용자 지정 항목 내보내기]를 선택합니다.

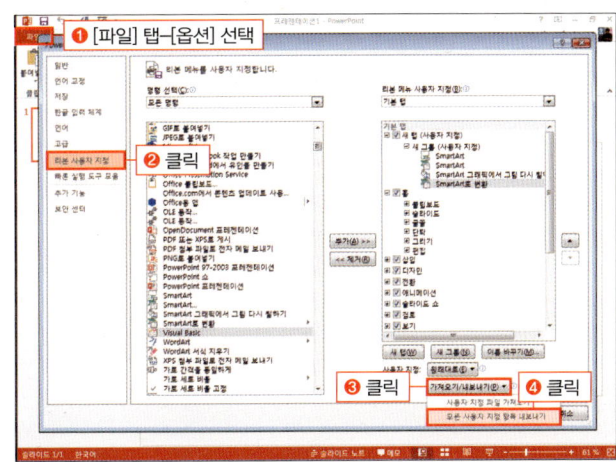

02. [파일 저장] 대화상자가 열립니다. [파일 이름]과 [파일 형식]을 확인한 후 원하는 폴더를 지정하고 [저장]을 클릭합니다.

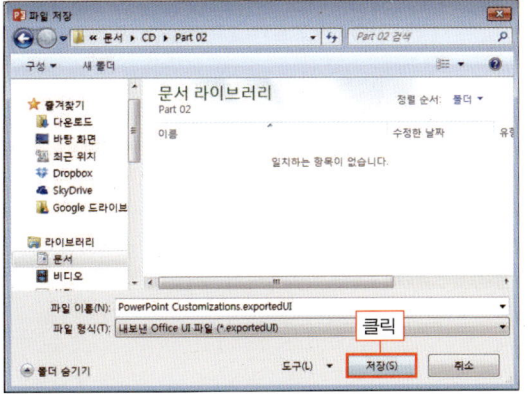

03. 나만의 리본 메뉴는 다른 컴퓨터에서도 그대로 사용할 수 있습니다. 다른 컴퓨터로 'PowerPoint Customizations.exportedUI' 파일을 가져간 후 파워포인트를 연 다음 [파일] 탭–[옵션]을 클릭합니다. [PowerPoint 옵션] 대화상자에서 [리본 사용자 지정]을 선택한 후 [가져오기/내보내기]를 클릭합니다. [사용자 지정 파일 가져오기]를 클릭합니다.

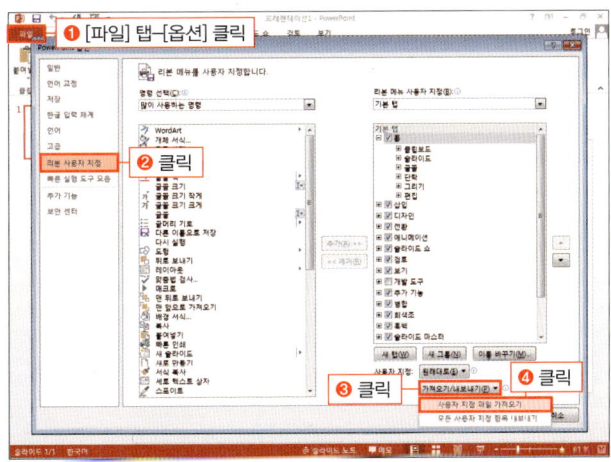

PART 02 · 파워포인트 2013 시작하기

119

04. [파일 열기] 대화상자가 열리면 저장한 파일을 찾아 [열기]를 클릭합니다.

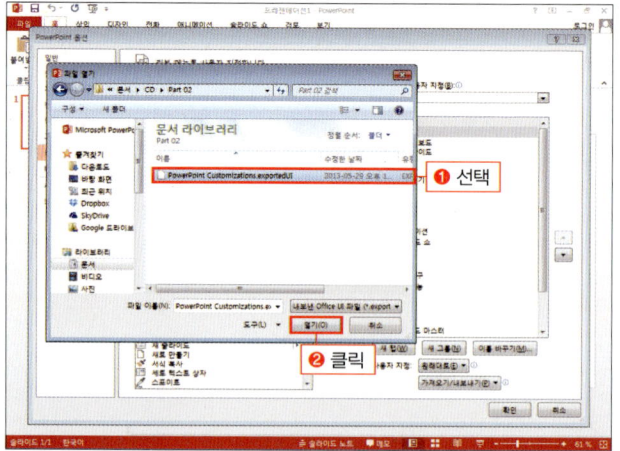

05. 모든 리본 및 빠른 실행 도구 모음 사용자 지정 내용으로 바꾸겠냐는 [경고] 창이 나타납니다. [예]를 클릭합니다.

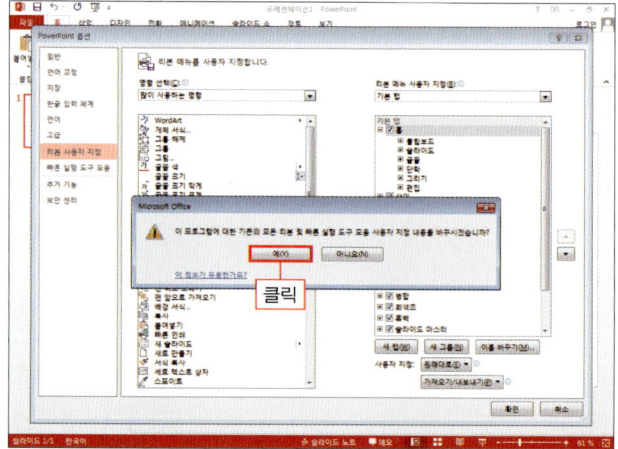

06. 리본 메뉴가 변경되어 나타납니다. 나만의 리본 메뉴를 원래대로 되돌리고 싶다면 [사용자 지정]–[원래대로]를 선택합니다.

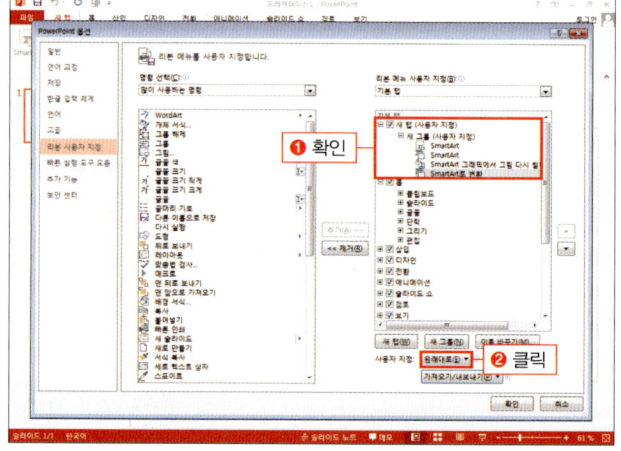

슬라이드 작업을 보다 편하게 하기 위해 리본 메뉴 등을 숨겨 최대 화면으로 슬라이드 작업을 진행할 수 있습니다.

01. 오른쪽 상단의 [리본 메뉴 표시 옵션]을 클릭하면 보다 다양하게 리본 메뉴를 숨길 수 있습니다. [리본 메뉴 표시 옵션]을 클릭한 후 [리본 메뉴 자동 숨기기]를 선택합니다.

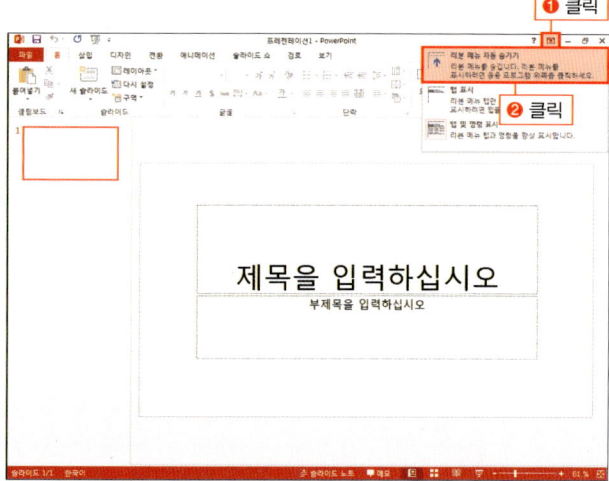

02. 리본 메뉴가 자동으로 숨겨집니다. 숨겨진 리본 메뉴는 마우스를 드래그하면 다시 나타납니다. 상단을 클릭합니다.

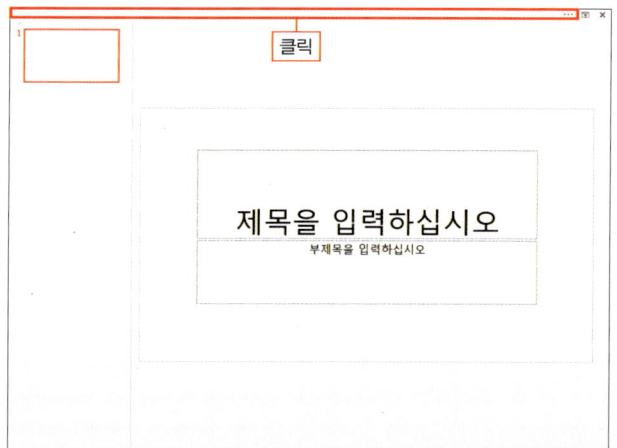

03. 리본 메뉴가 다시 표시됩니다. [리본 메뉴 표시 옵션]을 선택한 후 [탭 및 명령 표시]를 클릭합니다.

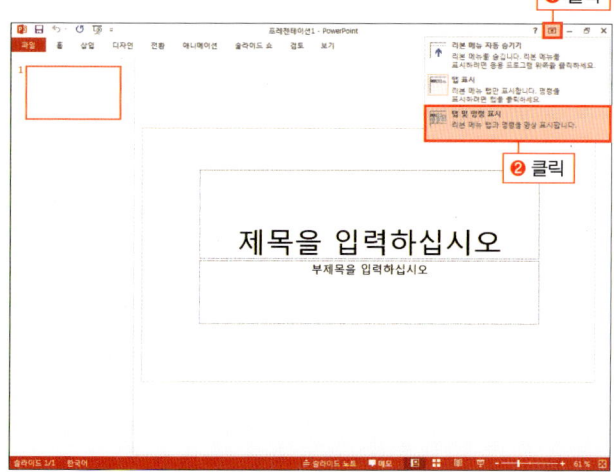

04. 이번에는 리본 메뉴를 두번 클릭해 리본 메뉴를 숨겨 보도록 하겠습니다. 리본 메뉴를 숨기기 위해 리본 메뉴의 탭을 두번 클릭합니다.

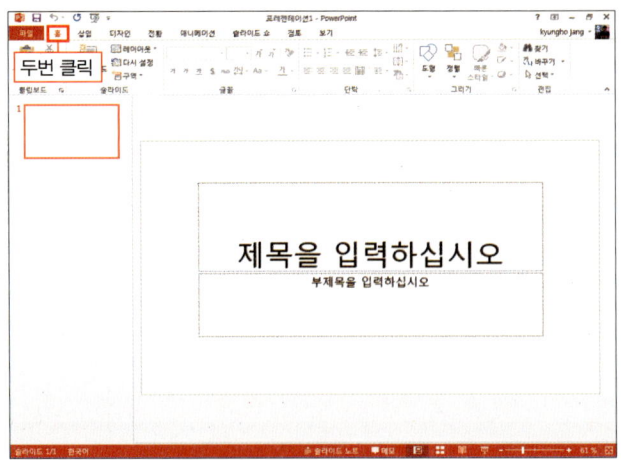

05. 리본 메뉴가 탭 이름만 남겨지고 숨겨집니다. 리본 메뉴가 숨겨진 상태에서 탭을 클릭합니다.

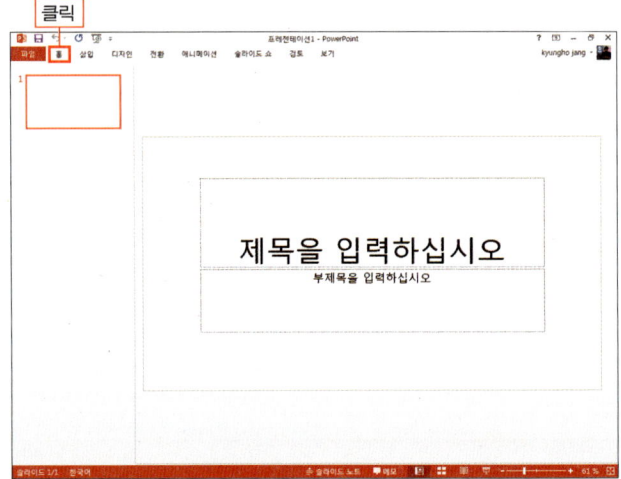

06. 탭이 활성화됩니다. 명령을 선택합니다.

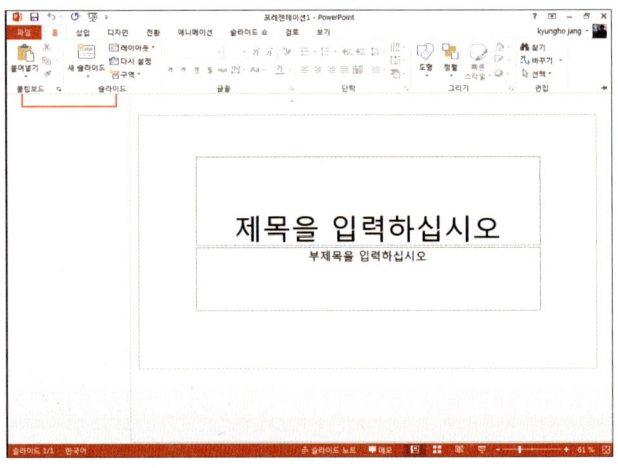

TIP : 리본 메뉴에서 마우스 오른쪽을 클릭하여 [리본 메뉴 축소]를 클릭해도 리본 메뉴를 숨길 수 있습니다.

07. 리본 메뉴가 다시 숨겨집니다. 리본 메뉴를 활성화시키기 위해 [리본 메뉴 표시 옵션]을 선택한 후 [탭 및 명령 표시]를 클릭합니다.

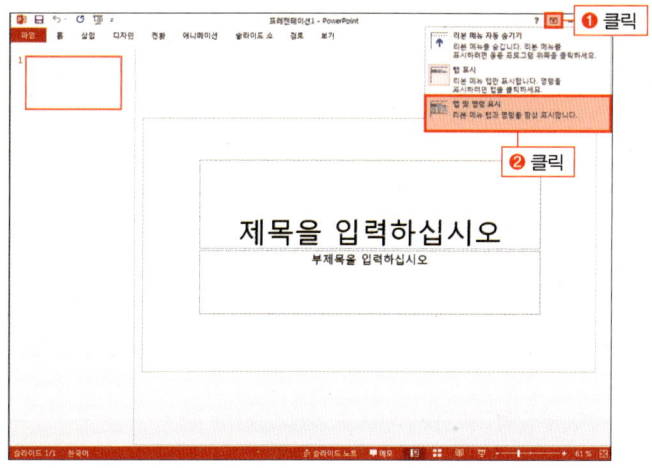

TIP : 리본 메뉴 표시 옵션

리본 메뉴 오른쪽 상단에 위치하고 있는 리본 메뉴 표시 옵션에는 리본 메뉴 자동 숨기기, 탭 표시, 탭 및 명령 표시로 구성되어 있습니다.

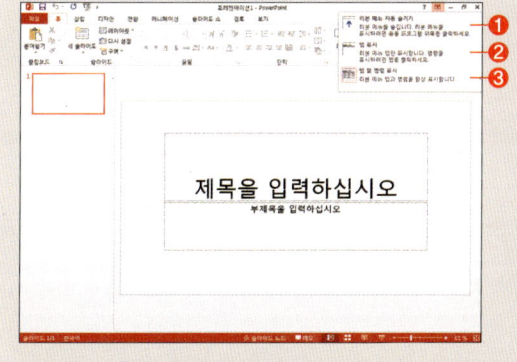

❶ 리본 메뉴 자동 숨기기 : 리본 메뉴 전체를 자동으로 숨깁니다.
❷ 탭 표시 ; 리본 메뉴 탭만 표시합니다.
❸ 탭 및 명령 표시 : 리본 메뉴와 명령을 항상 표시합니다.

VB 코드를 삽입하거나 매크로 설정, 혹은 체크박스나 내용입력 창 등의 컨트롤 박스를 삽입하고자 할 때에 [개발도구] 탭을 사용할 수 있습니다. 이번 Step에서는 [개발 도구] 탭을 리본 메뉴에 불러와서 이를 사용하는 방법에 대해서 살펴보겠습니다.

01. [파일] 탭을 클릭한 다음 [옵션]을 클릭합니다. [PowerPoint 옵션] 대화 상자가 나타나면 [리본 사용자 지정]을 클릭한 다음 [리본 메뉴 사용자 지정]에서 [개발 도구]에 체크 표시를 합니다. [확인]을 클릭합니다.

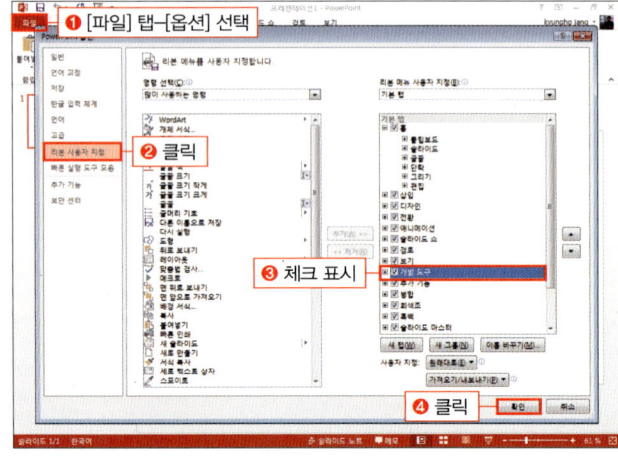

02. 리본 메뉴에 [개발 도구]라는 탭이 생성된 것을 확인할 수 있습니다.

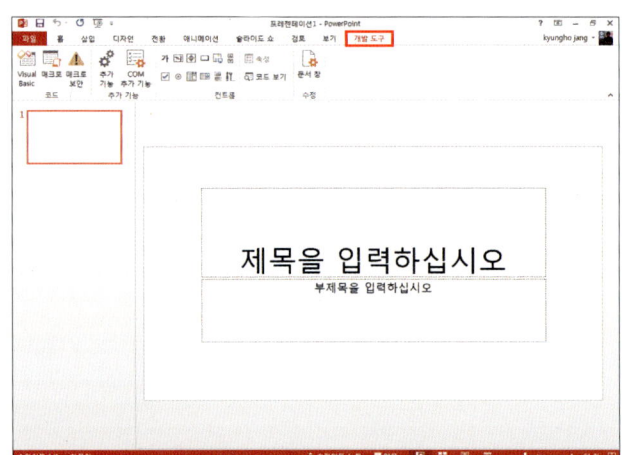

TIP : [개발 도구] 탭 활용하기

[개발 도구] 탭을 통해 할 수 있는 기능이 궁금하신 분은 필자의 블로그 http://blog21.kr/40097956259 에서 살펴보기 바랍니다. QR 코드를 스마트폰에서 찍으시면 바로 확인할 수 있습니다.

빠른 실행 도구 모음과
슬라이드 보기

빠른 실행 도구 모음은 사용자가 원하는 기능을 한 곳에 모아놓아 일일이 리본 메뉴를 클릭할 필요없이 한 번에 작업할 수 있는 매우 편리한 도구 모임입니다. 빠른 실행 도구 모음은 제목 표시줄 혹은 리본 메뉴 아래에 표시할 수 있습니다. 이번 Lesson에서는 빠른 실행 도구 모음과 다양한 방법으로 슬라이드를 확인하는 방법에 대해서 살펴보겠습니다.

기초 탄탄 ▶ 슬라이드 보기를 변경하는 다양한 방법

■ 다양한 방법으로 슬라이드 보기 130P

파워포인트는 기본 보기, 여러 슬라이드 보기, 읽기용 보기, 슬라이드 쇼 보기 등 다양한 방법의 슬라이드 보기를 지원합니다. 작업하는 내용에 따라 자유롭게 슬라이드 보기 설정을 진행해 보기 바랍니다.

▲ 기본 보기

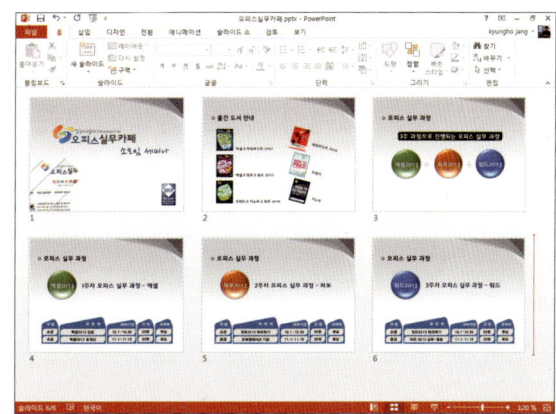

▲ 여러 슬라이드 보기

▲ 읽기용 보기

▲ 슬라이드 쇼 보기

슬라이드를 보는 다양한 방법은 [보기] 탭–[프레젠테이션 보기] 그룹에서 선택할 수 있습니다. 참고로 [슬라이드 쇼]의 경우 [슬라이드 쇼] 탭–[슬라이드 쇼 시작] 그룹의 [처음부터] 혹은 [현재 슬라이드부 터] 중에서 선택할 수 있습니다.

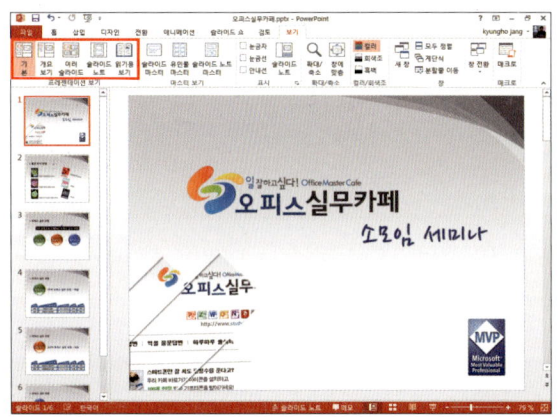 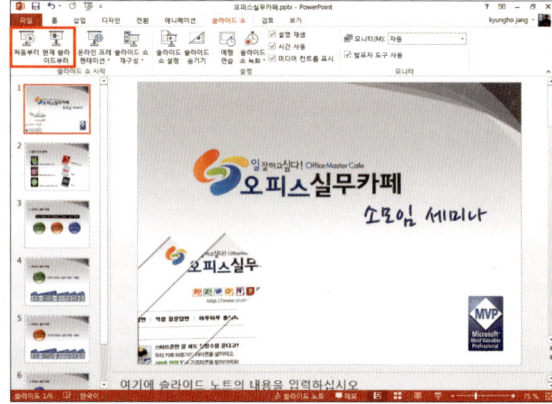

▲ [프레젠테이션 보기] 그룹 　　　　　　　　　▲ [슬라이드 쇼 시작] 그룹

■ 상태 표시줄에서 슬라이드 보기 변경하기　130P

또한, 상태 표시줄의 슬라이드 보기 아이콘(　　　　　　　)을 통해서도 슬라이드 보기 설정을 변경 할 수 있습니다.

❶ 기본

❷ 여러 슬라이드

❸ 읽기용

❹ 슬라이드 쇼

자주 사용하는 명령이나 단추를 빠른 실행 도구 모음에 추가할 수 있습니다. 빠른 실행 도구 모음은 파워포인트의 기능 중 자주 사용하는 기능들을 한 곳에 모아 놓고 활용할 수 있는 편리한 기능입니다.

01. [빠른 실행 도구 모음 사용자 지정]([▾]) 단추를 클릭하면 나타나는 메뉴 중 [기타 명령]을 선택합니다.

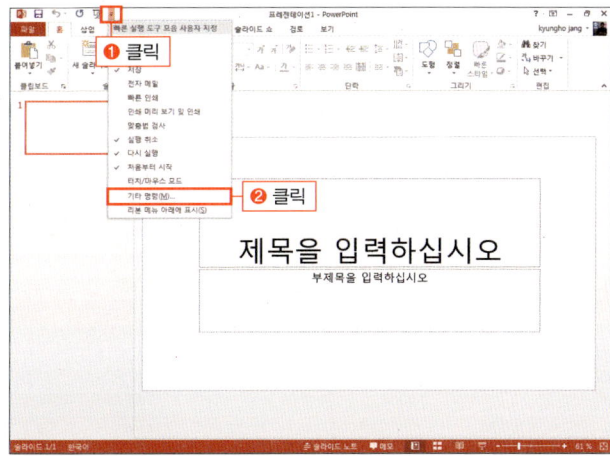

TIP : [파일] 탭–[옵션]을 클릭한 후 [빠른 실행 도구 모음]을 선택해도 됩니다.

02. [PowerPoint 옵션] 대화상자가 나타납니다. [명령 선택]–[모든 명령]을 선택한 후 [빠른 실행 도구 모음]에 추가하고 싶은 명령을 선택한 후 [추가]를 클릭합니다. [빠른 실행 도구 모음 사용자 지정]에 명령이 추가됩니다. [확인]을 클릭합니다.

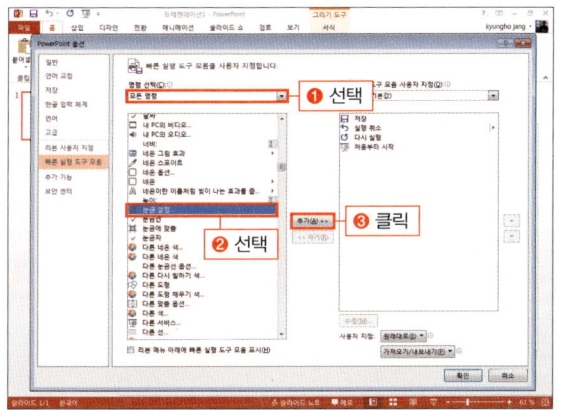 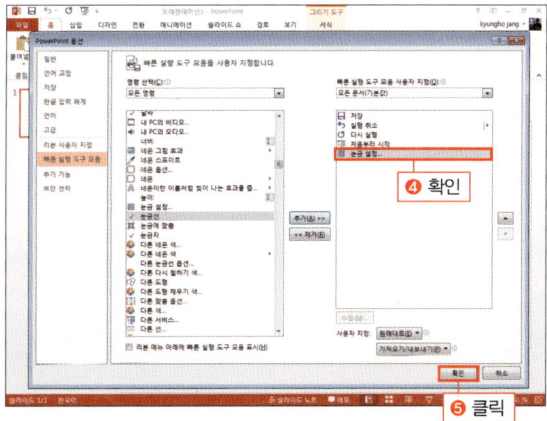

03. 빠른 실행 도구 모음에 명령이 추가됩니다. 리본 메뉴에서도 바로 빠른 실행 도구 모음에 기능을 추가할 수 있습니다. 리본 메뉴에서 추가하고 싶은 기능을 선택한 후 마우스 오른쪽 단추를 클릭하여 [빠른 실행 도구 모음에 추가]를 선택합니다.

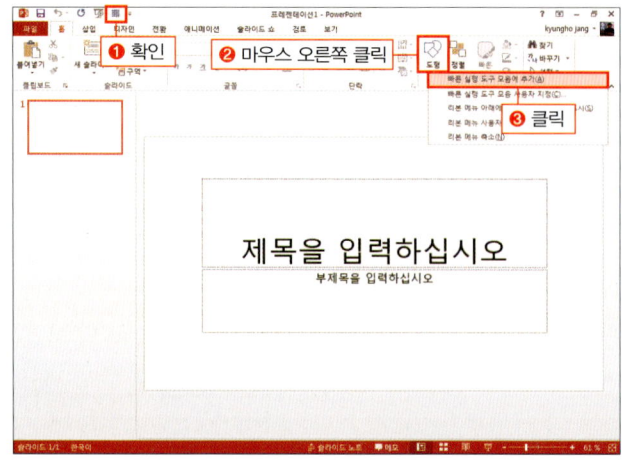

04. 선택한 명령이 빠른 실행 도구 모음에 추가되는 것을 확인할 수 있습니다. 만일, 빠른 실행 도구 모음에 추가한 명령을 삭제하고 싶다면 삭제하고 싶은 단추를 마우스 오른쪽으로 클릭한 후 [빠른 실행 도구 모음에서 제거]를 선택합니다.

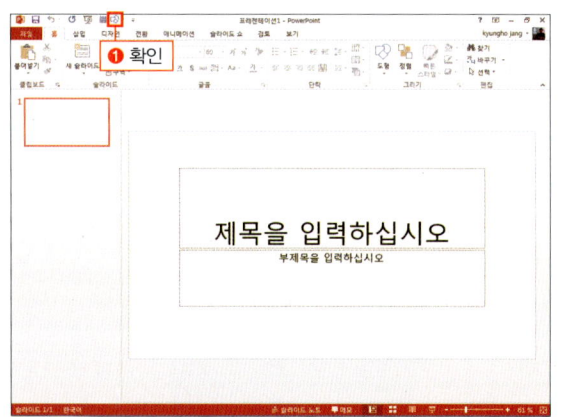

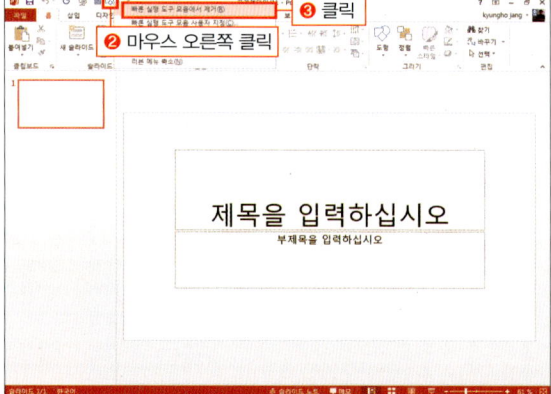

05. 빠른 실행 도구 모음에서 선택한 단추가 삭제됩니다.

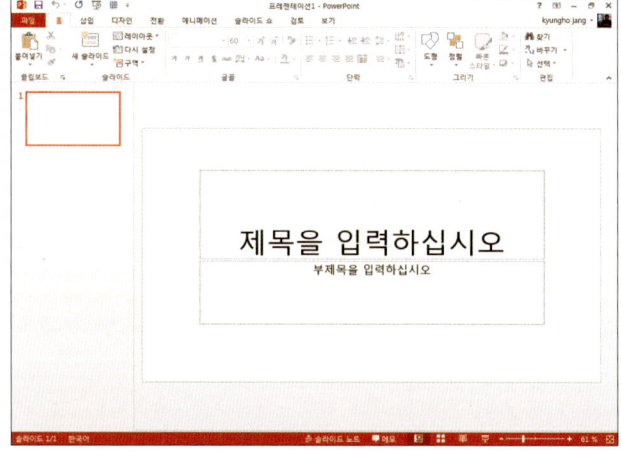

Step 01.을 통해 추가한 빠른 실행 도구 모음의 아이콘이 많아진다면 제목 표시줄에 모두 표시되지 않을 경우가 발생합니다. 이럴 때에는 빠른 실행 도구 모음의 상/하 위치를 이동하여 모두 표시할 수 있습니다.

01. 여러 개의 빠른 실행 도구 모음을 추가한 후 제목 표시줄의 [빠른 실행 도구 모음 사용자 지정](⏷) 단추를 클릭한 후 [리본 메뉴 아래에 표시하기]를 선택합니다.

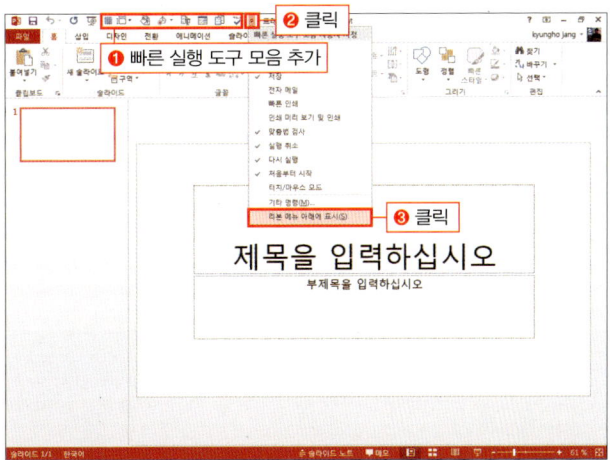

02. 리본 메뉴 하단에 빠른 실행 도구 모음이 나타납니다. 다시 원래 자리로 되돌리고 싶다면 [빠른 실행 도구 모음 사용자 지정](⏷) 단추를 클릭한 후 [리본 메뉴 위에 표시하기]를 선택합니다.

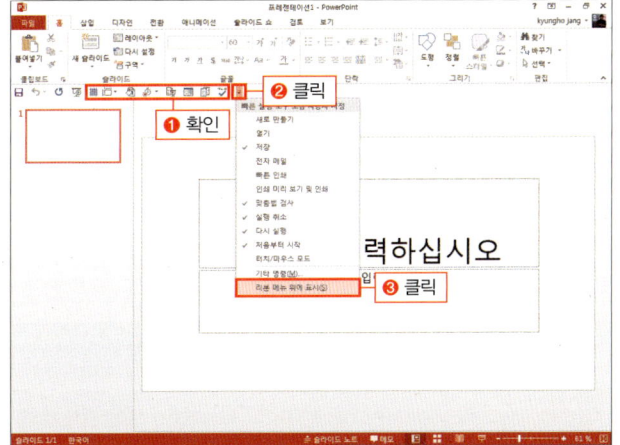

파워포인트를 실행했을 때 나타나는 기본 화면인 [기본 보기]는 슬라이드 미리보기 창, 슬라이드 작업 화면, 그리고 슬라이드 노트 창으로 구성되어 있습니다. 여기서는 슬라이드 보기 화면을 변경하는 방법에 대해서 살펴보겠습니다.

예제 파일ㅣ CD₩Part 02₩어학연수.pptx

01. [보기] 탭을 클릭한 후 [프레젠테이션 보기] 그룹에서 [개요 보기]를 선택합니다.

02. 기본 보기로 되돌리기 위해 [프레젠테이션 보기] 그룹에서 [기본]을 선택합니다.

TIP : 이번에는 상태 표시줄을 통해 [개요 보기] 창을 열 수 있습니다. 상태 표시줄의 [기본](□)을 두 번 클릭합니다. [개요 보기] 창이 열립니다.

TIP : 파워포인트 2010에는 [개요 보기] 창과 [슬라이드 노트] 창이 기본적으로 표시되지만 파워포인트 2013에는 [개요 보기] 창과 [슬라이드 노트] 창이 표시되지 않습니다. [보기] 탭-[프레젠테이션 보기] 그룹의 [개요 보기]를 클릭하여 [개요 보기] 창을 표시하거나 [표시] 그룹의 [슬라이드 노트]를 클릭해 [슬라이드 노트] 창을 표시할 수 있습니다.

연관 검색 상태 표시줄의 [기본](□) 단추는 클릭하는 횟수에 따라 슬라이드 보기 형식이 달라집니다. 132페이지에서 자세히 다루고 있으니 이를 참고하시기 바랍니다.

03. [보기] 탭의 [프레젠테이션] 그룹에서 [여러 슬라이드]를 선택합니다. [여러 슬라이드] 모드로 변경됩니다. 상태 표시줄의 [확대/축소] (–━━━━━━━+) 단추를 통해 여러 슬라이드 미리보기 화면을 확대하거나 축소할 수 있습니다. 여기서는 [확대](+)를 여러 번 클릭해 미리보기 화면을 확대해 봅니다.

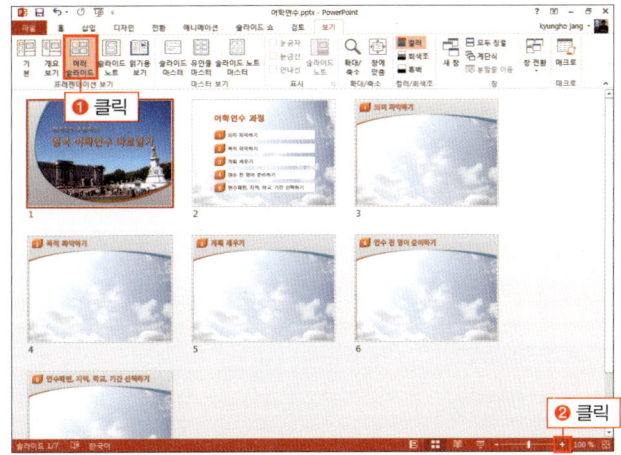

TIP : 상태 표시줄의 [여러 슬라이드](⊞)를 클릭해도 [여러 슬라이드]를 열 수 있습니다.

TIP : [여러 슬라이드]는 여러 슬라이드가 존재할 때 한 번에 모든 슬라이드를 보여주고자 할 때 사용하는 슬라이드 보기로 전체적인 흐름이나 위치 변경, 슬라이 쇼 설정 등을 할 때 주로 사용합니다.

04. 이번에는 [슬라이드 노트]를 선택합니다. 슬라이드 노트는 슬라이드 노트를 통해 입력한 텍스트나 유인물 등을 통해 발표자 노트를 함께 보고 싶을 때 선택할 수 있습니다.

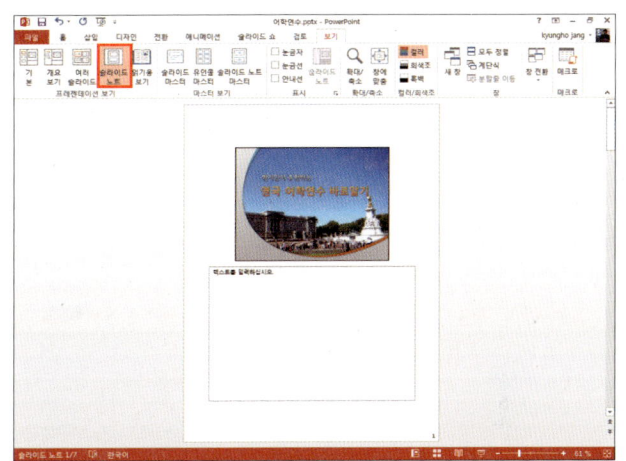

05. 프레젠테이션을 진행하는 것이 아니라 내 컴퓨터에서 슬라이드를 간단히 확인하고 싶거나 슬라이드 쇼와 다른 슬라이드 편집 화면을 보면서 작업하고 싶을 때는 [읽기용 보기]를 선택합니다. [읽기용 보기] 창이 나타납니다. 상태 표시줄의 [읽기용 보기](📖)를 클릭해도 [읽기용 보기] 창을 열 수 있습니다.

파워포인트 2013에는 이전 버전에서 보이던 개요 보기 창과 슬라이드 노트 창이 보이지 않습니다. 자주 사용되지 않는 기능이라 뒤로 감춰져 있는데, 이를 클릭 한번으로 간단히 불러올 수 있습니다.

예제 파일 | CD\Part 02\어학연수.pptx

01. 먼저, [슬라이드 노트] 창을 표시해 보도록 하겠습니다. [보기] 탭–[표시] 그룹의 [슬라이드 노트]를 클릭합니다.

> **TIP** : 상태 표시줄에서 [슬라이드 노트] 를 클릭해도 됩니다.

02. [슬라이드 노트] 창이 열리는 것을 확인할 수 있습니다. [슬라이드 노트] 창 경계선을 드래그하면 [슬라이드 노트] 창 크기를 조절할 수 있습니다. [슬라이드 노트] 창 크기를 조절해 봅니다.

03. [슬라이드 노트] 창을 숨기기 위해 [보기] 탭→[표시] 그룹의 [슬라이드 노트]를 다시 한번 클릭합니다.

04. [슬라이드 노트] 창이 숨겨집니다. [슬라이드 노트] 창은 상태 표시줄의 [기본]( ) 단추를 클릭해도 불러올 수 있습니다. 상태 표시줄의 [기본]( ) 단추는 [슬라이드 노트] 창 → [개요 보기] 창 → [기본] 보기 순으로 열립니다.

TIP : 상태 표시줄의 [기본]( ) 단추를 클릭하면 [슬라이드 노트] 창, [슬라이드 미리보기] 창, [개요] 창 순으로 불러올 수 있으며, [슬라이드 노트] 창이 나타난 상태에서는 [슬라이드 미리보기] 창과 [개요] 창을 번갈아 불러올 수 있습니다.

슬라이드 작업을 하다보면 슬라이드 편집 화면의 크기를 확대하여 정밀하게 작업하거나 축소하여 큰 그림을 그려야 할 경우가 발생합니다. 여기서는 원하는 배율로 슬라이드 화면을 확대하거나 축소하는 방법에 대해서 살펴보도록 하겠습니다.

예제 파일 | CD\Part 02\소모임세미나.pptx

01. [보기] 탭의 [확대/축소] 그룹-[확대/축소]를 클릭한 다음 [확대/축소] 대화 상자에서 사용자 지정에 『50』을 입력하거나 [50%]를 선택한 후 [확인]을 클릭합니다.

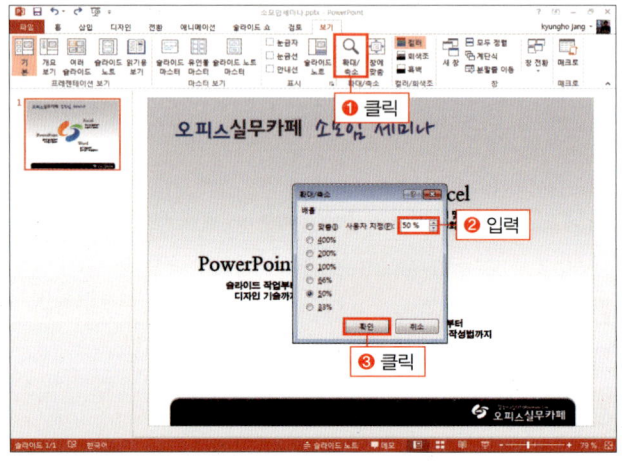

02. 슬라이드 편집 화면이 '50%'로 축소됩니다. 이번에는 부분적으로 확대 혹은 축소해 보도록 하겠습니다. 확대를 원하는 개체를 선택합니다. 여기서는 'PowerPoint'를 선택한 후 하단의 상태 표시줄에 있는 [확대/축소]( ) 단추를 이용해서 슬라이드 편집 화면의 크기를 조절해 보도록 하겠습니다. 상태 표시줄에서 [확대]( )를 10번 정도 클릭합니다.

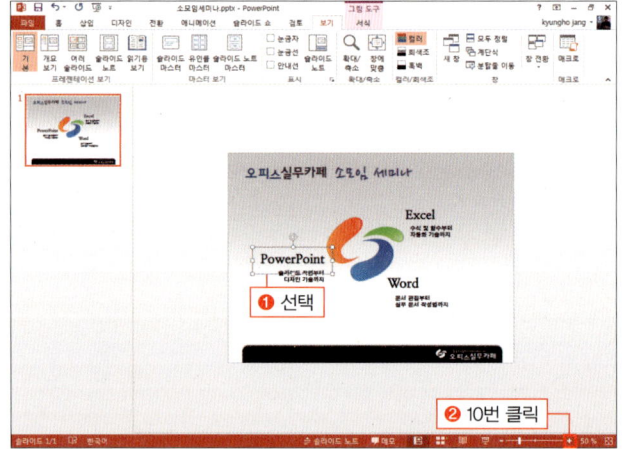

03. 선택한 개체 부분이 선택적으로 확대되어 표시됩니다. 확대하여 섬세한 작업이 필요하거나 축소하여 큰 그림을 그려야할 경우 슬라이드를 확대 혹은 축소하여 작업할 수 있습니다.

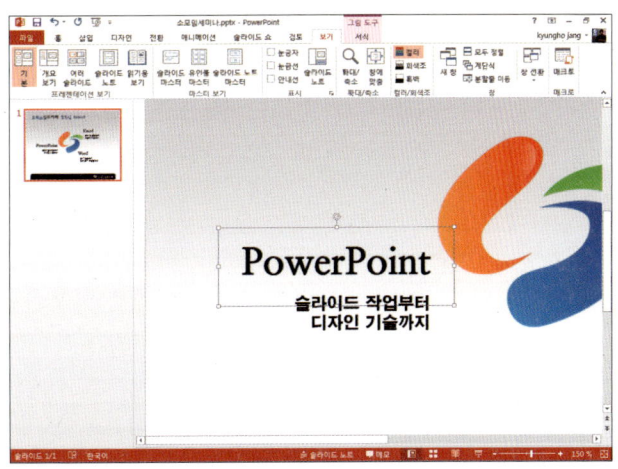

04. 이번에는 창에 맞게 다시 조절하기 위해 상태 표시줄에 있는 [확대/축소] 대화상자 표시 단추(160 %)를 클릭합니다. [확대/축소] 대화상자가 표시됩니다. [맞춤]을 클릭한 후 [확인]을 클릭합니다.

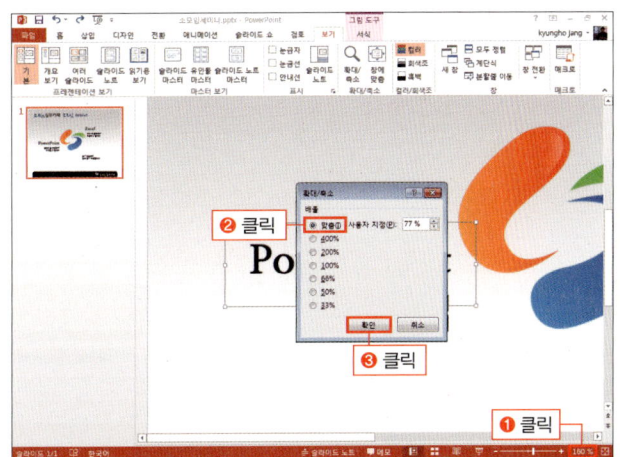

05. [보기] 탭–[확대/축소] 그룹의 [창에 맞춤]을 클릭하거나 상태 표시줄의 [창에 맞춤]( )을 클릭하여도 확대, 축소된 슬라이드의 크기를 슬라이드 편집 화면에 맞게 조절할 수 있습니다.

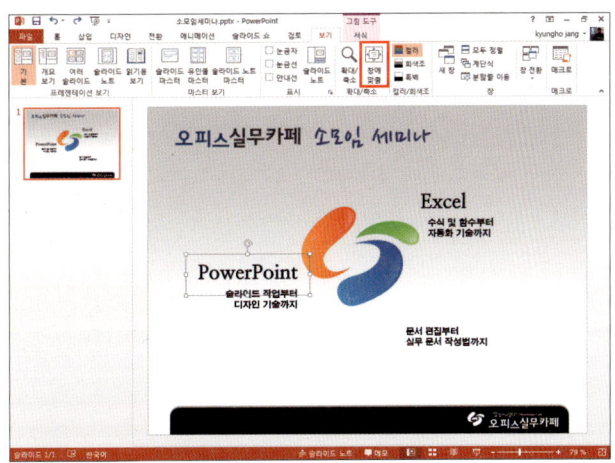

터치 모드와 마우스 모드

터치 스크린이 지원되는 컴퓨터나 태블릿에서 파워포인트 2013을 사용한다면 터치 모드를 사용할 수 있습니다. 마이크로소프트 오피스 2013의 가장 큰 특징 중 하나는 손가락으로 리본 메뉴를 터치하여 사용할 수 있다는 점입니다. 터치 모드를 선택하면 리본 메뉴의 간격이 넓어지며 전반적으로 터치하여 슬라이드 작업이 가능한 화면으로 변경됩니다.

01. 먼저, [빠른 실행 도구 모음]에 [터치/마우스 모드]를 추가해 보도록 하겠습니다. [빠른 실행 도구 모음]([) 단추를 클릭한 후 [터치/마우스 모드]를 클릭합니다.

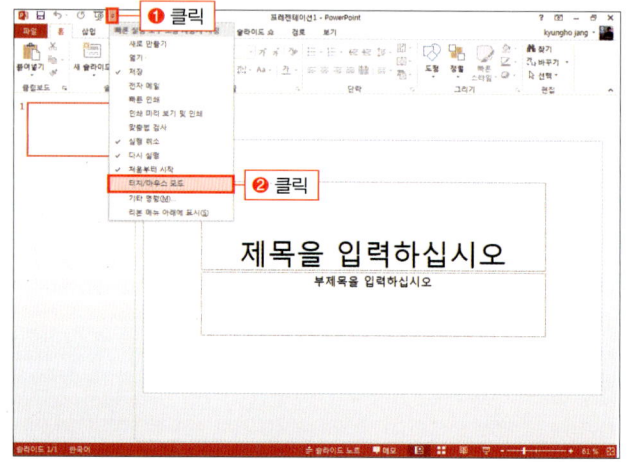

02. [터치 마우스 모드] 단추가 빠른 실행 도구 모음에 추가됩니다. [터치 마우스 모드] 단추를 클릭한 후 [터치]를 클릭합니다.

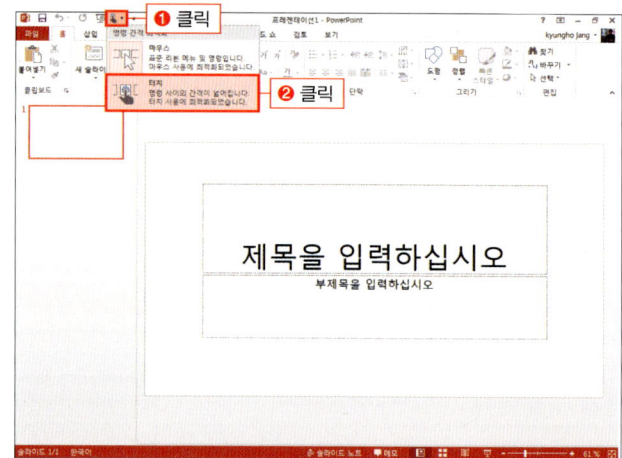

03. 터치 마우스 모드로 변경됩니다. 리본 메뉴와 메뉴 사이의 간격이 넓어져 손가락으로 가볍게 터치하여 사용할 수 있으며, "제목을 입력하세요." 문구 대신 "눌러서 제목 추가"로 변경되는 것을 확인할 수 있습니다.

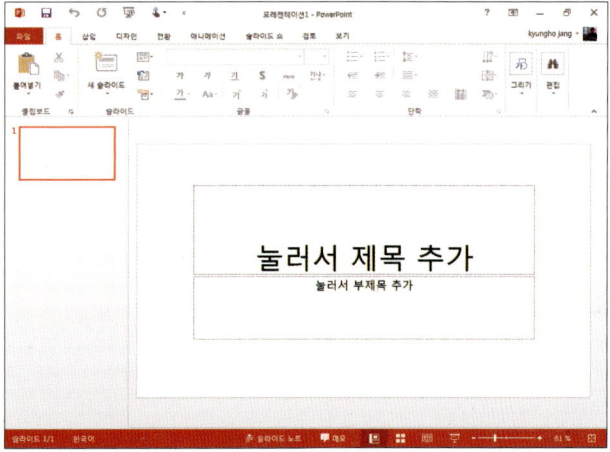

TIP : 기본 설정된 마우스 모드의 경우 마우스 활용에 최적화되어 리본 메뉴 크기가 설정되어 있으며, 터치 모드의 경우 리본 메뉴와 메뉴 사이의 간격을 넓혀 손가락 터치가 가능하도록 설정되어 있습니다.

TIP : 터치 모드와 마우스 모드 화면 비교

파워포인트 2013의 경우 스마트기기에서도 사용할 수 있도록 터치 환경을 지원하고 되었습니다. 손으로 터치도 가능하면서 기존 컴퓨터 환경에서도 사용이 가능합니다.

▲ 마우스 모드   ▲ 터치 모드

LESSON 04 슬라이드 구역 기능 살펴보기

레벨 ● ● ●

여러 슬라이드의 내용을 하나의 슬라이드로 통합하거나 하나의 슬라이드 안에서 다른 슬라이드들과 구분해야 할 슬라이드가 있다면 구역 기능을 활용할 수 있습니다. 구역 기능을 이용하면 손쉽게 슬라이드를 통합하고 정리할 수 있습니다.

기초탄탄 ▶ 구역 메뉴와 기능 살펴보기

■ 구역 축소(◀)와 구역 확장(▶) 143P

모든 슬라이드를 구역으로 지정 후 슬라이드를 나누어 표시할 수 있습니다. 구역으로 나누면 구역별로 다른 테마를 적용할 수 있으며, 원하는 위치로 빠르게 이동하거나 삭제할 수 있습니다. 또한, 원하는 구역을 선택해서 인쇄도 가능합니다.

구역 지정 후 구역 축소(◀) 혹은 구역 확장(▶)을 클릭하면 구역 영역을 축소 혹은 확장할 수 있습니다. 구역이 많아지면 그만큼 관리해야 할 슬라이드 수도 많아지므로 구역 축소 혹은 확장하기 기능을 적절히 사용하는 것이 좋습니다.

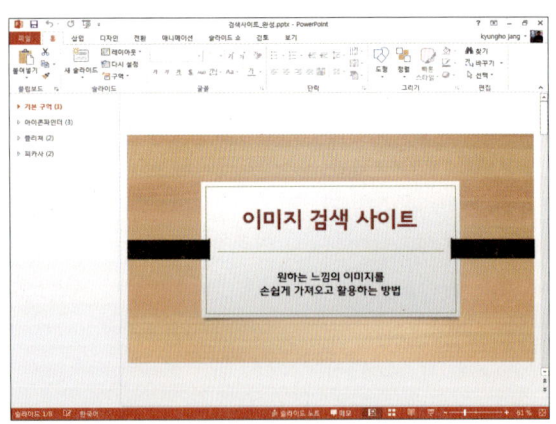

▲ 구역 축소(◀)

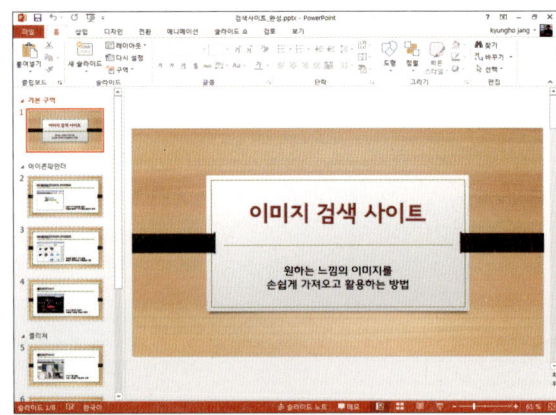

▲ 구역 확장(▶)

■ [구역] 메뉴 살펴보기

[구역] 메뉴는 [홈] 탭-[슬라이드] 그룹에서 [구역]을 선택하거나 마우스 오른쪽으로 구역 영역을 클릭했을 때 나타납니다.

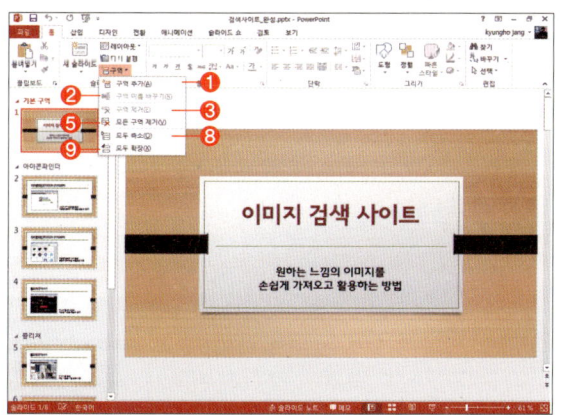
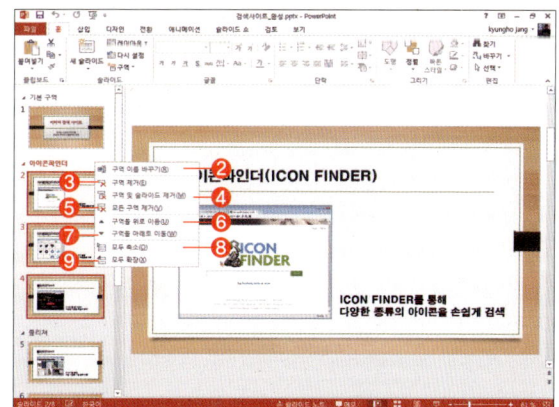

❶ 구역 추가 : 구역을 추가합니다.

❷ 구역 이름 바꾸기 : 구역의 이름을 변경합니다.

❸ 구역 제거 : 선택한 구역을 삭제합니다.

❹ 구역 및 슬라이드 제거 : 구역 제거는 선택한 구역만 삭제하지만 구역 및 슬라이드 제거는 구역 뿐 아니라 구역 안에 포함된 슬라이드까지 제거합니다.

❺ 모든 구역 제거 : 슬라이드 상에 지정된 구역을 모두 삭제합니다.

❻ 구역을 위로 이동 : 구역을 한 단계 위로 이동합니다.

❼ 구역을 아래로 이동 : 구역을 한 단계 아래로 이동합니다.

❽ 모두 축소 : 구역을 모두 축소하여 구역 제목만 나타나게 합니다.

❾ 모두 확장 : 구역을 모두 확장하여 슬라이드까지 나타나게 합니다.

■ [슬라이드 쇼 보기]에서 구역 선택하고 해당 구역만 인쇄하기

슬라이드 쇼에서 원하는 구역을 선택할 수 있습니다. 구역 이름을 클릭해 빠르게 이동할 수 있습니다. 또한, [파일] 탭-[인쇄]를 클릭한 후 [설정]-[모든 슬라이드 인쇄]를 클릭합니다. [구역]에서 원하는 구역 이름을 선택하면 해당 구역만 인쇄할 수 있습니다.

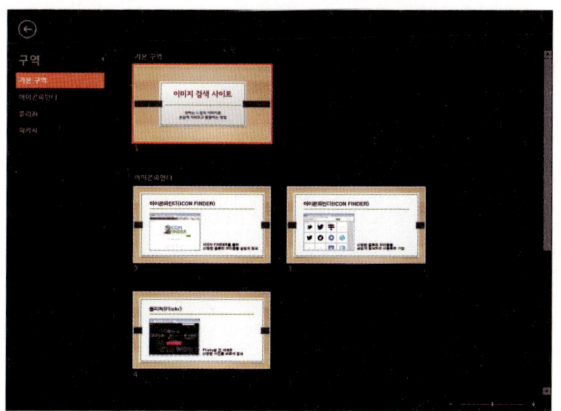
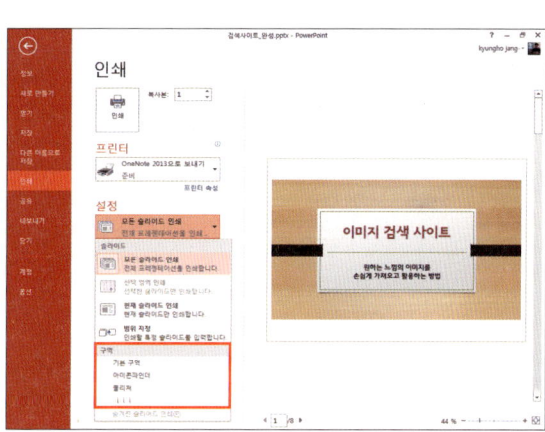

▲ 슬라이드 쇼에서 구역 보기　　　　　▲ 구역만 따로 인쇄하기

구역 기능은 폴더를 사용하여 파일을 분류하는 것과 같이 유사한 내용을 서로 분류할 수 있는 기능입니다. 이름이 지정된 구역을 사용하여 슬라이드 그룹을 지정할 수 있고, 공동 작업을 진행할 때 동료별로 구역을 할당하여 슬라이드 구성을 진행할 수도 있습니다.

예제 파일 | CD₩Part 02₩검색사이트.pptx   **완성 파일 |** CD₩Part 02₩검색사이트_완성.ppt

01. [슬라이드 미리보기] 창에서 1번 슬라이드와 2번 슬라이드 사이를 마우스 오른쪽으로 클릭합니다. [구역 추가]를 선택합니다.

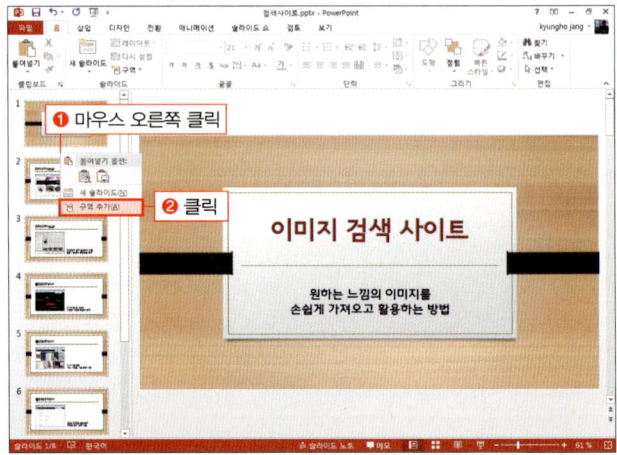

02. [제목 없는 구역]이 추가됩니다. 마우스 오른쪽을 클릭하여 [구역 이름 바꾸기]를 선택합니다.

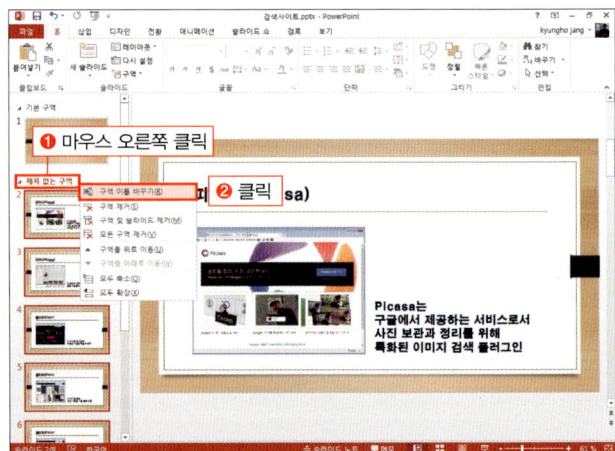

03. [구역 이름 바꾸기] 대화상자가 나타나면 『피카사』라고 입력한 다음 [이름 바꾸기]를 클릭합니다.

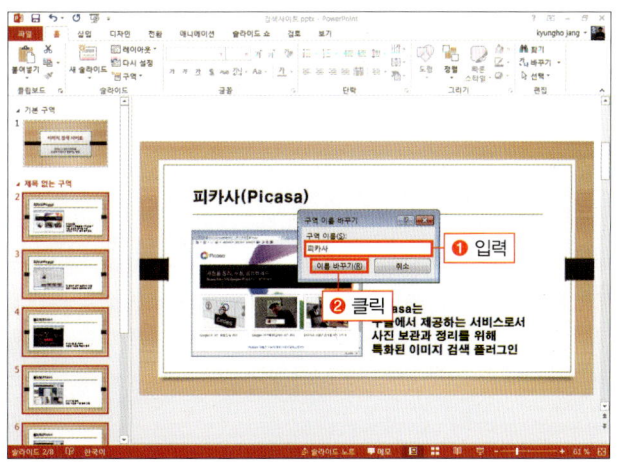

04. 이번에는 [여러 슬라이드 보기](🔲)에서 구역을 추가해 보도록 하겠습니다. [여러 슬라이드 보기](🔲)를 클릭한 후 3번 슬라이드와 4번 슬라이드 사이를 마우스 오른쪽으로 클릭한 다음 [구역 추가]를 선택합니다.

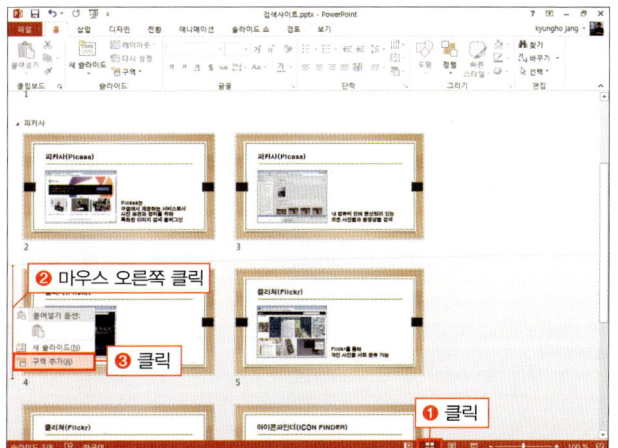

05. 구역이 추가되면 마우스 오른쪽을 클릭한 다음 [구역 이름 바꾸기]를 클릭합니다.

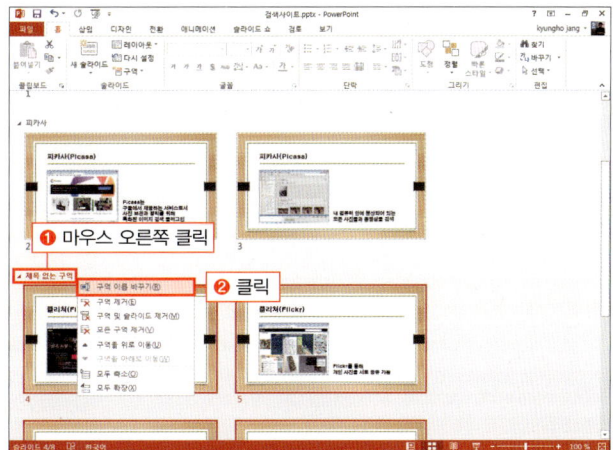

06. [구역 이름 바꾸기] 대화상자가 나타나면
『플리쳐』를 입력한 다음 [이름 바꾸기]를 클릭합
니다.

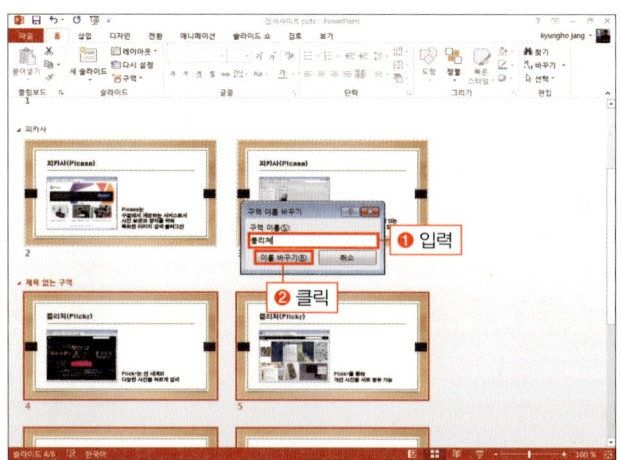

07. 구역이 추가되면 이번에는 리본 메뉴에서
구역을 추가해 보도록 하겠습니다. [홈] 탭–[슬라
이드] 그룹에서 [구역]–[구역 추가]를 선택합니다.

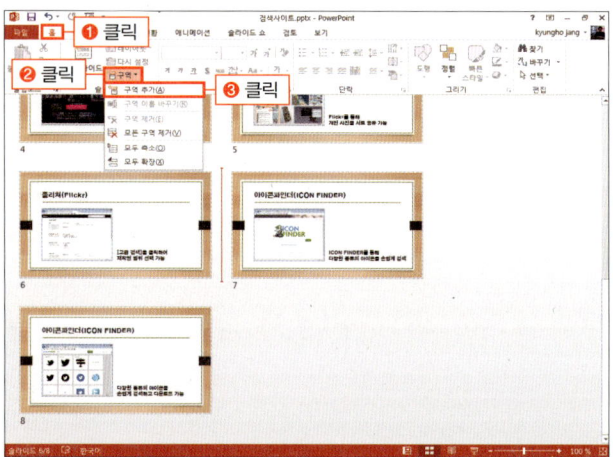

08. [구역 이름 바꾸기] 대화상자가 나타나면
『아이콘파인더』를 입력한 다음 [이름 바꾸기]를 클
릭합니다.

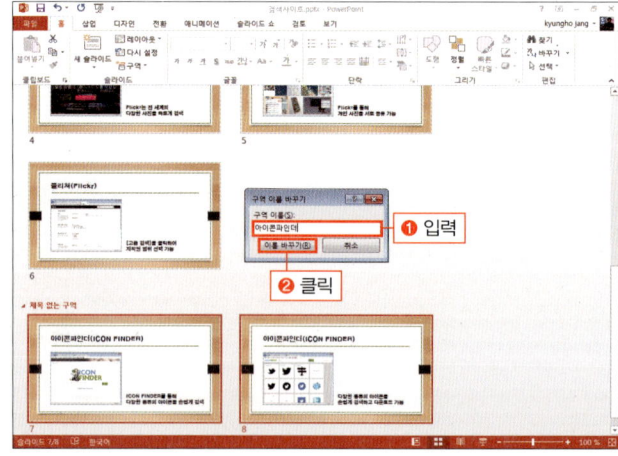

구역 영역을 축소하거나 확장하여 슬라이드 편집 작업을 용이하게 할 수 있습니다. 즉, 슬라이드에 지정된 구역을 내 컴퓨터의 폴더처럼 정리하여 사용할 수 있습니다.

01. [보기] 탭-[프레젠테이션 보기] 그룹에서 [기본]을 클릭합니다. 기본 슬라이드 보기로 변경되면 '피카사'의 [구역 축소(◢)]를 클릭합니다.

02. '피카사' 구역이 축소되어 표시됩니다. 이번에는 구역을 모두 축소해 보겠습니다. 구역에서 마우스 오른쪽을 클릭하여 [모두 축소]를 클릭합니다.

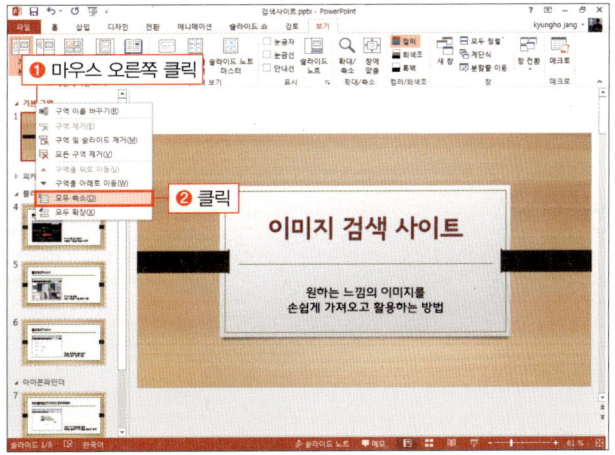

03. 구역이 모두 축소됩니다.

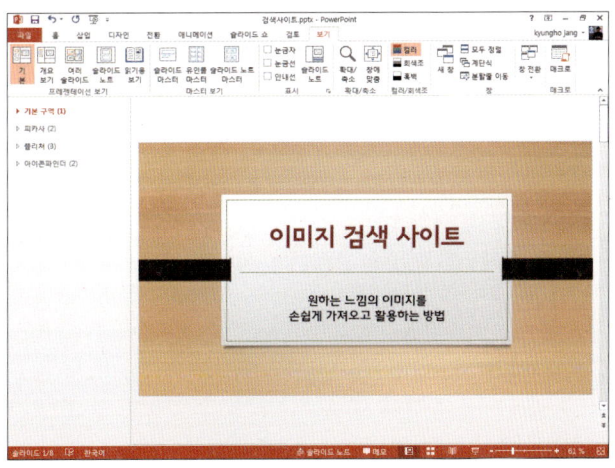

TIP : [모두 확장]을 클릭하면 축소된 영역이 다시 확장됩니다. 구역 모두 축소, 확장하기를 통해 슬라이드를 자유롭게 정리하고 구분지을 수 있습니다.

구역으로 나누었을 때에는 구역이 하나의 그룹으로 지정되기 때문에 구역 전체를 자유롭게 이동하거나 삭제할 수 있습니다.

예제 파일 | CD₩Part 02₩검색사이트_이동.pptx **완성 파일 |** CD₩Part 02₩검색사이트_이동_완성.ppt

01. 구역을 이동해 보겠습니다. '피카사' 구역을 마우스 오른쪽으로 클릭한 다음 [구역을 아래로 이동]을 클릭합니다.

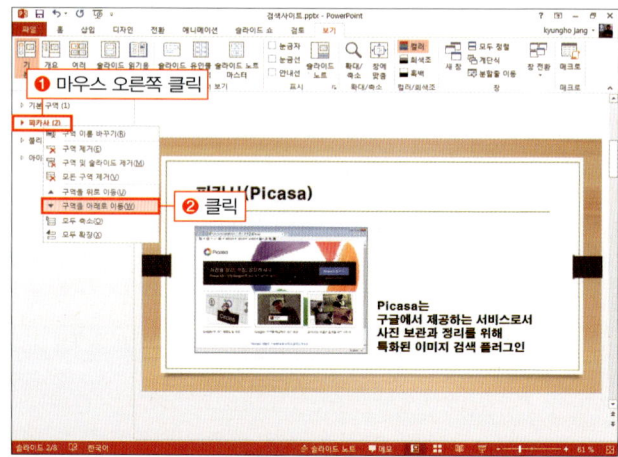

02. 선택한 '피카사' 구역이 아래로 이동됩니다.

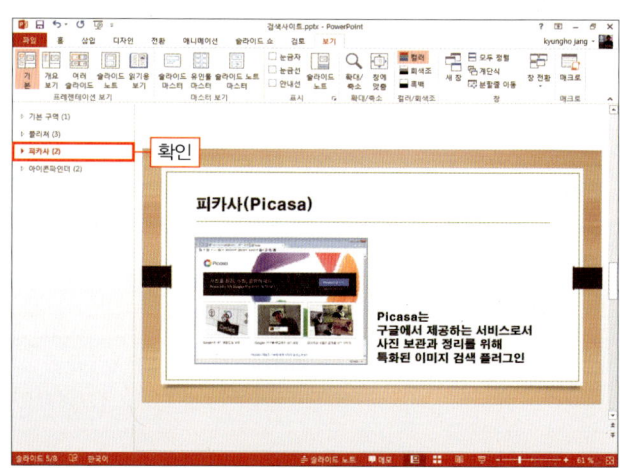

03. 마우스로 드래그하여 원하는 위치로 이동할 수도 있습니다. '아이콘파인더' 구역을 마우스를 드래그하여 위로 이동합니다.

04. [구역 및 슬라이드 제거] 혹은 [모든 구역 제거]를 클릭하면 구역을 삭제할 수 있습니다. 여기서는 [여러 슬라이드 보기](⊞)에서 특정 구역을 삭제해 보도록 하겠습니다. [여러 슬라이드 보기](⊞)를 클릭한 후 제거를 원하는 구역을 마우스 오른쪽으로 선택한 후 [구역 제거]를 선택합니다.

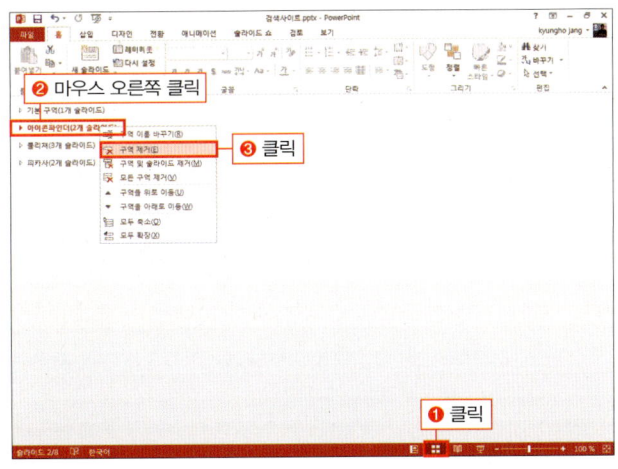

05. 구역이 제거되어 표시됩니다. 이번에는 모든 구역을 제거해 보겠습니다. [홈] 탭–[슬라이드] 그룹–[구역]을 클릭한 후 [모든 구역 제거]를 선택합니다.

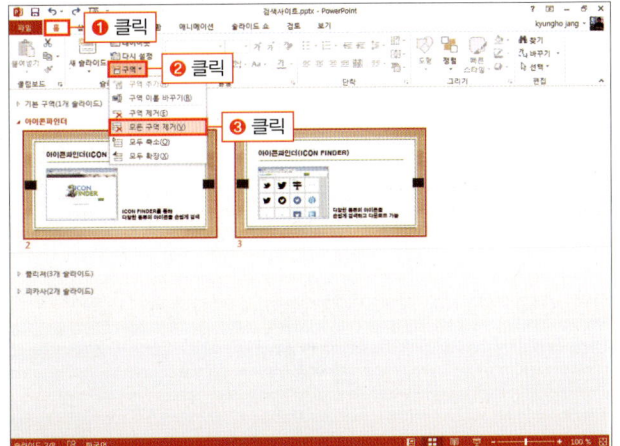

06. 모든 슬라이드가 하나로 통합되어 표시됩니다.

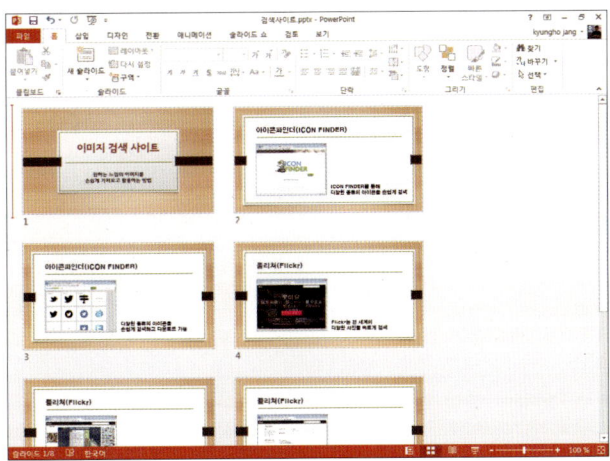

구역으로 나눈 슬라이드는 구역마다 다른 속성을 지닌 슬라이드 테마를 적용할 수 있습니다. 여기서는 특정 구역을 선택하여 테마를 지정하는 방법에 대해서 살펴보도록 하겠습니다.

예제 파일 | CD₩Part 02₩검색사이트_테마.pptx   **완성 파일 |** CD₩Part 02₩검색사이트_테마_완성.ppt

01. 테마를 지정할 구역을 선택합니다. [디자인] 탭-[적용] 그룹에서 원하는 테마 스타일을 선택합니다. 여기서는 [자연주의]를 클릭합니다.

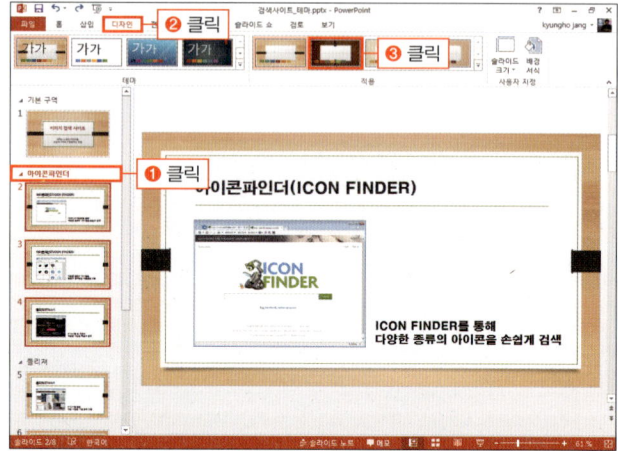

02. 선택한 구역에 테마가 설정됩니다. 여러 개의 구역이 존재한다면 이처럼 구역마다 각기 다른 테마를 적용할 수 있습니다.

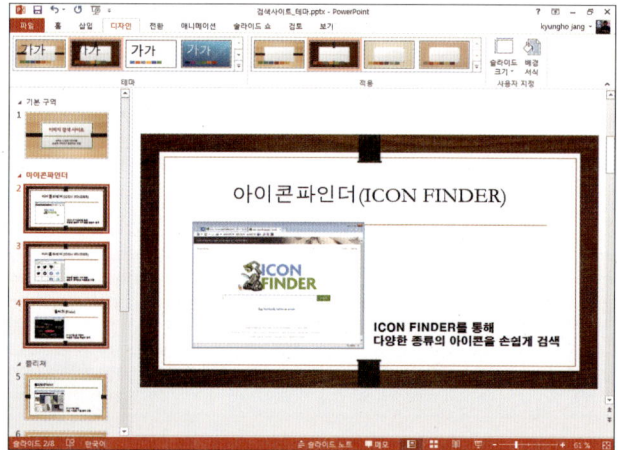

연관 구역에 다양한 테마를 적용할 수 있습니다. 테마에 관한 보다 다양한 기능은 471페이지에서 자세히 다루고 있으니 이를 참고하시기 검색 바랍니다.

파워포인트 버전별 인터페이스 비교

파워포인트는 시대가 지남에 따라 다양한 인터페이스를 제공해 주고 있습니다. 결과 중심의 사용자 인터페이스를 제공함으로서 다른 프로그램들의 인터페이스까지 영향을 주고 있는데 여기서는 파워포인트 2003, 맥(Mac)용 파워포인트와 인터페이스를 비교해 보겠습니다.

1. 파워포인트 2003과 파워포인트 2007 인터페이스

파워포인트 2003과 파워포인트 2007, 2013은 인터페이스부터 큰 차이점이 있습니다. 파워포인트 2007부터는 각각의 비슷한 기능들을 그룹으로 묶어 리본으로 표현해 놓아 쉽고 간편하게 기능을 찾을 수 있습니다. 또한, 몇 번의 클릭만으로도 원하는 결과를 보여주는 드롭다운 갤러리와 실시간 미리보기 기능으로 결과를 빠르게 확인할 수 있어 슬라이드 작성 시간을 단축할 수 있게 되었습니다.

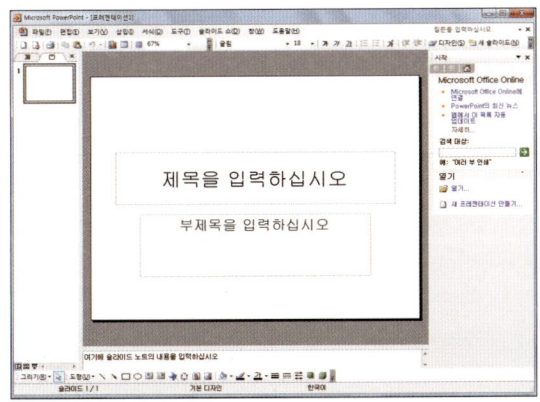

▲ 파워포인트 2003　　　　　▲ 파워포인트 2007

2. OS에 따른 파워포인트 비교

파워포인트는 윈도우에서 뿐만 아니라 맥(Mac)에서도 사용할 수 있습니다. 현재까지 나온 가장 최근 버전은 파워포인트 2013이지만 맥(Mac)에서는 파워포인트 2011이 가장 최근 버전입니다.

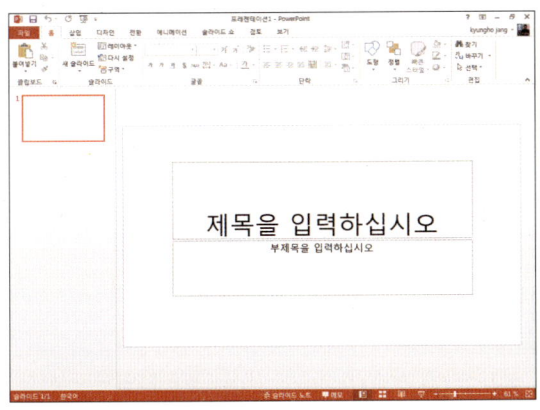
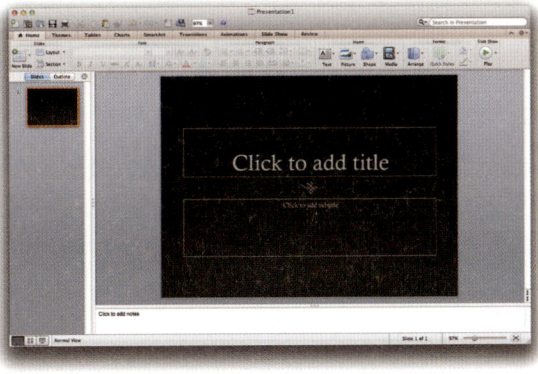

▲ 윈도우용 파워포인트 2013　　　　　▲ 맥용 파워포인트 2011

■ 파워포인트 2013은 다양한 파일 형식을 지원합니다. 기본 확장자인 .pptx를 비롯해 97~2003 프레젠테이션 확장자인 .ppt, 파워포인트 쇼 확장자인 .pps, .ppsx 등을 지원합니다. `107P`

■ `F12`를 눌러 [다른 이름으로 저장] 대화상자를 불러올 수 있습니다. `110P`

■ [다른 이름으로 저장] 대화상자의 [도구] 단추를 클릭하면 저장 옵션 및 사용자 암호 등 다양한 옵션을 지정할 수 있습니다. `110P`

■ 혹시나 모를 시스템 상의 오류나 Microsoft Office 프로그램 상의 문제로 작업 중인 파일이 한순간에 날아갈 버릴 경우에 대비하기 위해 파일 복구 저장 간격을 조절하여 놓는 것이 좋습니다. `113P`

■ 파워포인트는 리본 메뉴라는 독특한 구조의 화면으로 구성되어 있는데 자주 사용하는 기능은 나만의 리본 메뉴로 추가하여 별도로 하나의 탭이나 그룹으로 만들어 사용할 수 있습니다. `114P`

■ 원하는 기능을 단축키로 선택하고 싶을 때에는 `Alt`를 눌러 리본 메뉴에 표시되는 알파벳을 눌러 간단히 선택할 수 있습니다. `114P`

■ 리본 메뉴 오른쪽 상단에 위치하고 있는 리본 메뉴 표시 옵션에는 리본 메뉴 자동 숨기기, 탭 표시, 탭 및 명령 표시로 구성되어 있습니다. `121P`

■ 빠른 실행 도구 모음은 사용자가 원하는 기능을 한 곳에 모아놓아 일일이 리본 메뉴를 클릭할 필요없이 한 번에 작업할 수 있는 매우 편리한 기능입니다. `125P`

■ 파워포인트는 기본 보기, 여러 슬라이드 보기, 읽기용 보기, 슬라이드 쇼 보기 등 다양한 방법의 슬라이드 보기를 지원합니다. `125P`

■ 상태 표시줄의 [기본](E) 단추를 클릭하면 [슬라이드 노트] 창, [슬라이드 미리보기] 창, [개요] 창 순으로 불러올 수 있으며, [슬라이드 노트] 창이 나타난 상태에서는 [슬라이드 미리보기] 창과 [개요] 창을 번갈아 불러올 수 있습니다. `130P`

■ 구역 기능은 폴더를 사용하여 파일을 분류하는 것과 같이 여러 장의 슬라이드를 하나의 폴더로 묶어 분류하고 서식을 지정할 수 있는 기능입니다. `138P`

01 빠른 실행 도구 모음과 리본 메뉴를 직접 추가한 후 저장해 보세요.

동영상 해설 : SelfTest\Part 02\01.wmv

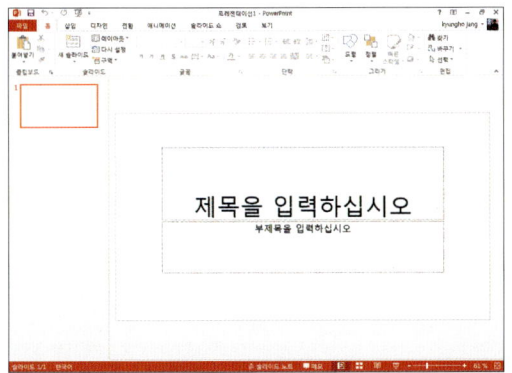 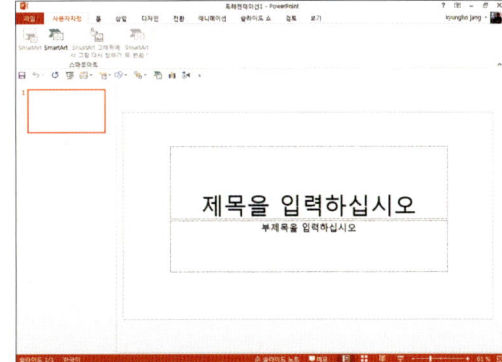

HINT

빠른 실행 도구 모음은 리본 메뉴에서 마우스 오른쪽을 눌러 추가할 수 있습니다. 리본 메뉴를 추가하기 위해 [파일] 탭–[옵션] 을 클릭하여 [PowerPoint 옵션] 대화상자를 불러온 후 리본 메뉴를 추가할 수 있습니다.

02 [리본 메뉴 표시 옵션] 등을 이용해 리본 메뉴를 자유롭게 열거나 숨겨보세요.

예제파일 : SelfTest\Part 02\02.pptx
동영상 해설 : SelfTest\Part 02\02.wmv

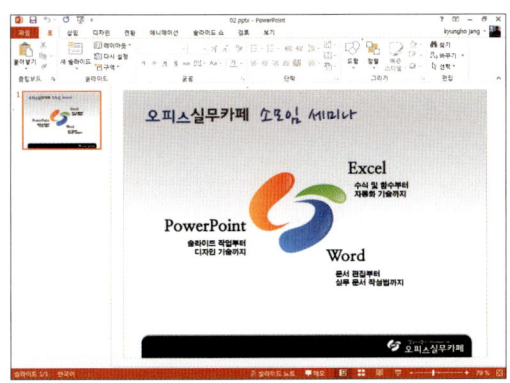 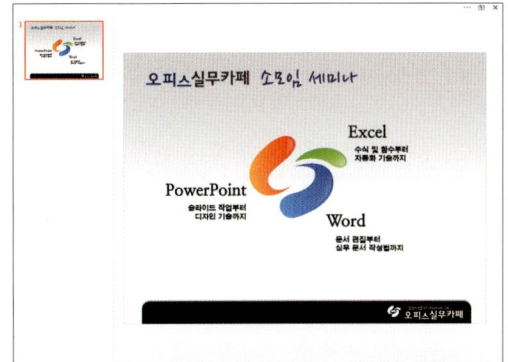

HINT

제목 표시줄의 오른쪽에 [리본 메뉴 표시 옵션] 단추를 클릭하면 리본 메뉴를 비롯해 슬라이드 편집 화면의 메뉴를 열거나 숨길 수 있습니다.

새 프레젠테이션
슬라이드 만들기

POWERPOINT • 2013

워드나 한글과 같은 프로그램은 대부분이 텍스트의 입력에서 시작되고 마무리됩니다. 그만큼 텍스트의 비중이 큽니다. 그렇다면 파워포인트는 어떨까요? 파워포인트 역시 텍스트의 비중을 무시할 수가 없습니다. 이미지나 도형 이외에 슬라이드의 내용은 텍스트로 작성되기 때문입니다. 특히, 다른 프로그램보다 사용하기 쉽고 편리한 텍스트 서식 기능이 파워포인트에 존재합니다. 이번 파트에서는 가장 기본이면서도 중요한 텍스트 입력을 다루어보도록 하겠습니다.

LESSON 01 새 프레젠테이션과 서식 파일

레벨 ● ○ ○

직접 슬라이드 양식을 만들어 사용하는 것도 좋지만 파워포인트에서 제공하는 양질의 서식 파일로 슬라이드 제작을 시작하는 것도 좋은 방법입니다. 여기서는 새 프레젠테이션을 만들어보고 다양한 방법으로 서식 파일을 이용하는 방법에 대해서 살펴보도록 하겠습니다.

기초탄탄 ◗ 새로 만들기와 슬라이드 불러오기

■ 새로 만들기 `154P`

파워포인트를 연 상태에서 새로운 슬라이드를 만들고 싶을 때에는 [파일] 탭-[새로 만들기]를 클릭하여 만들 수 있습니다. [새로 만들기] 항목은 새 프레젠테이션 뿐 아니라 최근 서식 파일, 예제 서식 파일, 테마, 내 서식 파일, Office.com 서식 파일 등 다양한 파일 및 테마 항목이 표시되어 나타납니다. 이 외에 [파일] 탭에서 할 수 있는 기능은 인쇄나 공유, 계정 설정 등입니다.

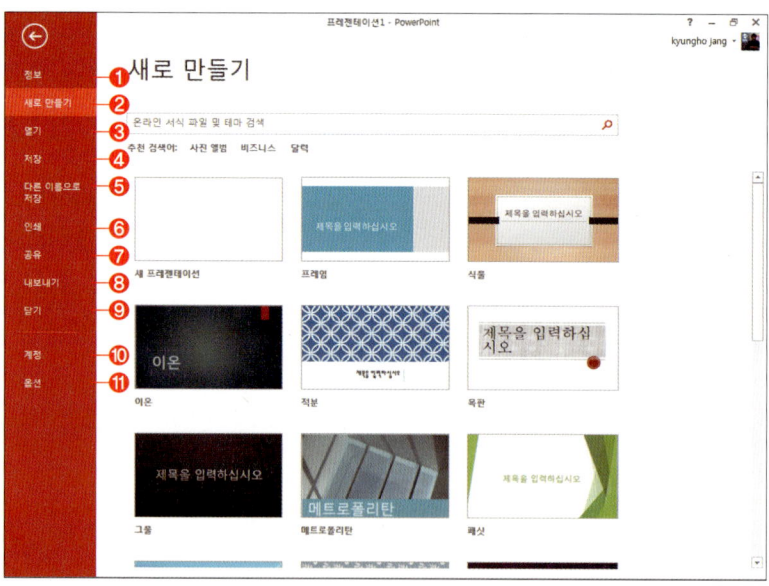

❶ 정보 : 프레젠테이션 파일의 보호를 비롯해 문제 확인, 버전 관리 등의 정보가 나타납니다.

❷ 새로 만들기 : 새 프레젠테이션이나 다양한 서식이나 테마 중에서 원하는 디자인을 선택할 수 있습니다.

❸ 열기 : 프레젠테이션 파일을 엽니다.

❹ 저장 : 프레젠테이션 파일을 저장합니다.

❺ 다른 이름으로 저장 : 프레젠테이션 파일을 다른 이름으로 저장합니다.

❻ 인쇄 : 프레젠테이션 파일의 인쇄를 비롯해 머리글 및 바닥글 편집을 할 수 있습니다.

❼ 공유 : 프레젠테이션 파일을 전자 메일로 보내거나 온라인 프레젠테이션을 진행할 수 있습니다.

❽ 내보내기 : PDF/XPS 문서 만들기를 비롯해 CD용 패키지 프레젠테이션을 만들 수 있습니다.

❾ 닫기 : 슬라이드를 닫습니다.

❿ 계정 : 사용자 정보가 나타나며 다양한 연결된 서비스를 확인하고 변경할 수 있습니다.

⓫ 옵션 : [PowerPoint 옵션] 대화상자가 나타나며 다양한 옵션을 지정할 수 있습니다.

■ 원하는 검색어로 슬라이드 불러오기 `157P`

행사 관련 슬라이드를 만든다고 가정했을 때『행사』라는 검색어로 서식 파일을 검색하면 디자인 관련 서식 파일이 검색되어 나타납니다. 이런 방법으로 원하는 서식 파일을 빠르게 찾을 수 있습니다. 가정, 경치, 계절, 공휴일, 교육, 기술, 별자리 등 원하는 범주의 다양한 서식 파일을 찾아 빠르게 슬라이드를 완성할 수 있습니다.

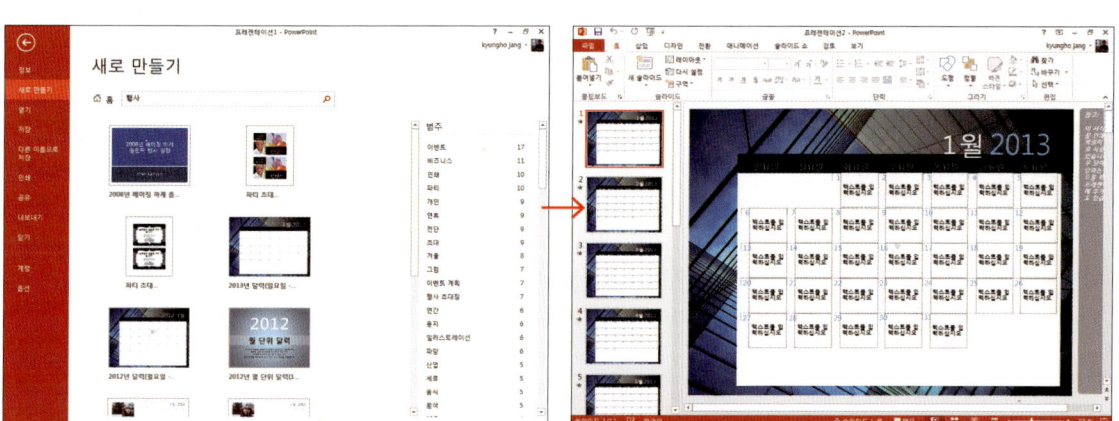

새 프레젠테이션을 만들 때 표시되는 [새로 만들기] 항목은 새 프레젠테이션뿐만 아니라 서식 파일 및 테마 항목도 함께 나타납니다. 이를 통해 보다 빠르고 편하게 슬라이드를 디자인할 수 있습니다.

01. 새 프레젠테이션을 만들기 위해 파워포인트를 실행한 후 처음 나타나는 화면에서 [새 프레젠테이션]을 선택합니다. 이미 파워포인트 슬라이드를 연 상태라면 [파일] 탭을 클릭한 다음 [새로 만들기]–[새 프레젠테이션]을 더블 클릭합니다.

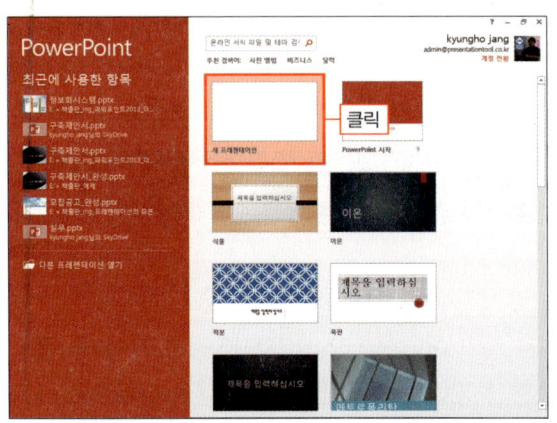 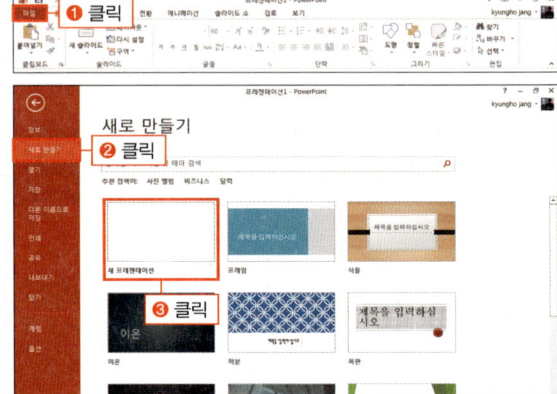

TIP : 새 프레젠테이션을 빠르게 만들기 위해서 단축키 Ctrl + N 을 눌러 불러올 수도 있습니다.

02. 새로운 문서가 열립니다. 제목 표시줄에 '프레젠테이션 1' 혹은 '프레젠테이션 2' 라는 이름의 문서가 새로 생성되는 것을 확인할 수 있습니다.

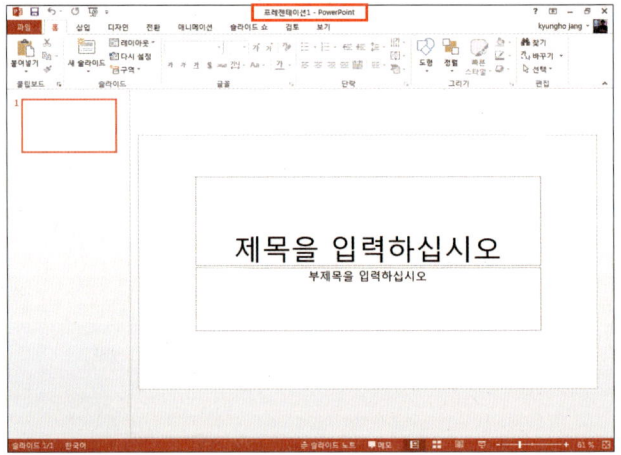

TIP : 제목 표시줄의 파일 이름은 새로 만든 슬라이드 파일이나 사용 환경에 따라 달라질 수 있습니다.

이번에는 이미 만들어진 서식 파일을 불러와 슬라이드를 시작하는 방법에 대해서 살펴보겠습니다.

완성 파일ㅣ CD₩Part 03₩서식파일.pptx

01. [파일] 탭을 클릭한 후 [새로 만들기]를 선택합니다. [새로 만들기] 페이지가 열리면 원하는 서식 파일을 클릭합니다. 여기서는 [명언]을 선택합니다.

02. 서식 파일이 새로운 창으로 열립니다. 레이아웃 및 디자인을 미리보기 형식으로 확인할 수 있습니다. 화면의 오른쪽은 서식 파일의 테마로 같은 디자인이지만 다른 테마를 적용한 슬라이드를 확인할 수 있습니다. [만들기]를 선택합니다.

03. 선택한 서식 파일이 열립니다.

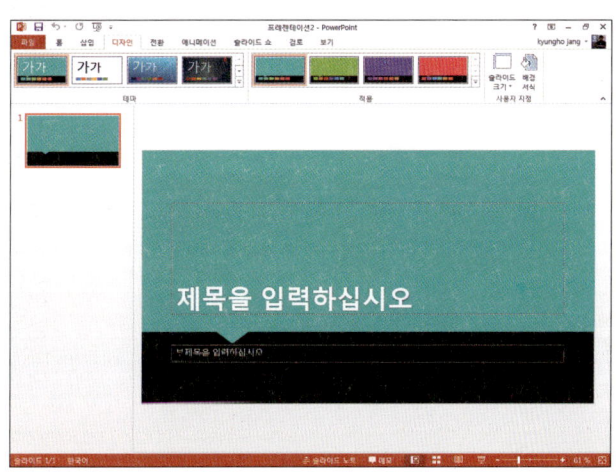

TIP : 서식 파일의 다른 테마는 [디자인] 탭–[적용] 그룹에서 확인할 수 있습니다.

04. 테마를 변경하기 위해 [디자인] 탭–[적용] 그룹에서 다른 테마를 클릭합니다. 테마가 적용됩니다. 더 자세한 테마를 지정하기 위해 [적용] 그룹의 [자세히]를 클릭합니다.

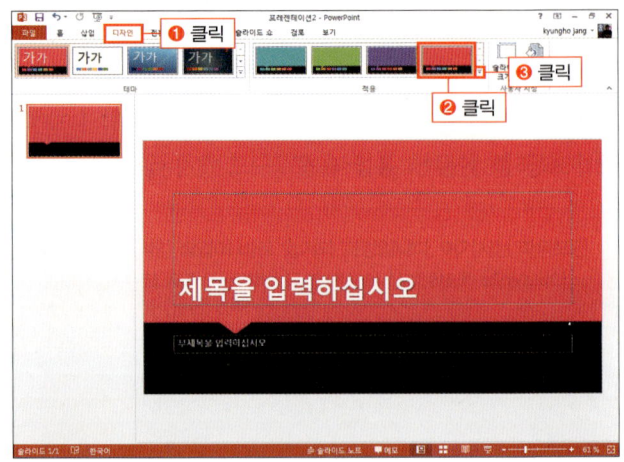

05. [색] 항목을 선택하면 보다 다양한 테마를 선택할 수 있습니다. [색]을 선택한 후 [노랑]을 클릭합니다.

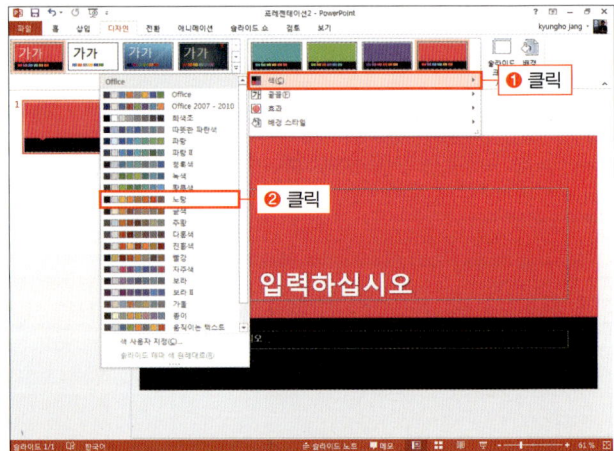

> **TIP :** 테마 색을 선택하면 실시간 미리보기 기능이 적용되어 슬라이드 편집 화면에 선택한 색상을 미리보기할 수 있습니다.

06. 선택한 색상이 슬라이드에 적용됩니다. 파워포인트의 서식 파일을 적용하면 직접 슬라이드 배경과 테마를 디자인하여 작업하는 경우보다 훨씬 다양하고 효율적으로 슬라이드를 제작할 수 있습니다.

> **연관 검색** [테마] 그룹과 [적용] 그룹에 대한 보다 다양한 기능은 471페이지에서 자세히 다루고 있으니 이를 참고하시기 바랍니다.

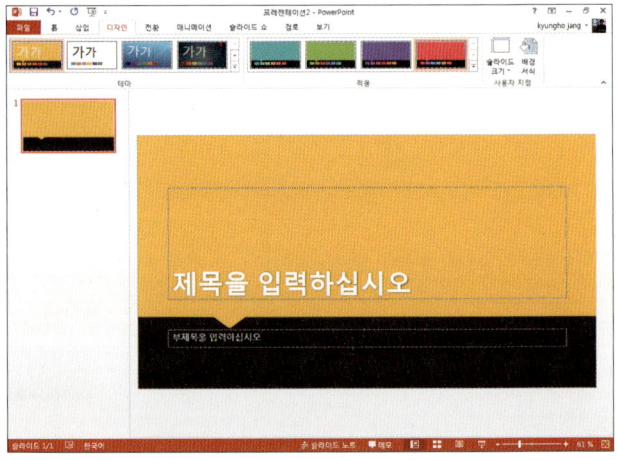

원하는 형식의 서식 파일을 찾는 것이 그리 쉬운 일은 아닙니다. 이럴 때에는 검색어 기능을 이용해 원하는 서식 파일을 쉽게 찾을 수 있습니다.

01. [새로 만들기] 페이지 상단의 [온라인 서식 파일 및 테마 검색] 항목에 원하는 키워드나 검색어를 입력하면 더 많은 서식 파일을 찾을 수 있습니다. 여기서는 [온라인 서식 파일 및 테마 검색] 항목에 『행사』를 입력한 후 [찾기]를 클릭합니다.

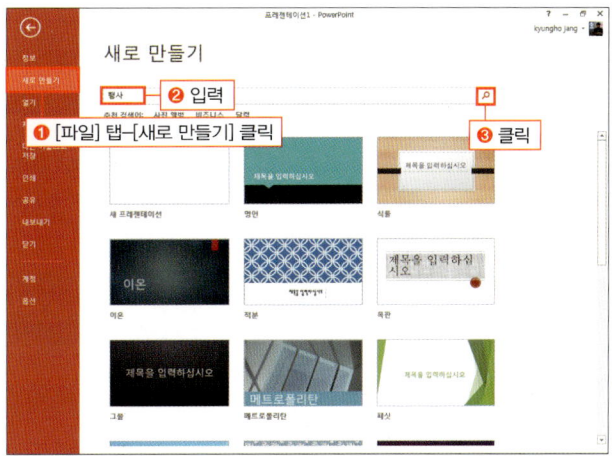

02. 잠시 후 행사와 관련된 다양한 슬라이드 파일이 검색됩니다. 오른쪽 [범주] 항목에는 자주 검색되는 항목이 정렬되어 검색을 도와줍니다. 원하는 파일을 클릭합니다.

03. 미리 보기 화면에서 내용을 확인한 후 [만들기]를 선택합니다.

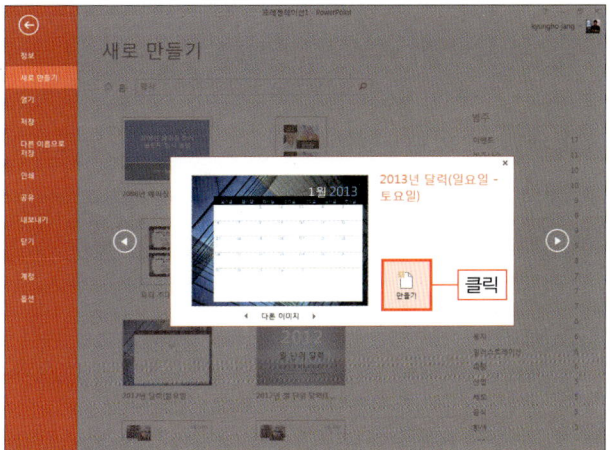

보고용과 발표용 슬라이드

프레젠테이션을 위한 슬라이드는 비주얼적인 측면이 강조되는 것이 사실입니다. 내용의 핵심 키워드를 전면에 내세우고 부수적인 설명은 발표자가 충실하게 해 주면 되기 때문입니다. 그렇기에 프레젠테이션을 위한 슬라이드는 시각화하는 과정이 중요하며, 짧고 강력한 내용을 전달하는데 집중하여야 합니다.

하지만, 슬라이드는 프레젠테이션을 위한 용도로만 사용되지는 않습니다. 보통 회사에서 작성하는 슬라이드는 상사에게 보고하는 슬라이드 형식입니다. 이를 보고서를 위한 슬라이드라고 한다면 이런 슬라이드는 비주얼적인 측면보다는 워드와 같이 내용적인 측면이 충실한지가 중요합니다. 보고서를 위한 슬라이드는 피드백과 함께 최종적인 결재가 나면 프레젠테이션을 위한 슬라이드로 만들어질 것이기 때문에 구성과 디자인은 그리 신경쓰지 않아도 됩니다.

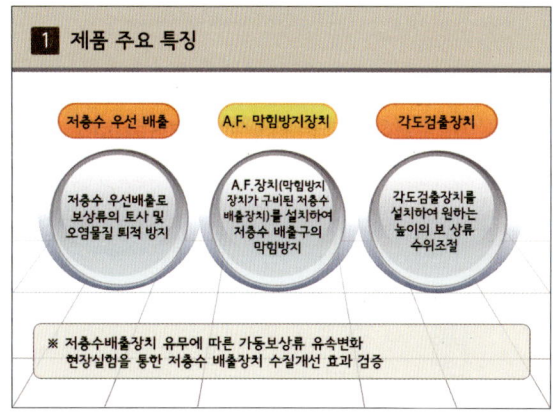 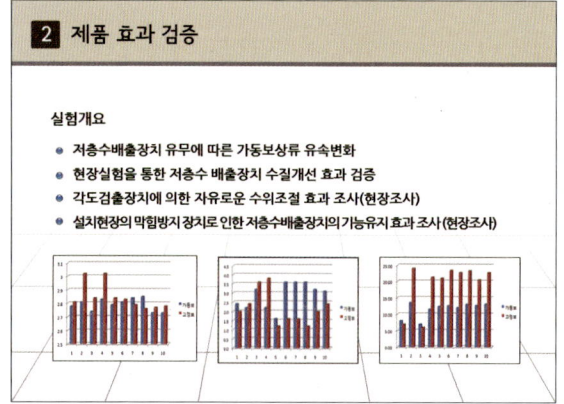

▲ 보고용 슬라이드

혹자는 슬라이드는 다목적의 보고서가 되어야 한다고 말합니다. 즉, 보고서로서도 사용되어야 하고, 프레젠테이션용으로도 사용되어야 한다고 말입니다. 하지만 양쪽을 다 만족시키는 슬라이드는 그리 많지 않습니다. 제 아무리 보고서를 위한 슬라이드로 완벽한 문서라도 그 내용 그대로를 프레젠테이션으로 발표하기에는 많이 부족할 수밖에 없습니다.

보고서 용도로도 프레젠테이션 용도로도 사용할 수 있는 슬라이드라고 하더라도 비주얼로 승부가 나는 프레젠테이션 세계에서 경쟁이 될 수 있을까요? 과연 가독성이나 판독성까지 만족시킬 수 있는 다목적 보고서가 가능할지 의문입니다. 물론 사내에서 진행하고 직원들끼리만 공유가 되는 프레젠테이션이라면 당연히 다목적 보고서로 진행이 되어야 하고 문서용이나 프레젠테이션 용도로나 손색이 없겠지만 보통의 슬라이드라면 외부에 노출이 될 것이므로 다목적 보고서는 현실성이 떨어집니다.

그렇기에 조금은 귀찮은 일이 될지라도 보고서를 위한 슬라이드와 프레젠테이션을 위한 슬라이드는 따로 만들어야 합니다. 보고서를 위한 슬라이드는 프레젠테이션을 위한 슬라이드로 사용된다는 생각은 하지 말고 당장 우리 앞에 놓인 보고서 형식의 슬라이드 작성에 관심을 더 기울어야 합니다.

보고서 형식의 슬라이드는 출력을 고려하여 배경은 밝게 하고 애니메이션 등의 다양한 파워포인트 기능은 배제하고, 단지 몇 장의 슬라이드만으로 모든 내용이 설명될 수 있는 텍스트가 많은 슬라이드여야 합니다. 여기에 한 가지를 더 추가한다면 이메일이나 사내 인트라넷을 통해 공유되기 위해 파일 호환과 파일크기도 함께 고려되어야 합니다.

우리의 1차 목적은 보고서를 위한 슬라이드를 작성하여 상사에게 결재를 받는 것이며, 2차 목적은 우리가 배운 수많은 프레젠테이션 요소들로 멋진 프레젠테이션용 슬라이드를 만드는 것입니다. 애당초 다목적 보고서는 기억에서 지워버리고 현실에 충실하기 바랍니다. 채택된 보고서가 내일 당장 프레젠테이션용으로 발표되지는 않을 것이기에 우리에겐 부지런함과 열정만 있으면 됩니다.

TIP : 보고서를 위한 슬라이드 작성을 위한 주의 사항

1. 공유 및 배포를 위해 파일 크기를 고려한다.
2. 인쇄를 고려하여 배경은 되도록 밝은 색으로 한다.
3. 모든 컴퓨터에서도 열릴 수 있도록 프로그램 버전과 폰트에 주의한다.
4. 설명하지 않아도 이해되도록 슬라이드에 표현하고 그렇지 않다면 슬라이드 노트를 활용한다.

새 슬라이드 추가하고 텍스트 입력하기

파워포인트는 텍스트를 입력하고 새 슬라이드를 생성하는 과정에서 시작하여 하나의 프레젠테이션이 완성됩니다. 여기서는 제목 슬라이드와 본문 슬라이드를 작성하는 과정을 통해 자연스럽게 텍스트를 입력하는 여러 방법을 살펴보도록 합니다.

기초탄탄 ▶ 새 슬라이드와 슬라이드 레이아웃

■ 새 슬라이드 추가하기 162P

[홈] 탭-[슬라이드] 그룹-[새 슬라이드]의 아랫 부분을 클릭하면 다양한 슬라이드 레이아웃 갤러리가 열립니다. 원하는 슬라이드를 선택하여 새 슬라이드를 만들 수 있습니다.

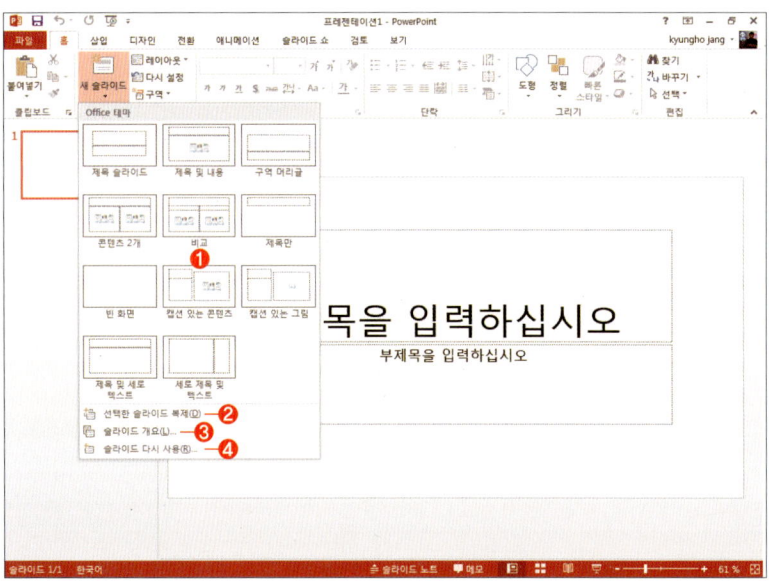

❶ 슬라이드 레이아웃 : 새 프레젠테이션을 열면 기본적으로 11개의 슬라이드 레이아웃이 생성되지만 선택하는 테마나 서식 파일에 따라서 레이아웃 숫자는 달라질 수 있습니다.

❷ 선택한 슬라이드 복제 : 열려 있는 슬라이드 편집 화면과 동일한 슬라이드를 복제할 수 있습니다.

❸ 슬라이드 개요 : [개요 삽입] 대화상자를 불러와 .txt, .rtf, .doc 파일에 있는 내용을 슬라이드 개요로 삽입할 수 있습니다.

❹ 슬라이드 다시 사용 : 다른 파워포인트 파일을 불러와 현재의 슬라이드에 다시 사용할 수 있습니다.

■ 슬라이드 레이아웃 살펴보기

파워포인트는 기본적으로 11~16개의 슬라이드 레이아웃을 제공합니다. 하지만 이 모든 슬라이드 레이아웃이 사용되는 경우는 매우 드물며, 프레젠테이션 성격에 따라 제목 슬라이드, 제목 및 내용 레이아웃, 제목만 레이아웃, 빈 화면 레이아웃 등 3~4개 정도의 슬라이드 레이아웃만 사용됩니다. [홈] 탭-[슬라이드] 그룹의 [새 슬라이드] 단추를 클릭하면 슬라이드를 추가할 수 있습니다.

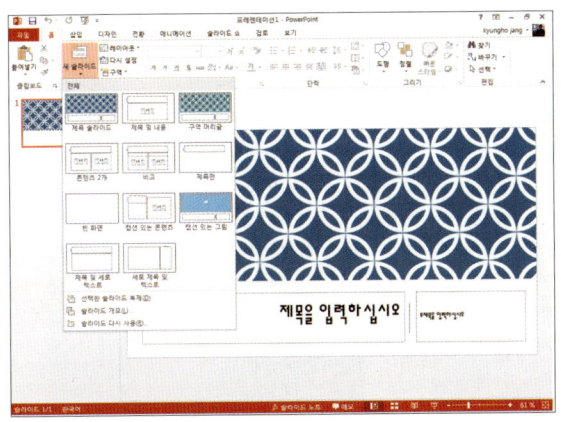

▲ '적분' 서식 레이아웃

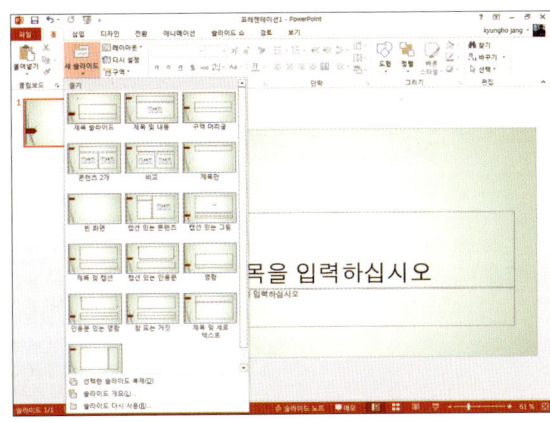

▲ '줄기' 서식 레이아웃

■ 슬라이드 레이아웃 변경하기 `164P`

추가한 슬라이드의 레이아웃을 변경하고 싶다면 [홈] 탭-[슬라이드] 그룹의 [레이아웃] 단추를 클릭한 후 변경하고 싶은 레이아웃을 선택합니다.

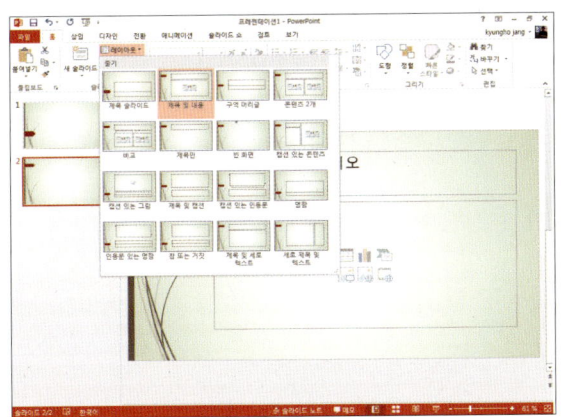

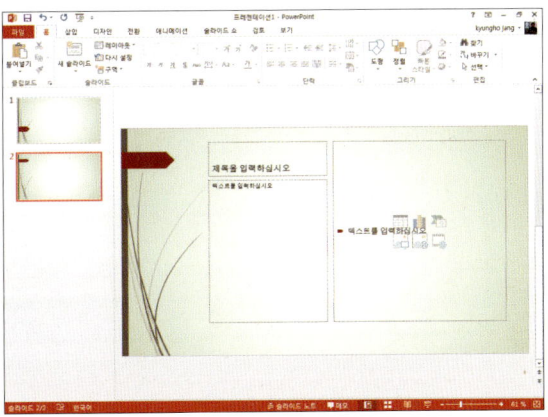

새로 만든 슬라이드나 서식 파일 등으로 불러온 슬라이드에서 새 슬라이드를 추가해 슬라이드를 작성하는 방법에 대해서 살펴보겠습니다.

예제 파일 | CD₩Part 03₩실적보고서.pptx 완성 파일 | CD₩Part 03₩실적보고서_완성.pptx

01. 새 슬라이드를 삽입하기 위해 1번 슬라이드를 선택한 후 [홈] 탭–[슬라이드] 그룹–[새 슬라이드]의 아랫 부분을 클릭합니다. 다양한 슬라이드 레이아웃이 나타나면 원하는 형식의 슬라이드 레이아웃을 선택할 수 있습니다. 여기서는 [구역 머리글] 슬라이드 레이아웃을 선택합니다.

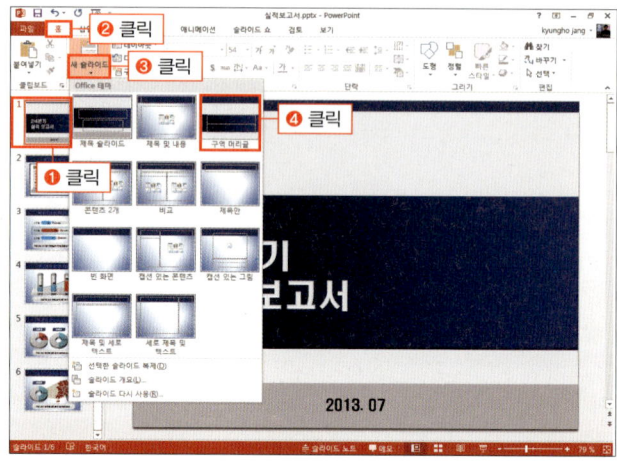

02. [구역 머리글] 슬라이드 레이아웃이 1번 슬라이드 아래에 추가됩니다.

03. 이번에는 4번 슬라이드를 선택한 다음
`Ctrl` + `M`을 누릅니다.

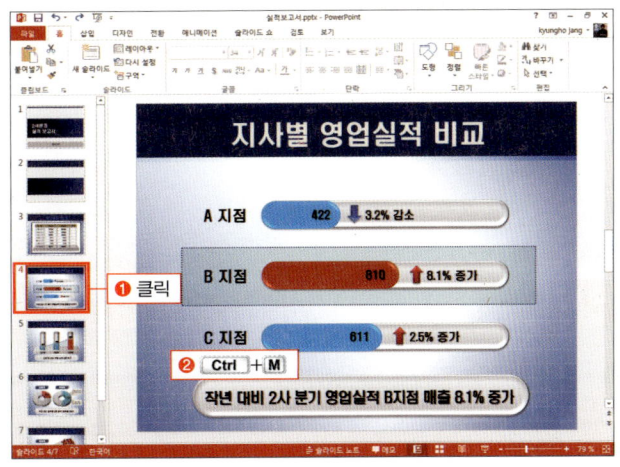

04. 4번 슬라이드 다음에 새로운 슬라이드가 추가됩니다. 이번에는 키보드로 새 슬라이드를 추가해 보도록 하겠습니다. 6번 슬라이드를 선택한 다음 `Enter`를 누릅니다. 6번 슬라이드 다음에 새 슬라이드가 추가됩니다.

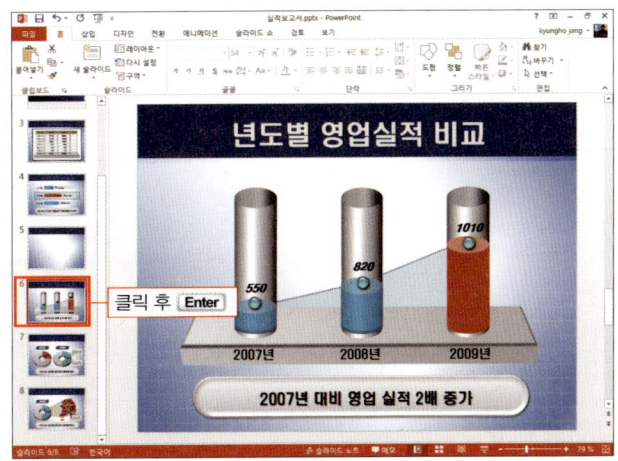

문제 해결 [새 슬라이드]의 윗 부분, 아랫 부분 단추의 차이점이 궁금합니다.

[새 슬라이드]는 문서에 슬라이드를 추가하는 기능입니다. [홈] 탭에서 [새 슬라이드] 위쪽을 클릭하면 현재 화면과 동일한 레이아웃을 가진 슬라이드가 추가되며, [새 슬라이드] 아래쪽을 클릭하면 레이아웃 갤러리를 열어 원하는 슬라이드 레이아웃을 선택할 수 있습니다.

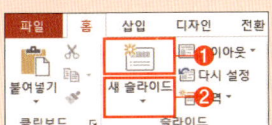

❶ 윗 부분 : [제목 슬라이드] 레이아웃을 제외하고 현재 슬라이드 편집 화면과 동일한 레이아웃이 추가됩니다.

❷ 아랫 부분 : 레이아웃 갤러리를 통해 원하는 레이아웃을 선택할 수 있습니다.

슬라이드를 추가하거나 미리 완성된 슬라이드의 모양이 마음에 들지 않을 경우 슬라이드 레이아웃을 변경할 수 있습니다. 각각의 슬라이드 레이아웃은 [빈 화면] 슬라이드 레이아웃만을 제외하고 여러 가지 성격의 개체 틀로 구성되어 있습니다. 용도에 따라 적절한 레이아웃을 선택하여 사용하면 됩니다.

01. 7번 슬라이드를 선택한 다음 [홈] 탭-[슬라이드] 그룹-[레이아웃]을 클릭합니다. [제목 및 내용] 슬라이드 레이아웃을 선택합니다.

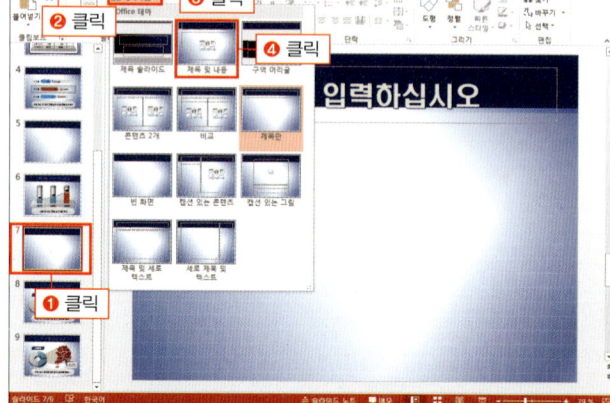

TIP : 여러 가지 슬라이드 레이아웃 중 [빈 화면] 슬라이드는 다양한 개체 틀에 상관없이 자유로운 형식으로 슬라이드를 작성할 때 주로 사용합니다.

02. 7번 슬라이드의 레이아웃이 [제목만] 레이아웃에서 [제목 및 내용] 레이아웃으로 변경됩니다.

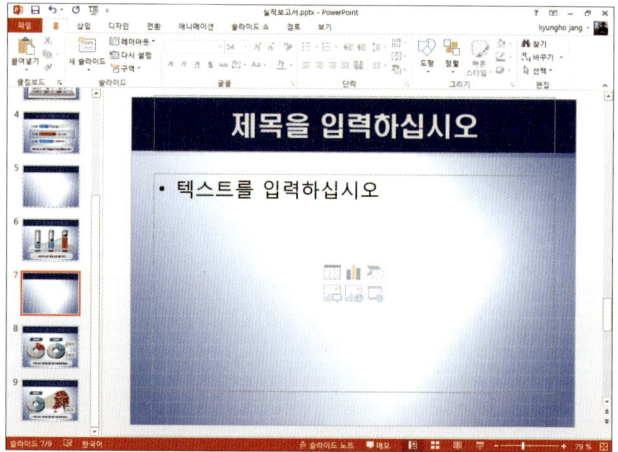

슬라이드를 삽입하면 슬라이드 레이아웃이 만들어집니다. 제목과 본문으로 구성되어 있는 개체 틀에 텍스트를 입력하여 슬라이드를 만들 수 있습니다.

01. 7번 슬라이드를 선택한 후 '제목을 입력하십시오' 라고 적혀 있는 제목 개체 틀을 클릭하여 『2/4분기 점유율 비교』 라고 입력합니다. [Esc] 를 누릅니다.

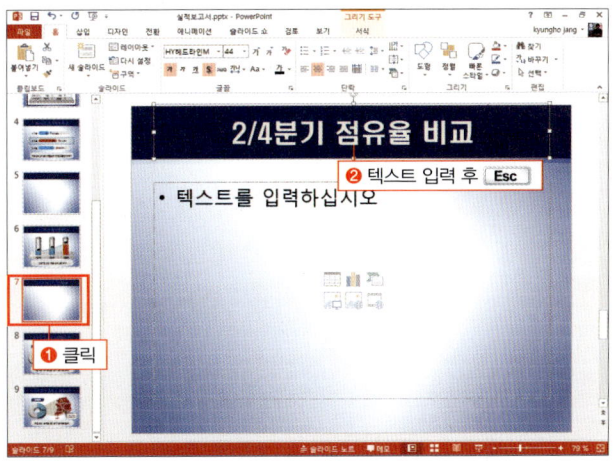

02. '텍스트를 입력하십시오' 라고 적힌 내용 개체 틀을 클릭합니다. 『작년 대비 점유율 2배 달성』을 입력한 후 [Enter]를 누릅니다.

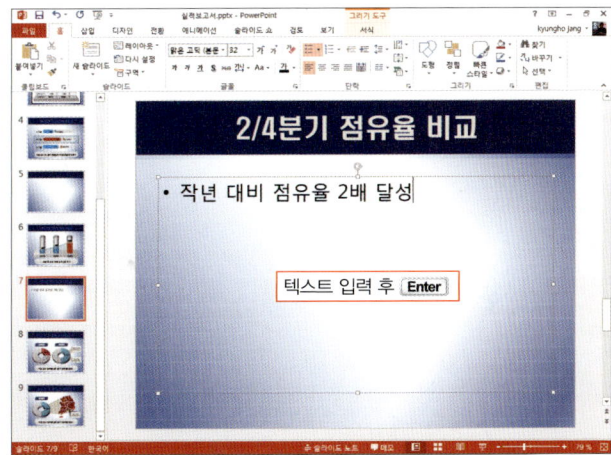

03. 두 번째 단락으로 이동이 되면 이번에는 『목표 달성율 148% 달성』을 입력한 후 **Shift** + **Enter** 를 눌러 줄 바꿈을 합니다.

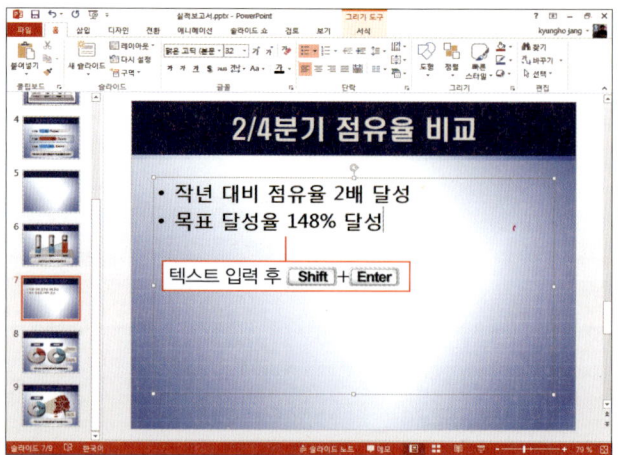

04. 줄 바꿈이 되면 『(점유율 50%)』을 입력합니다. 입력 후 다시 **Enter** 를 눌러 단락을 변경합니다.

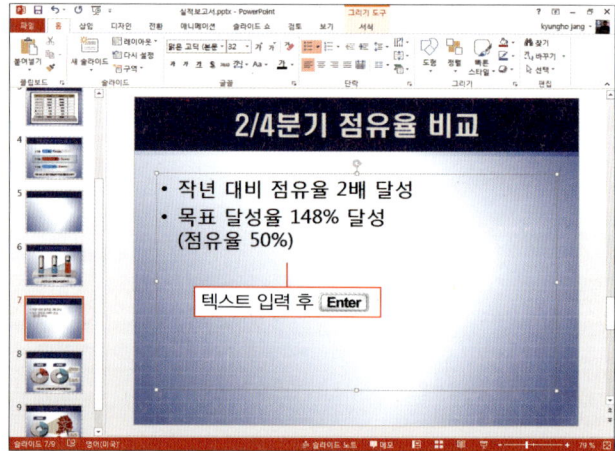

TIP : **Enter** 를 누르면 단락을 변경할 수 있으며, **Shift** + **Enter** 를 누르면 줄 바꿈을 할 수 있습니다.

05. 단락이 변경되면 『점포현황 20호점 달성』을 입력한 후 **Esc** 를 눌러 텍스트 입력을 완성합니다.

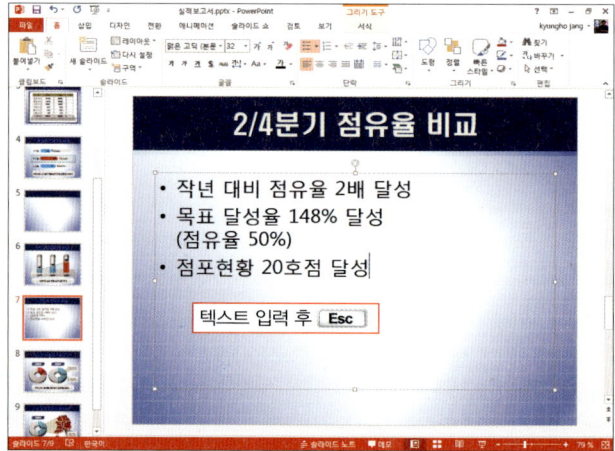

형식에 구애받지 않고 자유로운 방식으로 텍스트를 입력하고 싶을 경우 텍스트 상자를 이용하여 텍스트를 입력합니다.

01. 7번 슬라이드가 선택된 상태에서 [홈] 탭-[슬라이드] 그룹에서 [새 슬라이드] 아랫부분을 클릭한 후 [빈 화면]을 선택합니다.

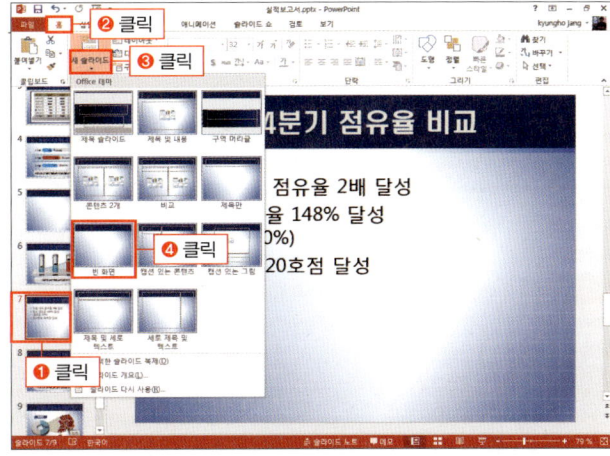

02. 8번 슬라이드로 빈 화면 슬라이드가 생성됩니다. 텍스트 개체 틀을 추가하기 위해 [홈] 탭-[그리기] 그룹에서 [도형] 단추를 클릭해 [가로 텍스트 상자]를 클릭합니다.

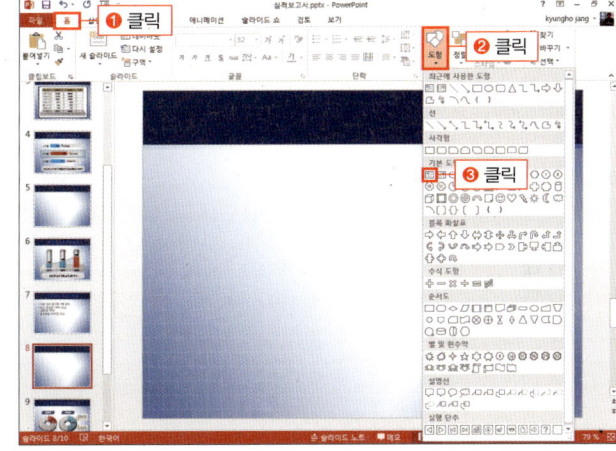

TIP : [삽입] 탭의 [텍스트] 그룹에 있는 [텍스트 상자]의 아래 부분을 클릭한 다음 [가로 텍스트 상자]를 선택하여도 텍스트 상자를 삽입할 수 있습니다.

03. 슬라이드 편집 화면에서 마우스를 클릭하여 텍스트 개체 틀을 추가한 후 텍스트를 입력합니다.

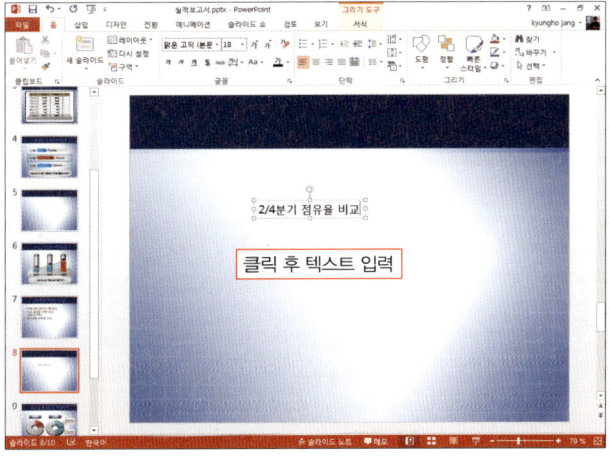

TIP : 이 때 테두리 선이 나타나게 되는데 이 테두리 선을 드래그하면 텍스트 상자의 크기를 조절할 수 있습니다.

04. 7번 슬라이드를 선택한 후 '제목 개체틀' 서식을 복사해 적용해 보겠습니다. '제목 개체틀'의 테두리를 선택한 후 [홈] 탭–[클립보드] 그룹에서 [서식 복사]를 클릭합니다.

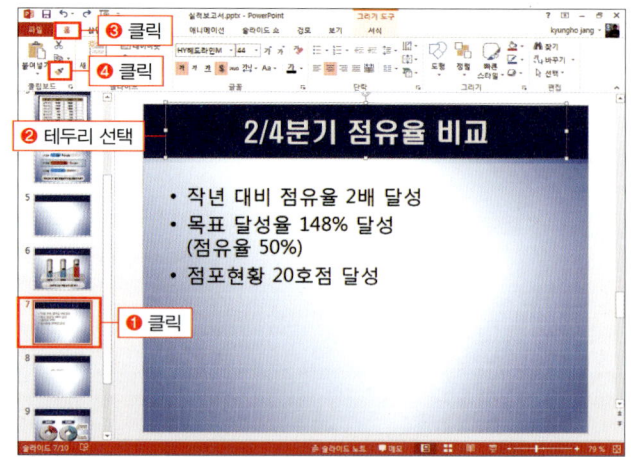

05. 03에서 입력한 텍스트 개체 틀을 클릭합니다. 서식이 바로 적용됩니다.

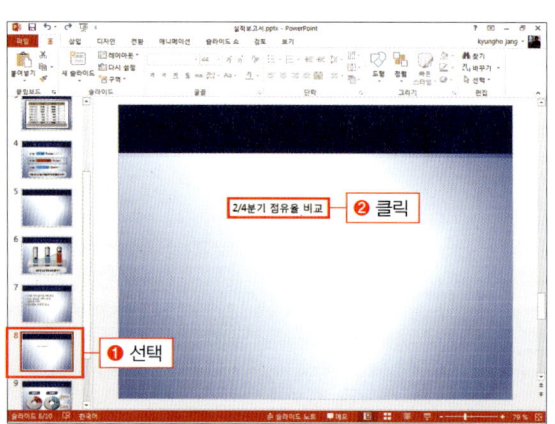

06. 텍스트 개체 틀 위치를 마우스로 드래그하여 이동하여 완성합니다.

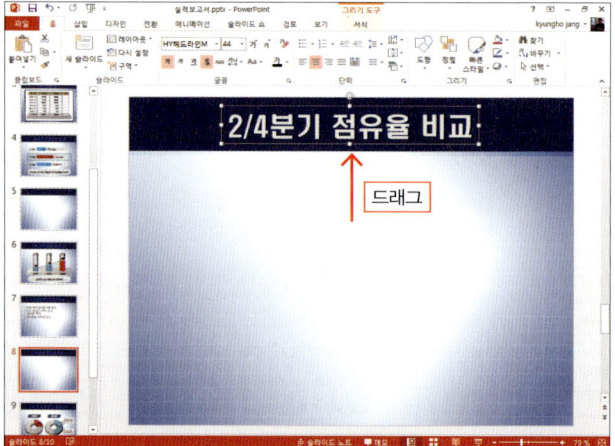

스토리보드 작성하기

스토리보드(StoryBoard)란, 슬라이드를 디자인하기 전에 시나리오를 바탕으로 청중이 알기 쉽도록 슬라이드를 스케치하는 작업입니다. 즉, 발표할 내용을 실제 슬라이드로 옮기기 직전 미리 작성해 보는 문서를 말합니다. 파워포인트를 활용해 스토리보드를 간단하게 만들 수 있습니다. 도형과 선 등 여러 기능을 응용하여 나만의 스토리보드 양식을 만들어 보기 바랍니다.

프레젠테이션에 들어갈 내용에 대한 스토리 구상 및 자료 수집이 마무리되면 프레젠테이션 스토리를 바탕으로 시나리오를 작성해야 합니다. 프레젠테이션을 잘하기 위해서는 내용을 알기 쉽고, 제대로 전달하는 능력이 무엇보다 중요한데 내용을 알기 쉽고 제대로 전달하기 위해서는 무엇보다 시나리오 작성이 중요합니다. 시나리오를 작성하기 위해 프레젠테이션의 목적이 무엇인지, 어떤 메시지로 설득할 것인지, 내용을 어떻게 조합하는 것이 가장 효과적일 것인지를 생각하여야 합니다.

자료의 방향과 틀을 잡기 위해 기본적으로 시나리오 작성은 전체 내용에 대한 줄거리 요약에서 시작됩니다. 시나리오를 작성할 때 유의할 점은 다음과 같습니다.

> ✽ **시나리오 작성할 때 유의할 점**
> 01. 시나리오 전체를 구상해 보고 아웃라인을 설정할 것
> 02. 도입부–본론부–결론부를 짐작해보고 각 과정이 유기적인지 확인할 것
> 03. 각 과정을 한 눈에 알 수 있도록 구체적이고 상세하게 작성할 것
> 04. 팀원간 공유가 용이하며, 수정/보완이 쉬워야 할 것

시나리오는 스토리보드를 통해 작성할 수 있습니다. 프레젠테이션에서 말하는 스토리보드는 슬라이드로 구현될 화면을 미리 작성하는 문서를 의미합니다. 이렇게 스토리보드를 작성하면 슬라이드 디자인 작업 시간을 단축시켜 줄 뿐 아니라 전체 슬라이드에 대한 구조를 한 눈에 파악하여 준비할 수 있기에 성공적인 프레젠테이션의 중요한 단계이기도 합니다.

> ✽ **스토리보드 작성 시 유의할 점**
> 01. 전체적인 내용이 프레젠테이션 주제에 맞게 유기적으로 연결될 것
> 02. 처음 접하는 사람도 내용을 이해하기 쉽게 작성할 것
> 03. 여러 사람이 공동 작업이 가능하도록 수정과 보완이 용이하게 작성할 것

스토리보드는 A4 용지에 작성할 수 있으며, 스토리보드 용지를 구매하여 작성할 수도 있습니다. 하지만 파워포인트를 다루는 사람이라면 파워포인트로 간단히 스토리보드를 만들어 사용할 수 있습니다.

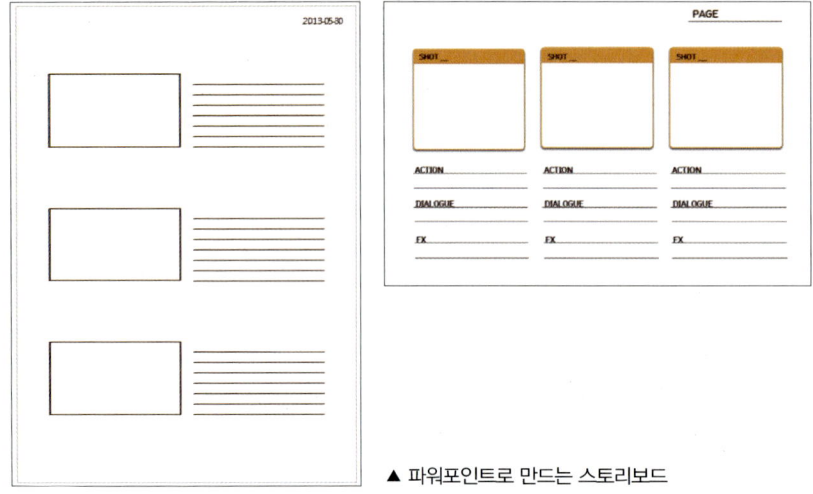

▲ 파워포인트로 만드는 스토리보드

슬라이드로 스토리보드 양식 만들기

여기서는 파워포인트 2013의 인쇄 기능을 통해 스토리보드를 만드는 방법에 대해서 배워보도록 하겠습니다.

01. 스토리보드를 파워포인트에서 만들어보도록 하겠습니다. 파워포인트에서 빈 화면 슬라이드를 3장 생성한 후 [파일] 탭–[인쇄]를 클릭합니다.

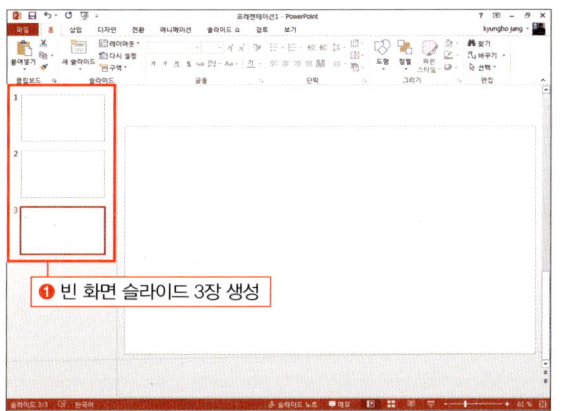

❶ 빈 화면 슬라이드 3장 생성

❷ [파일] 탭–[인쇄] 클릭

02. [전체 페이지 슬라이드]를 클릭하여 [유인물]–[3슬라이드]를 선택합니다. 미리 보기 화면을 보면 스토리보드 형식의 페이지가 완성됩니다. [인쇄]를 클릭하여 스토리보드 용지로 활용합니다.

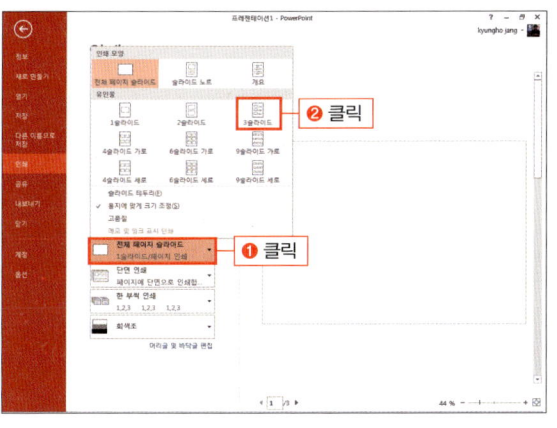

❷ 클릭

❶ 클릭

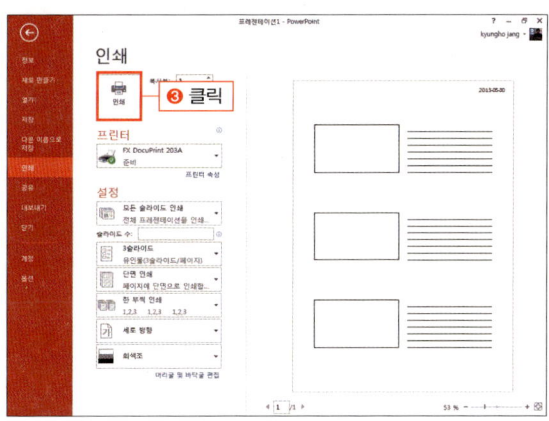

❸ 클릭

연관검색 인쇄 기능에 대해서는 477페이지에서 자세히 다루고 있으니 이를 참고하시기 바랍니다.

슬라이드 자유자재로 다루기

한번 만든 슬라이드는 원하는 공간으로 자유롭게 이동이나 삭제할 수 있으며, 복사나 복제도 자유롭게 할 수 있습니다. 여기서는 슬라이드를 자유자재로 다루는 방법과 슬라이드 개요에 텍스트를 빠르게 입력하는 방법에 대해서 살펴보도록 하겠습니다.

기초탄탄 ▶ 슬라이드 활용과 여러 가지 옵션

■ [붙여넣기] 옵션 살펴보기 175P

엑셀의 워크시트에 작성된 표를 비롯해 파워포인트의 슬라이드나 텍스트, 도형, 스마트아트 등을 Ctrl + C 로 복사한 후 [홈] 탭-[클립보드] 그룹의 [붙여넣기] 아랫부분을 선택하면 붙여넣기 옵션이 나타납니다. 원하는 옵션을 선택해 슬라이드에 붙여넣기할 수 있습니다. 붙여넣기 옵션은 선택하는 개체에 따라 다르게 표시됩니다.

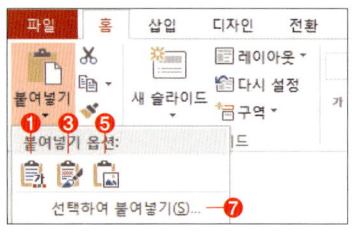
▲ 개체 복사시

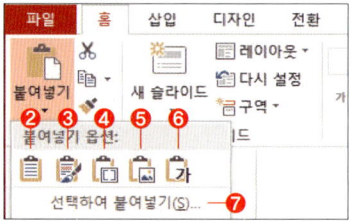
▲ 엑셀 표 복사시

❶ **대상 테마 사용** : 현재 슬라이드에 적용된 테마를 사용합니다.

❷ **대상 스타일 사용** : 엑셀 데이터만 가져오고 싶을 때 선택합니다.

❸ **원본 서식 유지** : 엑셀에서 지정한 서식을 그대로 가져오고 싶을 때 선택합니다.

❹ **포함** : 엑셀의 수식을 그대로 사용할 수 있도록 엑셀 기능이 슬라이드에 포함됩니다.

❺ **그림** : 엑셀 표가 그림으로 붙여넣기 됩니다.

❻ **텍스트만 유지** : 엑셀 표가 셀이나 서식없이 텍스트만 붙여넣기 됩니다.

❼ **선택하여 붙여넣기** : [선택하여 붙여넣기] 대화상자를 표시합니다.

■ [클립보드] 창 살펴보기

[홈] 탭–[클립보드] 그룹의 [옵션] 단추를 클릭하면 클립보드에 복사한 모든 항목이 [클립보드] 창을 통해 표시됩니다. [클립보드] 창을 통해 표시되는 항목은 복사 및 복제, 혹은 자르기 등의 기능을 실행했을 때 자동 저장되며, 필요하다면 [클립보드] 창을 열어 원하는 항목을 슬라이드 편집 화면으로 가져올 수 있습니다.

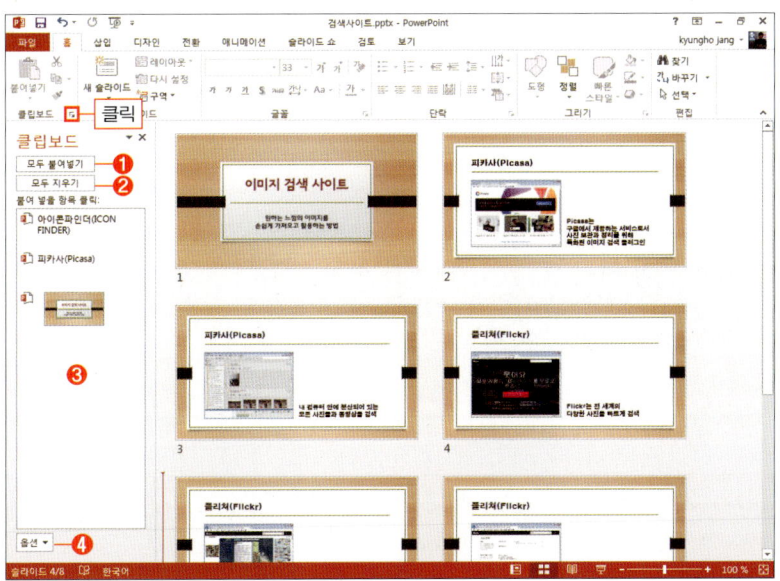

❶ 모두 붙여넣기 : 클립보드의 내용을 모두 슬라이드 편집 화면으로 붙여넣습니다.

❷ 모두 지우기 : 클립보드의 내용을 모두 삭제합니다.

❸ 붙여 넣을 항목 클릭 : 복사한 모든 개체가 표시됩니다.

❹ 옵션 : 자동으로 Office 클립보드를 표시하거나 복사할 때 작업 표시줄 주위에 상태를 표시하는 등 클립보드 표시 옵션을 선택할 수 있습니다.

■ 슬라이드 개요 작성하기 `178P`

파워포인트에는 [개요] 탭이라는 기능이 존재하기에 전체 타이틀을 먼저 그려 넣고 슬라이드 제작을 할 수 있도록 도와줍니다. [개요] 탭이란, 슬라이드 디자인을 하기 전에 타이틀이나 간략한 내용을 빠르게 작성할 수 있도록 제공하는 기능으로, 보통 프레젠테이션 기획 시 전체 페이지의 구성과 순서를 정할 때 사용됩니다. 전체 슬라이드에 대한 구상이 머릿속에 있다면 [개요] 탭 기능으로 빠르게 전체 내용을 옮겨 놓는 것이 훨씬 효율적입니다.

워드와 같은 프로그램에 작성한 목차나 개요를 파워포인트 [개요] 탭에 바로 불러와 작업할 수도 있습니다. 개요 작성과 관련해서는 Step 03.에서 보다 자세히 다르도록 하겠습니다.

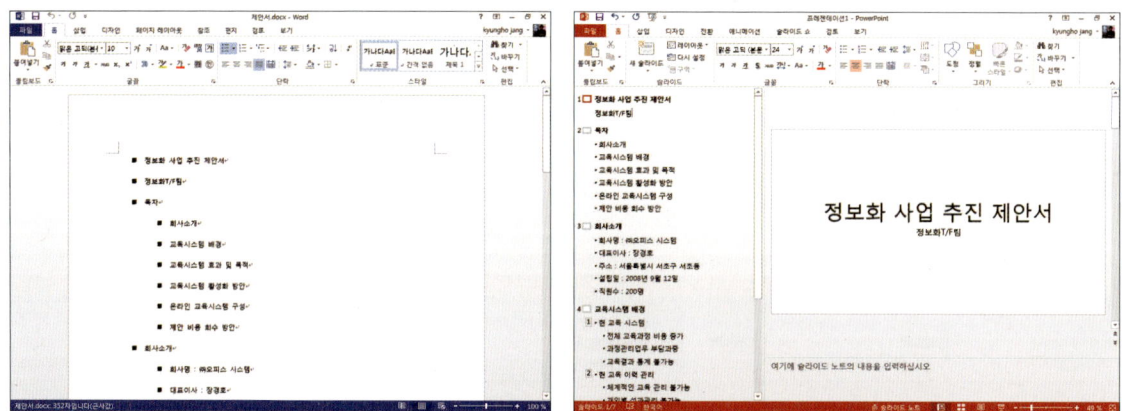

▲ 워드로 작성한 개요   ▲ 워드에서 파워포인트로 가져온 개요

비슷한 디자인이나 내용을 지닌 슬라이드는 복사 및 복제를 통해 텍스트 내용만 수정하는 방법으로 빠르게 작업하는 것이 좋습니다. 슬라이드를 복사하거나 복제하는 방법에 대해서 살펴보겠습니다.

예제 파일 | CD₩Part 03₩슬라이드.pptx **완성 파일 |** CD₩Part 03₩슬라이드_완성.pptx

01. 슬라이드 미리보기 창에서 2번 슬라이드를 선택한 후 [홈] 탭-[클립보드] 그룹-[복사]를 클릭합니다.

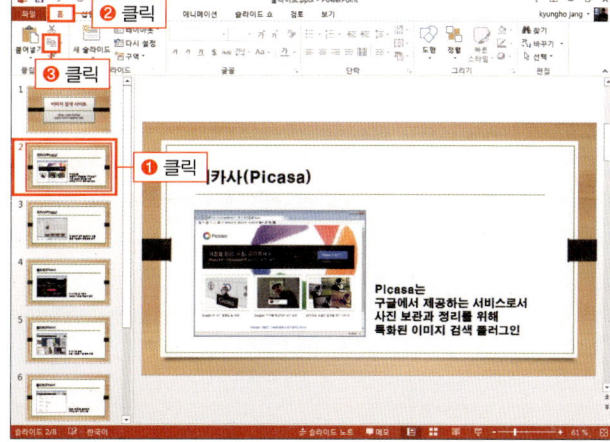

TIP : Ctrl + C 를 눌러도 슬라이드를 복사할 수 있습니다.

02. 슬라이드 미리보기 창에서 3번 슬라이드를 선택한 후 [홈] 탭-[클립보드] 그룹-[붙여넣기]의 윗부분을 클릭합니다.

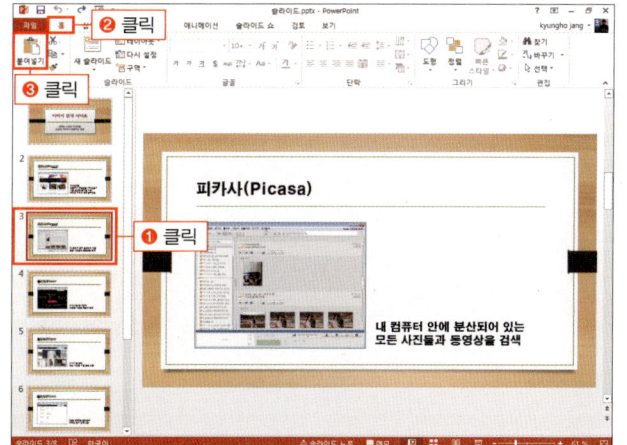

TIP : Ctrl + V 를 눌러도 슬라이드를 붙여넣기할 수 있습니다.

03. 3번 슬라이드 아래에 슬라이드가 붙여넣기 됩니다.

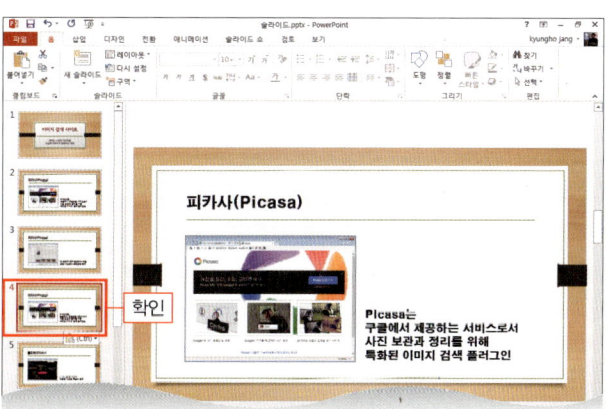

슬라이드 미리보기 창에서 마우스를 드래그하면 슬라이드를 자유롭게 이동할 수 있습니다. 보다 편하게 슬라이드를 이동하려면 상태 표시줄에 있는 [여러 슬라이드]( )를 클릭하여 보다 많은 슬라이드 미리보기 화면을 띄워 이동할 수 있습니다.

01. 슬라이드 미리보기 창에서 5번 슬라이드를 선택한 다음 7번 슬라이드와 8번 슬라이드 사이로 드래그합니다.

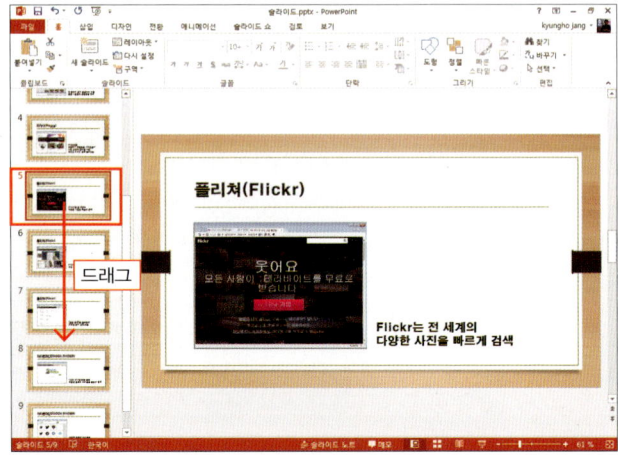

02. 선택한 슬라이드가 이동됩니다. 슬라이드가 많을 경우 [여러 슬라이드] 보기 상태에서 슬라이드를 이동하는 것이 편리합니다. 상태 표시줄에 있는 [여러 슬라이드]( )를 클릭합니다. [여러 슬라이드] 보기 상태가 나타나면 9번 슬라이드를 선택한 후 7번 슬라이드와 8번 슬라이드 사이로 드래그합니다.

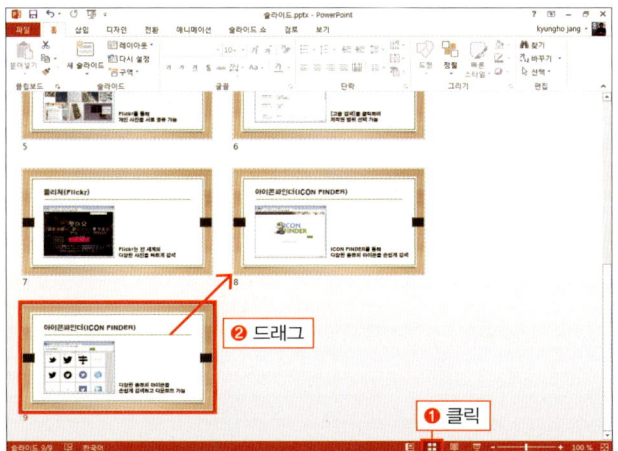

03. 이번에는 슬라이드를 삭제해 보겠습니다. 삭제를 원하는 4번 슬라이드를 선택한 다음 `Del`을 누릅니다.

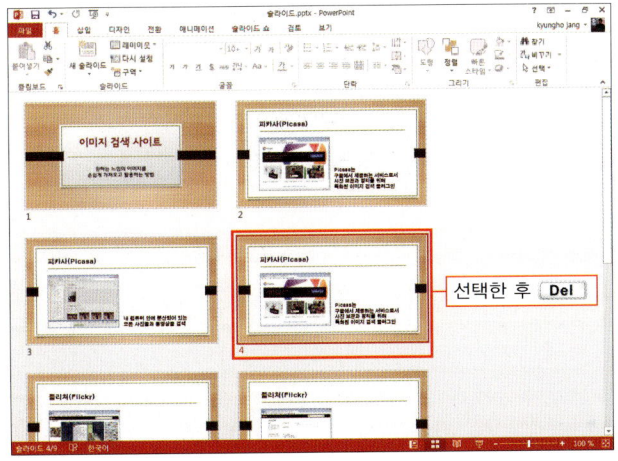

선택한 후 `Del`

04. 슬라이드가 삭제됩니다.

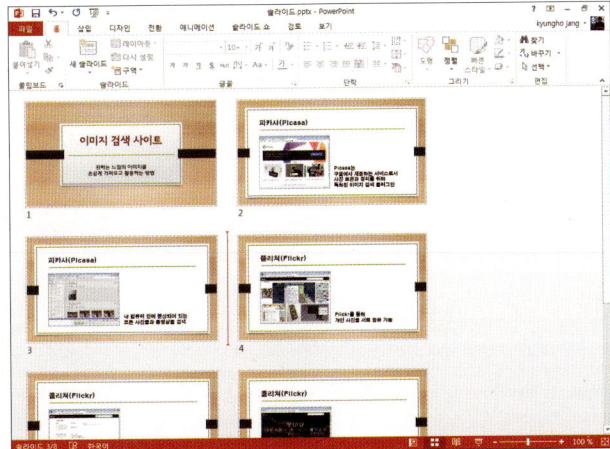

TIP : 슬라이드 삭제는 `Del`을 누르거나 마우스 오른쪽 단추를 클릭하여 [슬라이드 삭제]를 선택합니다.

문제 해결 **제가 보는 파워포인트 화면과 도서상에 표시된 화면이 다르게 나타납니다.**

파워포인트 2013의 리본 메뉴는 본인 컴퓨터의 해상도에 따라서 다르게 보여질 수 있습니다. [홈] 탭에 있는 [그리기] 그룹과 [편집] 그룹의 예를 들면 1024×768에서는 첫 번째 그림처럼 도구들이 나타나지만 그 이상의 해상도에서는 두 번째 그림처럼 도구들이 나타납니다. 기능상의 차이는 전혀 없으며 단지 나타나는 도구 모양이 다르게 나타난다는 차이점이 있습니다.

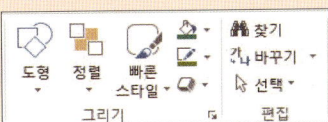

▲ 1024×768 해상도의 [그리기] 그룹

▲ 1680×1050 해상도의 [그리기] 그룹

[개요] 탭을 이용하면 텍스트를 빠르게 입력할 수 있습니다. 시나리오 작성을 위해 슬라이드에 제목을 먼저 입력하고 싶다든지 빠르게 보고서를 작성하고자 할 때 이용할 수 있습니다.

예제 파일 I CD₩Part 03₩제안서.docx **완성 파일 I** CD₩Part 03₩제안서_완성.pptx

01. 새 프레젠테이션 파일을 엽니다. [개요 보기] 창을 열기 위해 [보기] 탭-[프레젠테이션 보기] 그룹의 [개요 보기]를 클릭합니다. [개요 보기] 창이 열리면 『정보화 사업 추진 계획서』라고 입력합니다. 슬라이드 편집 화면의 제목 개체 틀에 입력한 내용이 그대로 나타납니다.

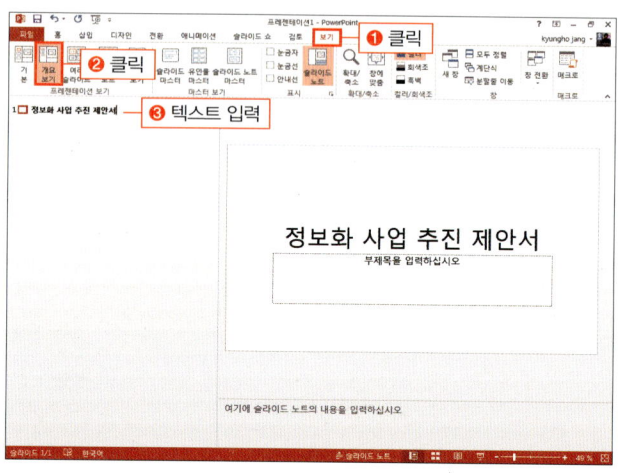

02. `Ctrl` + `Enter` 를 누릅니다. 슬라이드 상에서 다른 개체 틀로 이동합니다. 계속해서 텍스트를 입력합니다. 『정보화T/F팀』이라고 입력합니다. 슬라이드 편집 화면의 부제목 개체틀에 입력한 내용이 그대로 나타납니다.

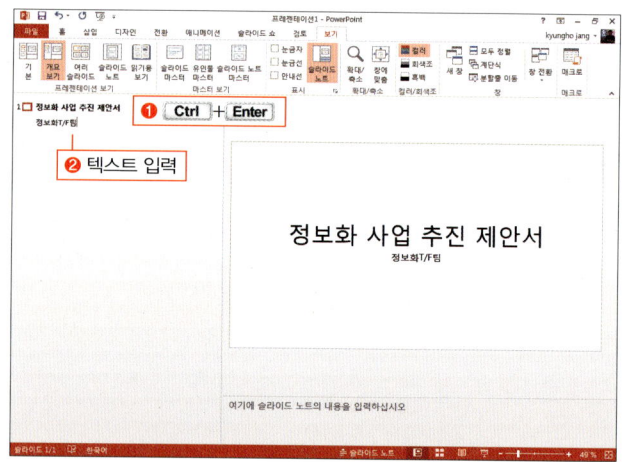

03. 파워포인트의 개체 틀 이외에도 워드 등 외부 프로그램을 이용해서 내용을 가져올 수도 있습니다. [홈] 탭-[슬라이드] 그룹에서 [새 슬라이드] 아랫부분을 클릭합니다. [슬라이드 개요]를 선택합니다.

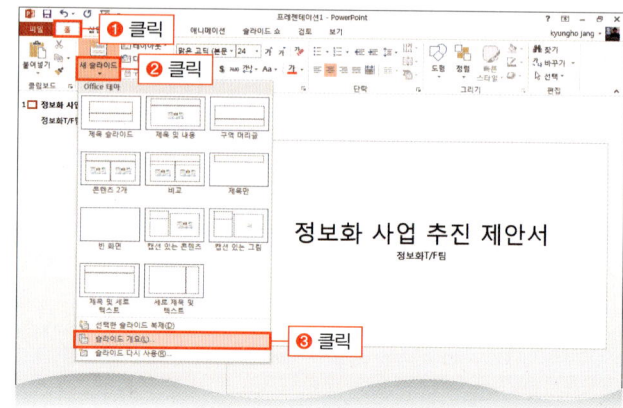

04. [개요 삽입] 창이 나타나면 개요나 목차가 작성되어 있는 파일을 선택한 후 [삽입]을 클릭합니다.

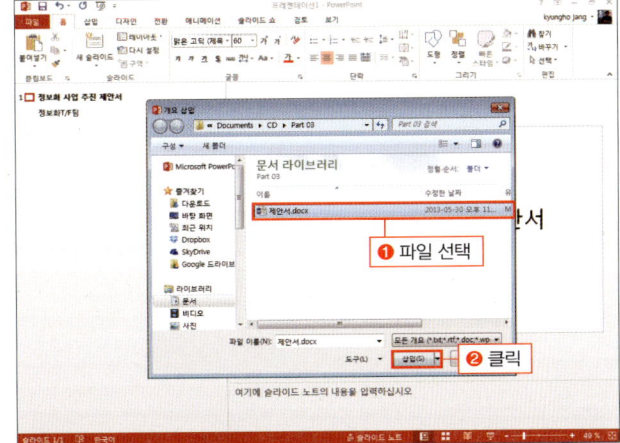

TIP : 여기서는 'CD\Part 03\제안서.docx' 파일을 선택합니다.

05. 개요 탭에 반영이 됩니다. 제대로 정리되어 표시되지 않는다면 단축키를 이용해 내용을 정리하여 개요를 완성합니다.

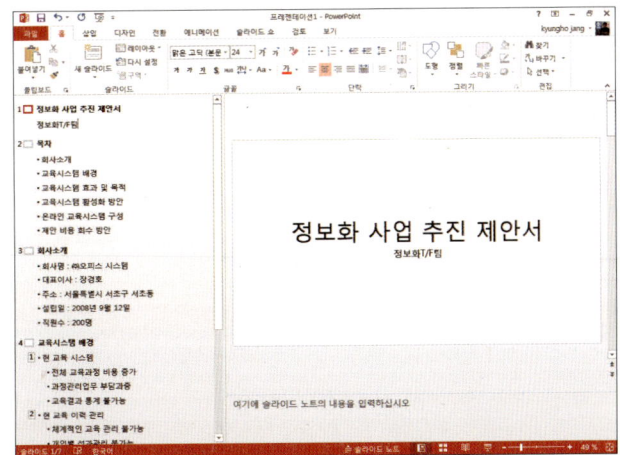

TIP : [개요] 탭에서 사용할 수 있는 단축키 살펴보기

[개요] 탭은 보다 빠르게 슬라이드를 만들거나 전체 아웃라인을 구성하기 위해 전체 목차를 미리 만들 때 사용하면 유용한데, 이 때 텍스트 입력을 위한 단축키를 사용하는 것이 좋습니다.

- **Ctrl** + **Enter** : 다른 개체 틀로 이동 또는 새 슬라이드 생성
- **Enter** : 새 슬라이드 생성
- **Alt** + **Shift** + → : 수준 낮추기
- **Alt** + **Shift** + ← : 수준 높이기

슬라이드 다시 사용하기

슬라이드 작업 시 다른 파워포인트 파일을 참조하는 경우도 많고 여러 슬라이드 파일을 선택적으로 가져오는 경우도 많습니다. 이럴 때 모든 슬라이드 파일을 열지 않더라도 [슬라이드 다시 사용] 기능을 통해 편리하게 슬라이드를 활용할 수 있습니다.

예제 파일 I CD₩Part 03₩슬라이드다시사용.pptx, 오피스실무과정.pptx **완성 파일 I** CD₩Part 02₩슬라이드다시사용_완성.pptx

01. '슬라이드다시사용.pptx' 파일을 엽니다. [홈] 탭─[슬라이드] 그룹─[새 슬라이드] 하단을 클릭한 후 [슬라이드 다시 사용]을 선택합니다.

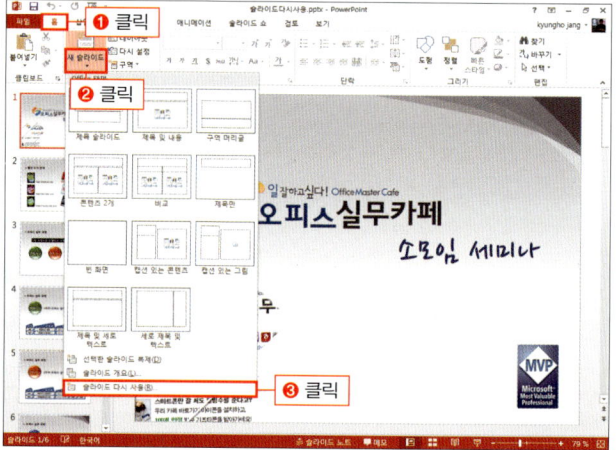

02. [슬라이드 다시 사용] 창이 나타나면 [찾아보기]를 클릭한 후 [파일 찾아보기]를 선택합니다. 'CD₩Part 03₩오피스실무과정.pptx' 파일을 찾아 [열기]를 클릭합니다.

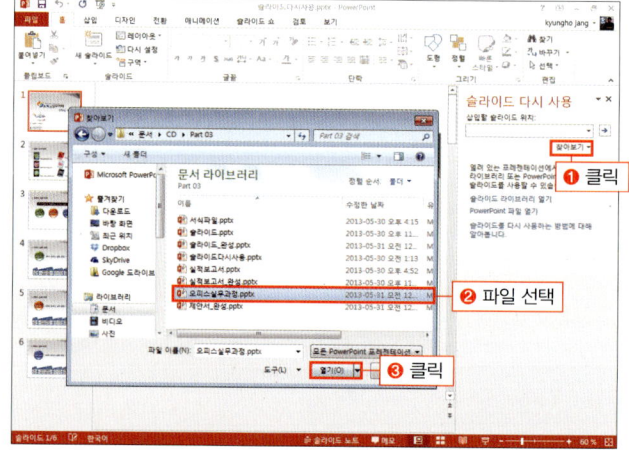

03. 6번 슬라이드를 선택한 후 [슬라이드 다시 사용] 창에서 다시 사용하기를 원하는 슬라이드를 더블 클릭합니다. 여기서는 '슬라이드 6'을 두번 클릭합니다.

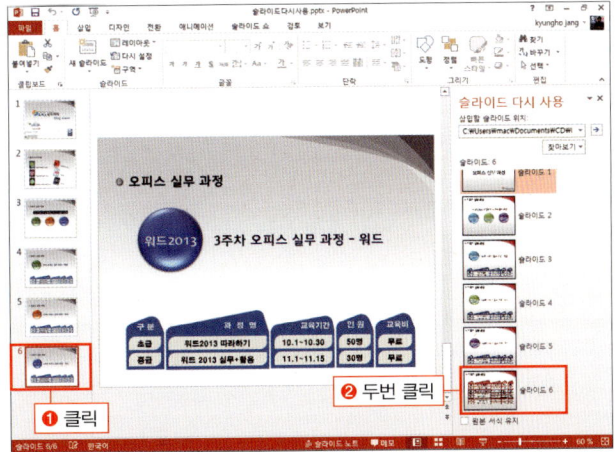

04. 현재 슬라이드 편집 화면에 슬라이드가 표시됩니다. 다만 서식이나 속성은 모두 제거된 채 표시됩니다. 이번에는 서식이나 속성까지 모두 불러오도록 하겠습니다. [슬라이드 다시 사용] 창의 [원본 서식 유지]에 체크 표시를 한 후 '슬라이드 6'을 두번 클릭합니다.

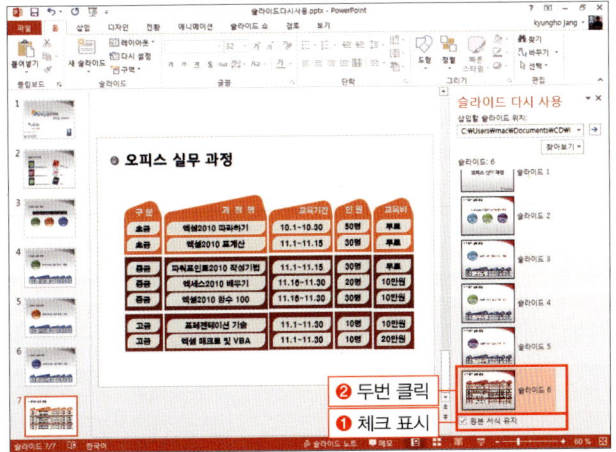

05. 서식까지 모두 포함된 슬라이드가 표시됩니다. 원본 서식을 슬라이드에 그대로 활용하거나 필요한 슬라이드만 가져와 쓸 수 있어 편리합니다.

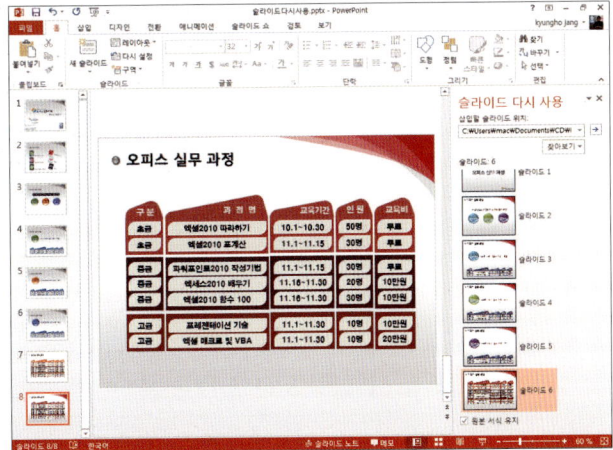

텍스트 서식 수정하고 효과 적용 하기

레벨 ● ● ●

파워포인트의 기본인 텍스트 입력에서는 다양한 서식을 쉽게 지정할 수 있습니다. 굵게, 밑줄, 기울임꼴, 색, 자간, 줄 및 단락 조절 등 다양한 서식을 지정할 수 있습니다. 리본 메뉴의 [글꼴] 그룹에서는 다양한 서식을 지정할 수 있으며, 미니 도구 모음이라고 하는 도구 모음을 사용하여 빠르게 글꼴, 글꼴 스타일, 글꼴 크기, 맞춤, 텍스트 색 등을 설정할 수도 있습니다.

기초 탄탄 ● 글꼴 선택과 텍스트 서식 이해하기

■ 글꼴(서체) 선택의 중요성

파워포인트에서 제공하는 기본 글꼴은 맑은 고딕이라는 글꼴입니다. 맑은 고딕은 비교적 완성도가 높아 슬라이드 작업시 보편적으로 사용하던 HY 견고딕이나 HY 헤드라인 등과 비슷한 가독성을 유지할 수 있게 되었습니다.

파워포인트 작업을 할 때 글꼴(서체)를 선택하는 것은 매우 중요합니다. 시각적인 속성을 지닌 서체는 전체 페이지에 동일하게 들어가는 요소이기 때문에 잘못 선택한 글꼴은 전체 프레젠테이션을 망치게 되는 요소가 되기도 합니다. 우리가 가장 많이 접하는 디자인 요소가 바로 텍스트, 즉 글꼴이기에 멋진 글꼴을 선택하는 것이야말로 디자인적으로 한 단계 업그레이드되는 요소라고 할 수 있습니다.

▲ 고딕체

▲ 다음체

▲ 서울 남산체

■ 무료 배포 서체 활용하기 `187P`

인터넷 상에는 유명 포털이나 기업체에서 자사의 아이덴티티가 묻어있는 서체를 무료로 제공하는 사례가 점점 많아지고 있습니다. 많은 개발비가 소요되었을 것 같은 자사의 서체를 방문자들에게 무료로 제공하는 이유는 무엇일까요? 아무래도 서체 공유는 기업의 공익성을 높이는 측면도 있지만 자사 서체를 공유함으로서 서체 브랜딩을 구축하고자 하는 목적이 가장 크리라 봅니다. 서체를 공유하는 목적은 회사마다 기업 문화와 가치에 차이가 있기에 홈페이지에서 직접 확인할 수 있습니다.

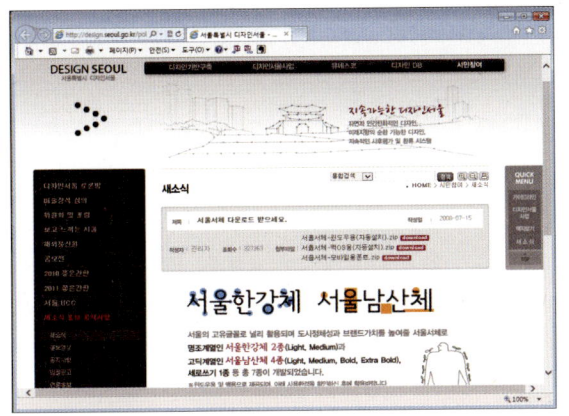

▲ 디자인서울 서울한강체, 서울남산체

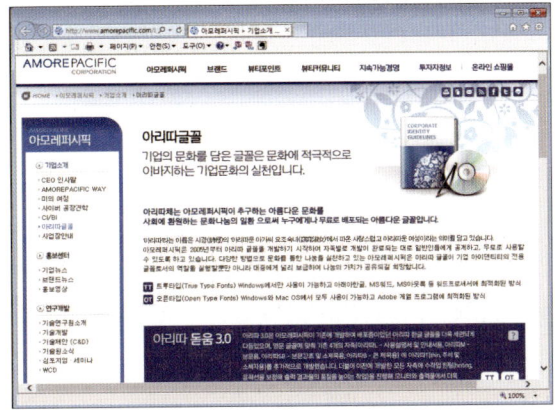

▲ AMOREPACIFIC 아리따글꼴

특히, 국내 포털 1, 2위인 네이버와 다음의 경우 서체 무료 배포를 통해 자사의 서체를 인터넷 홈페이지나 블로그, 그리고 인쇄물 등에서도 흔히 볼 수 있게 되었습니다. 이를 통해 본 서체를 사용해 본 적이 있는 사람, 혹은 디자인 종사자라면 서체를 보는 순간 제일 먼저 네이버나 다음이 떠오르게 될 것입니다. 목적이 어떻든 서체 공개는 이를 사용하는 사용자 측면에서는 매우 반가운 소식일 것입니다.

무료 서체 다운로드 사이트

네이버 나눔체
http://hangeul.naver.com/share.nhn

다음체
http://info.daum.net/Daum/info/introduceOfCI.do

디자인 서울
http://design.seoul.go.kr/dscontent/designseoul.php?MenuID=490&pgID=237

아모레퍼시픽 아리따 글꼴
http://www.amorepacific.com/about/about_font.jsp

세종대왕기념사업회
http://www.sejongkorea.org/sub/sub05_03.php

배달의 민족 한나체
http://www.woowahan.com/?page_id=3985

네이버 소프트웨어에서 폰트 다운로드 받기

네이버 나눔글꼴이나 다음서체 이외에도 무료로 제공되는 서체는 생각보다 많습니다. 이런 서체를 인터넷 상에서 직접 찾아다니지 않더라도 네이버 소프트웨어 사이트의 [무료폰트] 페이지를 이용하면 한 번에 확인하고 설치할 수 있습니다.

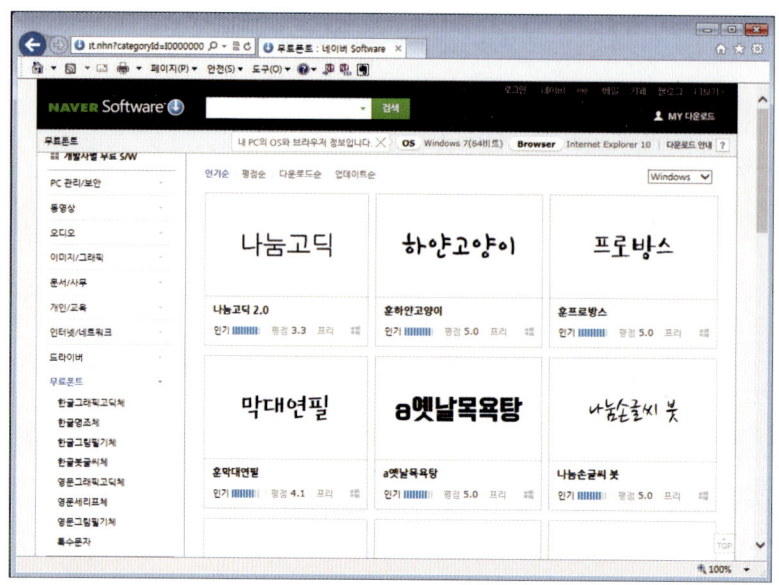

▲ http://software.naver.com에서 [무료폰트] 클릭

■ 글꼴 서식 수정하기 `189P`

슬라이드에 사용하는 글꼴은 최대한 가독성과 명시성을 고려한 글꼴을 사용해야 합니다. 명시성은 두 가지 이상의 색을 대비시켰을 때 눈에 더 잘 띄는 성질을 말하며, 가독성은 보다 쉽게 읽히는 시각적 속성을 말하는데 단순히 글꼴 서식을 변경하는 것만으로도 많은 차이를 느낄 수 있습니다.

[글꼴] 그룹 살펴보기

[홈] 탭–[글꼴] 그룹에서 다양한 글꼴 관련 서식을 수정할 수 있습니다. [글꼴] 그룹에 대해서 잠시 살펴보겠습니다.

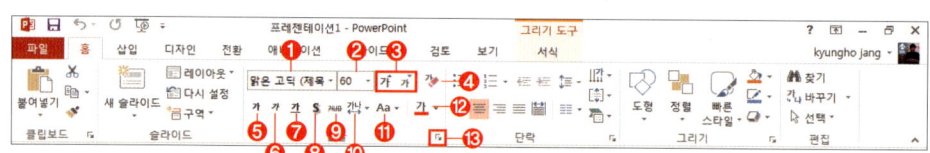

❶ 글꼴 : 다양한 파워포인트 글꼴을 지정할 수 있습니다.

❷ 글꼴 크기 : 글꼴의 크기를 변경할 수 있습니다.

❸ 글꼴 크기 크게, 작게 : 글꼴 크기를 일정한 비율로 확대 및 축소할 수 있습니다.

❹ 모든 서식 지우기 : 적용되었던 모든 서식을 지웁니다.

❺ 굵게 : 텍스트를 굵게 지정합니다.

❻ 기울임꼴 : 텍스트에 기울임꼴을 지정합니다.

❼ 밑줄 : 텍스트에 밑줄을 표시합니다.

❽ 텍스트 그림자 : 텍스트에 그림자를 표시합니다.

❾ 취소선 : 텍스트에 취소선을 표시합니다.

굵게	기울임꼴	밑줄	그림자	취소선
굵게	*기울임꼴*	밑줄	그림자	취소선

❿ 문자 간격 : 문자와 문자 사이의 간격을 조절합니다.

⓫ 대/소문자 바꾸기 : 선택한 모든 텍스트를 대문자, 소문자로 변경합니다.

⓬ 글꼴 색 : 텍스트의 글꼴 색상을 변경합니다.

⓭ 대화상자 표시 아이콘 : [글꼴] 대화상자를 표시합니다.

[미니 도구 모음] 살펴보기

[미니 도구 모음]을 이용하면 좀 더 빠르게 글꼴과 관련된 서식을 변경할 수 있습니다. [미니 도구 모음]은 서식 변경을 원하는 텍스트를 마우스로 드래그하면 자동으로 나타나게 되지만 마우스 위치를 이동시키면 자동으로 없어지게 됩니다.

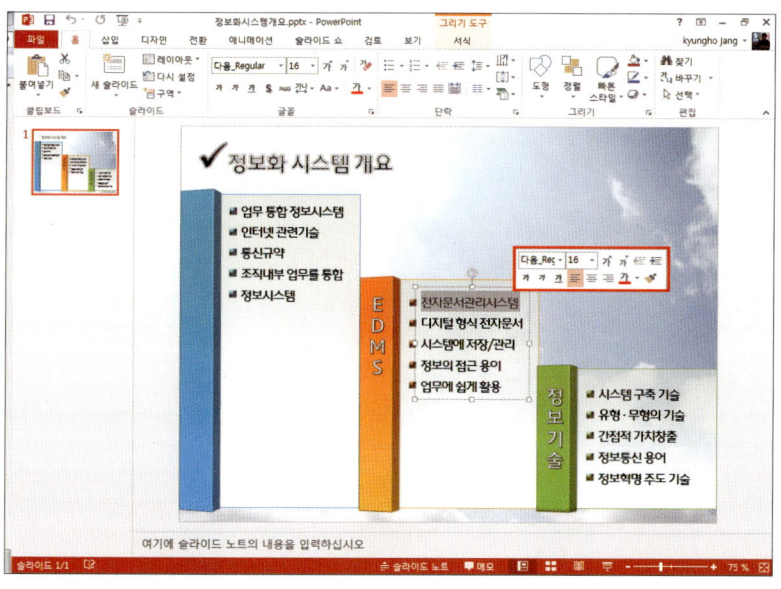

[글꼴] 대화상자 살펴보기

[글꼴] 대화상자를 통해서도 글꼴 서식을 수정할 수 있습니다. [홈] 탭-[글꼴] 그룹-[대화 상자] 표시 아
이콘을 클릭하여 [글꼴] 대화상자가 나타나면 여기에서 다양한 글꼴 관련 기능을 선택할 수 있습니다.

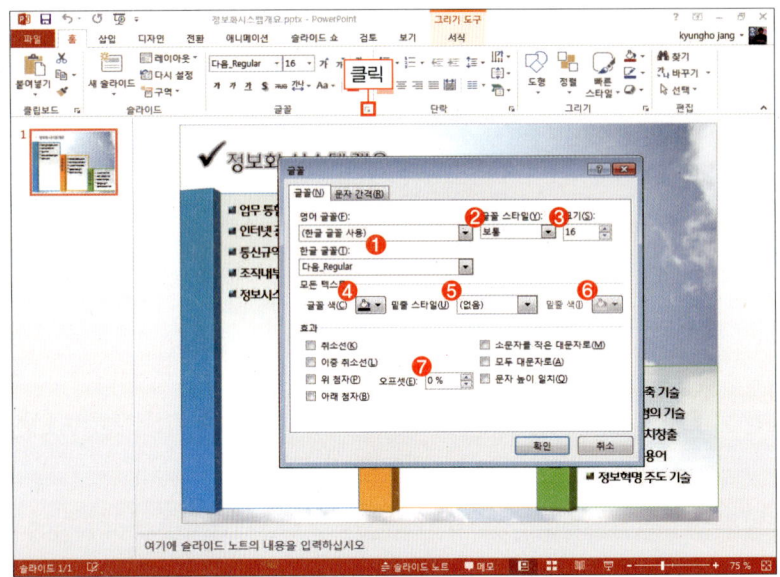

❶ **영어 글꼴 / 한글 글꼴** : 영어 및 한글 글꼴을 선택할 수 있습니다.

❷ **글꼴 스타일** : 기울임꼴, 굵게 등 글꼴 스타일을 변경할 수 있습니다.

❸ **크기** : 글꼴 크기를 변경할 수 있습니다.

❹ **글꼴 색** : 글꼴 색을 변경할 수 있습니다.

❺ **밑줄 스타일** : 단일선, 이중선, 점선 등 다양한 밑줄 스타일을 연출할 수 있습니다.

❻ **밑줄 색** : 밑줄 색을 변경할 수 있습니다.

❼ **효과** : 취소선, 이중 취소선, 위 첨자, 아래 첨자 등 글꼴에 다양한 효과를 지정할 수 있습니다.

파워포인트 2013은 기본적으로 맑은 고딕이라는 글꼴이 기본 서체로 지정되어 있습니다. 이를 무료 서체인 네이버 나눔체나 다음체 등으로 변경할 수 있습니다. 여기서는 다양한 무료 서체를 내 컴퓨터에 설치하여 파워포인트에서 사용해 보도록 하겠습니다.

01. 먼저 네이버 나눔체를 설치해 보겠습니다. 웹 브라우저를 열어 'http://hangeul.naver.com' 에 접속합니다. [한글을 나누다]-[나눔글꼴]을 선택한 후 [TTF 원도우용 나눔글꼴 패키지 설치하기]를 클릭합니다. [실행]을 눌러 서체를 설치합니다.

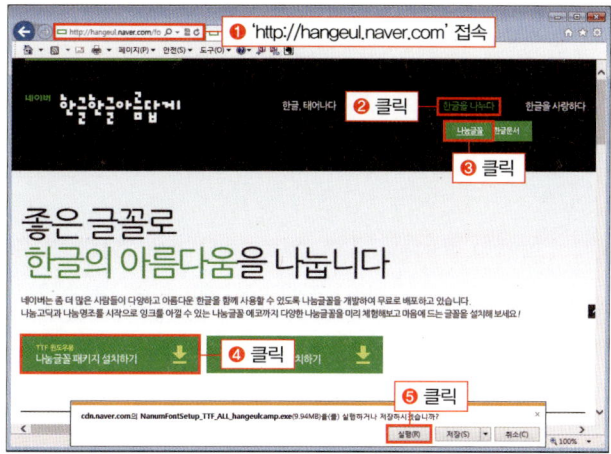

02. [나눔글꼴 설치] 설치창이 나타나면 나눔글꼴을 설치합니다.

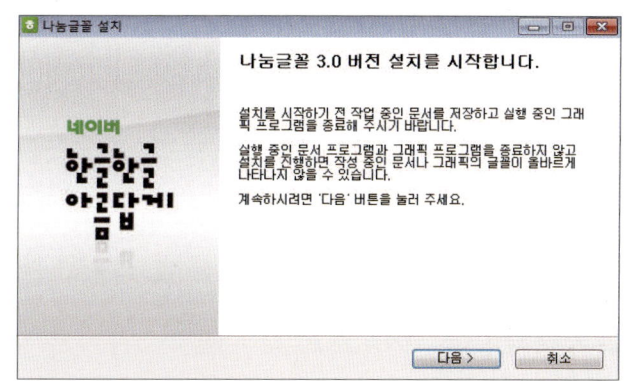

03. [설치하려는 글꼴 선택] 화면이 나타나면 모든 글꼴을 선택한 후 [설치]를 클릭합니다. 설치가 완료되면 [마침]을 클릭합니다.

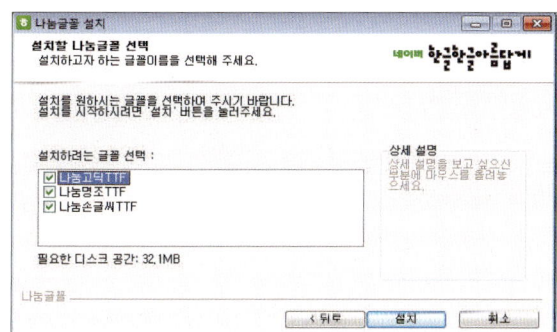

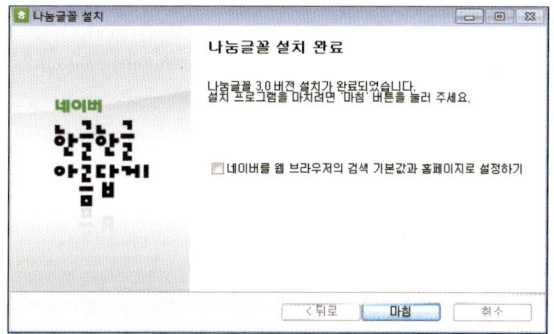

04. 이번에는 다음에서 제공하는 다음서체를 설치해 보겠습니다. 웹 브라우저를 열어 'http://www.daumcorp.com/about/ci.daum'에 접속합니다. [Daum체 다운로드]를 클릭하여 서체를 다운로드 받습니다.

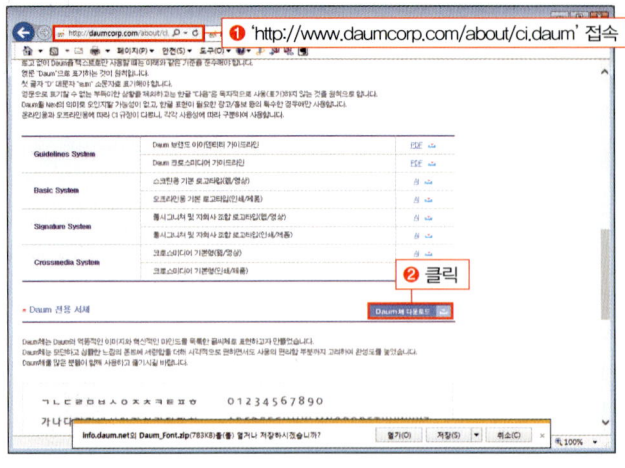

TIP : 다음서체는 네이버 나눔글꼴과 같이 설치 프로그램을 따로 제공하지 않습니다. 이럴 경우 압축을 풀어 '*.TTF' 등의 서체를 내 컴퓨터의 'Fonts' 폴더에 직접 설치해야 합니다.

05. 다운로드 받은 폴더를 연 다음 서체를 선택한 후 마우스 오른쪽을 눌러 [설치]를 클릭합니다. 내 컴퓨터에 서체가 자동으로 설치됩니다.

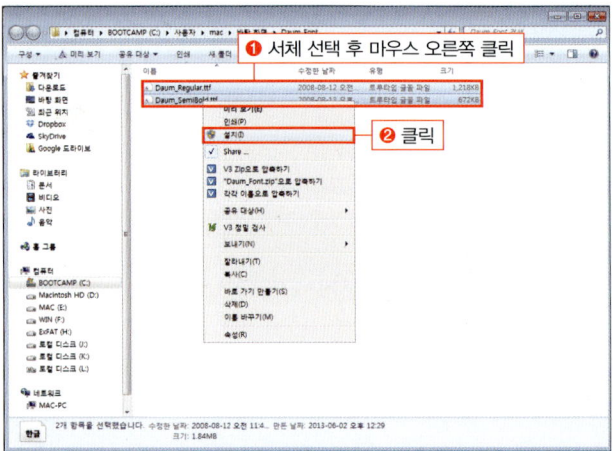

06. 파워포인트를 종료한 후 다시 엽니다. [홈] 탭-[글꼴] 그룹의 [글꼴] 드롭다운 단추를 클릭해 내 컴퓨터에 설치한 서체가 제대로 설치되었는지 확인합니다.

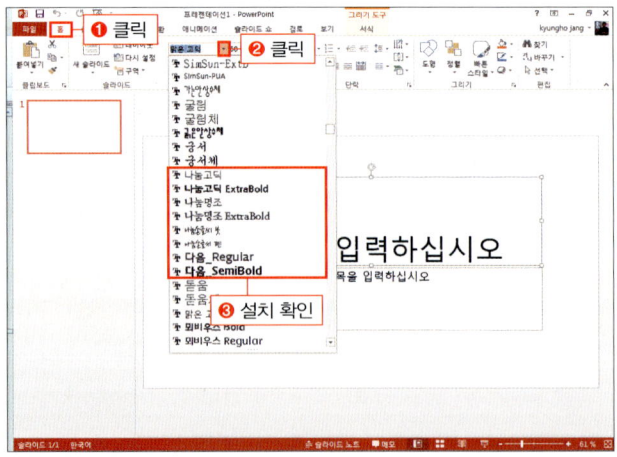

파워포인트의 시작은 슬라이드에 내용을 입력하는 것에서 시작됩니다. 텍스트를 입력하는 방법은 개체 틀을 이용하는 방법부터 도형이나 도형 상자, 그리고 [개요] 탭을 이용하는 방법까지 다양합니다. 프레젠테이션 도구답게 텍스트 입력에 관한 다양한 기능을 제공합니다.

예제 파일 | CD₩Part 03₩보고서.pptx **완성 파일 |** CD₩Part 03₩보고서_완성.pptx

01. 제목 개체 틀을 선택한 후 [홈] 탭-[글꼴] 그룹에서 [글꼴]의 화살표를 클릭한 다음 [다음_ Regular]를 선택합니다.

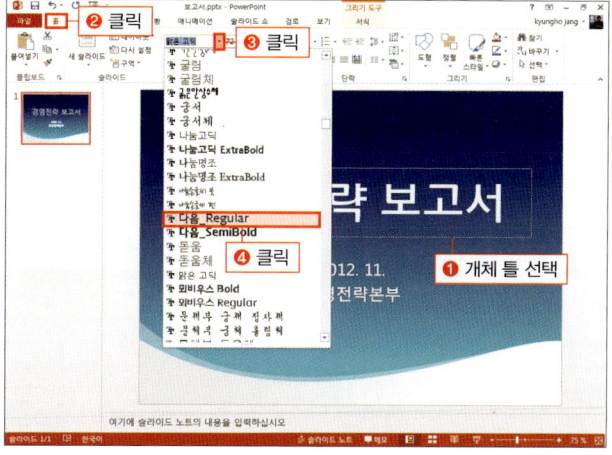

02. '보고서'를 마우스로 드래그하여 선택한 다음 [홈] 탭-[글꼴] 그룹에서 [글꼴 색]의 화살표를 클릭합니다. 나타나는 다양한 색상 중에서 [다른 색]을 클릭합니다. [색] 대화상자가 나타나면 원하는 색상을 선택합니다.

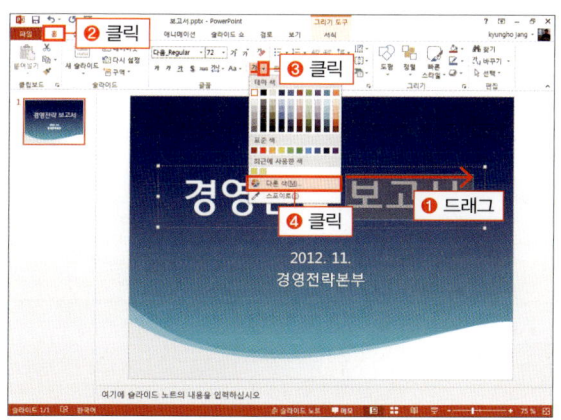 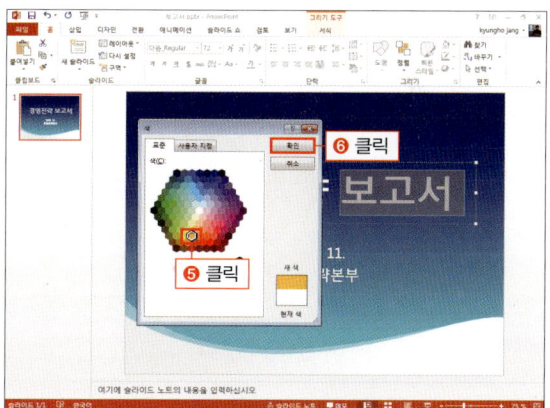

03. 이번에는 부제목 개체 틀의 '경영전략본부'를 드래그하여 선택합니다. 자동으로 [미니 도구 모음]이 나타납니다. [글꼴 색]을 클릭한 후 [노랑]을 선택합니다.

문제해결 미니 도구 모음이 사라져요.
텍스트를 입력할 때 [미니 도구 모음]이라고 불리는 반투명의 도구 모음이 텍스트 오른쪽 바로 옆에 표시되며, 마우스를 움직이면 바로 사라집니다. 만약, [미니 도구 모음]이 나타났다가 사라져버린다면 텍스트를 드래그한 다음 마우스 오른쪽을 클릭하면 다시 [미니 도구 모음]이 나타납니다.

04. 이번에는 [글꼴] 대화상자를 통해 글꼴 스타일을 변경해 보겠습니다. 제목 개체틀의 '경영전략'을 드래그하여 선택합니다. [홈] 탭-[글꼴] 그룹의 대화상자 표시 아이콘을 클릭합니다. [글꼴] 대화상자가 나타나면 [글꼴] 탭의 [글꼴 스타일]-[기울임꼴]을 선택합니다. [확인]을 클릭합니다.

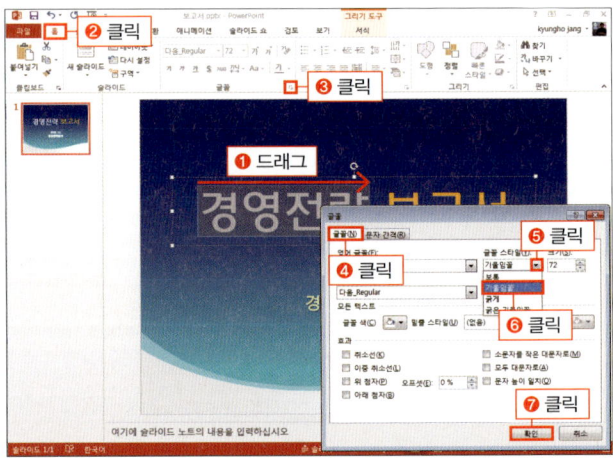

T I P : [글꼴] 대화상자에서는 글꼴을 변경하거나 글꼴 스타일, 크기를 비롯해 글꼴 효과 등을 지정할 수 있습니다.

T I P : 최근에 사용한 글꼴

[홈] 탭-[글꼴] 그룹-[글꼴]의 화살표를 클릭하여 원하는 글꼴을 선택한 다음 다시 [글꼴]의 화살표를 클릭하면 [최근에 사용한 글꼴]에 선택한 글꼴이 다시 나타납니다. 편하게 자주 사용하는 글꼴을 다시 선택할 수 있습니다.

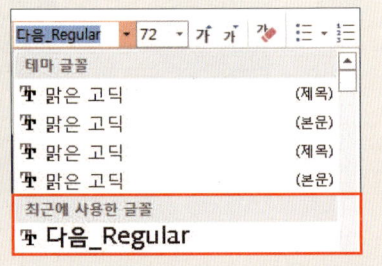

연관검색 본 예제는 '다음_Reguler' 서체로 작업되었습니다. '다음_Reguler' 서체가 컴퓨터에 설치되어 있지 않다면 187페이지에서 자세히 다루고 있으니 이를 참고하시기 바랍니다.

파워포인트 슬라이드에는 개체 틀을 통해 텍스트를 편하게 입력할 수 있습니다. 다만, 형식에 구애받지 않고 자유로운 방식으로 텍스트를 입력하고 싶을 경우에는 텍스트 상자를 이용하여 텍스트를 입력합니다. 여기서는 도형 및 텍스트 상자에 텍스트를 입력해 보고 간격을 조절해 보겠습니다.

예제 파일 I CD₩Part 03₩사이버교육.pptx **완성 파일 I** CD₩Part 03₩사이버교육_완성.pptx

01. 슬라이드 편집 화면에 삽입한 도형 개체에 텍스트를 입력해 보겠습니다. 세 번째 도형을 마우스 오른쪽 클릭한 다음 [텍스트 편집]을 선택합니다.

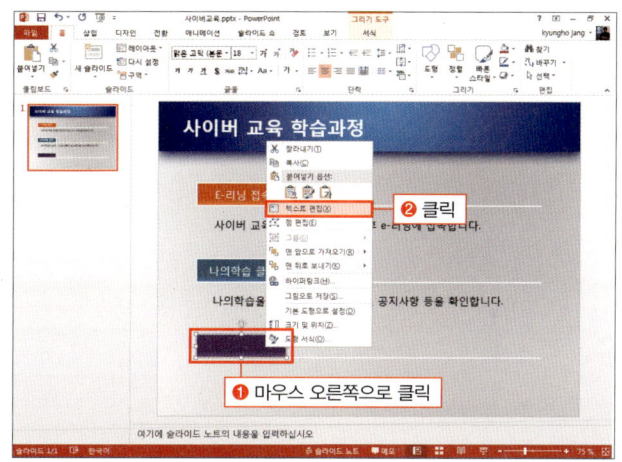

TIP : 도형 개체를 선택한 상태에서 **Enter** 를 눌러도 텍스트를 입력할 수 있습니다.

02. 도형이 텍스트를 입력할 수 있게 활성화가 되면 『학습과정 선택』을 입력한 후 **Esc** 를 누르거나 슬라이드 편집 화면 빈 공간을 클릭합니다.

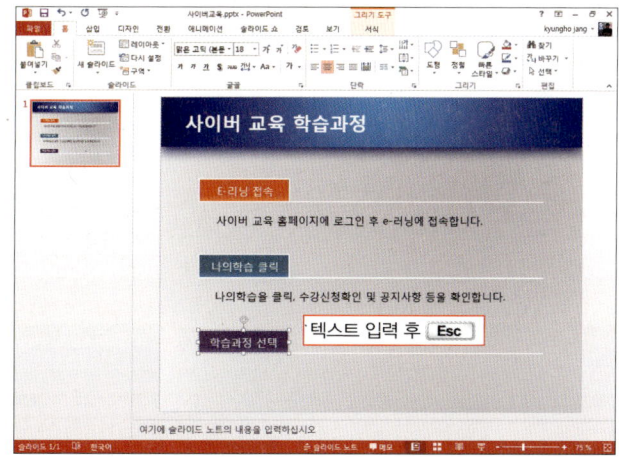

03. 이번에는 텍스트 상자를 통해 텍스트를 입력해 보도록 하겠습니다. [홈] 탭-[그리기] 그룹에서 [도형]을 클릭한 후 [기본 도형]-[텍스트 상자]를 선택합니다.

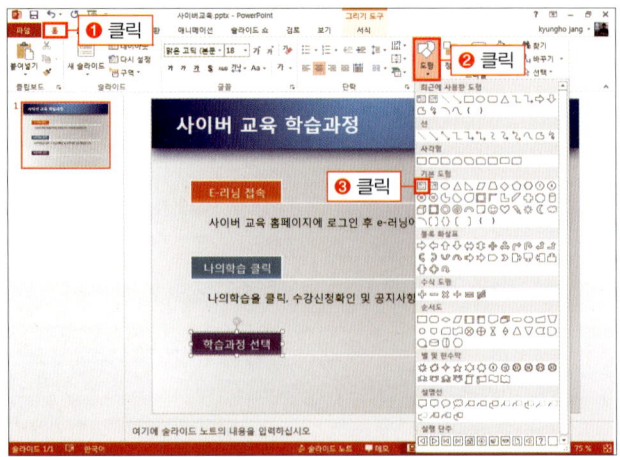

04. 슬라이드 편집 화면을 클릭한 후 『학습중인 과정을 선택하여 수강합니다.』를 입력한 후 Esc 를 누릅니다.

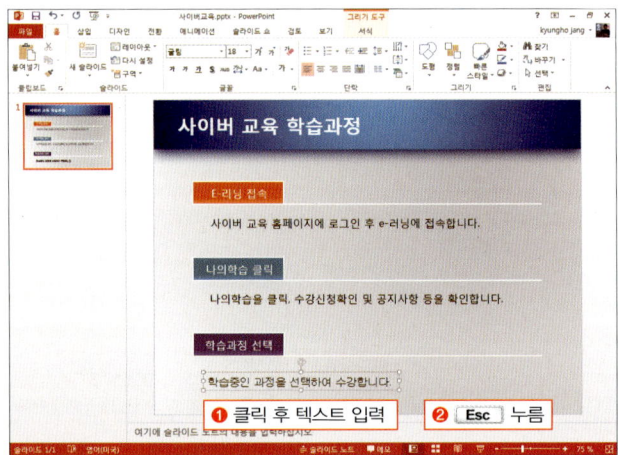

05. [홈] 탭-[글꼴] 그룹에서 [글꼴] 대화상자 표시 아이콘을 클릭합니다. [글꼴] 대화상자가 나타나면 [글꼴] 탭에서 [한글 글꼴]-[맑은 고딕]을 선택한 후 [확인]을 클릭합니다. 텍스트가 변경되면 텍스트 상자의 위치를 조절한 후 완성합니다.

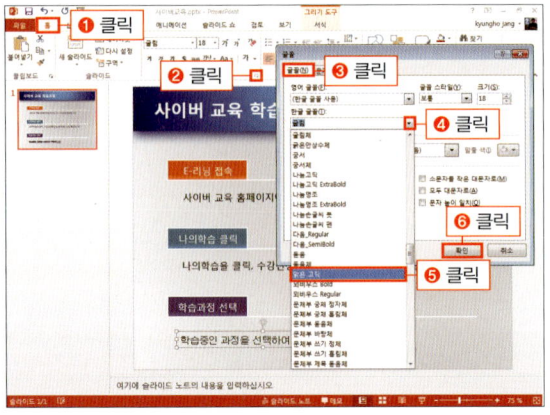

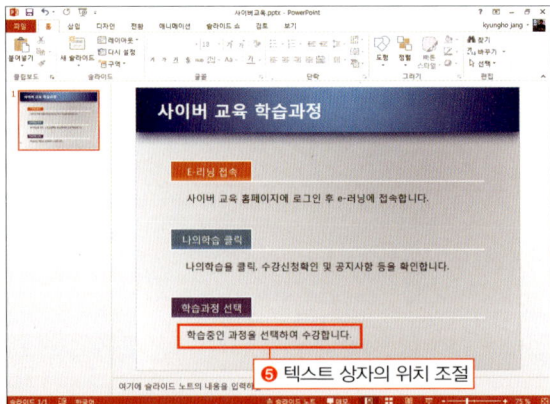

다양한 텍스트 서식을 담아 표현할 수 있는 워드아트(WordArt)라는 3차원 텍스트 효과는 기존의 텍스트를 그림자 또는 반사 효과와 같은 스타일로 만들어주는 기능입니다.

01. 제목 텍스트 개체 틀을 선택한 다음 [그리기 도구]─[서식] 상황별 탭에서 [WordArt 스타일] 그룹─[빠른 스타일]을 클릭한 후 원하는 서식을 선택합니다.

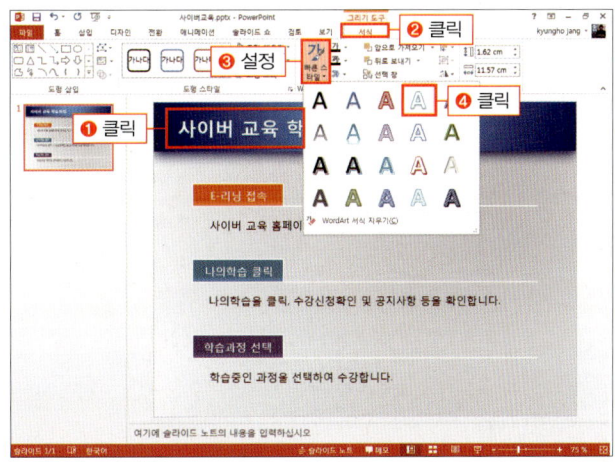

02. [그리기 도구]─[서식] 상황별 탭에서 [WordArt 스타일] 그룹─[텍스트 효과]─[반사]를 클릭한 후 원하는 반사 스타일을 선택합니다.

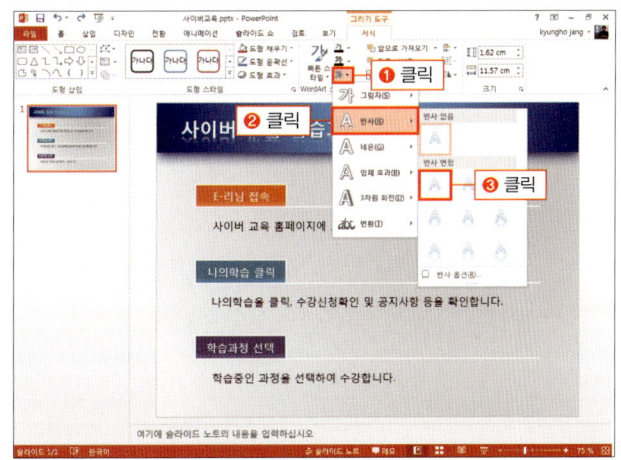

03. [그리기 도구]─[서식] 상황별 탭에서 [WordArt 스타일] 그룹─[모양 변경]─[변환]─[위쪽 줄이기]를 선택합니다.

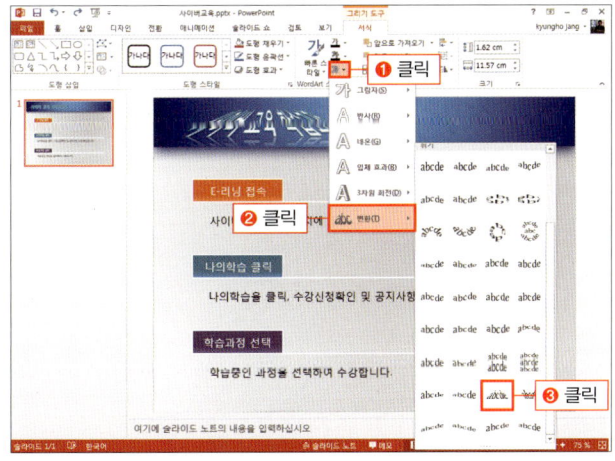

04. 그림과 같이 선택한 워드아트가 '위쪽 줄이기' 형태로 변경됩니다. 주황색의 변환 조정 핸들(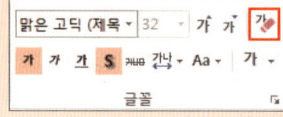)을 왼쪽으로 드래그합니다.

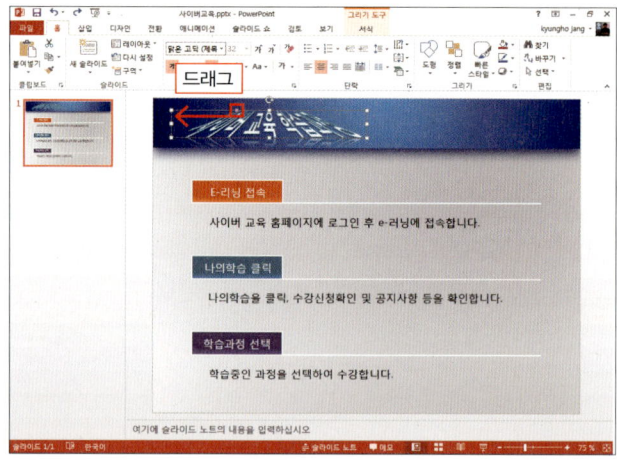

05. 워드아트 스타일이 변경됩니다. 변환 효과 및 위치를 조정하여 완성합니다.

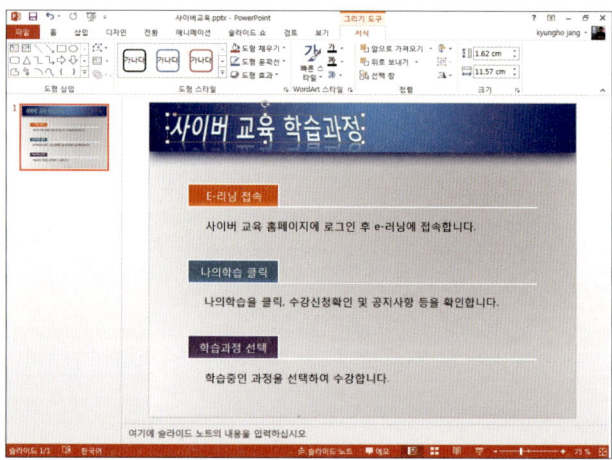

문제해결 **지정된 모든 서식을 지우고 싶어요.**

텍스트에 다양한 서식을 지정한 후 다시 처음으로 되돌리고 싶을 경우에는 [홈] 탭-[글꼴] 그룹의 [모든 서식 지우기]를 클릭하면 모든 서식이 삭제됩니다. 단축키인 Ctrl + Space Bar 를 눌러도 모든 서식을 지울 수 있습니다.

슬라이드에 삽입한 글꼴이 마음에 들지 않을 때 일일이 수정하지 않더라도 전체 글꼴을 한번에 변경할 수 있습니다. 여기서는 [글꼴 바꾸기]를 통해 전체 슬라이드에 적용한 글꼴을 한번에 변경해 보겠습니다.

예제 파일 | CD₩Part 03₩장학생수.pptx **완성 파일** | CD₩Part 03₩장학생수_완성.pptx

01. [홈] 탭-[편집] 그룹에서 [바꾸기]-[글꼴 바꾸기]를 선택합니다.

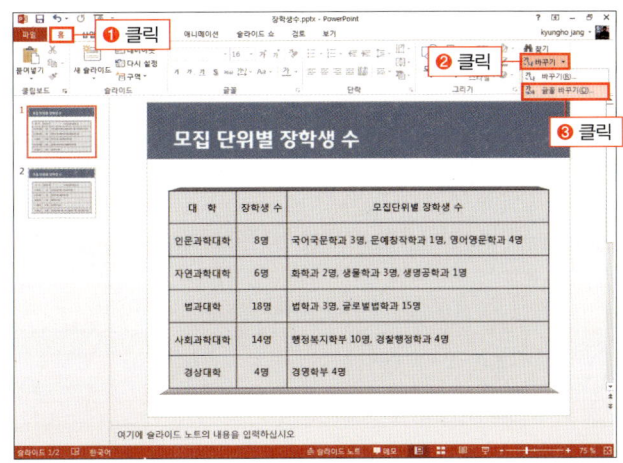

TIP : 예제 파일을 열면 표 안의 텍스트가 [맑은 고딕]으로 작업되어 있습니다.

02. [글꼴 바꾸기] 대화상자가 나타나면 [현재 글꼴]에는 현재 적용된 글꼴 이름을 선택합니다. 여기서는 [맑은 고딕]을 선택합니다.

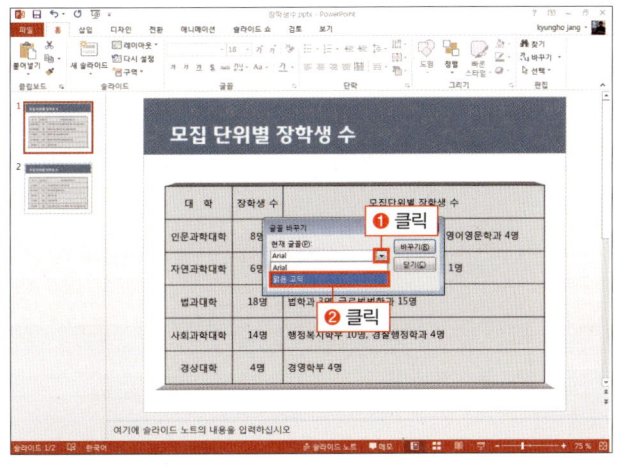

TIP : [현재 글꼴]에는 현재 슬라이드 파일에 적용된 글꼴이 모두 나타납니다. 본 슬라이드 파일에는 'Arial' 글꼴과 '맑은 고딕' 글꼴이 적용되어 있습니다.

03. [새 글꼴]에는 새롭게 적용할 글꼴을 선택한 후 [바꾸기]를 클릭합니다. 여기서는 [다음_Regular]를 선택한 후 [바꾸기]를 클릭한 후 [닫기]를 선택합니다.

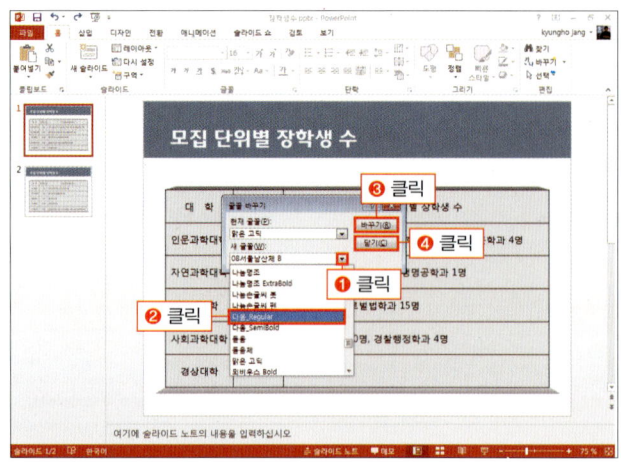

04. [글꼴 바꾸기] 대화상자에서 선택한 글꼴로 변경됩니다.

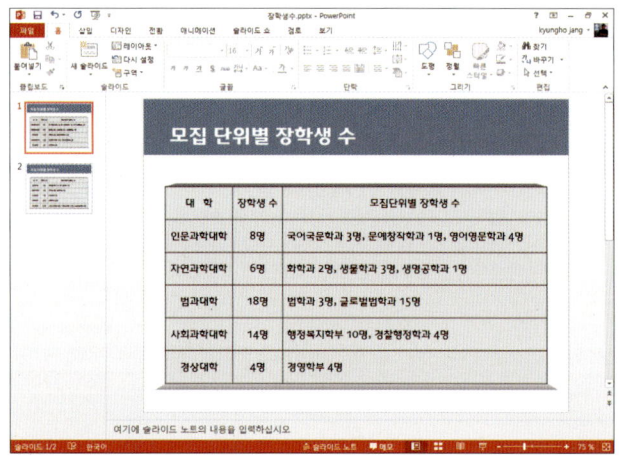

TIP : 표 안의 글꼴이 [맑은 고딕]에서 [다음_Regular]으로 변경됩니다.

05. 두 번째 슬라이드를 선택합니다. 두 번째 슬라이드에도 글꼴이 변경된 것을 확인할 수 있습니다.

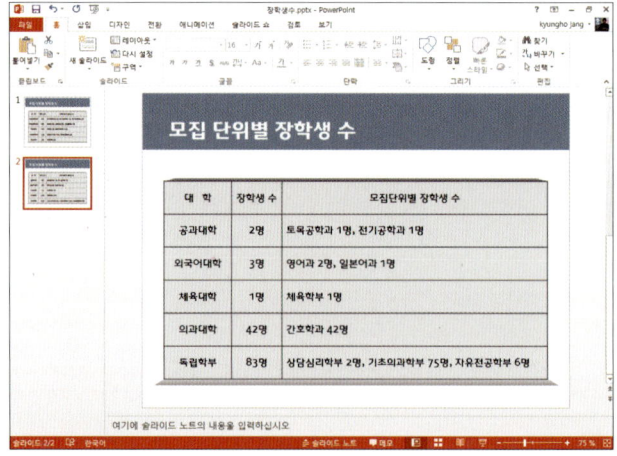

WordArt 기능으로 입체효과 만들기

다양한 텍스트 서식을 담아 표현할 수 있는 WordArt는 기존의 텍스트를 그림자 또는 반사 효과와 같은 스타일로 만들어 주는 기능입니다. 파워포인트 2013에서는 기존 텍스트를 WordArt 그래픽으로 간단하게 변환할 수 있습니다.

예제 파일 | CD₩Part 03₩WordArt.pptx   **완성 파일** | CD₩Part 03₩WordArt_완성.pptx

01. 먼저 서식을 적용할 텍스트를 선택한 후 [홈] 탭-[글꼴] 그룹에서 [글꼴]을 클릭한 후 [다음_SemiBold]를 선택합니다.

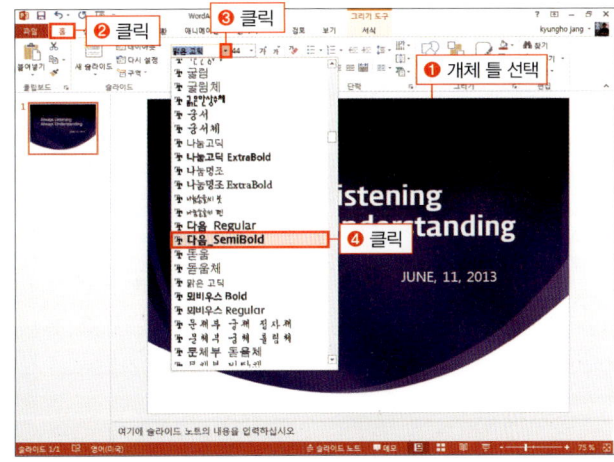

02. [그리기 도구]-[서식] 상황별 탭의 [WordArt 스타일] 그룹의 [옵션] 단추를 클릭합니다.

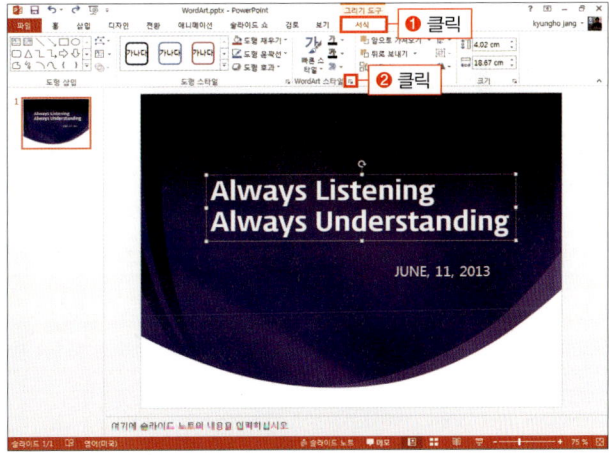

03. [도형 서식] 창이 나타나면 [텍스트 옵션]-[텍스트 채우기]를 클릭한 후 [그라데이션 채우기]를 클릭합니다. [그라데이션 미리 설정]-[밝은 그라데이션 – 강조 6]을 선택합니다. [방향]-[선형 아래쪽]을 선택합니다.

04. [그라데이션 중지점]에서 두 번째 중지점을 선택한 후 [그라데이션 중지점 제거]를 선택합니다.

05. 동일한 방법으로 [그라데이션 중지점]에서 중간에 있는 중지점을 선택한 후 [그라데이션 중지점 제거]를 선택합니다.

연관검색 그라데이션이란, 대개 한 색에서 다른 색으로 색 및 음영이 점진적으로 진행되어 있는 효과를 말합니다. 그라데이션 효과를 적용하면 기본 설정 색 및 방향을 변경할 수 있으며, 중지점에 따라 색상을 변경할 수도 있습니다. 그라데이션에 대해서 보다 다양하게 알고 싶다면 247페이지를 참고하시기 바랍니다.

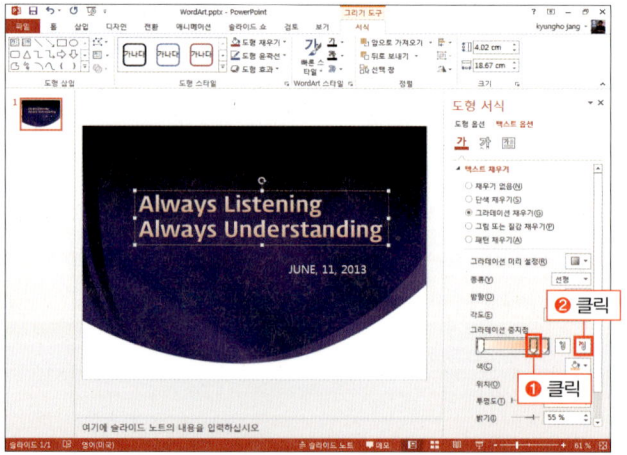

06. 왼쪽 중지점을 클릭하여 선택한 후 [색]-[주황]을 선택합니다.

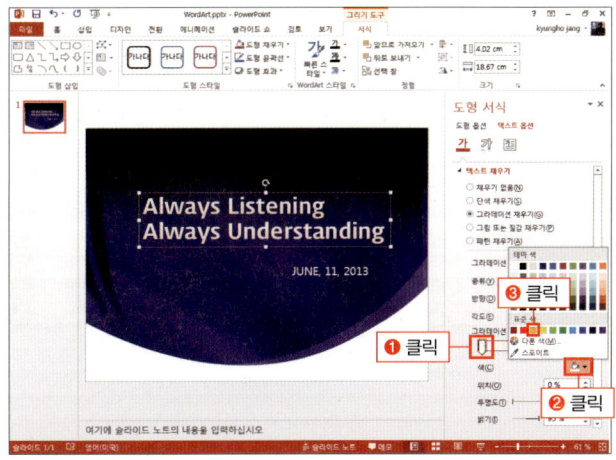

07. 오른쪽 중지점을 클릭합니다. [색]을 클릭한 후 [다른 색]을 선택합니다.

08. [색] 대화상자가 나타나면 [사용자 지정] 탭을 클릭한 후 빨강, 녹색, 파랑의 RGB 색상에 다음과 같은 수치를 입력한 후 [확인]을 클릭합니다.

빨강 : 214

녹색 : 86

파랑 : 28

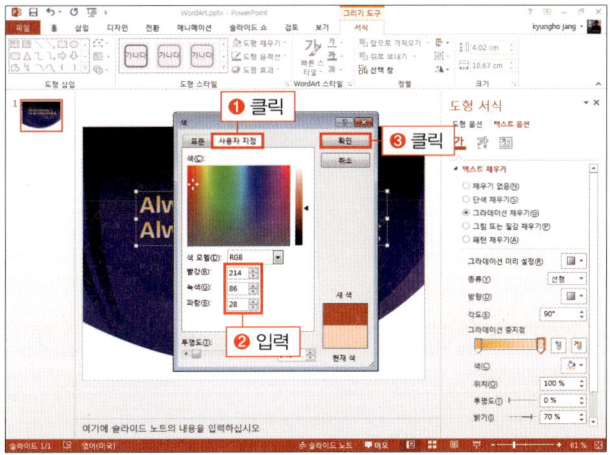

09. [텍스트 효과]를 선택한 후 [3차원 서식]-[위쪽 입체]에서 [너비]와 [높이]를 각각 『2』를 입력합니다. [깊이]-[크기]에 『2』를 입력한 후 [재질]-[파우더], [조명]-[평면], [각도]를 『110』을 입력합니다. [도형 서식] 창의 [닫기]를 클릭합니다.

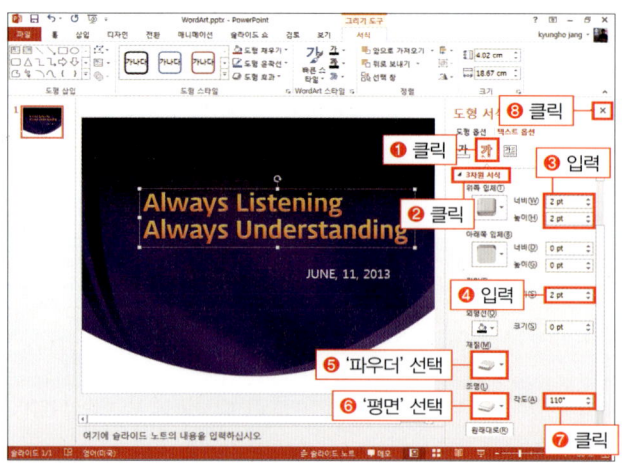

10. 텍스트 효과가 적용됩니다. 텍스트 개체 틀의 위치 및 크기를 조절한 후 슬라이드 편집을 마무리합니다.

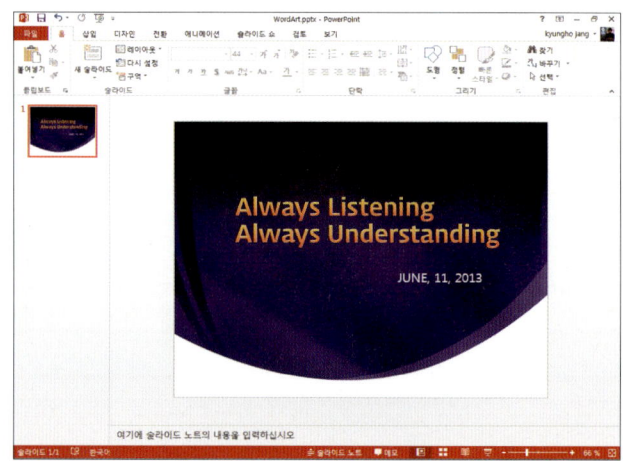

TIP : [WordArt 스타일]과 [도형 서식] 창을 활용하면 도형 및 텍스트에 다양한 서식을 지정할 수 있습니다.

가독성과 판독성, 그리고 세리프체와 산세리프체

슬라이드 제작시 가장 고려해야하는 사항이 바로 '가독성'입니다. 가독성이란 시야에 보이는 텍스트 등의 개체를 얼마나 빨리 쉽게 읽을 수 있느냐를 말합니다.

프레젠테이션에서 일명 신명조체라고 불리는 '세리프체'를 사용하지 않는 것도 바로 가독성 때문입니다. '세리프체'는 상하의 획에 붙이는 가는 장식 선을 의미하는데 장식 선으로 인해 서체가 미려해질 수는 있지만 주목도를 떨어뜨리는 우를 범할 수 있습니다. 그렇기에 '세리프체'는 문서용 글씨체로서 문서 편집이나 잡지, 신문 등 인쇄용도로 적합합니다.

프레젠테이션에서는 이런 문제로 인해 '세리프체'보다는 '산(san) 세리프체'를 주로 사용합니다. 일명 고딕체라고 불리는 '산세리프체'는 상하의 획이 없는 서체로서 딱딱한 느낌이 드는 서체입니다. '세리프체'가 반영된 서울한강체보다는 '산 세리프체'가 반영된 서울남산체가 읽기가 수월해 보이는 것도 고딕체 계열이 주목도가 높기 때문입니다.

> 세리프체 : 프레젠테이션
>
> 산세리프체 : **프레젠테이션**

▲ 세리프체와 산세리프체

또한, 서체를 선택할 때에는 판독성도 고려해야 합니다. 판독성이란, 얼마나 빨리 판단할 수 있느냐를 말합니다. 가독성과 판독성에 유념하여 서체를 선택하고 서체의 크기를 생각해야 하는데 프레젠테이션에서는 여러 이견이 있긴 하지만 보통 14pt 이하의 글꼴은 사용해서는 안됩니다. 14pt 이하의 서체는 스크린에 투과하였을 때 먼 거리에서는 명확하게 어떤 글인지를 확인할 수 없는 경우가 많습니다. 글꼴의 크기는 아래 크기를 참조하시기 바랍니다.

글꼴의 크기

1. 표지 제목 : 44pt
2. 목차 및 간지 : 36~40pt
3. 슬라이드 제목 : 30~34pt
4. 슬라이드 소제목 : 20~22pt
5. 슬라이드 내용 : 14~18pt

LESSON 05

한자와 특수 문자, 그리고 글머리 기호

레 벨 ● ● ●

개체 틀에 텍스트를 입력하면 텍스트 앞에 자동으로 글머리 기호가 생성됩니다. 글머리 기호는 본인의 취향에 따라 다양한 글머리 기호나 번호로 변경할 수 있습니다. 여기서는 한자나 특수 문자를 비롯하여 글머리 기호를 삽입하는 방법에 대해서 살펴보도록 하겠습니다.

기초탄탄 ▶ 특수 문자와 글머리 기호

■ 한자와 특수 문자 입력하기 204P

파워포인트도 워드나 한글과 같은 워드프로세서 프로그램처럼 한자나 특수 문자를 쉽게 삽입하거나 변경할 수 있습니다. [검토] 탭-[언어 교정] 그룹-[한글/한자 변환]을 클릭하여 [한글/한자 변환] 대화상자를 불러올 수 있으며, [삽입] 탭-[기호] 그룹-[기호]를 선택하여 [기호] 대화상자를 불러올 수 있습니다.

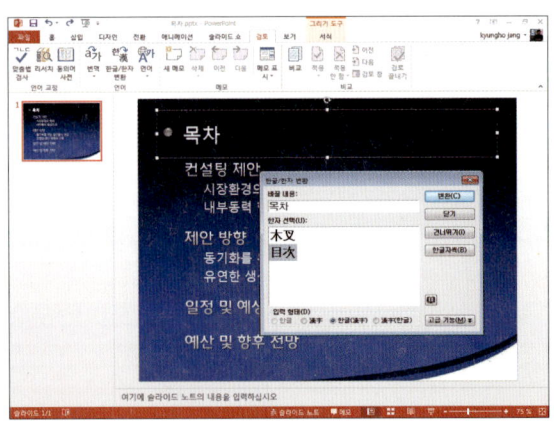

▲ 한자 변환하기

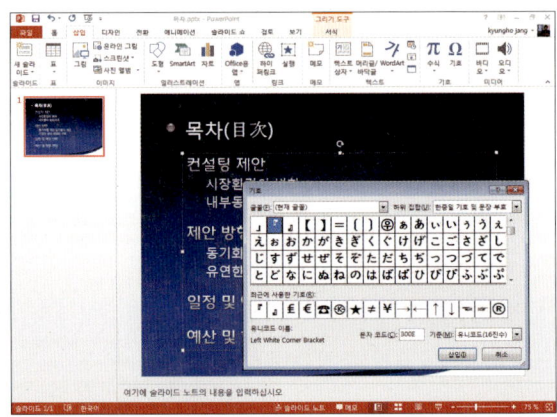

▲ 특수 문자 입력하기

■ [한자/한글 변환] 대화상자

[한글/한자 변환] 대화상자에서 [입력 형태]를 통해 다양한 방법으로 한자를 입력할 수 있습니다.

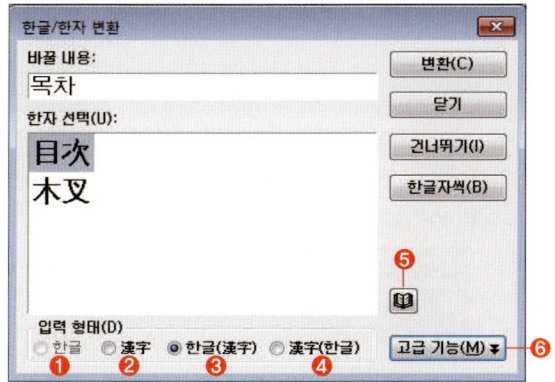

❶ 한글 : 단어를 한글로 표시합니다.

❷ 漢字 : 단어를 한자로 표시합니다.

❸ 한글(漢字) : 한글과 한자를 함께 표시하는데 그 순서는 한글(漢字)입니다.

❹ 漢字(한글) : 한글과 한자를 함께 표시하는데 그 순서는 漢字(한글)입니다.

❺ 한자 사전 : 한글이나 한자의 음과 뜻을 확인할 수 있습니다.

❻ 고급 기능 : 새 단어를 등록하거나 단어를 삭제, 옵션 등 고급 기능을 실행할 수 있습니다.

■ [기호] 대화상자 <mark>206P</mark>

글머리 기호를 삽입하여 슬라이드 내용을 일목요연하게 정리할 수 있습니다. 파워포인트가 지정해 주는 글머리 기호 뿐 아니라 [기호] 대화상자의 [글꼴]에서 'Wingdings' 이나 'Wingdings 2', 'Wingdings 3'를 선택해 색다른 글머리 기호를 적용할 수도 있습니다.

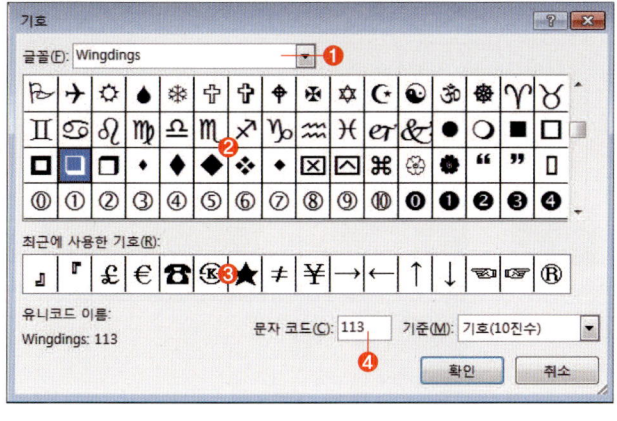

❶ 글꼴 : 글머리 기호가 포함된 글꼴을 선택합니다.

❷ 미리보기 : 글머리 기호를 선택할 수 있습니다.

❸ 최근에 사용한 기호 : 최근에 사용한 기호가 차례대로 표시됩니다.

❹ 문자 코드 : 글머리 기호마다 문자 코드가 다른데 자주 사용하는 문자 코드를 알고 있다면 입력하여 빠르게 글머리 기호를 불러올 수 있습니다.

파워포인트도 워드나 한글처럼 한자나 특수 문자를 쉽게 삽입하거나 변경할 수 있습니다. Step 01에서는 한자와 특수 문자를 입력하는 방법에 대해서 살펴보겠습니다.

예제 파일 | CD₩Part 03₩목차.pptx   **완성 파일 |** CD₩Part 03₩목차_완성.pptx

01. '목차'라고 적혀있는 글자의 개체 틀을 선택한 후 [검토] 탭–[언어] 그룹의 [한글/한자 변환]을 누릅니다. [한글/한자 변환] 대화상자가 나타나면 변환할 한자를 선택한 다음 [입력 형태]에서 [한글(漢子)]을 선택한 다음 [변환]을 클릭합니다.

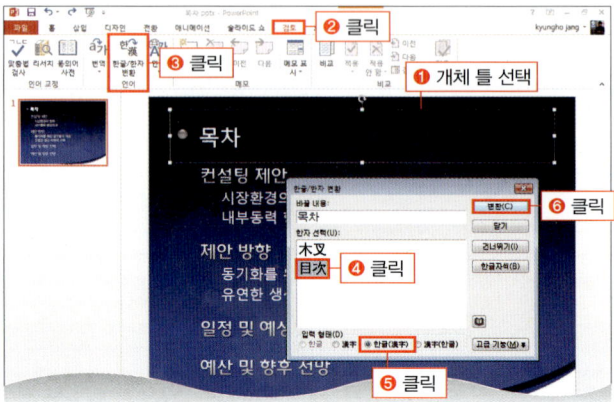

02. '제안'이라고 적힌 글자 앞에 커서를 둔 다음 [삽입] 탭–[기호] 그룹–[기호]를 선택합니다. [기호] 대화상자가 나타나면 [글꼴]은 [현재 글꼴], [하위 집합]은 [한중일 기호 및 문장 부호]를 선택한 다음 '「'를 선택합니다. [삽입]과 [닫기]를 차례대로 클릭합니다.

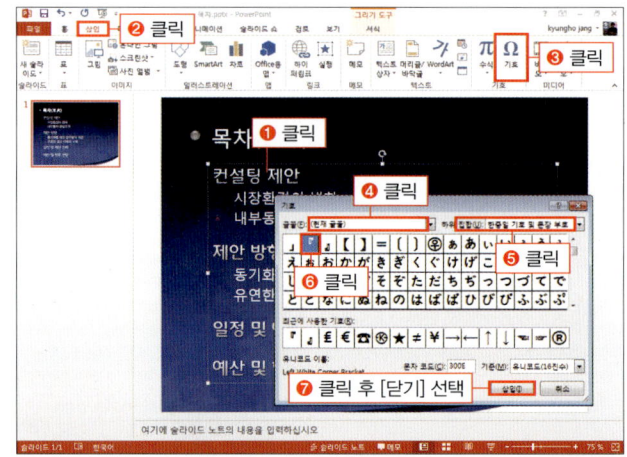

03. '제안'이라고 적힌 글자 뒤에 커서를 둔 다음 [삽입] 탭–[기호] 그룹–[기호]를 선택합니다. [기호] 대화상자가 나타나면 [글꼴]은 [현재 글꼴], [하위 집합]은 [한중일 기호 및 문장 부호]를 선택한 다음 '」'를 선택합니다. [삽입]과 [닫기]를 차례대로 클릭합니다.

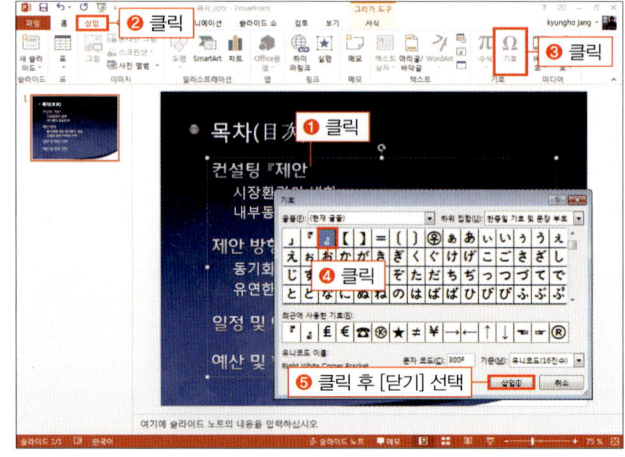

04. 이번에는 키보드를 통해 한자 및 특수 문자를 입력해 보도록 하겠습니다. '전망'이라고 적혀 있는 글자를 드래그하여 선택한 후 [한자]를 눌러 원하는 한자를 선택합니다.

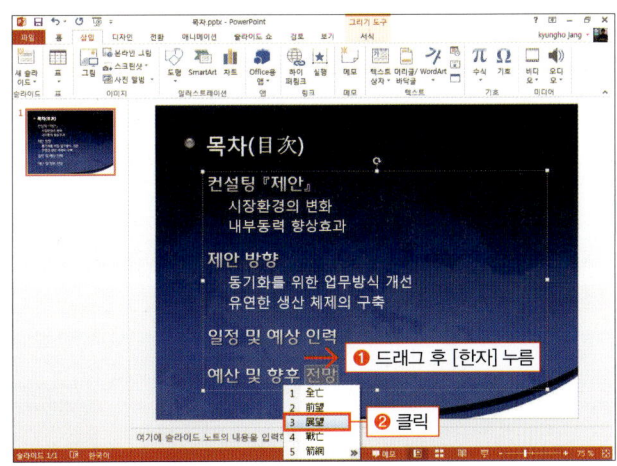

05. 한글 자음을 입력한 상태에서 [한자]를 누르면 특수 문자를 입력할 수 있습니다. 예를 들어 [ㅁ]+[한자], [ㄴ]+[한자], [ㅇ]+[한자]를 누르면 특수 문자가 나타납니다. 여기서는 '개선'이라는 글자 앞에 커서를 둔 후 [ㅁ]+[한자]를 선택합니다. [》]를 누르면 더 많은 특수 문자를 열 수 있습니다. [》]를 누릅니다.

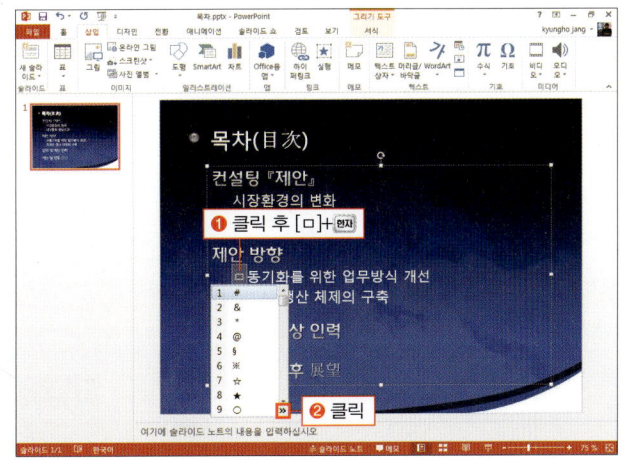

06. 원하는 특수 문자를 클릭하여 슬라이드를 완성합니다.

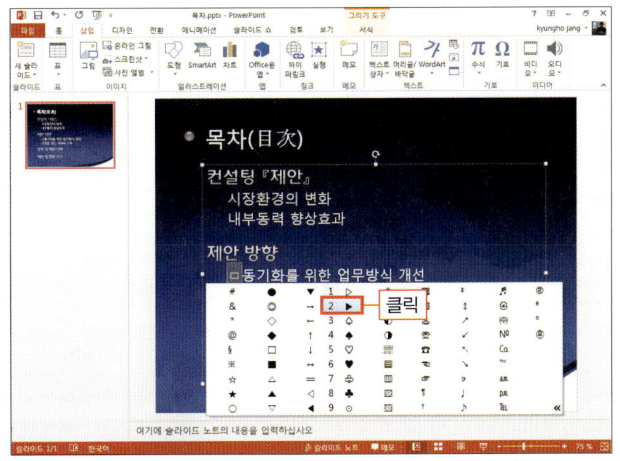

PART 03 슬라이드 만들기

TIP : 자음별 특수 문자 살펴보기

한글 자음[ㄱ]~[ㅎ]을 입력하고 키보드의 [한자] 글쇠를 함께 누르면 자음별 특수 문자를 만날 수 있습니다. 자음별 특수 문자가 궁금하신 분은 저자의 블로그 http://blog21.kr/40194338737 에서 알아보시기 바랍니다. QR 코드를 스마트폰에서 찍으시면 바로 확인할 수 있습니다.

개체 틀에 텍스트를 입력하면 글머리 기호가 생성됩니다. 만일 글머리 기호가 나타나지 않는다면 [홈] 탭에 있는 [글머리 기호]를 이용하여 생성할 수 있습니다. 여기서는 글머리 기호를 삽입하고 크기 및 색 상을 조절하는 방법에 대해서 살펴보도록 하겠습니다.

01. 내용 개체 틀을 선택한 다음 [홈] 탭-[단락] 그룹-[글머리 기호]의 화살표를 클릭한 후 원하는 글머리 기호를 선택합니다. 여기서는 [속이 찬 정 사각형 글머리 기호]를 선택합니다.

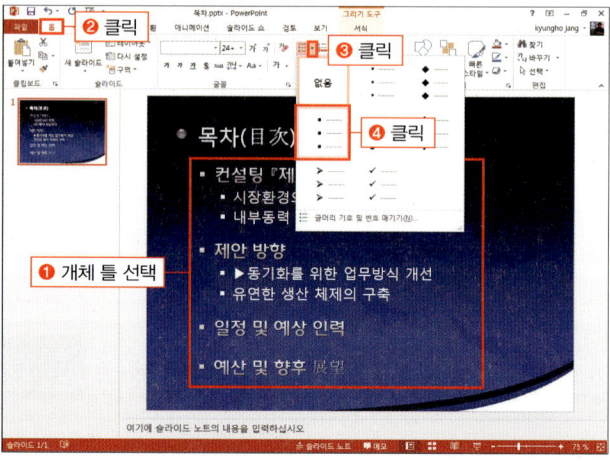

02. 더 많은 글머리 기호를 선택하고 싶다면 [홈] 탭-[단락] 그룹-[글머리 기호]의 화살표를 클릭한 후 [글머리 기호 및 번호 매기기]를 선택 합니다.

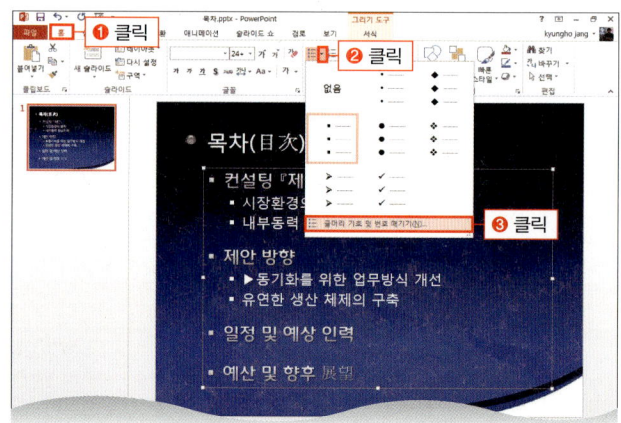

03. [글머리 기호 및 번호 매기기] 대화상자가 나타나면 [글머리 기호] 탭에서 [사용자 지정]을 클릭합니다. [기호] 대화상자가 나타나면 [글꼴] 화살표를 클릭하여 [Wingdings]를 선택하여 원하 는 기호를 선택합니다. [확인]을 누릅니다.

TIP : [기호] 대화상자의 [글꼴]에서 'Wingdings' 이 나 'Wingdings 2', 'Wingdings 3'를 선택하면 다양한 기호가 지정할 수 있습니다.

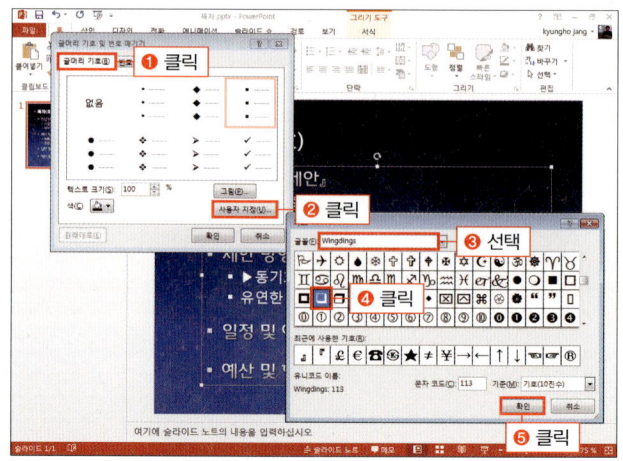

04. [글머리 기호 및 번호 매기기] 대화상자의 [글머리 기호] 탭의 [색]−[주황]을 선택합니다. [텍스트 크기] 입력란에 『90』을 입력한 후 [확인]을 클릭합니다.

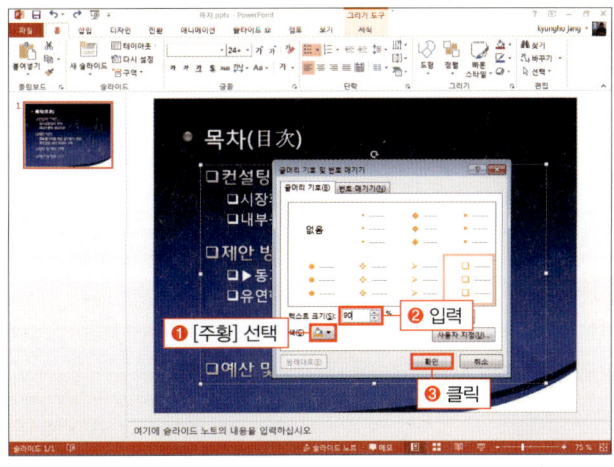

05. 다음과 같이 글머리 기호 및 색상이 변경됩니다.

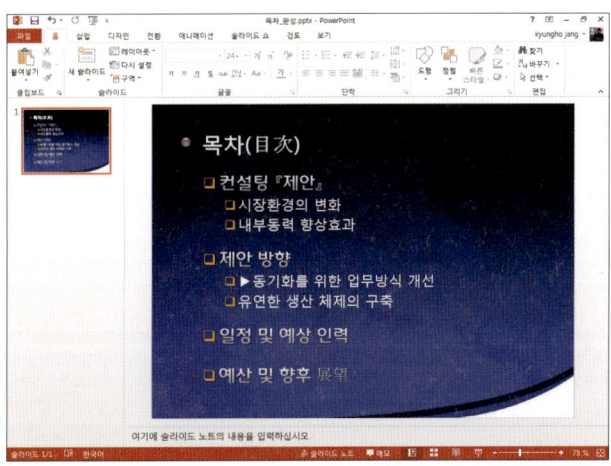

TIP : 윈도우의 [문자표] 대화상자

윈도우에서 [시작]−[프로그램]−[보조프로그램]−[시스템도구]−[문자표]를 차례대로 선택합니다. [문자표] 대화상자가 나타나면 [글꼴]의 화살표를 눌러 원하는 글꼴을 선택합니다. 파워포인트의 [기호] 대화상자가 나타나면 [글꼴] 화살표를 클릭하여 [Wingdings]을 선택할 수도 있고, [문자표] 대화상자의 [Wingdings]를 선택하여 원하는 문자를 선택할 수도 있습니다.

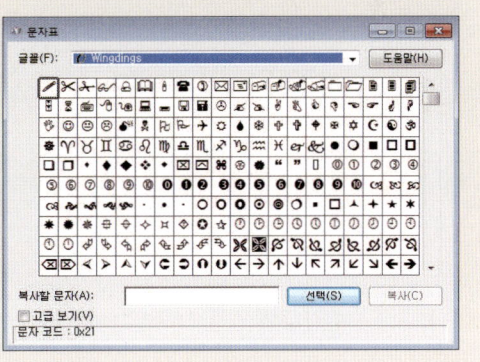

삽입한 글머리 기호는 그림으로 변경할 수 있으며 변경한 글머리 그림의 크기를 원하는 크기로 조정할 수도 있습니다. 여기서는 글머리 기호를 그림으로 변경하는 방법에 대해서 살펴보도록 하겠습니다.

01. 개체 틀을 선택한 후 [홈] 탭-[단락] 그룹-[글머리 기호]의 화살표를 선택한 후 [글머리 기호 및 번호 매기기]를 선택합니다. [글머리 기호 및 번호 매기기] 대화상자가 나타나면 [그림]을 클릭합니다. [그림 삽입] 창에서 [Office.com 클립 아트]의 입력란에 『bullet』을 입력한 후 [찾기]를 클릭합니다.

TIP : [그림 삽입] 창에서 [파일에서]-[찾아보기]를 눌러 내 컴퓨터에 저장되어 있는 글머리 기호를 불러 올 수도 있습니다.

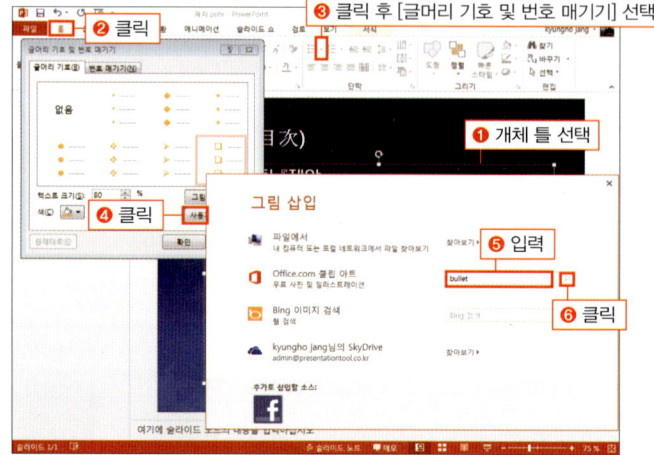

연관
검색 [그림 삽입] 창을 통해 내 컴퓨터의 그림이나 이미지를 비롯해 Office.com 클립아트, Bing 이미지 등 다양한 그림이나 이미지를 검색하고 삽입할 수 있습니다. [그림 삽입] 창은 294페이지에서 다시 다룹니다.

02. 다양한 'bullet' 클립 아트가 검색됩니다. 원하는 클립 아트를 선택한 후 [삽입]을 클릭합니다.

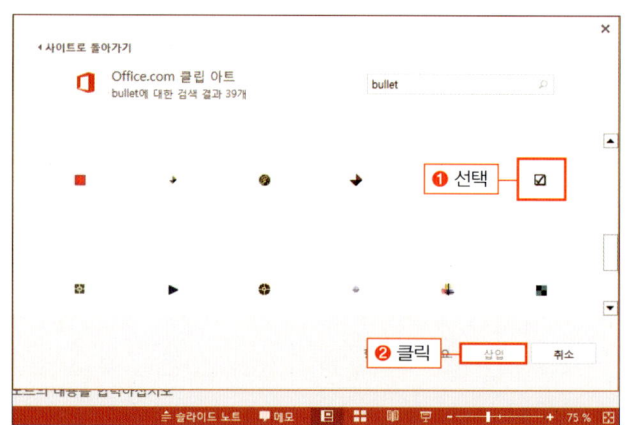

03. 글머리 기호가 그림 기호로 변경됩니다.

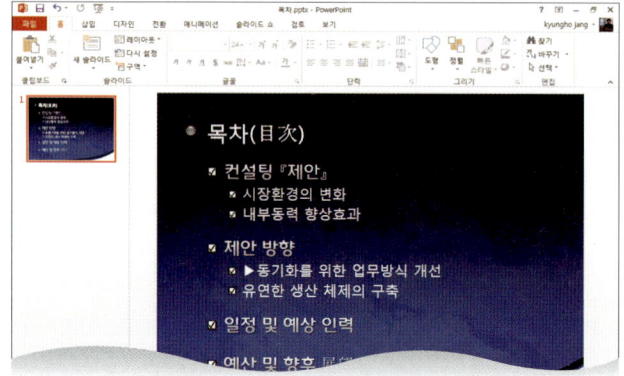

텍스트에 삽입한 글머리 기호를 아라비아 숫자나 영어 알파벳순의 글머리 번호로 변경할 수 있습니다.

01. 슬라이드 미리보기 화면에서 마우스 오른쪽을 클릭해 [중복 슬라이드]를 눌러 슬라이드를 복제합니다.

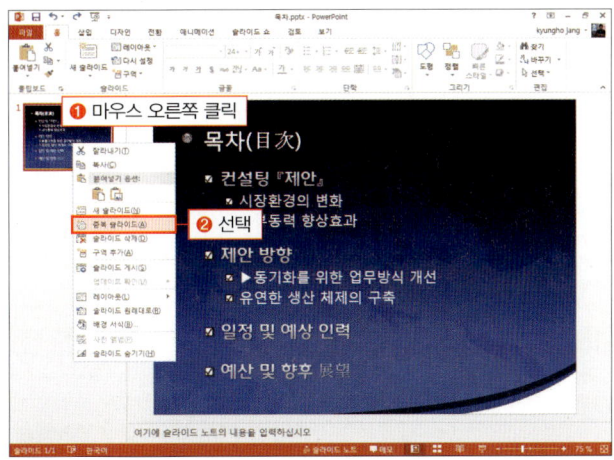

02. 2번 슬라이드를 클릭한 후 내용 개체 틀을 선택합니다. [홈] 탭-[단락] 그룹-[번호 매기기]의 화살표를 클릭합니다. 원하는 글머리 번호를 선택합니다.

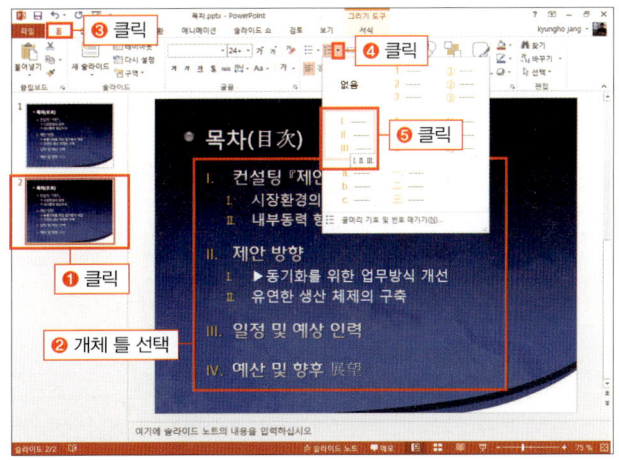

03. [홈] 탭-[단락] 그룹-[번호 매기기]의 화살표를 클릭한 후 [글머리 기호 및 번호 매기기]를 클릭하면 번호 매기기의 번호의 크기 및 시작 번호를 변경할 수 있습니다. [글머리 기호 및 번호 매기기]를 선택합니다.

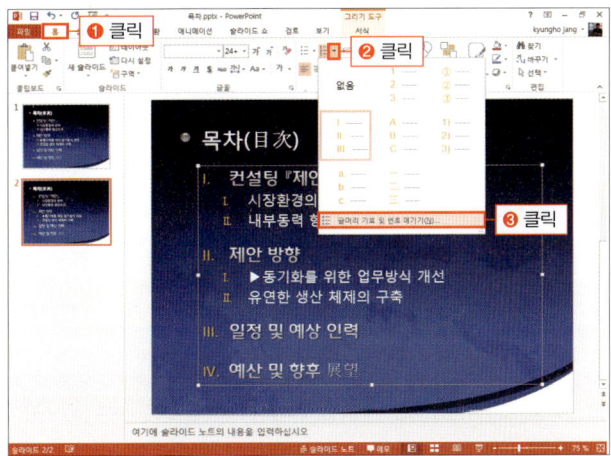

04. 글머리 번호의 시작 번호를 변경할 수 있습니다. [시작 번호] 입력란에 원하는 번호를 입력합니다. [확인]을 클릭합니다.

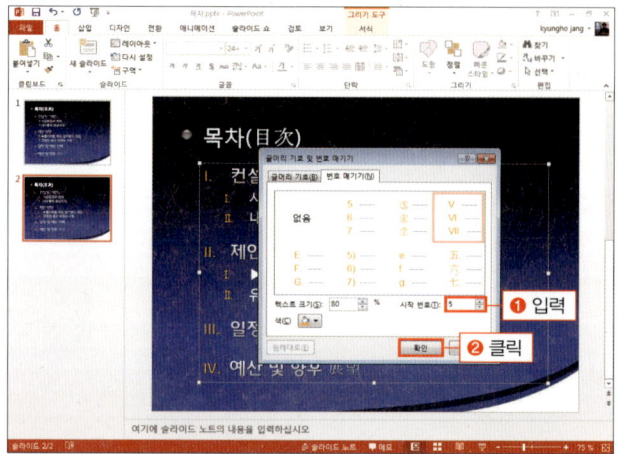

05. 글머리 번호의 시작번호가 수정됩니다.

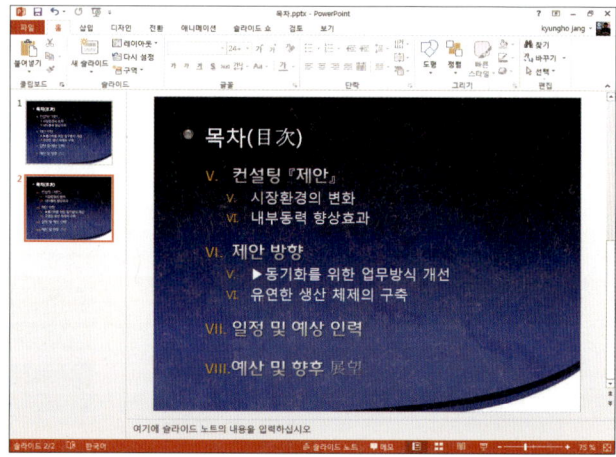

TIP : 눈금자로 들여쓰기 수준 조절하기

눈금자를 표시해서 글머리 기호 또는 번호 매기기 목록의 들여쓰기를 조정할 수 있습니다. [보기] 탭-[표시] 그룹의 [눈금자]에 체크 표시를 합니다. 각 수준에 대한 들여쓰기 표식이 눈금자에 표시됩니다. 이를 드래그하여 들여쓰기 수준을 조절할 수 있습니다.

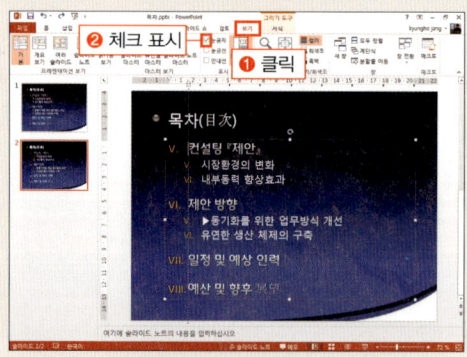 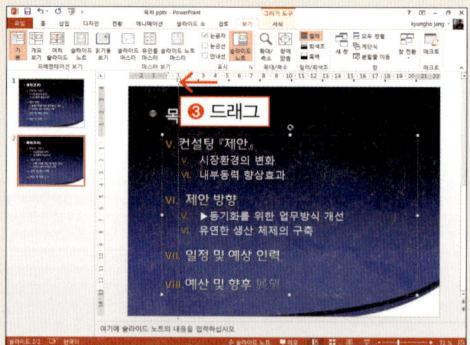

참고로, 텍스트에 글머리 기호나 번호 매기기 목록이 두 수준 이상 포함되어 있으면 각 수준에 대한 들여쓰기 표식이 눈금자에 표시됩니다.

❶ 첫째 줄 들여쓰기 표식
❷ 목록의 왼쪽 들여쓰기 표식

[삽입] 탭-[수식]을 클릭하면 다양한 수식을 슬라이드에 삽입할 수 있습니다. 수식 입력하기를 통해 원 면적이나 2차 방정식 공식 등 일반 수학 수식을 슬라이드에 추가할 수 있습니다.

01. 새 슬라이드를 연 다음 빈 화면 슬라이드로 레이아웃을 변경합니다. [삽입] 탭-[기호] 그룹-[수식]의 아랫부분을 클릭합니다. 원하는 수식을 선택합니다.

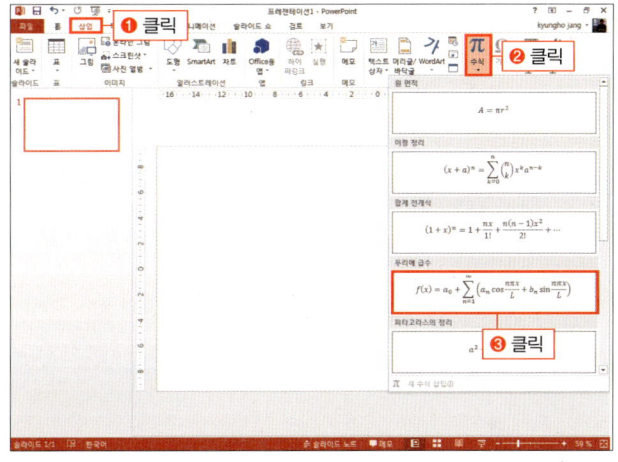

02. 수식이 삽입되면 각 수식 항목을 클릭해 수정합니다. 만일, 분사나 행렬, 혹은 적분 등의 수식을 삽입하고 싶다면 [수식 도구]-[디자인] 상황별 탭의 [구조] 그룹에서 지정할 수 있습니다.

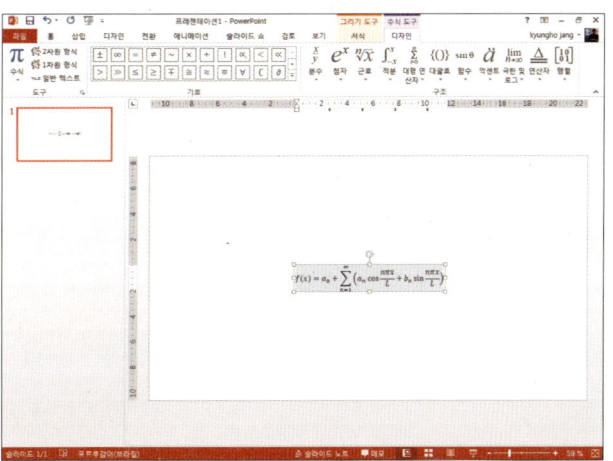

TIP : 수식 직접 입력하기

수식을 클릭하면 세부 내용을 입력할 수 있는 직사각형이 생성됩니다. 이를 클릭하여 원하는 수식을 입력할 수 있습니다. 또한, 마우스 오른쪽을 클릭한 후 [수학 옵션]을 통해 몇 가지 옵션을 선택할 수 있습니다.

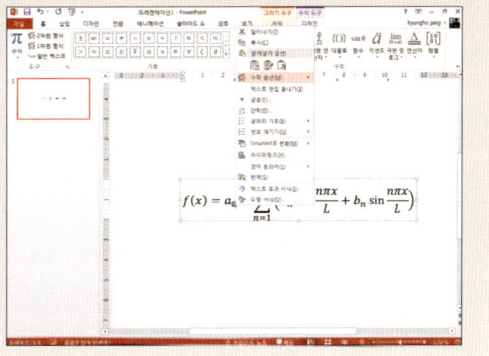

파워포인트의 글머리 기호 살펴보기

파워포인트에서 무의식적으로 가장 많이 사용되는 개체가 무엇이라고 생각하나요? 도형? 그림? 차트? 아닙니다. 바로 글머리 기호입니다. 슬라이드 마스터를 열거나 새 슬라이드에서 특정 내용 개체 틀을 클릭하면 언제나 등장하는 항목이 바로 글머리 기호이기에 무의식적으로 가장 많이 사용하게 됩니다.

▲ 슬라이드 작업시 거의 필수적으로 들어가는 글머리 기호

글머리 기호는 내용을 단순화하기에 좋고 자칫 지루할 수 있는 항목들을 체계적인 목록 형식으로 나열할 수 있기에 슬라이드 제작시 자주 사용됩니다.

물론, 글머리 기호 자체가 무의미한 것은 아닙니다. 글머리 기호가 삽입되면서 3~4줄로도 충분히 끝날수 있는 문장도 6~7줄로 늘어날 수 있기 때문에 무의미하다는 것입니다. 글머리 기호로 인해 사용자는 텍스트를 더 넣고 싶은 충동을 느끼게 됩니다. 사용자 뿐 아니라 청중들도 한번에 많은 정보를 보게 되기에 내용을 기억하는 확률이 그만큼 낮아지게 됩니다.

글머리 기호 대신 발표자의 프레젠테이션에 청중들이 집중할 수 있도록 한 단락씩 구성하는 것은 어떨까요? 청중들은 발표자와 바뀌는 슬라이드 내용에만 집중할 수 있기에 글머리 기호를 삽입한 복잡한 슬라이드보다 간결한 슬라이드로 여러 장 구성하는 것이 훨씬 효과적일 것입니다.

▲ 글머리 기호를 삭제하고 한 줄씩 나타나도록 슬라이드 제작

만일, 4줄 이상을 글머리 기호 대신 여러 슬라이드로 나누어 설명할 경우 청중들이 이전 정보를 기억하지 못하는 경우도 발생할 수 있습니다. 이럴 때에는 이전 항목은 흐리게 표시하여 청중들이 이전 항목과 추가되는 항목을 모두 기억할 수 있게끔 배려하는 것도 좋은 방법 중 하나입니다.

▲ 이전 항목을 흐리게 표시하여 내용 강조

LESSON
06 줄 간격과 단락, 단 조절하기

레벨 ●　○　○

텍스트를 보기 좋게 정렬하는 방법 중 특히 중요한 요소가 줄 및 단락 서식을 지정하는 것입니다. 여기서는 목록 수준 줄임과 높임 기능을 비롯하여 텍스트의 줄 간격과 단락, 그리고 단 조절하는 방법에 대해서 살펴보도록 하겠습니다.

기초탄탄 ▶ [단락] 그룹과 간격 옵션

■ [단락] 그룹 살펴보기 217P

목록 수준을 줄인다는 말은 내어쓰기를 통해 상위 항목과 동일한 등급으로 내용을 표시한다는 말이고 목록 수준을 늘린다는 말은 들여쓰기를 통해 상위 항목의 하위 등급으로 내용을 표시한다는 말입니다. 내어쓰기하고 싶은 단락 블록을 선택한 후 [홈] 탭-[단락] 그룹의 [목록 수준 늘림]을 클릭합니다.

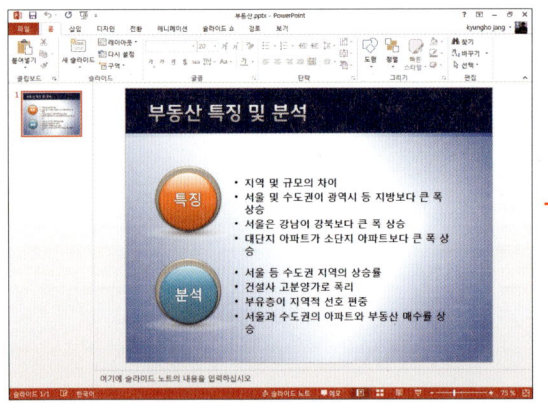 →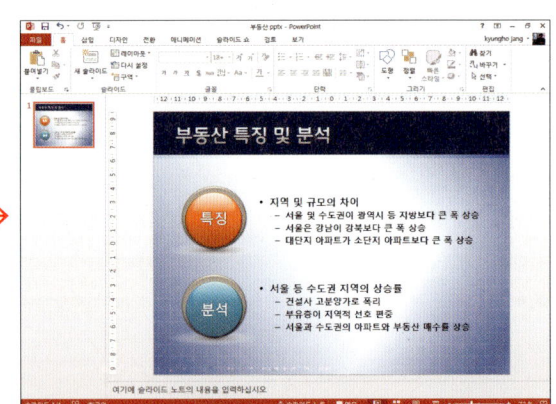

[단락] 그룹에서는 글머리 기호를 비롯하여 목록 수준 줄임, 늘림, 줄 간격 등 다양한 줄 및 단락 서식 관련 기능을 적용할 수 있습니다.

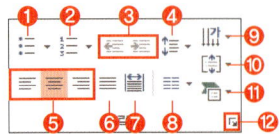

❶ 글머리 기호 : 텍스트 상자나 개체 틀에 글머리 기호를 삽입합니다.

❷ 번호 매기기 : 텍스트 상자나 개체 틀에 번호 매기기를 삽입합니다.

❸ 목록 수준 줄임, 늘림 : 들여쓰기 수준을 낮추거나 높입니다.

❹ **줄 간격** : 줄 간격을 지정합니다.

❺ **텍스트 왼쪽, 가운데, 오른쪽 맞춤** : 텍스트를 왼쪽, 가운데, 오른쪽으로 정렬합니다.

❻ **양쪽 맞춤** : 텍스트를 양쪽 맞춤으로 정렬합니다.

❼ **균등분할** : 필요한 경우 문자 사이에 공백을 추가하여 왼쪽과 오른쪽 여백에 단락을 맞춥니다.

❽ **단** : 텍스트를 둘 이상의 열로 맞춥니다.

❾ **텍스트 방향** : 텍스트의 방향을 지정합니다.

❿ **텍스트 맞춤** : 텍스트 상자내에서 텍스트가 정렬되는 방법을 변경합니다.

⓫ **SmartArt 그래픽으로 변환** : 텍스트를 SmartArt로 변환합니다.

⓬ **대화상자 표시 아이콘** : [단락] 대화상자를 표시합니다.

■ [줄 간격] 포인트 옵션 살펴보기 `218P`

줄이나 단락 간격을 조절하는 것만으로도 텍스트 단락의 가독성을 높일 수 있습니다. 유사한 영역은 줄 및 단락 간격을 줄이고, 다른 영역은 줄 및 단락 간격을 늘리는 것만으로 보기 좋은 슬라이드를 만들 수 있습니다. [홈] 탭에서 [줄 간격]을 클릭한 후 원하는 간격을 선택합니다.

들여쓰기를 비롯해 단락의 간격을 조절할 수 있는 [단락] 대화상자는 [홈] 탭-[단락] 그룹의 [줄 간격]-[줄 간격 옵션]을 선택하거나 [단락] 그룹의 대화상자 표시 아이콘을 클릭해서 불러올 수 있습니다.

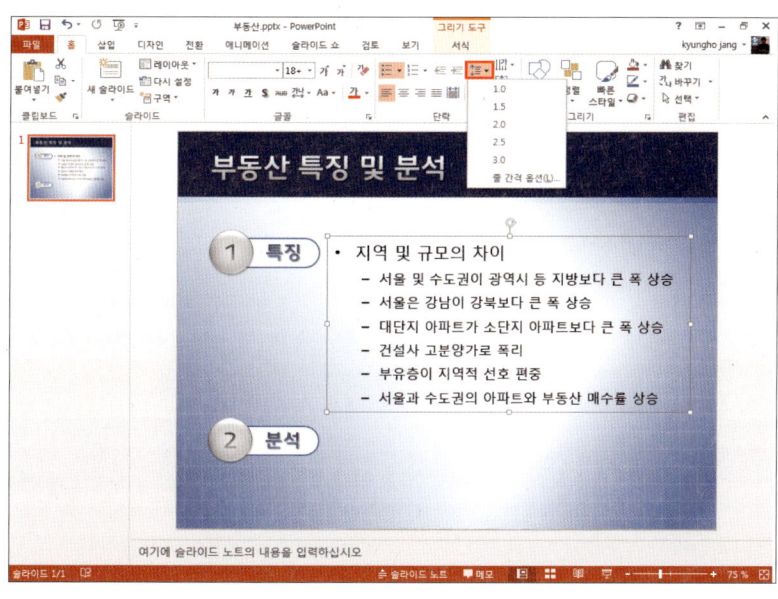

1.0	100%
1.5	150%
2.0	200%
2.5	250%
3.0	300%

▲ [줄 간격] 포인트 옵션 조정

■ [문자 간격] 탭 이용하기 `219P`

[문자 간격]을 이용하면 매우좁게, 좁게, 표준, 넓게, 매우넓게로 간격을 조절할 수 있습니다. 그동안 파워포인트의 단점으로 지적되어온 자간 조절이 가능하게 되어 텍스트가 많은 슬라이드나 텍스트 상자의 간격 조절시 편리하게 자간을 조절할 수 있습니다.

[기타 간격]을 선택하면 보다 정밀하게 자간을 조절할 수 있습니다. [문자 간격] 탭에서 '간격'에 '좁게'를 선택하면 수치가 높아질수록 문자 간격이 좁아지며, '넓게'를 선택하면 수치가 높아질수록 간격이 넓어집니다.

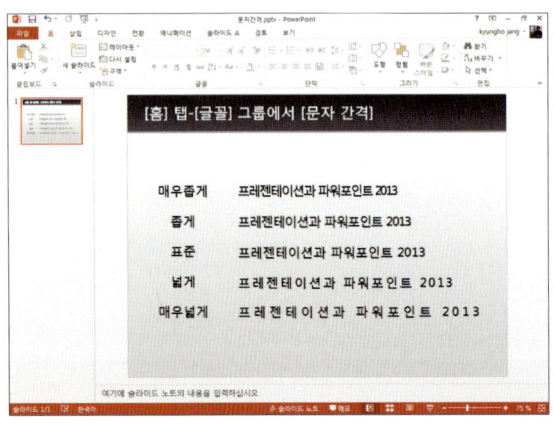 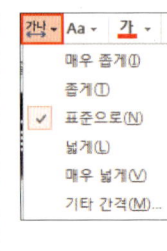 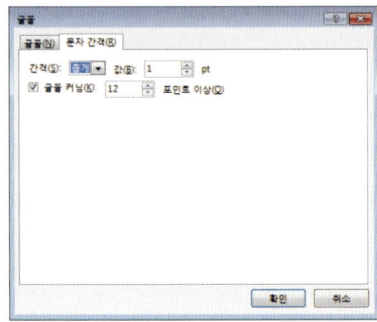

■ 대/소문자 바꾸기 `221P`

입력한 영문의 대문자, 소문자를 일괄 변경하거나 대/소문자를 전환하려면 [홈] 탭-[글꼴] 그룹에서 [대/소문자 바꾸기]를 선택해 원하는 항목을 선택하면 됩니다.

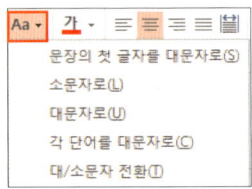

문장의 첫 글자를 대문자로	Design Aroma → Design aroma
소문자로	Design Aroma → design aroma
대문자로	Design Aroma → DESIGN AROMA
각 단어를 대문자로	Design Aroma → Design Aroma
대/소문자 전환	Design Aroma → dESIGN aROMA

목록 수준을 줄인다는 말은 내어쓰기를 통해 상위 항목과 동일한 등급으로 내용을 표시한다는 말이고, 목록 수준을 늘린다는 말은 들여쓰기를 통해 상위 항목의 하위 등급으로 내용을 표시한다는 말입니다.

예제 파일 | CD₩Part 03₩부동산.pptx **완성 파일 |** CD₩Part 03₩부동산_완성.pptx

01. '서울 및 수도권' 이라고 적힌 텍스트 앞에 마우스 커서를 위치시킨 다음 [홈] 탭의 [단락] 그룹에 있는 [목록 수준 늘림]을 클릭합니다.

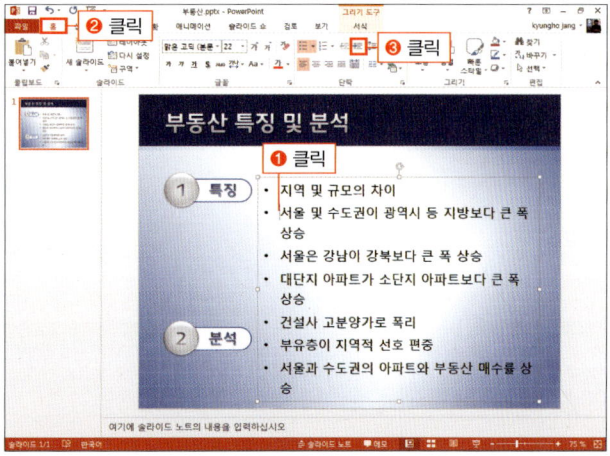

02. 텍스트가 들여쓰기가 되면서 글자 크기도 줄어듭니다. 나머지 텍스트를 드래그하여 선택한 후 [홈] 탭-[단락] 그룹의 [목록 수준 늘림]을 이용하여 들여쓰기를 해 줍니다.

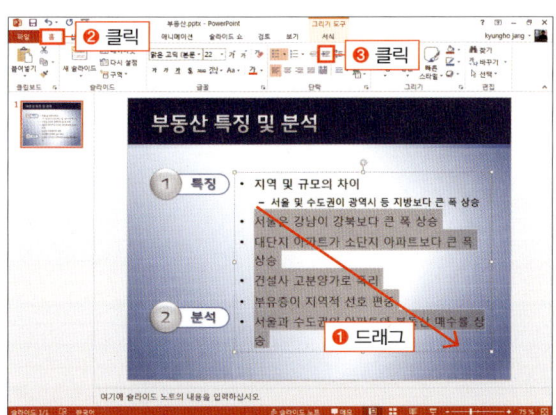 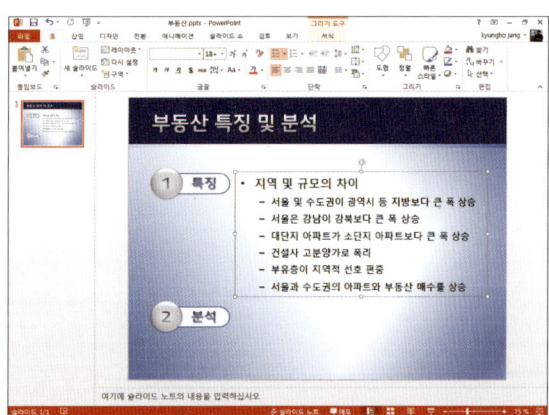

TIP : 이와는 반대로 목록 수준을 줄이려면 [홈] 탭의 [단락] 그룹에 있는 [목록 수준 줄임]을 클릭합니다. 텍스트 크기가 일정 수준 커지며 내어쓰기됩니다.

줄이나 단락 간격을 조절하는 것만으로도 가독성을 높일 수 있습니다. 줄이나 단락을 조정하기 위해서는 [홈] 탭-[단락] 그룹에서 [줄 간격]을 선택하거나 [줄 간격 옵션]을 선택하여 조정할 수 있습니다.

01. 개체 틀을 선택한 다음 [홈] 탭의 [단락] 그룹에서 [줄 간격]을 클릭합니다. 목록에서 '1.5'를 선택합니다.

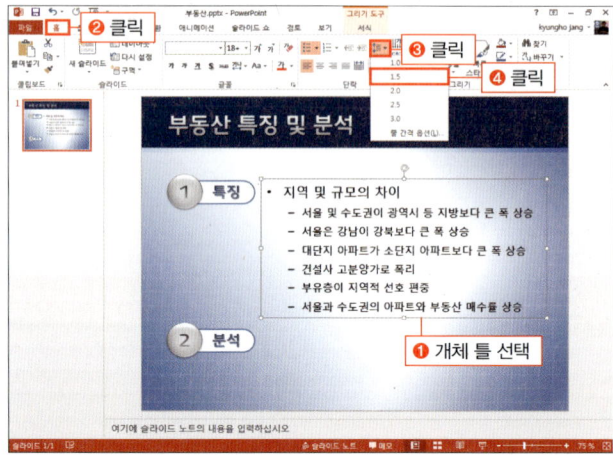

02. 이번에는 영역별로 줄 간격을 다르게 지정해 봅니다. 영역을 마우스로 드래그하여 선택한 후 [홈] 탭-[단락] 그룹의 [줄 간격]을 클릭한 다음 [줄 간격 옵션]을 선택합니다.

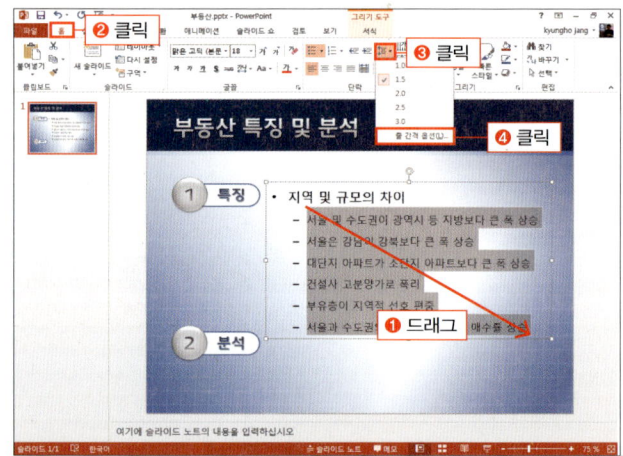

03. [단락] 대화상자가 나타나면 [들여쓰기 및 간격] 탭에서 [줄 간격]을 [배수]로, [값]을 [1.3]으로 변경한 후 [확인]을 클릭합니다.

> **TIP :** 각 텍스트 단락의 앞뒤에 삽입할 정확한 간격을 지정하려면 단락 앞 및 단락 뒤 상자에 원하는 단위를 입력합니다.

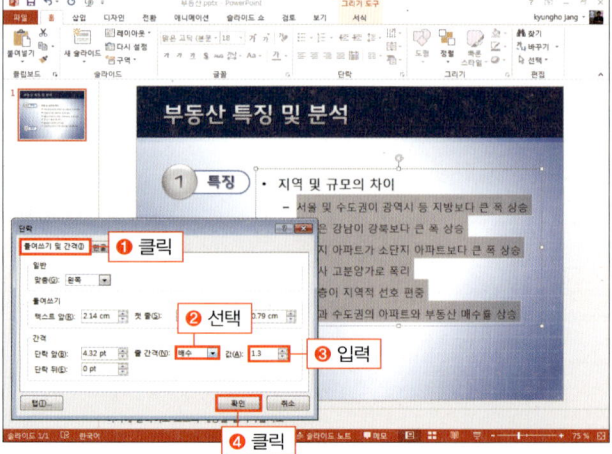

문자 간격을 원하는 간격만큼 조절할 수 있습니다. 간격은 매우 좁게, 좁게, 표준으로, 넓게, 매우 넓게 중 선택할 수 있는데, 문자 간격을 보다 정밀하게 조정하려면 [기타 간격]을 선택하면 됩니다.

예제 파일 | CD₩Part 03₩핵심인재관리.pptx　**완성 파일 |** CD₩Part 03₩핵심인재관리_완성.pptx

01. 문자 간격을 조정할 텍스트 개체 틀을 선택한 후 [홈] 탭-[글꼴] 그룹에서 [문자 간격]-[좁게]를 선택합니다.

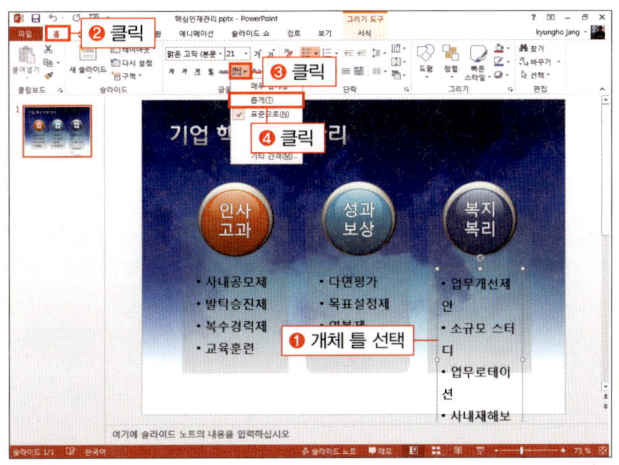

02. 문자 간격이 조정됩니다. '소규모 스터디'의 문자 간격을 다시 조절하기 위해 문자를 드래그합니다.

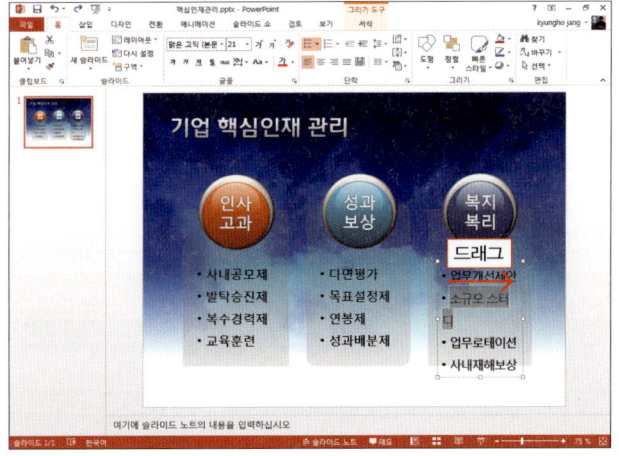

03. [기타 간격]을 클릭하면 원하는 소수점을 입력하여 보다 세밀하게 조정할 수 있습니다. [홈] 탭-[글꼴] 그룹의 [기타 간격]을 선택합니다.

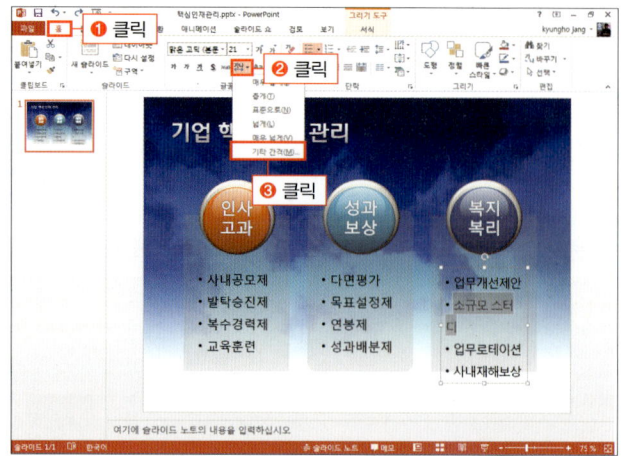

04. [글꼴] 대화상자의 [문자 간격] 탭이 나타나면 [간격]에서 [넓게]나 [좁게]를 선택한 후 [값] 항목의 수치를 조정합니다. 여기서는 [간격]-[좁게]를 선택한 후 [값]에 『2.2』를 입력한 후 [확인]을 클릭합니다.

TIP : [값] 항목에는 『1.2』, 『1.5』와 같은 소수점을 입력할 수 있으며 단위는 포인트(pt)입니다.

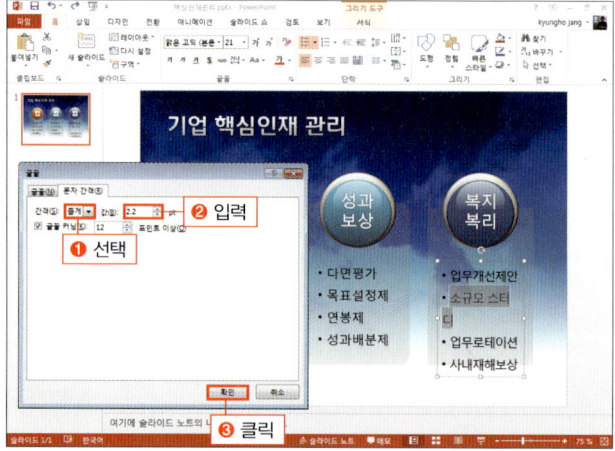

05. 문자 간격이 보다 정밀하게 조정됩니다.

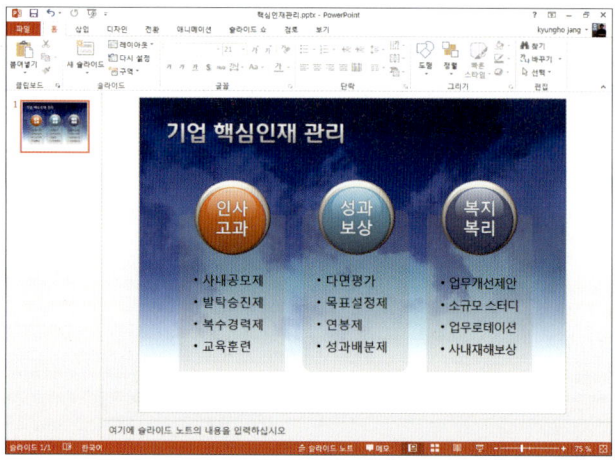

알파벳을 적용한 슬라이드에 대문자나 소문자 혹은 각 단어의 첫 글자를 대문자로 지정하고 싶을 경우가 있습니다. 이럴 때에는 [대/소문자 바꾸기] 기능을 지정합니다.

예제 파일 | CD₩Part 03₩업무자동화.pptx **완성 파일 |** CD₩Part 03₩업무자동화_완성.pptx

01. 입력한 텍스트를 Ctrl 을 누른 채 클릭하여 모두 선택합니다. [홈] 탭-[글꼴] 그룹에서 [대/소문자 바꾸기]를 선택한 후 [대문자로]를 클릭합니다.

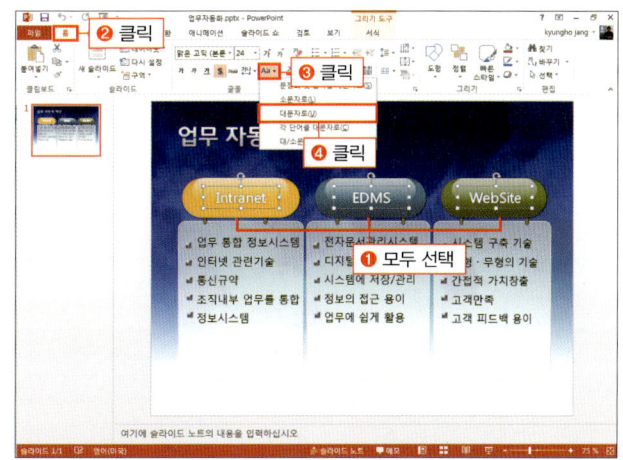

TIP : [대/소문자 바꾸기]를 선택하면 문장의 첫 글자나 각 단어의 첫 글자를 대문자로 지정하거나 대/소문자를 전환할 수도 있습니다.

02. 선택한 개체에 포함된 전체 영문 글자가 대문자로 변경됩니다.

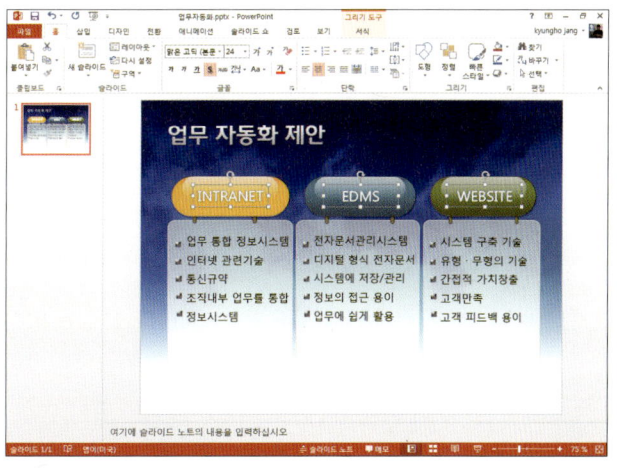

단 기능으로 2단, 3단 조절하기

슬라이드에 많은 내용을 입력해야 하거나 보다 읽기가 편하게 만들기 위해서는 텍스트를 둘 이상의 열로 입력하거나 변경하여 디자인할 수 있습니다.

예제 파일 | CD₩Part 03₩개인정보보호법.pptx **완성 파일 |** CD₩Part 03₩개인정보보호법_완성.pptx

01. 준비 파일을 열면 1단으로 구성된 슬라이드 문서가 나타납니다. 2단 구성으로 디자인하기 위해 텍스트가 입력된 개체 틀을 선택합니다. [홈] 탭에 있는 [단락] 그룹에서 [단]을 클릭합니다. 나타나는 메뉴에서 [2단]을 선택합니다.

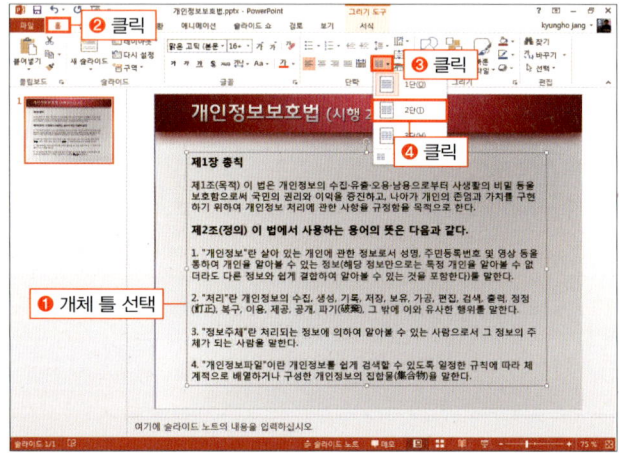

02. 1단으로 구성된 슬라이드의 텍스트가 2단으로 변경됩니다. 이처럼 원하는 다단으로 슬라이드 개체 틀을 편집할 수 있습니다.

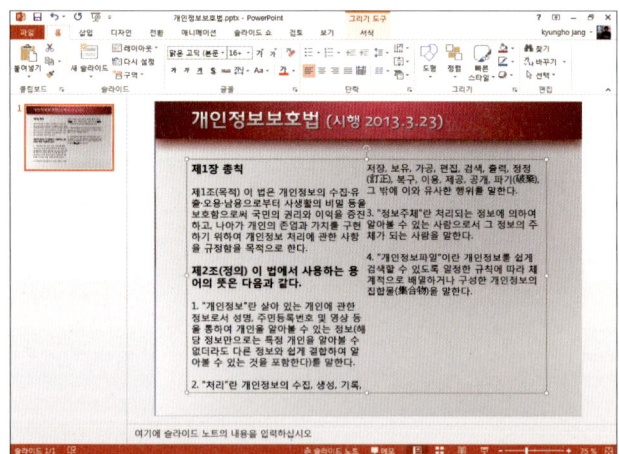

03. 좀 더 세밀한 단 조절을 위해 [홈] 탭에 있는 [단락] 그룹에서 [단]을 클릭하여 [기타 단]을 선택합니다.

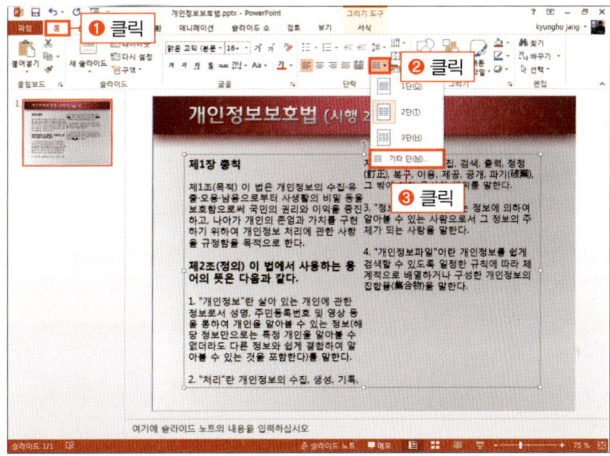

04. [단] 대화상자가 나타나면 [간격]에 『1.5』를 입력한 다음 [확인]을 클릭합니다.

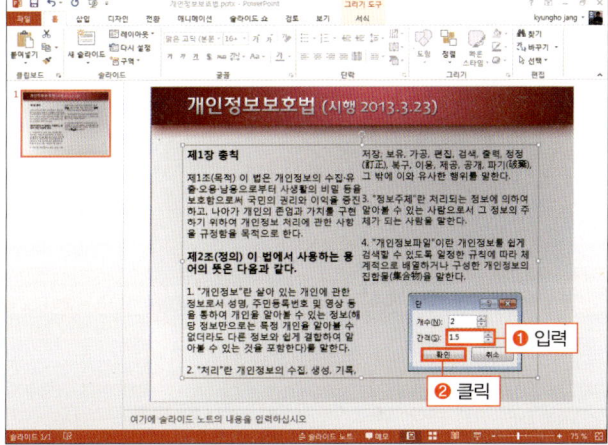

TIP : [기타 단]을 통해 단의 개수라든지 간격을 조절할 수 있습니다.

05. 단을 비롯해 간격이 조절됩니다. 텍스트의 위치 및 굵기 등을 조절하여 2단 구성을 완성합니다.

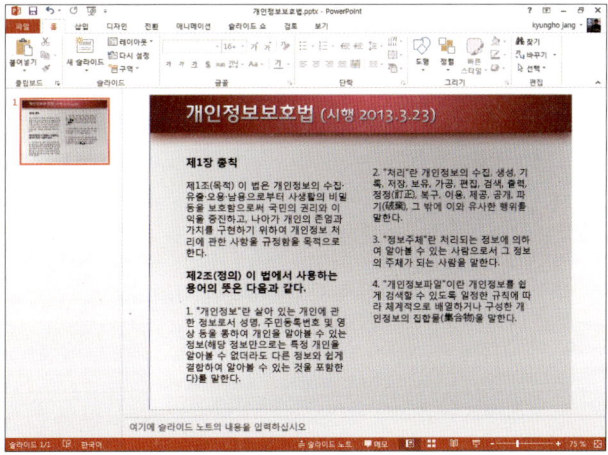

- 파워포인트를 연 상태에서 새로운 슬라이드를 만들고 싶을 때에는 [파일] 탭-[새로 만들기]를 클릭합니다. 152P

- [홈] 탭-[슬라이드] 그룹의 [새 슬라이드]의 윗 부분을 클릭하면 사용한 슬라이드 레이아웃을 추가할 수 있습니다. 163P

- [홈] 탭-[슬라이드] 그룹의 [새 슬라이드]의 아랫 부분을 클릭하면 다양한 슬라이드 레이아웃 갤러리가 열리며 직접 선택하여 추가할 수 있습니다. 163P

- [홈] 탭-[슬라이드] 그룹의 [레이아웃] 단추를 클릭하면 이미 추가한 슬라이드 레이아웃의 레이아웃 모양을 변경할 수 있습니다. 164P

- [홈] 탭-[클립보드] 그룹의 [옵션] 단추를 클릭하면 클립보드에 복사한 모든 항목이 [클립보드] 창을 통해 표시됩니다. 172P

- [보기] 탭-[프레젠테이션 보기] 그룹의 [개요 보기]를 클릭하면 [개요] 탭을 불러올 수 있습니다. 타이틀이나 간략한 내용을 빠르게 작성할 수 있도록 제공하는 기능으로 슬라이드의 전체 구졸르 잡을 때 주로 사용됩니다. 178P

- 슬라이드 파일을 열지 않더라도 [슬라이드 다시 사용] 기능을 통해 원하는 슬라이드 페이지를 빠르게 불러올 수 있습니다. 180P

- 파워포인트 텍스트 기능을 통해 굵게, 밑줄, 기울임꼴, 색, 자간, 줄 및 단락 조절 등 다양한 서식을 지정할 수 있습니다. 182P

- 다양한 텍스트 서식을 담아 표현할 수 있는 WordArt라는 3차원 텍스트 효과는 기존의 텍스트를 그림자 또는 반사 효과와 같은 스타일로 만들어주는 기능입니다. 193P

- 그라데이션이란, 대개 한 색에서 다른 색으로 색 및 음영이 점진적으로 진행되어 있는 효과를 말합니다. 그라데이션 효과를 적용하면 기본 설정 색 및 방향을 변경할 수 있으며, 중지점에 따라 색상을 변경할 수도 있습니다. 198P

- 프레젠테이션에서는 가독성 문제로 '세리프체'보다는 일명 고딕체로 불리는 '산(san) 세리프체'를 주로 사용합니다. 201P

- 수식 입력하기를 통해 원 면적이나 2차 방정식 공식 등 일반 수학 수식을 슬라이드에 추가할 수 있습니다. 211P

- [단락] 그룹에서는 글머리 기호를 비롯하여 목록 수준 줄임, 늘림, 줄 간격 등 다양한 줄 및 단락 서식 관련 기능을 적용할 수 있습니다. 214P

01 달력 서식 파일을 다운로드 받아 파워포인트에서 열어보세요.

동영상 해설 : SelfTest\Part 03\01.wmv

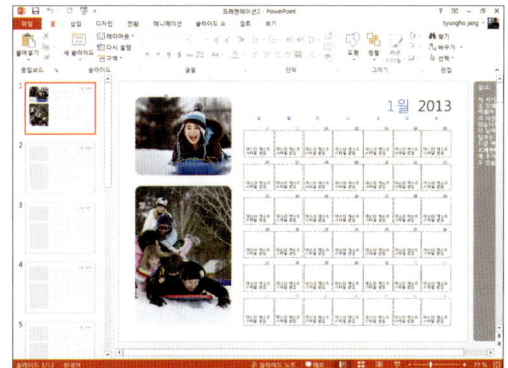

HINT

[파일] 탭을 클릭한 후 [새로 만들기]를 선택합니다. [새로 만들기] 페이지 상단의 [온라인 서식 파일 및 테마 검색] 항목에 원하는 키워드나 검색어를 입력하여 서식 파일을 찾습니다.

02 다음체와 서울서체를 다운로드 받아 파일의 서체를 변경해 보세요.

예제파일 : SelfTest\Part 03\02.pptx　완성파일 : SelfTest\Part 03\02_완성.pptx
동영상 해설 : SelfTest\Part 03\02.wmv

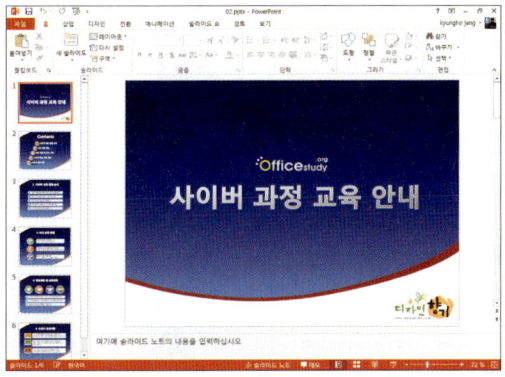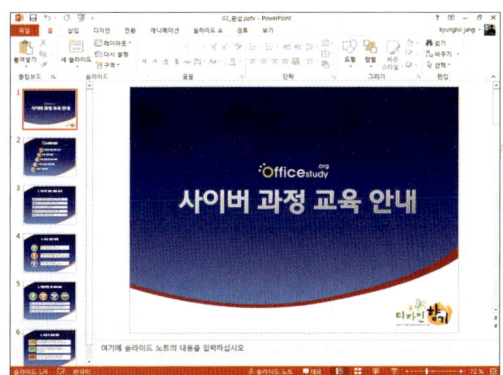

HINT

웹 브라우저를 열어 『다음체』, 『서울서체』 등으로 검색합니다. 홈페이지가 열리면 서체를 다운로드 받아 내 컴퓨터에 설치한 후 파워포인트를 열어 글꼴을 변경합니다.

도형과 그라데이션,
SmartArt 만들기

POWERPOINT · 2013

파워포인트 2013에서는 도형과 그래픽 개체에서
적용할 수 있는 다양한 기능이 새롭게 추가되었
습니다. 그 중 대표적인 것이 스포이트 기능과 도
형 병합 기능입니다. 이 외에도 여러 유용한 기능
이 존재하는데 이번 파트에서는 도형을 그리는
다양한 방법과 함께 반사, 네온, 부드러운 가장자
리, 입체 효과, 그리고 3차원 회전 등 다양한 그래
픽 효과를 주는 방법에 대해서도 살펴보도록 하
겠습니다.

LESSON
01 도형 삽입하고 복제하기

레 벨 ● ● ●

파워포인트에서는 선, 사각형, 기본 도형, 블록 화살표, 별 및 현수막 등 다양한 도형을 그릴 수 있으며 곡선이나 자유형을 이용하여 도형을 직접 만들 수도 있습니다. 여기서는 도형을 그릴 때 사용할 수 있는 드로잉 기술을 비롯해 스마트 가이드, 서식 복사와 도형 복제 기능에 대해서 살펴보도록 하겠습니다.

기초탄탄 ▶ 드로잉 기술 익히기

■ Shift 글쇠로 드로잉 익히기

Shift 글쇠를 누른 채 도형을 드래그하면 수직이나 수평 방향으로만 도형을 이동할 수 있으며, 가로와 세로 비율을 그대로 유지하면서 도형의 크기를 조절하거나 가로, 세로 비율이 1 대 1인 정사각형, 정원형과 같은 정방향의 도형을 그릴 때에도 유용하게 사용할 수 있습니다. 또한, 선을 그릴 때 Shift 글쇠를 누른 상태에서 마우스를 드래그하면 45° 간격으로 선의 각도를 조절해서 그릴 수 있습니다. 도형을 회전할 때에도 15° 간격으로 회전시킬 수 있습니다.

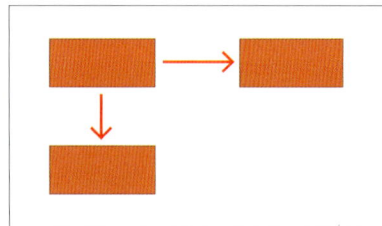

▲ Shift 를 누른 채 도형 이동 : 수직이나 수평 방향으로만 도형 이동

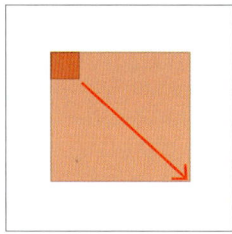 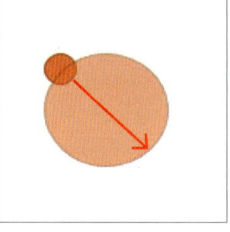

▲ 도형 삽입시 Shift 를 누른 채 드래그 : 정방형의 도형 삽입

  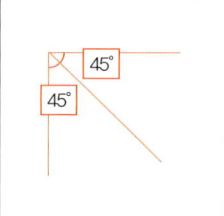

▲ Shift 를 누른 채 선 그리기 : 45˚ 간격으로 선 삽입

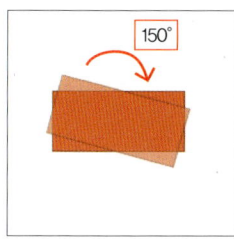 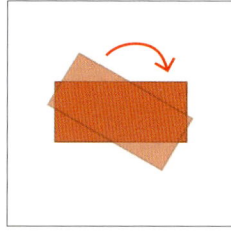 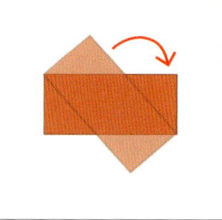

▲ Shift 를 누른 채 도형 회전 : 15˚ 간격으로 도형 회전

■ Ctrl 글쇠로 드로잉 익히기 233P

Ctrl 를 누른 채 도형을 이동하면 도형이 복사되어 이동되며, 도형의 중심 위치를 고정한 채 도형의 크기를 조정할 수 있습니다. 또한, Ctrl 글쇠를 누른 채 도형을 드래그하면 보다 세밀하게 이동할 수 있습니다.

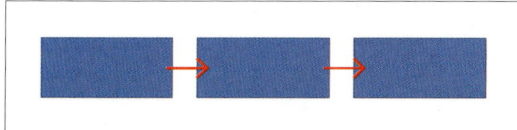

▲ Ctrl 을 누른 채 도형 드래그 : 도형 복사

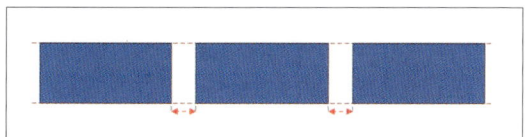

▲ 일정한 간격으로 도형 복사 : 스마트그리드

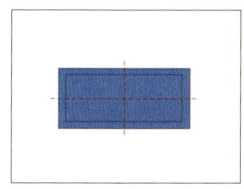 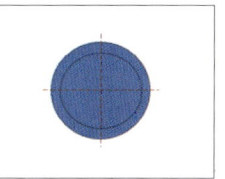

▲ Ctrl 을 누른 채 크기 조정 : 중심 위치를 고정한 채 크기 조정

■ 도형 크기 조절하기

[크기 조정 핸들]은 도형의 모서리에 나타나는 흰색 직사각형(□)을 말합니다. 이를 드래그하면 도형의 크기를 변경할 수 있습니다.

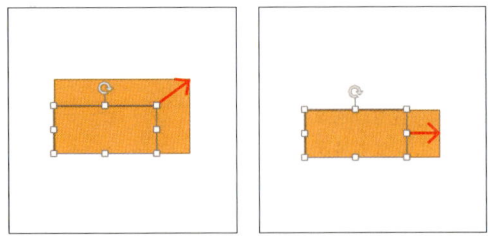

▲ 흰색 직사각형(□)을 드래그 : 도형 크기 조정

■ 도형 모양 변경하기

대부분의 도형은 [모양 조정 핸들](◆)을 이용하여 모양을 변경할 수 있습니다. 도형을 선택했을 때 도형 주위에 노란색의 [모양 조정 핸들](◆)을 원하는 위치로 드래그하면 도형의 모양이 변경됩니다. 아래의 그림에서 왼쪽은 기본 도형이고 나머지는 [모양 조정 핸들](◆)을 이용하여 모양을 변경한 도형입니다.

[모양 조정 핸들](◆)은 도형에 따라 나타나지 않을 수도 있고, 두 개 또는 세 개의 [모양 조정 핸들](◆)이 나타나기도 합니다.

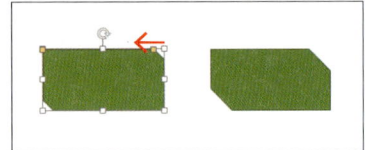  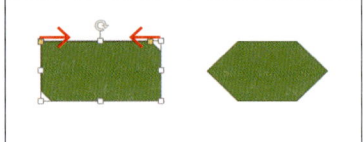

▲ [모양 조정 핸들](◆) 드래그

■ 도형 회전하기

[회전 핸들]은 도형을 삽입했을 때 나타나는 흰색 원(○)을 말합니다. 이를 회전시킬 방향으로 드래그하면 도형을 회전할 수 있습니다.

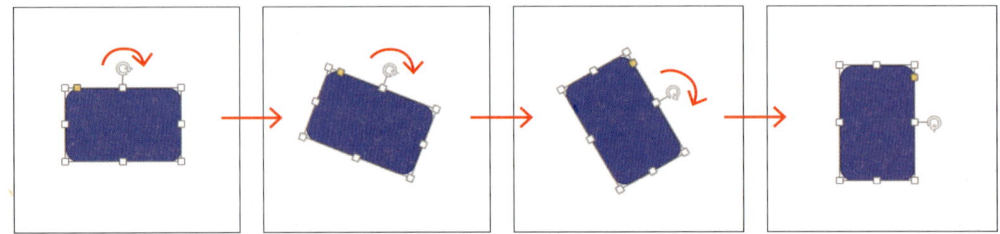

도형이나 그림 등 슬라이드에 삽입되는 다양한 개체를 균등한 간격으로 배치하고 싶을 때 자동으로 스마트 가이드가 나타납니다. 스마트 가이드는 개체가 균등한 간격으로 배치되면 이를 알려 줍니다.

예제 파일 | CD\Part 04\모바일메시징.pptx **완성 파일 |** CD\Part 04\모바일메시징_완성.pptx

01. 도형을 일직선 상에 놓기 위해 두 번째 도형을 선택한 후 위치를 이동합니다. 자동으로 스마트 가이드가 나타나며 상, 하 간격을 알려줍니다.

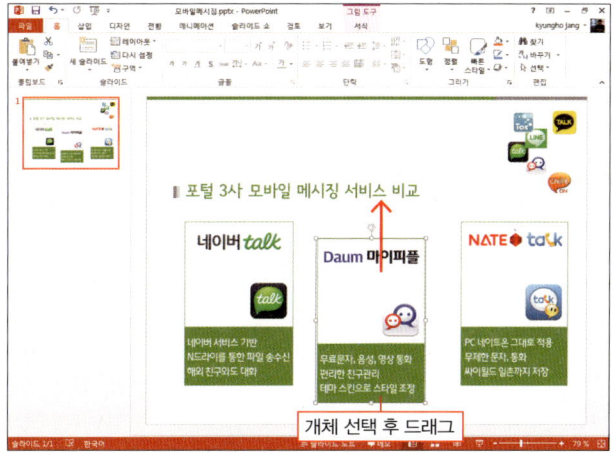

02. 이번에는 균등한 간격으로 정렬해 보겠습니다. 두 번째 도형을 선택한 상태에서 드래그합니다. 균등한 간격으로 배치할 때 자동으로 스마트 가이드가 나타나며 개체가 균등한 간격으로 배치되면 알려줍니다.

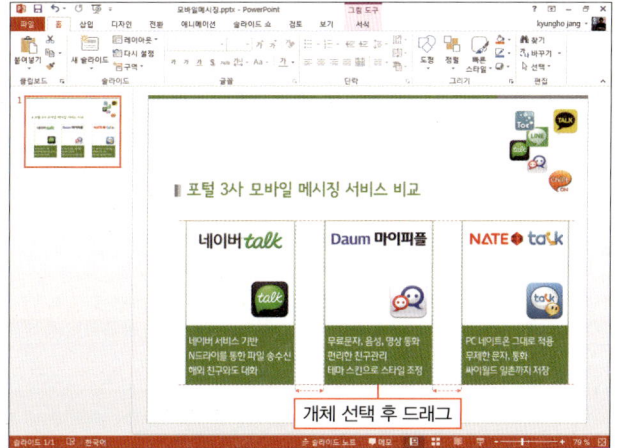

누구나 쉽게 파워포인트에 도형을 삽입할 수 있습니다. 하지만 도형 작성을 위한 효과적인 방법이나 입체감 있게 꾸미는 방법은 제대로 알지 못합니다. 프레젠테이션은 시각적인 효과를 무시할 수 없기 때문에 도형을 적절히 활용하는 것이 좋은데 효과적인 적용 방법에 대해서 살펴보도록 하겠습니다.

예제 파일 | CD\Part 04\사이버강좌.pptx **완성 파일 |** CD\Part 04\사이버강좌_완성.pptx

01. 예제 파일을 열면 이미 서식이 적용된 모서리가 둥근 직사각형 도형이 삽입되어 있습니다. 도형을 하나 추가해 보겠습니다. [홈] 탭−[그리기] 그룹−[도형]을 클릭하여 [모서리가 둥근 직사각형]을 선택합니다.

02. 마우스로 드래그하여 도형을 삽입합니다. [모양 조정 핸들]( )을 오른쪽으로 드래그하여 도형의 모양을 변경합니다.

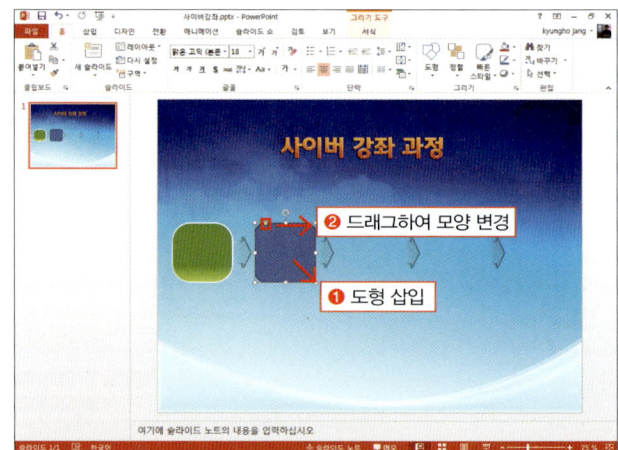

TIP : [모양 조정 핸들]( )이 나타나는 도형의 경우 핸들을 드래그하여 원하는 모양으로 변경할 수 있습니다.

TIP : [도형] 목록 중에서 [최근에 사용한 도형]은 최근에 사용하였던 도형 목록이 나타나게 되어 평소에 즐겨 사용하는 도형을 빨리 선택해서 슬라이드에 추가할 수 있습니다.

도형을 원하는 숫자만큼 복사하고 지정된 서식까지도 그대로 가져올 수 있습니다. 여기서는 도형을 복제하고 사이 간격까지 일정하게 유지하는 방법에 대해서 살펴보도록 하겠습니다.

01. 도형을 복제하기 위해 복제할 도형을 선택한 후 Ctrl + D 를 누릅니다.

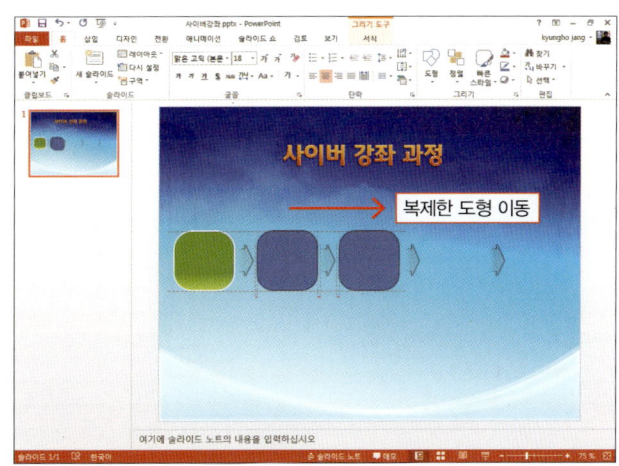

TIP : 도형을 선택한 후 일정한 간격을 이동하고 Ctrl + D 를 연속해서 누르면 일정한 간격만큼 계속해서 띄워지면서 복사가 됩니다. 이를 통해 동일한 간격의 도형을 빠르게 만들 수 있습니다.

02. 복제한 도형을 기존 도형에서 오른쪽으로 일정한 간격만큼 띄워놓습니다.

TIP : 도형을 마우스로 드래그하면 스마트 그리드가 자동으로 나타납니다. 이를 통해 도형의 간격을 일정하게 유지하면서 이동할 수 있습니다.

03. 다시 Ctrl + D 를 누르면 일정한 간격만큼 띄워져서 복제됩니다. 다시 Ctrl + D 를 반복합니다.

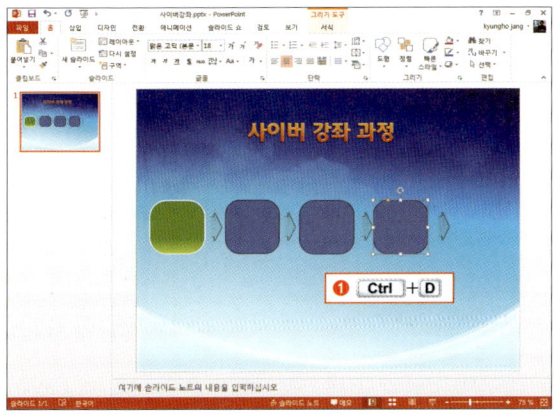

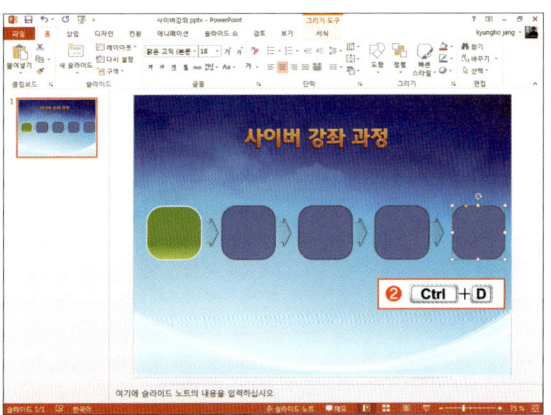

첫 번째 도형은 이미 서식이 지정된 도형입니다. 서식이 지정된 도형의 서식을 나머지 도형에 그대로 복사해 보고, 텍스트를 입력해 보겠습니다.

01. 이미 서식이 지정된 첫 번째 도형을 선택한 후 [홈] 탭-[클립보드] 그룹의 [서식 복사]를 클릭합니다.

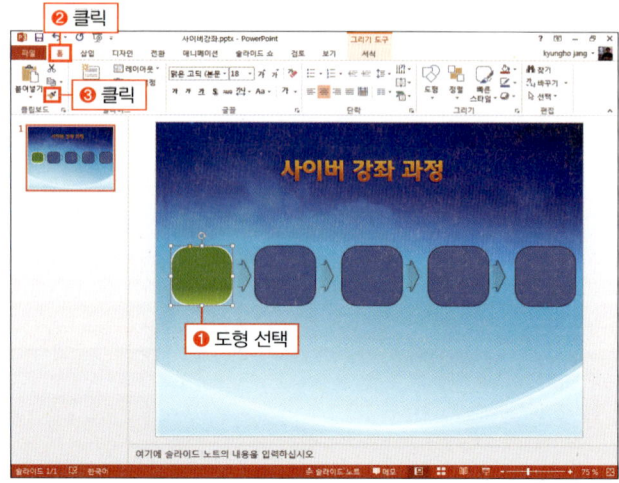

02. 마우스 핸들이 서식 복사 모양으로 변경이 되면 두 번째 도형을 클릭합니다.

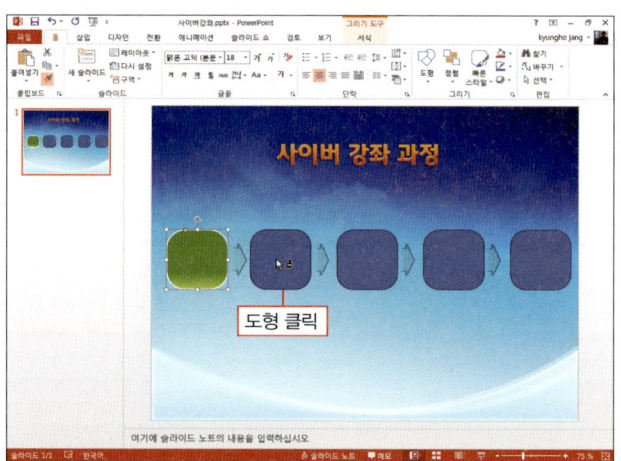

03. 두 번째 도형의 서식이 첫 번째 도형의 서식으로 복사됩니다. 이번에는 서식 복사를 연속으로 진행해 보겠습니다. [홈] 탭-[클립보드] 그룹의 [서식 복사]를 한번 클릭하면 단 한번만 서식을 복사되나 [서식 복사]를 연속으로 두 번 클릭하면 Esc 를 누르거나 다시 [서식 복사]를 클릭하기 전까지 계속해서 서식을 복사할 수 있습니다. 두 번째 도형을 선택한 후 [홈] 탭-[클립보드] 그룹의 [서식 복사]를 두 번 클릭합니다.

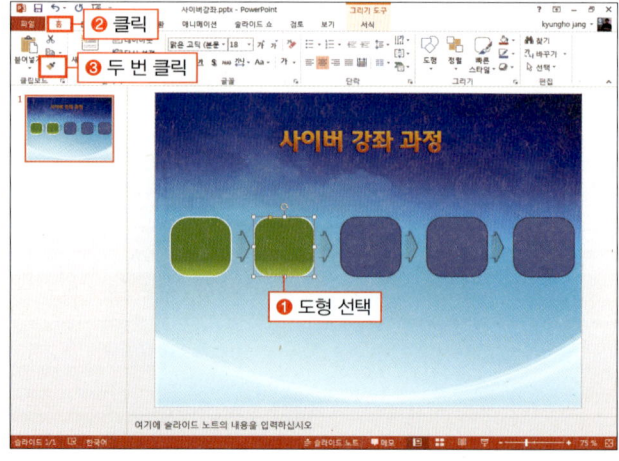

04. 마우스 커서가 서식 복사 모양으로 변경됩니다. 세 번째 도형을 클릭합니다. 세 번째 도형 모양이 두 번째 서식 모양과 동일하게 변경됩니다. 네 번째 도형을 클릭합니다.

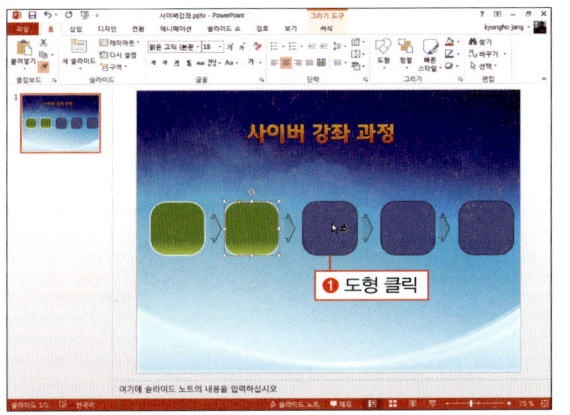
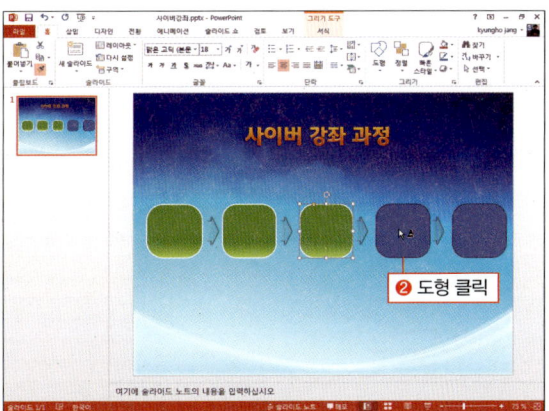

05. 마지막 도형도 클릭하여 서식을 동일하게 변경합니다. 서식 복사가 완료되면 Esc 를 눌러 서식 복사를 해제합니다. 도형에 텍스트를 입력해 보겠습니다. 첫 번째 도형을 마우스 오른쪽 선택 후 [텍스트 편집]을 클릭합니다.

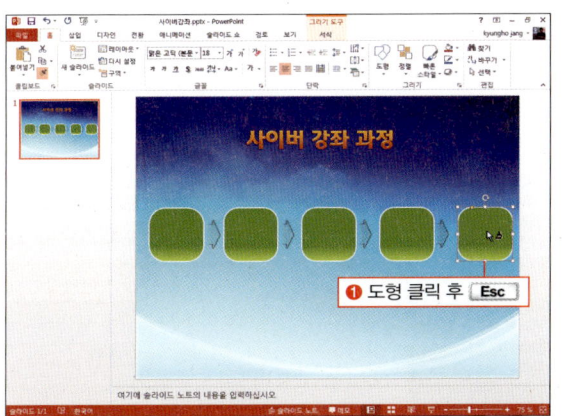
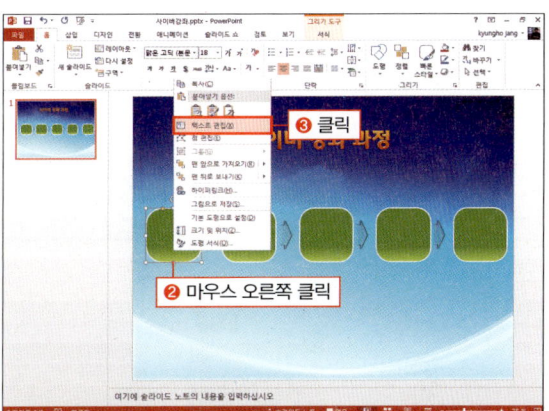

TIP : 도형을 선택한 후 Enter 를 눌러 텍스트를 입력하거나, 도형을 선택한 후 바로 텍스트를 입력해도 됩니다.

06. 텍스트를 입력한 후 Esc 를 누릅니다. [홈] 탭-[글꼴] 그룹에서 [글꼴]을 클릭하여 [HY견고딕]을 선택한 후 [글꼴 크기]를 클릭하여 [18]을 선택합니다. 나머지 도형에도 텍스트를 입력하여 슬라이드를 완성합니다.

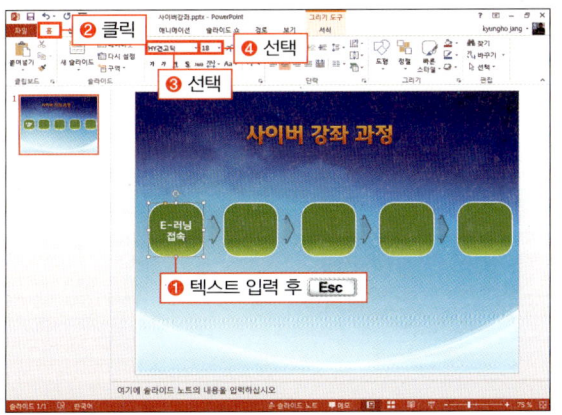
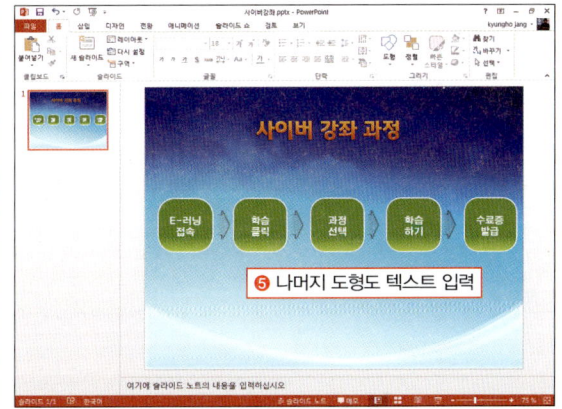

실행 취소와 취소 되돌리기

여러 가지 작업을 하다보면 진행했던 작업을 취소하고 이전으로 되돌리고 싶을 경우가 발생합니다. 이를 실행 취소 기능이라고 하는데 여기서는 실행 취소와 실행 취소한 내용을 되돌리는 기능인 취소 되돌리기에 대해서 살펴보도록 하겠습니다.

1. 실행 취소하기

실행했던 바로 전 단계로 가기 위해서는 빠른 실행 도구 모음에서 [실행 취소]를 클릭하거나 Ctrl +Z를 누릅니다.

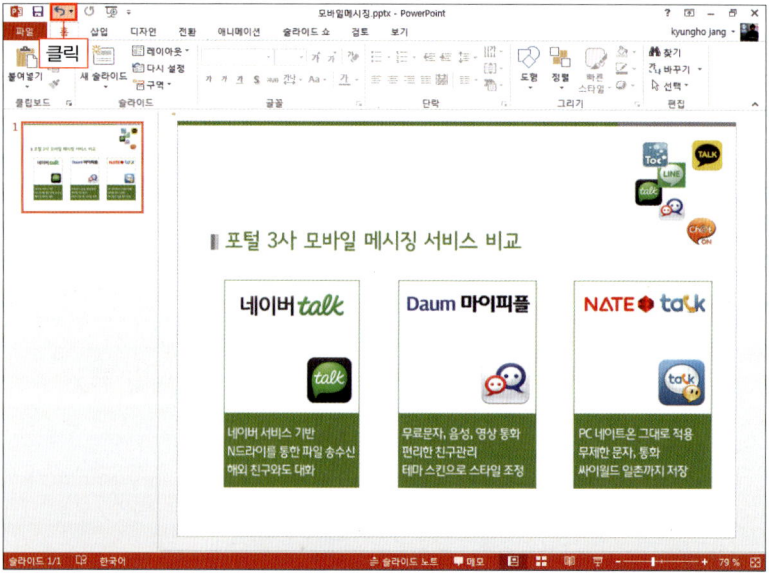

2. 취소 되돌리기

또한, [실행 취소]의 화살표를 클릭하면 실행 취소가 가능한 목록이 나타납니다. [취소 되돌리기]를 클릭하면 되돌아갔던 내용을 취소합니다.

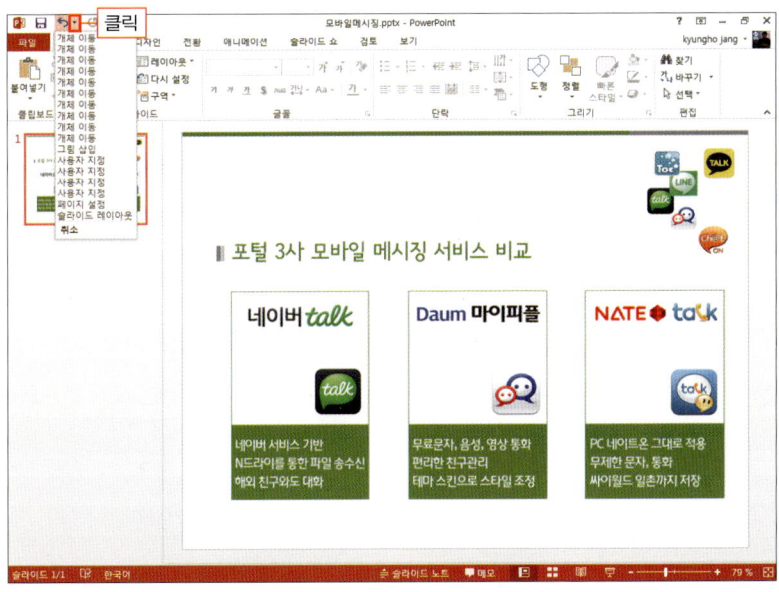

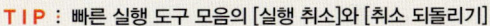

TIP : 빠른 실행 도구 모음의 [실행 취소]와 [취소 되돌리기]

❶ 실행 취소 : 실행했던 바로 전 단계로 되돌아갑니다.

❷ 실행 취소 화살표 : 실행 취소가 가능한 목록이 나타납니다.

❸ 취소 되돌리기 : 바로 전 단계에서 되돌아갔던 내용을 다시 취소합니다.

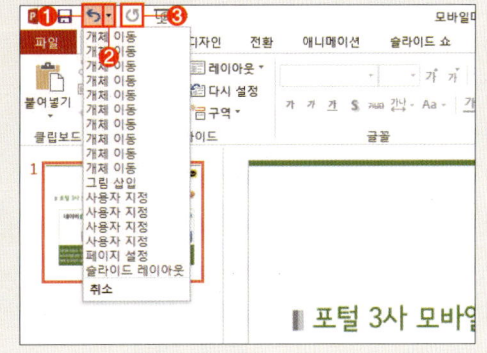

LESSON

02 도형 효과와 세이프 기능 익히기

레 벨 ● ● ●

도형을 삽입하면 [그리기 도구]–[서식] 상황별 탭이 나타납니다. 여기서는 도형의 색상이나 그림자 등의 스타일을 지정할 수 있습니다. 도형에 빠른 스타일을 적용하여 디자이너 수준의 멋진 도형을 만들 수 있습니다. 이번에는 도형에 적용할 수 있는 효과 및 다양한 서식에 대해서 살펴보도록 하겠습니다.

기초탄탄 ▶ [그리기] 그룹과 [그리기 도구]–[서식] 상황별 탭

■ [홈] 탭–[그리기] 그룹 살펴보기 `242P`

[홈] 탭의 [그리기] 그룹에는 여러 가지 도형을 선택할 수 있고, 정렬이나 도형 채우기 또는 그림자, 반사 등 다양한 도형 효과를 지정합니다.

▲ [그리기] 그룹　　　▲ 빠른 스타일

❶ **도형** : 다양한 도형 중에서 원하는 도형을 선택할 수 있습니다.

❷ **정렬** : 개체의 순서, 위치, 회전 등의 명령을 실행합니다.

❸ **빠른 스타일** : 도형에 다양한 서식을 빠르게 지정합니다.

238

❹ **도형 채우기** : 채우기 색, 그라데이션, 그림, 질감 등 채우기 기능을 실행합니다.

❺ **도형 윤곽선** : 도형에 테두리를 지정합니다.

❻ **도형 효과** : 도형에 그림자, 반사, 네온 등 다양한 효과를 지정합니다.

❼ **도형 서식 표시 아이콘** : [도형 서식] 대화상자를 실행합니다.

■ [그리기 도구]–[서식] 상황별 탭 살펴보기

도형을 선택하면 선, 사각형, 기본 도형, 블록 화살표, 별 및 현수막 등 다양한 도형을 슬라이드에 삽입할 수 있습니다. 또한 곡선이나 자유형을 이용하여 도형을 직접 만들 수도 있습니다. 도형을 삽입하면 나타나는 [그리기 도구]–[서식] 상황별 탭을 통해 다양한 도형 스타일을 지정할 수 있습니다.

❶ **도형** : 도형이나 텍스트 상자 등을 삽입할 수 있습니다.

❷ **도형 편집** : 지정한 도형의 모양을 변경할 수 있습니다.

❸ **텍스트 상자** : 가로, 세로 텍스트 상자를 삽입할 수 있습니다.

❹ **도형 병합** : 선택한 세이프들을 병합해 새로운 세이프를 만듭니다.

❺ **도형 스타일** : 선택한 도형의 스타일을 변경할 수 있습니다.

❻ **도형 채우기** : 도형의 색상을 변경할 수 있습니다.

❼ **도형 윤곽선** : 도형의 윤곽선을 변경할 수 있습니다.

❽ **도형 효과** : 그림자, 반사, 네온 등 다양한 도형 효과를 지정할 수 있습니다.

❾ **대화상자 표시 아이콘** : [도형 서식] 대화상자를 표시합니다.

■ 도형에 투명도 설정하기 243P

투명도란 개체를 투시하여 설정할 수 있는 기능으로 개체가 배경을 투과하여 보여줄 수 있기에 색다른 도형을 만들 수 있습니다. 투명도가 100%일 경우 완전히 투명한 도형이 되며 1~100%까지 투명도를 줄 수 있습니다. 도형에 투명도를 주어 도형 위에 겹쳐 있는 텍스트를 명확히 표시할 수도 있으며, 여러 도형 중 일부에 투명도를 주어 도형을 강조할 수도 있습니다.

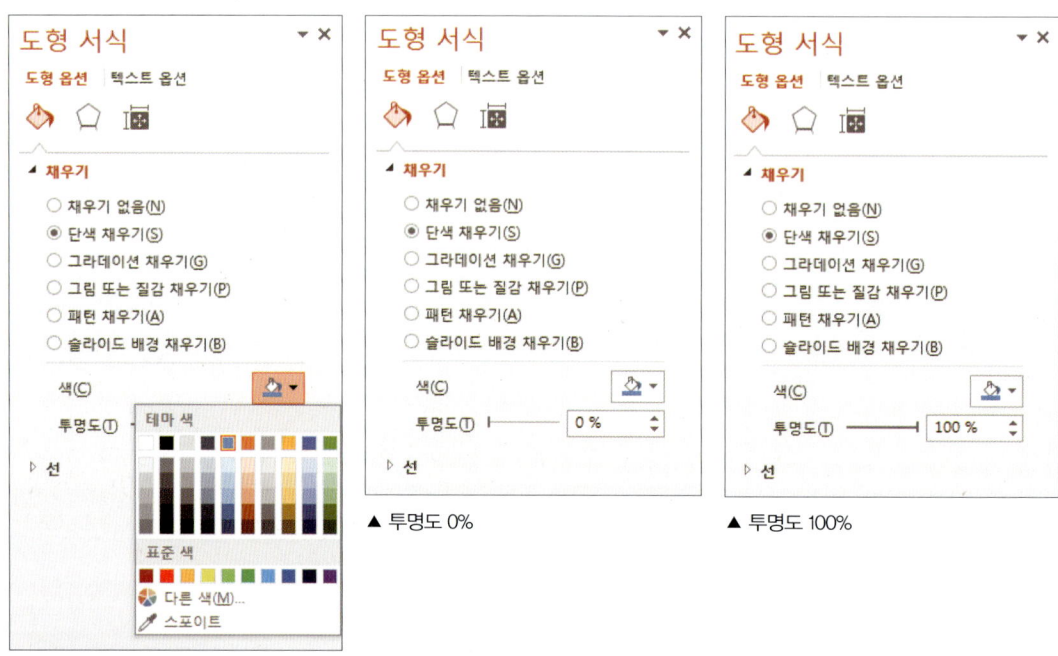

▲ 투명도 0%　　▲ 투명도 100%

▲ [도형 서식] 창의 [채우기 색]

▲ [색] 대화상자의 [표준] 탭

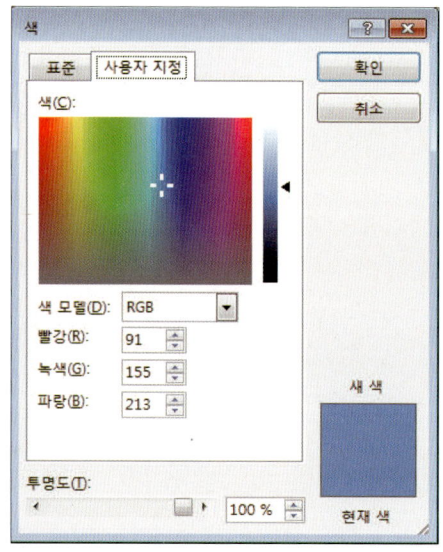

▲ [색] 대화상자의 [사용자 지정] 탭

■ 세이프(Shape) 기능으로 도형 병합하기 `244P`

세이프(Shape) 기능을 이용하면 기존 도형에서는 만들기 어려운 여러 도형을 응용해서 만들 수 있습니다. 세이프 기능을 통해 두 개의 도형을 합치거나 교차되는 부분을 삭제, 교차, 병합 등을 통해 전혀 다른 도형을 만들 수 있습니다.

세이프는 여러 개의 도형을 선택한 상태에서 [그리기 도구]-[서식] 상황별 탭-[도형 삽입] 그룹의 [도형 병합]을 클릭하여 선택할 수 있습니다.

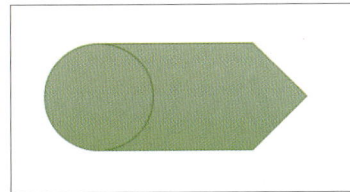

▲ 원본

▲ 세이프 병합

▲ 세이프 결합

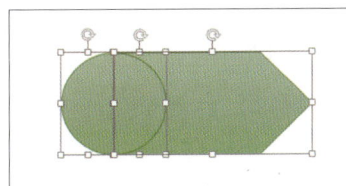

▲ 세이프 조각

▲ 세이프 교차

▲ 세이프 빼기

PART 04. 도형과 그래픽 효과

빠른 스타일을 통해 서식을 쉽고 빠르게 지정할 수 있습니다. 또한, 도형 채우기를 통해 도형에 질감, 그림 또는 그라데이션을 삽입할 수 있으며, 도형 윤곽선을 통해 도형의 두께나 대시, 화살표 등을 변경할 수 있습니다.

예제 파일 | CD\Part 04\사이버강좌2.pptx **완성 파일 |** CD\Part 04\사이버강좌2_완성.pptx

01. 먼저 빠른 스타일을 적용해 보겠습니다. 첫 번째 도형을 선택한 상태에서 [홈] 탭-[그리기] 그룹-[빠른 스타일]을 클릭합니다. 다양한 도형 스타일이 나타나면 원하는 스타일을 선택합니다.

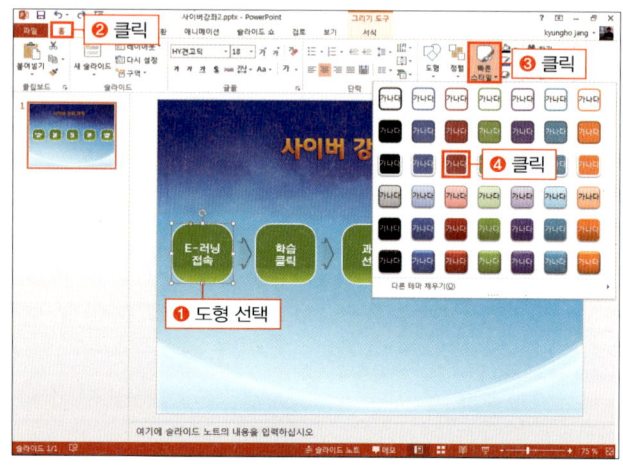

02. 상황별 탭에서도 서식을 지정할 수 있습니다. 두 번째 도형을 선택한 후 [그리기 도구]-[서식] 상황별 탭에 있는 [도형 스타일] 그룹에서 [자세히]를 클릭하여 원하는 스타일을 선택합니다.

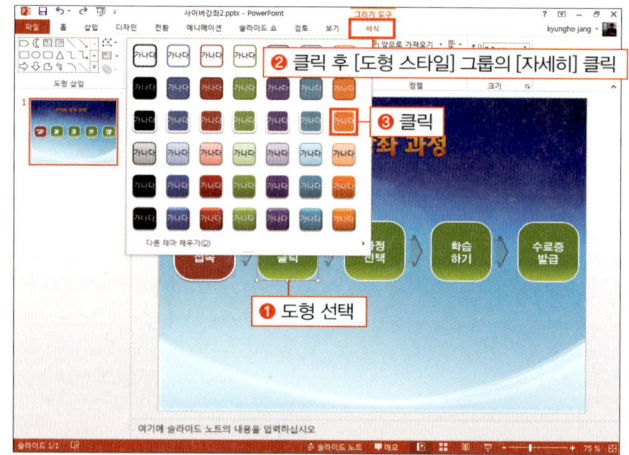

도형을 만들어 줄 수 있는 여러 가지 효과 중 그라데이션과 투명도 효과가 있습니다. 이 두가지 효과를 적절하게 사용하면 멋진 새로운 도형을 만들 수 있습니다. 여기서는 투명도를 설정해 도형을 디자인해 보겠습니다.

01. 첫 번째 도형을 선택한 후 [그리기 도구]-[서식] 상황별 탭에서 [도형 스타일] 그룹에서 [도형 채우기]를 클릭한 다음 [그라데이션]-[왼쪽 아래 모서리에서]를 선택합니다.

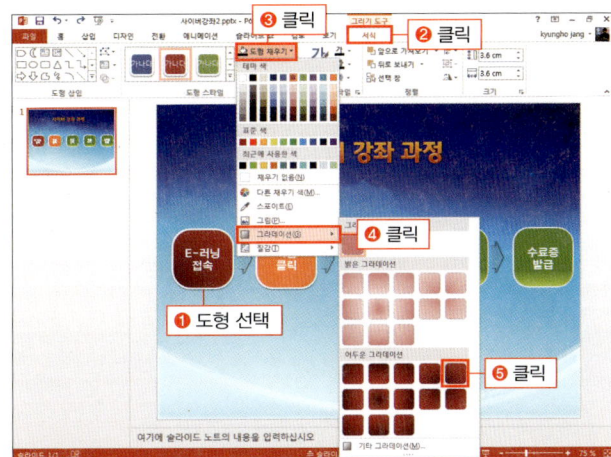

02. 두 번째 도형을 선택한 후 [그리기 도구]-[서식] 상황별 탭에서 [도형 스타일] 그룹에서 [도형 채우기]-[다른 채우기 색]을 선택합니다. [색] 대화상자가 나타나면 [투명도]에 『80』을 입력하여 투명도를 조정한 후 [확인]을 클릭합니다.

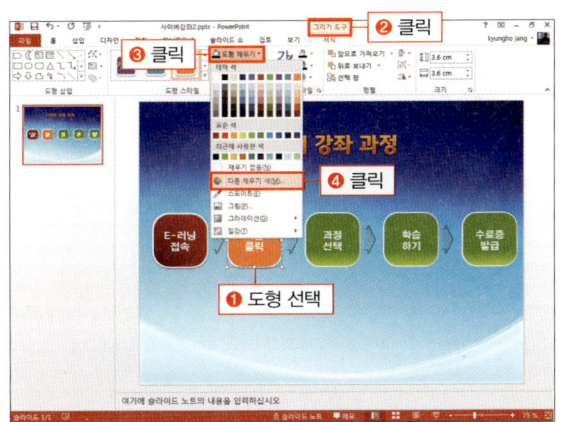 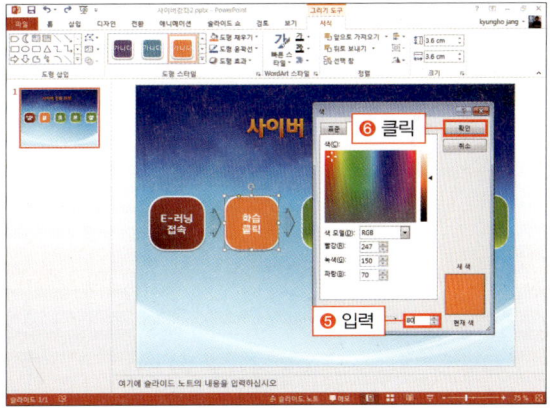

TIP : 투명도란 개체를 투시하여 설정할 수 있는 기능으로 개체가 배경을 투과하여 보여줄 수 있기에 색다른 도형을 만들 수 있습니다. 투명도가 100% 일 경우 완전히 투명한 도형이 되며 1~100% 까지 투명도를 줄 수 있습니다. 도형에 투명도를 주어 도형 위에 겹쳐 있는 텍스트를 명확히 표시할 수도 있으며, 여러 도형 중 일부에 투명도를 주어 도형을 강조할 수도 있습니다.

세이프(Shape)를 이용하면 두 개의 도형을 합치거나 교차되는 부분을 삭제하는 등 파워포인트가 지원하지 않는 다양한 도형을 만들 수 있습니다. 여기서는 세이프(Shape) 기능을 이용하여 파워포인트에서 지원하지 않는 도형을 만들어보도록 하겠습니다.

예제 파일 | CD\Part 04\버킹엄.pptx   완성 파일 | CD\Part 04\버킹엄_완성.pptx

01. 예제 파일을 열면 직사각형 도형이 이미 삽입되어 있습니다. 도형을 하나 추가하여 세이프 기능을 실행해 보도록 하겠습니다. [홈] 탭-[그리기] 그룹에서 [도형]-[원형]을 선택합니다.

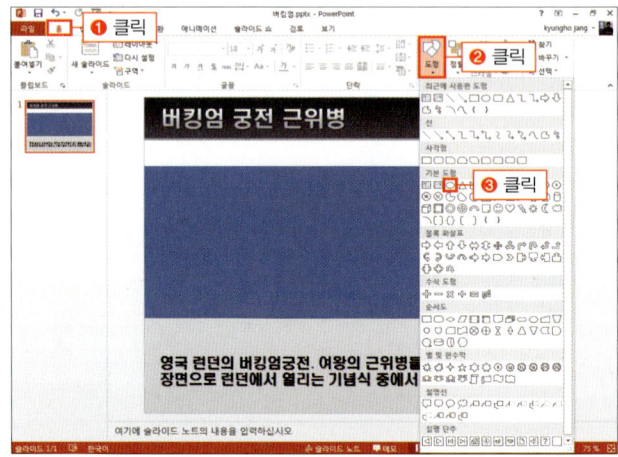

02. 직사각형 도형 위에 드래그하여 원형을 삽입합니다.

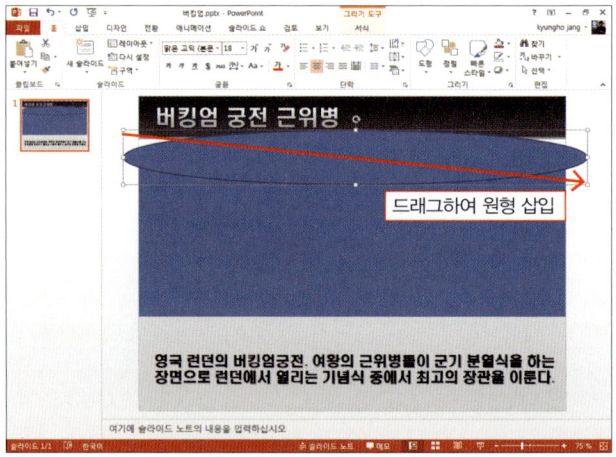

03. 세이프는 첫 번째 선택하는 도형을 기준으로 적용되므로 세이프를 지정할 노형을 먼저 선택해야 합니다. 여기서는 직사각형 도형을 먼저 선택한 후 원형 도형을 Ctrl 을 누른채 차례대로 선택합니다. [그리기 도구]-[서식] 상황별 탭에서 [도형 삽입] 그룹-[도형 병합]-[빼기]를 선택합니다.

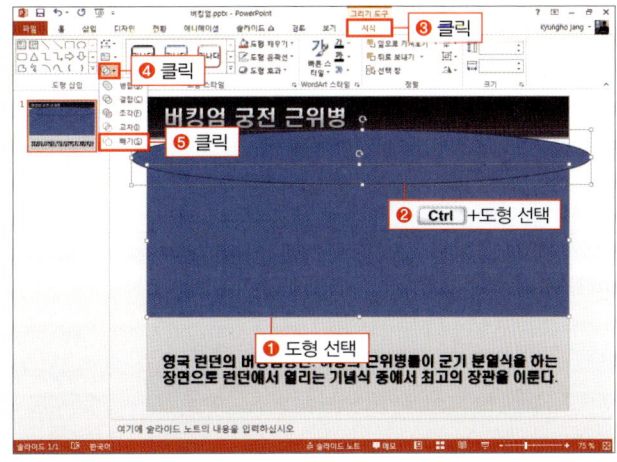

04. 세이프가 적용됩니다. 다시 [홈] 탭-[그리기] 그룹에서 [도형]-[원형]을 선택하거나 [그리기 도구]-[서식] 상황별 탭의 [도형 삽입] 그룹에서 [원형]을 선택한 후 직사각형 도형 위에 드래그하여 원형을 삽입합니다.

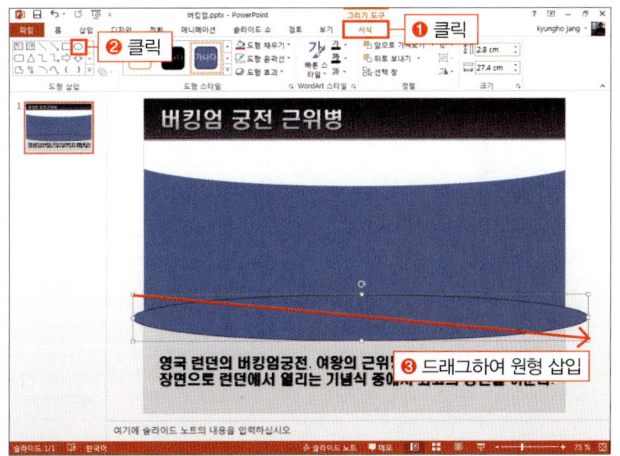

05. 직사각형 도형을 먼저 선택한 후 Ctrl 을 누른채 원형 도형을 선택합니다. [그리기 도구]-[서식] 상황별 탭에서 [도형 삽입] 그룹-[도형 병합]-[빼기]를 선택합니다. 이처럼, 세이프 기능을 통해 도형의 모양을 변경할 수 있습니다.

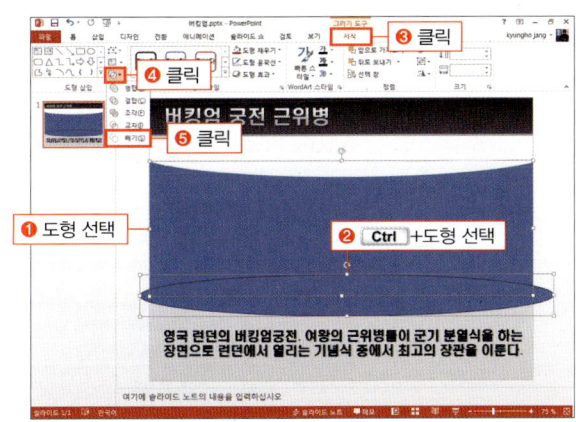

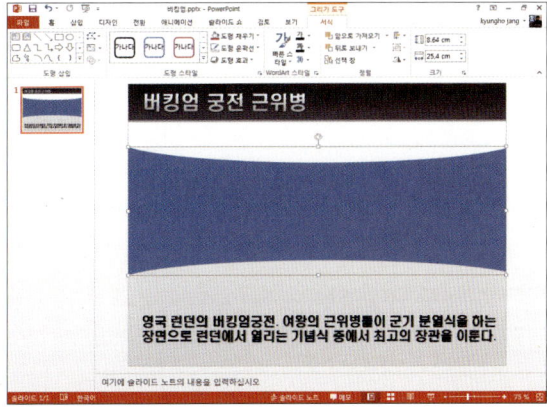

도형, 텍스트 상자 및 WordArt 등의 개체는 맞춤과 배분 기능을 통해 원하는 간격 및 정렬 상태로 일관되게 배치할 수 있습니다.

예제 파일 | CD\Part 04\영업프로세스.pptx　**완성 파일 |** CD\Part 04\영업프로세스_완성.pptx

01. 정렬을 원하는 이미지를 모두 선택합니다. 일정 방향으로 개체를 정렬하기 위해 [그리기 도구]-[서식] 상황별 탭에서 [정렬] 그룹-[맞춤]을 클릭하고 [위쪽 맞춤]을 선택합니다.

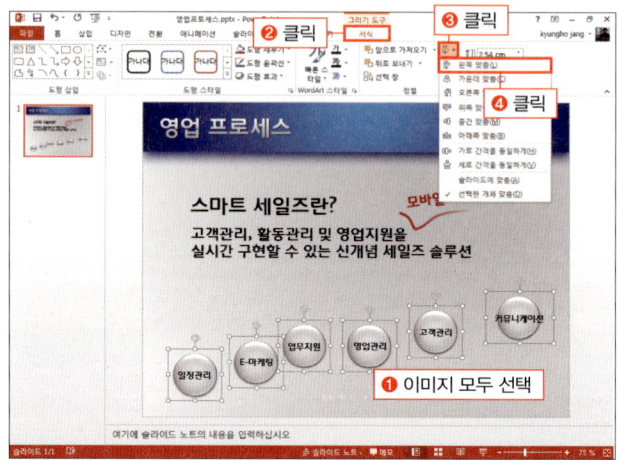

02. 위쪽 맞춤으로 도형이 정렬됩니다. 이번에는 간격을 조절해 보겠습니다. [서식] 탭-[정렬] 그룹-[맞춤]을 클릭하고 [가로 간격을 동일하게] 를 선택합니다.

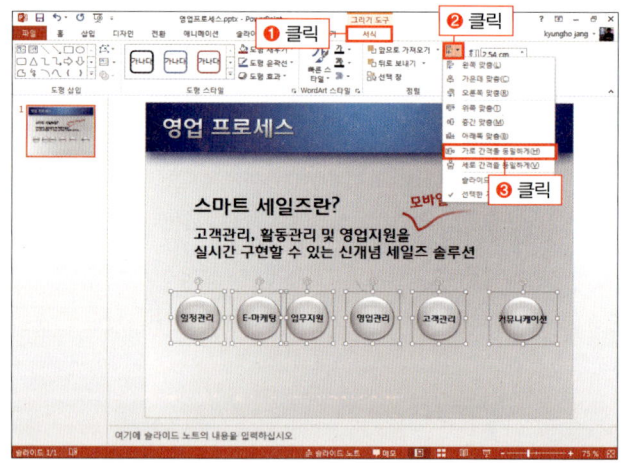

03. 가로 간격이 동일하게 정렬됩니다. 이처럼, 개체의 중심을 세로로 맞추려면 가운데 맞춤을 클릭하고, 개체의 중심을 가로로 맞추려면 중간 맞춤을 클릭하여 간격을 일정하게 정렬할 수 있습니다.

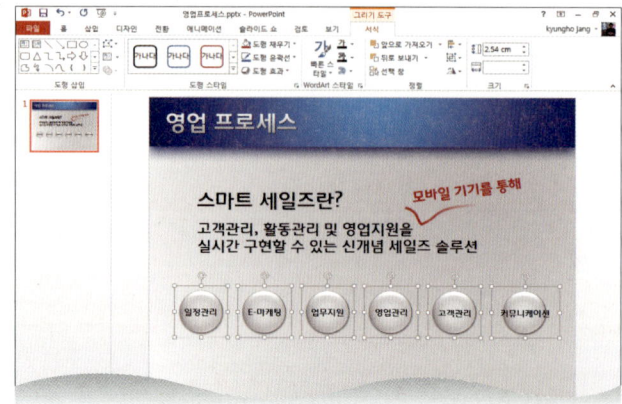

그라데이션과 선 개체, 스포이트 살펴보기

그라데이션이란 대개 한 색에서 다른 색으로 색 및 음영이 점진적으로 진행되어 있는 효과를 말합니다. [도형 서식] 대화상자에서 그라데이션 효과를 적용하면 기본 설정 색 및 방향을 변경할 수 있으며, 중지점에 따라 색상을 변경할 수도 있습니다. 여기서는 그라데이션을 만드는 방법과 서식 갤러리를 통해 3D 도형을 만드는 방법에 대해서 살펴보도록 하겠습니다.

기초탄탄 ▶ 그라데이션과 선 개체 이해하기

■ 그라데이션 이해하기

그라데이션을 지정하기 위해서는 그라데이션 중지점이나 방향, 각도 등 다양한 옵션에 대해서 이해하고 있어야 합니다. 그라데이션은 다양한 색상들의 조합이라고 생각하면 됩니다. 기본적으로 선택하는 색상은 대부분 단색이지만 그라데이션은 두 가지 이상의 색상이 혼합된 혼합 색상으로 도형이나 텍스트 상자, SmartArt 그래픽, 혹은 표나 차트 등 파워포인트에서 색상이 들어가는 모든 개체에 적용할 수 있습니다.

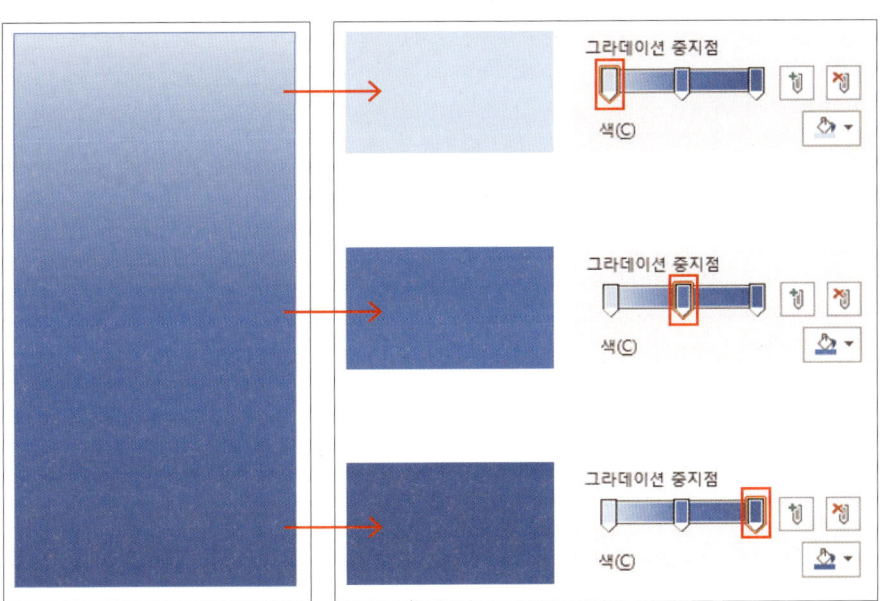

■ 그라데이션 채우기 `250P`

그라데이션은 [도형 서식] 창의 [채우기]-[그라데이션 채우기]에서 조정할 수 있습니다. [그라데이션 채우기] 항목에서는 그라데이션 중지점을 비롯해 각도, 방향 등을 조정할 수 있습니다.

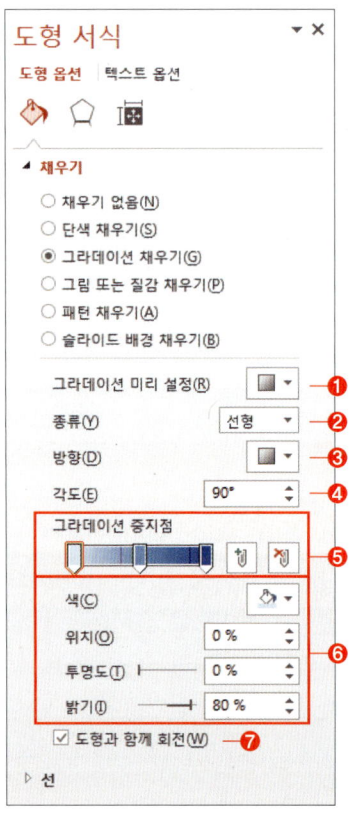

❶ **그라데이션 미리 설정** : 파워포인트에서 기본적으로 제공하는 그라데이션이 표시됩니다. 비슷한 효과를 선택한 후 다른 옵션을 변경하여 그라데이션을 지정할 수 있습니다.

❷ **종류** : 선형, 방사형, 사각형, 경로형 중에서 원하는 그라데이션 종류를 선택할 수 있습니다.

❸ **방향** : 그라데이션의 방향을 지정합니다.

❹ **각도** : 각도 입력란에 각도를 입력하여 그라데이션 방향을 지정할 수 있습니다.

❺ **그라데이션 중지점** : 기본적으로 3개의 중지점이 표시됩니다. 3개의 중지점의 위치를 드래그하여 변경하거나 오른쪽에 위치하고 있는 [추가] 및 [삭제] 단추를 이용하여 그라데이션을 변경할 수 있습니다.

❻ **색, 위치, 투명도, 밝기** : 그라데이션의 색이나 위치, 투명도, 그리고 밝기를 지정하여 다양한 그라데이션 효과를 만들 수 있습니다.

❼ **도형과 함께 회전** : 도형을 회전했을 경우 그라데이션도 함께 회전됩니다.

■ 선 종류 살펴보기 `252P`

[홈] 탭-[그리기] 그룹-[도형]을 클릭하여 [선]을 선택하면 다양한 선 개체를 슬라이드에 삽입할 수 있습니다.

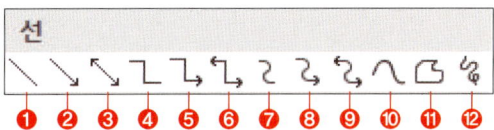

❶ 선

❷ 화살표

❸ 양방향 화살표

❹ 꺾인 연결선

❺ 꺾인 화살표 연결선

❻ 꺾인 양쪽 화살표 연결선

❼ 구부러진 연결선

❽ 구부러진 화살표 연결선

❾ 구부러진 양쪽 화살표 연결선

❿ 곡선

⓫ 자유형

⓬ 자유곡선

포토샵 등의 그래픽 프로그램을 이용하면 멋진 그라데이션 도형을 만들 수 있지만 파워포인트만으로도 충분히 만들 수 있습니다.

예제 파일 ┃ CD₩Part 04₩나의학습.pptx **완성 파일 ┃** CD₩Part 04₩나의학습_완성.pptx

01. 그라데이션을 적용할 두 번째 도형을 선택한 후 [그리기 도구]-[서식] 상황별 탭의 [도형 스타일] 그룹의 도형 서식 표시 아이콘을 클릭합니다.

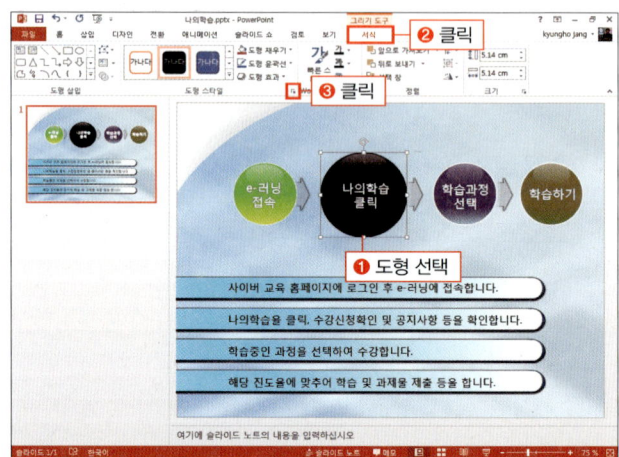

02. [도형 서식] 창이 나타나면 [도형 옵션]에서 [채우기]-[그라데이션 채우기]를 선택합니다. [그라데이션 미리 설정]에서 [아래쪽 스포트라이트 – 강조 1]을 선택합니다.

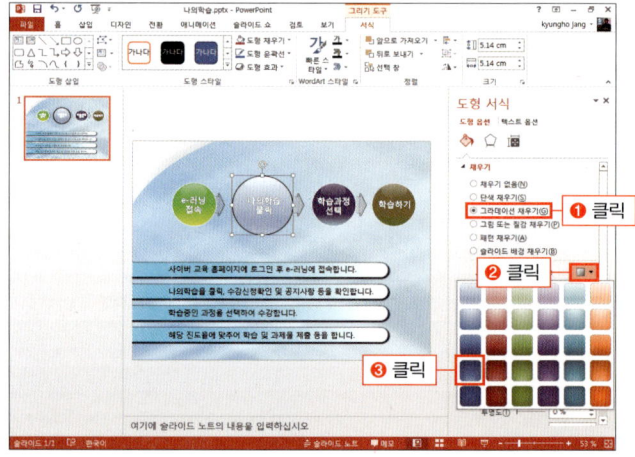

03. [그라데이션 중지점]에서 중간에 있는 중지점을 드래그하여 위치를 변경합니다.

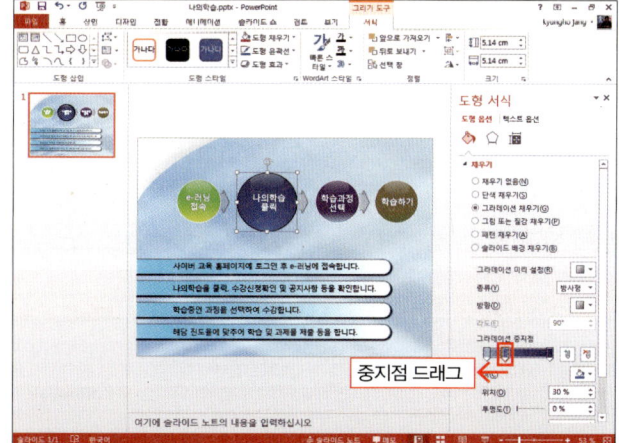

중지점 드래그

04. [색]을 클릭한 후 [연한 파랑]을 선택합니다. [도형 서식] 창에서 [닫기]를 선택합니다.

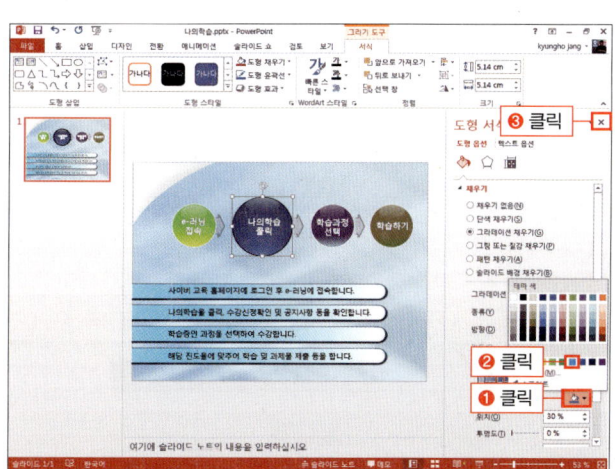

05. 도형에 그라데이션 효과가 적용됩니다.

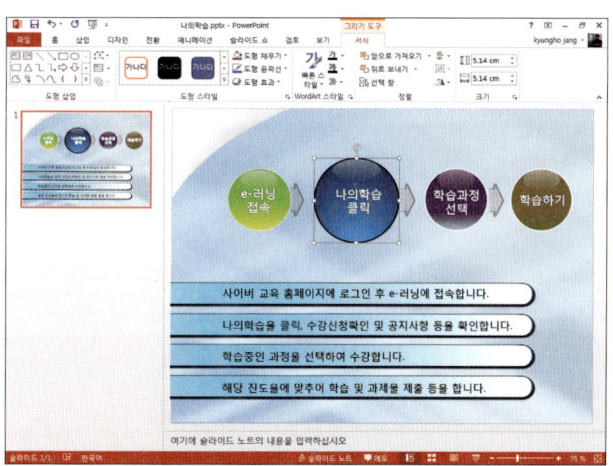

연결선의 장점은 연결선이 그려진 도형을 드래그하면 자동으로 선까지 드래그되어 표시된다는 점입니다. 한번 연결선으로 지정되면 도형과 하나의 개체로 인식되어 편리하게 작업할 수 있습니다.

예제 파일 I CD₩Part 04₩조직도.pptx **완성 파일** I CD₩Part 04₩조직도_완성.pptx

01. [홈] 탭–[그리기] 그룹–[도형]을 클릭하여 [선]–[선]을 선택합니다.

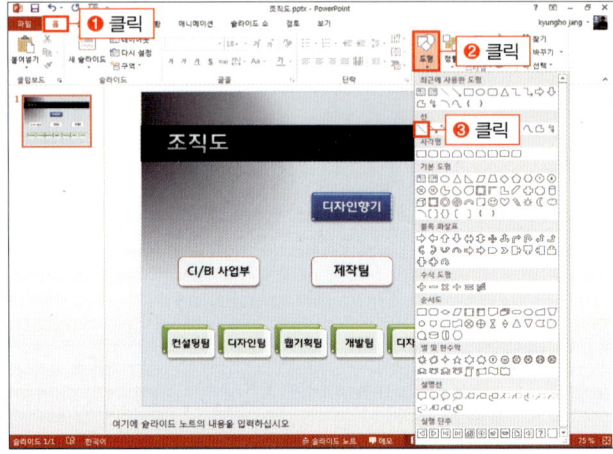

02. 첫 번째 도형에 마우스를 가져가면 검은 영역이 나타납니다. 이를 드래그하여 도형과 도형을 연결해 줍니다.

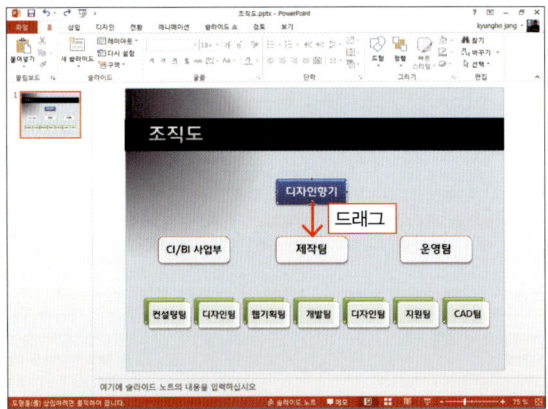

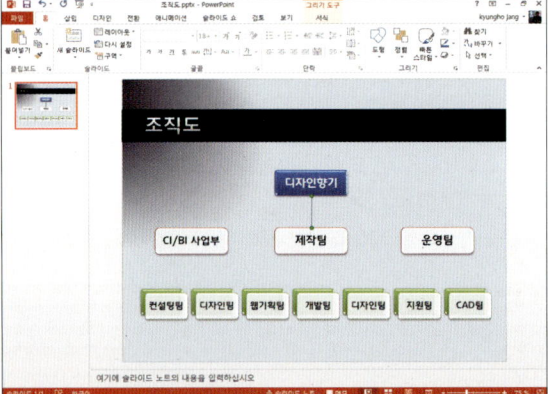

03. 이번에는 [홈] 탭-[그리기] 그룹-[도형]을 클릭하여 [선]-[꺾인 연결선]을 선택합니다.

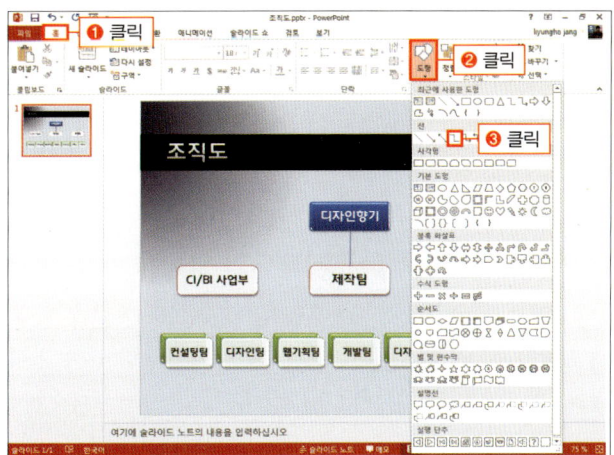

04. 드래그하여 연결선을 지정합니다. '꺾인 연결선'으로 연결선을 만들 수도 있지만 '선'으로 연결선을 만들 수도 있습니다.

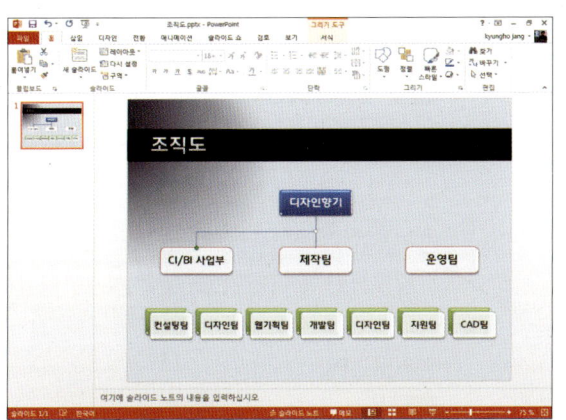 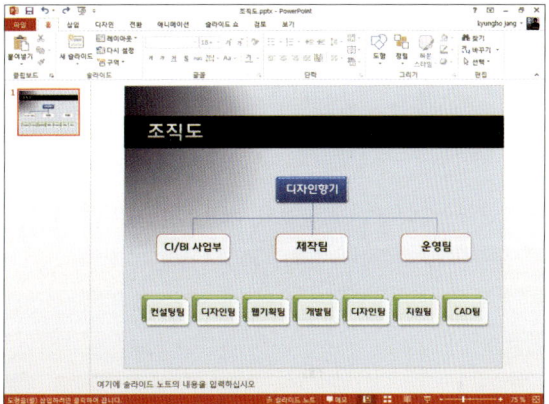

TIP : 일반 선과 연결선

파워포인트에 삽입하는 선은 일반 선과 연결선으로 나눌 수 있습니다. 일반 선은 말그대로 파워포인트에 삽입하는 선을 말합니다. 연결선은 도형과 도형을 서로 연결해 주는 선으로 연결과 동시에 도형과 하나의 그룹으로 지정됩니다. 장점은, 도형을 이동할 때 함께 이동된다는 점입니다. 하지만 가끔 제대로 연결되지 않는 경우도 발생하는데 이를 확인하는 방법은 선의 선택 핸들의 색상으로 확인할 수 있습니다.

연결선은 초록색과 흰색으로 구분할 수 있는데 초록색의 선택 핸들은 연결선으로 지정된 것을 의미합니다. 도형과 도형 사이의 선이 초록색의 선택 핸들로 나타나면 도형과 연결된 선을 의미하며, 흰색의 선택 핸들로 나타나면 도형과 연결된 선이 아닌 일반 선을 의미합니다.

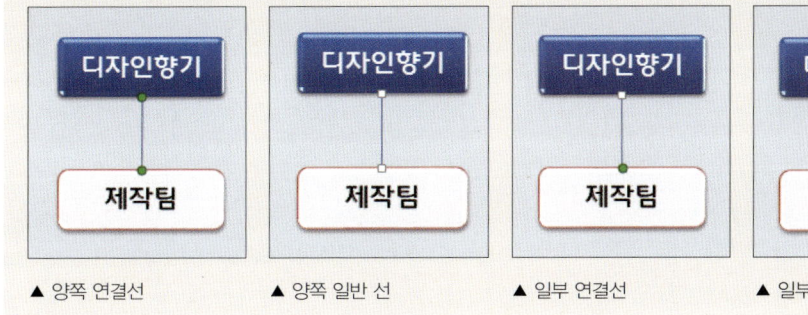

▲ 양쪽 연결선   ▲ 양쪽 일반 선   ▲ 일부 연결선   ▲ 일부 연결선

스포이트를 통해 특정 색상을 추출하여 원하는 개체에 똑같이 적용할 수 있습니다. 스포이트로 일치시키려는 색을 클릭하여 선택한 텍스트나 도형에 적용할 수 있습니다.

예제 파일 l CD₩Part 04₩출간도서.pptx **완성 파일 l** CD₩Part 04₩출간도서_완성.pptx

01. '엑셀 & 파워포인트 2007' 영역을 드래그하여 선택한 후 [홈] 탭–[글꼴] 그룹에서 [글꼴 색]의 화살표를 클릭한 후 [스포이트]를 클릭합니다.

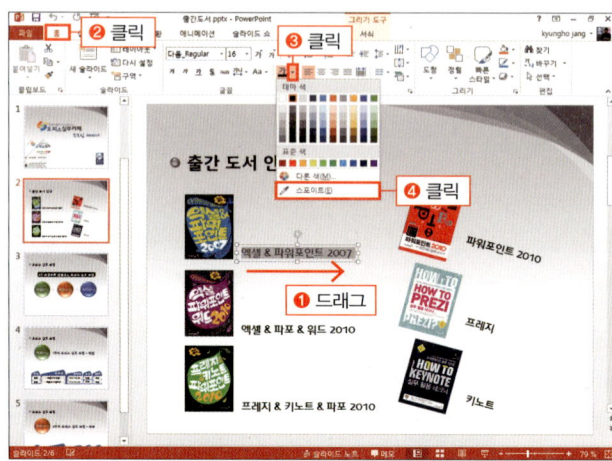

02. 가져오고 싶은 색상에 마우스 커서를 올리면 스포이트 커서가 나타나면서 색상을 표시해줍니다. 색상을 클릭합니다.

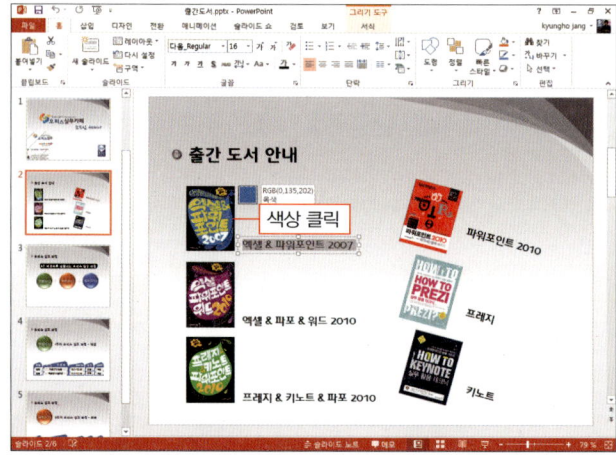

03. 스포이트로 지정한 색상이 텍스트에 퓨시됩니다.

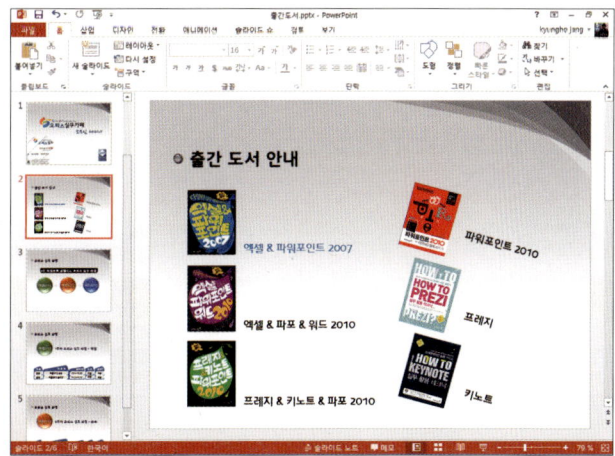

04. 나머지 텍스트에도 스포이트로 색상을 지정하여 슬라이드를 완성합니다.

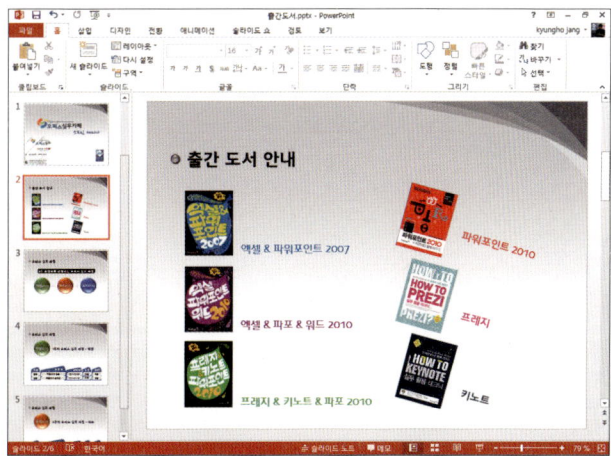

점 편집으로 도형 모양 변형하기

도형을 자유롭게 편집하려면 점 편집을 활용하면 됩니다. 점 편집을 활용하면 다양한 도형을 만들 수 있습니다.

예제 파일 | CD₩Part 04₩시스템개요.pptx **완성 파일** | CD₩Part 04₩시스템개요_완성.pptx

01. 직사각형 도형을 다른 모양의 도형으로 변경해 보겠습니다. 도형을 하나 선택한 후 [그리기 도구]-[서식] 상황별 탭의 [도형 삽입] 그룹에서 [도형 편집]-[점 편집]을 선택합니다.

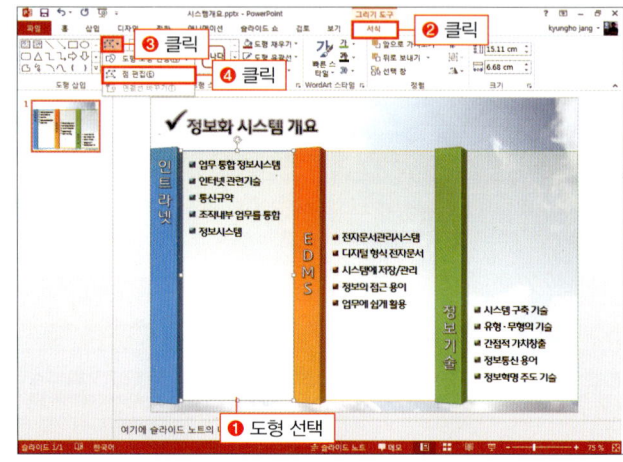

02. 점 편집 모드가 되면 도형에 검은색 점(■)이 나타납니다. 점을 드래그하여 직사각형 도형의 모양을 변형합니다.

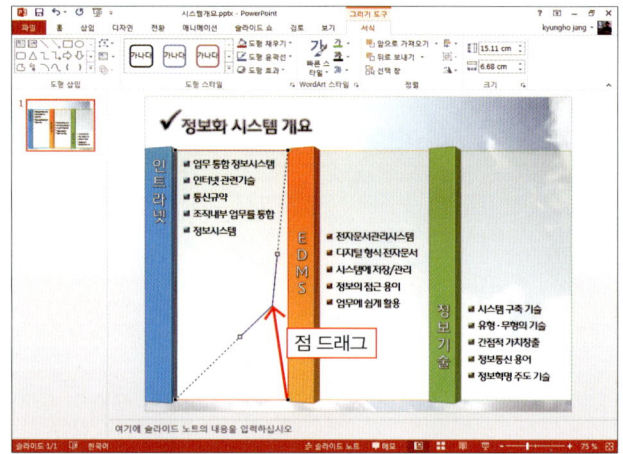

03. 점 편집 모드에서 마우스 오른쪽을 클릭하여 [점 추가]를 선택합니다.

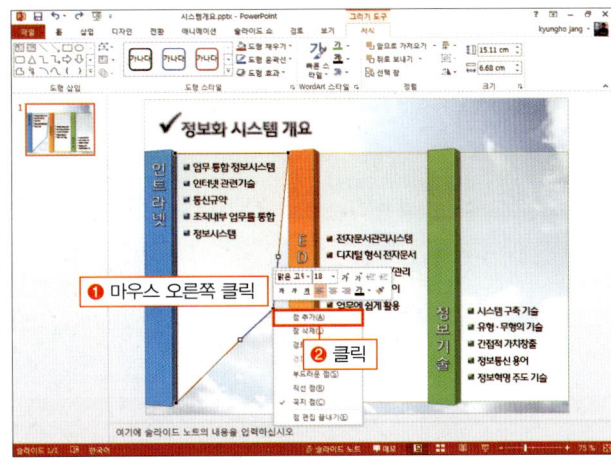

04. 점이 추가되면 드래그하여 점을 편집합니다.

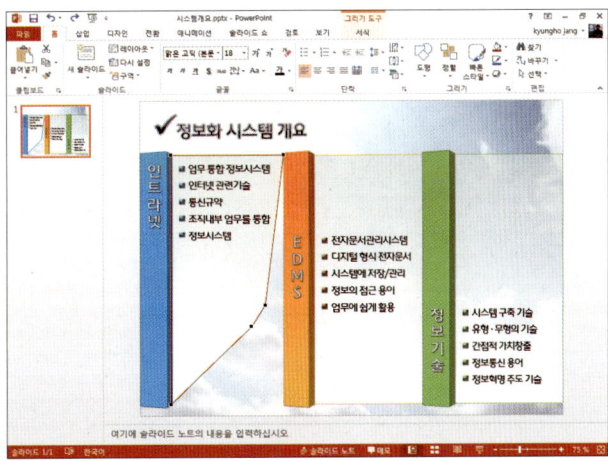

05. 나머지 도형도 동일한 방법으로 점을 편집하여 도형의 모양을 변형합니다.

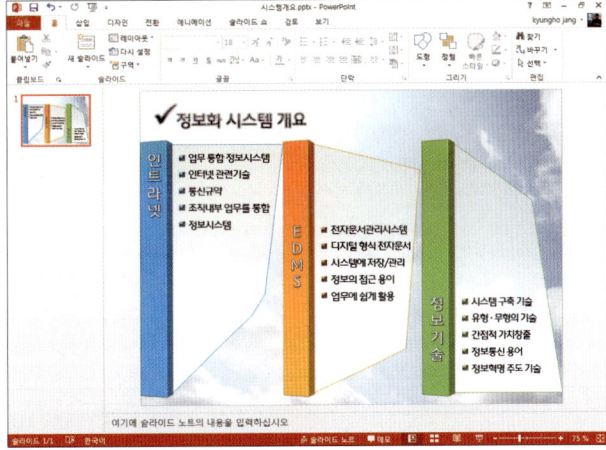

SmartArt 그래픽으로
다이어그램 만들기

SmartArt 그래픽을 사용하면 도해를 만들 때 사용하는 텍스트 및 도형 그리고 모양, 강조 효과를 편하게 제작
할 수 있습니다. SmartArt 그래픽에는 목록형, 프로세스형, 주기형, 관계형 등 다양한 종류의 그래픽이 마련되
어 있습니다.

기초
탄탄 ▶ SmartArt 그래픽이란?

■ 업그레이드된 SmartArt 그래픽

SmartArt 그래픽에는 목록형, 프로세스형, 주기형, 계층 구조형, 관계형, 행렬형, 피라미드형, 그림의
총 8개의 유형으로 구분되어 있는데 각각의 유형은 나름대로의 특성이 있습니다. SmartArt 그래픽을
만들기 전에 가장 적합한 그래픽 유형이 어떤 것인지 미리 그려본 다음 SmartArt 그래픽을 선택하는
것이 좋습니다.

목록형 SmartArt

다양한 도형을 각각의 목록으로 만들어 나열 형식으로 표시할 수 있습니다.

▲ 세로 상자 목록형

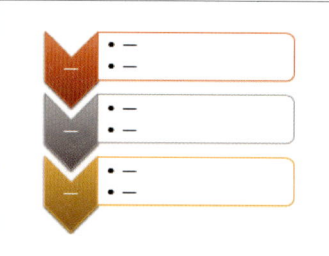

▲ 세로 갈매기형 수장 목록형

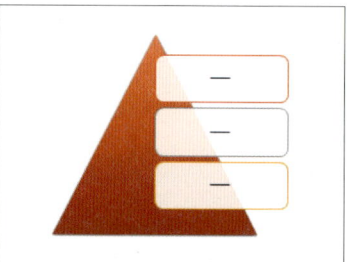

▲ 피라미드 목록형

프로세스형 SmartArt

단계별 혹은 순차적 흐름이 존재하는 도해로, 단계가 어떻게 이어지는지, 어떤 흐름으로 진행되는 지 등을 설명할 때 자주 사용합니다.

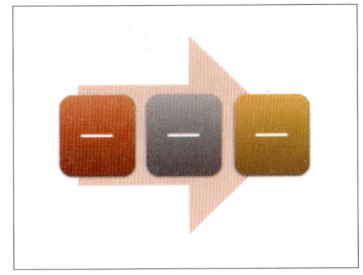
▲ 연속 블록 프로세스형

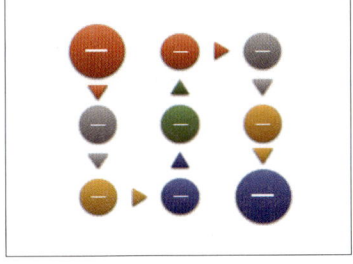
▲ 순환식 벤딩 프로세스형

▲ 톱니 바퀴형

주기형 SmartArt

계속적으로 반복 혹은 순환되는 도해로, 제품의 생명 주기, 반복 혹은 순환이 필요한 배치도, 연간 스케줄 등을 표현할 때 주로 사용합니다.

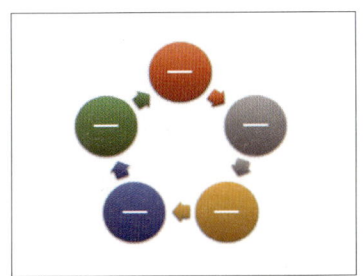
▲ 기본 주기형

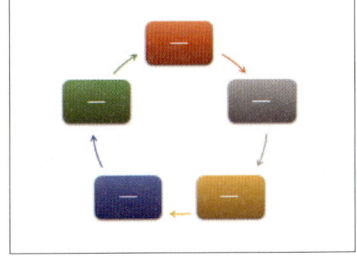
▲ 순환식 벤딩 프로세스형

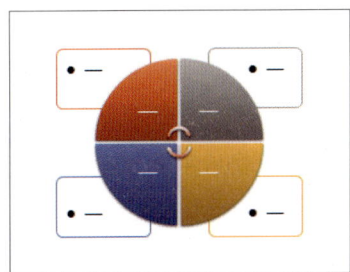
▲ 주기 행렬형

계층 구조형 SmartArt

회사 조직도와 같은 체계적인 구조나 트리형 프로세스를 표현하고 싶을 때 주로 사용합니다.

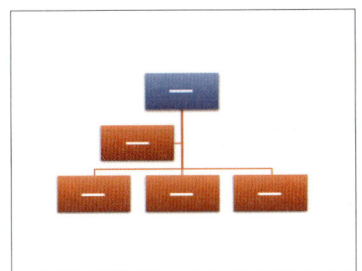

▲ 조직도형

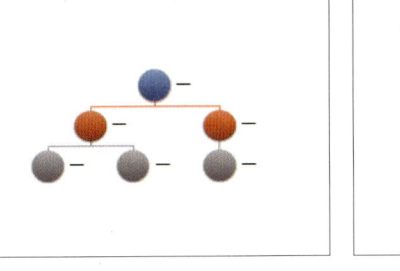
▲ 원형 그림 계층 구조형

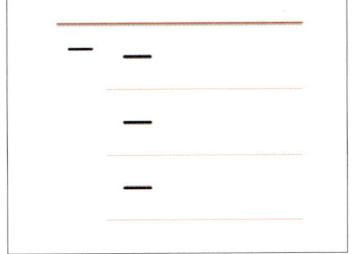
▲ 선이 그어진 목록형

관계형 SmartArt

여러 연결을 일러스트레이션으로 표시한 도해로서 밸런스, 깔때기, 톱니 바퀴형이 이에 해당합니다.

▲ 밸런스형

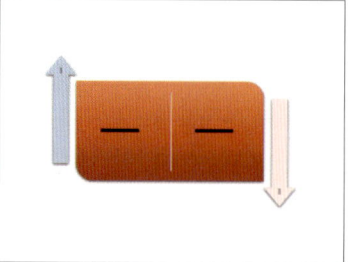

▲ 상반되는 내용

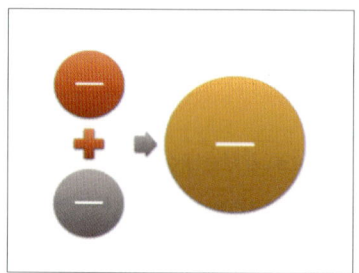

▲ 세로 수식형

행렬형 SmartArt

여러 가지 요소들을 행렬 형태로 표시해 놓은 도해입니다.

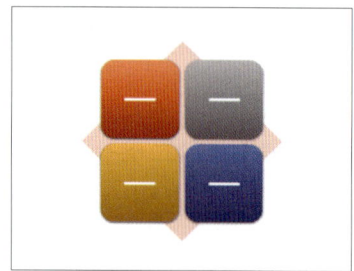

▲ 기본 행렬형

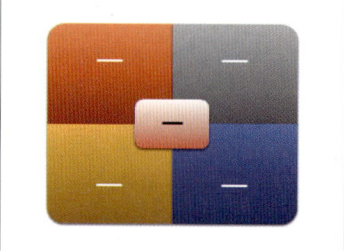

▲ 제목 있는 행렬형

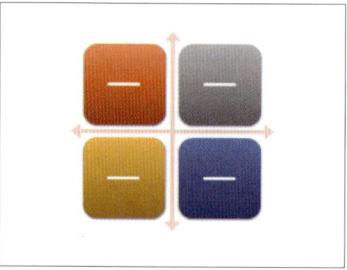

▲ 눈금 행렬형

피라미드형 SmartArt

가장 큰 요소가 맨 위에 가장 작은 요소가 맨 아래에 있는 형태의 도해입니다.

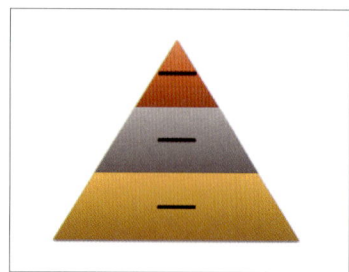

▲ 기본 피라미드형

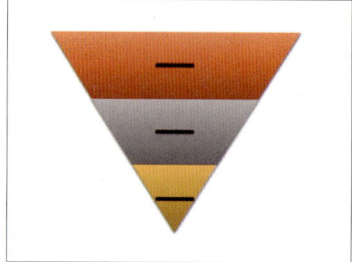

▲ 역피라미드형

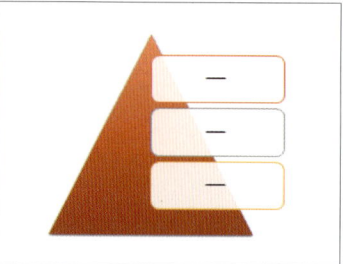

▲ 피라미드 목록형

그림 SmartArt

SmartArt 그래픽 개체에 그림을 삽입하여 표현하는 도해입니다.

▲ 나선 그림형

▲ 제목 그림 라인업형

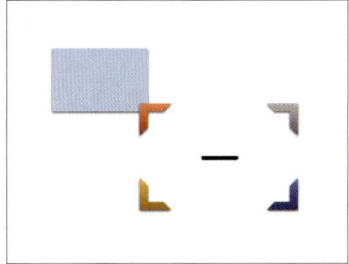

▲ 틀 텍스트 그림형

■ SmartArt 그래픽을 만들 때 고려 사항

표현하고 싶은 그래픽 용도에 따라 SmartArt의 유형이 달라집니다. 특히 SmartArt는 도형으로 내용을 설명하는 구조로 되어 있기에 텍스트의 비중이 그리 크지 않습니다. 텍스트 양이 많을수록 SmartArt 그래픽의 시각적 효과가 떨어지고 메시지 전달 효과가 떨어지게 됩니다.

그래픽 유형	용도	종류
목록형	여러 가지 요소를 순서에 관계없이 나열할 때 사용	기본 블록 목록형, 세로 상자 목록형, 연속 그림 목록형 등
프로세스형	시간적 순서 혹은 중요도 순서 등을 표시할 때 사용	기본 프로세스형, 강조 프로세스형, 연속 블록 프로세스형 등
주기형	연속된 과정을 설명할 때 사용	기본 주기형, 텍스트 주기형, 다방향 주기형 등
계층 구조형	조직도나 여러 관계를 설명할 때 사용	조직도형, 계층 구조형, 표 계층 구조형 등
관계형	여러 연결을 일러스트레이션으로 표시	밸런스형, 깔때기형, 톱니 바퀴형, 화살표 리본형 등
행렬형	여러 요소를 행렬 형태로 표시	기본 행렬형, 눈금 행렬형 등
피라미드형	가장 큰 요소가 맨 위, 가장 작은 요소가 맨 아래에 있는 형태	기본 피라미드형, 세그먼트 피라미드형 등
그림형	그림을 사용하여 콘텐츠 표현 또는 강조	강조된 그림형, 그림 설명 목록형 등

■ [SmartArt 그래픽 선택] 대화상자 살펴보기 `264P`

SmartArt 그래픽으로 멋진 도해를 만들 수 있습니다. 프레젠테이션을 진행할 때 슬라이드에 삽입하는 여러 가지 요소 중에서 텍스트보다 그래픽으로 구성된 슬라이드가 청중들을 설득하는데 있어 더 효과적이라는 사실은 누구나 알 것입니다. 이럴 때 사용할 수 있는 파워포인트의 기능이 SmartArt 그래픽입니다.

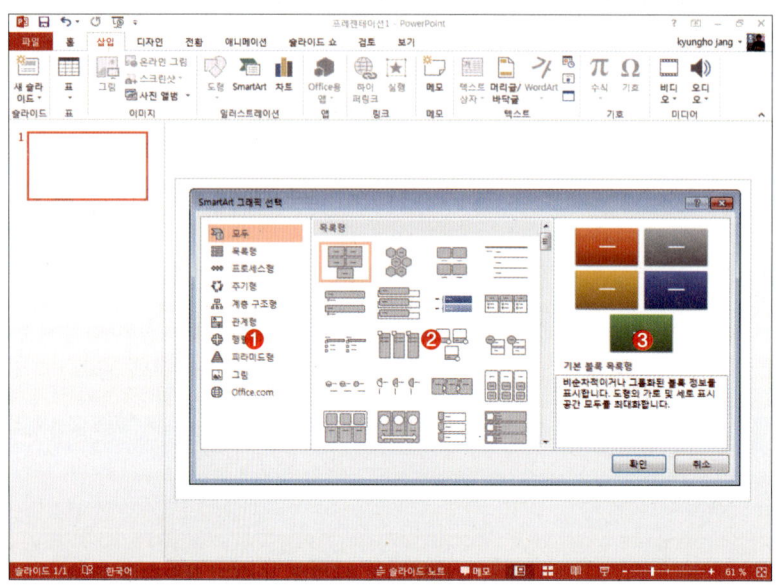

❶ **항목** : 목록형, 프로세스형, 주기형, 계층 구조형 등 다양한 SmartArt 항목을 선택할 수 있습니다.

❷ **종류** : 각 항목마다 특징적인 그래픽 목록이 나타납니다.

❸ **미리보기** : 선택한 SmartArt의 모양과 설명이 나타납니다.

■ [SmartArt 도구]–[디자인] 탭 `267P`

SmartArt가 슬라이드에 삽입되면 [SmartArt 도구]–[디자인] 상황별 탭 및 [서식] 상황별 탭이 나타납니다. 상황별 탭을 통해 SmartArt에 대한 다양한 스타일과 서식을 꾸밀 수 있습니다.

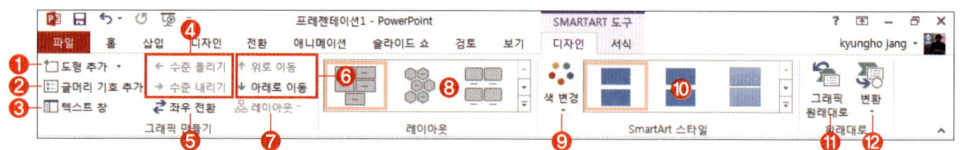

❶ **도형 추가** : SmartArt 그래픽에 삽입된 도형을 추가할 수 있습니다.

❷ **글머리 기호 추가** : SmartArt 그래픽에 글머리 기호를 쉽게 추가할 수 있습니다.

❸ **텍스트 창** : 텍스트 창을 표시하거나 숨길 수 있습니다.

❹ **수준 올리기, 수준 내리기** : 선택 영역을 들여쓰기하거나 내어쓰기할 수 있습니다.

❺ **좌우 전환** : SmartArt 그래픽의 좌, 우를 서로 변경할 수 있습니다.

❻ 위로 이동, 아래로 이동 : SmartArt 그래픽의 위, 아래 위치를 이동할 수 있습니다.

❼ 레이아웃 : 선택한 SmartArt 그래픽의 계층 구조를 변경할 수 있습니다.

❽ [레이아웃] 그룹 : 적용된 SmartArt 디자인을 레이아웃을 클릭해 변경할 수 있습니다.

❾ 색 변경 : SmartArt 색상을 변경할 수 있습니다.

❿ SmartArt 스타일 : SmartArt 스타일을 윤곽선, 강한 효과, 벽돌 스타일 등으로 변경합니다.

⓫ 그래픽 원래대로 : SmartArt 스타일을 원래대로 되돌립니다.

⓬ 변환 : 텍스트나 도형으로 SmartArt 그래픽을 변환합니다.

프레젠테이션을 진행할 때는 텍스트보다 그래픽으로 구성된 슬라이드가 청중들을 설득하는데 있어 더 효과적입니다. 이럴 때 사용할 수 있는 파워포인트의 기능이 SmartArt 그래픽입니다.

예제 파일 | CD₩Part 04₩오피스스쿨.pptx   **완성 파일** | CD₩Part 04₩오피스스쿨_완성.pptx

01. SmartArt를 삽입하기 위해 [삽입] 탭-[일러스트레이션] 그룹-[SmartArt]를 클릭합니다. [SmartArt 그래픽 선택] 대화상자가 나타나면 [목록형]-[세로 곡선 목록형]을 선택한 후 [확인]을 클릭합니다.

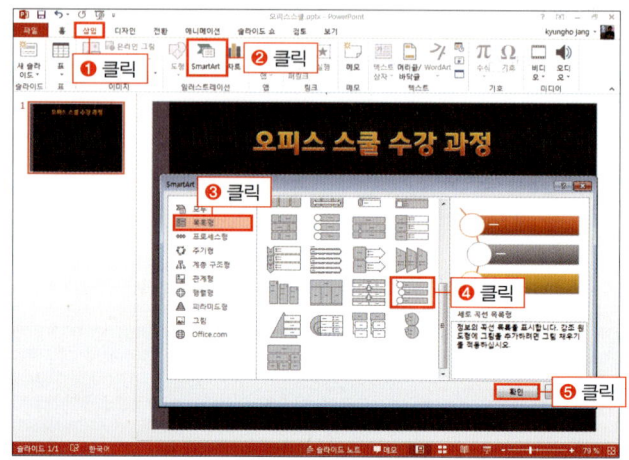

TIP : 처음 SmartArt를 접하는 분들은 어떤 SmartArt를 선택해야 할지 망설여질 수가 있습니다. 이럴 경우에는 SmartArt 그래픽을 선택하면 오른쪽에 나타나는 설명을 참고하여 원하는 SmartArt를 선택하도록 합니다.

02. SmartArt가 슬라이드에 삽입됩니다. SmartArt의 테두리를 선택한 후 크기와 위치를 조절합니다. SmartArt에 텍스트를 입력하기 위해 [SMARTART 도구]-[디자인] 상황별 탭에서 [그래픽 만들기] 그룹-[텍스트 창]을 클릭합니다.

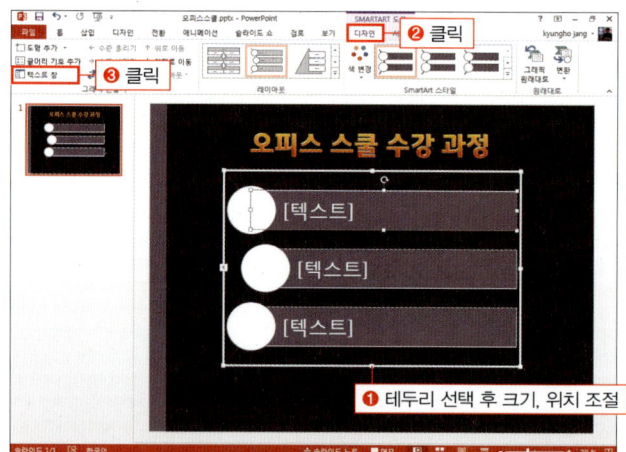

TIP : 텍스트 창은 [SMARTART 도구]-[디자인] 탭-[그래픽 만들기] 그룹-[텍스트 창]을 클릭하거나 SmartArt 그래픽의 왼쪽 중앙에 있는 [컨트롤](◁)을 클릭하여 [텍스트 창]을 열거나 닫을 수 있습니다.

03. [텍스트를 입력하십시오.] 창이 나타나면 아래와 같이 텍스트를 입력합니다.

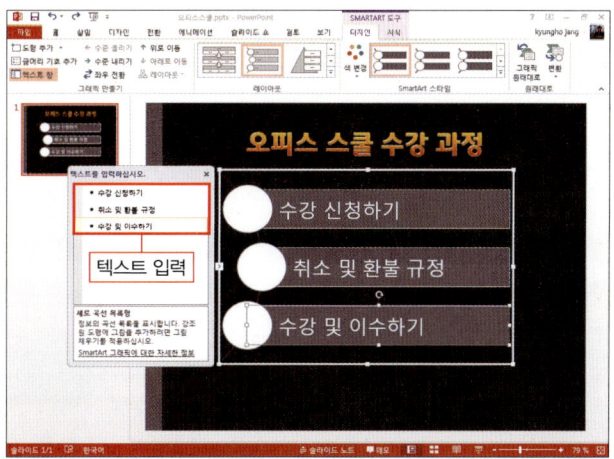

04. SmartArt 그래픽의 도형을 추가해 보도록 하겠습니다. [SMARTART 도구]–[디자인] 상황별 탭에서 [그래픽 만들기] 그룹–[도형 추가]의 화살표를 클릭한 다음 [뒤에 도형 추가]를 선택합니다.

TIP : [텍스트 창]을 이용해서 도형에 텍스트를 입력할 때 커서를 위치시키고 텍스트를 입력하거나 [↓]를 눌러 아래 단락으로 이동해 텍스트를 입력하여도 됩니다.

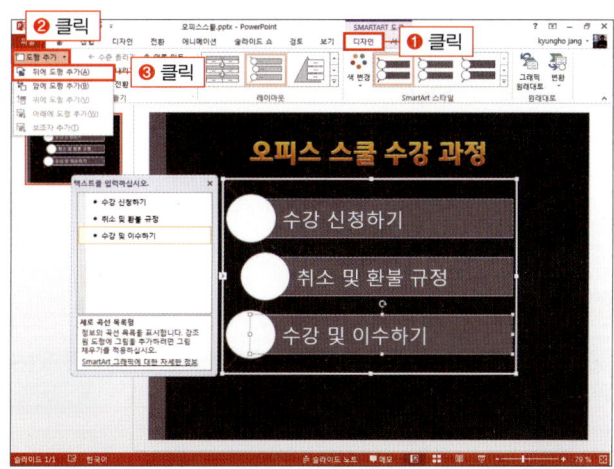

05. 도형이 추가되면 『인증서 발급하기』를 입력합니다. [SmartArt 도구]–[디자인] 상황별 탭에서 [그래픽 만들기] 그룹에서 [텍스트 창]을 클릭하여 [텍스트 창]을 닫습니다.

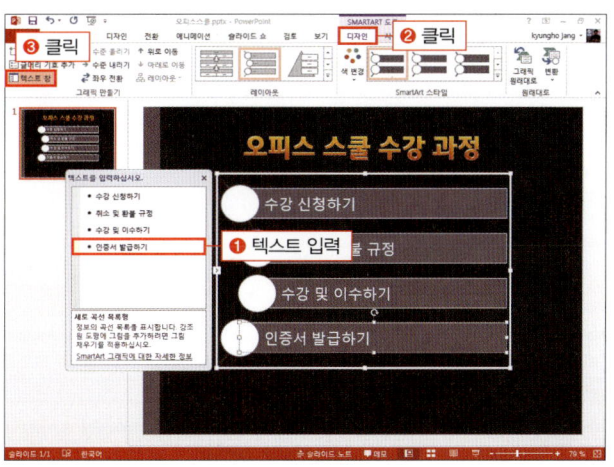

SmartArt 그래픽이 슬라이드에 삽입되면 원하는 스타일을 지정할 수 있습니다. 또한 SmartArt의 도형이나 글머리 기호를 추가한다든가 좌우 전환, 수준 올리기, 내리기 등도 설정할 수 있습니다.

01. SmartArt 테두리를 선택합니다. 스마트아트 색을 변경하기 위해 [SmartArt 도구] 상황별 탭의 [디자인] 탭–[SmartArt 스타일] 그룹–[색 변경]을 클릭합니다. 나타나는 다양한 갤러리 중에서 원하는 색상을 선택합니다.

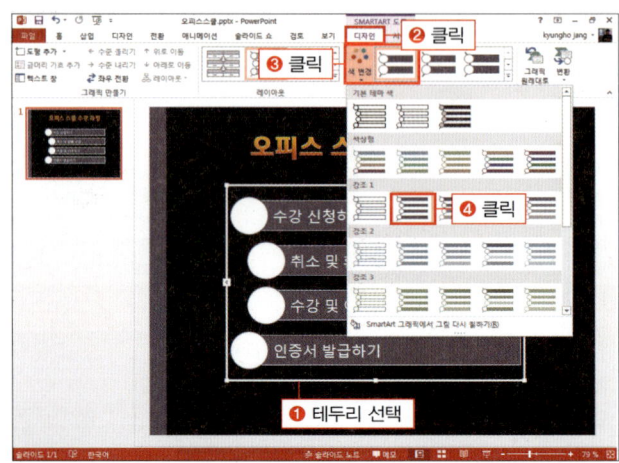

> **TIP :** SmartArt 그래픽 도형의 색상을 하나씩 변경하려면 도형을 선택한 다음 [서식] 탭–[도형 스타일]의 [자세히]를 클릭한 후 스타일 갤러리 중에서 원하는 도형 스타일을 선택해 색상을 변경합니다.

02. SmartArt 스타일을 변경하기 위해 [SMARTART 도구]–[디자인] 상황별 탭의 [SmartArt 스타일] 그룹–[자세히]를 클릭합니다. 나타나는 다양한 갤러리 중에서 원하는 색상을 선택합니다.

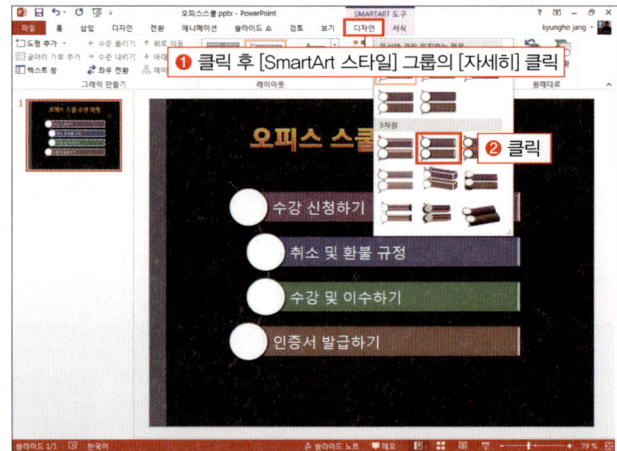

SmartArt도 사실상 도형의 집합체이므로 도형에서 적용할 수 있는 기능을 그대로 사용할 수 있습니다. SmartArt에 포함되어 있는 각각의 개체의 크기를 조절한다거나 좌우 전환 등이 가능합니다.

01. [SMARTART 도구]–[디자인] 상황별 탭에서 [레이아웃] 그룹의 [자세히]를 클릭합니다. [기타 레이아웃]을 선택합니다.

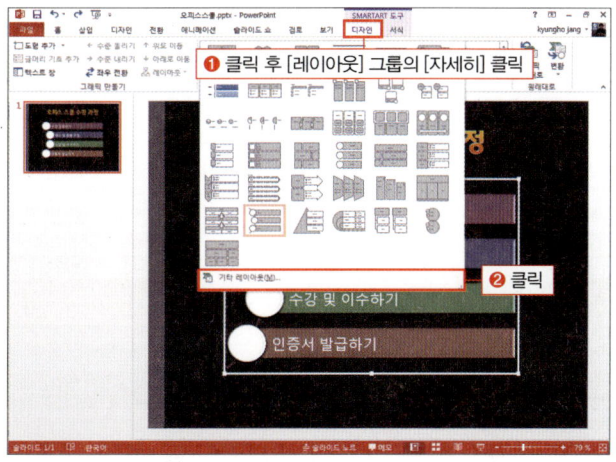

02. [SmartArt 그래픽 선택] 대화상자가 나타납니다. 변경하고 싶은 SmartArt 그래픽을 선택합니다. 여기서는 [프로세스형] 항목의 [지그재그 프로세스형]을 선택합니다. [확인]을 클릭합니다.

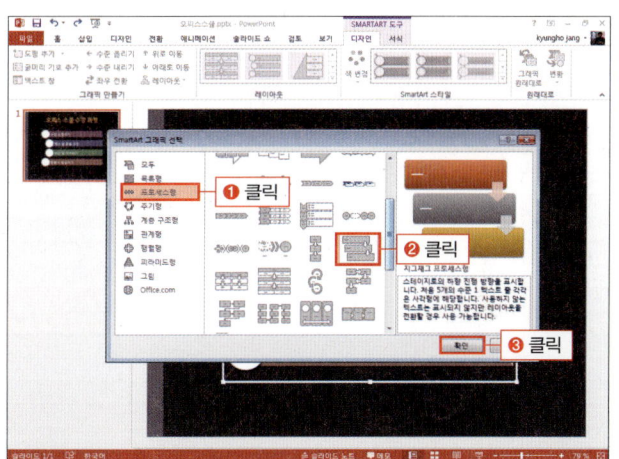

03. SmartArt 그래픽 모양이 변경됩니다.

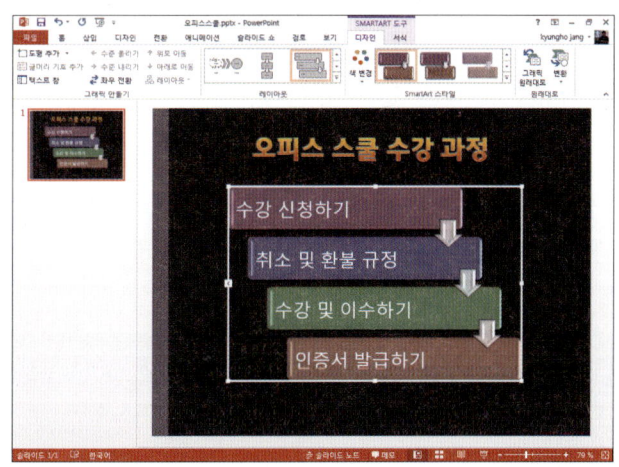

슬라이드에 작성된 텍스트를 SmartArt로 변경하고 싶을 때 일일이 복사 및 붙여넣기 등을 적용할 필요 없이 한번에 텍스트를 SmartArt로 변경할 수 있습니다. 또한, SmartArt 그래픽을 텍스트나 도형으로 변환할 수도 있습니다.

예제 파일 I CD₩Part 04₩오피스스쿨2.pptx **완성 파일 I** CD₩Part 04₩오피스스쿨2_완성.pptx

01. 먼저 텍스트 상자에 작성되어 있는 개체를 선택해 SmartArt 그래픽으로 변경해 보도록 하겠습니다. 텍스트 개체 틀을 선택하고 [홈] 탭-[단락] 그룹-[SmartArt로 변환]을 클릭합니다. [세로 글머리 기호 목록형]을 선택합니다.

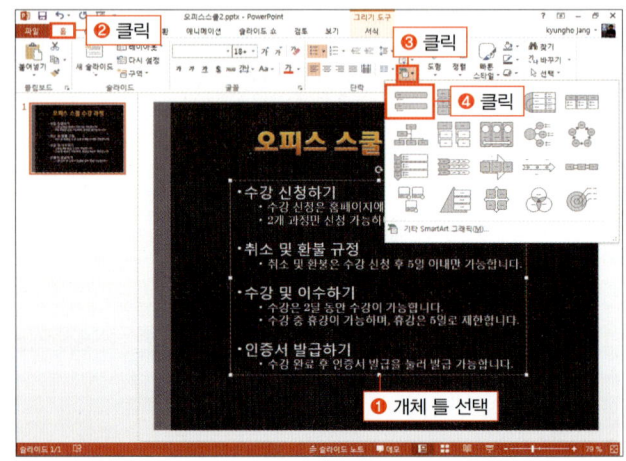

TIP : 원하는 SmartArt 그래픽이 없다면 [기타 SmartArt 그래픽]을 선택하여 [SmartArt 그래픽 선택] 대화 상자에서 선택합니다.

02. 텍스트가 세로 분류 목록형으로 변경됩니다. [SmartArt 도구]-[디자인] 상황별 탭의 [SmartArt 스타일] 그룹에서 색상과 스타일을 변경한 후 위치 및 크기를 조절한 후 완성합니다.

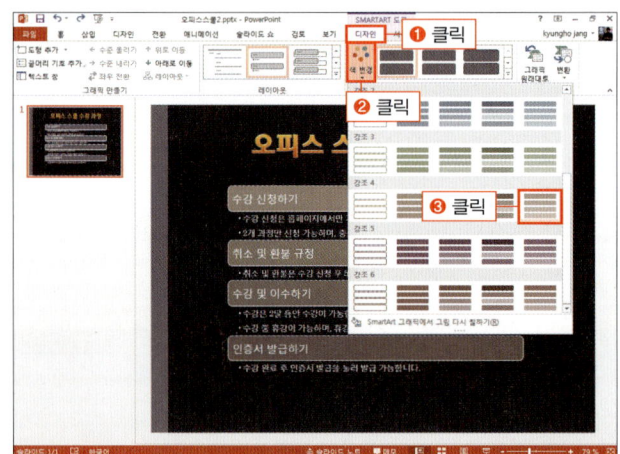

03. 이번에는 SmartArt 그래픽을 텍스트로 변환해 보겠습니다. 슬라이드 미리보기 화면에서 마우스 오른쪽을 클릭한 후 [중복 슬라이드]를 클릭합니다. 이를 두 번 반복해 총 3개의 슬라이드를 만듭니다.

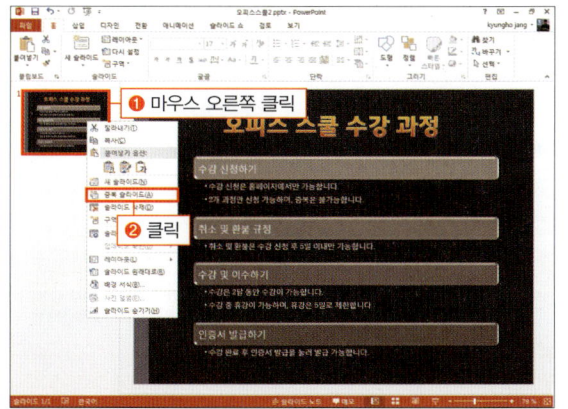
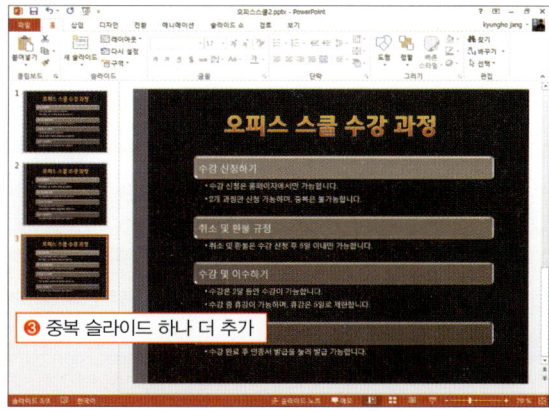

04. 두 번째 슬라이드를 선택합니다. SmartArt 그래픽을 선택한 상태에서 [SMARTART 도구]-[디자인] 상황별 탭에서 [원래대로] 그룹의 [변환]-[텍스트로 변환]을 선택합니다.

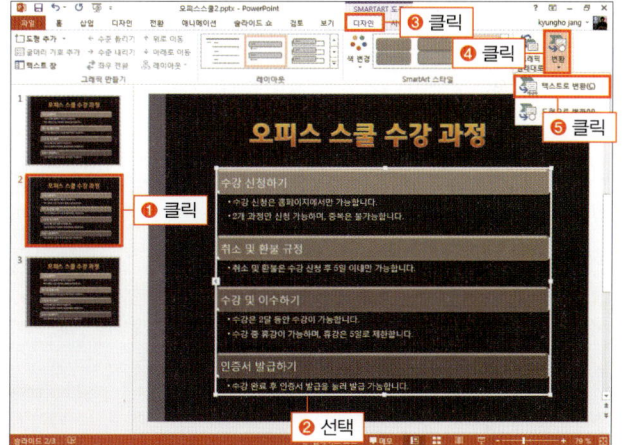

05. SmartArt 그래픽이 텍스트로 변경됩니다. 이번에는 SmartArt 그래픽을 도형 개체로 변경해 보겠습니다. 세 번째 슬라이드를 선택합니다.

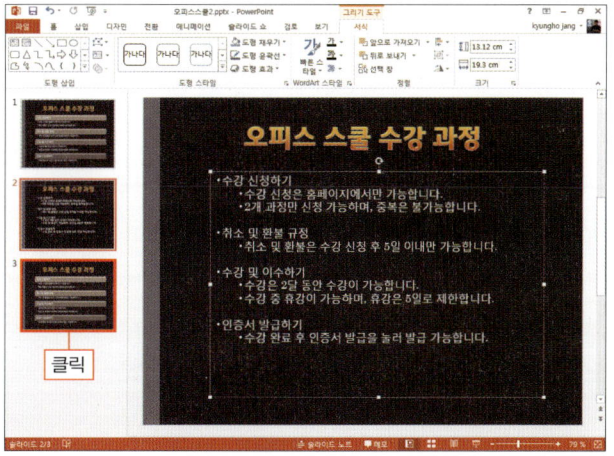

269

06. SmartArt 그래픽을 선택합니다. [SMARTART 도구]-[디자인] 상황별 탭에서 [원래대로] 그룹의 [변환]-[도형으로 변환]을 선택합니다.

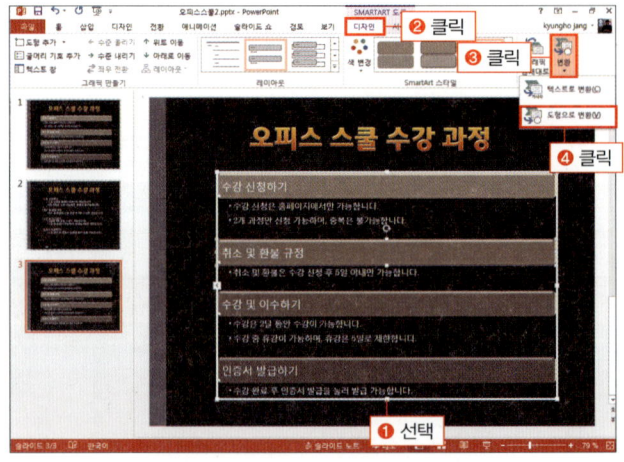

07. 상황별 도구의 명칭이 [SMARTART 도구]-[디자인] 상황별 탭에서 [그리기 도구]-[서식] 상황별 탭으로 변경된 것을 확인할 수 있습니다. 처음 변환되면 도형이 그룹으로 묶여있기 때문에 그룹 해제가 필요합니다. [그리기 도구]-[서식] 상황별 탭의 [정렬] 그룹에서 [그룹]-[그룹 해제]를 선택합니다. 이제 도형의 간격 조정이나 다양한 서식을 적용할 수 있습니다.

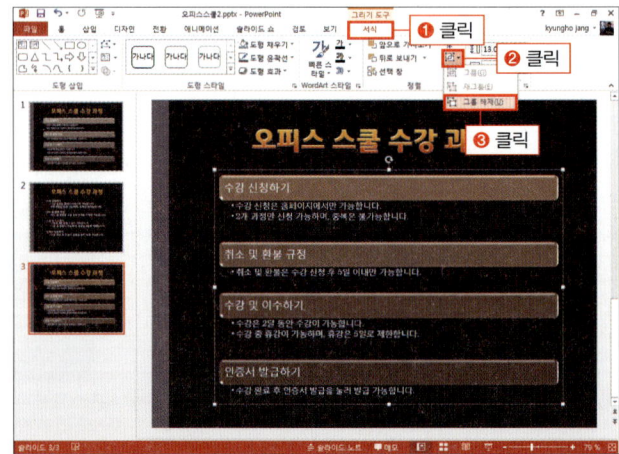

TIP : SmartArt 그래픽 단축키 살펴보기

SmartArt 그래픽에는 다양한 단축키로 개체를 컨트롤할 수 있습니다. 여기서는 SmartArt 그래픽 단축키에 대해서 잠시 살펴보도록 하겠습니다.

작업	키	작업	키
SmartArt 그래픽에서 다음 개체 선택	Tab 키	선택한 도형 삭제	Delete 키 또는 Back Space 키
SmartArt 그래픽에서 이전 개체 선택	Shift + Tab	선택한 도형 가로 확대	Shift + →
모든 도형 선택	Ctrl + A	선택한 도형 가로 축소	Shift + ←
선택한 도형 위치를 위로 이동	↑	선택한 도형 세로 확대	Shift + ↑
선택한 도형 위치를 아래로 이동	↓	선택한 도형 세로 축소	Shift + ↓
선택한 도형 위치를 왼쪽으로 이동	←	선택한 도형 오른쪽으로 회전	Alt + →
선택한 도형 위치를 오른쪽으로 이동	→	선택한 도형 왼쪽 회전	Alt + ←
선택한 도형 텍스트 편집	Enter 키 또는 F2 키		

내용 전달을 위한
다이어그램 작성 노하우

다이어그램이란, 설명하고자 하는 내용을 도형이나 그림 등의 개체를 이용하여 알기 쉽게 표현해 놓은 것을 말합니다. 다이어그램은 도해를 의미하는데 이를 통해 슬라이드의 내용 전달이 용이해집니다.

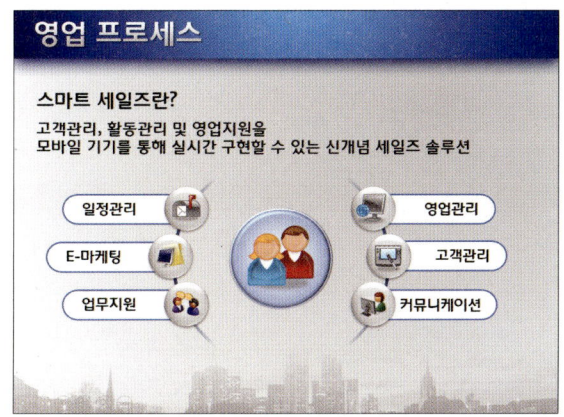
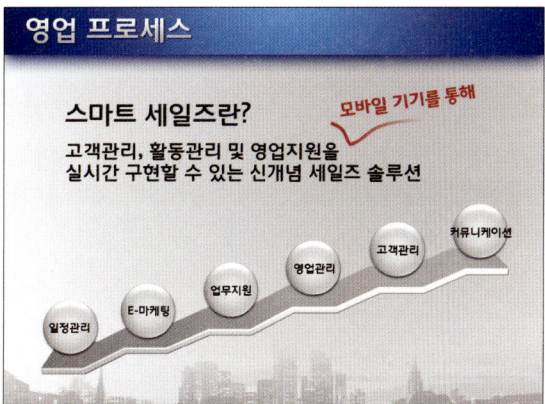

1. 도해 작성 노하우

프레젠테이션에서 도해는 복잡한 내용을 도형 등의 여러 가지 개체를 활용하여 쉽게 구분시켜 청중의 이해를 돕는 역할을 합니다. 도해를 이용하면 직관적으로 사물을 표현할 수 있어 청중들의 이해력과 전달력을 높일 수 있습니다. 도해는 다음과 같은 3가지 과정을 거치게 됩니다.

❶ 키워드 = 문장을 키워드만으로 단순화하라.

도해는 설명하고자 하는 내용을 간결하게 전달하기 위해 도형이나 그림 등의 개체를 이용하게 됩니다. 그렇기에 설명하고자 하는 내용도 핵심 키워드로 구성해야 합니다. 도해로 작성할 키워드는 동사형이 아닌 명사형으로 구성해야 합니다.

❷ 도해 구성 = 도형이나 그림으로 도해를 구성하라.

키워드의 특성에 따라 도형이나 그림으로 스케치하여 도해를 구성합니다. A4 용지에 직접 도해를 작성해도 좋고 파워포인트 2007 이상에서는 SmartArt 기능을 활용하여 도해를 구성할 수도 있습니다.

❸ 디자인 = 디자인 요소를 가미하라.

도해를 작성하는 이유는 내용을 제대로 전달하기 위해서 작성합니다. 그렇기에 도해 색상 등 도해와 어울리는 디자인 요소를 추가할 필요가 있습니다.

2. 도해 작성시 주의할 사항

처음부터 도해를 완성도 높게 작성할 수는 없습니다. 자주 연습하고 훈련하다보면 자신만의 노하우가 담긴 도해를 완성할 수 있습니다. 꾸준한 연습만이 도해를 잘 작성할 수 있다는 점을 명심하기 바랍니다. 도해를 만들 때 주의사항은 다음과 같습니다.

❶ 각 단계별로 내용을 정리하라

전문가가 만들어 놓은 도해와 내가 만든 도해는 같은 색상과 배열을 적용해도 뭔가 어색한 경우가 많습니다. 도해를 표현할 때에는 전체 구성이 자연스럽게 이어지도록 배열하되 각 단계별로 내용을 정리하여 그룹화하는 작업이 선행되어야 합니다. 또한, 요점을 정리하여 배치하고 크기와 문구, 단위는 통일시켜야 합니다.

❷ 흐름을 정하라.

도로가 막힐 때 교통 경찰이 있다면 한결 수월하게 교통이 정리되는 것을 경험한 적이 있을 것입니다. 프레젠테이션에서도 교통 정리를 도와주는 요소가 있으면 청중들이 보다 쉽게 프레젠테이션의 흐름을 이해할 수 있습니다. 내용을 보여줄 때 청중이 보다 쉽고 빠르게 내용을 이해할 수 있도록 화살표나 흐름선을 제시해 주는 것이 좋습니다.

❸ 핵심 요소를 강조하라.

도해는 텍스트보다 직관적이고 높은 전달력을 보일 수 있는 요소입니다. 하지만 도해 역시 여러 개가 나열되어 있을 경우 중요 메시지를 강조해 청중들에게 시선을 유도할 필요가 있습니다. 핵심이 되는 메시지는 강조색과 형태를 다르게 표현해 표현하는 것이 좋습니다.

❹ 도해 작성시에는 클립아트나 이미지 사용을 자제하라.

도해 작성만으로도 한 장의 슬라이드는 이미 많은 이야기를 담게 됩니다. 그러므로 클립아트나 이미지 등의 사용은 가급적 자제하는 것이 좋습니다. 오히려 클립아트나 이미지의 사용을 배제하고 도해를 최대한 부각시켜 표현하는 것이 좋습니다.

- 파워포인트에서는 선, 사각형, 기본 도형, 블록 화살표, 별 및 현수막 등 다양한 도형을 그릴 수 있으며 곡선이나 자유형을 이용하여 도형을 직접 만들 수도 있습니다.

- 스마트 가이드를 통해 슬라이드에 포함한 개체를 균등한 간격으로 배치할 수 있습니다.

- [모양 조정 핸들](🔘)이 나타나는 도형의 경우 핸들을 드래그하여 원하는 모양으로 변경할 수 있습니다. `230P`

- 도형을 복제하기 위해서는 복제할 도형을 선택한 후 `Ctrl`+`D`를 누릅니다. `233P`

- 바로 전 단계로 가기 위해서는 빠른 실행 도구 모음에서 [실행 취소]를 클릭하거나 `Ctrl`+`Z`를 누릅니다. `236P`

- [홈] 탭의 [그리기] 그룹에는 여러 가지 도형을 선택하거나, 정렬이나 도형 채우기 또는 그림자, 반사 등 다양한 도형 효과를 지정합니다. `238P`

- 개체는 배경 색상을 조절하여 색다른 도형을 만들 수 있습니다. 투명도가 100% 일 경우 완전히 투명한 도형이 되며 1~100% 까지 투명도를 줄 수 있습니다. `243P`

- 세이프(Shape) 기능을 통해 두 개의 도형을 합치거나 교차되는 부분을 삭제, 교차, 병합 등을 통해 전혀 다른 도형을 만들 수 있습니다. `244P`

- 그라데이션은 [도형 서식] 창의 [채우기]-[그라데이션 채우기]에서 조정할 수 있습니다. [그라데이션 채우기] 항목에서는 그라데이션 중지점을 비롯해 각도, 방향 등을 조정할 수 있습니다. `247P`

- 파워포인트에 삽입하는 선은 일반 선과 연결 선으로 나눌 수 있습니다. 일반 선은 말그대로 파워포인트에 삽입하는 선을 말합니다. 연결 선은 도형과 도형을 서로 연결해 주는 선으로 연결과 동시에 도형과 하나의 그룹으로 지정됩니다. `253P`

- 스포이트를 통해 특정 색상을 추출하여 원하는 개체에 똑같이 적용할 수 있습니다. 스포이트로 일치시키려는 색을 클릭하여 선택한 텍스트나 도형에 적용할 수 있습니다. `254P`

- SmartArt 그래픽을 사용하면 도해를 만들 때 사용하는 텍스트 및 도형 그리고 모양, 강조 효과를 편하게 제작할 수 있습니다. `258P`

- SmartArt 그래픽에는 목록형, 프로세스형, 주기형, 계층 구조형, 관계형, 행렬형, 피라미드형, 그림의 총 8개의 유형으로 구분됩니다. `260P`

01 첫번째 도형의 서식을 복사하여 나머지 도형에 그대로 적용해 보세요.

예제파일 : SelfTest₩Part 04₩01.pptx   완성파일 : SelfTest₩Part 04₩01_완성.pptx
동영상 해설 : SelfTest₩Part 04₩01.wmv

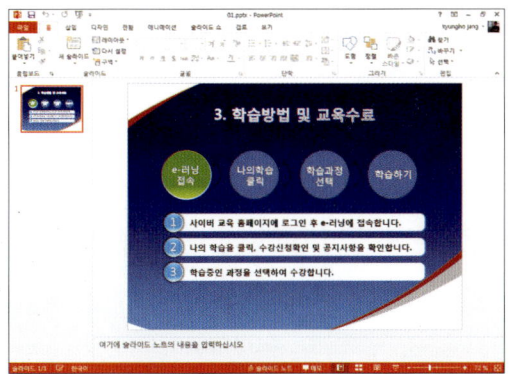 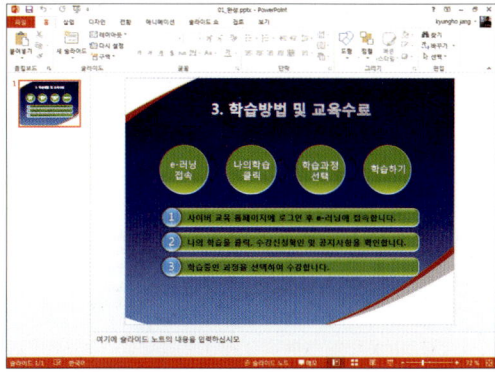

HINT

서식이 지정된 첫 번째 도형을 선택한 후 [홈] 탭-[클립보드] 그룹의 [서식 복사]를 클릭한 후 두 번째 도형을 클릭합니다. 두 번째 도형의 서식이 첫 번째 도형의 서식으로 복사됩니다.

02 스포이트 기능으로 색상을 추출하여 텍스트에 적용해 보세요.

예제파일 : SelfTest₩Part 04₩02.pptx   완성파일 : SelfTest₩Part 04₩02_완성.pptx
동영상 해설 : SelfTest₩Part 04₩02.wmv

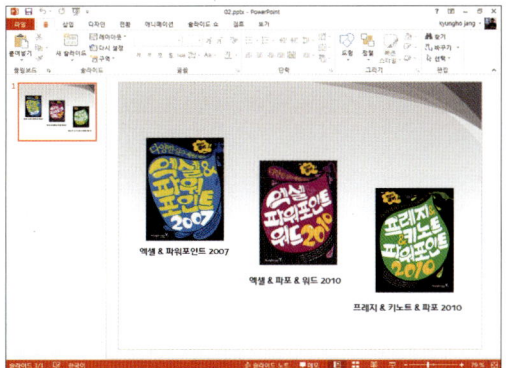 

HINT

[홈] 탭-[글꼴] 그룹에서 [글꼴 색]의 화살표를 클릭한 후 [스포이트]를 클릭합니다. 가져오고 싶은 색상에 마우스 커서를 올리면 스포이트 커서가 나타나면서 색상을 표시해 줍니다.

05

사진과 멀티미디어 기능
활용하기

POWERPOINT · 2013

기존 영상 편집 프로그램에서나 가능하던 오디오, 비디오 편집 기능을 파워포인트 2013에서 바로 적용할 수 있습니다. 오디오나 비디오에서 원하는 부분만 편집하여 재생할 수 있으며, 유튜브나 웹 사이트에서 보았던 동영상을 바로 스트리밍으로 바로 연결할 수 있습니다. 이번 파트에서는 이미지와 그림을 삽입하고 꾸미는 다양한 방법과 오디오, 비디오 편집 기능에 대해서 살펴보도록 하겠습니다.

이미지와 색상표 이해하기

파워포인트에서 자주 활용되는 기능 중 사진과 멀티미디어 기능만큼 자주 사용되는 기능도 없습니다. 이번 Lesson에서는 삽입하는 이미지의 색상, 명도, 채도를 비롯해 색상표에 대해서 살펴보고 슬라이드 작업을 위한 이미지의 크기 및 색상 조합에 대해서 살펴보도록 하겠습니다.

기초 탄탄 ▶ 이미지 크기와 색상표

■ 이미지 원본 크기와 압축 후 크기

파워포인트에서는 아무리 고해상도의 이미지라고 해도 슬라이드 크기에 맞춰 축소되기 때문에 쓸데없이 용량만 늘어나는 경우도 발생합니다. 이럴 경우에는 파워포인트 자체 기능으로 이미지의 용량을 줄여 다시 가져오거나 그림을 압축하여 이미지 크기를 조절할 수 있습니다.

위 그림에서 보듯이 파일의 용량이 3.63MB인 슬라이드 파일을 압축을 통해 180KB로 줄일 수 있습니다. 슬라이드 전체에 삽입된 그림을 압축하여 파워포인트의 용량을 조절하기 위해서는 [다른 이름으로 저장]을 하여 [도구]를 클릭한 후 [그림 압축] 대화 상자가 나타나면 [잘려진 그림 영역 삭제]에 체크 표시를 한 후 [문서 해상도 사용]을 선택합니다.

■ 포토샵에서 이미지 크기 조정하기 283P

파워포인트의 [그림 압축] 대화상자를 통해 이미지 크기를 조정할 수 있지만 이 방법 이외에 이미지의 용량을 처음부터 조절하여 가져오는 방법이 있습니다. 이는 포토샵과 같은 이미지 편집 프로그램을 사용하면 해결할 수 있는데 포토샵에서 이미지를 편집하여 파워포인트로 가져온다고 가정했을 경우 먼저, 도큐먼트 출력 사이즈는 72dpi에서 96dpi로 조절합니다. 그런 다음 가로 960 픽셀, 세로 720 픽셀 사이즈로 도큐먼트를 불러온 후 이 크기대로 이미지를 저장하면 슬라이드의 전체 크기로 이미지를 불러올 수 있습니다.

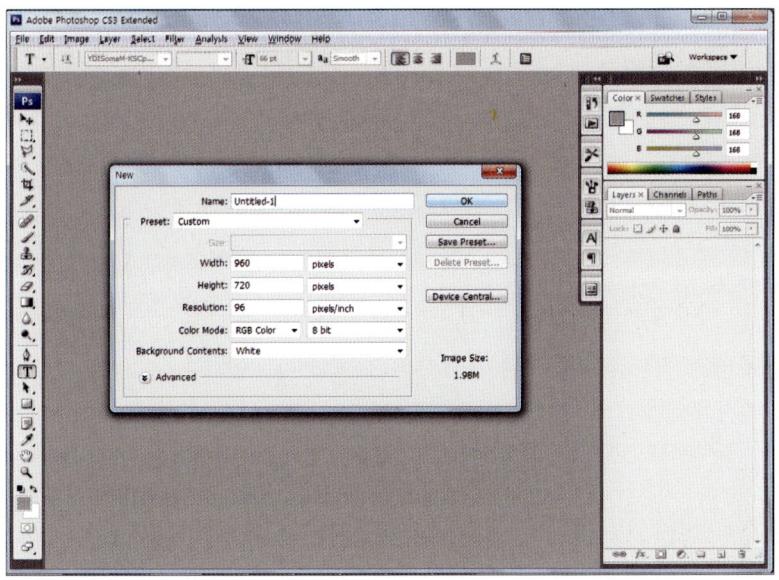

▲ Resolution : 96dpi, 가로 : 960 픽셀, 세로 : 720 픽셀

출력 사이즈가 96dpi이면서 가로 960 픽셀, 세로 720 픽셀이라면 파워포인트 슬라이드에 최적화된 크기로 작업을 진행할 수 있으며, 파일의 용량도 최적화하여 실행할 수 있습니다.

■ 색이 주는 느낌

각각의 색상에 따라서 색이 주는 느낌이 있습니다. 슬라이드를 작성할 때에는 이런 색이 주는 느낌을 숙지하고 비슷한 색상으로 디자인하는 것이 중요합니다.

특히 빨강, 주황, 노랑 등은 주목성이 높은 색상인데 이를 따뜻한 느낌의 온색이라 하여 난색이라 하며, 초록, 파랑, 남색 등은 차가운 느낌이 드는 한색이라 할 수 있습니다.

흰색	✿	순수, 순결, 깨끗
검정	✿	침묵, 부정, 암흑, 죽음, 세련, 우아
빨강	✿	정렬, 열정, 공격, 경고
주황	✿	건강, 에너지, 활동, 활기, 따뜻
노랑	✿	생동, 상쾌, 친절, 여성
초록	✿	젊음, 환경, 자연, 건강
파랑	✿	믿음, 젊음, 신뢰, 남성
남색	✿	숭고, 냉철
보라	✿	우아, 고급, 세련
자주	✿	승리, 열정, 패기

색상표는 색상을 선택할 때 어떤 색상이 조화로운지, 색상의 상관관계가 색 배열에 어떤 영향을 미치는 지를 알려주는 중요한 도구입니다. 참고로 색상환에는 12가지 색상이 있으며, 삼원색은 파란색, 노란 색, 빨간색이며, 이 세가지 색상을 섞어 이차색을 만들고, 삼원색과 이차색을 섞어 삼차색을 만들게 됩 니다.

■ 색상(Hue)

색상이란 빨강, 파랑, 노랑 등 우리가 눈으로 느낄 수 있는 다양한 색상을 말합니다. 색상이란 색의 종 류를 말하며, 명도는 색의 밝고 어두운 정도, 채도는 색의 맑고 탁함을 말합니다. 즉, 각각 색의 성질이 나 명칭을 말하는데, 참고로 유채색에만 있으며 표준 20색을 늘어놓은 것을 20 색상환이라고 합니다. 이 색상은 파워포인트에서 [색] 대화상자를 통해 지정할 수 있으며 [사용자 지정] 탭에서는 빨강(R), 녹 색(G), 파랑(B)의 RGB 값을 조정함으로써 다양한 색상을 만들 수 있습니다.

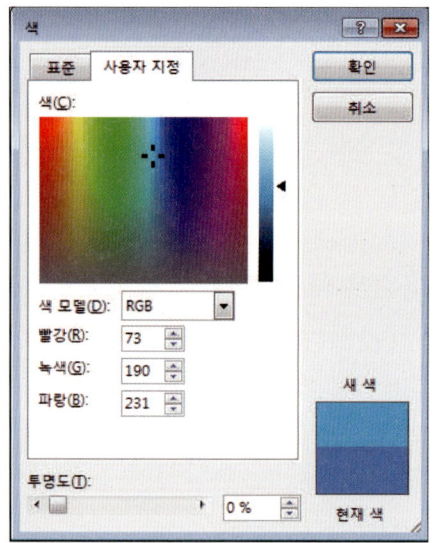
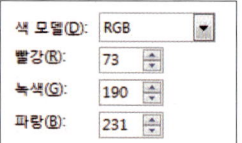

▲ 색상

■ 명도(Lightness/Value)

명도는 색의 밝고 어두운 정도를 나타내는 것으로서 명도는 색의 명시성과 가독성을 결정지어 주는 중요한 요소입니다. 명도는 파워포인트에서 [색] 대화상자의 [사용자 지정] 탭에서 조절할 수 있습니다. 밝은 색에 가까울수록 고명도이며, 어두운 색에 가까울수록 저명도입니다. 참고로, 명도가 가장 높은 색은 흰색이고 가장 낮은 색은 검정입니다.

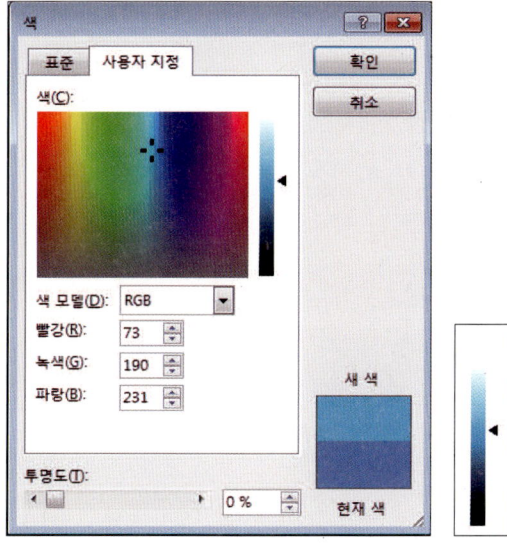

▲ 명도

■ 채도(Chroma/Saturation)

채도는 색의 맑고 탁한 정도를 나타내는 것을 말합니다. 즉, 색의 선명한 정도를 말하는데 순색일수록 채도가 높고, 여러 가지 색이 섞여 있을 경우 채도가 낮다고 합니다. 파워포인트의 [색] 대화상자에서 보면 색상표의 위에 있는 색일수록 순색이므로 채도가 높고, 아래에 있는 색일수록 채도가 낮습니다.

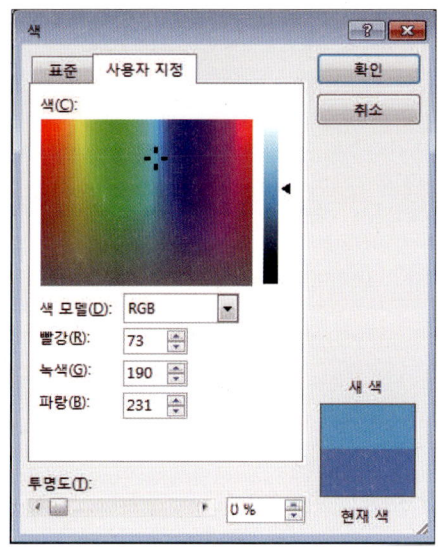

▲ 채도

■ 먼셀의 20 색상환

먼셀의 20 색상환은 색상의 변화를 표시하기 위해 여러 색상을 둥근 원으로 표현한 것을 말합니다. 20 색상환은 빨강, 노랑, 초록, 파랑, 보라의 기본 5가지 색을 바탕으로 5가지 색의 중간색인 주황, 황록, 청록, 남색, 자주를 첨가한 다음 10가지의 중간색을 첨가하여 20 색상환이 만들어졌습니다.

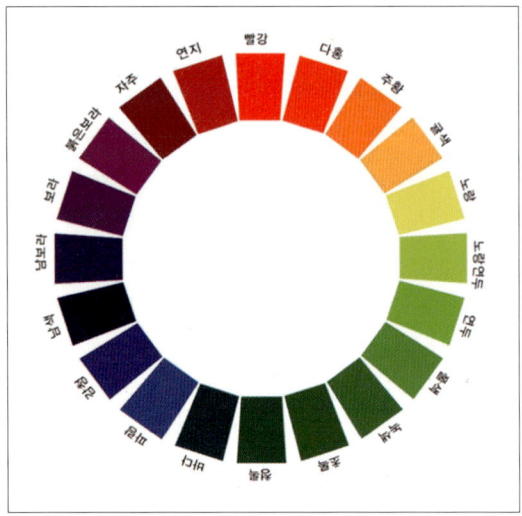

▲ 먼셀의 20 색상환

색상환에서 거리가 가장 먼 색 즉, 색 생환에서 서로 마주보고 있는 색상을 보색이라 하고, 색상차가 작은 색들로 색상환에서 가장 가까운 거리의 색을 유사색이라고 합니다. 그리고 색상차가 큰 색들로 색상환에서 서로 다른 색이나 거의 반대편에 위치한 색들을 반대색이라고 합니다.

STEP 02 ● 스토리를 위한 이미지의 적절한 크기

스토리를 위한 이미지는 고해상도에 단순하면서도 직관적인 이미지여야 합니다. 하지만 고해상도라고 해서 무조건 높은 해상도의 이미지를 의미하는 것은 아닙니다.

예제 파일ㅣ CD\Part 05\이미지.pptx **완성 파일ㅣ** CD\Part 05\이미지_완성.pptx

01. 예제 파일을 열면 5장의 이미지 슬라이드가 열립니다. 이미지로 인해 용량이 크게 늘어났기에 이미지 크기를 조절해 보도록 하겠습니다. 이미지를 선택한 후 [그림 도구]–[서식] 상황별 탭에서 [조정] 그룹–[그림 압축]을 클릭합니다. [그림 압축] 대화상자가 나타나면 [압축 옵션]–[이 그림에만 적용], [잘려진 그림 영역 삭제]에 체크 표시를 합니다. [대상 출력]에 [문서 해상도 사용]을 선택한 후 [확인]을 클릭합니다.

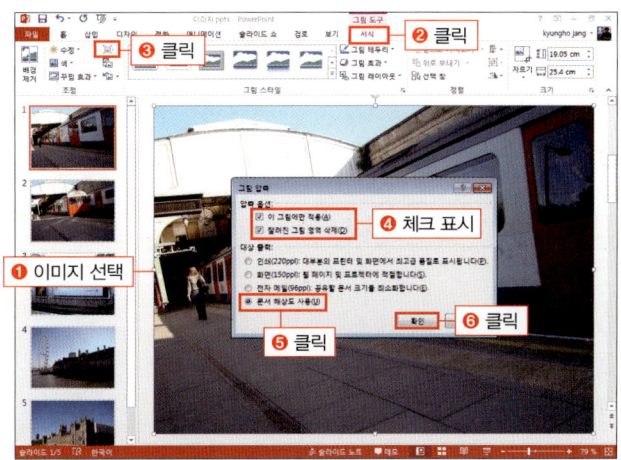

> **TIP :** [그림 압축] 대화상자에서 [압축 옵션]–[이 그림에만 적용]에 체크 표시를 하지 않으면 전체 이미지의 그림이 압축됩니다.

02. 이번에는 [다른 이름으로 저장] 대화상자에서 그림을 압축해 보도록 하겠습니다. [파일] 탭–[다른 이름으로 저장]을 클릭한 후 [컴퓨터]–[찾아보기]를 선택합니다. [다른 이름으로 저장] 대화상자가 나타나면 [도구]–[그림 압축]을 클릭합니다.

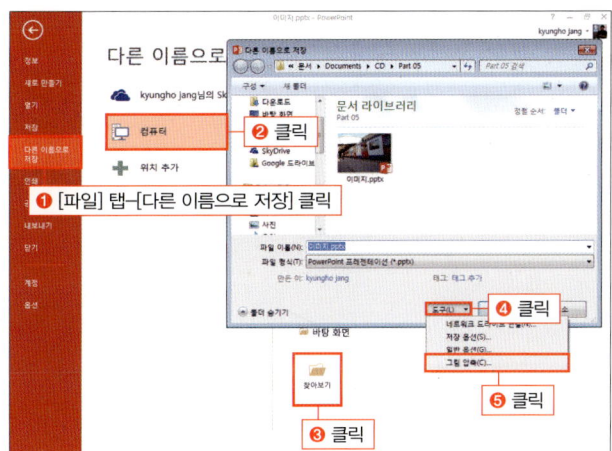

03. [그림 압축] 대화상자가 나타나면 [대상 출력]-[전자 메일(96ppi)]를 선택한 후 [확인]을 클릭합니다.

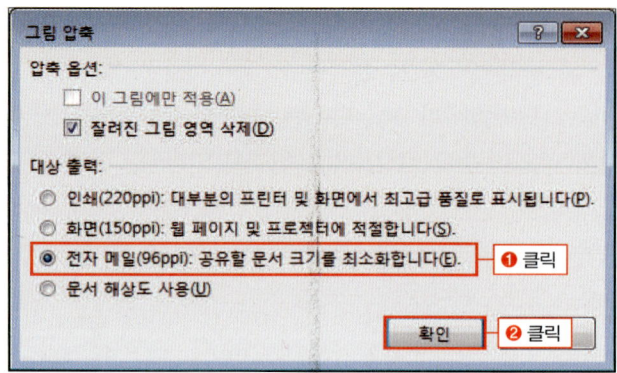

04. 압축 전과 압축 후 슬라이드 파일의 크기를 비교해 보겠습니다. 내 컴퓨터를 연 후 압축 전과 압축 후 파일의 용량을 확인합니다. 압축 후 슬라이드 파일의 크기가 현저히 작은 것을 알 수 있습니다. 이처럼 이미지나 사진으로 인해 파일의 용량이 클 경우 그림 압축을 통해 조절할 수 있습니다.

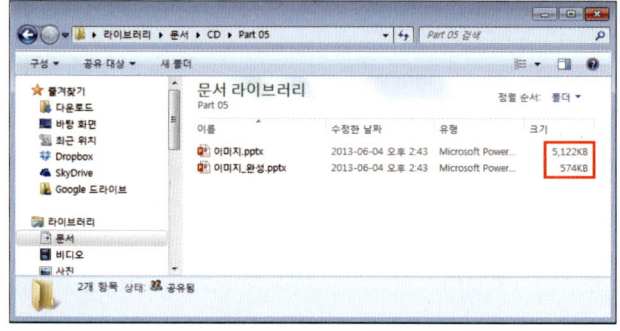

황금비율이란 우리가 알고 있는 직사각형 비율, 즉 1:1.618의 비율을 말합니다. 보통 구도가 잘 갖춰진 이미지는 이런 황금비율이 잘 적용된 이미지라 할 수 있습니다.

이런 황금비율은 학생들의 교과서나 신용카드, 핸드폰, 명함 등 다양하게 응용되고 적용되고 있습니다. 물론 프레젠테이션을 할 때에도 황금비율의 원칙은 그대로 적용이 되는데 보통 안정감과 편안함을 느낄 수 있도록 하는 구도로서 표준비율이라고도 합니다. 또한, 보통 가로 3등분과 세로 3등분한 선을 분할 선이라고 하며, 교차되는 지점을 교점이라고 합니다. 즉, 화면을 수직, 수평으로 나누어 9개의 사각형을 만들어 교차 지점에 피사체를 위치시키는 분할 방법을 의미하는 것으로 3등분 법칙이라고도 합니다.

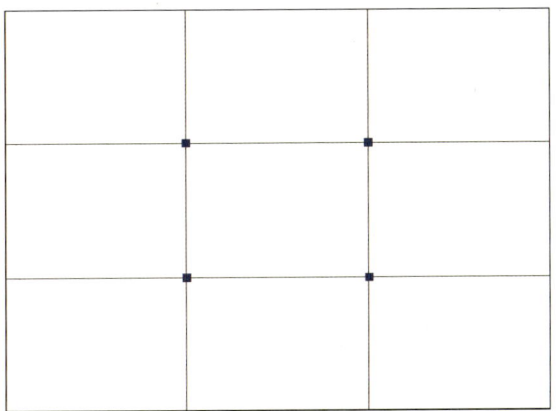 

황금비율이라고 불리는 3등분 법칙은 사진 기술에서 기본적으로 다루는 기술이라 할 수 있습니다. DSLR 등의 카메라에도 피사체를 뷰파인더로 바둑판 모양으로 나눠 9개의 사각형을 만들 수 있으며, 9개의 사각형의 각 교차점을 활용하여 피사체를 위치를 조절하여 사진을 찍을 수 있도록 안내하고 있습니다. 사람들이 시각적으로 어색하지 않고 가장 안정적이고 조화로운 비율이 바로 황금비율이기 때문에 이 원칙을 이해하고 있다면 프레젠테이션 디자인을 할 때에도 적용할 수 있습니다.

프레젠테이션에서 3등분 법칙은 슬라이드에 넣은 텍스트나 이미지 등 개체의 전체적인 균형이나 배열을 맞춘다거나 슬라이드 내의 시선 처리의 위치를 조절할 때 유용하게 활용할 수 할 수 있습니다. 또한, 피사체나 텍스트를 정가운데 배치하는 것보다 가장자리나 선의 교차점 부근에 배치하여 시각적으로 안정감과 편안함을 줄 수 있습니다.

스타일 가이드와 색상 조합을 위한 Kuler

보통 파워포인트에서는 슬라이드 마스터가 스타일 가이드 역할을 대신하기도 하지만 회사나 개인별로 주로 사용하는 색상과 이미지, 그리고 템플릿 등을 정리해 놓은 문서가 스타일 가이드가 되기도 합니다.

1. 스타일 가이드(Style Guide)

스타일 가이드(Style Guide)란, 프레젠테이션에서 공통적으로 사용될 디자인을 미리 정의해 놓은 문서를 말합니다. 파워포인트에서는 이를 앞에서 배운 가이드라인 혹은 슬라이드 작성 가이드 등의 이름으로 사용되기도 합니다.

아무리 잘된 기획으로 내용을 구성하였다고 하더라도 일관성 없는 색상과 스타일로 슬라이드가 구성되면 결과론적으로 실패할 프레젠테이션이 될 수 있습니다. 기업의 아이덴티티를 유지하고 최소한의 슬라이드 레이아웃을 지키면서 색상과 스타일을 유지하는 것이 가이드라인, 즉 스타일 가이드가 필요한 이유입니다.

디자이너 여럿이서 슬라이드 디자인 작업을 진행하게 된다면 특히 규격화된 스타일 가이드가 필요합니다. 스타일 가이드의 내용을 준수하여 슬라이드의 틀이나 폰트, 색상 등 일관성이 있는 디자인이 나오게 될 것이기 때문입니다. 만일 회사의 로고 색상으로 규격화된 스타일을 만들기 원한다면 Kuler 서비스를 이용하면 됩니다. Kuler는 Adobe사에서 제공하는 색 배합 소프트웨어로서 색 보기, 배합 등 다양한 색상을 추출할 수 있으며, 포토샵 등의 프로그램으로 색상을 가져와 작업을 가능하게 합니다.

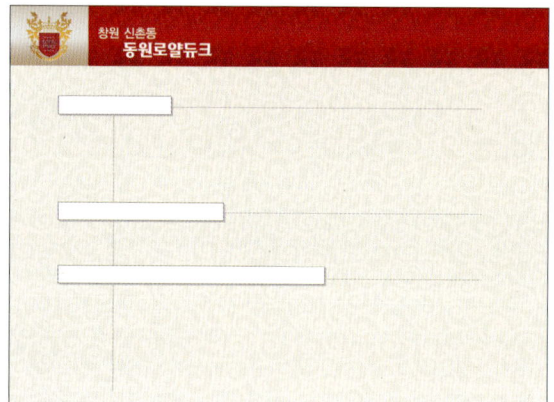
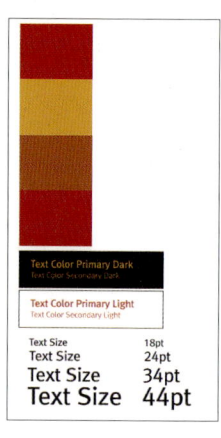

2. 색상 조합을 찾아주는 Adobe사의 Kuler

Adobe사의 Kuler 서비스(http://kuler.adobe.com)를 이용하면 색상의 전문적인 감각이 없어도 슬라이드 상에서 색상 배합을 적용할 수 있습니다. 특히 회사의 아이덴티티를 유지하기 위해 회사의 로고 색상을 추출하여 프레젠테이션의 슬라이드 색상으로 그대로 사용할 수도 있습니다.

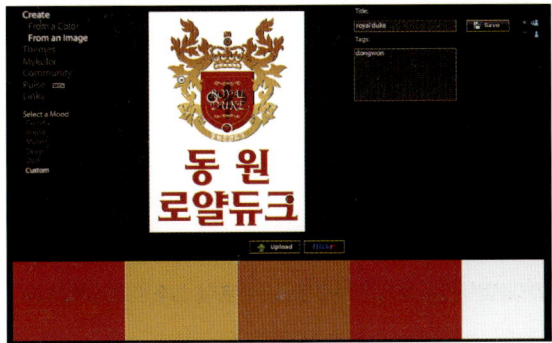

▲ Kuler 사이트에서 회사 로고 색상 추출

▲ 추출된 색상으로 슬라이드 배경 제작

회사 로고의 색상 배합을 활용해 슬라이드 배경 작업은 물론이고 슬라이드 내용 작성도 할 수 있습니다. 물론 Kuler를 활용하면 로고에서 색상을 추출하지 않더라도 다른 사용자가 올린 색상 조합을 활용해 최적의 색상을 추출할 수 있습니다. Kuler에는 여러 사용자가 올려놓은 다양한 색상 조합을 볼 수 있습니다. 그 중 가장 추천을 많이 받은 색상 조합이나 생각하고 있는 색상 조합을 선택해 프레젠테이션에 그대로 적용할 수 있습니다.

▲ 인기 있는 Kuler 색상 조합

색상 조합에 대한 가이드라인은 Kuler 와 같은 사이트를 이용하면 생각보다 쉽게 슬라이드에 적용할 수 있습니다. 그 외의 가이드라인이 필요하다면 지금 당장 여러분만의 스타일 가이드를 만들어 보기 바랍니다. 가이드라인에 특별한 규칙은 없기 때문에 제목 및 내용 글꼴 크기나 서체, 가로 및 세로 여백 등 슬라이드 작업시 지켜야하는 내용들을 명시해 슬라이드 작업시 규격이나 규칙을 지정해 보기 바랍니다.

구글을 통해 이미지 출처 정보 찾아내기

최근 저작권이 강화되어 외부로 배포되는 이미지의 경우에는 저작권 등에 문제가 없도록 출처 표시하거나 저작권에 문제가 없는 이미지를 사용하는 것이 중요합니다. 만일, 이미지의 출처를 알지 못한다면 어떨까요? 구글을 통하면 이미지 출처를 파악하는 일도 쉽게 할 수 있습니다.

예제 파일 | CD₩Part 05₩naver.png

01. 먼저, http://images.google.com 에 접속한 후 [이미지로 검색]을 클릭합니다.

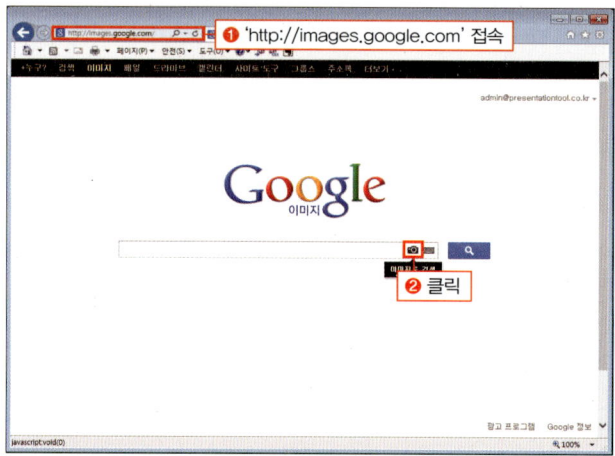

> **TIP :** 인터넷에서 다운로드 받은 이미지나 내 컴퓨터에 저장된 이미지가 어떤 경로를 가지고 저장되었는지 알고 싶거나 이미지를 가져온 인터넷 주소를 표시하고 싶을 때 이미지를 검색하는 것만으로도 확인할 수 있습니다.

02. [이미지 업로드]를 클릭한 후 이미지 출처를 알고 싶은 이미지를 추가합니다.

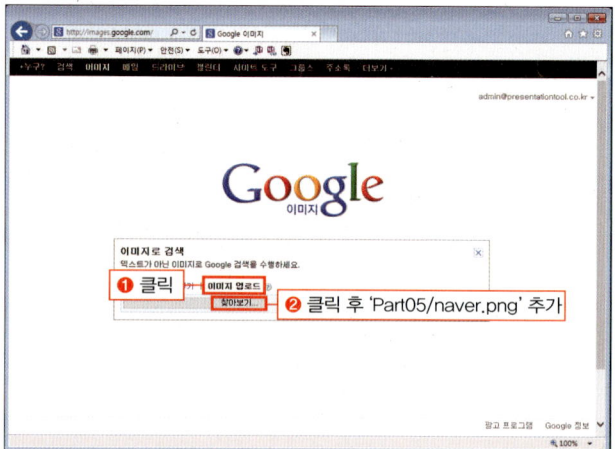

03. 잠시 후 관련된 이미지가 출처와 함께 표시됩니다.

TIP : 프레젠테이션 슬라이드 작업시 이미지의 출처를 알지 못할 때 구글의 이미지 서비스를 이용하면 간단하게 이미지의 출처나 링크 주소를 알 수 있습니다.

LESSON

02 이미지와 그림 삽입하기

레 벨 ● ● ○

슬라이드에 그림이나 사진과 같은 이미지를 삽입하면 프레젠테이션의 사실감이나 청중의 이해도를 높일 수 있습니다. 특히 이미지를 삽입하려면 슬라이드의 내용에 적합한 이미지를 삽입해야 하며, 슬라이드의 배경이나 구성에 어울리게 이미지를 편집할 수 있어야 합니다.

기초탄탄 ▶ 그림과 그림 스타일

■ [그림 도구]-[서식] 상황별 탭

그림을 삽입하거나 슬라이드에 삽입된 그림을 선택하면 리본 메뉴에 [그림 도구] 상황별 탭의 [서식] 탭이 나타납니다. [서식] 탭에는 다양한 그림과 관련된 기능들이 나타납니다.

❶ 배경 제거 : 이미지의 배경을 제거합니다.

❷ 수정 : 이미지의 선명도와 밝기 및 대비 효과를 지정합니다.

❸ 색 : 채도, 색조 등의 효과를 지정합니다.

❹ 꾸밈 효과 : 스케치, 페인트 브러시 스타일 등 다양한 꾸밈 효과를 지정합니다.

❺ 그림 압축 : 그림을 압축하여 용량을 줄입니다.

❻ 그림 바꾸기 : 현재 적용되어 있는 서식은 유지한 채 그림을 바꿉니다.

❼ 그림 원래대로 : 그림을 초기 상태로 되돌립니다.

❽ 그림 스타일 : 그림에 스타일을 적용합니다.

❾ 그림 테두리 : 색, 두께 선 스타일을 변경합니다.

❿ 그림 효과 : 그림자, 네온 반사 등의 효과를 적용합니다.

⓫ 그림 레이아웃 : 그림을 레이아웃으로 지정합니다.

⓬ 앞으로 가져오기 : 선택한 그림을 맨 앞으로 정렬합니다.

⓭ 뒤로 보내기 : 선택한 그림을 맨 뒤로 정렬합니다.

⑭ **선택 창** : 순서를 변경할 수 있는 선택 창을 표시합니다.

⑮ **맞춤** : 선택한 그림들을 상하 좌우에 맞추거나 간격을 조절합니다.

⑯ **그룹** : 선택한 그림들을 그룹으로 지정합니다.

⑰ **회전** : 선택한 그림들을 회전, 대칭 이동합니다.

⑱ **자르기** : 그림을 원하는 크기로 자릅니다.

⑲ **높이 및 너비** : 그림의 높이 및 너비를 입력하여 직접 조절합니다.

■ 옵션( ) 단추

슬라이드에 그림 효과를 지정하면 여러 가지 옵션을 지정할 수 있습니다. [그림 도구]–[서식] 상황별 탭에서 [그림 스타일] 그룹의 [옵션] 단추나 [크기] 그룹의 [옵션] 단추 등을 눌러 [그림 서식] 창을 불러옵니다.

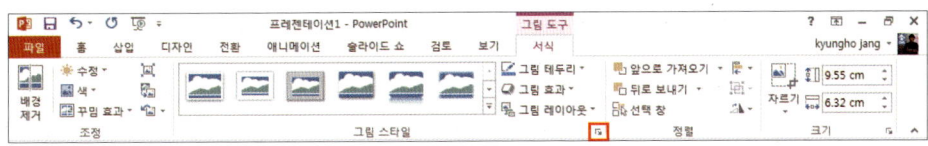

채우기 및 선

삽입한 개체에 색상을 채우거나 그라데이션, 그림, 패턴 등을 지정할 수 있습니다. 또한, 선 서식을 지정하여 겹선 종류나 대시 종류 등을 지정할 수 있습니다.

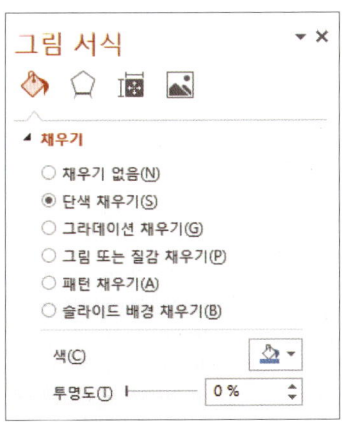

효과

그림자를 비롯해 반사, 네온, 부드러운 가장자리 등의 효과를 지정할 수 있으며, 3차원 서식이나 회전 효과도 지정할 수 있습니다.

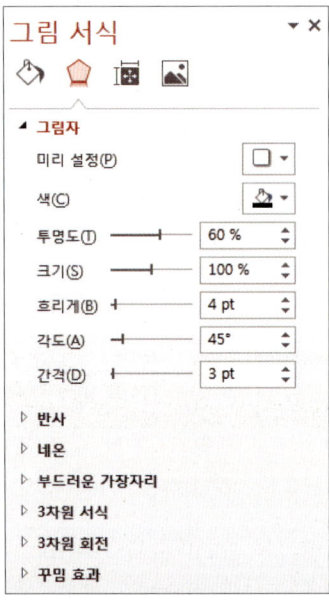

크기 및 속성

삽입한 개체의 높이나 너비를 지정할 수 있으며, 가로나 세로 위치를 입력해 위치도 조정할 수 있습니다.

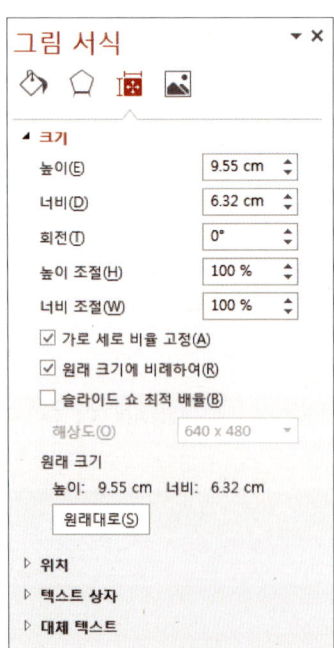

그림

그림의 선명도나 밝기/대비를 조정하거나 색의 채도나 색조 등을 지정할 수 있습니다. 또한, 자르기를 통해 그림의 크기를 조정할 수 있습니다.

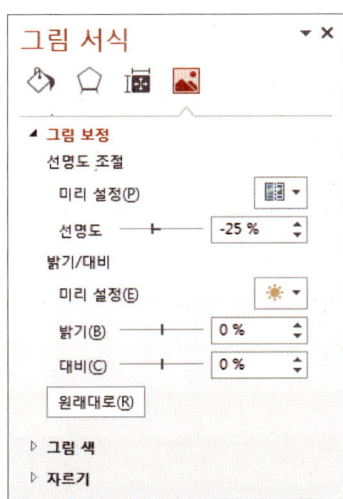

다양한 종류의 그림 파일을 슬라이드에 삽입할 수 있습니다. .jpg나 .gif는 물론 .emf나 .png, .tif 등의 확장자를 지닌 파일도 삽입할 수 있습니다.

예제 파일 | CD₩Part 05₩그림개체.pptx, pic_01.png, pic_02.png, pic_03.png   **완성 파일 |** CD₩Part 05₩그림개체_완성.pptx

01. [삽입] 탭–[이미지] 그룹에서 [그림]을 클릭합니다. [그림 삽입] 대화상자가 나타나면 'Pic_01.png', 'Pic_02.png', 'Pic_03.png'을 **Ctrl** 을 눌러 선택한 후 [삽입]을 클릭합니다.

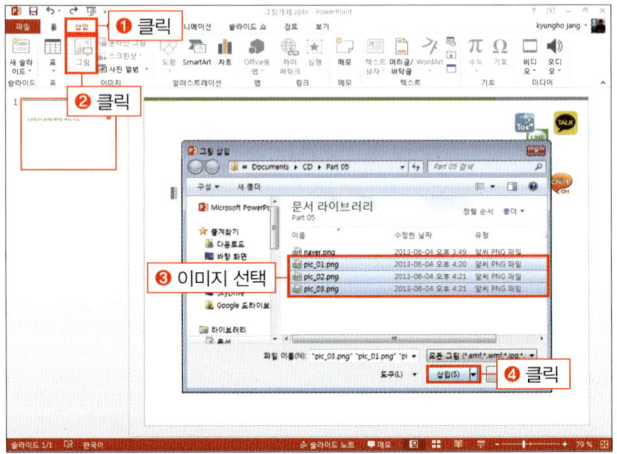

02. 그림이 삽입되면 그림의 위치를 조정합니다. 스마트 그리드가 나타나면서 간격을 일정하게 조정할 수 있습니다.

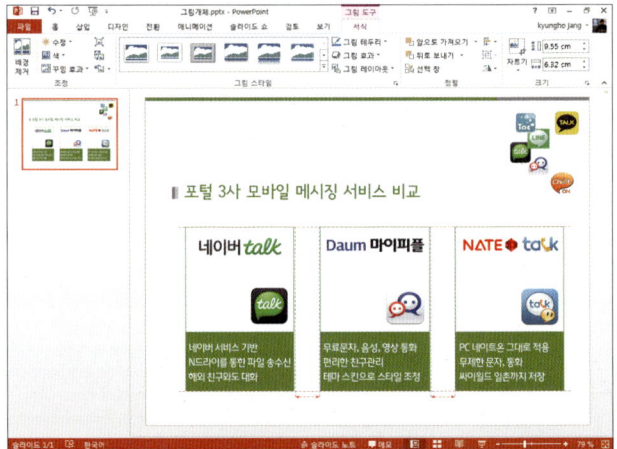

TIP : [그림 삽입] 대화상자의 [삽입] 옵션

[그림 삽입] 대화상자의 [삽입]의 화살표를 클릭하면 다양한 옵션이 나타납니다. [파일에 연결]은 슬라이드에 그림을 연결만 하는 것으로, 원본 그림을 수정하면 슬라이드에 연결된 그림도 함께 수정됩니다. [삽입 및 연결]은 슬라이드에 그림을 삽입함과 동시에 연결합니다.

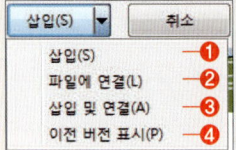

❶ 삽입 : 슬라이드에 그림을 삽입합니다.
❷ 파일에 연결 : 슬라이드에 그림을 삽입하는 것이 아니라 연결만 합니다. 원본 그림을 수정하면 슬라이드에 연결된 그림도 함께 수정됩니다.
❸ 삽입 및 연결 : 슬라이드에 그림을 삽입함과 동시에 연결합니다.
❹ 이전 버전 표시 : 이전 버전의 폴더를 열어 이미지를 삽입할 수 있습니다.

STEP 02 • 그림 스타일 지정하기

파워포인트에 그림을 삽입하면 다양한 스타일로 그림을 꾸밀 수 있습니다. [그림 도구]–[서식] 탭을 활용하여 다양한 그림 효과를 만들어 봅니다.

01. 그림에 반사 효과를 주기 위해 **Ctrl** 을 눌러 세 개의 그림을 선택합니다. [그림 도구]–[서식] 상황별 탭에서 [그림 스타일] 그룹–[그림 효과]를 클릭한 후 [반사]를 선택한 후 원하는 반사 효과를 선택합니다.

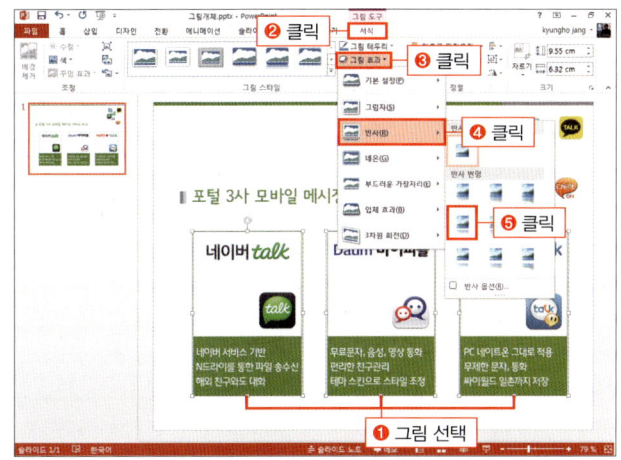

02. 반사 효과가 지정됩니다. 반사 효과를 비롯해 그림자, 네온, 입체 효과, 3차원 회전 등 다양한 효과를 적용할 수 있습니다.

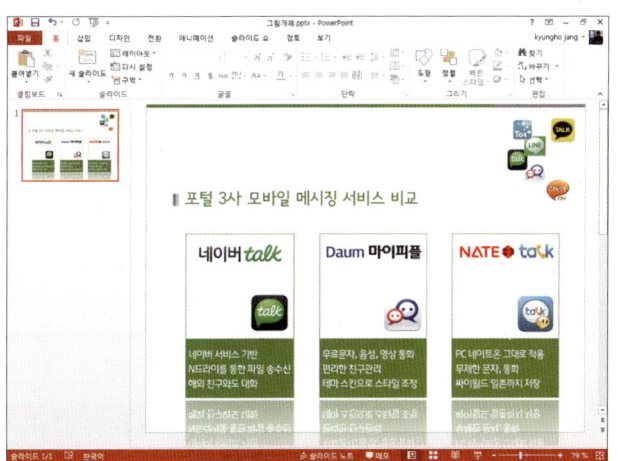

TIP : [그림 서식] 창

[그림 도구]–[서식] 상황별 탭에서 [그림 스타일] 그룹에서 대화상자 표시 아이콘을 클릭하면 [그림 서식] 작업 창이 나타납니다. 투명도를 비롯해 크기, 간격 등 다양한 옵션을 지정할 수 있습니다.

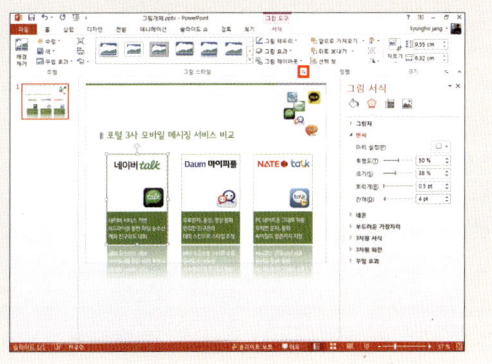

파워포인트 2013에서는 온라인으로 이미지나 그림 파일을 검색하여 삽입할 수 있습니다. 온라인 그림은 Office.com 클립 아트나 Bing 사이트의 이미지, 혹은 SkyDrive 계정의 이미지를 삽입할 수 있습니다.

예제 파일 | CD₩Part 05₩온라인그림.pptx

01. [삽입] 탭-[이미지] 그룹에서 [온라인 그림]을 선택합니다. [그림 삽입] 창이 나타납니다. 여기서는 Office.com 클립 아트를 통해 이미지를 찾아보도록 하겠습니다. [Office.com 클립 아트] 검색창에 『직장인』을 입력한 후 [찾기]를 클릭합니다.

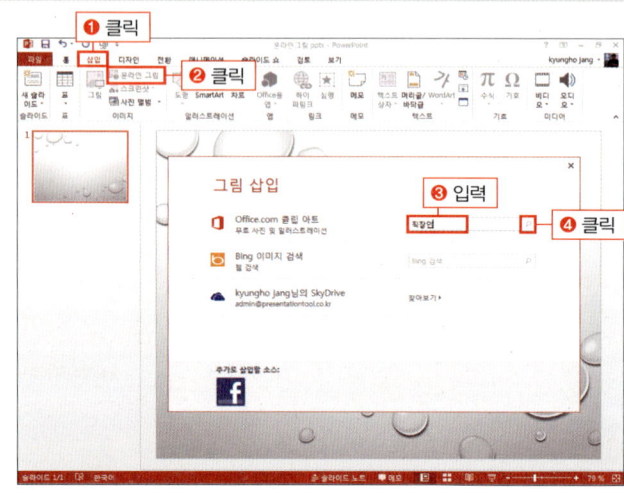

02. 다양한 이미지가 검색됩니다. 사용하기 원하는 이미지를 클릭합니다. [삽입]을 클릭합니다.

TIP : [확대]를 클릭하면 이미지가 확대되면서 보다 큰 화면으로 이미지를 확인할 수 있습니다.

STEP 04 · 그림에 투명한 색 설정하기

파워포인트에 삽입한 그림은 그 어떤 그림이라도 배경 등 원하는 부분을 투명하게 없앨 수 있습니다. 물론 정밀하게 조정하기는 힘들지만 간단하게 투명한 색을 설정하고 싶을 때에는 유용하게 사용됩니다.

01. 그림을 투명하게 만들기 위해 그림을 선택하고 [그림 도구]–[서식] 상황별 탭에서 [조정] 그룹–[색]을 클릭한 후 [투명한 색 설정]을 선택합니다.

02. 마우스 커서 모양이 변경됩니다. 투명하게 만들고 싶은 부분을 클릭합니다.

03. 배경이 투명하게 변경됩니다.

Step 02. 그림에 투명한 색 설정하기는 그림에서 쉽게 배경 등의 부분을 없앨 수 있지만 보다 정밀하게 투명한 색으로 설정하지 못합니다. 이를 보완해 주는 기능이 바로 '그림 배경 제거하기'입니다.

01. 먼저 사진을 원래대로 되돌리도록 하겠습니다. [실행 취소]( )를 클릭한 후 사진을 원래대로 되돌리거나 [그림 도구]-[서식] 상황별 탭에서 [조정] 그룹-[그림 원래대로]-[그림 원래대로]를 선택합니다.

> **TIP** : 그림을 투명하게 만들거나 그림 스타일 등을 지정하였으나 마음에 안 들어 다시 조정하고 싶은 경우 [실행 취소]( )를 누르거나 [서식] 탭-[조정] 그룹-[그림 원래대로]를 클릭해 원래 이미지로 되돌아올 수 있습니다.

02. [그림 도구]-[서식] 상황별 탭에서 [조정] 그룹의 [배경 제거]를 클릭합니다.

03. [배경 제거] 탭이 나타나면서 그림의 영역을 보관하거나 제거할 수 있습니다. 그림 영역을 드래그하여 변경합니다.

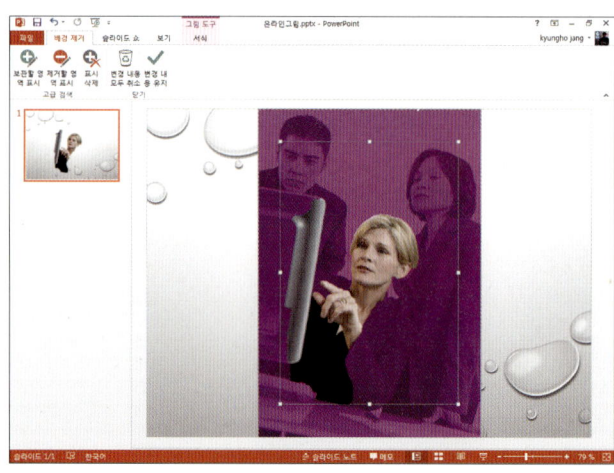

> **연관 검색** 파워포인트 작업을 하다보면 실행 취소(**Ctrl** + **Z**) 단축키를 사용하는 경우가 많습니다. 236페이지에서 자세히 다루고 있으니 이를 참고하시기 바랍니다.

04. [배경 제거] 탭−[고급 검색] 그룹에서 [보관할 영역 표시]를 클릭한 다음 마우스로 보관할 영역을 드래그하여 지정합니다.

05. 보관할 영역이 지정되었으면 이번에는 제거할 부분을 지정하기 위해 [배경 제거] 탭−[고급 검색] 그룹−[제거할 영역 표시]를 클릭한 다음 제거할 배경이 포함되어 있는 부분을 드래그하여 지정합니다. [닫기] 그룹의 [변경 내용 유지]를 클릭합니다.

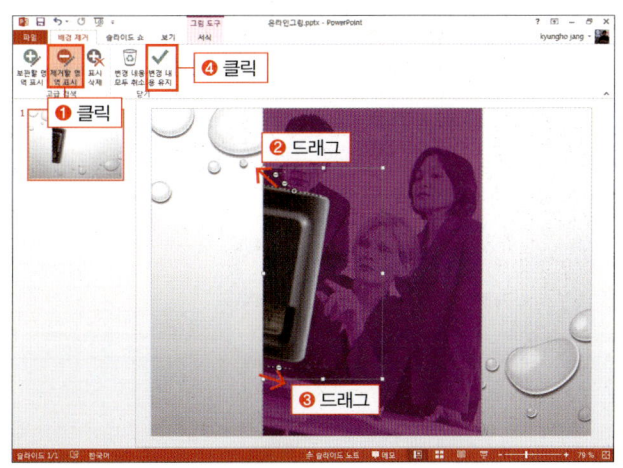

06. 그림과 같이 배경이 제거됩니다. [배경 제거] 기능은 [투명한 색 설정하기] 보다 다소 디테일하게 배경을 제거할 수 있으며, 원하는 부분만 남겨놓을 수 있는 기능입니다.

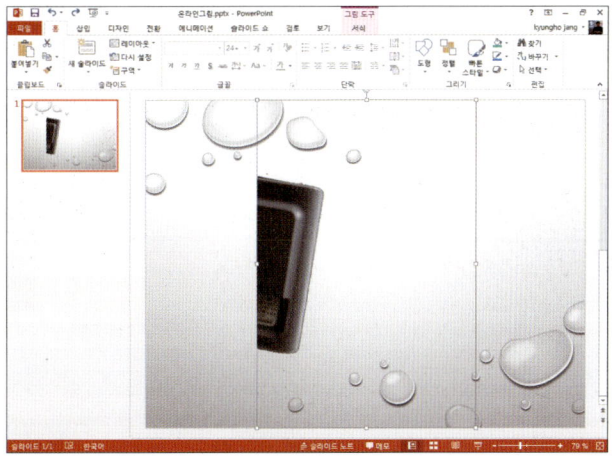

포토샵으로 그래픽 이미지 만들기

정보나 자료 혹은 지식을 시각적으로 표현해 주는 인포그래픽을 활용하면 보다 알기 쉽게 슬라이드를 디자인할 수 있습니다. 여기서는 포토샵을 활용해 사람 모양의 이미지를 만들고 이를 파워포인트에서 복사해 슬라이드를 완성해 보도록 하겠습니다.

1. 3차원 느낌의 숫자 그래픽 만들기

이번 예제를 따라하기 위해서는 포토샵 프로그램이 있어야 합니다. 어도비 홈페이지(http://www.adobe.com/kr/downloads/)에서 포토샵 30일 시험판 등을 다운로드 받아 설치한 후 포토샵을 엽니다.

01. 포토샵을 연 다음 `Ctrl`+`N`을 눌러 [New] 대화 상자를 불러옵니다. [Width]에 『600 pixcels』을 입력합니다. [Height]에는 『300 pixcels』을 입력한 후 [OK]를 클릭합니다.

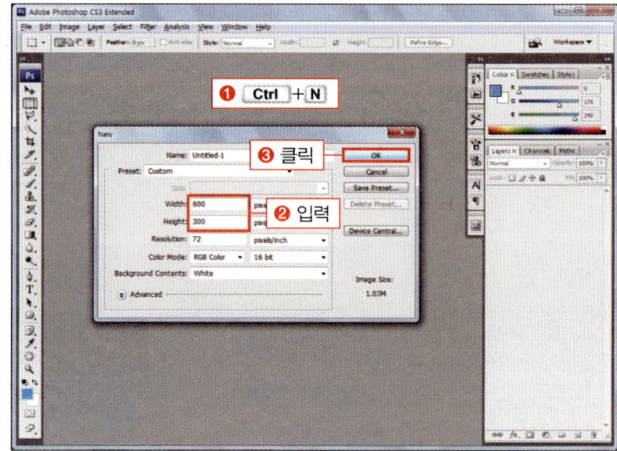

02. [Rounded Rectangle Tool]을 선택한 후 모서리가 둥근 직사각형을 그려줍니다.

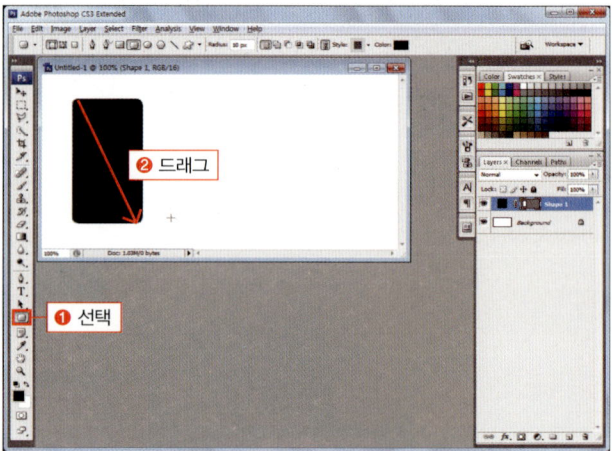

300

03. 레이어의 색상 영역을 선택합니다. [Pick a solid color] 대화상자가 나타나면 # 입력란에 『959595』를 입력한 후 [OK]를 클릭합니다.

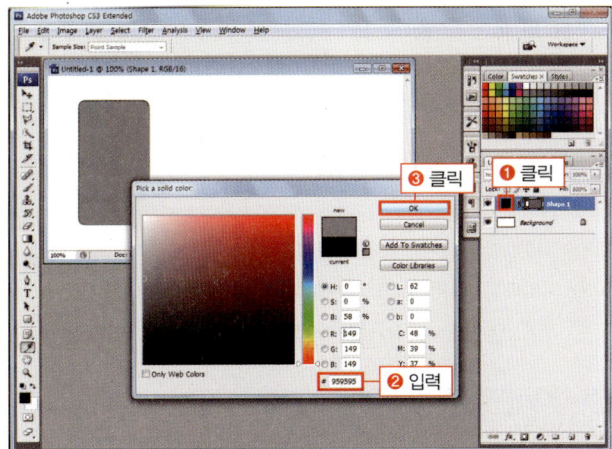

04. 레이어를 두번 클릭합니다. [Layer Style] 대화상자가 나타나면 [Inner Shadow] 항목에서 다음과 같이 레이어 스타일 값을 입력합니다.

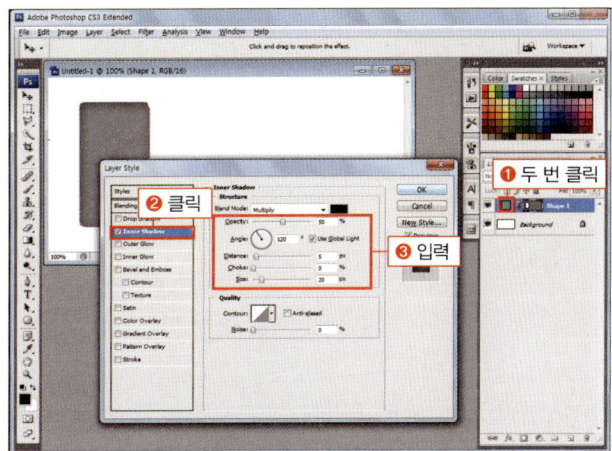

05. [Stroke] 항목을 선택한 후 [Color] 항목을 클릭합니다. [Select stroke color] 대화 상자가 나타나면 # 입력란에 『707070』을 입력한 후 [OK]를 클릭합니다. [Layer Style] 대화 상자를 [OK]를 눌러 닫습니다.

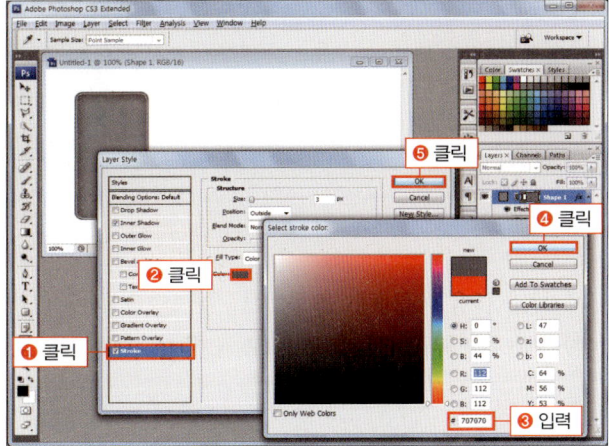

06. [Horizontal Type Tool]를 클릭한 후 텍스트를 입력합니다.

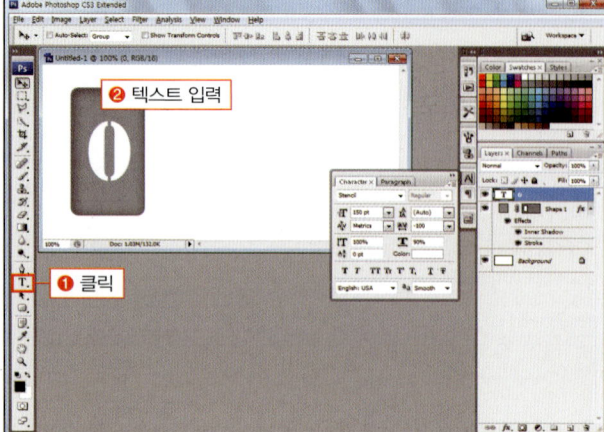

TIP : [Expand Panels]에서 [Character]를 클릭하여 원하는 폰트 및 색상을 선택하도록 합니다.

07. [Shape1] 레이어를 Ctrl + J 를 눌러 복사합니다.

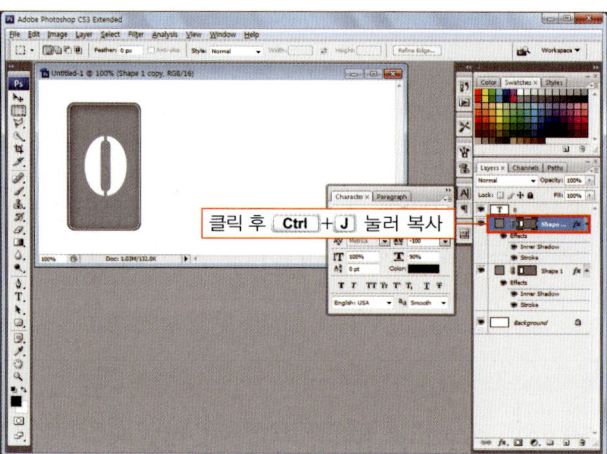

08. 마우스 오른쪽을 눌러 [Convert to Smart Object]를 선택합니다. 다시 마우스 오른쪽을 눌러 [Rasterize Layer]를 선택합니다.

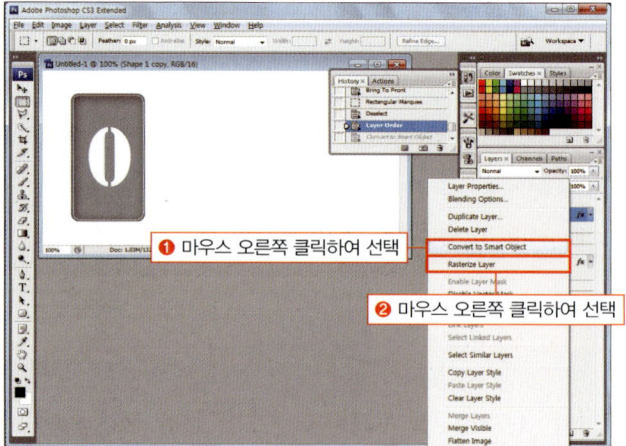

09. [Rectangular Marquee Tool]을 선택한 후 적당한 영역을 선택한 후 **Del** 을 누릅니다.

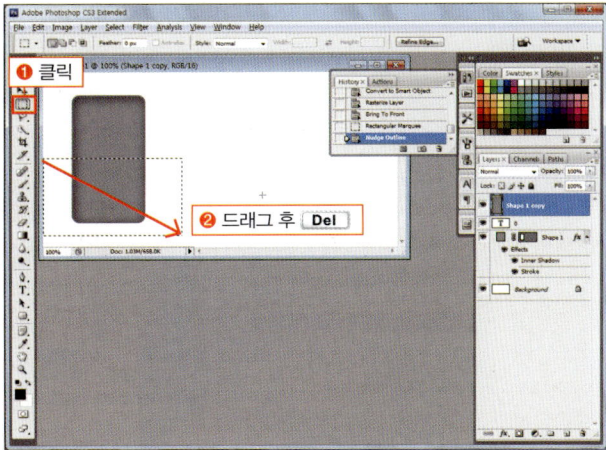

10. [Opacity] 값에 『50』을 입력해 투명도를 조절합니다.

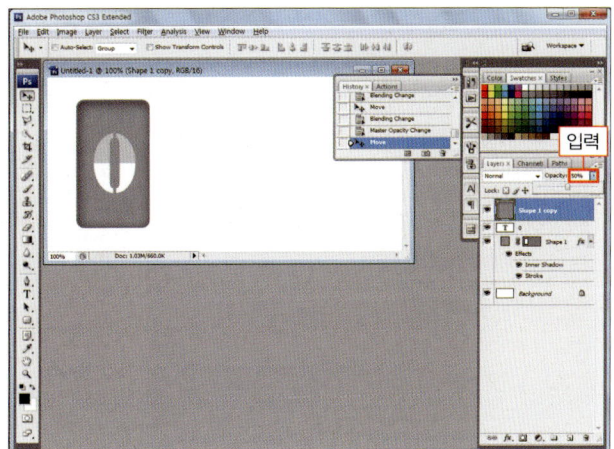

11. [Shape 1 copy] 레이어를 두번 클릭합니다. [Layer Style] 대화상자가 나타나면 [Inner Shadow]를 선택한 후 다음과 같이 레이어 스타일 값을 입력합니다.

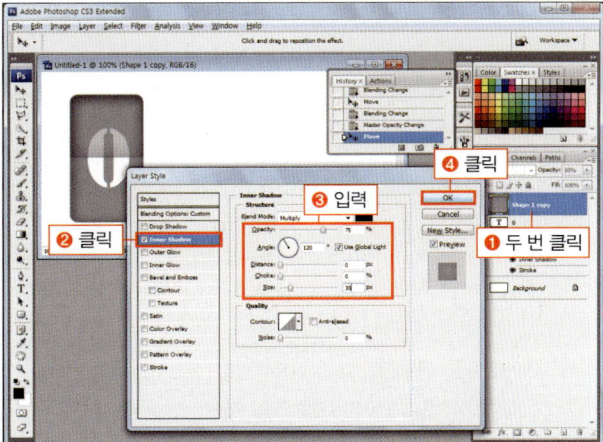

12. [Shape 1 copy] 레이어를 Ctrl + J 를 눌러 복사합니다. 복사한 [Shape 1 copy 2] 레이어를 선택한 상태에서 [Elliptical Marquee Tool]을 선택합니다. 영역을 지정한 후 Del 을 누릅니다.

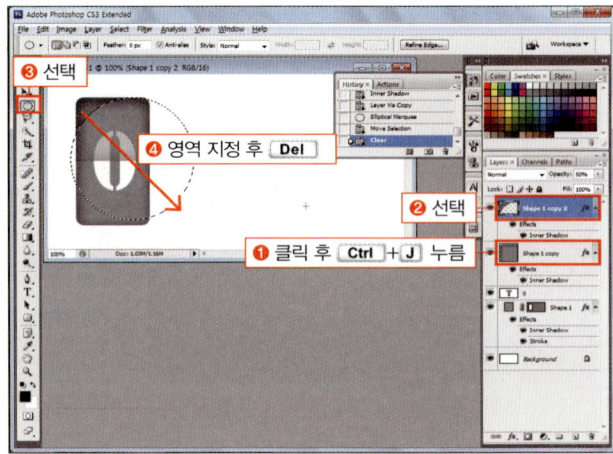

13. 다음과 같이 이미지가 완성됩니다.

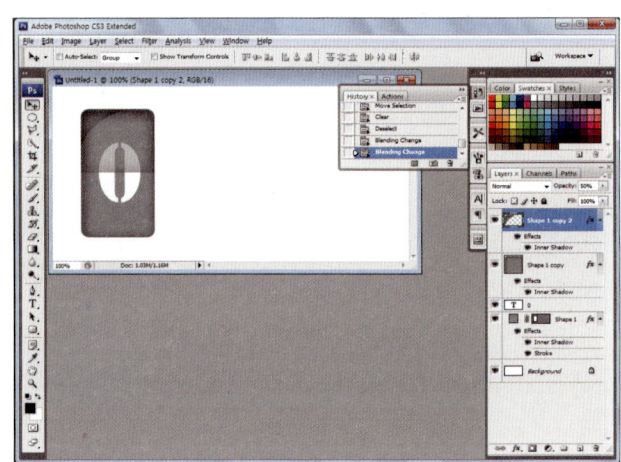

14. 조금씩 응용해 보면 다양한 이미지를 만들수 있습니다. 이를 저장하여 파워포인트로 불러오면 보다 다양한 이미지를 연출할 수 있습니다.

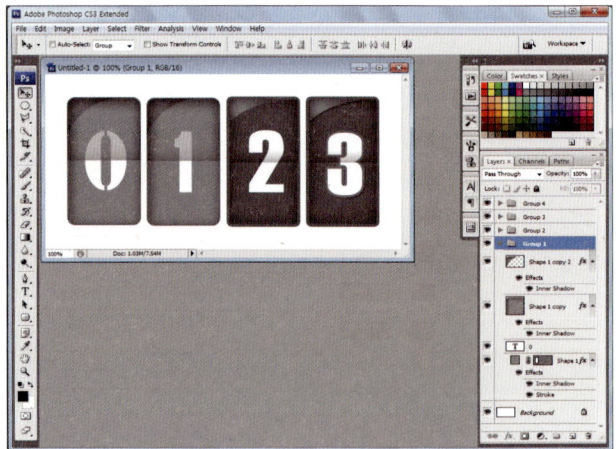

2. 인포그래픽 느낌의 이미지 만들기

인포그래픽 느낌의 픽토그램 이미지를 포토샵을 이용해 만들어보도록 하겠습니다. 사람 이미지는 포토샵에서 기본으로 제공해 주기에 손쉽게 제작할 수 있습니다.

01. Ctrl + N 을 눌러 [New] 대화 상자를 불러온 후 [Width]와 [Hight]에 『100』『200』을 입력한 후 [OK]를 클릭합니다.

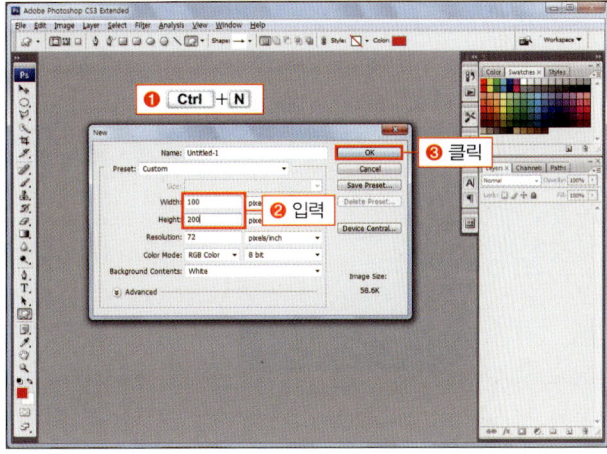

02. [Custom Shape Tool]을 선택한 후 [Shape]의 [자세히] 단추를 클릭해 [All]을 선택합니다.

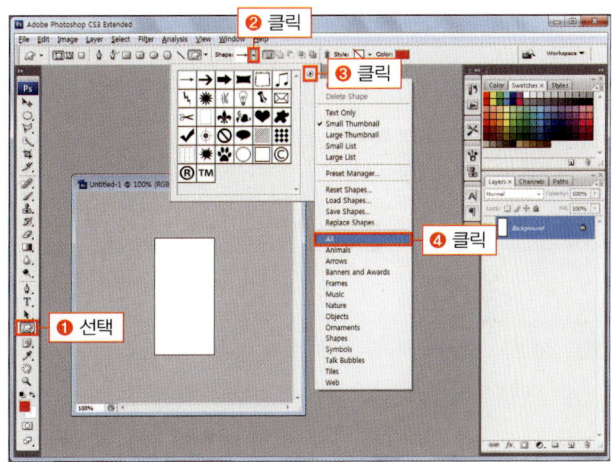

03. 경고창이 나타나면 [OK]를 클릭합니다.

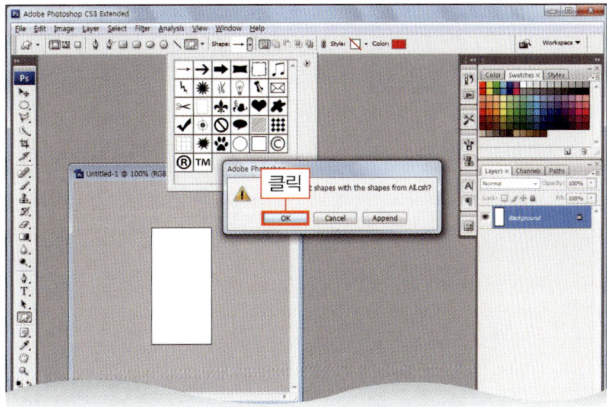

04. 다양한 도형이 나타나면 이 중 사람 모양의 도형을 선택합니다.

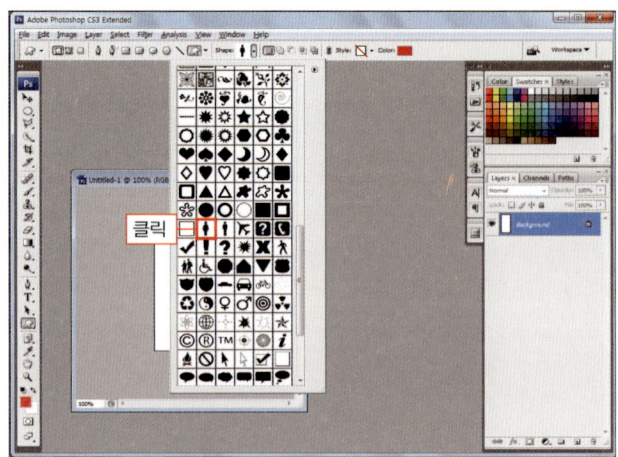

05. 도큐먼트에 마우스로 드래그하여 사람 모양을 그려 넣습니다.

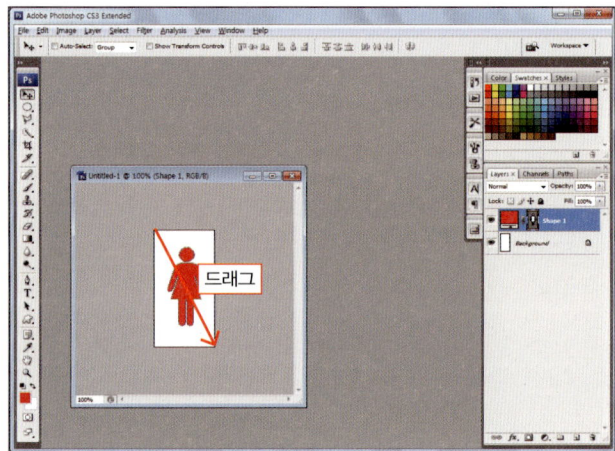

06. 색상을 변경하기 위해 [Shape 1] 레이어의 [Layer thumbnail]을 클릭해 [Pick a solid color] 대화 상자의 R, G, B 값에 『220』을 각각 입력한 후 [OK]를 클릭합니다.

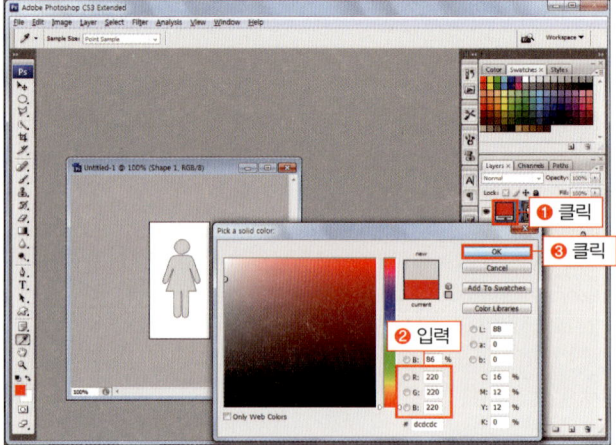

07. 색상이 변경되면 배경은 저장되지 않노록 [Background] 레이어의 [Indicates layer visibility]를 클릭해 레이어를 감춰줍니다.

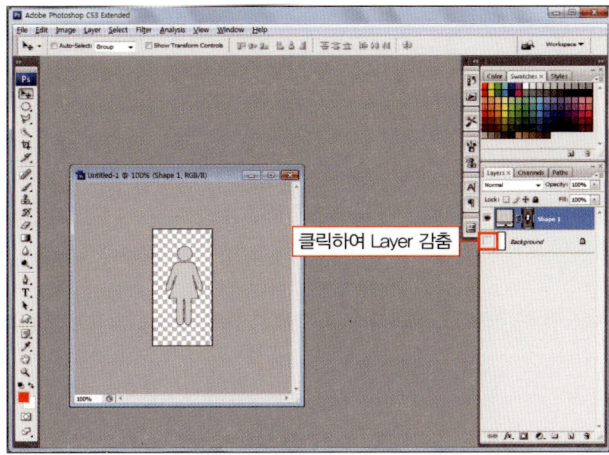

08. 저장하기 위해 [File]–[Save for Web & Devices...]를 클릭합니다.

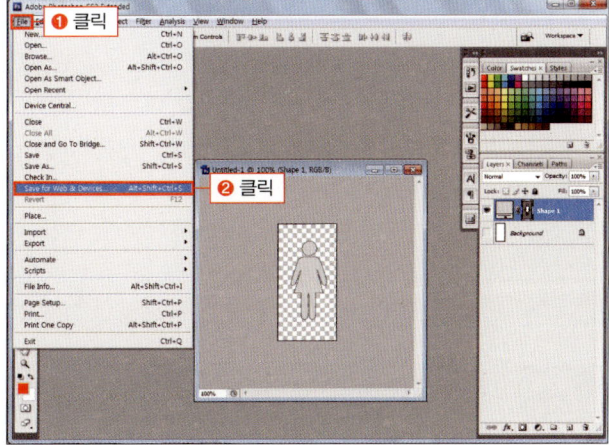

09. [Save For Web & Devices] 창이 나타나면 [PNG–24]를 선택한 후 [Save]를 클릭합니다.

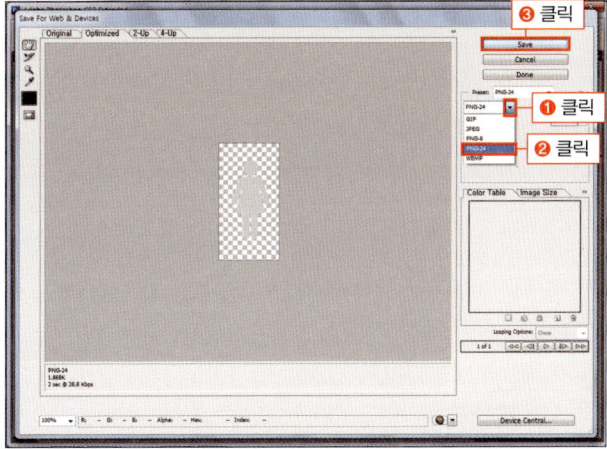

이미지와 그림 개체 조정하기

이미지는 자르기 핸들을 원하는 영역만큼 표시하거나 자를 수 있으며, 도형 모양에 맞게 이미지를 자를 수 있습니다. 또한, 그림에 투명한 색을 설정하거나 그림 배경을 제거하여 다른 느낌의 이미지를 연출할 수 있습니다.

기초탄탄 ▶ 그림 조정 기능과 선명도와 밝기

■ 그림 자르기와 압축하기 308P

그림을 삽입한 후 [그림 도구] 상황별 탭의 [서식] 탭-[크기] 그룹-[자르기] 윗 부분을 클릭하면 삽입한 그림을 원하는 모양으로 자를 수 있습니다. 또한, 그림 압축을 통해 잘려진 그림 영역을 삭제하거나 인쇄용도, 화면용도, 혹은 전자 메일용도 등으로 압축할 수 있습니다.

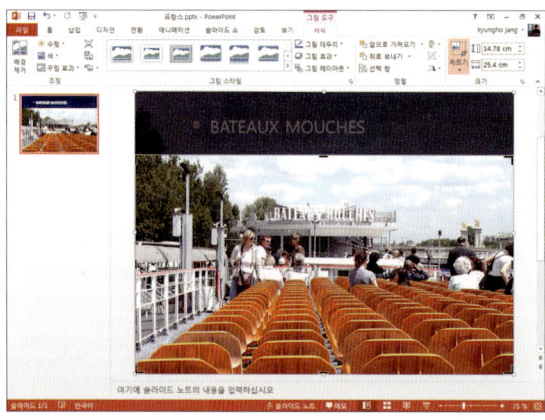

▲ 그림 자르기   ▲ 도형 모양에 맞춰 그림 자르기

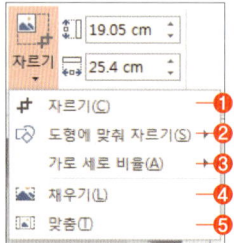

❶ 자르기 : 원하는 가로, 세로 방향으로 그림을 자릅니다.

❷ 도형에 맞춰 자르기 : 직사각형, 원형 등 도형의 모양에 맞춰 그림을 자릅니다.

❸ 가로, 세로 비율 : 1대1, 2대3, 3대4 등 가로, 세로 비율을 유지하면서 그림을 자릅니다.

❹ 채우기 : 자른 그림을 채우기를 통해 이동시킵니다.

❺ 맞춤 : 잘라진 비율에 맞게 그림을 고정시킵니다.

■ 이미지의 선명도나 밝기 조정하기 314P

톤이 다양하지 못한 이미지의 빛을 제대로 잡아주거나 어두운 이미지를 밝게 보정하려면 보통 포토샵 등의 툴을 이용해야 하는데 파워포인트에서도 쉽게 이미지의 선명도나 밝기 등을 조절할 수 있습니다.

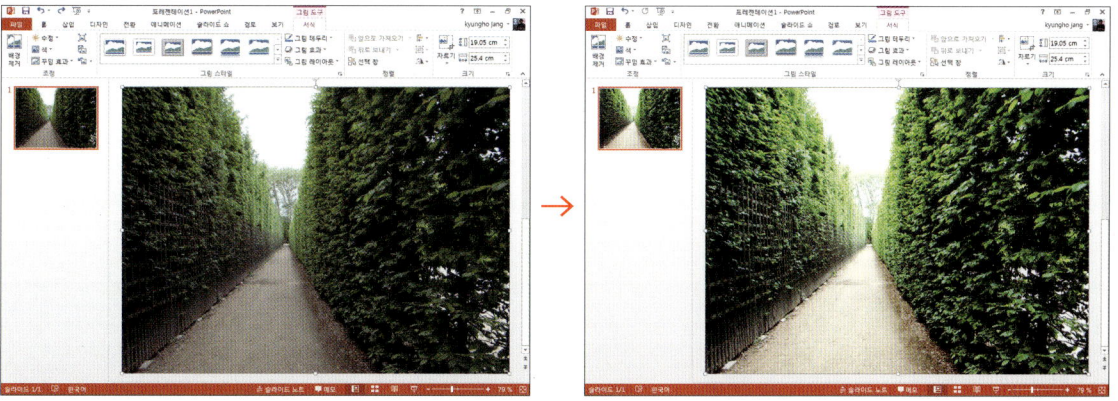

▲ 보정 전   ▲ 보정 후

[조정] 그룹의 선명도, 밝기 및 대비를 활용해 포토샵과 같은 도구에서 작업하던 것처럼 다양한 이미지 효과를 그대로 적용할 수 있습니다. 파워포인트의 특징 중 하나는 [조정] 그룹을 통해 이미지의 밝기나 대비, 채도, 온도, 색조 등 전문적인 이미지 편집을 할 수 있다는 점입니다.

▲ 선명도 조절   ▲ 밝기/대비 조절

▲ 색 채도 조절

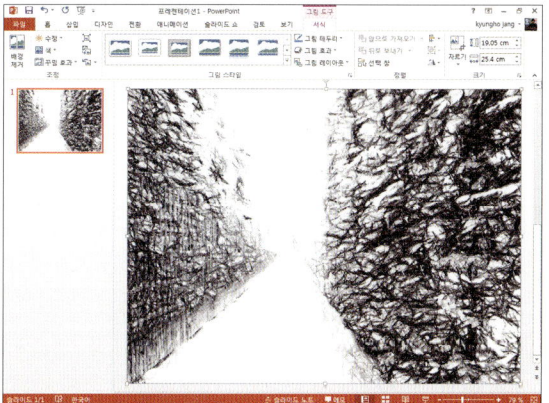

▲ 꾸밈 효과

그림을 삽입한 후 [그림 도구]–[서식] 상황별 탭에서 [크기] 그룹–[자르기] 윗 부분을 클릭하면 삽입한 그림을 원하는 모양으로 자를 수 있습니다.

예제 파일 l CD\Part 05\프랑스.pptx **완성 파일 l** CD\Part 05\프랑스_완성.pptx

01. 삽입된 그림을 선택한 다음 [그림 도구]–[서식] 상황별 탭에서 [크기] 그룹–[자르기] 아랫 부분을 클릭한 후 [자르기]를 선택합니다.

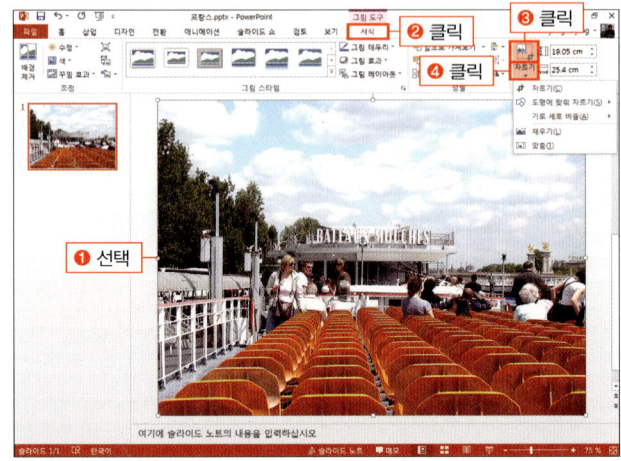

02. 자르기 핸들이 나타나면 마우스로 드래그하여 원하는 부분만 표시되도록 크기를 조정한 후 [서식] 탭–[크기] 그룹–[자르기] 윗 부분을 클릭하거나 슬라이드 편집 화면의 빈 공간을 클릭합니다.

03. 잘라진 그림도 원하는 부분을 다시 지정할 수 있습니다. 그림을 선택한 상태에서 [서식] 탭–[크기] 그룹–[자르기] 아랫 부분을 클릭한 후 [자르기]를 선택합니다. 마우스를 드래그하여 그림 위치를 지정한 후 [서식] 탭–[크기] 그룹–[자르기] 윗 부분을 클릭하거나 슬라이드 편집 화면의 빈 공간을 클릭합니다.

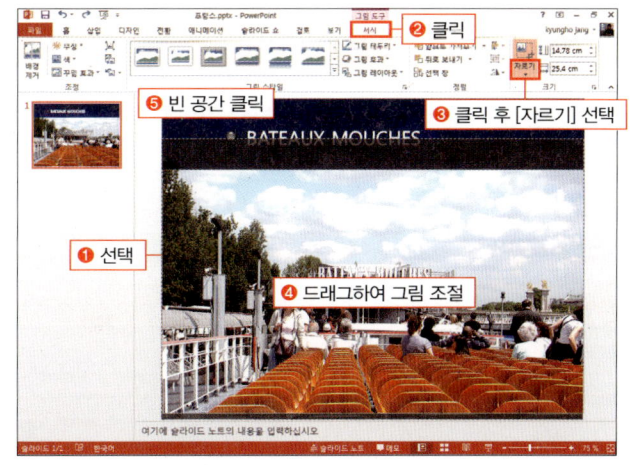

TIP : 자르기 핸들을 마우스로 드래그하여 선택한 다음 **Esc** 를 눌러도 자르기가 됩니다.

04. 그림을 선택한 후 [그림 도구]–[서식] 상황별 탭에서 [크기] 그룹–[자르기] 아랫부분을 클릭한 다음 [도형에 맞춰 자르기]를 선택합니다. 원하는 도형 모양을 클릭합니다.

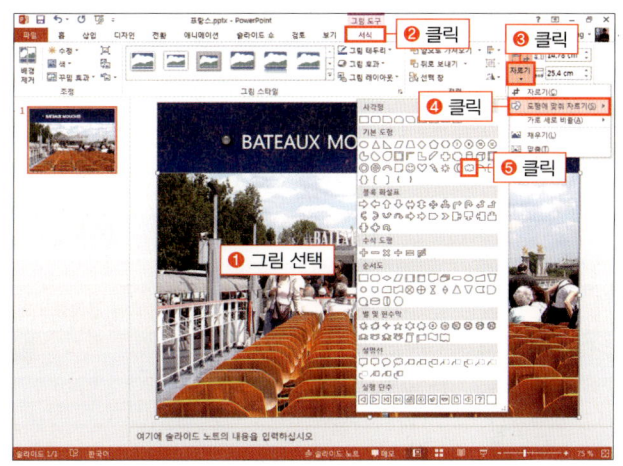

05. 도형에 맞춰 그림이 편집됩니다. 그림의 크기 및 위치를 조절한 후 완성합니다.

Step 01에서는 이미지를 도형에 맞춰 편집해 보았습니다. 이번에는 도형에 이미지를 맞춰 삽입해 보도록 하겠습니다.

예제 파일 ┃ CD₩Part 05₩근위병.pptx, pic.png **완성 파일** ┃ CD₩Part 05₩근위병_완성.pptx

---

01. 예제 파일을 열면 파란색의 스크린 모양의 직사각형 도형이 나타납니다. 도형에 이미지를 삽입해 보도록 하겠습니다. 도형을 선택한 후 [그리기 도구]-[서식] 상황별 탭에서 [도형 스타일] 그룹의 대화상자 표시 아이콘을 클릭합니다. [그림 서식] 창이 나타나면 [도형 옵션]-[채우기]에서 [그림 또는 질감 채우기]-[파일]을 클릭합니다.

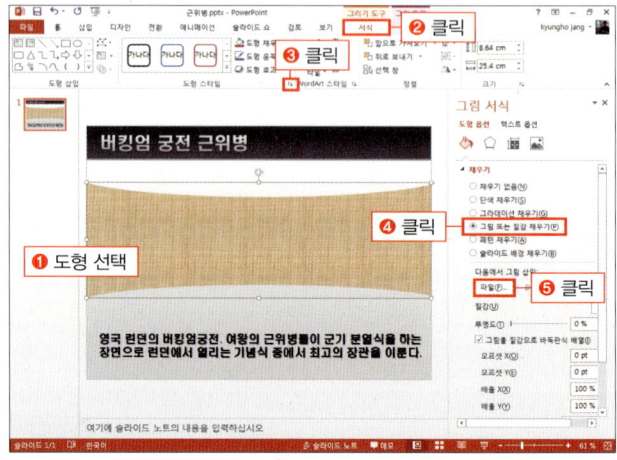

02. [그림 삽입] 대화상자가 나타나면 'CD₩Part 05₩pic.png'을 선택한 후 [삽입]을 클릭합니다.

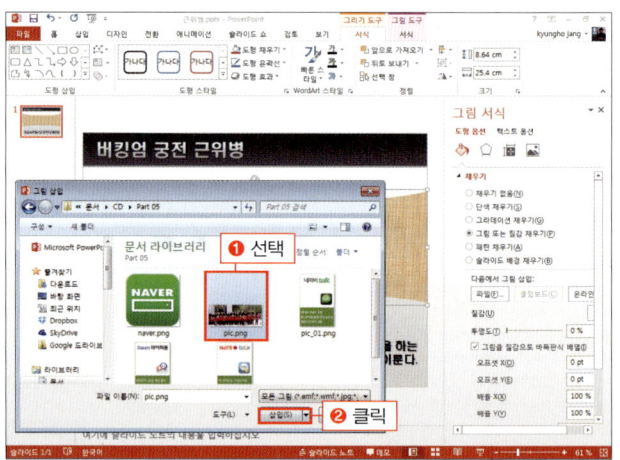

연관검색 직사각형 도형을 스크린 모양의 직사각형 도형으로 변경하려면 세이프 기능을 사용하면 됩니다. 세이프 기능은 244페이지에서 자세히 다루고 있으니 이를 참고하시기 바랍니다.

03. 도형에 이미지가 삽입됩니다. 이미지를 조설히 보겠습니다. [그림을 질감으로 바둑판식 배열]에 체크 표시합니다.

04. 배율 X 배율 Y를 비롯해 맞춤 및 대칭 유형 등이 나타납니다. 오프셋 Y를 비롯해 배율 X 배율 Y 값을 변경합니다. [닫기]를 클릭합니다.

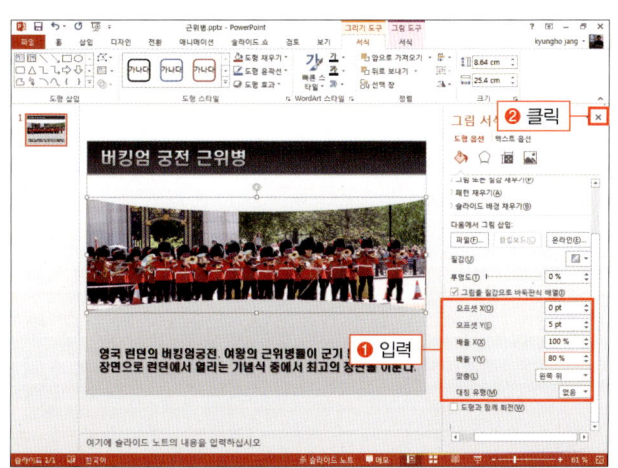

05. 배율 X 배율 Y 등으로 이미지 위치가 조절됩니다.

밝기 및 대비, 색상 톤 등은 [조정] 그룹에서 지정할 수 있는데 포토샵과 같은 이미지 저작 도구에서 작업하던 것처럼 다양한 그림 효과를 파워포인트에서도 적용할 수 있습니다.

예제 파일 I CD₩Part 05₩여행사진.pptx **완성 파일 I** CD₩Part 05₩여행사진_완성.pptx

01. 먼저 선명도를 조절해 보도록 하겠습니다. 이미지를 선택한 후 [그림 도구]-[서식] 상황별 탭을 클릭한 다음 [조정] 그룹-[수정]을 클릭한 다음 [선명도 조절]-[선명하게 : 50%]를 선택합니다.

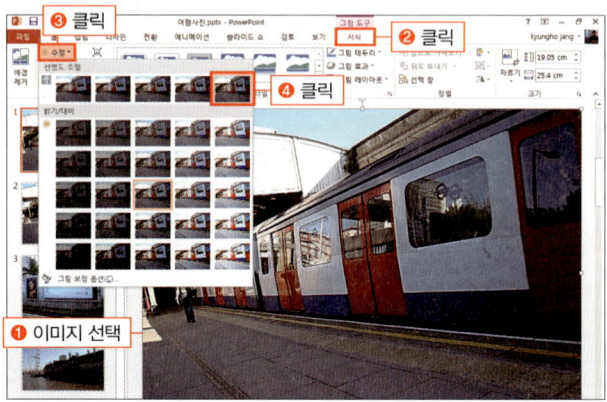

02. 이번에는 두 번째 슬라이드의 그림을 선택한 다음 [그림 도구]-[서식] 상황별 탭에서 [조정] 그룹-[수정]에서 [밝기/대비]-[밝기: +40% 대비: +40%]를 선택합니다.

03. 세 번째 슬라이드의 그림을 선택한 다음 [그림 도구]-[서식] 상황별 탭에서 [조정] 그룹-[색]을 클릭한 후 [색 채도]-[채도: 0%]을 선택합니다.

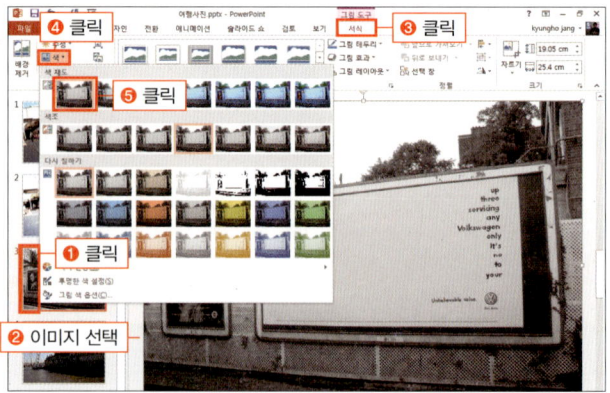

04. 네 번째 슬라이드의 그림을 선택한 다음 [그림 도구]-[서식] 상황별 탭에서 [조정] 그룹-[색]을 클릭한 후 [기타 변형]-[노랑]을 선택합니다.

05. 다섯 번째 슬라이드의 그림을 선택한 다음 [그림 도구]-[서식] 상황별 탭에서 [조정] 그룹-[꾸밈 효과]를 클릭한 후 [네온 가장자리]를 선택합니다.

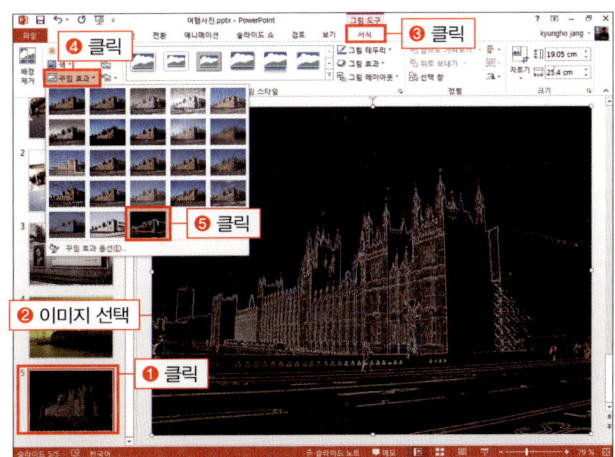

TIP : 포토샵으로 이미지 보정하기

포토샵으로 이미지를 보다 섬세하게 수정할 수 있습니다. 자세한 사항은 필자의 블로그 http://blog21.kr/40190423689 에서 살펴보기 바랍니다. QR 코드를 스마트폰에서 찍으시면 바로 확인할 수 있습니다.

슬라이드를 그림 파일로 저장하면 파워포인트가 없어도, 혹은 파워포인트 버전에 상관없이 슬라이드를 열어 확인하고 공유할 수 있습니다. 여러 장의 슬라이드를 그림 파일로 저장하는 방법에 대해서 살펴보겠습니다.

예제 파일 | CD₩Part 05₩그림파일.pptx   **완성 파일** | CD₩Part 05₩여행사진 폴더

01. [파일] 탭─[내보내기]를 클릭하여 [파일 형식 변경]을 선택합니다. [PNG(이동식 네트워크 그래픽) (*.png)]를 두 번 클릭합니다.

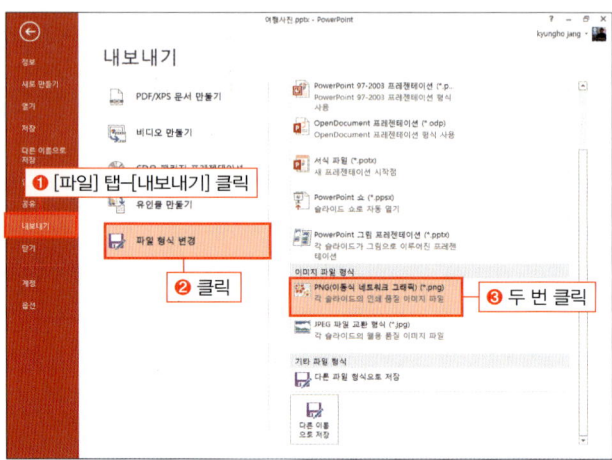

TIP : [파일] 탭─[다른 이름으로 저장]─[컴퓨터]─[찾아보기]를 선택한 후 [다른 이름으로 저장] 대화상자에서 [파일 형식]─[PNG 형식 (*.png)]를 선택해도 됩니다.

02. [다른 이름으로 저장] 대화상자가 나타나면 저장할 폴더를 지정하고 파일 이름을 입력한 후 [저장]을 클릭합니다.

03. [모든 슬라이드]를 저장할 것인지 [현재 슬라이드만]을 저장할 것인지를 묻는 경고 창이 나타나면 [모든 슬라이드]를 클릭합니다.

> **TIP :** 한 장씩 그림 파일로 따로 저장할 필요없이 전체 슬라이드를 그림으로 저장할 수 있으며, 원하는 슬라이드만을 저장할 수도 있습니다. 현재 슬라이드만을 그림 파일로 저장하기 위해서는 [현재 슬라이드]를 선택합니다.

04. 경고 창이 나타나면 [확인]을 클릭합니다.

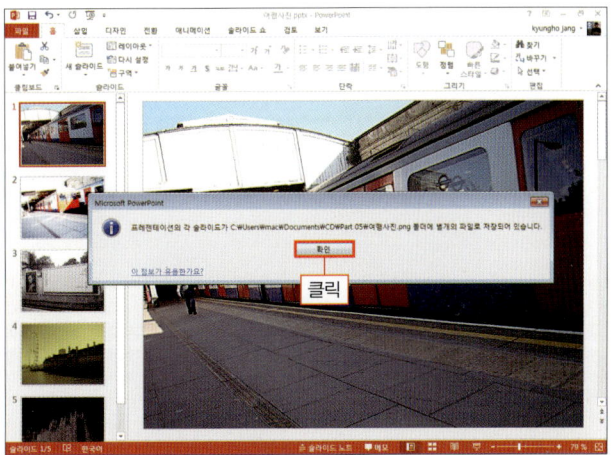

05. 내 컴퓨터를 열어 [다른 이름으로 저장] 대화상자에서 저장한 폴더를 엽니다. 슬라이드 파일이 PNG 그림 파일로 저장됩니다.

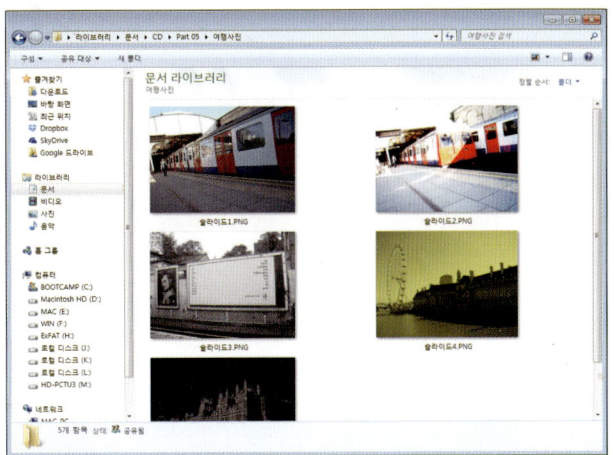

슬라이드 여백을 이미지화하기

배경으로 사용하고 싶은 이미지가 있어 파워포인트로 가져왔지만 가로와 세로 크기가 맞지 않아 생각보다 많은 여백이 발생할 때가 있습니다. 이런 경우 보통은 상하 너비를 늘려 조절하거나 전체 크기를 늘려 이미지를 조절하게 되지만 이는 올바른 이미지 활용 방법이 아닙니다.

예제 파일 | CD₩Part 05₩슬라이드여백.pptx **완성 파일 |** CD₩Part 05₩슬라이드여백_완성.pptx

빈 여백을 단순히 이미지나 색상을 삽입하거나 이미지를 늘려 여백을 없애면 가장자리 부분의 색상이 아래와 같이 서로 어울리지 못하고 어색한 느낌이 들게 됩니다.

▲ 잘못된 예 (이유: 가장자리 부분의 색상이 어울리지 못함)　　　▲ 잘못된 예 (이유: 이미지가 길게 늘어나면서 표시됨)

01. 슬라이드 여백을 이미지화하는 바른 방법에 대해서 살펴보도록 하겠습니다. 파일을 불러옵니다. 파일의 이미지는 위쪽에 여백이 많이 존재합니다. 상하 대칭 기능을 이용해 이미지의 색상을 채워 넣어보도록 하겠습니다.

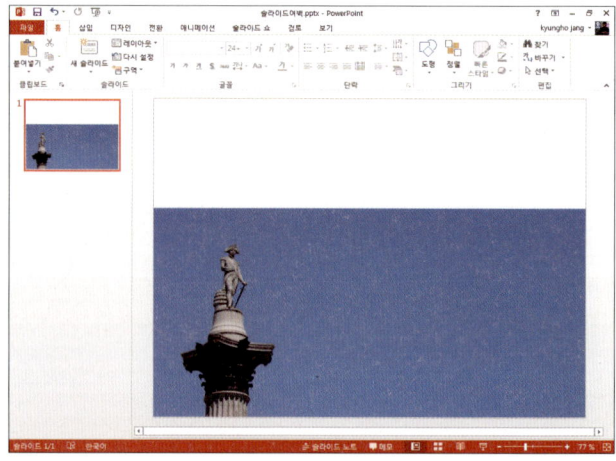

02. 이미지를 선택한 후 Ctrl + D 를 눌러 복사합니다. 복사된 이미지를 선택한 후 [그림 도구]-[서식] 상황별 탭에서 [크기]-[자르기] 윗 부분을 선택한 후 아랫부분을 잘라낸 후 Esc 를 누릅니다.

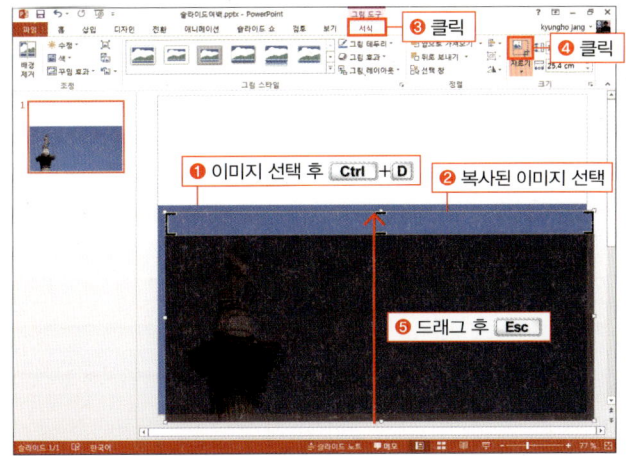

03. 자른 이미지가 상하 대칭이 될 수 있게끔 드래그하여 위치를 조절한 후 [그림 도구]-[서식] 탭의 [정렬] 그룹에서 [개체 회전]-[상하 대칭]을 선택합니다.

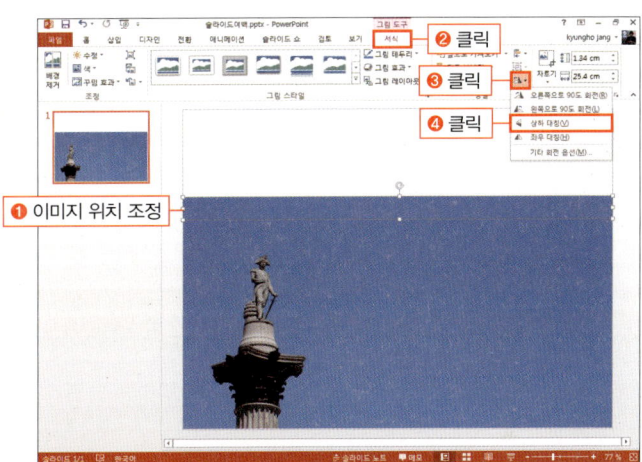

04. 상하 대칭이 되면 이미지 크기 조절 핸들을 드래그하여 이미지를 완성합니다.

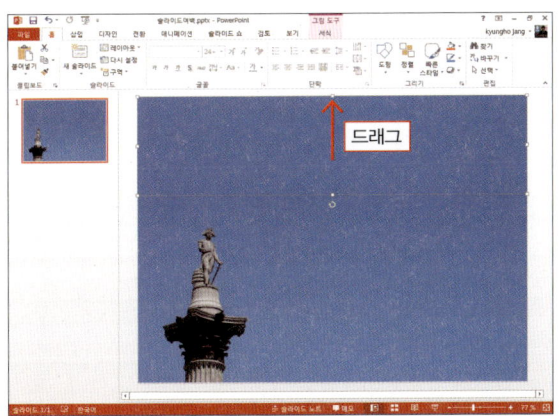

그림 개체의 특정 부분 강조하기

슬라이드의 특정 부분을 강조하기 위해 가장 흔히 사용하는 방법이 바로 색상 대비를 통한 포인트 강조 기법입니다. 이 기법은 시각적인 효과를 통해 사물을 강조하는 기법으로서 가장 단순하면서도 효과가 큰 방법입니다. 다른 효과 사용이 부담스럽다면 색상 대비를 통해 특정 부분 강조 기법을 적용해 보기 바랍니다.

다음과 같은 3가지 서비스를 비교하는 슬라이드를 작성했다고 가정해 봅시다. 특정 내용을 비교할 때에는 비교할 대상의 크기나 색상 등을 통일시켜 디자인할 필요가 있습니다. 그렇게 해야 제대로 된 비교가 가능하며 청중들이 내용을 쉽게 받아들일 수 있습니다.

특정 내용을 비교할 때 색상 대비를 통한 포인트 강조 기법을 사용하면 보다 명확하게 대상을 비교할 수 있습니다. 청중들은 발표자가 내용을 언급하기 전에 슬라이드의 내용을 먼저 눈으로 확인하는 습관이 있습니다. 그렇기에 나머지 부분은 음영 효과를 통해 흐리게 처리하게 되면 청중의 눈과 발표자의 이야기를 일치시킬 수 있습니다.

또한, .특정 부분을 보다 강조하고 싶다면 특정 부분의 크기를 조금 키우거나 색상 대비를 통해 내용을 명확하게 인식시킬 수도 있습니다.

특정 부분을 강조하는 방법에는 크기를 대비시키거나 색조, 색상 대비와 같은 다양한 방법이 있습니다. 보다 명확히 강조하기 위해 다른 부분의 크기나 색상 등은 통일시키는 것이 좋습니다. 특정 부분을 강조해야 하는데 여기저기에 대비 효과가 적용되어 있다면 의도한 바와 다르게 청중들이 기억할 수도 있습니다. 동일한 색상이 계속 반복되는 것 보다는 대표 아이콘이나 글자 색상과 동일하게 변경하는 것도 좋은 효과를 얻을 수 있습니다.

04 클립 아트와 사진 앨범 살펴보기

레벨 ● ○ ○

파워포인트가 다른 프레젠테이션 도구보다 뛰어난 이유는 무엇보다 Office.com을 통한 무료 템플릿이나 이미지를 사용할 수 있다는 점입니다. 지난 몇 년 동안 축적된 템플릿이나 이미지 혹은 클립 아트를 통해 원하는 소스를 슬라이드에 삽입할 수 있습니다.

기초탄탄 ▶ 클립 아트와 사진 앨범

■ 클립 아트 삽입하기 `325P`

파워포인트나 Office Online에서 제공하는 클립 아트의 개수는 9만여 개가 넘습니다. [그림 삽입] 창에서 검색할 대상을 입력하고 검색 위치나 형식 등을 지정하면 효율적으로 클립 아트를 검색할 수 있습니다.

[그림 삽입] 창

[삽입] 탭-[이미지] 그룹-[온라인 그림]을 클릭한 후 [Office.com 클립 아트] 입력란에 검색을 원하는 클립 아트를 입력하여 검색합니다.

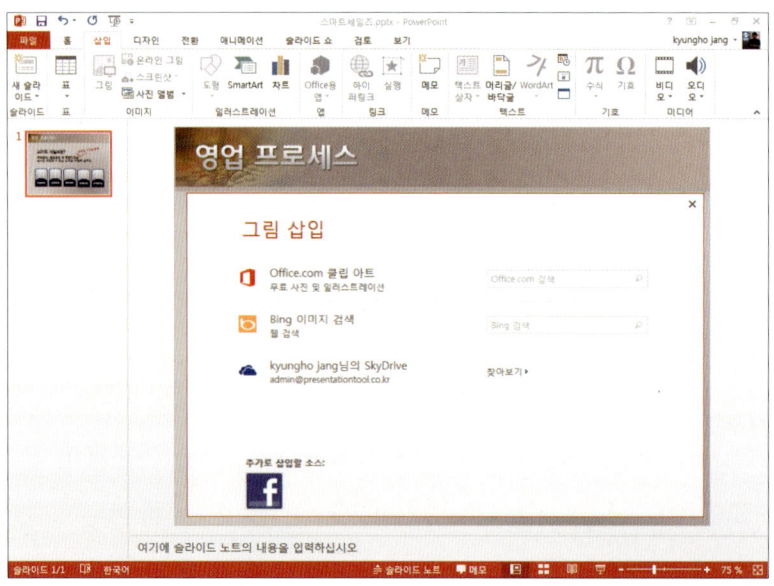

클립 아트 그룹 해제

삽입한 클립 아트가 bmp, .jpg, .gif 또는 .png 파일이면 그룹을 해제할 수가 없습니다. 하지만 메타 파일인 .wmf의 경우 그룹을 해제하여 원하는 클립 아트로 재수정할 수 있습니다.

 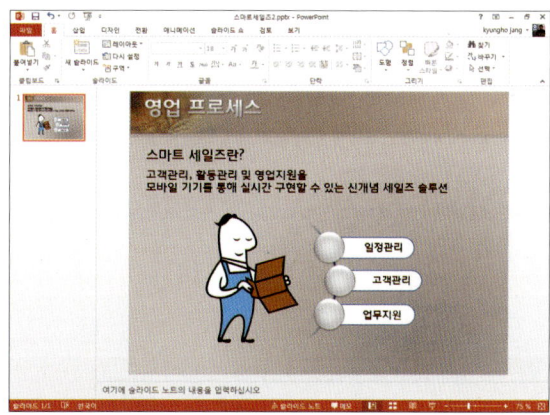

■ 사진 앨범 만들기 329P

사진 앨범 기능을 이용하면 여러 장의 사진을 한번에 슬라이드에 삽입할 수 있습니다. 각 슬라이드에 한 장씩 삽입하거나 혹은 네 장씩도 자동으로 삽입되기에 여러 장의 사진을 삽입할 때 자주 사용됩니다.

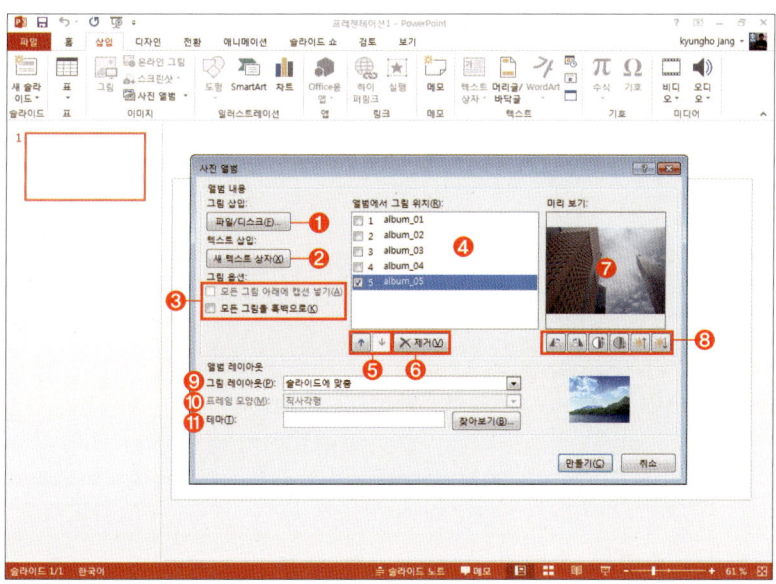

❶ [파일/디스크] : 내 컴퓨터에 있는 그림을 삽입할 수 있습니다.

❷ 새 텍스트 상자 : 사진 앨범에 텍스트 상자를 삽입할 수 있습니다.

❸ 그림 옵션 : 모든 그림 아래에 캡션을 넣거나 흑백으로 조정할 수 있습니다.

❹ 앨범에서 그림 위치 : 삽입한 그림이 삽입됩니다.

❺ 위 / 아래 : 앨범에서 그림 순서를 조정할 수 있습니다.

❻ **제거** : 앨범에서 그림을 제거합니다.

❼ **미리 보기** : 사진 앨범을 미리 보기 합니다.

❽ **서식 변경** : 회전, 대비, 밝기 등 이미지 서식을 변경합니다.

❾ **그림 레이아웃** : 슬라이드에 넣을 그림의 개수 혹은 레이아웃을 변경합니다.

❿ **프레임 모양** : 직사각형, 모서리가 둥근 직사각형 등 프레임을 선택할 수 있습니다.

⓫ **테마** : 사진 앨범의 테마를 선택합니다.

STEP 01 ● 클립 아트 삽입하기

비트맵이나 여러 가지 도형의 조합으로 이루어져 있는 클립 아트는 그 종류가 셀 수 없을 정도로 많습니다. 하지만 간편하게도 검색어 하나로 파워포인트 또는 Office Online 홈페이지에 접속하여 사용할 수가 있습니다. 또한 자신의 컴퓨터에 사진이나 그림이 저장되어 있다면 그림 삽입 기능으로 파워포인트에 쉽게 삽입할 수 있습니다.

예제 파일 | CD₩Part 05₩스마트세일즈.pptx

01. [삽입] 탭─[이미지] 그룹─[온라인 그림]을 클릭합니다. [그림 삽입] 창이 나타나면 [Office.com 클립 아트] 입력란에 『icon』을 입력한 후 [검색]을 선택합니다.

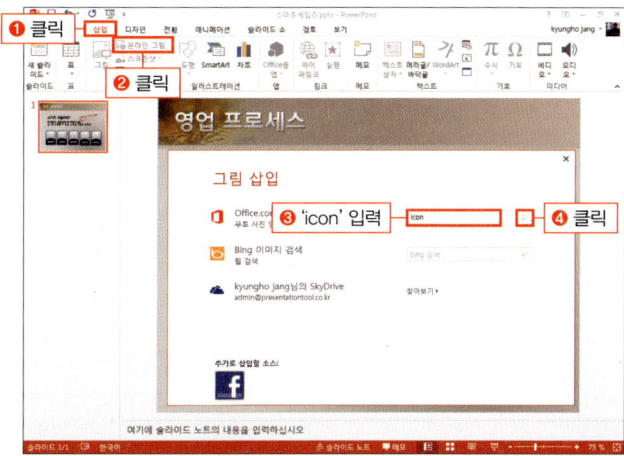

02. 이미지가 검색되면 원하는 이미지를 선택합니다. [삽입]을 클릭합니다.

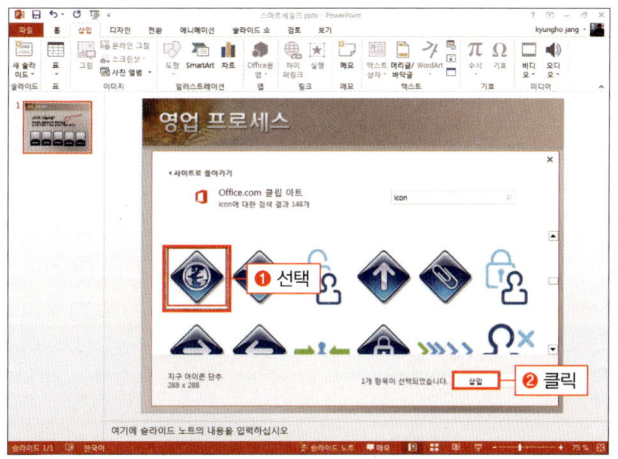

TIP : [Ctrl]을 누른 채 여러 클립 아트를 선택할 수도 있습니다.

03. 슬라이드에 삽입됩니다. 파워포인트에 삽입한 클립 아트가 'Microsoft Windows 메타파일(.wmf)' 등의 벡터 이미지일 경우 이미지 크기를 아무리 확대를 해도 깨지는 현상 없이 선명하게 나타납니다.

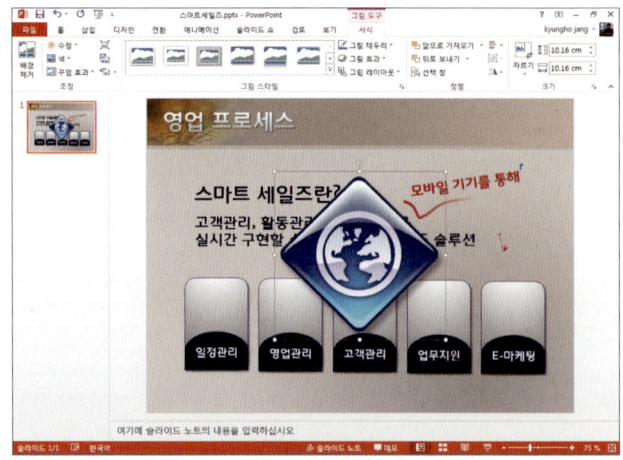

04. 클립 아트를 원하는 위치로 이동한 후 크기를 조절합니다.

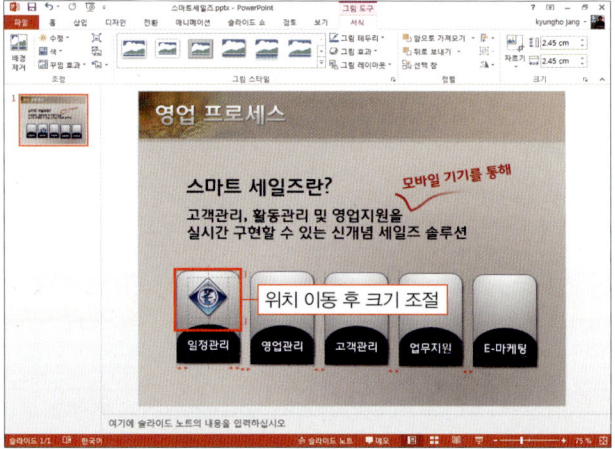

05. 나머지 항목에도 클립 아트를 삽입한 후 완성합니다.

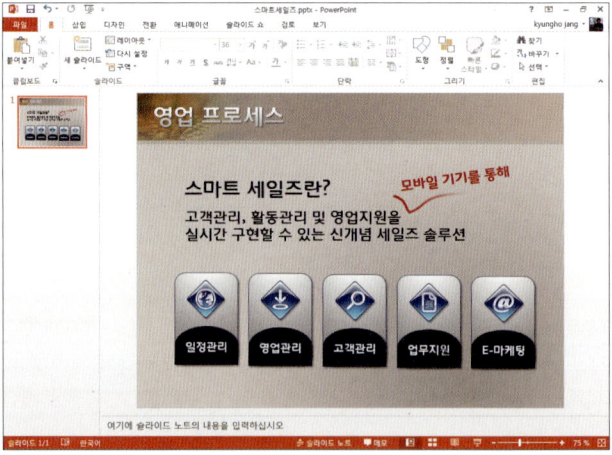

STEP 02 ● 클립 아트 그룹 해제하기

파워포인트에 삽입한 클립 아트가 'Microsoft Windows 메타파일(.wmf)'일 경우 원하는 모양으로 편집할 수 있습니다. 클립 아트의 모양 중 일부를 삭제하거나 색상을 바꾸거나 개체를 추가하여 새로운 클립 아트로 변경할 수도 있습니다.

예제 파일 | CD₩Part 05₩스마트세일즈2.pptx

01. [삽입] 탭–[이미지] 그룹–[온라인 그림]을 클릭합니다. [그림 삽입] 창이 나타나면 [Office.com 클립 아트] 입력란에 『직장인』을 입력한 후 [검색]을 선택합니다. 원하는 클립 아트를 선택한 후 [삽입]을 클릭합니다.

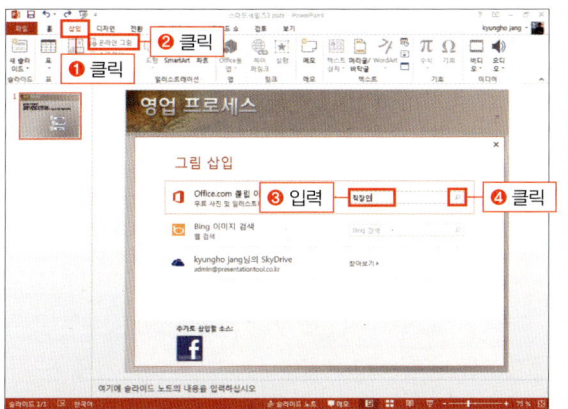 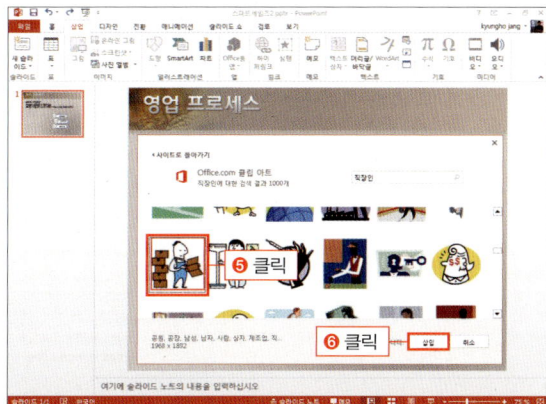

02. 클립 아트가 삽입되면 크기 및 위치를 이동합니다. 그룹 해제하기 위해 [그림 도구]–[서식] 상황별 탭에서 [정렬] 그룹–[개체 그룹화]를 클릭한 후 [그룹 해제]를 선택합니다.

327

03. 경고창이 나타나면 [예]를 클릭합니다.

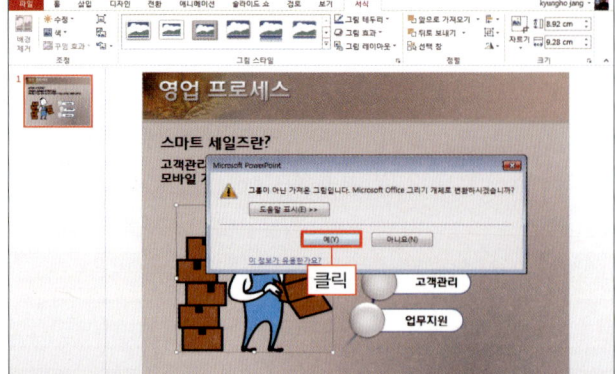

> **TIP :** 클립 아트는 파워포인트에서 제공하는 모양 외에도 본인의 취향대로 변경해서 사용할 수 있습니다. 먼저 클립 아트를 그룹 해제하여 자유롭게 편집할 수 있는 상태로 만들어야 합니다.

04. 클립 아트를 그룹 해제할 경우, 그룹 해제를 두 번 해야 합니다. [그림 도구]-[서식] 상황별 탭에서 [정렬] 그룹-[개체 그룹화]를 클릭한 후 [그룹 해제]를 선택합니다.

> **TIP :** 마우스 오른쪽 단추를 클릭하여 [그룹]-[그룹 해제]

05. 클립 아트가 그룹 해제되면 필요없는 부분을 Delete 를 눌러 삭제합니다.

> **TIP :** 필요없는 부분을 모두 삭제하였으면 컴퓨터 모양의 클립 아트를 다음과 같이 드래그한 후 그룹을 다시 지정하기 위해 클립 아트를 드래그하여 모두 선택한 후 마우스 오른쪽 단추를 클릭하여 [그룹]-[그룹]을 선택합니다.

> **문제 해결** 제가 삽입한 클립 아트는 그룹 해제가 되지 않아요. 왜 이럴죠?
> 삽입한 클립 아트가 메타 파일인 .wmf가 아닌 .bmp, .jpg, .gif 또는 .png 파일이면 그룹을 해제하거나, 그리기 개체로 변환할 수 없습니다.

사진 앨범은 여러 장의 사진을 한꺼번에 슬라이드에 추가할 수 있는 기능입니다. 하드 디스크나 스캐너,
디지털 카메라에 담겨 있는 사진을 슬라이드에 삽입하여 캡션을 추가하고, 순서와 레이아웃을 조정하
고, 테마를 적용하여 멋진 앨범을 만들 수 있습니다.

예제 파일 | CD₩Part 05₩album_01.jpg, album_02.jpg, album_03.jpg, album_04.jpg, album_05.jpg 완성 파일 | CD₩Part 05₩사진앨범_완성.pptx

01. 새 프레젠테이션을 준비합니다. [삽입]
탭-[이미지] 그룹-[사진 앨범]-[새 사진 앨범]을
클릭합니다.

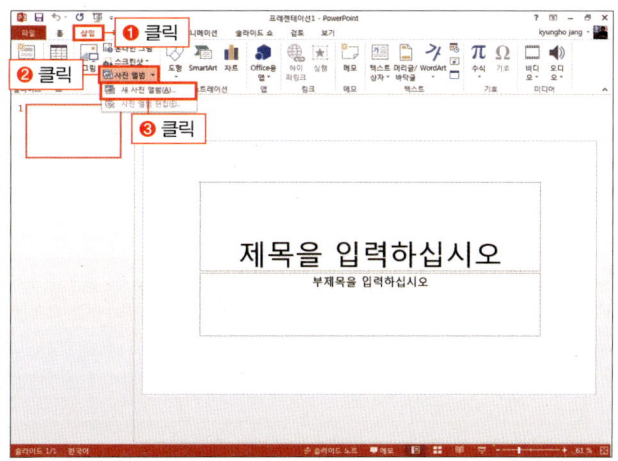

02. [사진 앨범] 대화상자가 나타나면 [파일/
디스크]를 클릭합니다. [새 그림 삽입] 대화상
자가 나타나면 'album_01.jpg', 'album_02.jpg',
'album_03.jpg', 'album_04.jpg', 'album_05.jpg'를
Ctrl 을 누른 채 선택한 다음 [삽입]을 클릭합
니다.

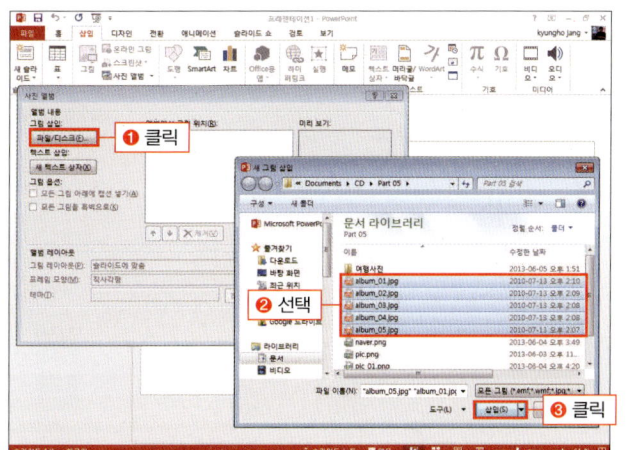

03. [사진 앨범] 대화상자가 나타나면 [앨범에서 그림 위치]에서 그림의 순서를 조절합니다. [그림 레이아웃]에서 [슬라이드에 맞춤]을 선택합니다.

> **TIP :** 표시되는 그림의 순서를 변경하려면 '앨범에서 그림 위치' 항목에 체크 표시를 한 후 [화살표]를 이용하여 위, 아래로 순서를 조정합니다.

> **TIP :** 그림의 서식을 변경하려면 [미리 보기] 창의 하단에 있는 밝기 및 대비, 색상 톤 등을 통해 변경할 수 있습니다.

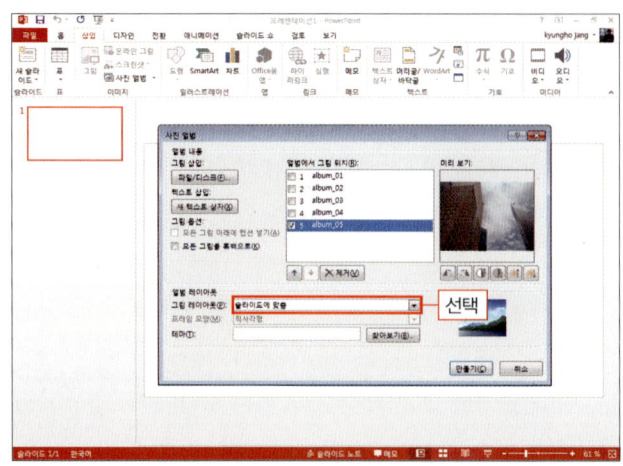

04. [테마]에서 [찾아보기]를 클릭하여 [테마 선택] 대화상자가 나타나면 원하는 테마를 선택한 다음 [선택]을 클릭합니다. [만들기]를 선택합니다.

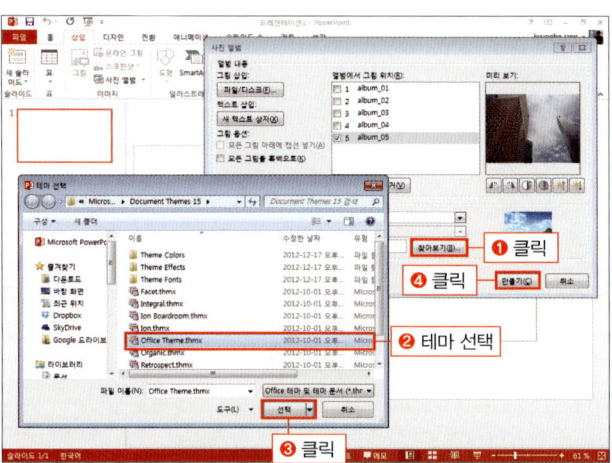

05. 테마가 적용되면서 사진 앨범이 완성됩니다.

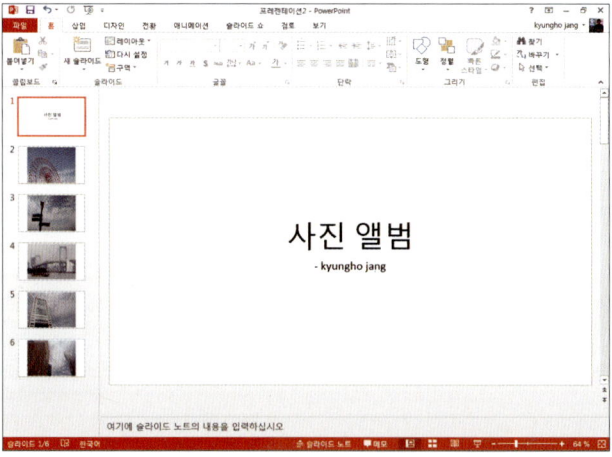

330

성공 프레젠테이션을 위한 클립 아트 수집 노하우

프레젠테이션을 주로 작성하는 사람들에는 공통적인 특징이 하나 있습니다. 바로 프레젠테이션용 이동식 디스크 혹은 외장 하드가 바로 그것입니다.

이번 장에서 이야기할 것이 바로 이런 내용들의 수집에 관한 것입니다. 외장 하드에는 지금까지 작성한 수많은 프레젠테이션과 경쟁업체 프레젠테이션 자료, 그리고 슬라이드 배경이나 템플릿, 도형, 클립아트 등이 들어 있을 겁니다. 이런 프레젠테이션 자료들을 하나의 외장 하드에 저장해 놓으면 앞으로 닥칠 수많은 슬라이드 작성에 많은 도움을 받을 수 있습니다.

❶ 자사 로고를 편집해 놓자.

중소규모 이상의 회사는 자사 로고를 홈페이지에 원본을 공개하거나 부서의 담당자가 일러스트레이터 (AI) 파일로 보관하고 있을 것입니다. AI 파일은 벡터 파일로 크기를 아무리 확대하여도 깨지지 않으며 각 개체별로 선택하여 색상 등을 쉽게 변경할 수 있습니다.

물론 일러스트레이터 파일을 슬라이드에 바로 삽입할 수는 없기 때문에 일러스트레이터 파일을 PNG 나 GIF 파일로 변경하여 미리 저장해 놓도록 합시다.

또한, 로고는 원본 파일과 함께 블랙과 화이트 버전을 따로 만들어 이동식 디스크에 보관해 놓는 것이 좋습니다. 블랙과 화이트 버전으로 따로 보관하는 이유는 앞으로 만들 슬라이드 문서의 배경 색상과 관련이 있습니다. 밝거나 어두운 계열의 배경일 경우 로고에 따라 색상이 어울리지 않을 수도 있습니다. 그렇기에 블랙과 화이트 버전으로 로고를 만들어 놓으면 적재적소에 로고를 활용할 수 있습니다.

❷ 경쟁사 로고를 수집하라.

자사로고 뿐만 아니라 경쟁사의 로고나 유사 업종의 로고, 그리고 국내외 주요 회사의 로고 때 시간이 날 때마다 수집해 놓기 바랍니다. 이런 로고들은 슬라이드 작성시 적지 않은 도움을 받을 수 있습니다.

보통의 로고는 로고의 회사 홈페이지에서 다운로드 받을 수 있으며 Flicker 등의 이미지 검색 사이트를 통해서도 수집할 수도 있습니다. 또한, 인터넷 사이트인 kmug.co.kr 혹은 인터넷 카페의 로고 자료실 등에서 손쉽게 구할 수 있습니다.

❸ 업무와 관련된 클립 아트를 수집하라.

업무와 연관된 클립 아트를 슬라이드 한 장에 모아두면 필요할 때마다 꺼내 쓸 수 있습니다. 클립 아트를 슬라이드 한 장에 모아두면 슬라이드 작성 시간도 많이 단축될 수 있습니다.

가령, 전산과 관련된 업무를 한다면 컴퓨터나 라우터, 모뎀 등의 클립 아트를, 의료와 관련된 일을 한다면 의료나 의료기기와 관련된 클립 아트를 한 장의 슬라이드에 모아두는 것이 좋습니다. 또한, 자주 사용하지는 않지만 사용했을 때 슬라이드를 돋보이게 할 수 있는 클립 아트는 그때 그때 수집할 필요가 있습니다. 특히, Office.com을 이용하면 생각보다 유용한 클립 아트를 쉽게 수집할 수 있습니다.

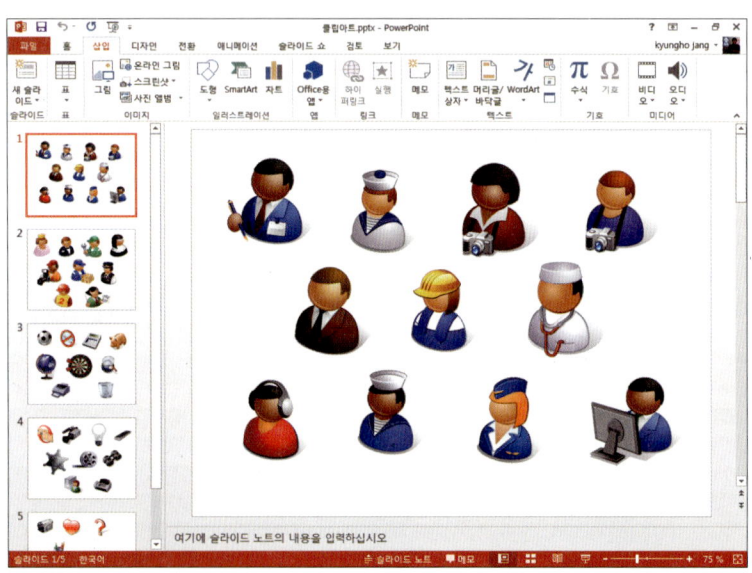

▲ 슬라이드에 클립 아트 보관

Office.com을 이용하면 날씨 관련 클립 아트나 인물, 차트 형식의 클립 아트를 수월하게 가져올 수 있습니다. Office.com에서 제공하는 클립 아트는 무료이며, 품질도 매우 우수한 편에 속합니다. 예를 들어, 'People '혹은 'Chart'를 입력하면 이와 연관된 다양한 클립 아트가 나타나며 특히, 검색된 클립 아트에서 [유사한 클립 아트]를 선택하면 유사한 클립 아트가 검색되어 비슷한 클립 아트를 한 번에 가져올 수 있습니다.

❹ 도형을 간직하라.

파워포인트 버전이 업그레이드되면서 이제 도형을 가지고 응용하지 않더라도 멋진 도해를 만들 수 있게 되었습니다. 바로 SmartArt라는 기능을 통해 가능한데, 이 기능을 활용하면 단 몇 초 만에 여러 서식과 디자인이 가미된 도해를 만들 수 있습니다.

하지만 모양이 획일적이고 슬라이드의 절반 이상을 차지하는 크기 때문에 잘 사용하지 않게 됩니다. 그렇기에 자주 사용하는 도형 스타일 및 도해를 미리 작성하여 한 장의 슬라이드에 만들어 놓으면 두고두고 활용할 수 있습니다.

❺ 수정된 파일은 초안부터 모두 보관하라.

하나의 프레젠테이션이 완성되기까지 여러 번의 수정 작업은 당연한 일입니다. 특히, 검토자가 많으면 많을수록 기획시 의도했던 내용과는 다른 내용으로 변경되기도 하고, 발표를 하루 남겨놓고 내용 전체가 뒤죽박죽 변경되기도 합니다. 또한, 반대로 여러 번 변경된 내용이 다시 검토를 통해 예전으로 되돌아가기도 합니다.

수정된 파일은 초안부터 모두 보관하는 것이 좋습니다. 많은 작업을 하다보면 폴더 관리에도 노하우가 생기기 마련입니다. 폴더는 날짜 혹은 월별로 구분하고 슬라이드 파일에는 날짜와 버전을 반드시 명시해야 합니다. 특히, 많은 내용이 변경될 경우에는 폴더나 파일에 본 내용을 명시하여 혹시나 모를 사항에 대비하도록 합시다. 만일 파워포인트를 사용한다면 파일을 열어 개인정보에 수정된 사항이나 검토자의 이름 등을 태그로 명시해 놓으면 파일을 찾을 때 유용합니다.

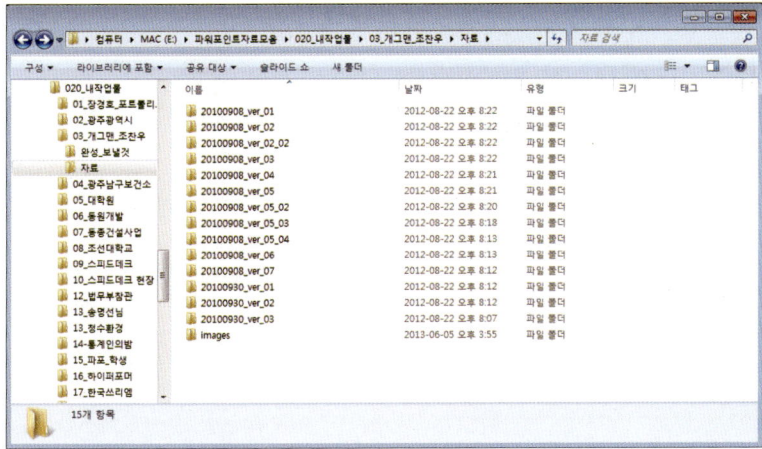

▲ 수정한 날짜별로 폴더에 표시

LESSON
05 소리 및 오디오 파일 삽입하기

레벨 ● ● ●

파워포인트는 WAV, MID, WMA 뿐만 아니라 MP3 등 다양한 소리 파일을 삽입할 수 있습니다. 동영상 파일과 마찬가지로 소리 파일 역시 슬라이드에 삽입하고 필요한 부분만 편집할 수 있으며, 원하는 위치를 지정하여 그 부분부터 소리를 재생할 수 있습니다. 여기서는 오디오 파일을 삽입한 후 실행할 수 있는 다양한 편집 기능에 대해서 살펴보도록 하겠습니다.

기초탄탄 ▶ 오디오 기능 살펴보기

■ 지원되는 오디오 파일 형식

파워포인트에서 제공하는 오디오 파일 형식은 우리가 알고 있는 대부분의 오디오 파일 형식을 지원합니다. 특히, mp3, m4a, mp4 외에 wav, wma까지 다양한 형식을 지원하고 있습니다.

파일 형식	확장명
AIFF 오디오 파일	.aiff
AU 오디오 파일	.au
MIDI 파일	.mid 또는 .midi
MP3 오디오 파일	.mp3
MPEG-4 오디오 파일	.m4a, .mp4
Windows 오디오 파일	.wav
Windows Media 오디오 파일	.wma

■ [오디오 도구]–[재생] 상황별 탭 살펴보기

오디오 파일을 삽입하면 [오디오 도구]–[재생] 상황별 탭이 생성됩니다. [재생] 탭을 통해 오디오 파일을 다양한 방법으로 컨트롤 할 수 있습니다.

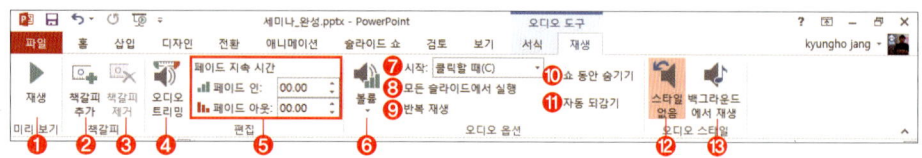

❶ 재생 : 소리를 재생할 수 있습니다.

334

❷ **책갈피 추가** : 책갈피를 추가하여 특정 지점부터 소리를 재생할 수 있습니다.

❸ **책갈피 제거** : 책갈피를 제거할 수 있습니다.

❹ **오디오 트리밍** : 오디오의 시작 지점과 끝 지점을 조절하여 원하는 부분만 재생할 수 있습니다.

❺ **페이드 지속 시간** : 페이드 인/아웃을 통해 소리를 조절할 수 있습니다.

❻ **볼륨** : 오디오의 볼륨을 조절할 수 있습니다.

❼ **시작** : 클릭할 때, 자동 실행, 모든 슬라이드에 실행 중 오디오 파일의 원하는 시작 시점을 지정할 수 있습니다.

❽ **모든 슬라이드에서 실행** : 오디오 파일을 모든 슬라이드에서 재생할 수 있습니다.

❾ **쇼 동안 숨기기** : 슬라이드 쇼에서 오디오 아이콘이 보이지 않게 숨길 수 있습니다.

❿ **반복 재생** : 오디오를 반복 재생합니다.

⓫ **자동 되감기** : 오디오 재생이 끝나면 자동으로 처음으로 되돌아갑니다.

⓬ **스타일 없음** : 오디오 클립의 재생 옵션을 다시 지정합니다.

⓭ **백그라운드에서 재생** : 오디오 클립이 전체 슬라이드에 걸쳐 계속 재생되도록 설정합니다.

■ 오디오 재생바

오디오 파일을 삽입하면 슬라이드 편집 화면에 소리 아이콘이 생성됩니다. 슬라이드에 삽입된 오디오는 소리 아이콘을 컨트롤하여 조정할 수 있습니다.

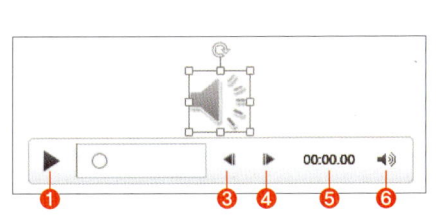 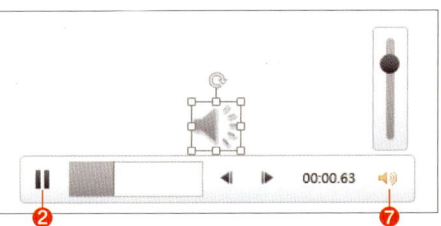

❶ **재생** : 오디오 파일을 실행할 수 있습니다.

❷ **일시 중지** : 재생 중인 오디오 파일을 일시 중지할 수 있습니다.

❸ **빠르게 되돌리기** : 오디오 파일을 이전 부분으로 빠르게 되돌릴 수 있습니다.

❹ **빠르게 진행하기** : 오디오 파일을 이후 부분으로 빠르게 진행할 수 있습니다.

❺ **재생 시간** : 오디오 파일의 재생 시간을 확인할 수 있습니다.

❻ **음소거** : 오디오 파일의 음소거를 할 수 있습니다.

❼ **볼륨 조정 핸들** : 볼륨 조정 핸들을 이용해 볼륨을 조정할 수 있습니다.

■ **책갈피 추가하기** `339P`

책갈피 추가 기능은 오디오 클립의 특정 지점을 빠르게 찾기 위해 사용됩니다. 단, 오디오 클립은 단 한 개의 책갈피만 추가할 수 있습니다.

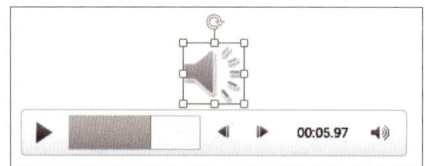

▲ 기본 오디오 재생 바

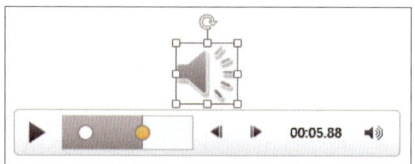

▲ 책갈피 추가시 오디오 재생 바

■ **[오디오 맞추기] 대화상자** `340P`

[오디오 도구]–[재생] 상황별 탭에서 [편집] 그룹–[오디오 트리밍]을 클릭하면 [오디오 맞추기] 대화 상 자가 나타납니다. 녹색(❚)과 적색(❚) 아이콘을 드래그하여 원하는 부분을 선택할 수 있습니다.

❶ **파일명** : 삽입한 오디오의 파일명이 표시됩니다.

❷ **재생 시간** : 전체 재생 시간이 표시됩니다.

❸ **녹색 핸들** : 녹색(❚)의 핸들을 드래그하여 시작 지점을 지정할 수 있습니다.

❹ **적색 핸들** : 적색(❚)의 핸들을 드래그하여 종료 지점을 지정할 수 있습니다.

❺ **시작 시간** : 수정된 시작 시간이 표시됩니다.

❻ **종료 시간** : 수정된 종료 시간이 표시됩니다.

❼ **이전으로** : 이전 동영상 프레임으로 이동됩니다.

❽ **재생** : 편집된 동영상이 재생됩니다.

❾ **이후로** : 이후 동영상 프레임으로 이동됩니다.

STEP 01 • 오디오 파일 삽입하기

오디오 파일을 삽입하면 [오디오 도구]–[재생] 상황별 탭이 생성됩니다. [재생] 탭을 통해 오디오 파일을 다양한 방법으로 컨트롤 할 수 있습니다.

예제 파일 I CD₩Part 05₩세미나.pptx, music.wav **완성 파일 I** CD₩Part 05₩세미나_완성.pptx

01. 소리 파일을 삽입하기 위해 [삽입] 탭–[미디어] 그룹–[오디오]를 클릭한 후 [내 PC의 오디오]를 클릭합니다.

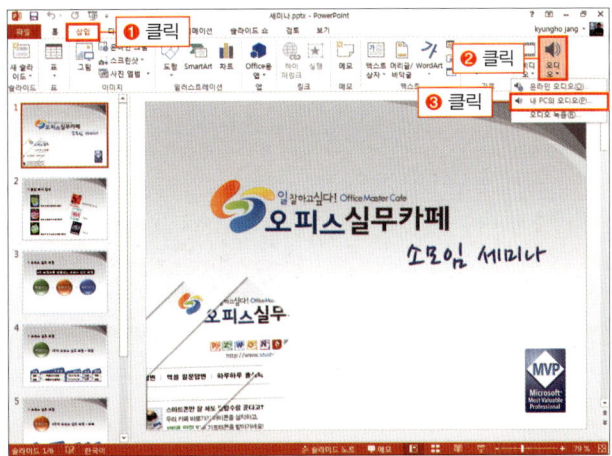

02. [오디오 삽입] 대화상자가 나타나면 'CD₩Part 05₩music.wav'를 선택한 후 [삽입]을 클릭합니다.

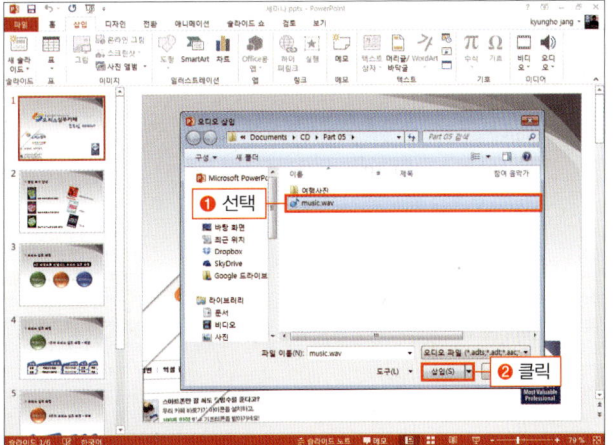

03. [소리 아이콘]( )을 마우스로 드래그하여 아이콘 위치를 조절합니다. [소리 아이콘]( ) 아래에 있는 제어판에서 [재생] 단추를 클릭하면 소리 파일을 미리 들어볼 수 있습니다.

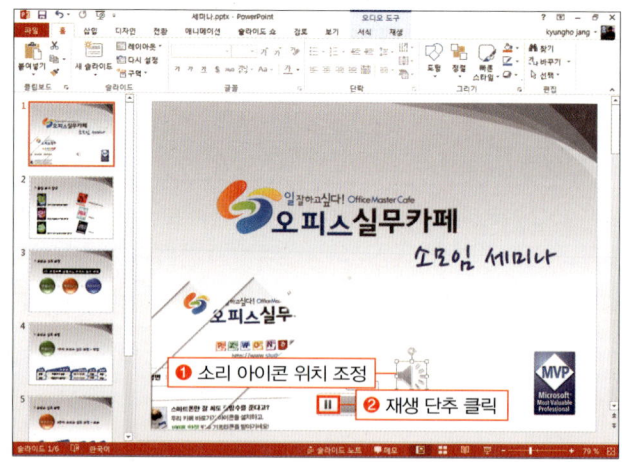

❶ 소리 아이콘 위치 조정

❷ 재생 단추 클릭

파워포인트에 소리파일을 저장하지 않고 연결만 하고 싶어요.

파워포인트 2013에서는 소리 파일은 파워포인트 파일에 자동으로 함께 저장됩니다. 함께 저장하지 않고 단순히 연결만 하고 싶을 경우 [오디오 삽입] 대화상자에서 [삽입] 화살표를 클릭해 [파일에 연결]을 선택합니다.

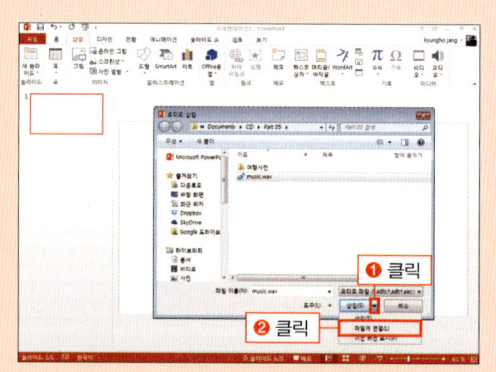

❶ 클릭

❷ 클릭

TIP : 소리 재생 단축키 살펴보기

소리 재생시 단축키를 이용하면 보다 편하게 소리 파일을 컨트롤할 수 있습니다.

재생/일시 중지	Alt + P
0.25초 이전으로	Alt + Shift + ←
0.25초 이후로	Alt + Shift + →
음소거/음소거 해제	Alt + U

STEP 02 · 책갈피 추가하기

책갈피 추가 기능은 오디오 클립의 특정 지점을 빠르게 찾기 위해 사용됩니다. 오디오 재생 시간이 길 경우 책갈피를 추가하여 원하는 지점에 빠르게 접근할 수 있습니다.

01. [소리 아이콘](🔊)을 클릭하면 나타나는 제어판에서 책갈피를 넣을 부분을 드래그하여 위치를 조정합니다. [오디오 도구]-[재생] 상황별 탭을 클릭한 후 [책갈피] 그룹에서 [책갈피 추가]를 클릭합니다.

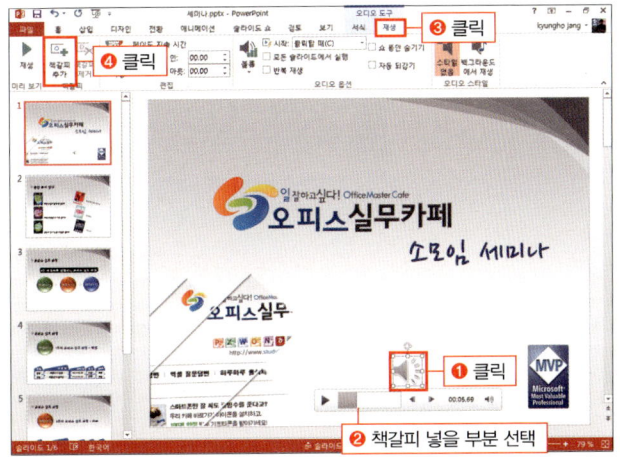

02. 클릭한 지점에 책갈피가 추가됩니다.

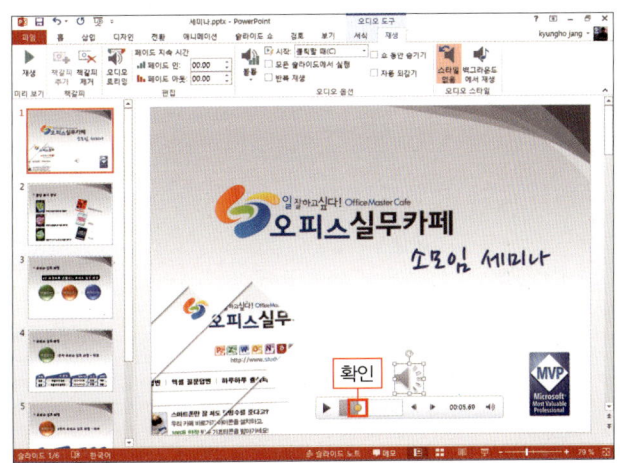

03. F5 를 눌러 슬라이드 쇼를 진행한 다음 오디오 클립 아이콘에 마우스를 가져가면 책갈피가 나타납니다. 추가한 책갈피를 클릭하여 원하는 지점부터 오디오를 재생할 수 있습니다.

트리밍이란 오디오나 비디오의 시작 지점과 끝 지점을 조절하여 원하는 부분만 재생할 수 있는 기능입니다. 오디오 트리밍하는 방법에 대해서 살펴보도록 하겠습니다.

01. [소리 아이콘]([이미지])을 클릭한 상태에서 [오디오 도구]-[재생] 탭을 선택합니다. [편집] 그룹의 [오디오 트리밍]을 클릭합니다. [오디오 맞추기] 대화상자가 나타나면 녹색([이미지]) 지점을 드래그하여 시작 지점을 선택합니다.

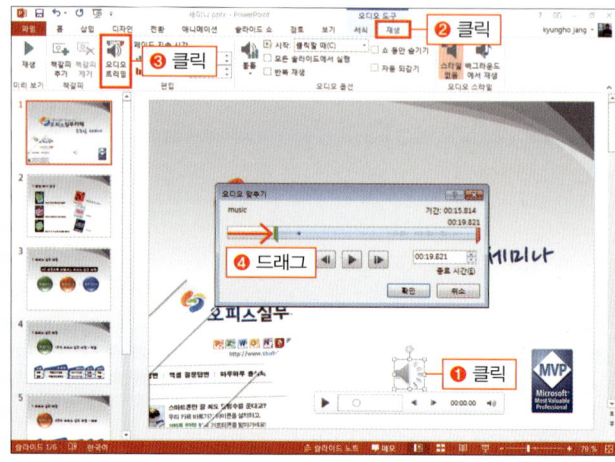

02. 빨간([이미지]) 지점을 드래그하여 끝 지점을 선택합니다. [확인]을 클릭합니다.

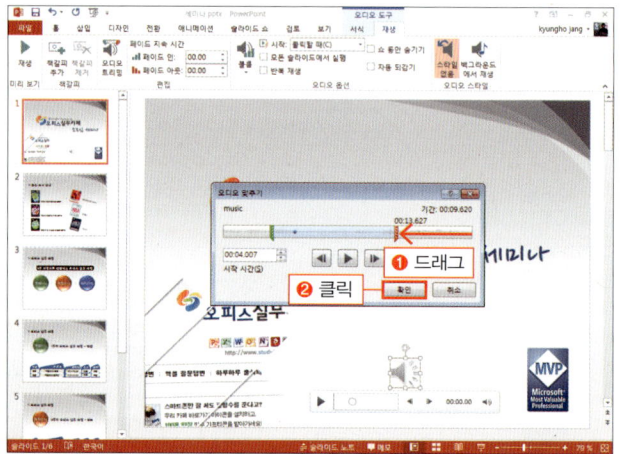

03. 제어판에서 [재생] 단추를 클릭합니다. [오디오 맞추기] 대화 상자에서 지정한 처음과 끝 지점만큼 재생됩니다.

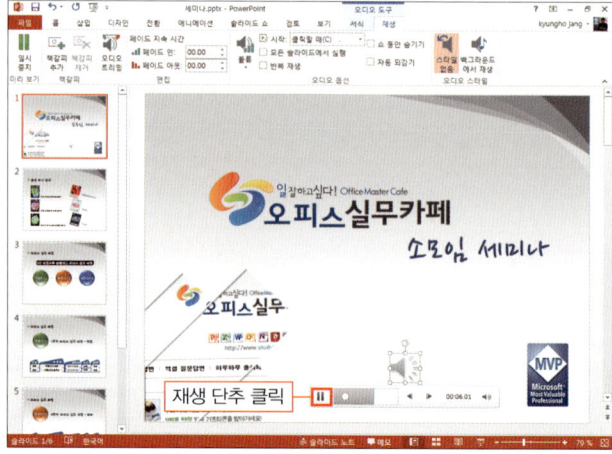

오디오 자동 재생이란 슬라이드 쇼 진행시 별도의 작동 없이 자동으로 재생하게 하는 기능입니다. 오디오를 자동 재생해 보고 오디오 아이콘을 숨기는 방법에 대해서 살펴보도록 하겠습니다.

01. [소리 아이콘](🔊)을 클릭한 상태에서 [오디오 도구]-[재생] 상황별 탭을 선택합니다. [오디오 옵션] 그룹-[시작]의 화살표를 클릭하여 [자동 실행]을 선택합니다.

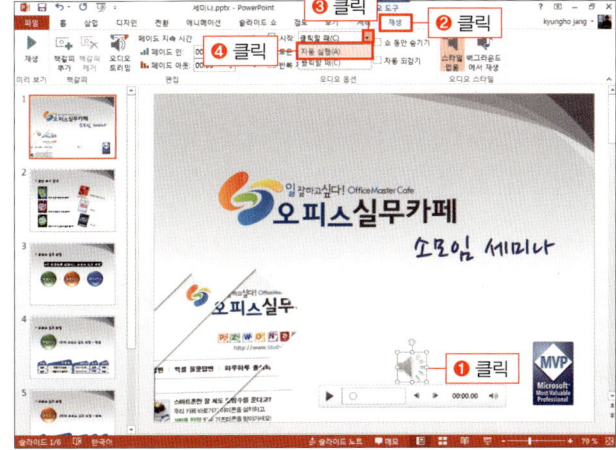

> **TIP** : [자동 실행]을 선택하면 슬라이드 쇼 진행시 해당 슬라이드에서 오디오가 자동 재생됩니다.

02. [오디오 도구]-[재생] 탭을 클릭합니다. [오디오 옵션] 그룹-[쇼 동안 숨기기]에 체크 표시를 합니다.

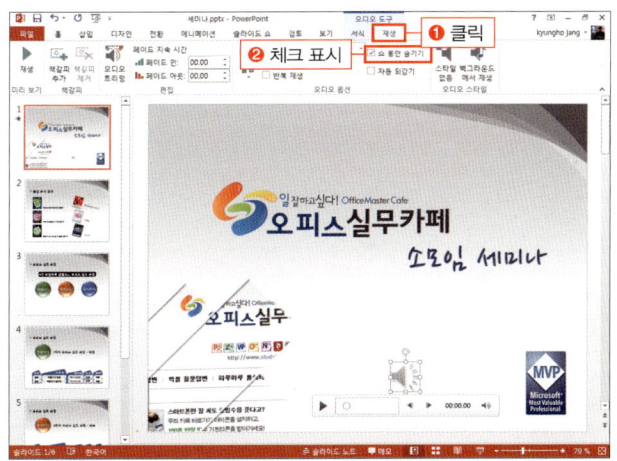

03. F5를 눌러 슬라이드 쇼를 진행합니다. [쇼 동안 숨기기]를 선택하면 슬라이드 쇼 진행시 [소리 아이콘](🔊)이 나타나지 않습니다.

> **연관 검색** 슬라이드 쇼와 관련된 기능은 432페이지에서 자세히 다루고 있습니다.

멋진 음악을 삽입하여 슬라이드 쇼를 진행해 보면 다음 슬라이드로 넘어갈 때 음악이 자동으로 멈추게 됩니다. 다음 슬라이드로 넘어가도 음악이 계속 나오게 하고 싶다면 이 방법을 사용합니다.

01. 1번 슬라이드부터 3번 슬라이드까지 오디오를 연속으로 재생해 보도록 하겠습니다. [애니메이션] 탭−[애니메이션] 그룹−대화상자 표시 아이콘을 클릭합니다. [오디오 재생] 대화상자가 나타나면 [재생 중지]−[지금부터]를 클릭한 후 『3』을 입력하고 [확인]을 클릭합니다.

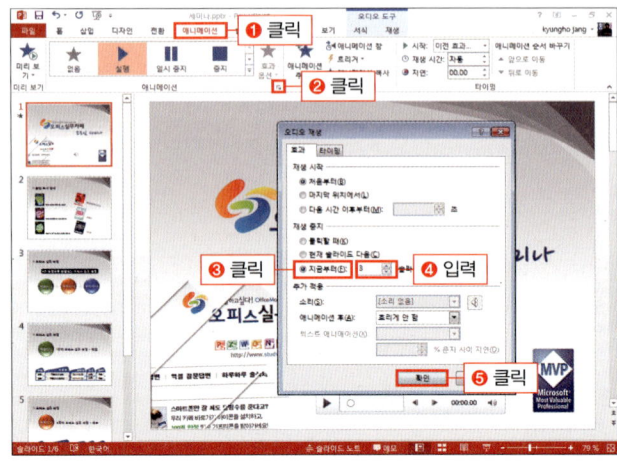

02. F5를 눌러 슬라이드 쇼를 진행합니다. 1번 슬라이드부터 3번 슬라이드까지 오디오가 재생되면서 4번 슬라이드에서는 오디오가 중단되는지 확인합니다.

> **TIP :** 슬라이드에 멋진 음악을 삽입하여 슬라이드 쇼를 진행해 보면 소리는 삽입된 슬라이드에서만 재생되기 때문에 다음 슬라이드로 넘어갈 때 음악은 자동으로 멈추게 됩니다. 하지만 효과 옵션을 이용하여 여러 슬라이드에 걸쳐서 연속으로 소리를 재생할 수 있도록 설정 할 수 있습니다.

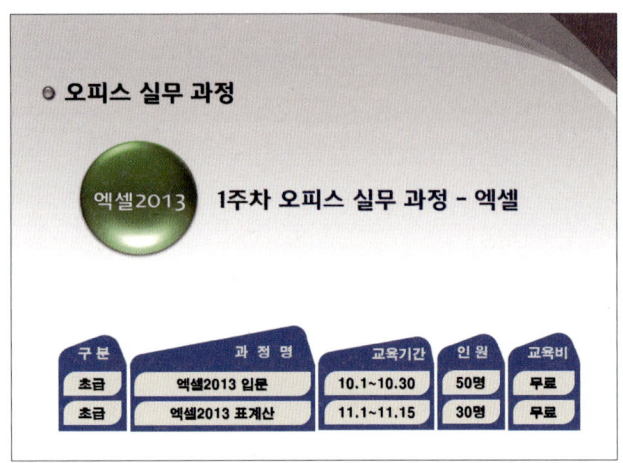

03. 이번에는 전체 슬라이드에서 오디오를 재생해 보도록 하겠습니다. [오디오 도구]−[재생] 탭에서 [오디오 스타일] 그룹의 [백그라운드에서 재생]을 클릭합니다. F5를 눌러 슬라이드 쇼를 진행하면 오디오가 전체 슬라이드에서 재생됩니다.

> **TIP :** [재생] 탭의 [오디오 옵션] 그룹의 [모든 슬라이드에서 실행]에 체크 표시를 하여도 전체 슬라이드에서 오디오를 재생할 수 있습니다.

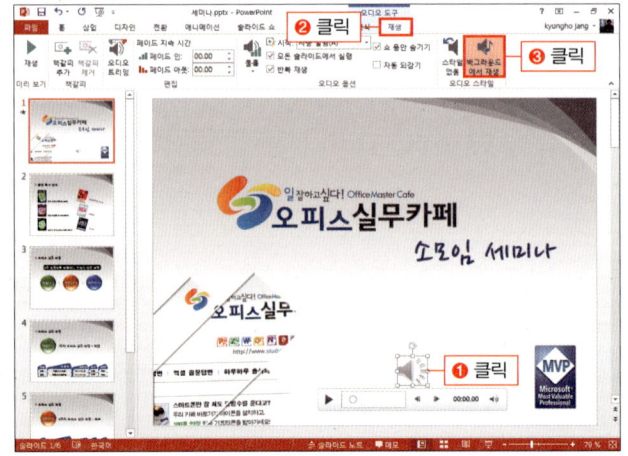

LESSON
06 동영상 및 비디오 파일 삽입하기

레벨 ● ○ ○

파워포인트에 삽입할 수 있는 동영상 파일의 확장자는 AVI, WMV, MP4 등 다양합니다. 파워포인트 2013에는 동영상이 파워포인트 파일에 바로 삽입되기 때문에 좀 더 편리하게 동영상을 삽입하고 재생할 수 있습니다.

기초탄탄 ▶ 비디오 기능 살펴보기

■ [비디오 도구]−[서식] 상황별 탭 `348P`

[비디오 도구]−[서식] 상황별 탭의 [비디오 스타일] 그룹을 통해 다양한 비디오 스타일 갤러리를 만날 수 있습니다.

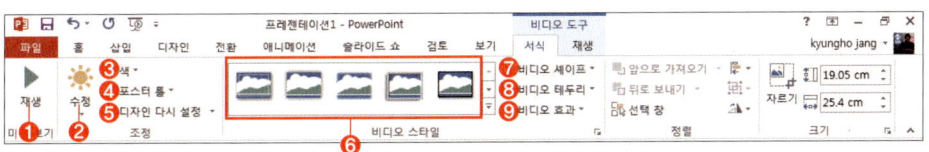

❶ **재생** : 비디오 파일을 슬라이드 편집 화면에서 재생할 수 있습니다.

❷ **수정** : 비디오의 밝기 및 대비를 조정할 수 있습니다.

❸ **색** : 비디오의 색상을 조정할 수 있습니다.

❹ **포스터 틀** : 비디오의 포스터 틀을 선택할 수 있습니다.

❺ **디자인 다시 설정** : 비디오 크기를 비롯해 디자인을 다시 설정할 수 있습니다.

❻ **비디오 스타일** : 다양한 비디오 스타일을 통해 도형이나 반사 효과 등으로 꾸밀 수 있습니다.

❼ **비디오 셰이프** : 비디오 서식을 그대로 유지한 채 비디오의 모양을 변경합니다.

❽ **비디오 테두리** : 비디오 윤곽선의 선, 두께 등을 조정합니다.

❾ **비디오 효과** : 비디오에 그림자, 네온, 반사 효과 등을 지정할 수 있습니다.

■ [비디오 도구]–[재생] 상황별 탭

비디오 파일을 삽입하면 [비디오 도구]–[재생] 상황별 탭이 생성됩니다. [재생] 탭을 통해 비디오 파일을 다양한 방법으로 컨트롤 할 수 있습니다.

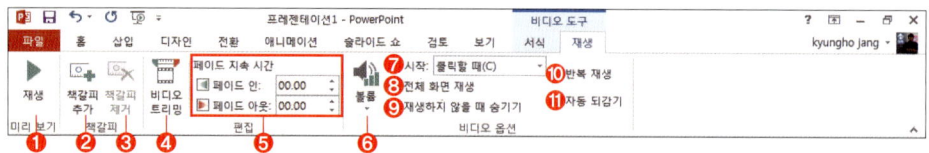

❶ 재생 : 동영상을 재생할 수 있습니다.

❷ 책갈피 추가 : 책갈피를 추가하여 특정 지점부터 동영상을 재생할 수 있습니다. 소리 파일과 다르게 책갈피를 여러 개 추가할 수 있습니다.

❸ 책갈피 제거 : 책갈피를 제거할 수 있습니다.

❹ 비디오 트리밍 : 동영상의 시작 지점과 끝 지점을 조절하여 원하는 부분만 재생할 수 있습니다.

❺ 페이드 인 / 페이드 아웃 : 페이드 인(점점 밝아지기)과 페이드 아웃(점점 어두워지기)을 통해 동영상에 효과를 지정할 수 있습니다.

❻ 볼륨 : 비디오의 볼륨을 조절할 수 있습니다.

❼ 시작 : 동영상 파일의 원하는 시작 시점을 지정할 수 잇습니다.

❽ 전체 화면 재생 : 동영상을 슬라이드 화면에 꽉 채워 재생할 수 있습니다.

❾ 재생하지 않을 때 숨기기 : 재생하지 않을 때 동영상을 숨길 수 있습니다.

❿ 반복 재생 : 동영상을 반복 재생합니다.

⓫ 자동 되감기 : 동영상 재생이 끝나면 자동으로 처음으로 되돌아갑니다.

■ 비디오 재생바 347P

비디오 파일을 삽입하면 슬라이드 편집 화면에 비디오 재생 아이콘이 생성됩니다. 슬라이드에 삽입된 비디오는 비디오 재생 아이콘을 컨트롤하여 조정할 수 있습니다.

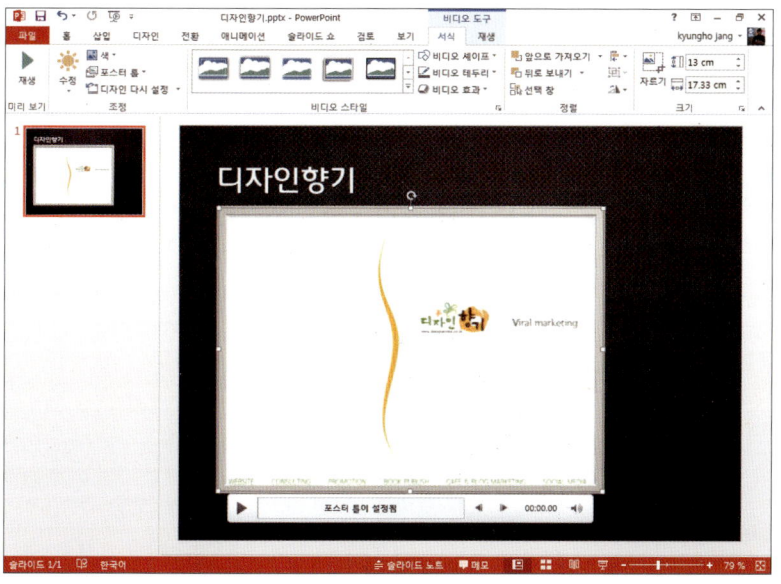

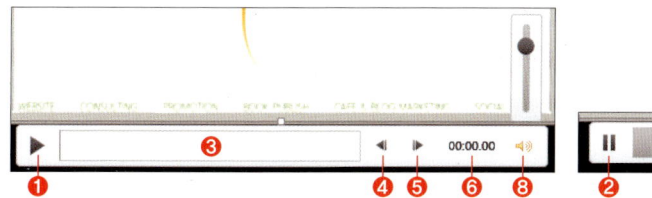

❶ 재생 : 비디오 파일을 실행할 수 있습니다.

❷ 일시 중지 : 재생 중인 비디오 파일을 일시 중지할 수 있습니다.

❸ 재생 슬라이드 : 현재 위치를 재생 슬라이드를 통해 확인할 수 있습니다.

❹ 빠르게 되돌리기 : 비디오 파일을 이전 부분으로 빠르게 되돌릴 수 있습니다.

❺ 빠르게 진행하기 : 비디오 파일을 이후 부분으로 빠르게 진행할 수 있습니다.

❻ 재생 시간 : 비디오 파일의 재생 시간을 확인할 수 있습니다.

❼ 음소거 : 비디오 파일의 음소거를 할 수 있습니다.

❽ 볼륨 조정 핸들 : 볼륨 조정 핸들을 이용해 볼륨을 조정할 수 있습니다.

■ 표지를 만들어 주는 포스터 틀 <mark>349P</mark>

삽입한 비디오 파일은 원하는 형태의 표지를 만들 수 있습니다. [비디오 도구]–[서식] 탭에서 [포스터 틀]을 클릭하여 원하는 형식의 표지를 선택합니다.

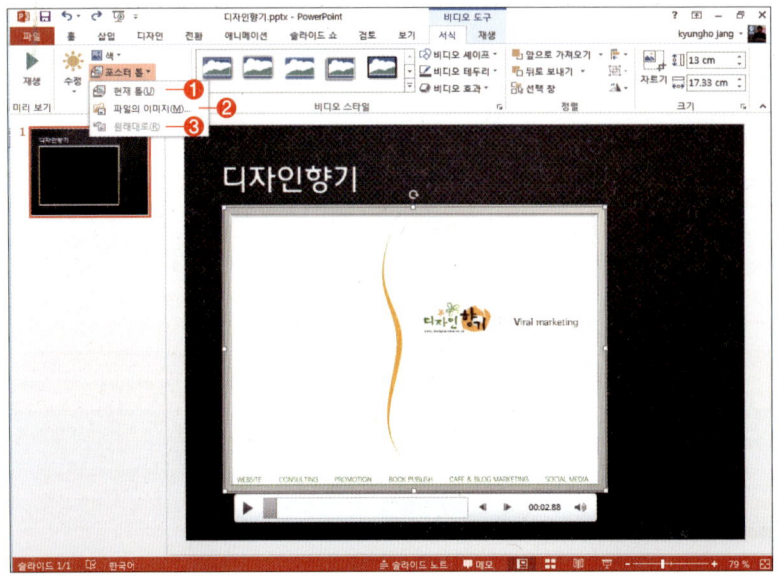

❶ **현재 틀** : 현재 동영상 프레임 위치의 이미지가 표지로 선택됩니다. 현재 틀을 선택하기 전 동영상을 원하는 위치로 이동해 놓아야 합니다.

❷ **파일의 이미지** : 내 컴퓨터에 있는 이미지로 표지를 만들 수 있습니다.

❸ **원래대로** : 마음에 들지 않는 표지라면 다시 설정을 통해 다시 표지를 만들 수 있습니다.

STEP 01 • 비디오 파일 삽입하기

비디오 파일을 삽입하면 [비디오 도구]–[재생] 상황별 탭이 생성됩니다. [재생] 탭을 통해 비디오 파일을 다양한 방법으로 컨트롤 할 수 있습니다.

예제 파일 | CD₩Part 05₩디자인향기.pptx, design.wmv　**완성 파일 |** CD₩Part 05₩디자인향기_완성.pptx

01. 동영상 파일을 삽입하기 위해 [삽입] 탭–[미디어] 그룹–[비디오]–[내 PC의 비디오]를 클릭합니다.

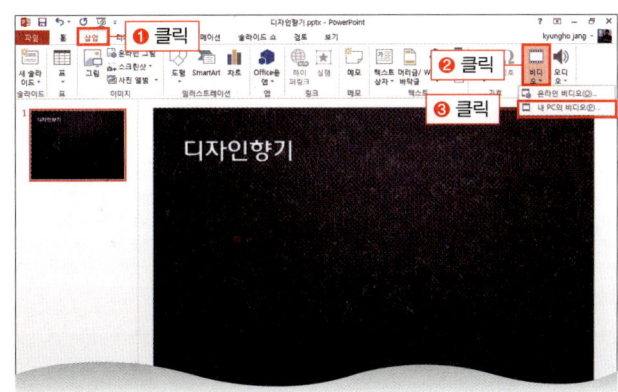

02. [동영상 삽입] 대화 상자가 나타나면 부록 CD의 'Part 05' 폴더에서 'design.wmv' 파일을 선택한 후 [삽입]을 클릭합니다.

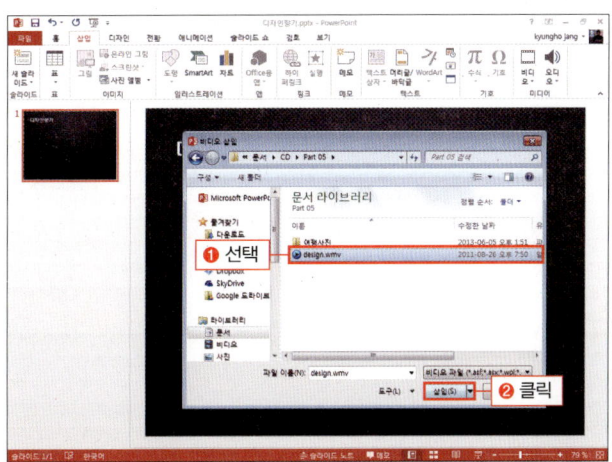

03. 슬라이드에 동영상이 삽입됩니다. 비디오 클립 아래에 있는 제어판에서 [재생] 단추를 클릭합니다. 동영상이 슬라이드 편집 화면에서 바로 실행됩니다.

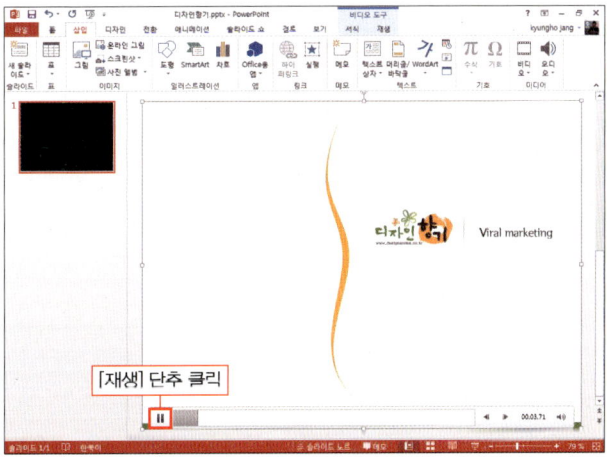

비디오 파일에도 도형이나 이미지처럼 색이나 포스터 틀 등을 적용하여 꾸며줄 수 있습니다. 여기서는
비디오 클립 서식을 변경하는 방법에 대해서 살펴보도록 하겠습니다.

01. 슬라이드에 삽입한 비디오 클립에도 다양
한 서식을 지정할 수 있습니다. 먼저 크기를 조절
해 보겠습니다. 비디오를 선택합니다. [비디오 도
구]-[서식] 상황별 탭에서 [크기] 그룹에서 [비디
오 높이]에 『13』을 입력한 후 **Enter** 를 누릅니다.
자동으로 [비디오 너비] 크기가 조절됩니다.

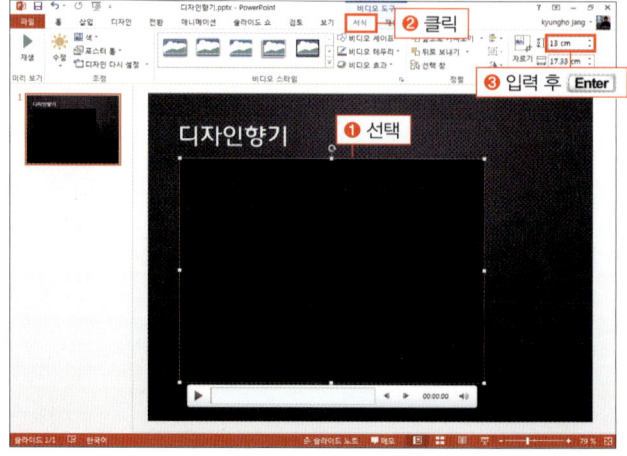

02. [비디오 도구]-[서식] 상황별 탭에서 [비디오
스타일] 그룹에서 [자세히]를 클릭한 다음 [금속
프레임]을 선택합니다.

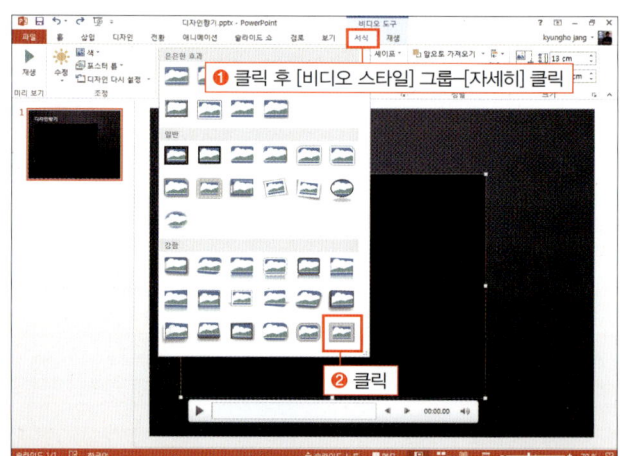

03. 비디오 클립의 서식이 변경됩니다. [비디오
스타일] 그룹의 [비디오 세이프]와 [비디오 테두리]
를 선택해 다른 스타일을 적용할 수도 있습니다.

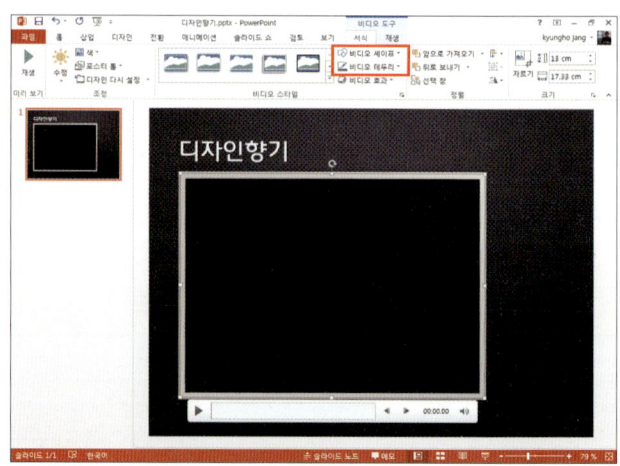

STEP 03 • 동영상 표지 만들기

동영상을 삽입한 슬라이드에는 검정색이나 중요하지 않은 무의미한 캡쳐 화면이 나타납니다. 이럴 때에는 포스터 틀을 이용하여 동영상 표지를 만들어 주는 것이 좋습니다.

01. 슬라이드 편집 화면이나 슬라이드 쇼를 진행하면 검은색의 화면이 나오면서 동영상이 재생됩니다. 이를 방지하기 위해 표지를 삽입할 수 있습니다. 동영상을 재생한 후 표지로 사용할 부분을 선택합니다. [비디오 도구]–[서식] 탭에서 [포스터 틀]을 클릭한 후 [현재 틀]을 선택합니다.

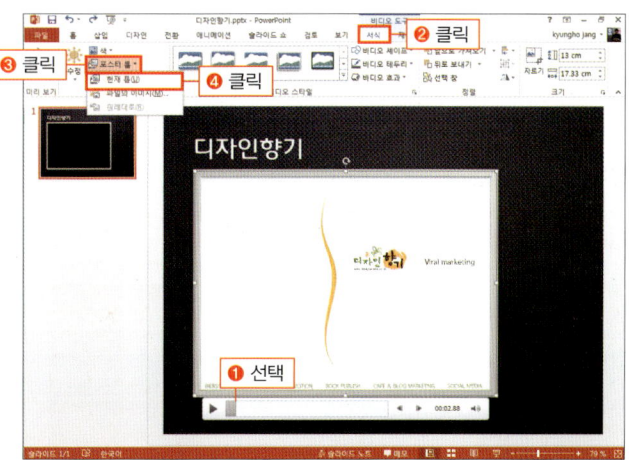

02. 재생 바에 포스터 틀이 설정되었다는 문구가 나타납니다. F5 를 눌러 슬라이드 쇼를 진행해 봅니다. 현재 틀이 동영상 표지로 저장됩니다.

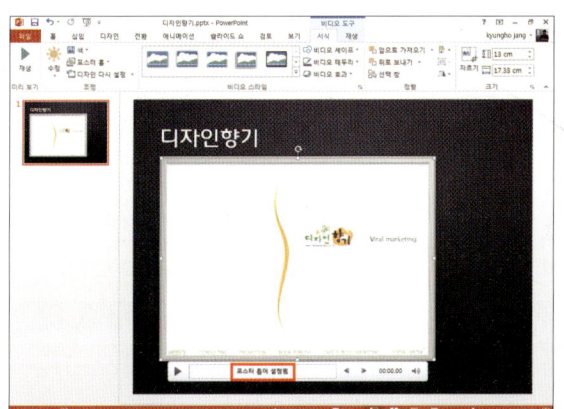 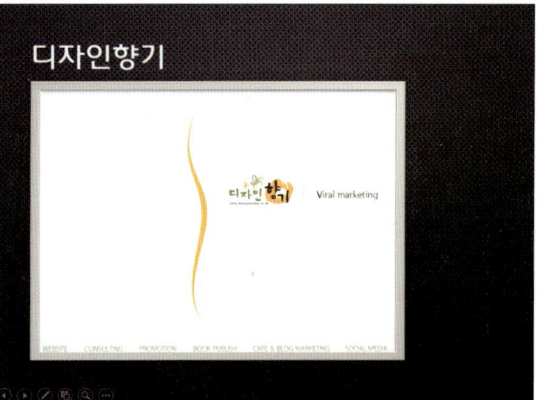

슬라이드를 비디오로 만들기

슬라이드 파일은 웹이나 전자 메일을 통해 배포할 수 있는 고화질 동영상 파일로 변환할 수 있습니다. 동영상의 해상도를 비롯하여 각 슬라이드의 화면 전환 속도도 조정할 수 있습니다.

예제 파일 | CD\Part 05\비디오.pptx **완성 파일 |** CD\Part 05\비디오.mp4

01. [파일] 탭-[내보내기]-[비디오 만들기]를 클릭합니다. [컴퓨터 및 HD 디스플레이]를 클릭한 후 원하는 해상도를 선택합니다. 여기서는 [인터넷 및 DVD]를 선택합니다.

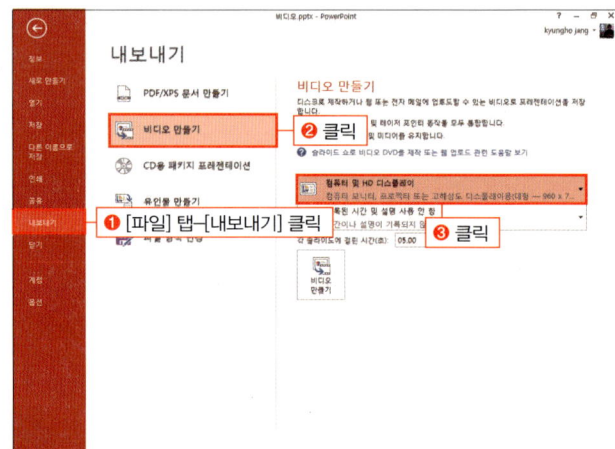

02. [각 슬라이드에 걸리는 시간(초)]에 원하는 시간을 입력한 후 [비디오 만들기]를 클릭합니다.

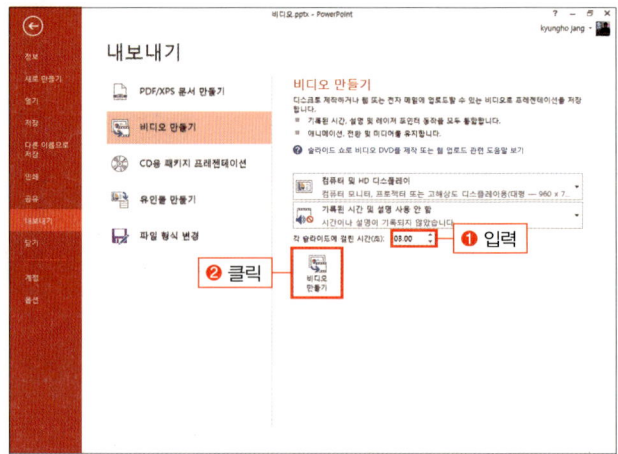

03. [나른 이름으로 저장] 대화상자가 나타나면 [저장 위치]를 선택하고 [파일 이름]을 입력한 후 [저장]을 클릭합니다.

04. 비디오를 만드는 중 메시지가 뜨면서 슬라이드가 동영상 파일로 변환됩니다. 저장한 파일을 실행하면 슬라이드가 아닌 동영상 파일이 열립니다.

07 동영상 클립 자유롭게 설정하기

레 벨 ● ● ●

기존 영상 편집 프로그램에서나 가능하던 동영상 편집 기능을 파워포인트에서도 실행할 수 있습니다. 즉, 삽입한 동영상의 내용 중에서 필요한 부분만 따로 편집하거나 동영상 이미지로 표지를 만들거나 동영상을 압축하여 파워포인트 파일의 용량을 줄일 수도 있습니다.

기초탄탄 ▶ 비디오 클립 설정하기

■ 지원되는 비디오 파일 형식

파워포인트에서 지원하는 비디오 파일 형식은 asf, avi를 비롯해 mp4, m4v, mov 등 다양하며, 플래시 동영상인 swf 까지 지원하고 있습니다.

파일 형식	확장명
Windows Media 파일	.asf
Windows 비디오 파일	.avi
MP4 비디오 파일	.mp4, .m4v, .mov
동영상 파일	.mpg 또는 .mpeg
Adobe Flash Media	.swf
Windows Media 비디오 파일	.wmv

■ [비디오 맞추기] 대화상자 355P

[비디오 트리밍]을 선택하면 [비디오 맞추기] 대화 상자가 나타납니다. [비디오 맞추기] 대화 상자에서는 비디오의 시작 지점과 종료 지점 등을 지정할 수 있습니다.

❶ 미리 보기 화면 : 동영상의 미리 보기 화면입니다.

❷ 녹색 핸들 : 녹색(▌)의 핸들을 드래그하여 시작 지점을 지정할 수 있습니다.

❸ 적색 핸들 : 적색(▌)의 핸들을 드래그하여 종료 지점을 지정할 수 있습니다.

❹ 시작 시간 : 수정된 시작 시간이 표시됩니다.

❺ 종료 시간 : 수정된 종료 시간이 표시됩니다.

❻ 이전으로 : 이전 동영상 프레임으로 이동됩니다.

❼ 재생 : 편집된 동영상이 재생됩니다.

❽ 이후로 : 이후 동영상 프레임으로 이동됩니다.

❾ 재생 시간 : 편집된 동영상 재생 시간이 표시됩니다.

■ 미디어 압축하기

[파일] 탭-[정보]를 클릭한 후 [미디어 압축]을 클릭하면 미디어 파일을 압축하여 크기 및 성능을 선택할 수 있습니다.

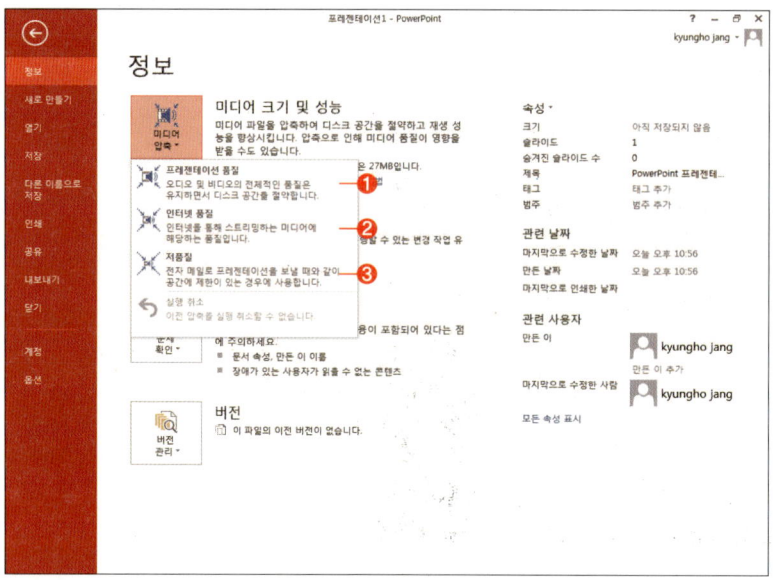

❶ **프레젠테이션 품질** : 오디오 및 비디오의 품질을 유지하면서 파일 크기를 조정합니다.

❷ **인터넷 품질** : 인터넷 스트리밍 수준의 품질을 유지하면서 파일 크기를 조정합니다.

❸ **저품질** : 전자 메일로 정상적으로 송/수신 가능할 정도의 파일 용량으로 조정합니다.

오디오 클립은 하나의 책갈피를 추가할 수 있지만 비디오 클립은 여러 책갈피를 추가할 수 있습니다. 또한, 오디오 파일과 마찬가지로 트리밍 기능을 통해 동영상의 원하는 부분만 재생할 수 있습니다.

예제 파일 I CD₩Part 05₩travel.pptx　**완성 파일 I** CD₩Part 05₩travel_완성.pptx

01. 삽입한 비디오 클립에서 원하는 위치에 책갈피를 추가하여 위치를 기록할 수 있습니다. 비디오를 재생한 다음 원하는 위치에서 [비디오 도구]–[재생] 상황별 탭에서 [책갈피] 그룹의 [책갈피 추가]를 선택합니다.

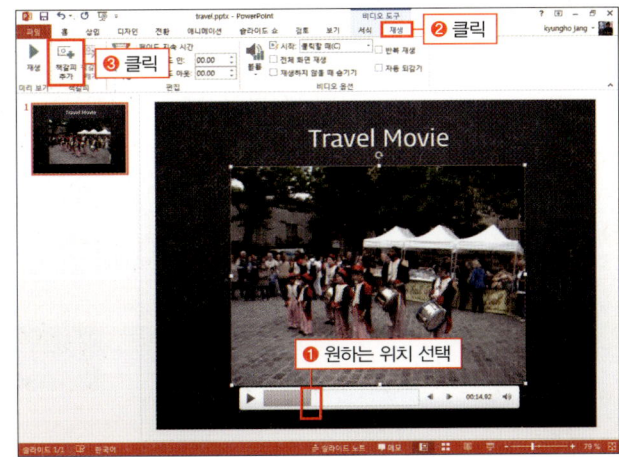

02. 비디오 재생바에 책갈피 아이콘이 생성됩니다. 책갈피는 원하는 만큼 생성할 수 있습니다. 다시 동영상을 재생한 후 원하는 지점에 [재생] 탭–[책갈피] 그룹의 [책갈피 추가]를 선택합니다.

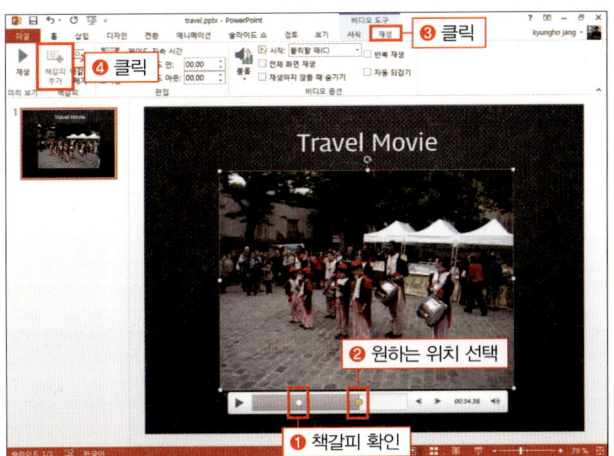

TIP : 책갈피가 필요없다면 책갈피 아이콘을 클릭한 후 [재생] 탭–[책갈피] 그룹의 [책갈피 제거]를 선택합니다.

03. F5 를 눌러 슬라이드 쇼를 실행시킵니다. 원하는 책갈피를 기억하고 있기에 원하는 위치부터 비디오를 재생할 수 있습니다.

04. 이번에는 비디오 트리밍을 통해 동영상을 편집해 보겠습니다. [비디오 도구]-[재생] 상황별 탭-[편집] 그룹에서 [비디오 트리밍]을 선택합니다. [비디오 맞추기] 대화상자가 나타나면 녹색(🟩) 지점의 위치를 조절한 후 빨간(🟥) 지점의 위치를 조절합니다. [확인]을 클릭합니다.

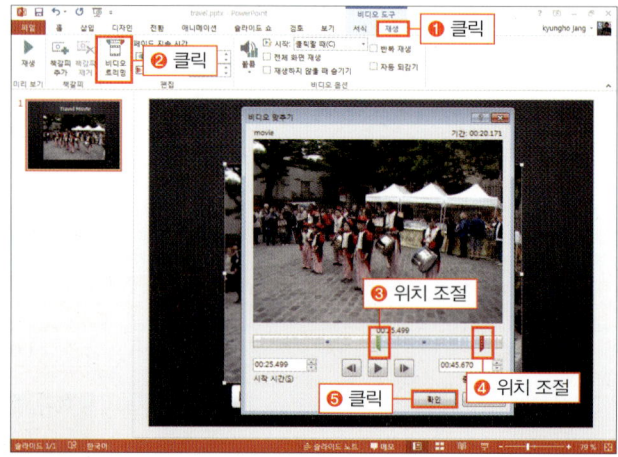

05. F5 를 눌러 슬라이드 쇼를 실행시킵니다. 비디오 맞추기를 통해 편집한 부분만 재생되는지 확인합니다.

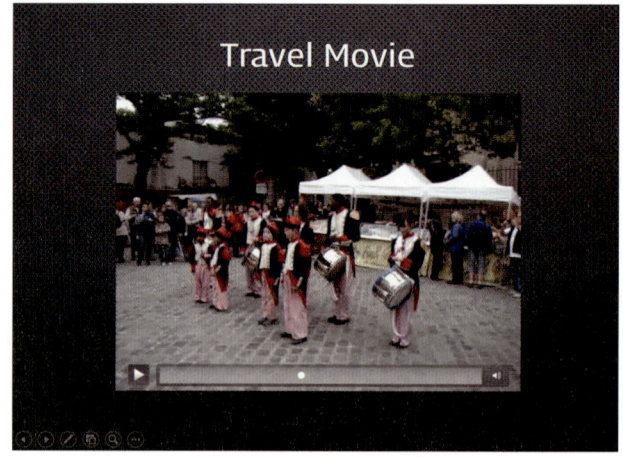

슬라이드 쇼에서 비디오 파일을 재생하면 지정한 크기로 동영상이 재생됩니다. 하지만 동영상은 지정된 크기보다 슬라이드 전체 화면에서 재생되는 것이 효과가 큽니다. 여기서는 비디오 파일을 전체 화면에서 재생해보고 반복 재생하는 방법에 대해서 살펴보겠습니다.

01. 동영상을 선택한 후 슬라이드 쇼 실행 시 동영상을 클릭해야 실행되도록 설정하기 위해 [비디오 도구]-[재생] 상황별 탭-[비디오 옵션] 그룹에서 [시작]-[클릭할 때]를 선택합니다. 전체 화면에 재생하기 위해 [전체 화면 재생]에 체크 표시를 합니다.

> **TIP :** [비디오 옵션] 그룹에서 [시작]-[자동 실행]을 선택할 경우 슬라이드 쇼 진행시 동영상이 자동으로 재생되며, [클릭할 때]를 선택하면 슬라이드 쇼 진행시 마우스로 클릭해야 동영상이 재생됩니다.

02. 슬라이드 쇼를 실행하기 위해 F5 를 누릅니다. 동영상을 클릭하여 재생시킵니다. 동영상이 전체 화면으로 표시됩니다.

> **TIP :** 슬라이드 편집 화면으로 다시 돌아가려면 Esc 를 누르면 됩니다.

> 파워포인트의 동영상 기능을 통해 동영상을 꾸밀 수도 있지만, 마이크로소프트에서 제공하는 무비 메이커 프로그램을 이용해서도 손쉽게 동영상을 꾸밀 수 있습니다. 보다 다양한 기능은 513페이지에서 자세히 다루고 있으니 이를 참고하시기 바랍니다.

동영상을 재생할 때 페이드 인은 점점 밝아지는 효과를 말하며, 페이드 아웃은 점점 어두워지는 효과를 말합니다. 파워포인트 2013에서는 페이드 인과 페이드 아웃 기능을 이용하면 동영상 편집 프로그램에서 주로 사용하는 페이드 효과를 편하게 적용할 수 있습니다.

01. 비디오를 선택한 상태에서 [비디오 도구]-[재생] 상황별 탭에서 [편집] 그룹의 [페이드 인]에 『05.00』을 입력한 다음 [페이드 아웃]에 『05.00』을 입력합니다.

02. [비디오 도구]-[재생] 상황별 탭에서 [미리보기] 그룹의 [재생]을 누릅니다. 동영상의 처음 부분 중 5초 동안 페이드 인 효과가 지속됩니다.

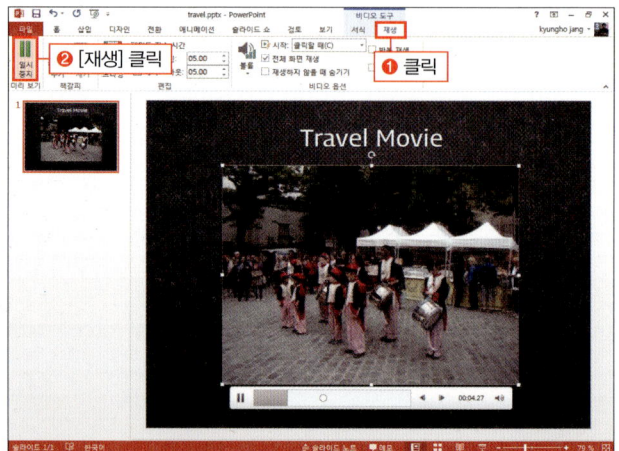

03. 동영상의 마지막 부분 중 5초 동안 페이드 아웃 효과가 지속됩니다.

STEP 04 • YouTube 동영상 연결하기

파워포인트 2010에서는 YouTube 동영상의 Embed 태그를 복사해야만 파워포인트에 삽입할 수 있었습니다. 파워포인트 2013은 Embed 태그없이 YouTube 동영상을 바로 검색하고 삽입할 수 있습니다.

01. [삽입] 탭→[미디어] 그룹→[비디오]를 클릭한 후 [온라인 비디오]를 클릭합니다.

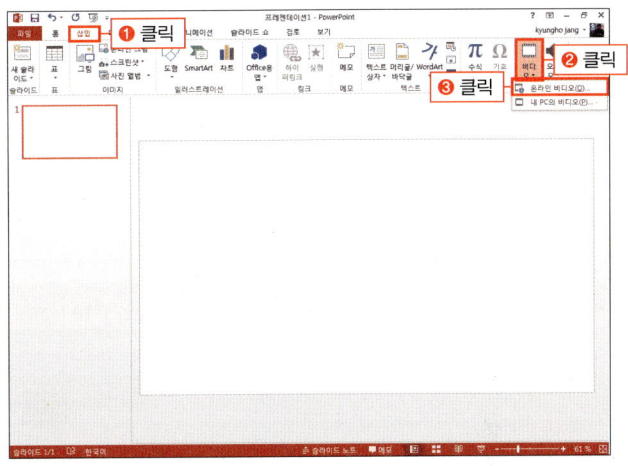

02. [비디오 삽입] 창이 뜹니다. [YouTube] 항목이 없다면 하단의 [추가로 삽입할 소스]의 [YouTube]를 선택합니다.

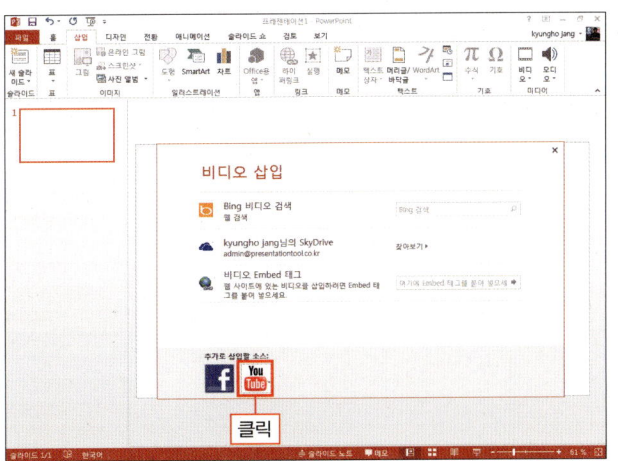

03. [YouTube] 항목이 나타납니다. 입력란에 『office 2013』을 입력한 후 [찾기]를 클릭합니다.

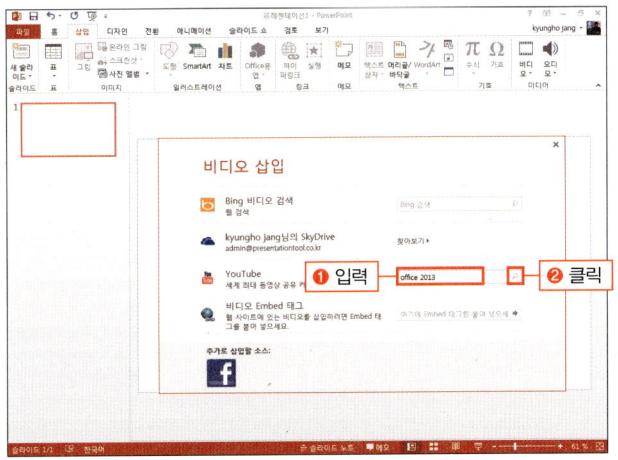

04. 'office2013' 관련 다양한 동영상이 검색됩니다. 원하는 동영상을 선택한 후 [확대]를 클릭합니다. 동영상을 확인한 후 [삽입]을 클릭합니다.

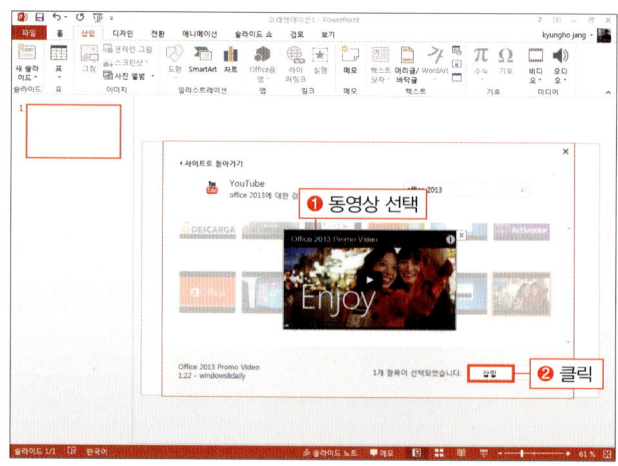

05. 슬라이드 편집 화면에 동영상이 삽입됩니다. 크기 및 위치를 조절한 후 [비디오 도구]–[서식] 상황별 탭에서 [미리보기]–[재생]을 클릭해 동영상이 정상적으로 재생되는지 확인합니다.

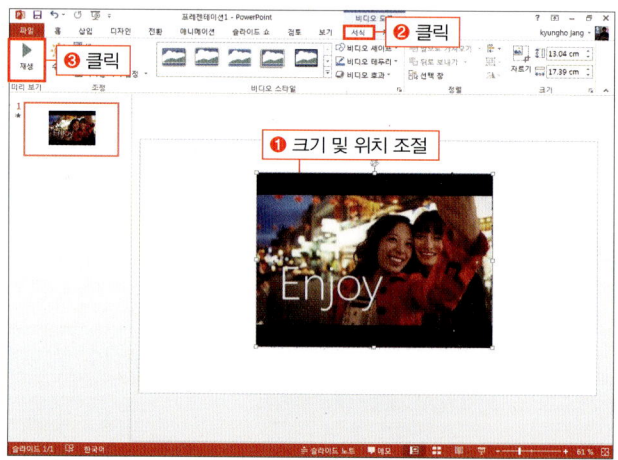

> **TIP :** 만일, 동영상이 재생되지 않는다면 현재 버전보다 최신 버전의 Adobe Flash Player를 설치해야 합니다. Adobe Flash Player는 Adobe 웹 사이트에서 다운로드 받을 수 있습니다.

TIP : Embed 태그로 동영상 삽입하기

비디오가 있는 대부분의 웹 사이트는 Embed 태그를 포함하고 있습니다. Embed 태그가 있는 사이트에서 비디오의 소스 코드를 `Ctrl` + `C` 를 눌러 복사합니다. 파워포인트에서 [삽입] 탭–[미디어] 그룹–[비디오]를 클릭한 다음 [비디오 Embed 태그]에서 복사한 소스 코드를 `Ctrl` + `V` 를 눌러 붙여넣기한 후 `Enter` 를 누릅니다.

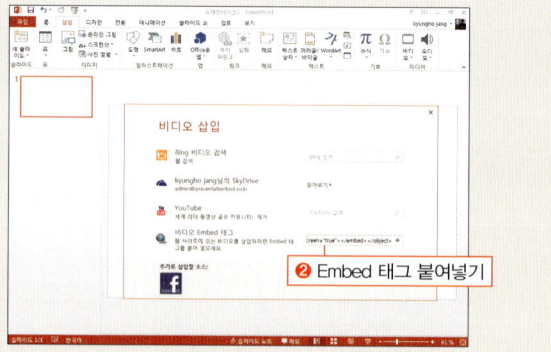

360

파일에 연결하고 동영상 최적화하기

파워포인트는 기본적으로 동영상 파일이 슬라이드에 포함됩니다. 용량이 큰 동영상 파일의 경우 슬라이드에 포함하기 보다는 연결하여 파일 전송이나 공유시 시간을 단축할 필요가 있습니다. 또한, 미디어 압축을 통해 동영상 파일의 크기를 조절해 주는 것이 좋습니다.

예제 파일 | CD₩Part 05₩movie.pptx, movie.mpg 완성 파일 | CD₩Part 05₩movie_완성.pptx

---

01. [삽입] 탭의 [미디어] 그룹에서 [비디오]를 클릭한 다음 [내 PC의 비디오]를 선택합니다.

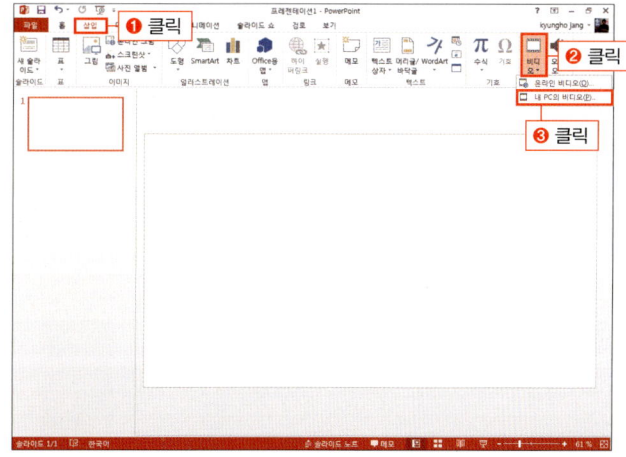

02. [비디오 삽입] 대화상자가 나타나면 'CD₩ Part 05₩movie.mpg' 파일을 찾아 선택합니다. [삽입] 화살표를 클릭해 [파일에 연결]을 선택합니다.

> **TIP :** 파일에 연결할 경우 비디오 용량이 아무리 커도 파워포인트 파일에 포함되지 않습니다. 파일에 연결할 경우에는 비디오 클립을 프레젠테이션과 동일한 폴더에 복사한 후에 해당 폴더에서 비디오에 연결하는 것이 좋습니다.

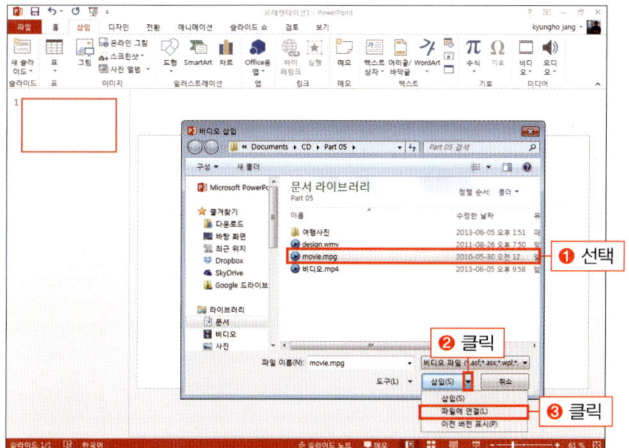

03. 이번에는 파일에 연결한 비디오를 파워포인트 파일에 포함해 보도록 하겠습니다. [파일]탭-[정보]를 클릭합니다. [미디어 호환성 최적화]에서 [연결 보기]를 클릭합니다. [연결] 창이 뜨면 [연결 끊기]를 선택한 후 [닫기]를 클릭합니다.

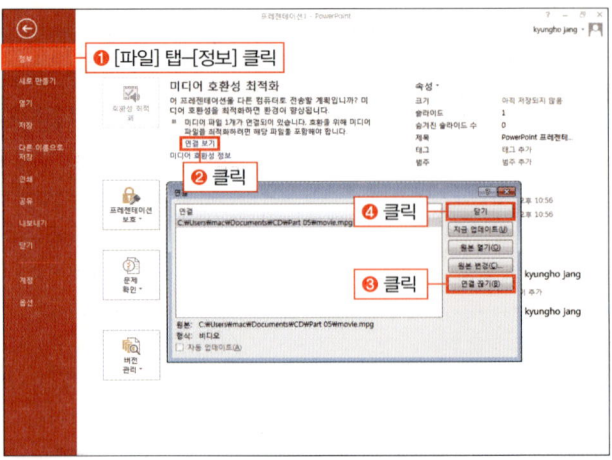

04. 이번에는 미디어 호환성을 통해 동영상 환경을 내 컴퓨터에 맞게 최적화하도록 하겠습니다. [호환성 최적화]를 클릭합니다.

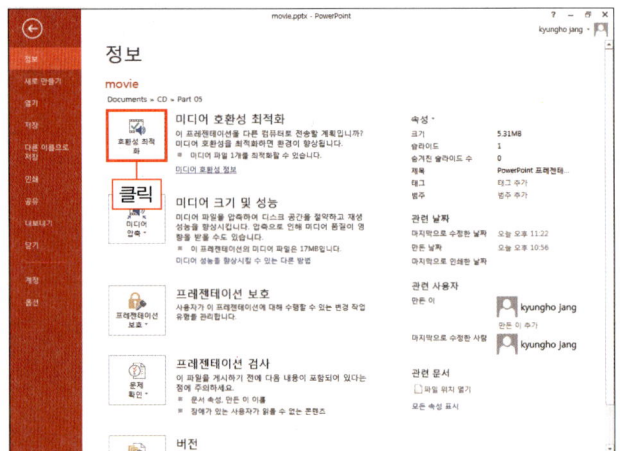

05. [미디어 호환성 최적화] 창이 뜨면서 최적화 작업이 진행됩니다. 호환성 최적화가 완료되면 [닫기]를 클릭합니다.

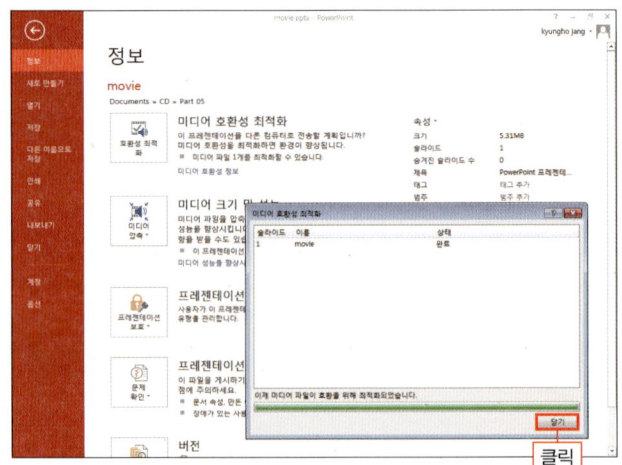

06. [미디어 압축]을 클릭한 후 원하는 품질을 선택합니다. 여기서는 [저품질]을 클릭합니다.

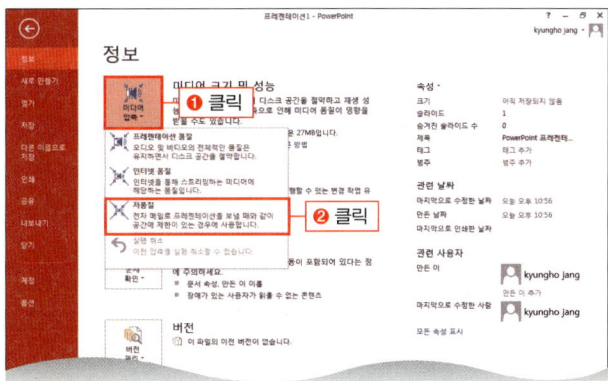

07. [미디어 압축] 창이 뜨면서 미디어가 압축됩니다. 압축이 완료되면 [닫기]를 클릭합니다.

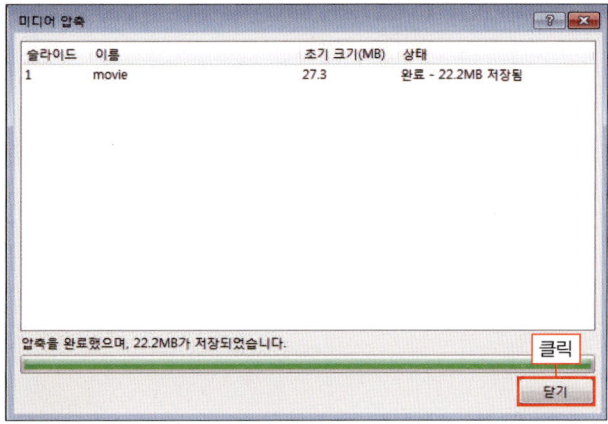

08. 미디어가 압축됩니다. 미디어 파일 용량을 비롯해 압축 사항이 표시됩니다.

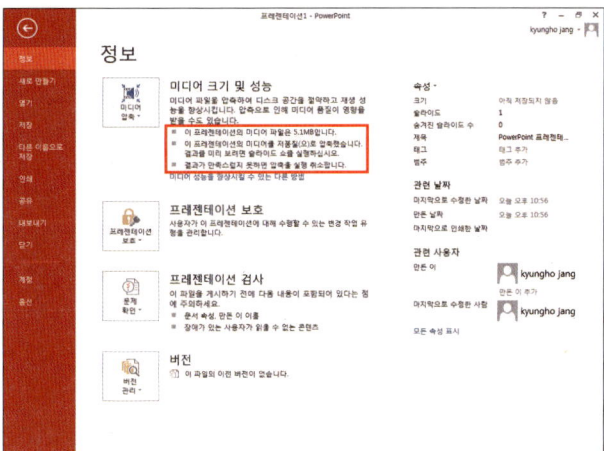

TIP : 미디어 압축하기

파워포인트 슬라이드에 동영상이 포함되면 파일의 크기가 커지게 됩니다. 미디어 압축을 통해 동영상 파일의 크기를 조절해 주는 것이 좋습니다. 미디어 압축과 관련된 사항이 궁금하신 분은 필자의 블로그 http://blog21.kr/40190498704 에서 살펴보시기 바랍니다. QR 코드를 스마트폰에서 찍으시면 바로 확인할 수 있습니다.

■ 파워포인트의 파일 용량을 조절하기 위해서는 [다른 이름으로 저장]을 하여 [도구]를 클릭한 후 [그림 압축] 대화상자가 나타나면 [잘려진 그림 영역 삭제]에 체크 표시를 한 후 [문서 해상도 사용]을 선택합니다. `278P`

■ 스타일 가이드(Style Guide)란, 프레젠테이션에서 공통적으로 사용될 디자인을 미리 정의해 놓은 문서를 말합니다. 파워포인트에서는 이를 앞에서 배운 가이드라인 혹은 슬라이드 작성 가이드 등의 이름으로 사용되기도 합니다. `286P`

■ 파워포인트 슬라이드에는 .jpg나 .gif는 물론 .emf나 .png, .tif 등의 확장자를 지닌 파일도 삽입할 수 있습니다. `294P`

■ 온라인으로 이미지나 그림 파일을 검색하여 삽입할 수 있습니다. 온라인 그림은 Office.com 클립 아트나 Bing 사이트의 이미지, 혹은 SkyDrive 계정의 이미지를 삽입할 수 있습니다. `296P`

■ 파워포인트에 삽입한 그림은 그 어떤 그림이라도 배경 등 원하는 부분을 투명하게 없앨 수 있습니다. `297P`

■ [조정] 그룹의 선명도, 밝기 및 대비를 활용해 포토샵과 같은 도구에서 작업하던 것처럼 다양한 이미지 효과를 그대로 적용할 수 있습니다. `308P`

■ 파워포인트나 Office Online에서 무료로 사용할 수 있는 클립 아트의 개수는 9만여 개가 넘습니다. `322P`

■ 사진 앨범 기능을 이용하면 여러 장의 사진을 한번에 슬라이드에 삽입할 수 있습니다. `323P`

■ 파워포인트에서 제공하는 오디오 파일 형식은 우리가 알고 있는 대부분의 오디오 파일 형식을 지원합니다. 특히, mp3, m4a, mp4 또는 wav, wma까지 다양한 형식을 지원하고 있습니다. `334P`

■ 트리밍이란 오디오나 비디오의 시작 지점과 끝 지점을 조절하여 원하는 부분만 재생할 수 있는 기능입니다. `340P`

■ 파워포인트에서 지원하는 비디오 파일 형식은 asf, avi를 비롯해 mp4, m4v, mov 등 다양하며, 플래시 동영상인 swf 까지 지원하고 있습니다. `352P`

■ 슬라이드 파일은 웹이나 전자 메일을 통해 배포할 수 있는 고화질 동영상 파일로 변환할 수 있습니다. `350P`

■ 삽입한 동영상의 내용 중에서 필요한 부분만 따로 편집하거나 동영상 이미지로 표지를 만들거나 동영상을 압축하여 파워포인트 파일의 용량을 줄일 수 있습니다. `354P`

■ 동영상 재생시 페이드 인, 페이드 아웃 옵션을 설정할 수 있습니다. 페이드 인은 점점 밝아지는 효과를 말하며, 페이드 아웃은 점점 어두어지는 효과를 말합니다. `358P`

01 『직장인』이라는 키워드로 온라인 그림을 삽입한 후 그림에 배경을 제거해 보세요.

동영상 해설 : SelfTest₩Part 05₩01.wmv

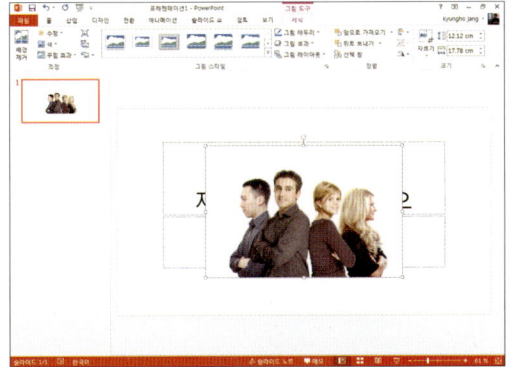 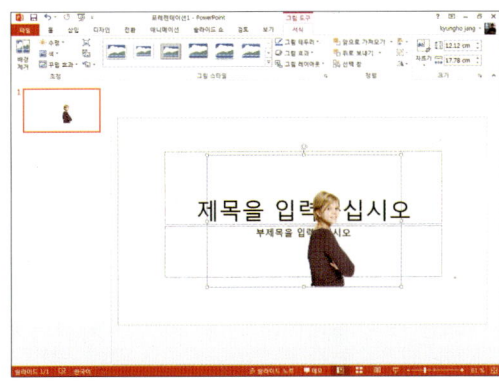

HINT

[삽입] 탭-[이미지] 그룹에서 [온라인 그림]을 선택합니다. [Office.com 클립 아트] 검색 창에 『직장인』을 입력한 후 [찾기]를 클릭합니다. 그림이 슬라이드 편집 화면에 삽입되면 [그림 도구]-[서식] 상황별 탭에서 [조정] 그룹의 [배경 제거]를 클릭합니다.

02 비디오 파일의 표지를 만들고 비디오 서식을 변경해 보세요.

예제파일 : SelfTest₩Part 05₩02.pptx   완성파일 : SelfTest₩Part 05₩02_완성.pptx
동영상 해설 : SelfTest₩Part 05₩02.wmv

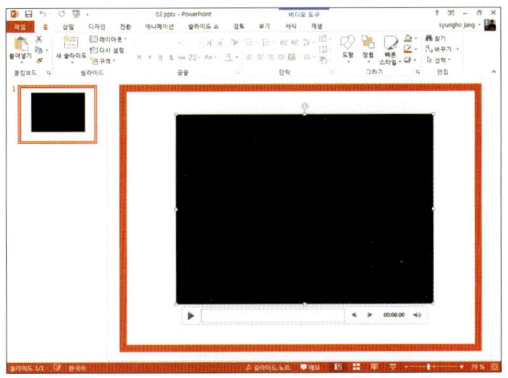 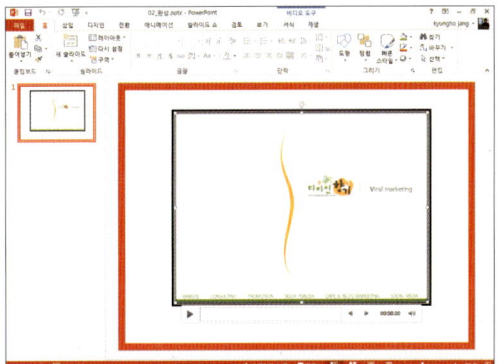

HINT

[비디오 도구]-[서식] 탭에서 [포스터 틀]을 클릭한 후 [현재 틀]을 선택합니다. [비디오 도구]-[서식] 상황별 탭에서 [비디오 스타일] 그룹 등을 이용해 비디오 서식을 변경합니다.

► PART

06

표와 차트, 그리고
애니메이션 기능 살펴보기

P O W E R P O I N T · 2 0 1 3

프레젠테이션에서는 수많은 텍스트와 수치 데이
터가 오고 갑니다. 회사 최고 경영자나 처음 맞
이하는 고객들에게 짧은 시간 안에 많은 내용을
설명하기에는 표나 차트만큼 좋은 도구도 없습
니다. 수많은 텍스트를 표를 이용하여 일목요연
하게 작성하고, 보기에도 머리아픈 수치 데이터
를 차트를 이용하여 한 눈에 볼 수 있게 작성한
다면 파워포인트를 100% 활용한다고 자신있게
말할 수 있을 것입니다. 여기서는 표와 차트를
비롯해 애니메이션 기능에 대해서 살펴보도록
하겠습니다.

LESSON

01 표 만들기

레벨 ● ● ●

표 삽입에는 모형대로 표 삽입, 행과 열을 입력하여 표 삽입, 표 그리기, Excel 스프레드시트로 표 작성하기의 4가지 방법이 있습니다. 그 중 모형대로 표 삽입과 행과 열을 입력하여 표 삽입을 가장 자주 이용합니다.

기초탄탄 ▶ 표 기능 살펴보기

■ 표 삽입하는 4가지 방법 `373P`

표 삽입에는 모형대로 표 삽입, 행과 열을 입력하여 표 삽입, 표 그리기, Excel 스프레드시트로 표 작성하기의 4가지 방법이 있습니다.

모형대로 표 삽입

[삽입] 탭의 [표] 그룹에서 [표]를 클릭합니다. 표 삽입 셀이 나타나면 포인터를 이동하여 원하는 행 및 열 개수를 드래그하여 선택합니다.

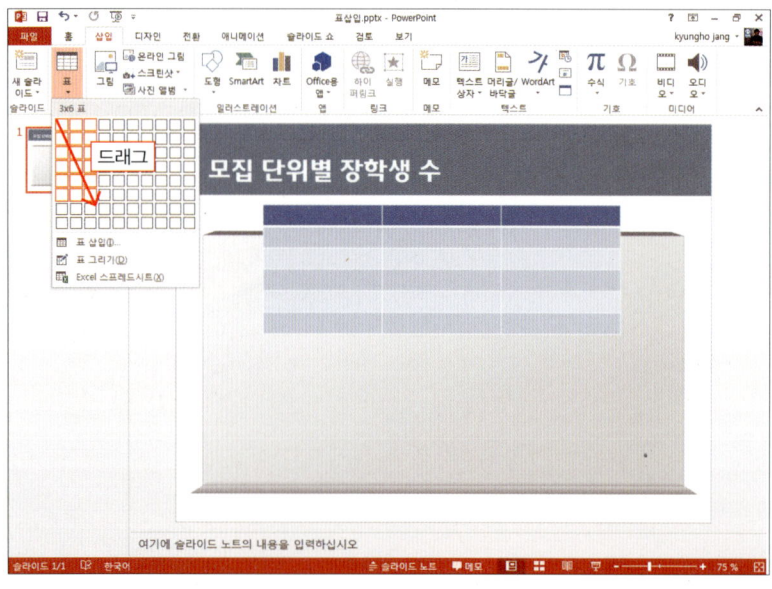

행과 열을 입력하여 표 삽입

[삽입] 탭의 [표] 그룹에서 [표]를 클릭하여 나타나는 메뉴 중 [표 삽입]을 클릭하여 [표 삽입] 대화상자를 불러옵니다. 그런 다음 열 개수 및 행 개수 목록에 숫자를 입력합니다.

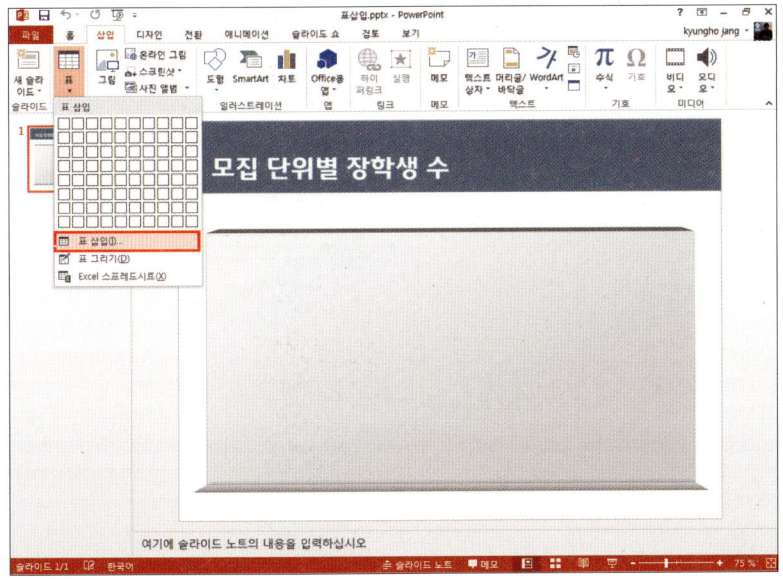
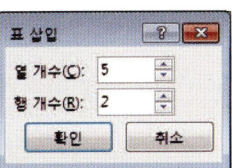

표 그리기

슬라이드 편집 화면에서 그림을 그리듯 마우스를 드래그하여 원하는 크기와 열과 행 개수를 가진 표를 그릴 수 있습니다. [삽입] 탭에서 [표] 그룹-[표]를 클릭한 후 [표 그리기]를 선택합니다. 마우스 포인터가 ✐ 모양으로 변경되면 먼저 표의 전체 윤곽선을 그리기 위해 원하는 표의 크기만큼 드래그합니다.

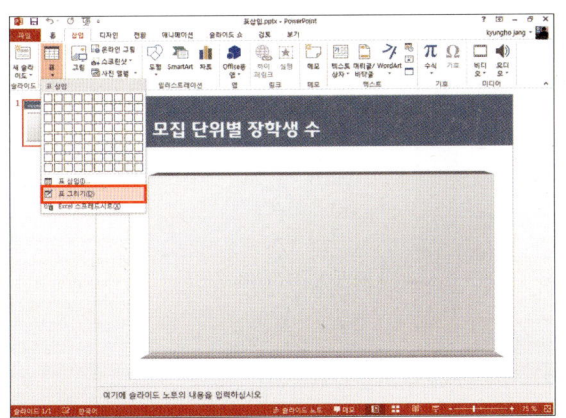
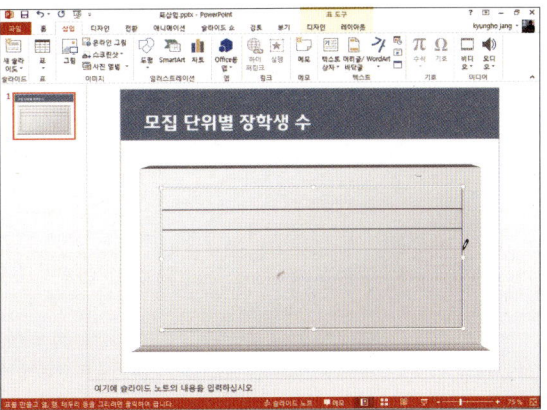

Excel 스프레드시트

파워포인트에서 엑셀의 워크시트를 이용하여 표를 만들거나 기존에 작성한 표를 복사하여 파워포인트에 넣을 수 있습니다. [삽입] 탭에서 [표] 그룹의 [표]를 클릭한 후 [Excel 스프레드시트]를 클릭합니다. 잠시 후 워크시트를 작성할 수 있는 엑셀 창이 열립니다.

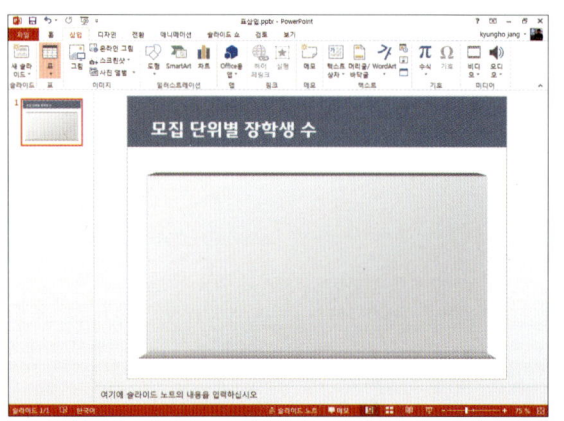 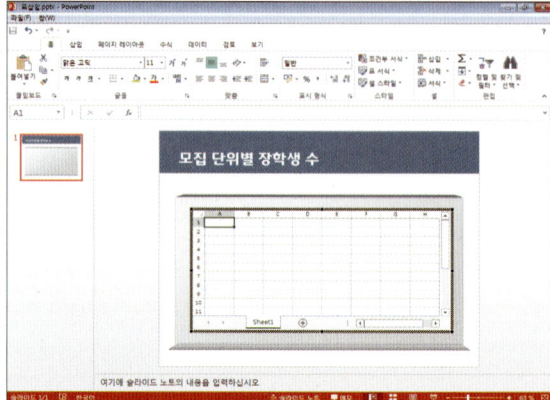

■ [표 도구]–[디자인] 상황별 탭 376P

표의 디자인 스타일을 변경하기 위해서는 [표 도구]–[디자인] 상황별 탭의 [표 스타일] 그룹–[자세히]를 클릭한 후 원하는 표 스타일을 선택할 수 있습니다.

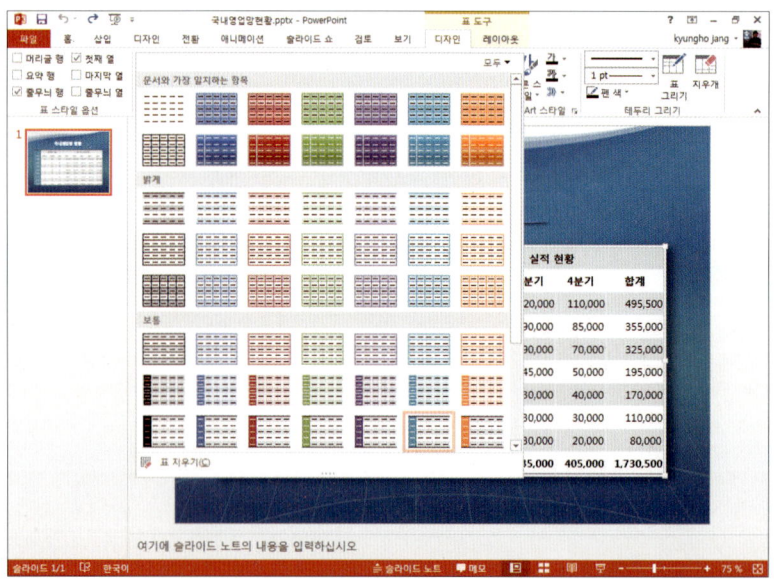

[표 스타일 옵션] 그룹

[표 스타일 옵션] 그룹을 이용하면 머리글 행이나 요약 행 등 행이나 열의 특정 부분을 강조할 수 있습니다.

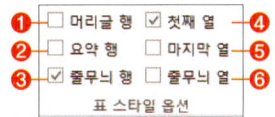

❶ **머리글 행** : 표의 첫 번째 행을 강조합니다.

❷ **요약 행** : 표의 마지막 행을 강조합니다.

❸ **줄무늬 행** : 대체 줄무늬 행을 표시합니다.

❹ **첫째 열** : 표의 첫 번째 열을 강조합니다.

❺ **마지막 열** : 표의 마지막 열을 강조합니다.

❻ **줄무늬 열** : 대체 줄무늬 열을 표시합니다.

■ [표 도구]–[레이아웃] 상황별 탭

표를 작성하면 [표 도구]–[디자인] 상황별 탭과 [레이아웃] 상황별 탭이 나타납니다. 특히 [레이아웃] 탭에서는 표의 다양한 기능들을 선택할 수 있습니다.

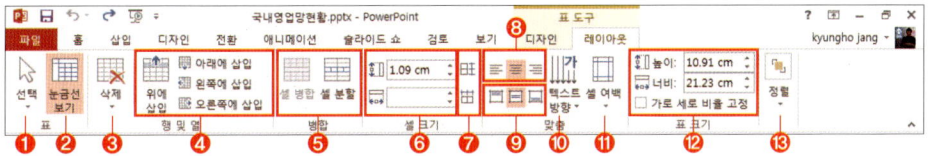

❶ **표 선택** : 행 또는 열을 선택하거나 전체 표를 선택할 수 있습니다.

❷ **눈금선 보기** : 표 안의 눈금선을 표시하거나 숨길 수 있습니다.

❸ **삭제** : 행 또는 열을 삭제합니다.

❹ **위/아래/왼쪽/오른쪽에 삽입** : 셀의 위, 아래, 왼쪽, 오른쪽에 셀을 삽입합니다.

❺ **셀 병합 및 분할** : 선택한 셀을 하나의 셀로 병합하거나 여러 셀로 분할합니다.

❻ **셀 크기 입력 상자** : 셀 크기를 직접 지정할 수 있습니다.

❼ **행 높이 / 열 너비 같게** : 선택한 행과 열의 높이와 너비를 동일하게 지정합니다.

❽ **가로 맞춤** : 왼쪽, 가운데, 오른쪽으로 맞춤 정렬합니다.

❾ **세로 맞춤** : 위쪽, 가운데, 아래쪽으로 맞춤 정렬합니다.

❿ **텍스트 방향** : 텍스트의 방향을 가로나 세로 혹은 여러 방향으로 변경합니다.

⓫ **셀 여백** : 선택한 셀의 여백을 지정합니다.

⓬ **표 크기 입력 상자** : 선택한 표의 높이와 너비를 직접 지정할 수 있습니다.

⓭ **정렬** : 표의 위치를 정렬합니다.

[행 및 열] 그룹 및 [병합] 그룹

셀 영역을 선택한 후 [행 및 열] 그룹에서 [위에 삽입], [아래에 삽입], [왼쪽에 삽입], [오른쪽에 삽입]을 선택하여 행이나 열을 삽입할 수 있습니다. 또한, 셀 영역을 드래그하여 셀을 하나로 병합하거나 셀 분할을 통해 셀을 여러 개로 나눌 수 있습니다.

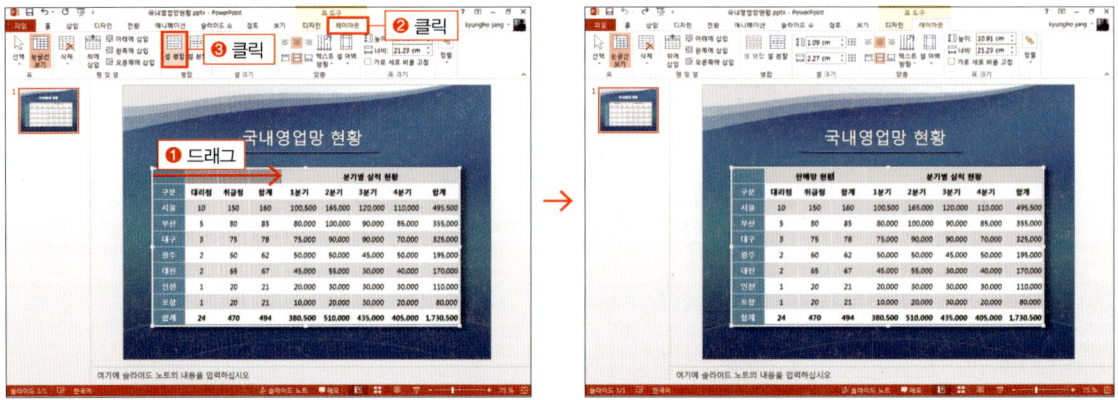

[맞춤] 그룹

표의 특정 셀 영역을 드래그하여 선택한 후 위쪽 맞춤, 가운데 맞춤, 혹은 아래쪽 맞춤을 클릭하여 정렬할 수 있습니다. 또한, 텍스트 방향이나 셀 여백을 클릭해 텍스트의 방향이나 셀 여백을 조절할 수 있습니다.

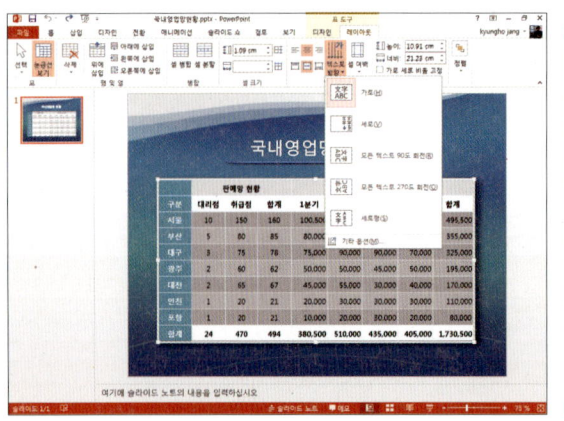
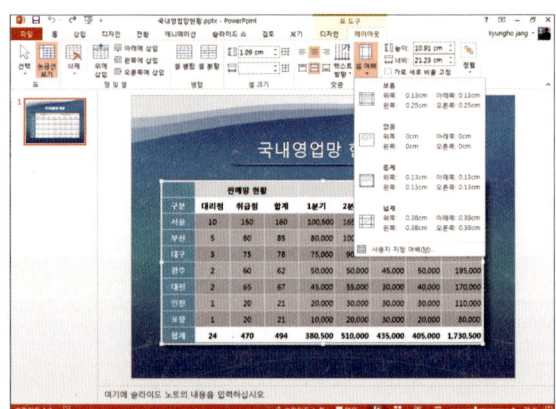

파워포인트에서는 표를 쉽고 간단하게 작성할 수 있습니다. 텍스트나 수치 데이터를 표를 이용하여 작성해 봅니다.

예제 파일 | CD\Part 06\표삽입.pptx　**완성 파일** | CD\Part 06\표삽입_완성.pptx

01. 표를 삽입하기 위해 [삽입] 탭–[표] 그룹–[표]를 클릭합니다. 눈금 목록이 나타나면 원하는 셀 모양만큼 마우스로 드래그하여 선택합니다. 여기서는 가로 3, 세로 6 칸을 드래그합니다.

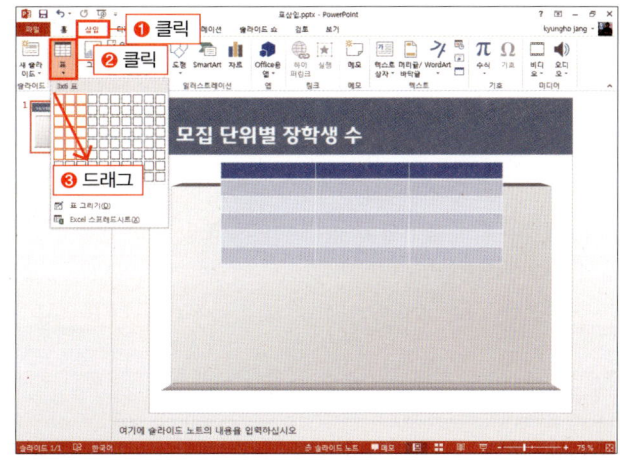

02. 슬라이드에 표가 삽입되면 행을 추가하기 위해 셀을 하나 선택한 후 [표 도구]–[레이아웃] 상황별 탭에서 [행 및 열] 그룹에서 [아래에 삽입]을 선택합니다.

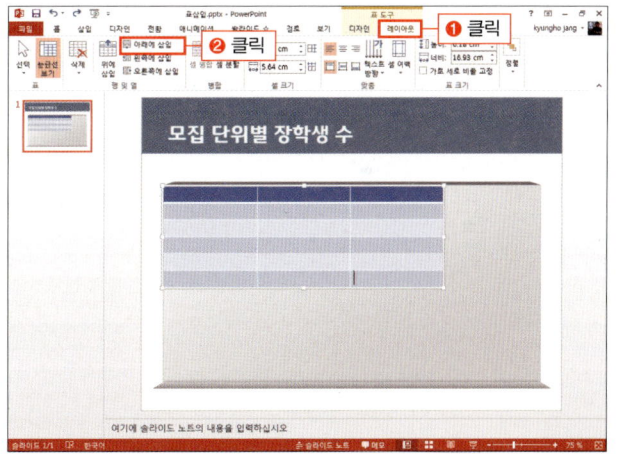

03. 삽입한 표의 셀을 추가하기 위해서는 마우스 오른쪽을 눌러 왼쪽, 오른쪽, 위, 아래 중 원하는 공간에 셀을 추가할 수 있습니다. 행을 다시 한 번 추가해 보겠습니다. 마지막 셀에서 Tab 을 누릅니다. 행이 추가됩니다.

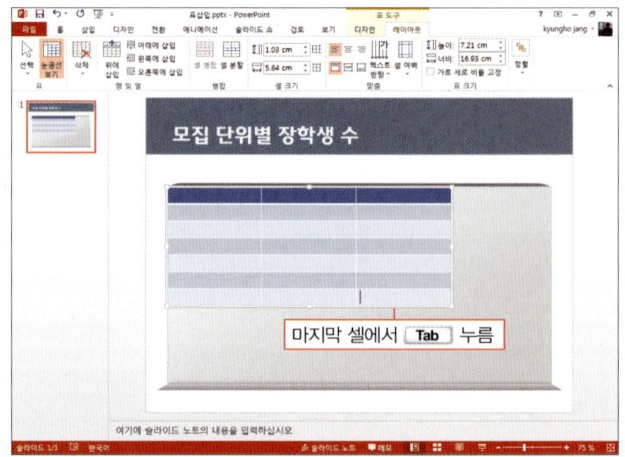

마지막 셀에서 Tab 누름

04. 표 테두리를 클릭한 후 드래그하여 표 크기 및 위치를 조정합니다.

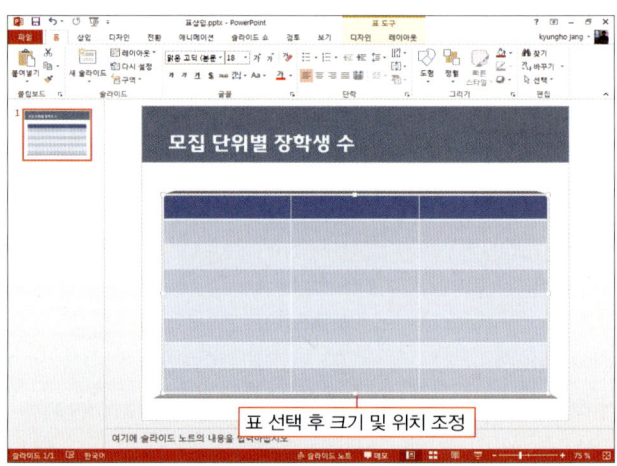

표 선택 후 크기 및 위치 조정

TIP : 미니 도구 모음으로 표 삽입하기

삽입한 표의 특정 셀에서 마우스 오른쪽을 눌러 표를 삽입할 수 있습니다. 미니 도구 모음이 나타나면 [삽입]을 눌러 원하는 공간에 셀을 삽입할 수 있습니다.

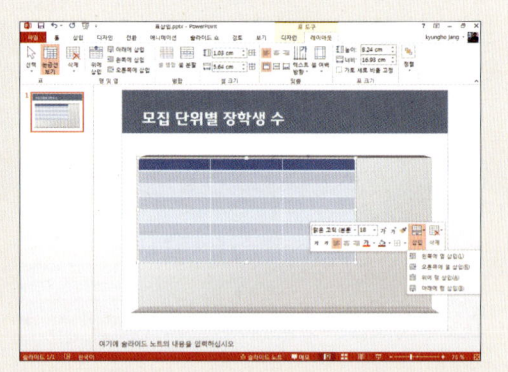

[표 도구]–[레이아웃] 상황별 탭의 [셀 크기] 그룹에서는 표의 높이 및 너비 수치를 조정할 수 있습니다. 여기서는 표에 텍스트를 입력해보고 표 단락을 조정하는 방법에 대해서 살펴보도록 하겠습니다.

01. 머리글 행의 첫 번째 셀에 『대학』을 입력합니다. **Tab** 이나 ➡을 눌러 다음과 같이 텍스트를 입력합니다.

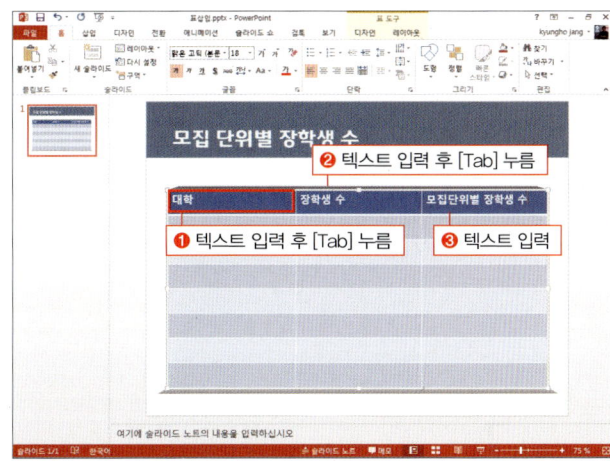

02. 셀 경계선을 드래그하여 셀 너비를 변경합니다.

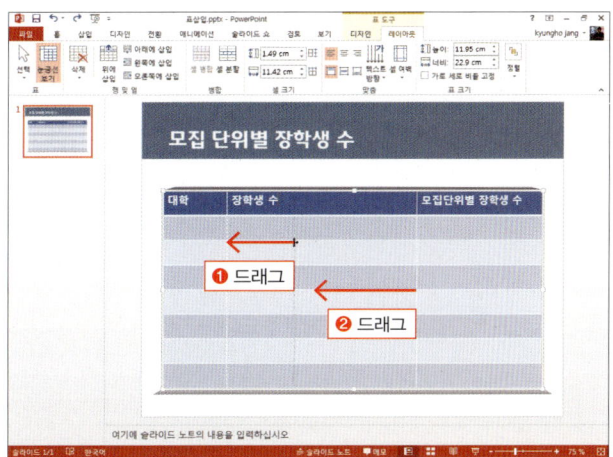

TIP : [표 도구]–[레이아웃] 상황별 탭에서 [셀 크기] 그룹–[표 행 높이] 혹은 [표 열 너비]를 선택한 후 원하는 수치를 입력하여 조절할 수도 있습니다.

03. 셀 너비가 조절되면 나머지 셀에도 텍스트를 입력합니다.

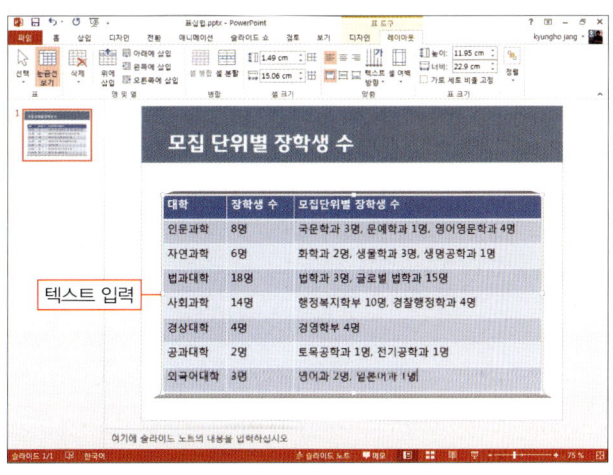

작성한 표에 텍스트나 도형과 마찬가지로 색상이나 표 스타일을 변경할 수 있습니다. 특히 표 스타일 갤러리를 이용하면 멋진 디자인의 표를 만들 수가 있습니다.

01. 표 테두리를 선택한 상태에서 [표 도구]-[레이아웃] 상황별 탭에서 [맞춤] 그룹-[가운데 맞춤]과 [세로 가운데 맞춤]을 선택합니다. 텍스트가 정렬됩니다.

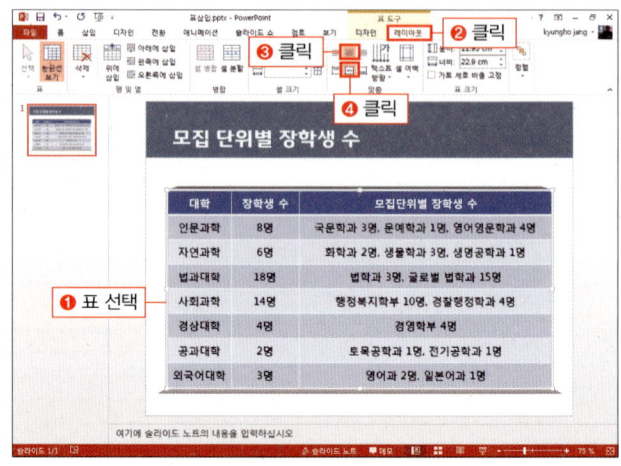

02. 표의 디자인 스타일을 변경하기 위해 표를 선택하고 [표 도구]-[디자인] 상황별 탭에서 [표 스타일] 그룹-[자세히]를 클릭한 후 원하는 스타일을 선택합니다.

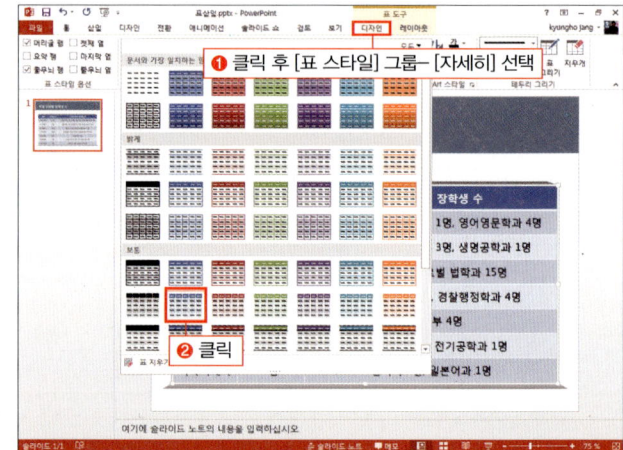

> **T I P** : 표 스타일이 마음에 들지 않으면 [디자인] 탭-[표 스타일 옵션]-[자세히]를 클릭하여 [표 지우기]를 선택합니다.

03. 셀에 그라데이션 효과를 넣기 위해 첫 번째 행을 드래그하여 선택한 다음 [표 도구]-[디자인] 상황별 탭에서 [표 스타일] 그룹-[음영]의 화살표를 클릭한 다음 [그라데이션]-[어두운 그라데이션] 중에서 원하는 형식을 선택합니다.

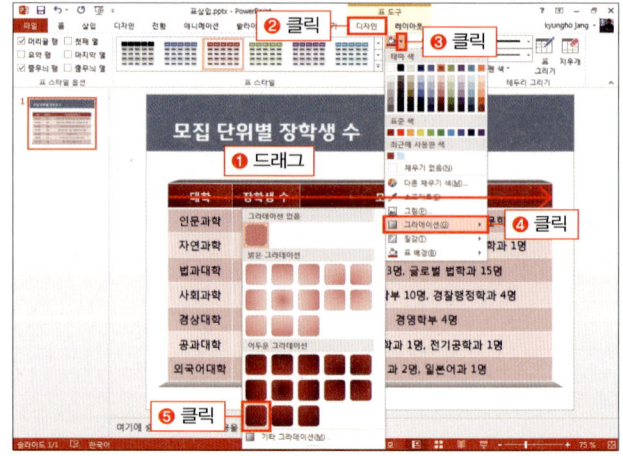

04. 표에 입체 효과를 주기 위해 표의 테두리를 선택한 후 [표 도구]-[디자인] 상황별 탭에서 [표 스타일] 그룹-[효과]를 클릭한 다음 [그림자] 중 원하는 스타일을 선택합니다.

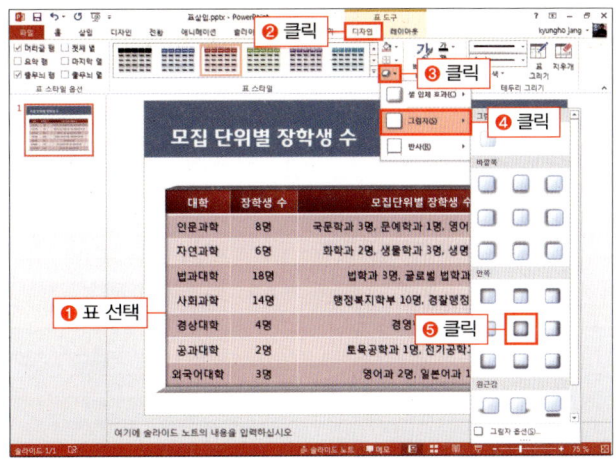

05. 요약 행에 표 스타일을 적용해 보도록 하겠습니다. [표 도구]-[디자인] 상황별 탭에서 [표 스타일 옵션] 그룹-[첫째 열]에 체크 표시를 합니다.

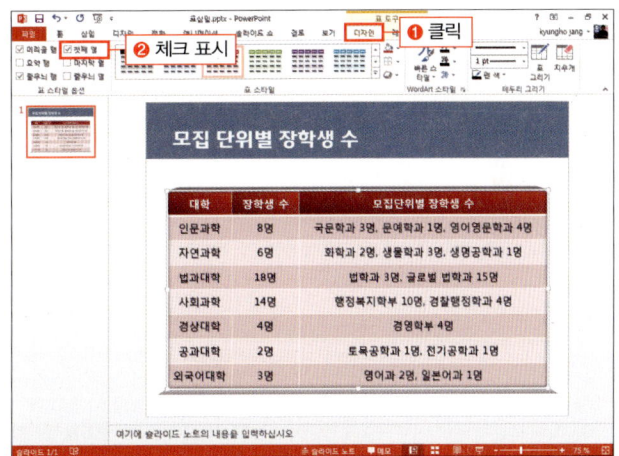

06. 표에 음영 효과와 그림자 효과가 적용되며, 첫째 열에 표 스타일이 적용됩니다.

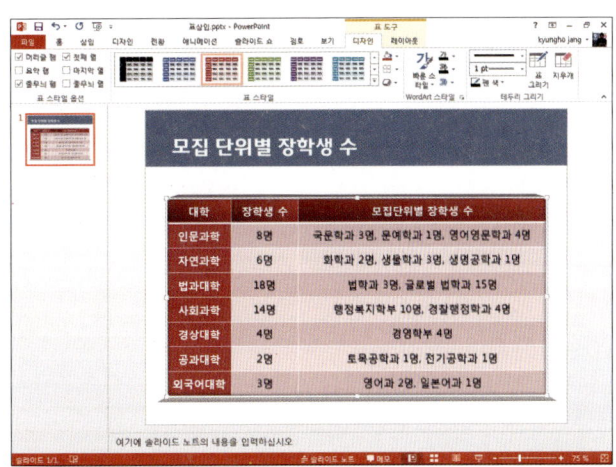

파워포인트의 표 기능을 이용해 텍스트나 숫자 등의 데이터를 체계적으로 정리하여 표현할 수 있고, 엑셀에 작업한 표를 그대로 가져와 활용하거나 수식이 들어간 엑셀의 데이터를 연동하여 파워포인트에서 그대로 사용할 수도 있습니다.

예제 파일 | CD₩Part 06₩영업망현황.xlsx **완성 파일 |** CD₩Part 06₩영업망현황_완성.pptx

01. 예제 파일을 엽니다. 엑셀 파일이 열리면 셀 영역을 마우스로 드래그한 다음 [홈] 탭-[클립보드] 그룹-[복사]를 클릭합니다.

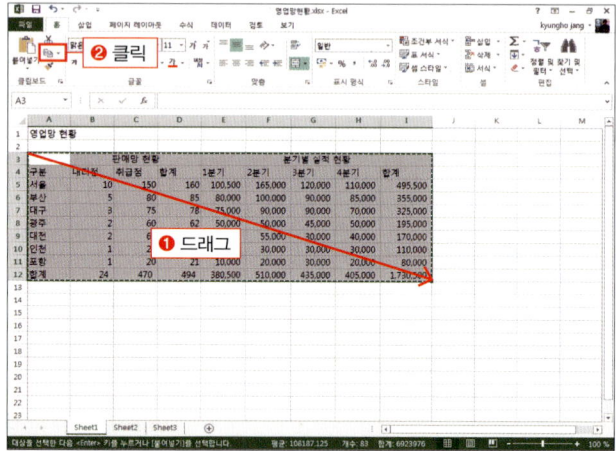

TIP : 엑셀 데이터를 파워포인트에 연결하여 붙여넣기를 하면 엑셀 원본 파일이 파워포인트와 연결되어 엑셀 원본의 데이터가 변경되면 파워포인트에서도 자동으로 수정되어 나타납니다. 데이터의 양이 방대하거나 자주 수정이 가해지는 표를 파워포인트로 불러와야 한다면 엑셀 데이터를 연결하여 붙여넣기하는 것이 좋습니다. 종종 엑셀 데이터가 변경되거나 방대한 데이터의 경우 오류를 바로 잡는다는 것은 매우 불편한 일이지만 엑셀과 연동이 가능한 파워포인트를 활용하면 매우 간단한 일입니다.

02. 새 프레젠테이션 파일에서 빈 화면 슬라이드를 엽니다. [홈] 탭-[클립보드] 그룹-[붙여넣기] 아래 부분을 클릭하여 [대상 스타일 사용]을 선택합니다.

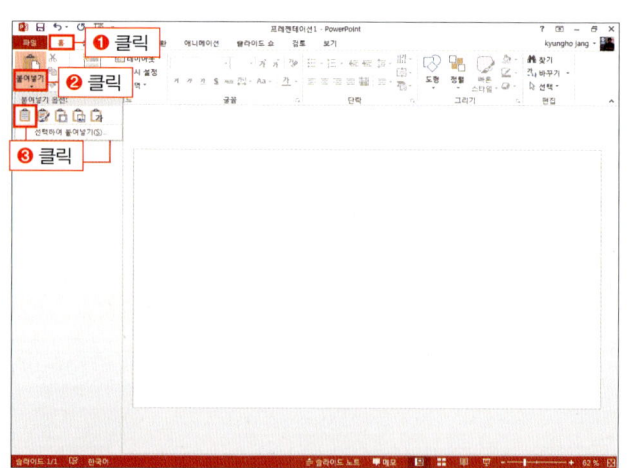

TIP : 엑셀에서 작업한 표를 파워포인트에 그대로 붙여 넣을 수가 있습니다. 엑셀의 장점은 수식 및 자동 산출이 가능하다는 점이고, 파워포인트의 장점은 개체를 효과적으로 꾸밀 수 있다는 점인데 이 둘의 장점을 잘 활용하도록 합니다.

연관검색 [홈] 탭-[클립보드] 그룹-[붙여넣기]를 클릭하면 다양한 옵션을 선택할 수 있습니다. 옵션에 대한 보다 다양한 기능은 172페이지에서 자세히 다루고 있으니 이를 참고하시기 바랍니다.

03. 표가 파워포인트에 붙여넣기 됩니다. 표의 위치를 옮기고 테두리를 드래그하여 크기를 조절한 후 위치를 조절합니다. [홈] 탭-[글꼴] 그룹에서 [글꼴]-[다음_Regular]을 선택합니다. [글꼴 크기]-[14]를 선택합니다. [단락] 그룹에서 [가운데 맞춤]을 선택합니다.

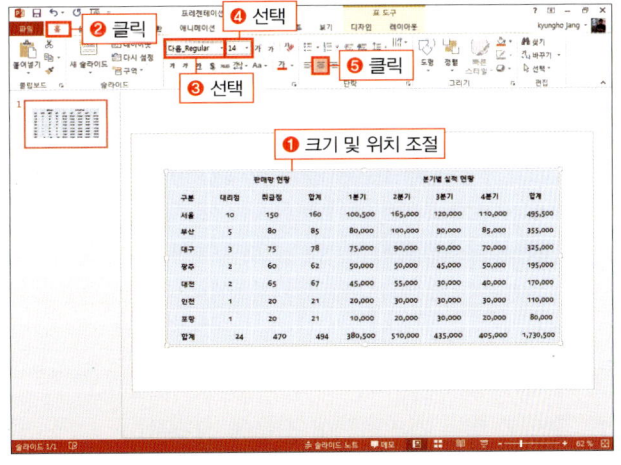

04. [표 도구]-[디자인] 상황별 탭-[표 스타일 옵션] 그룹에서 [머리글 행], [요약 행], [줄무늬 행]에 체크 표시합니다. 더 많은 스타일은 [표 도구]-[디자인] 상황별 탭에서 [표 스타일] 그룹의 [자세히]를 클릭하여 선택합니다.

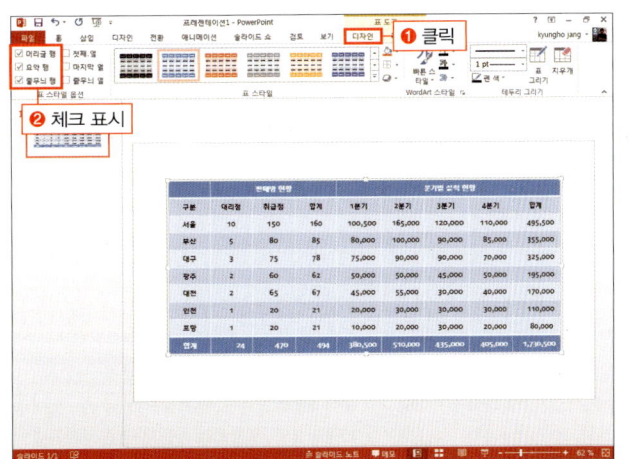

TIP : 연결하여 붙여넣기

엑셀에서 표를 복사하여 [홈] 탭의 [클립보드] 그룹에서 [붙여넣기]의 아래 부분을 클릭하여 [선택하여 붙여넣기]를 선택하면 엑셀의 워크시트와 파워포인트 슬라이드 편집 화면이 서로 연동됩니다. 연동이 되면 파워포인트에 삽입된 표를 더블 클릭하면 엑셀 워크시트가 나타나며 수정이 용이하게 됩니다. [선택하여 붙여넣기]를 클릭한 다음 [선택하여 붙여넣기] 대화상자가 나타나면 [연결하여 붙여넣기]의 [Microsoft Office Excel 워크시트 개체]를 선택한 다음 [확인]을 누릅니다. 연결하여 붙여넣기 과정이 궁금하신 분은 필자의 블로그 http://blog21. kr/40190506963 에서 살펴보시기 바랍니다. QR 코드를 스마트폰에서 찍으시면 바로 확인할 수 있습니다.

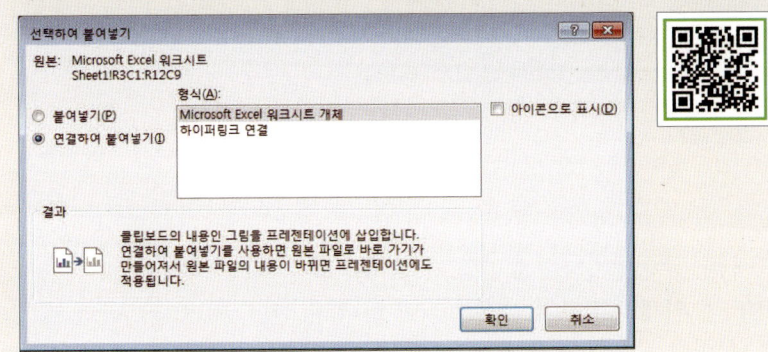

표 디자인을 위한 3가지 스킬

프레젠테이션을 위한 표는 문서를 위한 표와 동일하게 취급해서는 안됩니다. 아무리 내용을 요약하고 디자인에 신경을 쓴다고 해도 좀처럼 줄어들지 않는 것이 프레젠테이션에서의 표 디자인입니다. 표 디자인이 힘들다면 전달하려는 부분만을 집중적으로 부각시킨다는 생각으로 시도해 보기 바랍니다.

1. 표의 수치는 간소화하며 정렬에 신경쓴다.

모두가 중요한 데이터는 존재하지 않습니다. 강조해야 하는 수치가 있다면 나머지 수치는 간소화하여 한 눈에 들어오게 디자인하여야 합니다. 의외로 간단한 부분이지만 알고 모르는 차이는 큽니다.

표는 셀이라는 작은 사각형으로 이루어지는 개체로서 사각형 안에는 짧은 문장도, 긴 문장도 들어갈 수 있습니다. 표로 작업하는 텍스트 중 짧은 문장은 가운데 맞춤으로 정렬하고, 긴 문장은 왼쪽 맞춤으로 정렬하면 의외로 깔끔하게 표를 정렬할 수 있습니다. 물론 수치는 가운데 맞춤이 적합합니다.

모집 단위별 장학생 수

대 학	장학생 수	모집단위별 장학생 수
인문과학대학	8명	국어국문학과 3명, 문예창작학과 1명, 영어영문학과 4명
자연과학대학	6명	화학과 2명, 생물학과 3명, 생명공학과 1명
법과대학	18명	법학과 3명, 글로벌법학과 15명
사회과학대학	14명	행정복지학부 10명, 경찰행정학과 4명
경상대학	4명	경영학부 4명
공과대학	2명	토목공학과 1명, 전기공학과 1명
사범대학	84명	국어교육과 18명, 영어교육과 28명, 독어교육과 1명, 특수교육과 7 수학교육과 18명, 과학교육과 10명, 음악교육과 2명
외국어대학	3명	영어과 2명, 일본어과 1명
체육대학	1명	체육학부 1명
의과대학	42명	간호학과 42명
독립학부	86명	상담심리학부 2명, 기초의과학부 75명, 자유전공학부 6명, 군사학부 3명

▲ 파워포인트 표 작업

2. 표는 직관적이어야 한다.

그래프는 색상과 도형 개체로 인해 한 눈에 데이터를 표현할 수 있지만 표는 텍스트와 수치로만 구성되기 때문에 한 눈에 데이터를 표현하기 위해 여러모로 신경을 써야 합니다. 만일, 여러 데이터가 표시되는 표라면 강조 부분이나 전달할 부분에 강조색을 적용하여 표시하는 것이 좋습니다.

표 작업을 하다보면 특별히 강조하고 싶은 부분이 발생하게 됩니다. 표 역시 키워드가 존재하기 때문에 중요한 부분은 전체적인 색상 조합을 참조하여 강조색을 사용하면 효과적입니다. 일단 전체적인 배경과 테두리 선을 지정한 다음 중요한 부분에는 강조색을 적용합니다. 이럴 경우 전체적인 색 조합에 신경쓰지 않더라도 자연스럽고 안정적인 색상 조합이 나오게 됩니다. 다만, 타이틀 부분은 진한 색으로, 컨텐츠 부분은 밝은 색으로 설정하는 것이 표 디자인에 효과적입니다.

모집 단위별 장학생 수

대 학	장학생 수	모집단위별 장학생 수
인문과학대학	8명	국어국문학과 3명, 문예창작학과 1명, 영어영문학과 4명
자연과학대학	6명	화학과 2명, 생물학과 3명, 생명공학과 1명
법과대학	18명	법학과 3명, 글로벌법학과 15명
사회과학대학	14명	행정복지학부 10명, 경찰행정학과 4명
경상대학	4명	경영학부 4명
공과대학	2명	토목공학과 1명, 전기공학과 1명
사범대학	84명	국어교육과 18명, 영어교육과 28명, 독어교육과 1명, 특수교육과 7명, 수학교육과 18명, 과학교육과 10명, 음악교육과 2명
외국어대학	3명	영어과 2명, 일본어과 1명
체육대학	1명	체육학부 1명
의과대학	42명	간호학과 42명
독립학부	86명	상담심리학부 2명, 기초의과학부 75명, 자유전공학부 6명, 군사학부 3명

▲ 중요 부분에 강조색 적용

3. 파워포인트를 버리자.

엑셀과 연동해서 작업하는 표가 아니라면 파워포인트의 표 기능을 버려야 합니다. 표 기능을 그대로 사용하기 보다는 여러 가지 항목을 줄여 최대한 깔끔하면서도 청중들이 이해하기 쉽도록 작성해야 합니다.

파워포인트에서 제공하는 표 디자인은 매우 제한적이기 때문에 보고서 형식이라면 크게 문제될 것이 없겠지만 프레젠테이션을 위해 표 디자인을 한다면 여러 가지를 신경써야 합니다. 강조 부분은 또 다른 표로 처리하고, 나머지 부분은 투명도를 조절합니다. 강조해야 할 부분과 그렇지 않은 부분을 보다 효과적으로 표시하고 싶다면 강조해야 할 부분은 또 다른 표로 디자인하고 나머지 부분은 투명도를 조절해 보기 바랍니다.

핵심적인 부분은 다른 색상을 지정하는 것이 좋은데, 전체적인 색상에 투명도를 주었다면 강조 부분은 투명도를 낮춰 눈에 띄게 하거나 투명도를 주지 않은 표라면 강조 부분의 테두리에 색상과 보색 관계에 있는 색상을 주어 색상을 조절하도록 합니다.

모집 단위별 장학생 수

대 학	장학생 수	모집단위별 장학생 수
인문과학대학	8명	국어국문학과 3명, 문예창작학과 1명, 영어영문학과 4명
자연과학대학	6명	화학과 2명, 생물학과 3명, 생명공학과 1명
법과대학	18명	법학과 3명, 글로벌법학과 15명
사회과학대학	14명	행정복지학부 10명, 경찰행정학과 4명
경상대학	4명	경영학부 4명
공과대학	2명	토목공학과 1명, 전기공학과 1명
사범대학	84명	국어교육과 18명, 영어교육과 28명, 독어교육과 1명, 특수교육과 7, 수학교육과 18명, 과학교육과 10명, 음악교육과 2명
외국어대학	3명	영어과 2명, 일본어과 1명
체육대학	1명	체육학부 1명
의과대학	42명	간호학과 42명
독립학부	86명	상담심리학부 2명, 기초의과학부 75명, 자유전공학부 6명, 군사학부 3명

▲ 전체적인 색상에 투명도 조절하여 중요 부분 강조

TIP : 표를 그릴 때 주의해야 할 사항

1. 각각의 셀과 셀은 선 굵기나 색상 등으로 구분한다.
2. 텍스트는 장문 아닌 단문으로 작성한다.
3. 글자 크기가 작아지면 표로 작성하는 효과가 없어진다.
4. 주목해야 하는 부분이나 중요 부분의 색상이나 글자에 신경을 쓴다.

차트하면 생각나는 프로그램은 엑셀입니다. 하지만 파워포인트 역시 엑셀 못지 않게 전문가 수준의 차트를 쉽게 만들 수 있습니다. 프레젠테이션시 접하게 되는 수치들을 단순히 열거하는 것 보다 이를 차트화시켜 구성하면 데이터를 비교하거나 패턴 및 추세를 시각적으로 보여 줄 수 있어 정확한 내용 전달을 가능하게 합니다.

기초탄탄 ▶ 차트 기능 살펴보기

■ 차트 구성 요소 살펴보기

차트는 여러 가지 구성 요소를 가지고 있습니다. 차트 기능을 제대로 익히려면 구성 요소의 기능을 제대로 알고 있어야 합니다. 차트 구성 요소에는 차트 영역, 그림 영역을 비롯하여 데이터 계열, 데이터 값, 범례 등으로 구성됩니다.

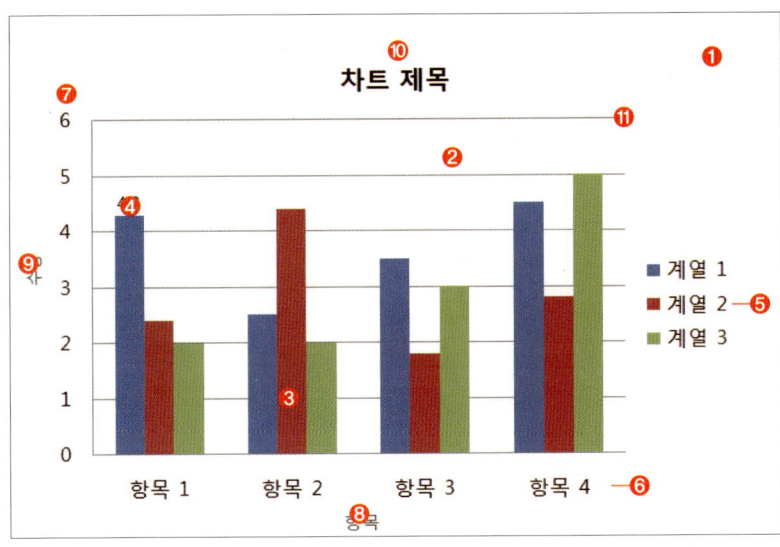

❶ **차트 영역** : 차트 전체의 영역으로 전체 크기를 조정합니다.

❷ **그림 영역** : 데이터 계열이 표시되는 영역입니다. 각 항목과 레이블로 구성됩니다.

❸ **데이터 계열** : 데이터 시트에 입력한 데이터 값을 그래프로 표시합니다.

❹ **데이터 레이블** : 데이터 값을 숫자로 표시합니다. 데이터 값 뿐만 아니라 계열 이름, 옵션 이름도 표시할 수 있습니다.

❺ 범례 : 각각의 항목에 대한 이름입니다. 범례는 상하좌우 원하는 곳으로 이동할 수 있습니다.

❻ 가로 축 : 차트의 수평 좌표입니다.

❼ 세로 축 : 차트의 수직 좌표입니다.

❽ 가로 축 제목 : 가로 축의 제목을 표시합니다.

❾ 세로 축 제목 : 세로 축의 제목을 표시합니다.

❿ 차트 제목 : 차트의 제목을 표시합니다.

⓫ 눈금선 : 각 축의 눈금선을 표시합니다.

■ [차트 삽입] 대화상자 `387P`

[삽입] 탭–[일러스트레이션] 그룹에서 [차트]를 클릭하면 [차트 삽입] 대화상자가 나타납니다. 세로 막대형 차트를 비롯해, 꺾은선형, 콤보 차트 등을 삽입할 수 있습니다.

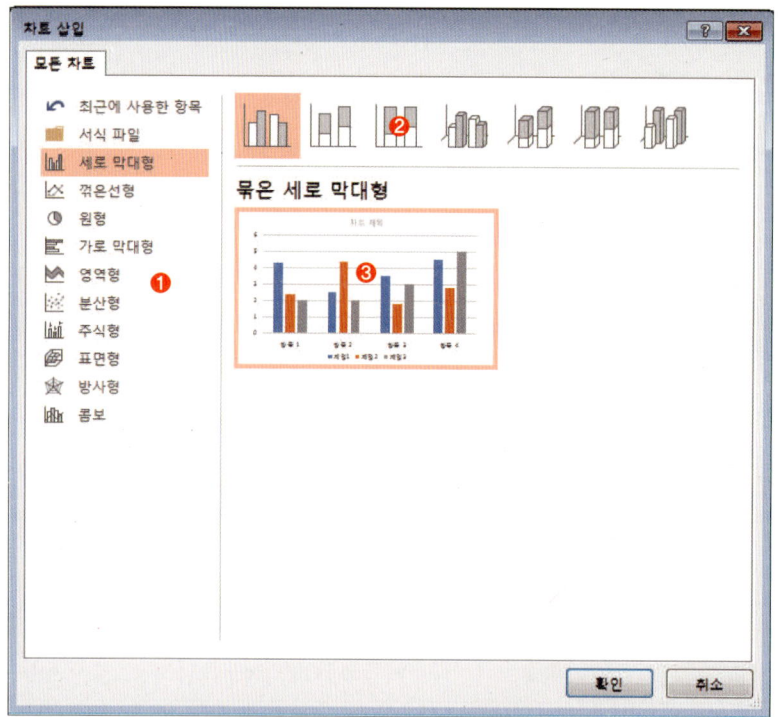

❶ 항목 : 최근에 사용한 항목을 비롯해 서식 파일, 세로 막대형 등 차트 형식을 선택할 수 있습니다. 참고로, 서식 파일을 선택하면 차트에 서식을 지정하여 불러올 수 있습니다.

❷ 세부 항목 : 선택한 항목 중에서 항목의 세부 형식을 선택할 수 있습니다.

❸ 미리보기 : 차트의 모양을 미리 표시하여 원하는 형식인지를 확인할 수 있습니다.

■ [차트 도구]-[디자인] 상황별 탭 388P

차트를 삽입하면 [차트 도구]-[디자인] 상황별 탭을 비롯해 [서식] 상황별 탭이 나타납니다. 먼저, [디자인] 탭에 대해서 살펴보겠습니다.

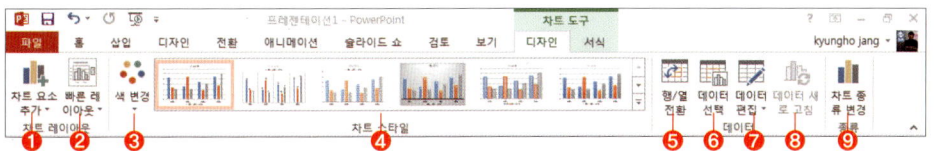

❶ **차트 요소 추가** : 차트의 다양한 요소를 추가하거나 삭제할 수 있습니다.

❷ **빠른 레이아웃** : 차트의 레이아웃 갤러리가 나타납니다.

❸ **색 변경** : 차트의 색상을 변경합니다.

❹ **차트 스타일** : 차트의 스타일 갤러리가 나타납니다.

❺ **행/열 전환** : 데이터의 행과 열의 위치를 변경합니다.

❻ **데이터 선택** : [데이터 원본 선택] 대화 상자를 통해 범례 항목이나 가로 축 레이블 등을 변경할 수 있습니다.

❼ **데이터 편집** : 엑셀을 불러와 데이터를 수정할 수 있습니다.

❽ **데이터 새로 고침** : 엑셀 데이터가 업데이트되었다면 데이터 새로 고침을 통해 파워포인트상의 엑셀 데이터를 업데이트합니다.

❾ **차트 종류 변경** : 차트 종류를 변경합니다.

■ 빠른 차트 요소, 스타일 및 색, 필터 선택하기 389P

파워포인트 2013은 차트 삽입시 차트의 오른쪽 상단에 차트 요소, 스타일 및 색, 차트 필터를 선택할 수 있습니다. 이를 통해 빠르게 원하는 차트를 만들 수 있습니다.

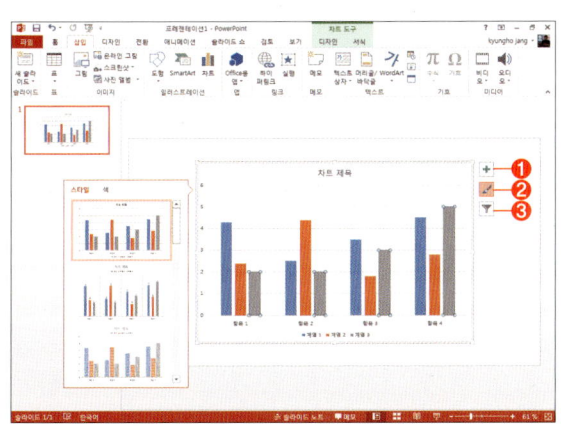 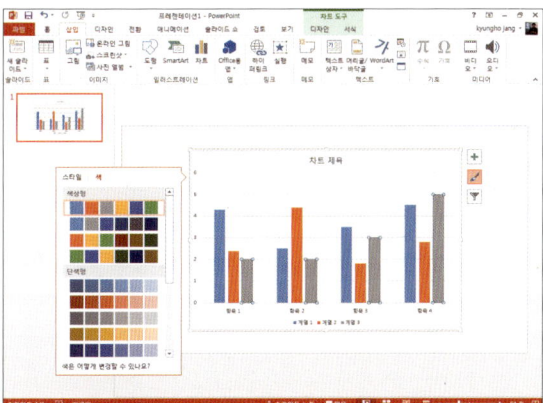

❶ **차트 요소** : 축이나 차트 제목, 오차 막대, 눈금선 등 차트의 요소를 선택할 수 있습니다.

❷ **스타일 및 색** : 차트의 스타일이나 색상을 선택할 수 있습니다.

❸ **필터** : 값이나 이름 등을 필터하여 원하는 항목만 차트에 표시할 수 있습니다.

■ 콤보 차트 390P

데이터 계열에 대한 차트 종류와 축을 선택하여 콤보 차트를 지정할 수 있습니다. 특히, 보조 축을 체크하여 오른쪽에 보조 축을 삽입할 수 있습니다. 차트 종류를 지정하여 원하는 조합을 선택할 수 있습니다. 자세한 사항은 Step 04.에서 확인할 수 있습니다.

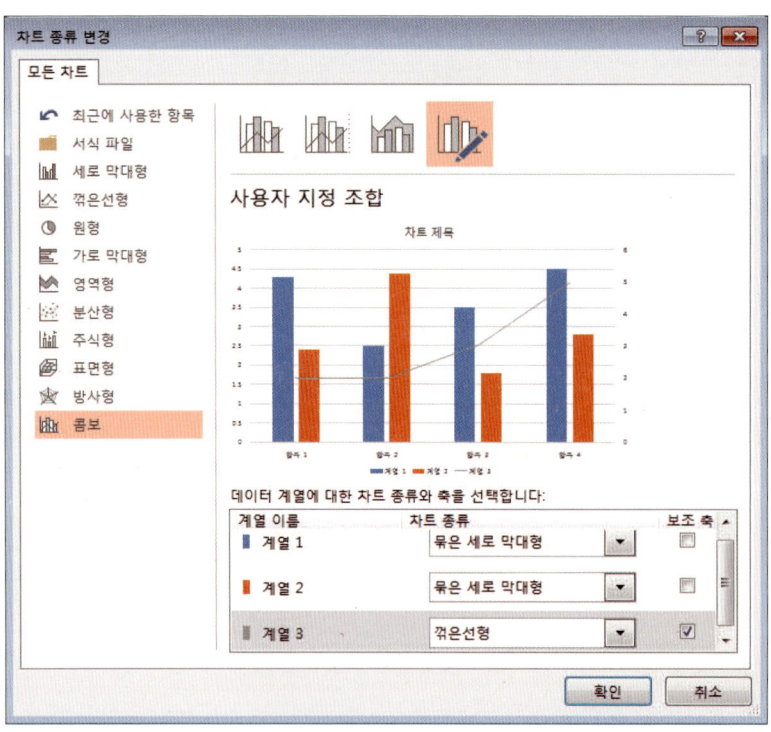

수치로 표현된 데이터들을 도형을 이용하여 그림으로 표현한 것을 차트라고 합니다. 차트를 이용하여 데이터를 나타내면 청중들이 프레젠테이션 내용을 훨씬 쉽게 이해할 수 있습니다.

예제 파일 | CD₩Part 06₩차트삽입.pptx **완성 파일 |** CD₩Part 06₩차트삽입_완성.pptx

01. 차트를 삽입하기 위해 [삽입] 탭–[일러스트레이션] 그룹–[차트]를 클릭합니다. [차트 삽입] 대화상자가 나타나면 [세로 막대형] 항목에서 [묶은 세로 막대형]을 선택합니다. [확인]을 클릭합니다.

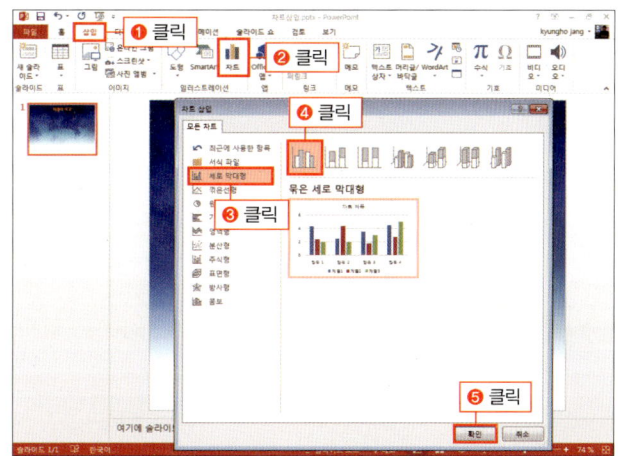

02. 엑셀 시트 창이 열립니다. 먼저 엑셀 시트의 내용을 다음과 같이 수정합니다. 각각의 영역을 표시하는 색상 테두리를 드래그하여 불필요한 데이터가 선택되지 않도록 조정한 후 [닫기]를 클릭합니다.

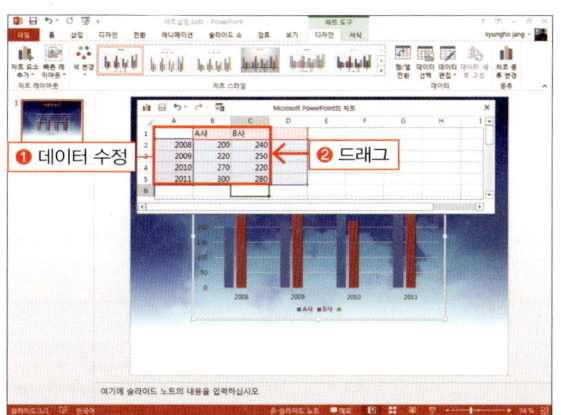 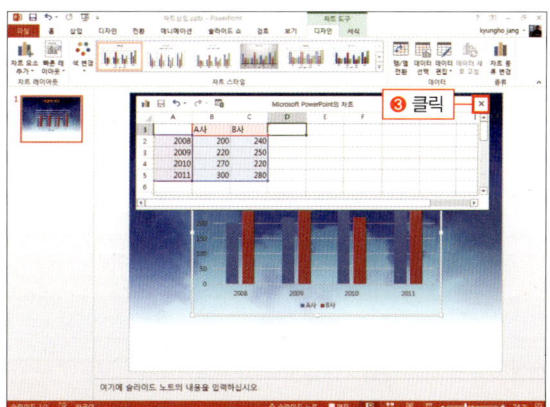

기본으로 설정되어 있는 차트 스타일에서 빠른 스타일을 지정하면 세련된 디자인의 차트로 변경할 수 있습니다.

01. 차트의 위치 및 크기를 조절한 후 [차트 도구]–[디자인] 상황별 탭에서 [차트 스타일] 그룹–[자세히]를 클릭한 후 [스타일 4]를 선택합니다.

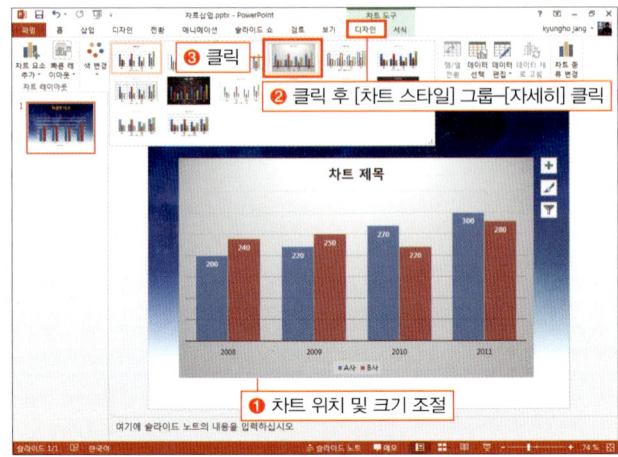

> **TIP :** [데이터] 그룹–[데이터 편집]을 클릭하면 닫았던 엑셀을 다시 불러와 편집할 수 있습니다.

02. [차트 도구]–[디자인] 상황별 탭에서 [차트 레이아웃] 그룹–[빠른 레이아웃]을 선택한 다음 원하는 레이아웃을 선택합니다. 여기서는 [레이아웃 10]을 선택합니다.

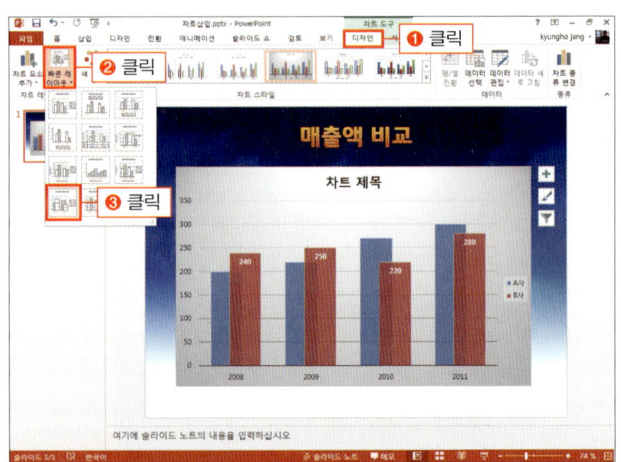

> **TIP :** 빠른 레이아웃은 차트의 요소를 비롯해 전체 레이아웃을 빠르게 변경할 수 있는 기능입니다.

03. 이번에는 차트의 요소를 부분적으로 변경해 보도록 하겠습니다. [차트 도구]–[디자인] 상황별 탭에서 [차트 레이아웃] 그룹–[차트 요소 추가]를 클릭합니다. [차트 제목]–[없음]을 선택합니다.

> **TIP :** [차트 요소 추가]에서 차트 제목을 비롯해 데이터 레이블, 데이터 표, 오차 막대 등을 추가하거나 제거할 수 있습니다.

[차트 도구] 상황별 탭 외에도 차트 상단 오른쪽에 있는 아이콘을 통해서도 차트 요소를 비롯해 스타일, 색 등을 변경할 수 있습니다.

01. 차트 상단 오른쪽에 있는 아이콘 중 [차트 스타일]을 선택합니다. [차트 스타일]에는 [스타일]과 [색] 중에서 원하는 항목을 선택할 수 있습니다. 여기서는 [색]을 클릭한 후 원하는 색상을 선택합니다. 여기서는 [색2]를 선택합니다.

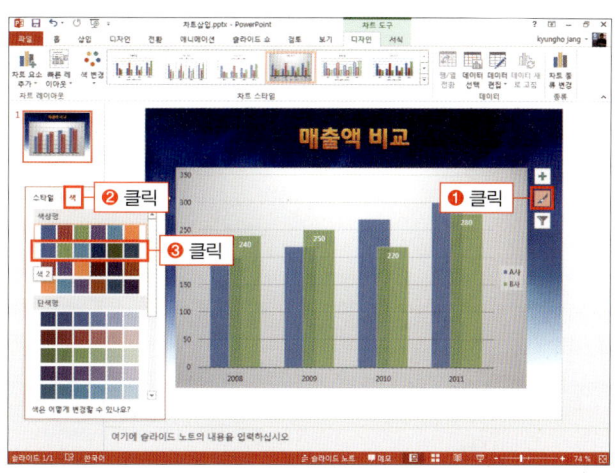

TIP : 차트 상단 오른쪽에 있는 아이콘 중 [차트 스타일]을 선택하면 차트의 스타일 및 색상을 변경할 수 있습니다.

02. 이번에는 [차트 요소]를 선택하고 [눈금선]의 화살표를 클릭한 후 [기본 주 세로]에 체크 표시를 합니다.

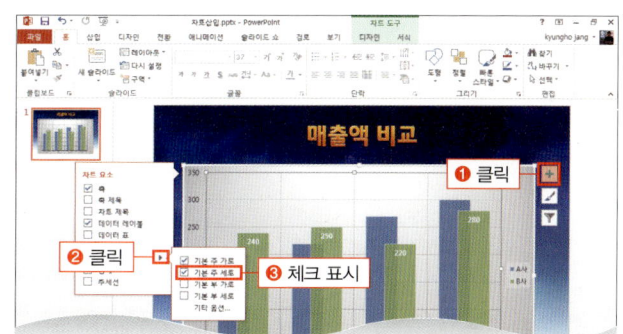

03. [차트 필터]를 선택한 후 [값]-[범주]에서 [2008]에 체크 표시를 해제한 후 [적용]을 클릭합니다. 2008년도 항목이 모두 감춰지면서 차트가 완성됩니다.

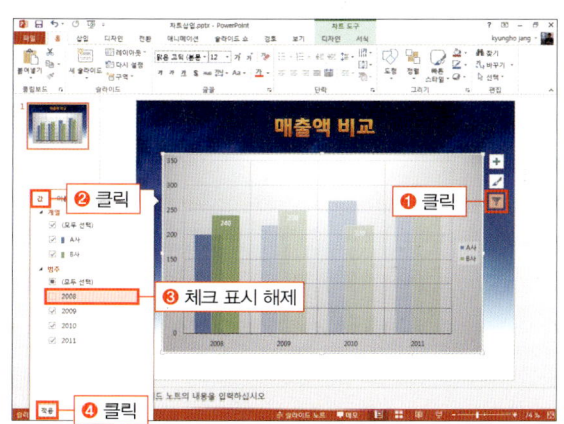
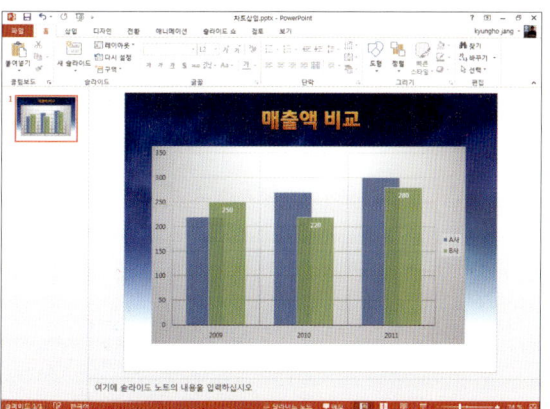

TIP : 파워포인트 2013에 새롭게 등장한 차트 필터 기능은 차트 계열이나 범주를 삭제하지 않더라도 필터를 통해 쉽게 감출 수 있습니다.

차트를 만들 때 보조 축을 이용해 혼합 차트를 만드는 경우가 많이 있습니다. 특히, 데이터 형식이 혼합되어 있을 경우 보조 세로(값) 축을 이용해 혼합 차트를 만들 수 있습니다. 파워포인트 2013에서는 혼합 차트를 보다 쉽게 만들 수 있도록 기능이 보다 간소화되었습니다.

예제 파일 l CD₩Part 04₩혼합차트.pptx　**완성 파일 l** CD₩Part 04₩혼합차트_완성.pptx

01. 차트를 선택한 상태에서 [차트 도구]–[디자인] 상황별 탭의 [종류] 그룹–[차트 종류 변경]을 클릭합니다.

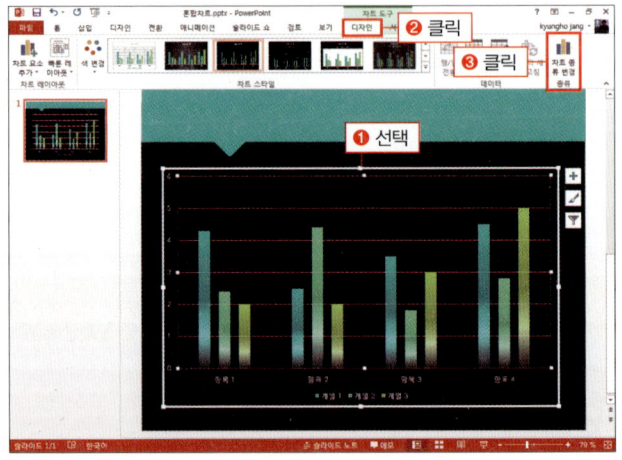

02. [차트 종류 변경] 대화상자가 나타나면 [콤보]를 선택합니다. [묶은 세로 막대형 – 꺾은선형, 보조 축]을 클릭합니다.

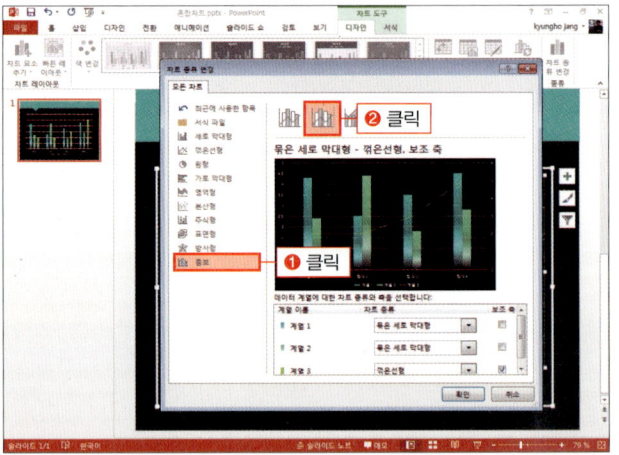

03. 자동으로 혼합 차트가 만들어집니다. 하단 항목을 통해 데이터 계열에 대한 차트 종류와 축을 선택할 수 있습니다. [계열 3]의 [차트 종류]를 클릭하여 [표식이 있는 꺾은선형]을 선택한 후 [확인]을 클릭합니다.

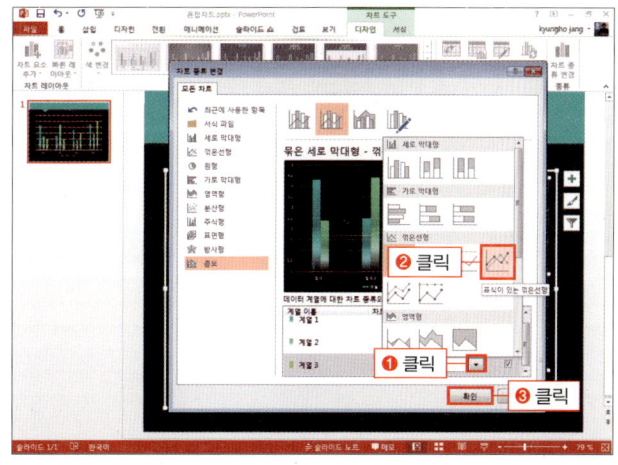

04. 이중 축 차트 중 꺾은 선형을 선택한 후 스타일을 변경해 보도록 하겠습니다. 꺾은 선형을 선택한 후 [차트 도구]–[서식] 상황별 탭에서 [도형 스타일] 그룹의 [자세히]를 클릭합니다. 원하는 스타일을 선택합니다.

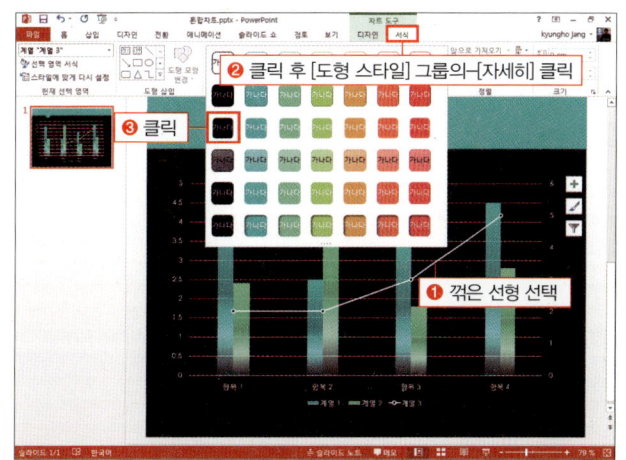

05. 이중 축 차트가 완성됩니다.

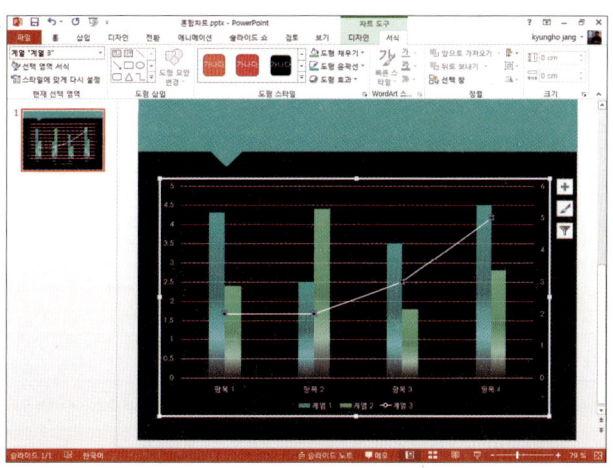

차트 디자인을 위한 3가지 스킬

차트로 매출 실적이나 영업 현황 등을 작성하려면 좌에서 우로 상승하는 느낌으로 작성하는 것이 긍정적인 효과를 연출할 수 있습니다. 여기서는 차트 디자인을 위한 3가지 스킬에 대해서 살펴보도록 하겠습니다.

1. 시각적인 흐름은 항상 좌에서 우로 진행된다.

시각적인 흐름은 항상 좌에서 우로 진행됩니다. 우리가 자사의 매출 그래프를 그리거나 경쟁사와 비교 그래프를 그린다면 그래프 중 나타내고 싶은 그래프는 항상 오른쪽에 배치하는 것이 좋습니다. 보통 오른쪽 위로 상승하는 모양은 긍정적인 결과를 의미하며, 오른쪽 아래로 하락하는 모양은 부정적인 결과를 의미합니다.

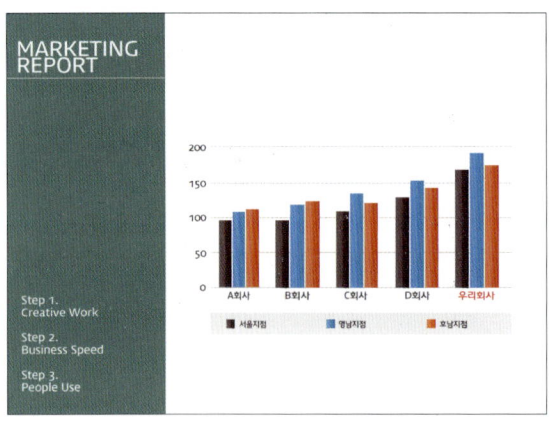

2. 그래프는 명확히 비교될 수 있도록 그려라.

만일 A라는 회사의 매출액이 저조하여 자사와 많은 차이가 난다면 자사의 그래프의 A라는 회사 옆으로 이동시켜 마치 자사의 매출액이 상당히 뛰어난 것처럼 느껴질 수 있도록 그래프를 그리는 것도 좋은 방법 중 하나입니다.

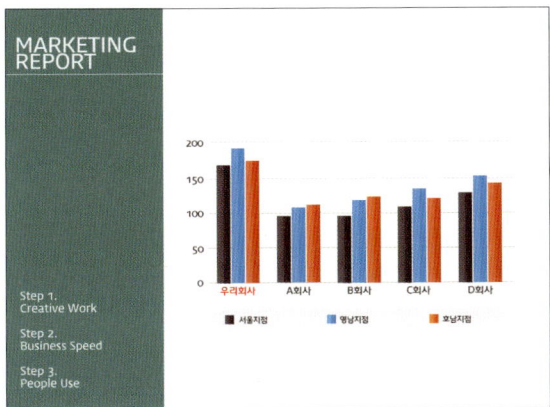

▲ 매출이 저조한 A회사 옆으로 자사의 그래프를 이동시켜 착시효과

3. 시각적인 효과를 통해 수치를 부각하라.

특히, 자사의 매출액 등 수치를 부각하거나 경쟁사와의 차별화된 차트를 보여주고 싶을 경우 타사의 차트를 연하게 처리하거나 흑백으로 처리하여 자사의 매출액을 효과적으로 보여줄 수 있습니다. 또한, 약간의 애니메이션 효과 등도 자사의 차트를 부각시킬 수 있는 주요 요소 중 하나입니다.

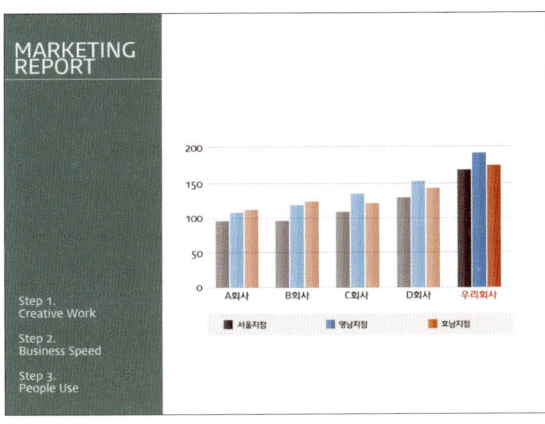

▲ 타사를 흐리게 처리하여 자사 부각

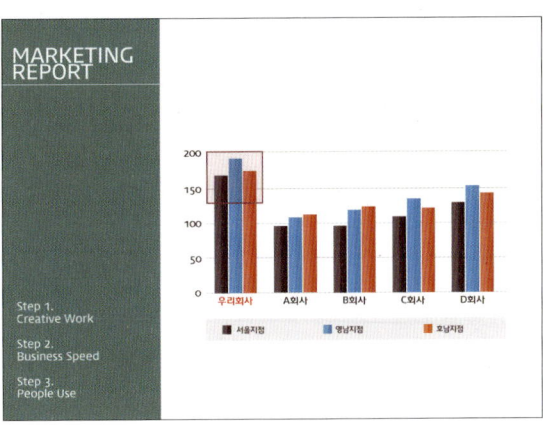

▲ 안내선으로 자사 차트 부각

> **TIP :** 차트를 그릴 때 주의해야할 사항
>
> 1. 왼쪽에서 오른쪽으로 상승하는 효과는 긍정적인 결과를 의미한다.
> 2. 마지막에 표현되는 이미지는 무대의 주인공처럼 최고의 위치임을 알리는 결과를 나타낸다.
> 3. 사람들은 마지막을 가장 잘 기억하고 더 오랫동안 기억하게 된다.

입체적인 3차원 원형 차트 만들기

도형 스타일 등 차트 기능을 조금만 응용해도 멋진 입체적인 3차원 차트를 만들 수 있습니다. 여기서는 원형 차트를 삽입한 후 몇 가지 기능만으로 3차원 원형 차트를 만드는 방법에 대해서 살펴보도록 하겠습니다.

기초 탄탄 ▶ 3차원 서식과 차트 회전, 쪼개기

■ 데이터 계열 서식

차트 계열을 선택한 다음 마우스 오른쪽을 클릭하여 [데이터 계열 서식]을 선택하면 [데이터 계열 서식] 창이 슬라이드 편집 화면 오른쪽에 표시됩니다. 이를 통해 계열 옵션을 지정하여 계열 겹치기나 간격 너비 등을 지정할 수 있습니다. 또한, [효과] 항목을 선택하여 3차원 효과를 적용할 수 있습니다.

[3차원 서식]에서 [위쪽 입체], [아래쪽 입체]의 [너비]와 [높이]에 값을 지정해 3차원 서식을 지정할 수 있습니다. 참고로, [너비]와 [높이]의 값이 높을수록 차트의 표면이 둥글게 표시되며, 값이 작을수록 차트의 표면이 날카로워집니다.

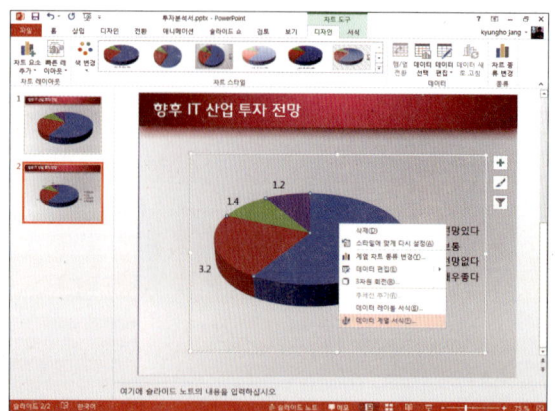
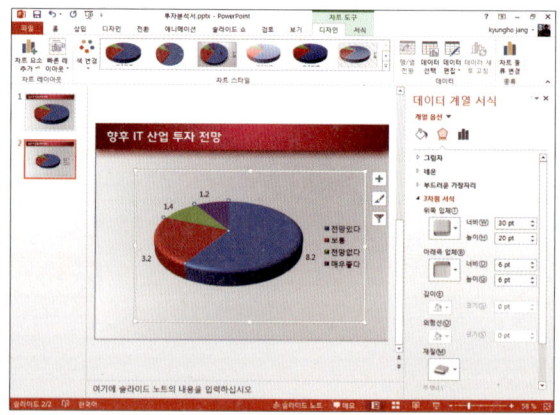

첫째 조각의 각

만일, 원형 차트를 선택한 후 마우스 오른쪽을 클릭하여 [데이터 계열 서식]을 선택하면 첫째 조각의 각을 통해 차트를 회전시킬 수 있습니다. [첫째 조각의 각]에서 360°까지 회전이 가능합니다.

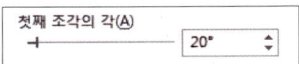

쪼개진 원형

원형 차트에서 쪼개진 원형을 선택하면 차트를 분리해서 표현할 수 있습니다. [쪼개진 원형]의 퍼센트를 조절하여 실행할 수 있습니다.

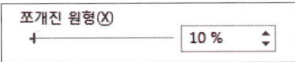

■ 데이터 레이블 서식

마우스 오른쪽을 클릭하여 [데이터 레이블 서식]을 선택하면 레이블 옵션을 비롯해 레이블 위치를 선택할 수 있습니다.

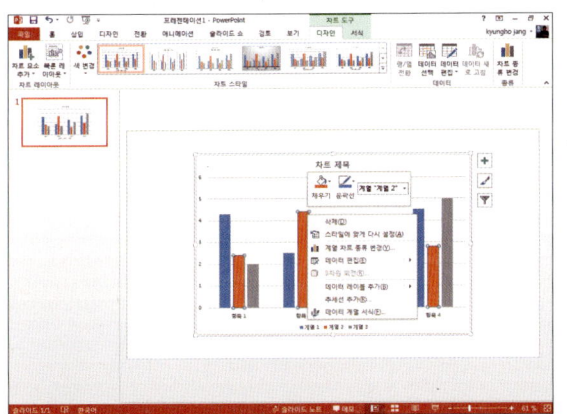
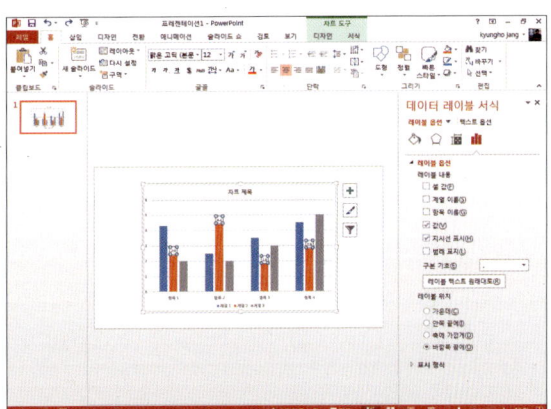

이번에는 막대형 차트를 원형 차트로 변경해 보도록 하겠습니다.

예제 파일 | CD₩Part 06₩투자분석서.pptx **완성 파일 |** CD₩Part 06₩투자분석서_완성.pptx

01. 파일을 열면 막대형 차트가 나타납니다. 먼저 막대형 차트를 원형 차트로 변경해 보도록 하겠습니다. 차트를 선택한 후 [차트 도구]–[디자인] 상황별 탭에서 [종류]–[차트 종류 변경]을 클릭합니다.

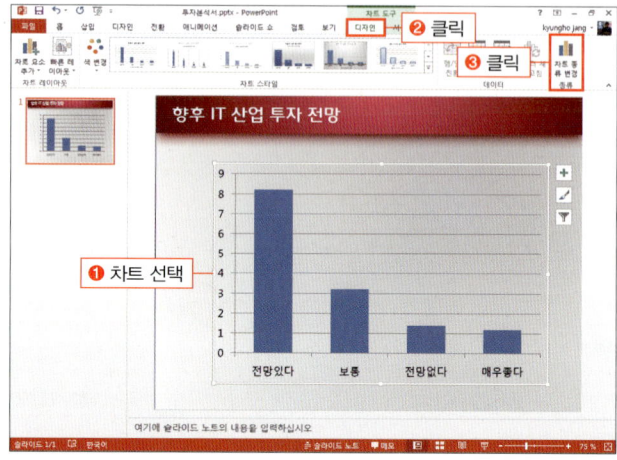

02. [차트 종류 변경] 대화상자에서 [원형] 항목을 선택한 후 [3차원 원형]을 클릭합니다. 그런 다음 [확인]을 선택합니다.

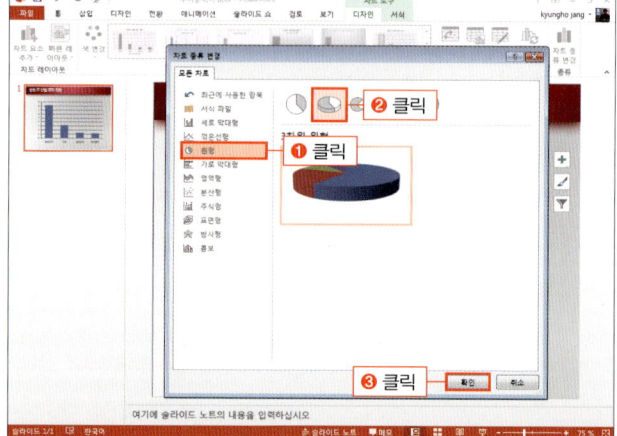

> **TIP :** 원형 차트에는 항목 축이 하나여야 하는데 그보다 주의해야 하는 점은 원형 차트로 구성되는 값 축이 지나치게 많으면 좋은 차트라고 할 수 없다는 점입니다.

03. 막대형 차트가 원형 차트로 변경됩니다.

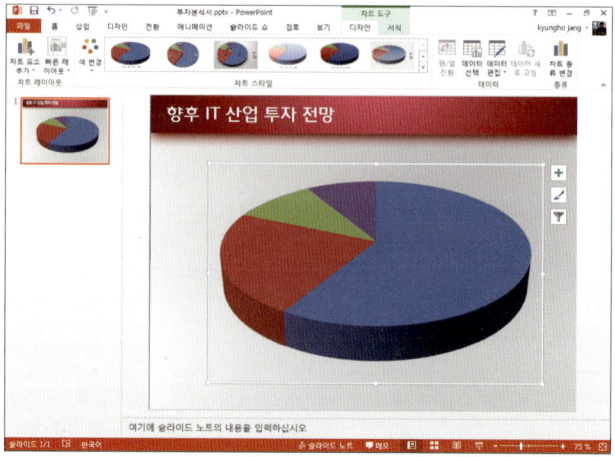

> **TIP :** 원형 차트를 작성할 때 주의해야 할 점은 값(Y) 축의 개수가 너무 많으면 안된다는 점입니다. 여기서 말하는 값(Y) 축이란 원형 차트의 각각의 조각을 말하는 것으로 이 조각이 너무 많으면 차트를 분석하기가 어려워질 뿐만 아니라 차트의 모양새도 좋지 않습니다. 값(Y) 축은 6개 이하가 적당합니다.

원형 차트의 서식을 변경해 보도록 하겠습니다. 원형 차트 역시 위에서 다루었던 차트들과 동일하게 서식을 변경할 수 있습니다.

01. 먼저 차트를 복제해 보겠습니다. 슬라이드 미리보기 창에서 마우스 오른쪽을 눌러 [중복 슬라이드]를 선택합니다.

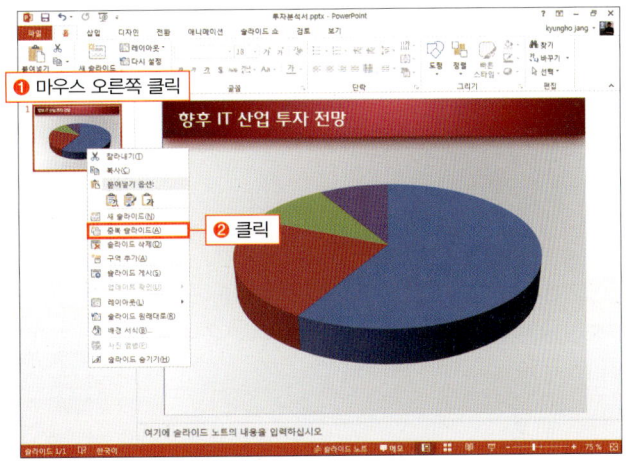

02. 두 번째 슬라이드를 선택합니다. 데이터 레이블을 표시하기 위해 [차트 도구]–[디자인] 상황별 탭에서 [차트 레이아웃] 그룹–[차트 요소 추가]–[데이터 레이블]을 클릭한 다음 [바깥쪽 끝에]를 선택합니다.

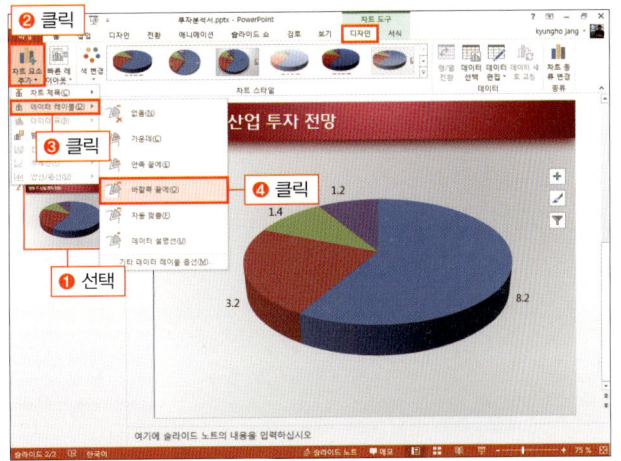

03. 이번에는 차트 오른쪽에 있는 [차트 요소]를 클릭하여 원하는 요소를 추가해 보도록 하겠습니다. [차트 요소]를 클릭한 후 [범례]에 체크합니다. 차트에 범례가 추가되는 것을 확인합니다.

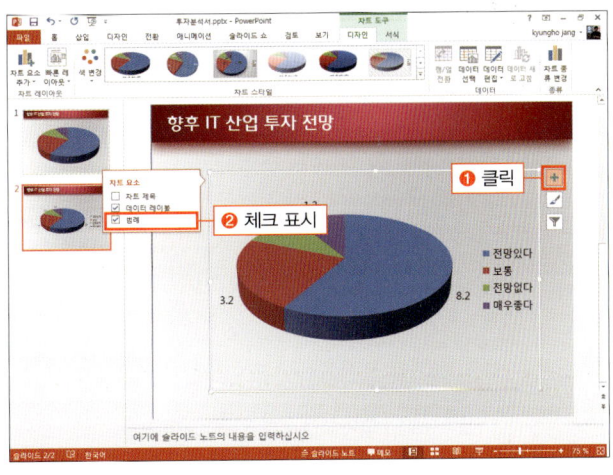

04. 이번에는 차트에 3차원 서식을 적용해 보도록 하겠습니다. 차트 영역을 선택한 다음 마우스 오른쪽 버튼을 클릭하여 [데이터 계열 서식]을 선택합니다.

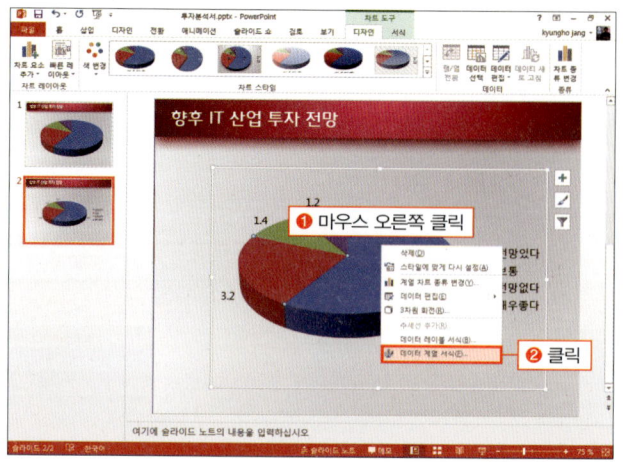

05. [데이터 계열 서식] 창이 나타나면 항목 중에서 [3차원 서식]을 선택합니다. [3차원 서식]에서 [위쪽 입체]에서 [둥글게]를 선택하고 [너비]는 『30』, [높이]는 『20』을 입력합니다.

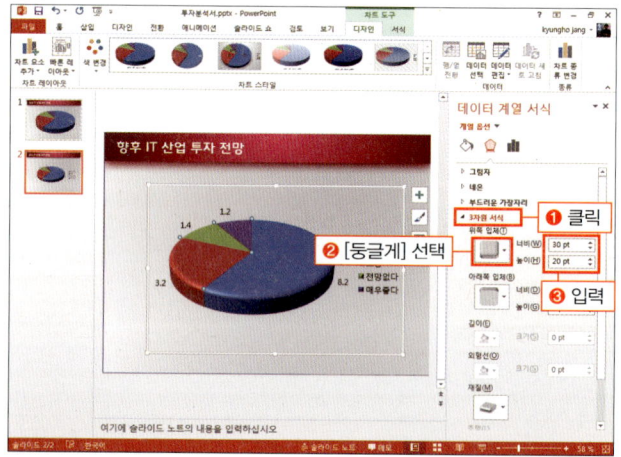

06. 동일한 방법으로 [아래쪽 입체]에서 [둥글게]를 선택하고 [너비]는 『6』, [높이]는 『6』을 지정합니다. [재질]에서 [표준]-[금속]을 선택합니다. 차트의 재질이 금속 형태로 변경됩니다.

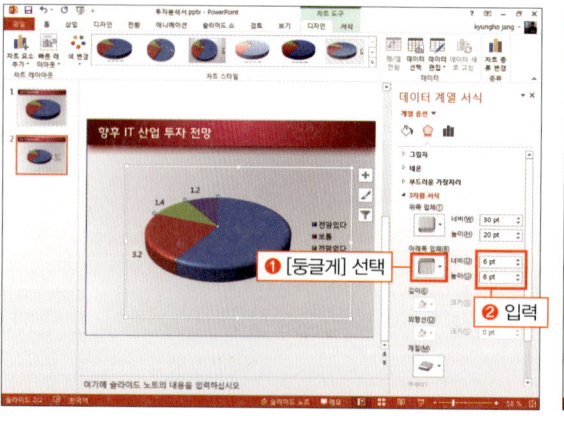

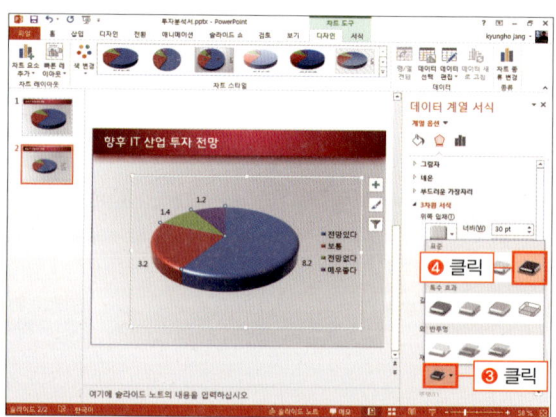

이번에는 원형 차트를 회전시키고 쪼개 보도록 하겠습니다. 이를 위해서 [계열 옵션]의 첫째 조각의 각 및 쪼개진 원형 항목을 통해 변경할 수 있습니다.

01. [데이터 계열 서식] 창의 [계열 옵션]을 선택합니다.

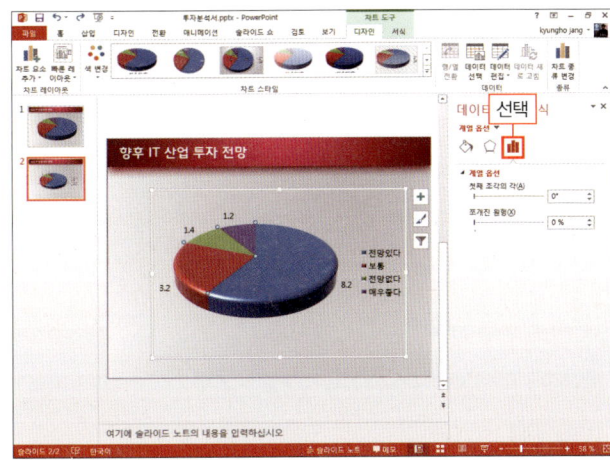

02. [계열 옵션]에서 [첫째 조각의 각]의 입력란에 『20』을 입력합니다. 차트의 각도가 조절됩니다.

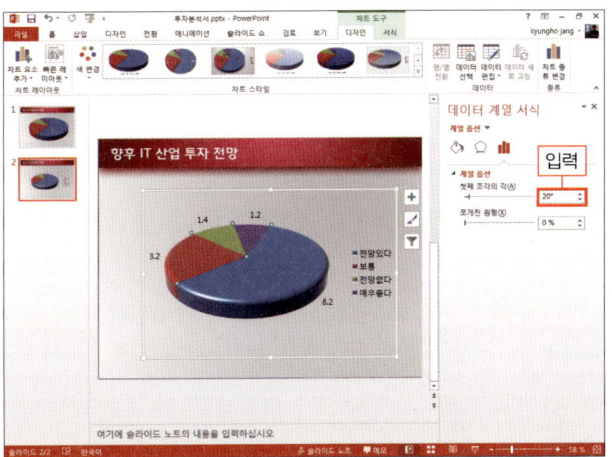

03. [쪼개진 원형]의 입력란에 『10』을 입력합니다. 차트가 분리되어 나타납니다.

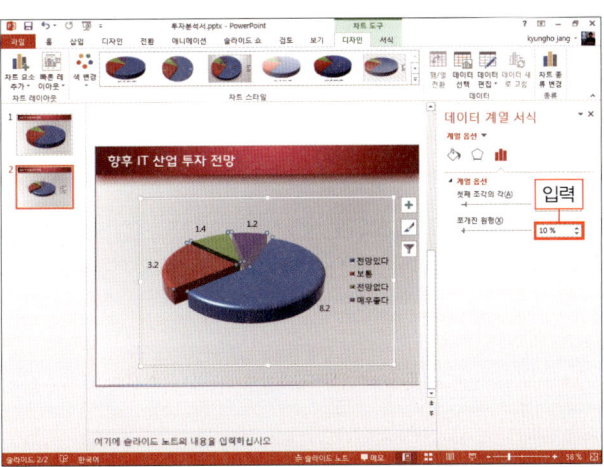

청중의 시선을 사로잡는데 가장 효과적인 파워포인트 기능 중 하나가 바로 애니메이션입니다. 청중의 시선을 끌고 싶다면 애니메이션 효과를 적절히 활용하는 것이 좋지만 너무 화려한 애니메이션 효과는 오히려 역효과가 날 수 있음을 명심하기 바랍니다. 여기서는 정적인 느낌의 프레젠테이션을 동적인 느낌으로 바꿔주는 다양한 애니메이션 효과에 대해서 살펴보도록 하겠습니다.

기초탄탄 ▶ 애니메이션 기능 살펴보기

■ 애니메이션 효과 살펴보기

애니메이션을 적용할 개체를 선택한 후 [애니메이션] 탭–[애니메이션] 그룹에서 [자세히]를 클릭하면 다양한 애니메이션 갤러리를 볼 수 있습니다. 애니메이션 효과는 총 4개의 영역으로 표시되며, 각각의 영역마다 강조하는 애니메이션 효과가 다릅니다.

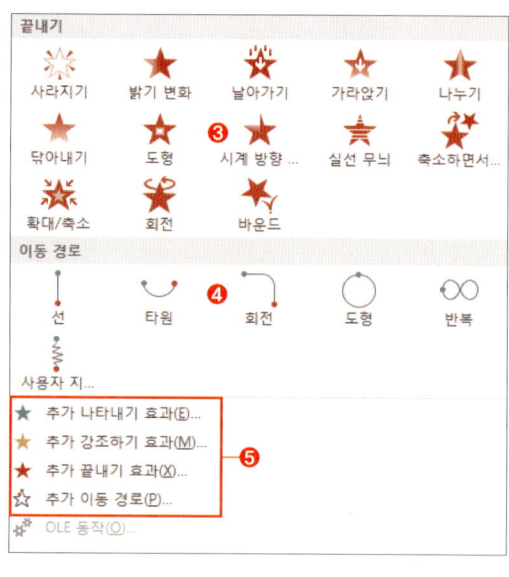

❶ 나타내기 : 가장 많이 사용되는 애니메이션으로 녹색 별 모양으로 표시됩니다. 선택한 개체가 숨겨진 상태에서 표시되는 애니메이션 효과입니다.

❷ 강조 : 노란색 별 모양으로 표시되는 강조 효과는 개체를 강조하기 위해 시선을 끌 수 있는 애니메이션 효과를 적용할 수 있으며, 개체가 회전하거나 물결 표시 등의 효과를 말합니다.

❸ 끝내기 : 빨간색 별 모양으로 표시되는 끝내기 효과는 개체를 표시한 후 사라지게 할 때 사용하는 애니메이션 효과입니다.

❹ 이동 경로 : 개체를 이동 경로에 따라 움직일 때 사용하는 애니메이션 효과입니다. 타원이나 사용자가 지정하는 패스에 따라 애니메이션이 움직입니다.

❺ 추가 애니메이션 : 갤러리에 없는 애니메이션을 선택할 수 있습니다.

■ **[애니메이션] 탭 살펴보기**

[애니메이션] 탭을 이용하면 개체나 슬라이드에 애니메이션을 효과적으로 적용할 수 있습니다. [애니메이션] 탭에서는 화면 전환 효과나 텍스트, 차트 또는 사용자 지정 애니메이션을 사용자가 원하는 대로 적용할 수 있습니다.

❶ 미리 보기 : 선택한 애니메이션을 슬라이드 편집 화면에서 바로 확인할 수 있습니다.

❷ 애니메이션 : 다양한 애니메이션 효과를 선택할 수 있습니다.

❸ 효과 옵션 : 방향이나 색 등 다양한 효과 옵션을 지정할 수 있습니다.

❹ 애니메이션 추가 : 하나의 애니메이션에 다른 애니메이션을 추가할 수 있습니다.

❺ 애니메이션 창 : 애니메이션 창을 열어 애니메이션 순서 및 효과를 확인할 수 있습니다.

❻ 트리거 : 애니메이션에서 특수 시작 조건을 설정합니다.

❼ 애니메이션 복사 : 애니메이션 효과를 복사해 다른 개체에 지정할 수 있습니다.

❽ 시작 : 클릭할 때, 이전 효과와 함께, 이전 효과 다음에 중 원하는 시작 방법을 선택합니다.

❾ 재생 시간 : 재생 시간을 설정합니다.

❿ 지연 : 지연 시간을 설정합니다.

⓫ 애니메이션 순서 바꾸기 : 애니메이션의 순서를 변경합니다.

⓬ 대화상자 표시 아이콘 : 애니메이션의 대화상자를 표시해 다양한 옵션을 설정할 수 있습니다.

애니메이션을 적용할 개체를 선택한 후 [애니메이션] 탭–[애니메이션] 그룹에서 [자세히]를 클릭하면 다양한 애니메이션 갤러리를 볼 수 있습니다. 애니메이션 효과는 총 4개의 영역으로 표시되며, 각각의 영역마다 강조하는 애니메이션 효과가 다릅니다.

예제 파일ㅣ CD₩Part 06₩국책사업선정.ppt**x 완성 파일ㅣ** CD₩Part 06₩국책사업선정_완성.pptx

01. 첫 번째 개체를 선택합니다. [애니메이션] 탭–[애니메이션] 그룹의 [자세히]를 클릭합니다. [나타내기]–[밝기 변화]를 선택합니다.

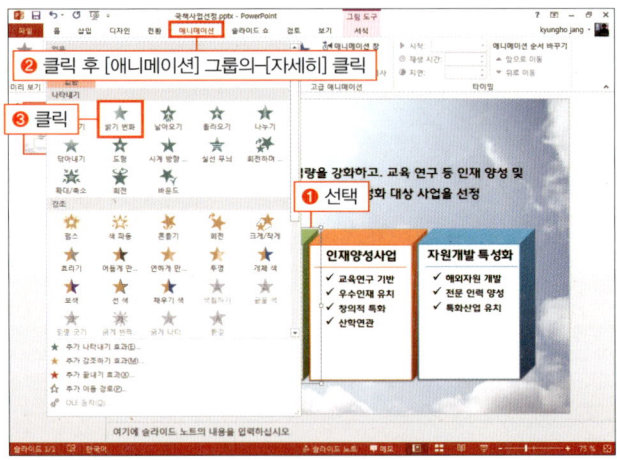

02. 애니메이션이 적용되면 개체에 번호가 지정됩니다. 하나의 개체에 여러 개의 애니메이션을 중복 적용할 수 있습니다. [애니메이션] 탭–[고급 애니메이션] 그룹–[애니메이션 추가]를 선택합니다. [강조]–[펄스]를 선택합니다.

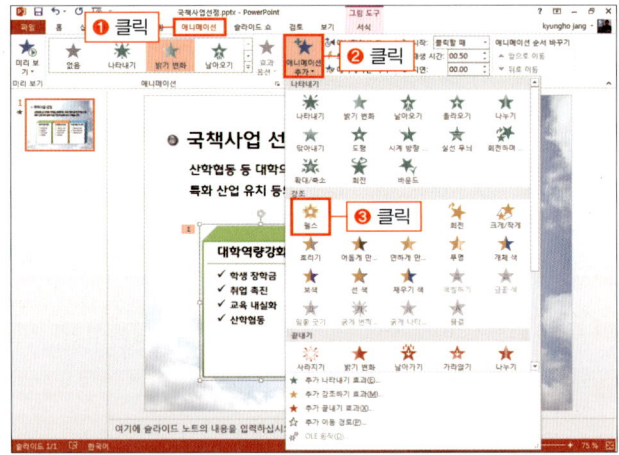

TIP : 개체 왼쪽에 번호가 매겨진 것을 볼 수 있습니다. 이 번호는 애니메이션 효과의 진행 순서를 의미하며, 슬라이드 쇼 화면이나 인쇄 시에는 나타나지 않습니다.

03. 이번에는 보다 다양한 애니메이션을 적용해 보도록 하겠습니다. [애니메이션] 탭-[고급 애니메이션] 그룹-[애니메이션 추가]를 클릭합니다. [추가 끝내기 효과]를 선택합니다.

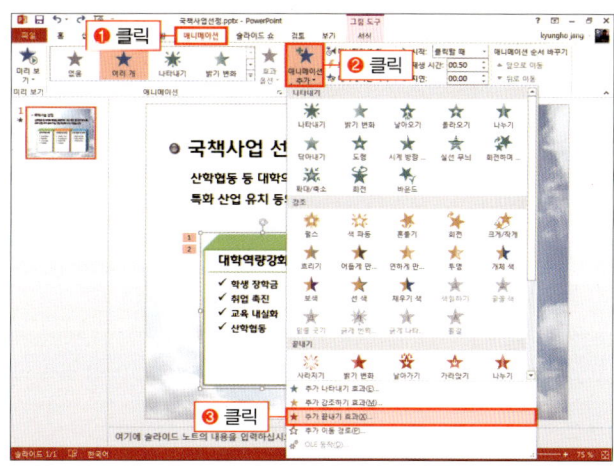

04. [끝내기 효과 추가] 대화상자가 나타납니다. [온화한 효과]-[아래로 내리기]를 선택한 후 [확인]을 클릭합니다.

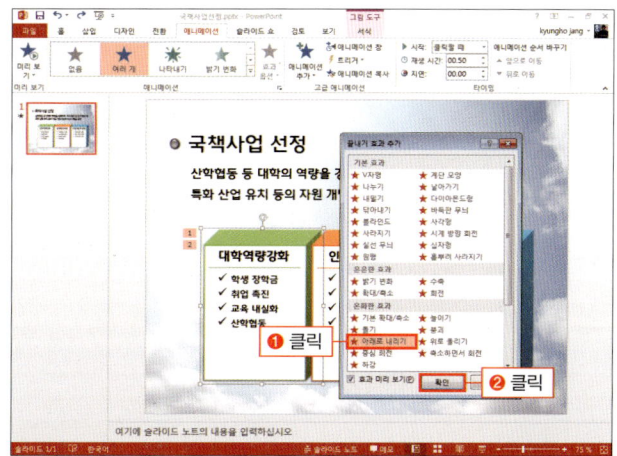

05. 3번이 표시됩니다. 첫 번째 개체에는 총 3개의 애니메이션이 지정되어 있습니다. [애니메이션] 탭-[미리 보기] 그룹에서 [미리 보기] 상단을 클릭하여 애니메이션을 확인합니다.

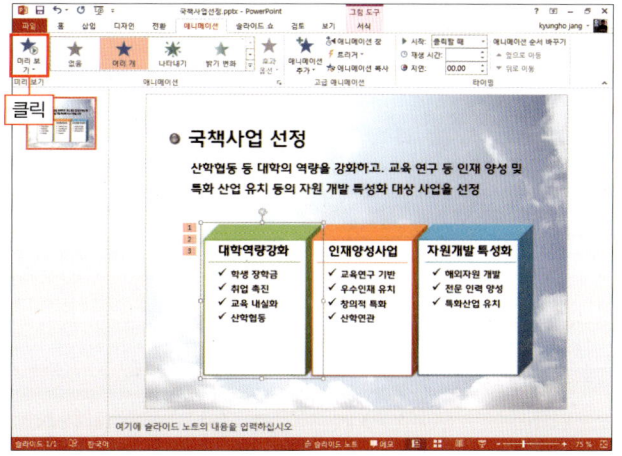

[애니메이션] 탭-[애니메이션] 그룹-[애니메이션 복사]를 더블 클릭하면 여러 번 연속으로 애니메이션을 복사할 수 있습니다.

01. 첫 번째 개체에 적용되어 있는 애니메이션 효과를 두 번째, 세 번째 개체에도 적용해 보도록 하겠습니다. 먼저 슬라이드를 복사합니다. 슬라이드 미리보기 창에서 마우스 오른쪽을 클릭한 후 [중복 슬라이드]를 선택합니다.

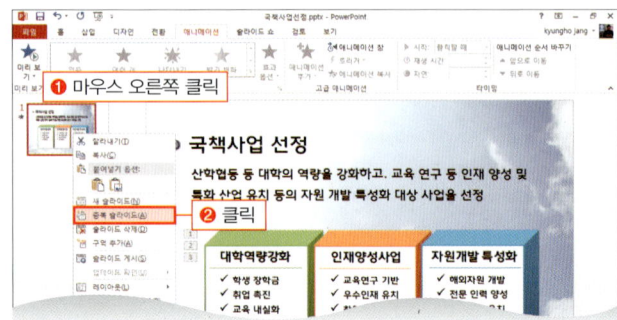

02. 첫 번째 슬라이드에서 애니메이션을 복사할 개체를 선택한 다음 [애니메이션] 탭-[애니메이션] 그룹-[애니메이션 복사]를 한 번 클릭합니다.

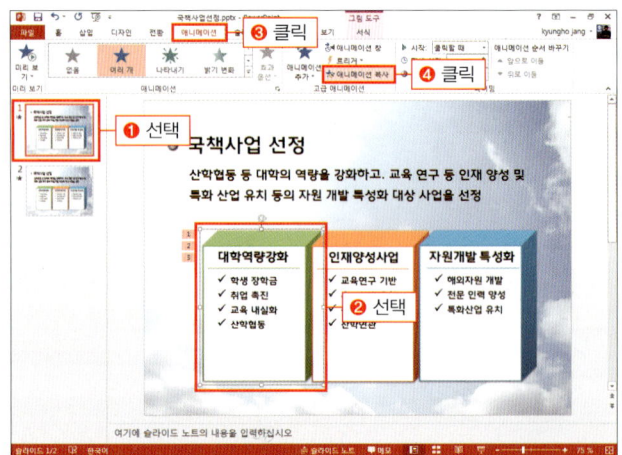

03. 마우스 포인터 모양이 변경되면 복사한 애니메이션을 적용할 개체를 클릭합니다. 4, 5, 6번 번호가 지정되며 애니메이션이 적용됩니다.

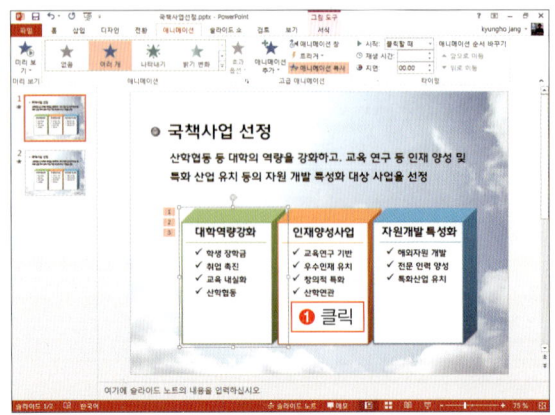 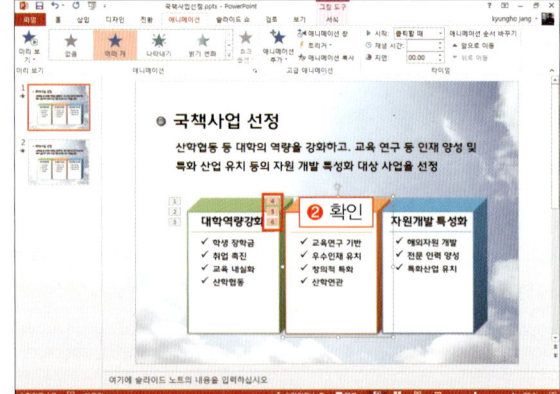

TIP : [애니메이션 복사]를 지금처럼 한번 클릭한 후 애니메이션을 복사하면 단 1회 복사가 진행됩니다.

04. [애니메이션 복사]를 두 번 클릭하면 애니메이션을 연속으로 복사할 수 있습니다. 두 번째 슬라이드를 선택한 후 애니메이션을 복사할 개체를 선택한 다음 [애니메이션] 탭-[애니메이션] 그룹-[애니메이션 복사]를 두 번 클릭합니다.

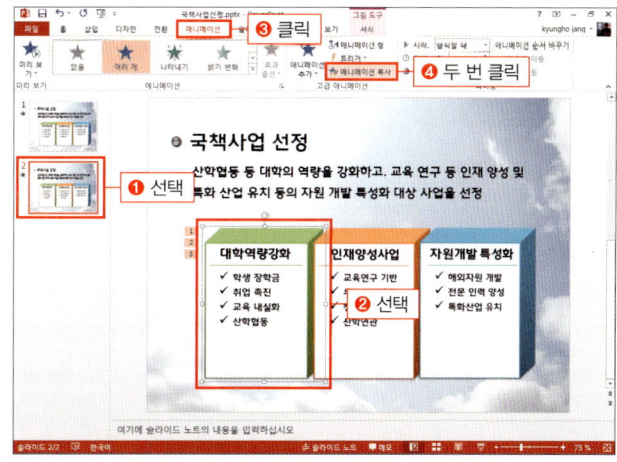

05. 마우스 포인터 모양이 변경되면 복사한 애니메이션을 적용할 개체를 클릭합니다.

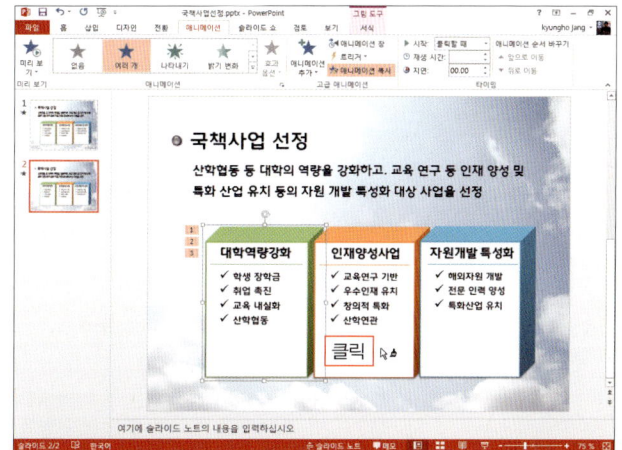

06. 4, 5, 6번 애니메이션 번호가 표시됩니다. 계속해서 다른 개체도 선택하여 애니메이션을 복사합니다. 7, 8, 9번 애니메이션 번호가 표시됩니다. 애니메이션 복사를 중단하려면 [애니메이션 복사]를 다시 한번 클릭합니다.

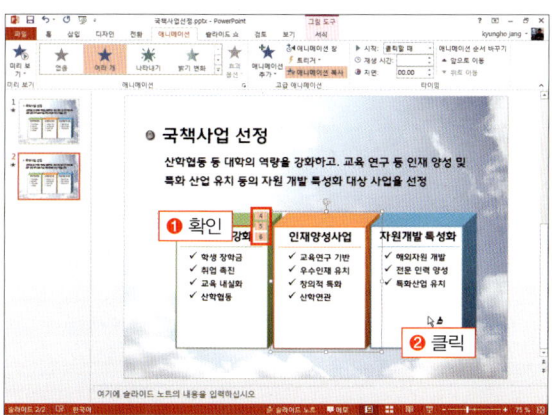
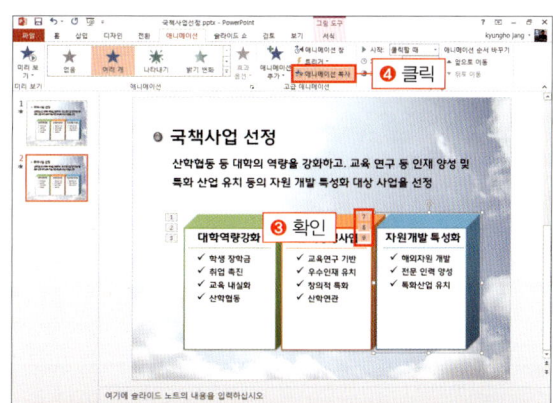

애니메이션을 적용할 수 있는 개체는 텍스트, 도형 뿐 아니라 차트, 표, 스마트아트 등 다양한 개체에 적용할 수 있습니다. 여기서는 텍스트에 애니메이션을 적용하는 방법에 대해서 살펴보도록 하겠습니다.

예제 파일 | CD\Part 06\프레젠테이션.pptx   **완성 파일 |** CD\Part 06\프레젠테이션_완성.pptx

01. 텍스트에 애니메이션을 적용해 보겠습니다. 텍스트 개체틀을 선택합니다. [애니메이션] 탭-[애니메이션] 그룹의 [자세히]를 클릭한 다음 [실선 무늬]를 선택합니다.

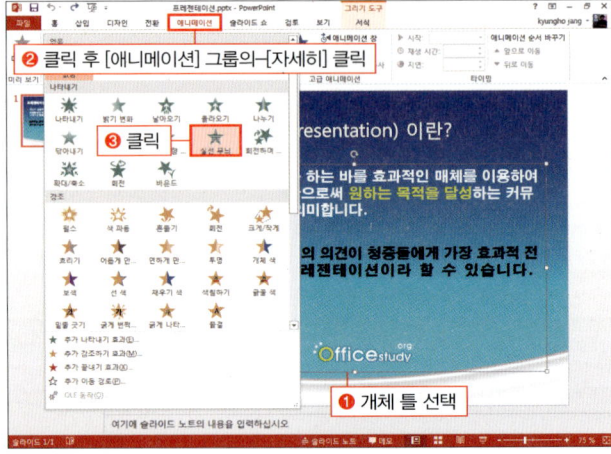

02. [효과 옵션]을 클릭합니다. [시퀀스]-[단락별로]를 선택한 후 [방향]-[세로]를 선택합니다.

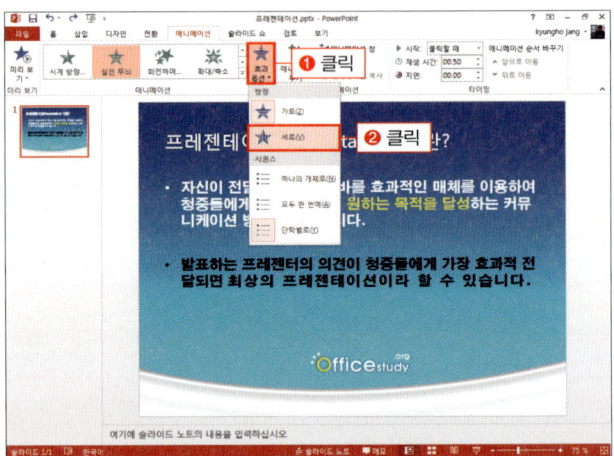

TIP : 효과 옵션은 선택한 애니메이션 효과에 가로나 세로 등의 방향이나 스퀸스 등을 지정할 수 있습니다.

03. 애니메이션이 제대로 적용되었는지 확인하기 위해 [애니메이션] 탭의 [미리보기] 그룹 [미리보기]를 클릭합니다. 각각의 단락별로 텍스트에 애니메이션이 적용됩니다.

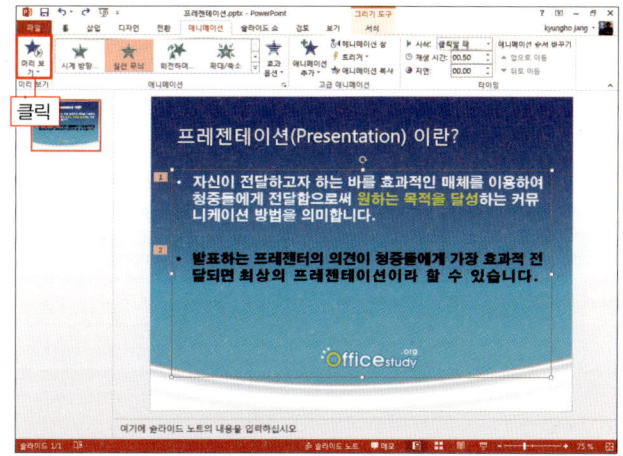

04. [애니메이션] 탭-[애니메이션] 그룹에서 대화상자 표시 아이콘을 클릭한 후 [텍스트 애니메이션] 탭을 클릭합니다. [다음 시간 후 자동 전환]에 체크 표시한 후 『2』를 입력한 후 [확인]을 클릭합니다.

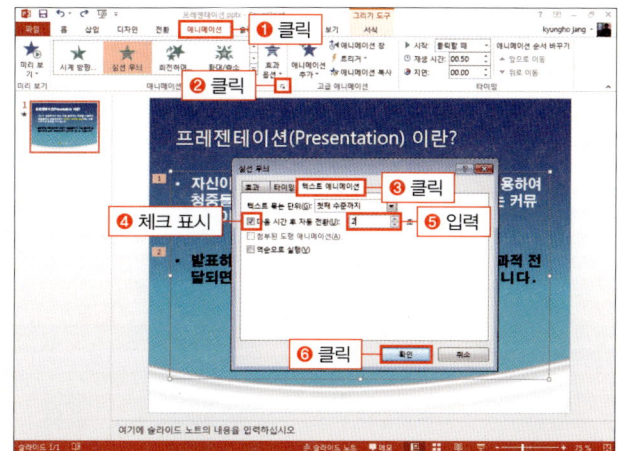

05. 2초 간격으로 애니메이션이 실행되는지 확인한 후 슬라이드를 완성합니다.

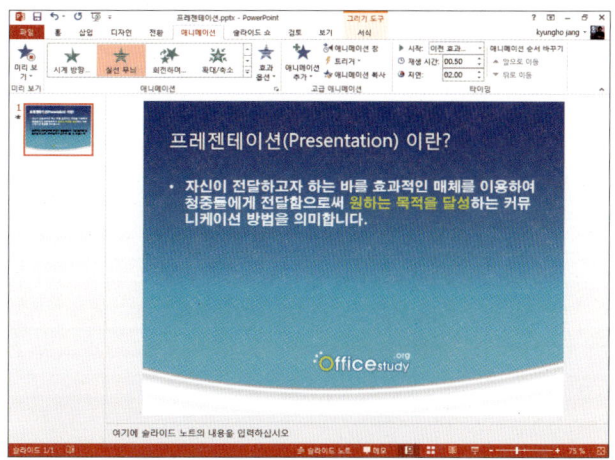

차트처럼 애니메이션을 적용하기 어려운 개체도 [효과 옵션]을 통해 손쉽게 애니메이션을 적용할 수 있습니다.

예제 파일 | CD₩Part 06₩매출비교.pptx **완성 파일 |** CD₩Part 06₩매출비교_완성.pptx

01. 차트를 선택하고 [애니메이션] 탭-[애니메이션] 그룹의 [자세히]를 클릭한 다음 [닦아내기]를 선택합니다.

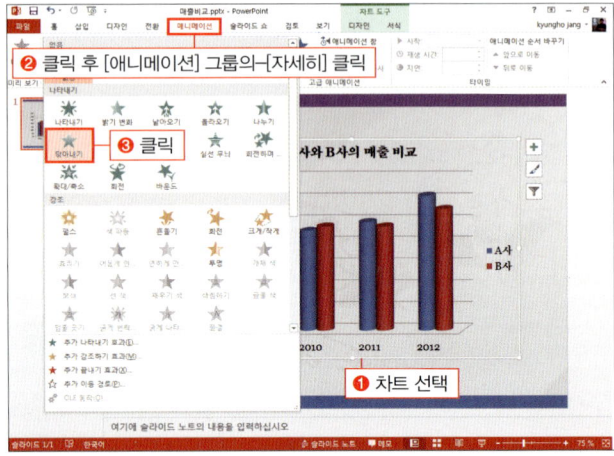

02. [효과 옵션]을 클릭한 다음 [시퀀스]-[계열 요소별로]를 클릭합니다.

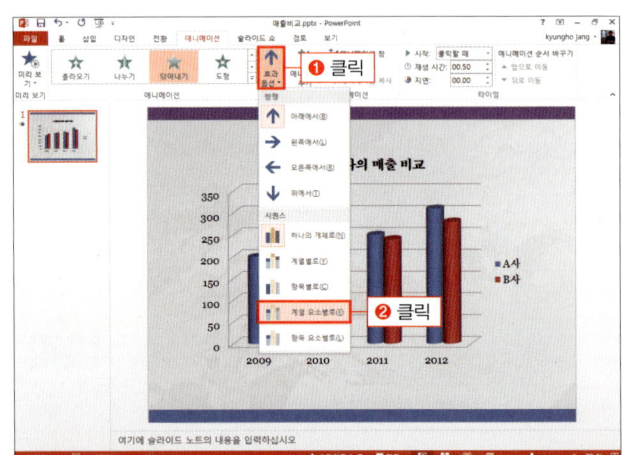

TIP : [효과 옵션]에서 [하나의 개체로]를 클릭하면 하나의 애니메이션으로 차트가 적용되며 [항목별로]를 클릭하면 각각의 항목별로 차트가 적용됩니다.

03. 차트에 개체 요소별로 애니메이션이 적용됩니다.

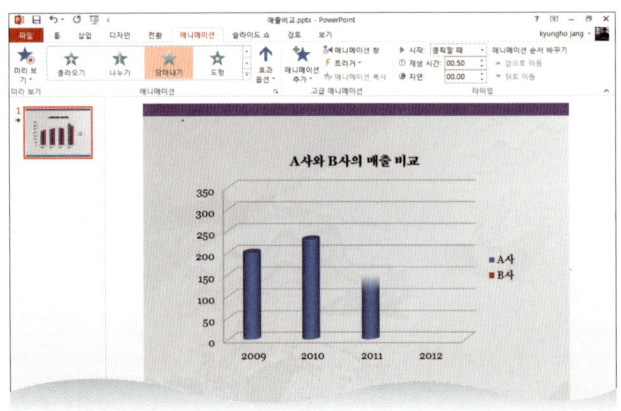

05 애니메이션 옵션 지정하기

레 벨 ● ● ●

한번 지정한 애니메이션이라고 하더라도 다양한 옵션을 지정할 수 있습니다. 여기서는 애니메이션 방향 및 효과 변경에서부터 사용자 지정 경로 그리기까지 다양한 애니메이션 옵션에 대해서 살펴보도록 하겠습니다.

기초 탄탄 ● 애니메이션 옵션 활용하기

■ 애니메이션 효과 갤러리

[애니메이션] 탭–[애니메이션] 그룹의 [자세히]를 클릭하면 다양한 애니메이션 효과 갤러리가 나타납니다. 이 중 마음에 드는 애니메이션 효과가 없다면 [추가 나타내기 효과] 혹은 [추가 강조하기 효과] 등을 클릭해 더 많은 애니메이션 효과를 선택할 수 있습니다.

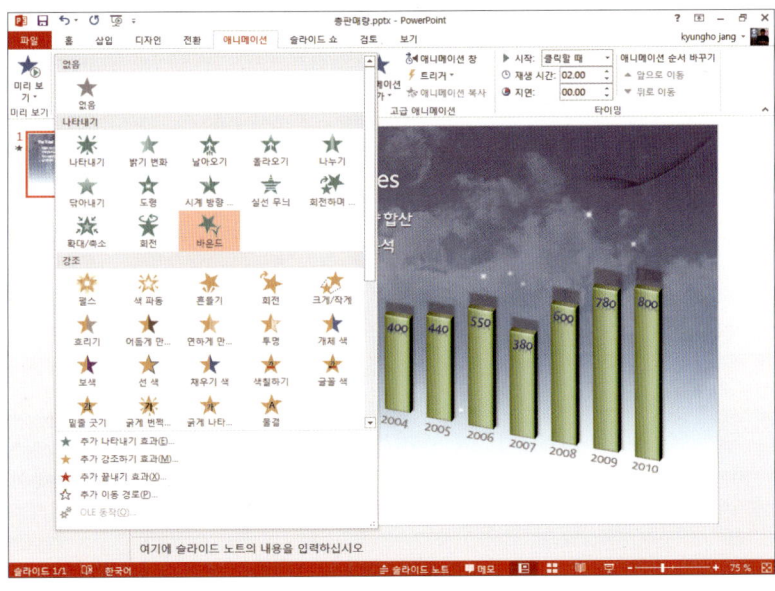

[추가 나타내기 효과] 혹은 [추가 강조하기 효과] 등을 클릭하면 숨겨져 있던 모든 사용자 지정 애니메이션 효과가 나타납니다. 각각의 특성별로 그룹화되어 나타나 있기에 애니메이션을 선택할 때에도 편리합니다.

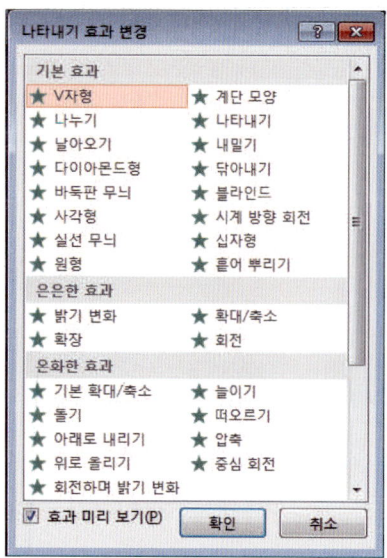

■ 애니메이션 옵션 살펴보기 `412P`

애니메이션의 시작을 설정할 개체를 선택한 다음 [고급 애니메이션] 그룹에서 [애니메이션 창]을 클릭하면 [애니메이션] 창이 뜹니다. 항목에서 목록 단추를 클릭하면 '클릭할 때 시작', '이전 효과와 함께 시작', '이전 효과 다음에 시작'이라는 3가지 시작 방법이 나타납니다.

❶ **클릭할 때 시작** : 슬라이드 쇼를 진행할 때 마우스를 클릭하거나 **Enter** 를 눌러야만 애니메이션이 실행됩니다.

❷ **이전 효과와 함께 시작** : 이전 애니메이션 효과와 함께 애니메이션이 실행됩니다.

❸ **이전 효과 다음에 시작** : 이전 애니메이션이 실행된 다음 애니메이션이 실행됩니다.

❹ **효과 옵션** : 애니메이션 옵션을 지정하여 보다 상세한 효과를 줄 수 있습니다.

❺ **타이밍** : 지연 시간이나 재생 시간, 시작 옵션 등을 지정할 수 있습니다.

❻ **진행 시간 표시 막대** : 진행 시간 표시 막대를 표시하거나 감출 수 있습니다.

❼ **제거** : 애니메이션 효과를 제거할 수 있습니다.

■ 사용자 지정 경로 그리기 `414P`

[추가 이동 경로]를 선택하면 다양한 애니메이션 이동 경로를 설정할 수 있습니다. 이동 경로를 그려 넣으면 그 이동 경로에 따라 애니메이션이 움직이게 되므로 효과 만점의 애니메이션을 만들 수 있습니다.

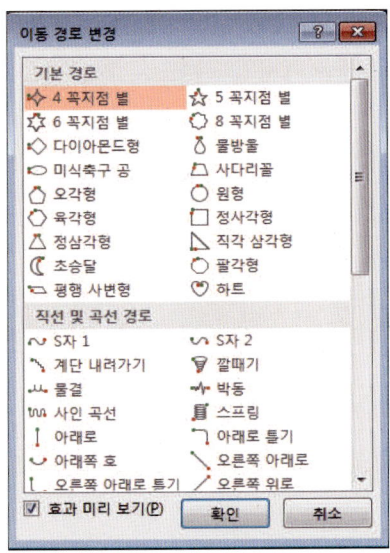

지정한 이동 경로는 점 편집 기능을 통하여 원하는 경로로 변경할 수 있습니다. 지정 경로 선을 선택한 후 마우스 오른쪽을 클릭하여 [점 편집]을 선택해 지정 경로를 변경할 수 있습니다.

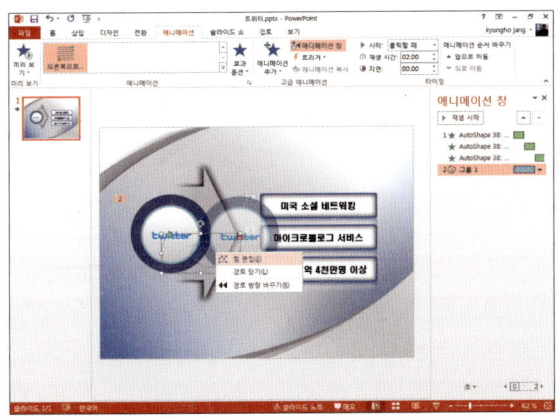 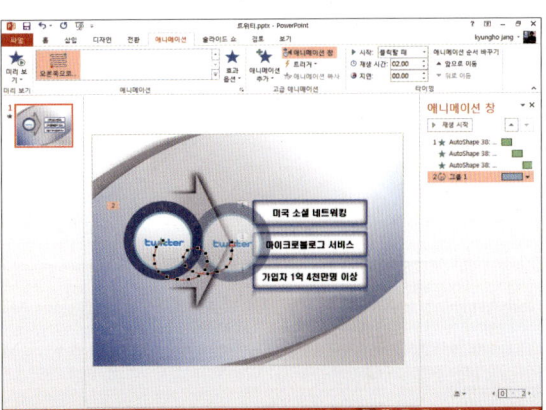

애니메이션 시작이란 애니메이션을 적용한 개체가 어떤 방법으로 슬라이드 화면에 나타날지를 설정하는 기능을 말합니다. 즉, 마우스로 클릭할 때 애니메이션이 작동하게 할 것인지, 자동으로 애니메이션이 작동하게 할 것인지를 지정할 때 사용할 수 있습니다.

예제 파일 l CD₩Part 06₩트위터.pptx **완성 파일 l** CD₩Part 06₩트위터_완성.pptx

01. [애니메이션] 탭-[고급 애니메이션] 그룹에서 [애니메이션 창]을 선택합니다. [애니메이션] 창이 열리면 첫 번째 항목을 선택한 후 화살표를 클릭합니다. 목록이 나타나면 [이전 효과 다음에 시작]을 선택합니다.

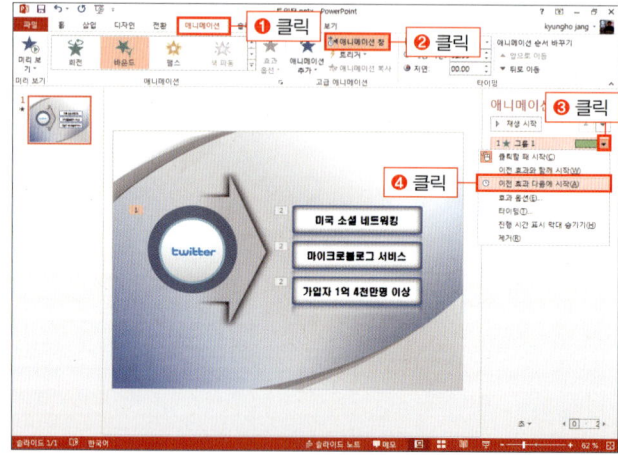

02. 이번에는 여러 항목을 한번에 변경해 보도록 하겠습니다. 세 번째 항목과 네 번째 항목을 Ctrl 을 누른 채 함께 선택한 후 화살표를 클릭합니다. 목록이 나타나면 [이전 효과와 함께 시작]을 클릭합니다.

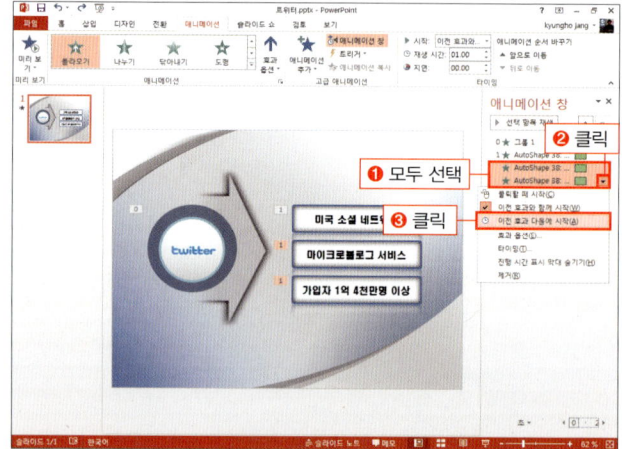

TIP : 동일한 효과나 시작을 반복해서 주고 싶을 경우 [애니메이션 복사]를 클릭해 애니메이션을 복사하여 적용하는 경우도 있지만 [애니메이션 창]의 목록에서 모두를 선택한 후 원하는 애니메이션 효과나 방향, 속도 등을 지정해 한 번에 지정할 수도 있습니다.

이번에는 애니메이션의 순서를 지정해 보도록 하겠습니다. 애니메이션 순서 지정하기를 통해 각각의 애니메이션의 순서를 설정할 수 있습니다.

01. 이번에는 애니메이션 순서를 변경해 보도록 하겠습니다. [애니메이션] 창에서 첫 번째 애니메이션 개체를 선택합니다. [뒤로 이동]을 클릭해 제일 마지막으로 이동합니다.

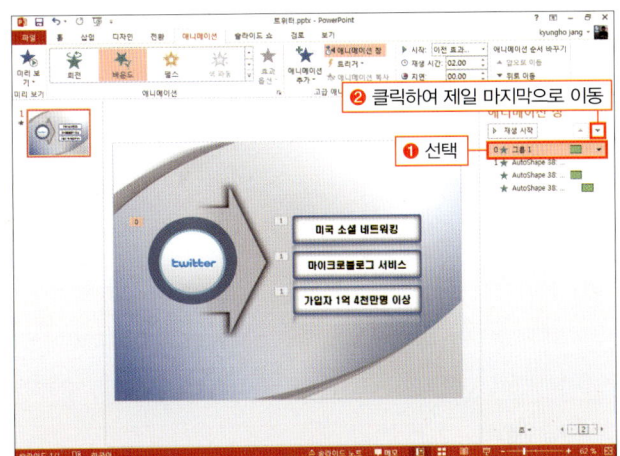

TIP : 각각의 애니메이션은 만든 순서에 따라 순차적으로 목록에 나타나게 됩니다. 이를 변경하고 싶은 경우 [애니메이션] 창에서 변경하거나 [애니메이션] 탭-[타이밍] 그룹에서 [앞으로 이동], [뒤로 이동]을 클릭해 순서를 변경할 수 있습니다.

02. 애니메이션의 순서가 변경됩니다. [애니메이션] 탭-[미리 보기] 그룹의 [미리 보기]를 클릭해 순서가 변경된 애니메이션을 확인합니다.

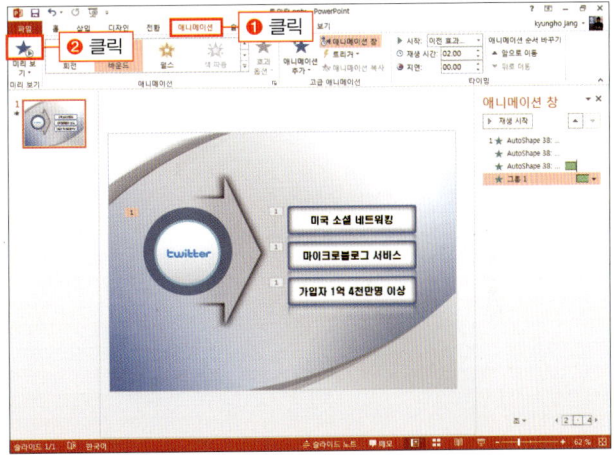

TIP : **애니메이션 창 크기 조정하기**
애니메이션 효과를 많이 지정하게 되면 애니메이션 프레임의 길이가 길어질 수 있습니다. 이럴 경우 어떤 순서 및 시간으로 애니메이션이 움직이는지 확인하기 어렵기 때문에 애니메이션 창을 늘려 확인하는 것이 좋습니다. [애니메이션] 창의 경계선을 드래그하여 크기를 조절합니다.

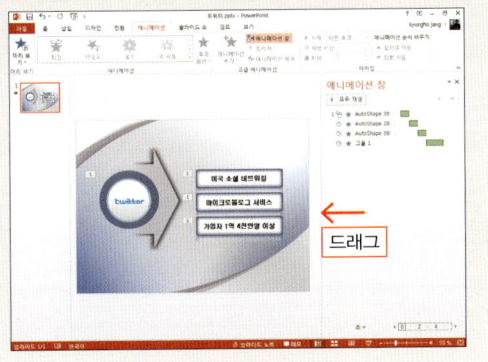

사용자 지정 경로 그리기란 애니메이션을 사용할 때 사용자가 지정하는 경로대로 애니메이션이 움직이는 것을 말하는 것으로 이 기능을 잘 활용하면 남들과 다른 애니메이션을 구성할 수 있습니다.

01. 이동 경로를 통해 특별한 애니메이션 효과를 적용해 보도록 합니다. 원형 도형을 선택한 후 [애니메이션] 탭-[애니메이션] 그룹의 [자세히]를 클릭한 후 [추가 이동 경로]를 선택합니다.

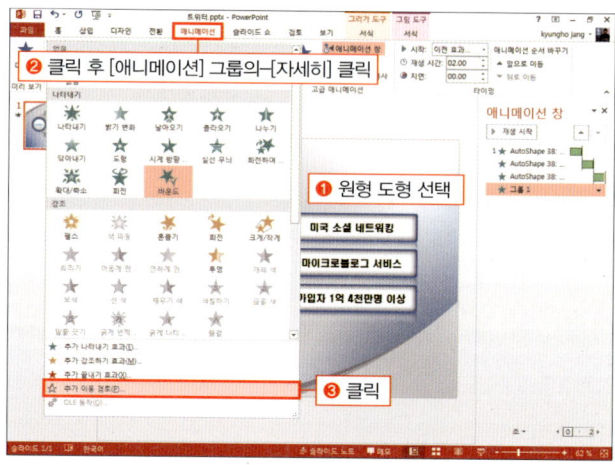

02. [이동 경로 변경] 창이 나타나면 [직선 및 곡선 경로]-[오른쪽으로 휘기]를 선택한 후 [확인]을 클릭합니다.

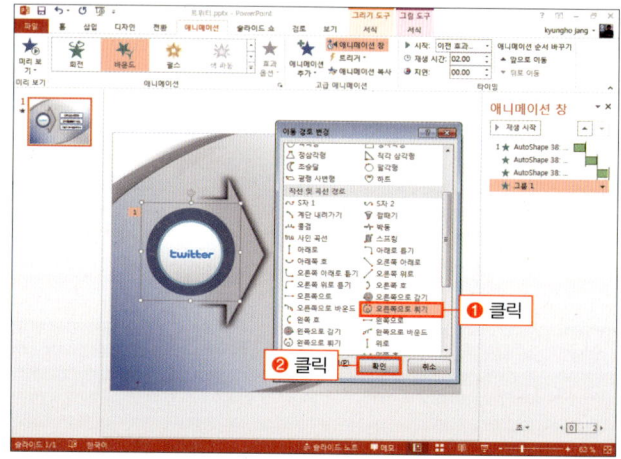

03. 이동 경로가 지정됩니다. 이동 경로가 슬라이드 편집화면에 표시됩니다.

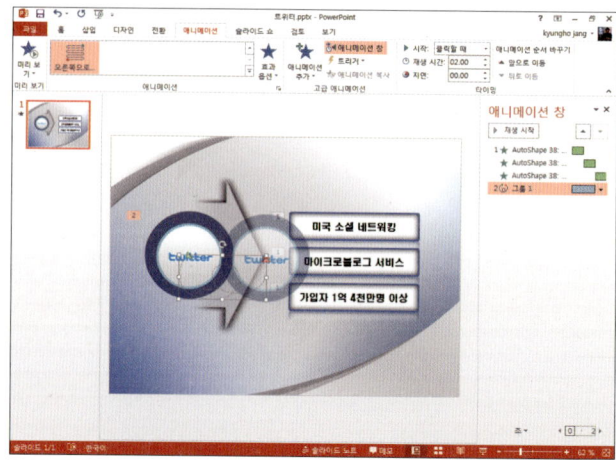

04. 지정 경로의 선은 점 편집 기능을 통하여 원하는 경로로 변경할 수 있습니다. 지정 경로 신을 선택한 후 마우스 오른쪽을 클릭하여 [점 편집]을 선택합니다.

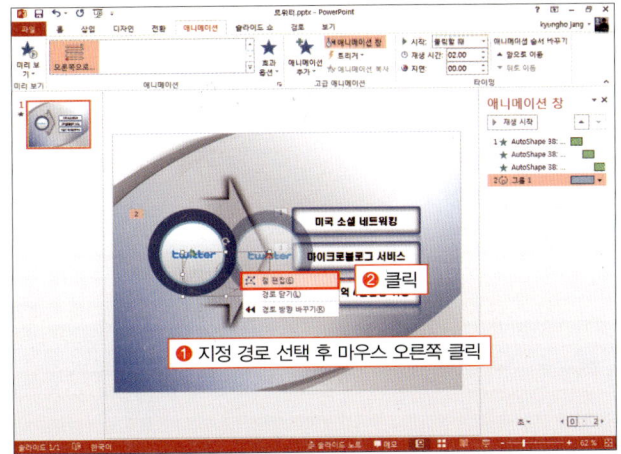

05. 지정한 경로의 점이 편집이 가능한 상태로 열립니다. 마우스로 드래그하여 지정 경로를 변경합니다. Esc 를 눌러 지정 경로를 마무리합니다.

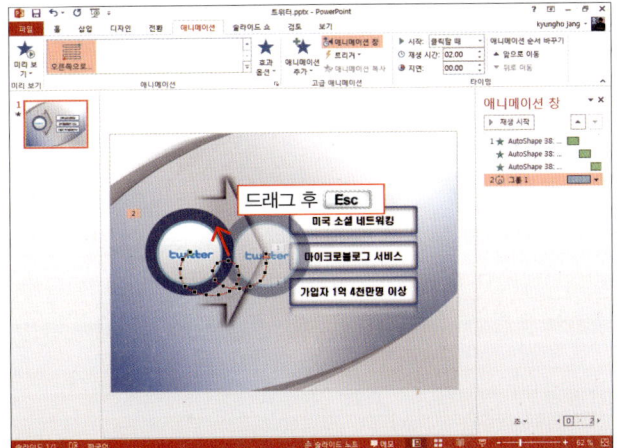

06. [애니메이션] 탭-[미리 보기] 그룹에서 [미리 보기] 윗부분을 클릭하여 애니메이션을 확인합니다.

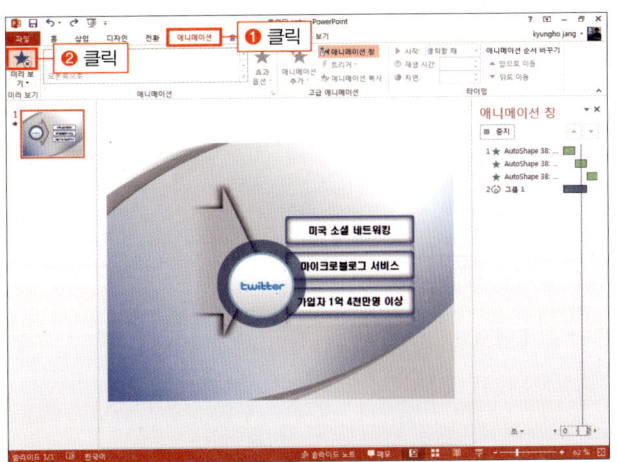

슬라이드 전환 효과 만들기

종종 사용자 지정 애니메이션 효과와 화면 전환 효과를 혼동하는 경우가 있습니다. 사용자 지정 애니메이션은 슬라이드에 있는 텍스트, 도형, 차트 등의 개체에 사용자가 식섭 애니메이션을 지정하는 깃을 말하며, 화면 전환 효과는 텍스트, 도형, 차트 등의 개체가 아닌 슬라이드 전체에 적용하는 애니메이션 효과를 말합니다.

기초탄탄 ▶ 슬라이드 전환 효과 살펴보기

■ [전환] 탭 살펴보기 `418P`

화면 전환 효과는 각각의 슬라이드에 애니메이션 효과를 주어 세련된 애니메이션 효과를 낼 수 있는 기능으로서 쉽고 간편하게 애니메이션 효과를 줄 수 있다는 것이 장점입니다. 각각의 개체에 애니메이션을 주는 것도 효과적이긴 하지만 전체 슬라이드에 화면 전환 효과를 주면 슬라이드의 통일성을 헤치지 않으면서도 멋진 애니메이션을 연출할 수 있습니다.

가장 쉽게 사용할 수 있는 애니메이션 효과 중 하나가 바로 화면 전환 효과입니다. 이를 통해 사용자 지정 애니메이션 효과보다 빠르면서도 세련된 애니메이션 효과를 낼 수 있습니다. 화면 전환 효과는 [전환] 탭을 통해 지정할 수 있습니다.

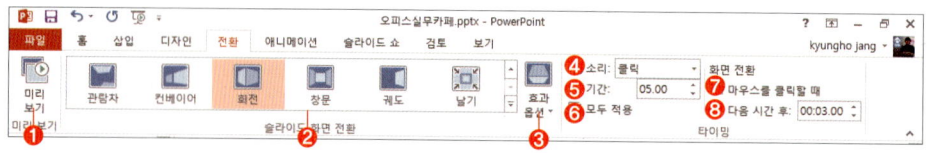

❶ 미리 보기 : 전환 효과를 미리 볼 수 있습니다.

❷ 슬라이드 화면 전환 : 다양한 화면 전환 효과를 미리보고 선택할 수 있습니다.

❸ 효과 옵션 : 선택한 화면 전환 효과에 따른 옵션을 지정할 수 있습니다.

❹ 소리 : 전환 효과에 소리를 삽입할 수 있습니다.

❺ 기간 : 화면 전환 시간을 설정합니다.

❻ 모두 적용 : 적용된 화면 전환 효과를 모든 슬라이드에 적용합니다.

❼ 마우스를 클릭할 때 : 화면 전환 효과가 마우스를 클릭할 때 넘어가도록 지정합니다.

❽ 다음 시간 후 : 입력된 시간 후 자동으로 화면 전환 효과가 작동됩니다.

■ 슬라이드 자동 전환 420P

화면 전환을 자동 전환으로 설정하기 위해서는 [전환] 탭의 [타이밍] 그룹에서 [다음 시간 후]에서 시간을 설정해 주면 됩니다. 자동으로 슬라이드 쇼를 진행하거나 전시용 프레젠테이션을 제작할 때 적용할 수 있습니다.

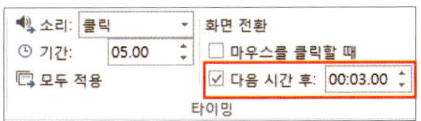

상태 표시줄에 있는 [여러 슬라이드](⊞)를 클릭하면 애니메이션 효과가 적용되어 있는지를 확인할 수 있습니다. 화면 전환 효과가 지정되어 있다면 각각의 슬라이드 하단에 화면 전환 아이콘과 함께 재생 시간이 표시됩니다.

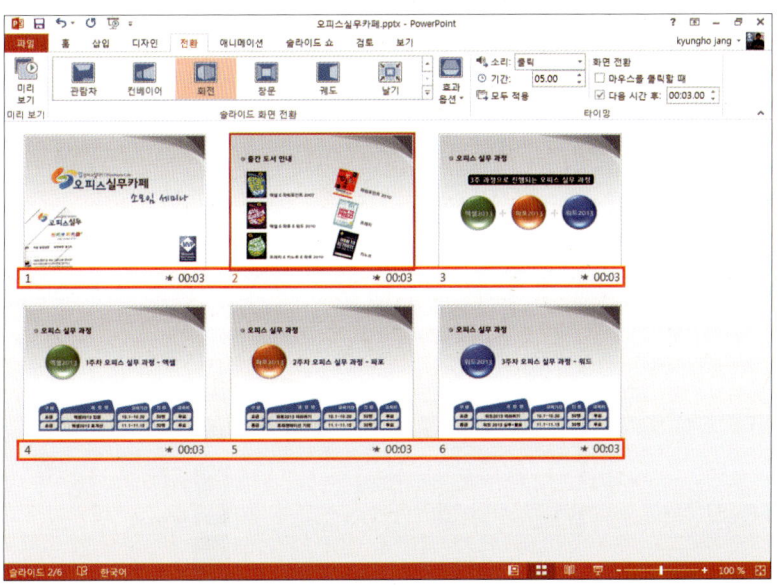

화면 전환 효과는 각각의 슬라이드에 애니메이션 효과를 주어 세련된 애니메이션 효과를 낼 수 있는 기능으로서 쉽고 간편하게 애니메이션 효과를 줄 수 있다는 것이 장점입니다.

예제 파일 | CD₩Part 06₩오피스실무카페.pptx **완성 파일** | CD₩Part 06₩오피스실무카페_완성.pptx

01. 화면 전환 효과를 지정하기 위해 1번 슬라이드와 2번 슬라이드를 선택한 다음 [전환] 탭-[슬라이드 화면 전환] 그룹-[자세히]를 클릭합니다. 화면 전환 관련 갤러리가 나타나면 [동작 콘텐츠]-[회전]을 선택합니다.

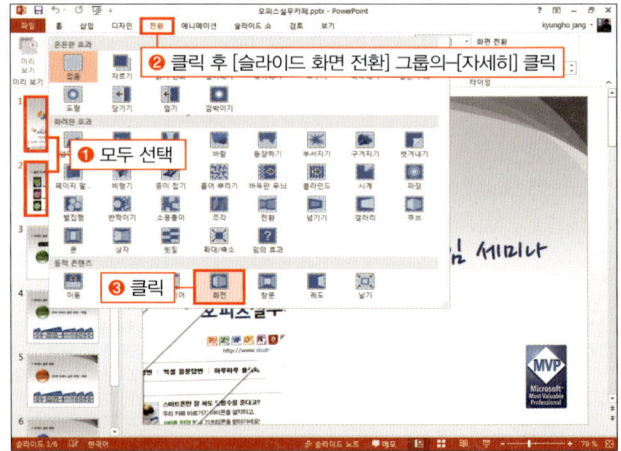

02. 슬라이드 미리보기 창에 애니메이션 효과 아이콘이 표시됩니다. 두 번째 슬라이드를 선택한 후 [전환] 탭-[미리 보기] 그룹-[미리 보기]를 클릭하여 선택한 화면 전환 효과가 제대로 작동하는지 확인합니다.

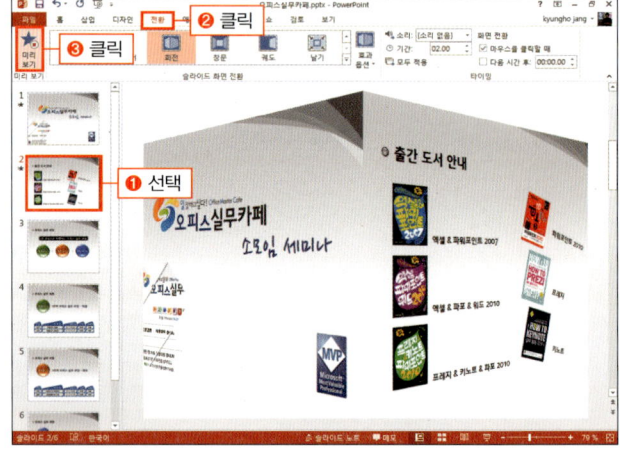

03. 적용된 회전 효과의 동작 옵션을 변경할 수 있습니다. [전환] 탭–[슬라이드 화면 전환] 그룹에서 [효과 옵션]–[아래에서]를 클릭합니다.

04. [전환] 탭–[미리 보기] 그룹–[미리 보기]를 클릭하여 선택한 화면 전환 효과가 제대로 작동하는지 확인합니다. 제대로 적용되었으면 이번에는 전체 슬라이드에 동일한 화면 전환 효과를 지정하기 위해 [타이밍] 그룹에서 [모두 적용]을 클릭합니다.

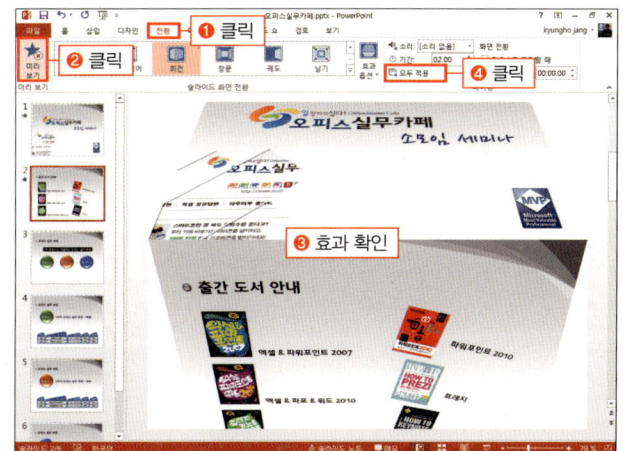

05. 슬라이드 미리보기 화면에 화면 전환 효과 아이콘이 모두 표시됩니다. F5를 눌러 슬라이드 쇼를 진행해 효과를 확인합니다.

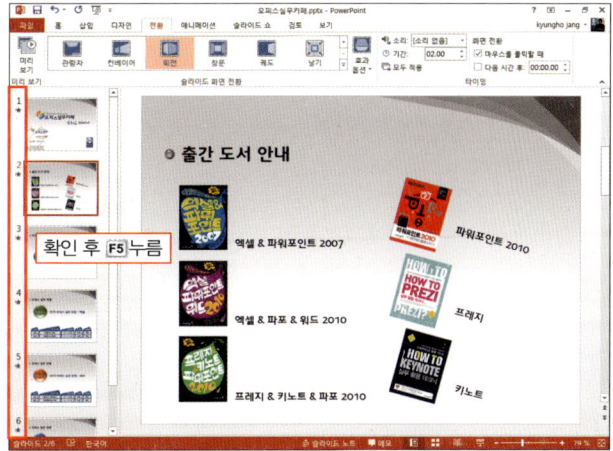

슬라이드 화면이 일정 시간 후 자동으로 다음 슬라이드 화면으로 전환되도록 하기 위해서는 [다음 시간 후]에 시간을 설정한 후 [모두 적용]을 클릭해야 합니다. 『00:03』를 입력하면 3초 후에 마우스를 클릭하지 않아도 자동으로 화면이 전환됩니다.

01. [전환] 탭–[타이밍] 그룹–[마우스를 클릭할 때]에 체크 표시를 해제한 다음 [다음 시간 후]에 체크 표시를 한 후 『00:03』을 입력하고 [모두 적용]을 클릭합니다.

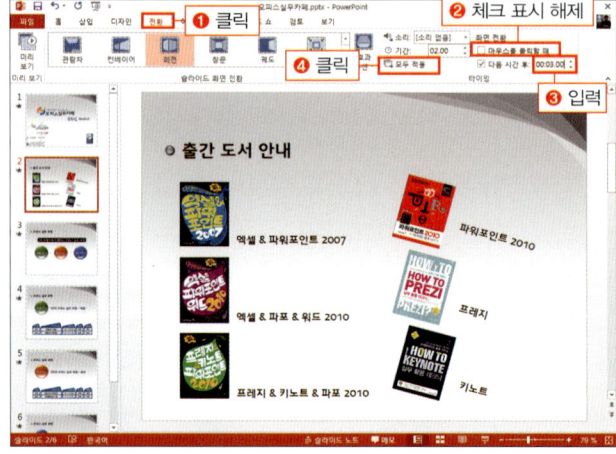

02. [여러 슬라이드]( )를 클릭합니다. 여러 슬라이드 보기 화면이 열리면 각 슬라이드의 아래쪽에 화면 전환 아이콘과 시간이 나타납니다.

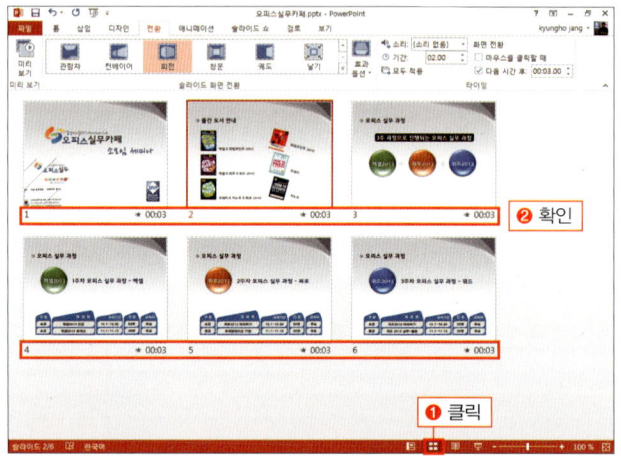

03. 미리보기 화면에서 원하는 슬라이드를 선택하여 [미리 보기] 그룹의 [미리 보기]를 클릭하면 특정 슬라이드에만 미리 보기가 실행됩니다.

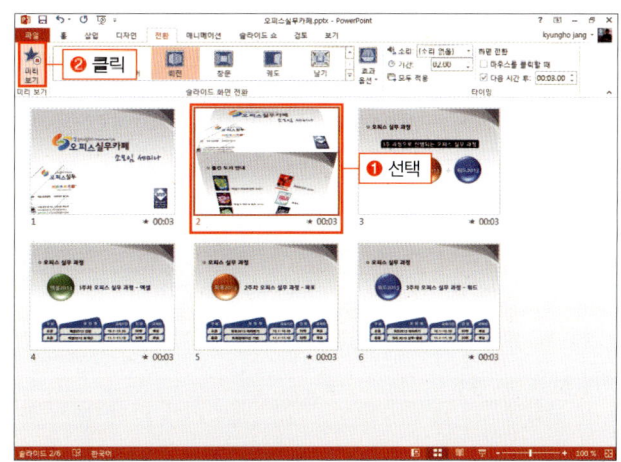

04. F5 를 눌러 슬라이드 쇼를 진행합니다. '00:03' 초 마다 슬라이드가 자동 전환되는 것을 알 수 있습니다.

화면 전환 속도는 이전 슬라이드와 현재 슬라이드 간 이동하는 속도인데, 가능한 빠르게 지정하는 것이 좋습니다. 소리는 가급적 자제하는 것이 좋지만 때에 따라서는 좋은 효과가 될 수도 있습니다.

01. 두 번째 슬라이드를 선택한 후 [전환] 탭의 [타이밍] 그룹에서 [기간]의 화살표를 클릭해 화면 전환 속도를 조정합니다. 여기서는 『05.00』을 입력합니다.

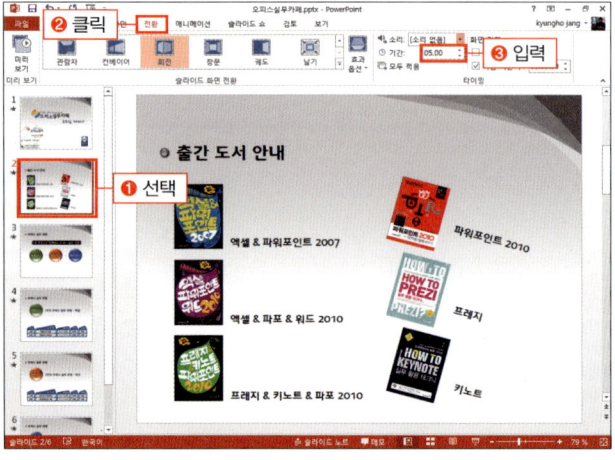

02. 이번에는 소리를 선택해 보도록 하겠습니다. [소리]의 화살표를 선택하여 나타나는 다양한 소리 중에서 [클릭]을 선택합니다.

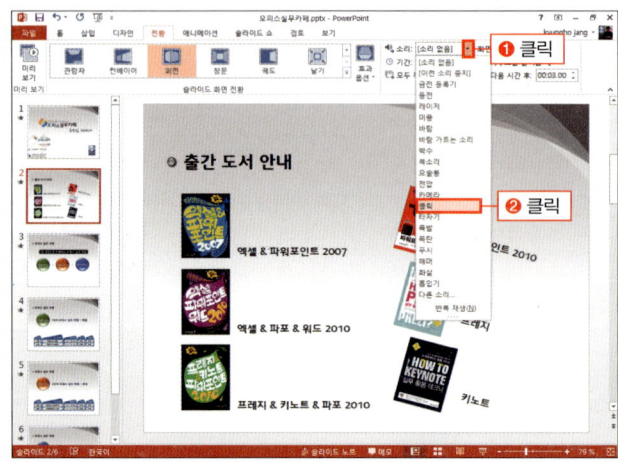

> **TIP** : [소리] 화살표를 클릭한 후 [다른 소리]를 선택하면 내 컴퓨터의 소리 파일을 연결해 화면 전환 소리로 지정할 수 있습니다.

03. 모든 슬라이드에 동일한 효과를 적용하기 위해 [모두 적용]을 클릭합니다.

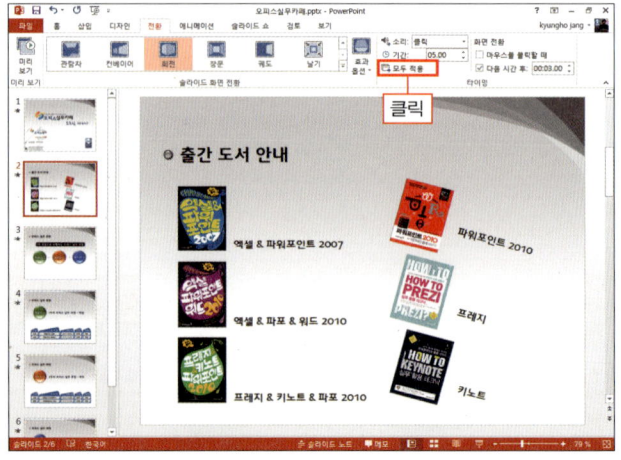

422

- 표 삽입에는 모형대로 표 삽입, 행과 열을 입력하여 표 삽입, 표 그리기, Excel 스프레드시트로 표 작성하기의 4가지 방법이 있습니다. <mark>368P</mark>

- [표 도구]–[레이아웃] 상황별 탭의 [셀 크기] 그룹에서는 표의 높이 및 너비 수치를 조정할 수 있습니다. <mark>371P</mark>

- 엑셀에 작업한 표를 그대로 가져와 활용하거나 수식이 들어간 엑셀의 데이터를 연동하여 파워포인트에서 그대로 사용할 수도 있습니다. <mark>378P</mark>

- 프레젠테이션시 접하게 되는 수치들을 단순히 열거하는 것 보다 이를 차트화시켜 구성하면 데이터를 비교하거나 패턴 및 추세를 시각적으로 보여 줄 수 있어 정확한 내용 전달을 가능하게 합니다. <mark>383P</mark>

- 차트 구성 요소에는 차트 영역, 그림 영역을 비롯하여 데이터 계열, 데이터 값, 범례 등으로 구성됩니다. <mark>383P</mark>

- 파워포인트 2013은 차트 삽입시 차트의 오른쪽 상단에 차트 요소, 스타일 및 색, 차트 필터를 선택할 수 있습니다. 이를 통해 빠르게 원하는 차트를 만들 수 있습니다. <mark>389P</mark>

- 데이터 계열에 대한 차트 종류와 축을 선택하여 콤보 차트를 지정할 수 있습니다. 특히, 보조 축을 체크하여 오른쪽에 보조 축을 삽입할 수 있습니다. <mark>390P</mark>

- 차트 계열을 선택한 다음 마우스 오른쪽을 클릭하여 [데이터 계열 서식]을 선택하면 [데이터 계열 서식] 창이 슬라이드 편집 화면 오른쪽에 표시됩니다. 이를 통해 계열 옵션을 지정하여 계열 겹치기나 간격 너비 등을 지정할 수 있습니다. <mark>394P</mark>

- 원형 차트를 선택한 후 마우스 오른쪽을 클릭하여 [데이터 계열 서식]을 선택하면 첫째 조각의 각을 통해 차트를 회전시킬 수 있습니다. <mark>399P</mark>

- 애니메이션 효과는 나타내기, 강조, 끝내기, 이동 경로 등 4개의 영역으로 표시되며, 각각의 영역마다 강조하는 애니메이션 효과가 다릅니다. <mark>400P</mark>

- [애니메이션] 탭에서는 화면 전환 효과나 텍스트, 차트 또는 사용자 지정 애니메이션을 사용자가 원하는 대로 적용할 수 있습니다. <mark>401P</mark>

- [애니메이션] 탭–[애니메이션] 그룹–[애니메이션 복사]를 더블 클릭하면 여러 번 연속으로 애니메이션을 복사할 수 있습니다. <mark>405P</mark>

- [추가 이동 경로]를 선택하면 다양한 애니메이션 이동 경로를 설정할 수 있습니다. 이동 경로를 그려 넣으면 그 이동 경로에 따라 애니메이션이 움직이게 되므로 효과 만점의 애니메이션을 만들 수 있습니다. <mark>411P</mark>

- 사용자 지정 애니메이션은 슬라이드에 있는 텍스트, 도형, 차트 등의 개체에 사용자가 직접 애니메이션을 지정하는 것을 말하며, 화면 전환 효과는 텍스트, 도형, 차트 등의 개체가 아닌 슬라이드 전체에 적용하는 애니메이션 효과를 말합니다. 414P

- 화면 전환 효과는 각각의 슬라이드에 애니메이션 효과를 주어 세련된 애니메이션 효과를 낼 수 있는 기능으로서 쉽고 간편하게 애니메이션 효과를 줄 수 있다는 것이 장점입니다. 416P

01 보조 세로 축을 이용해 콤보 차트를 만들어 보세요.

예제파일 : SelfTest₩Part 06₩01.pptx   완성파일 : SelfTest₩Part 06₩01_완성.pptx
동영상 해설 : SelfTest₩Part 06₩01.wmv

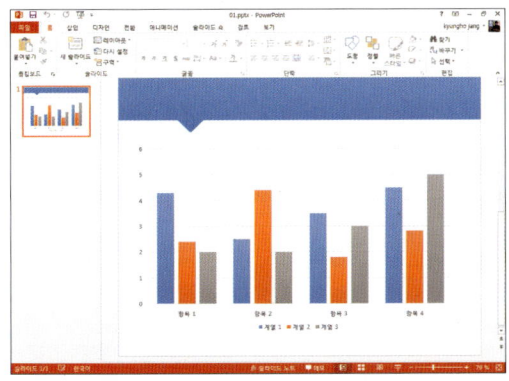 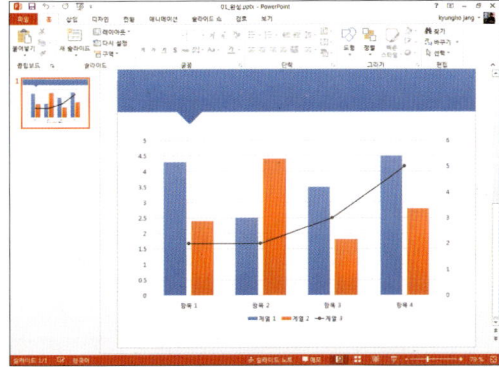

HINT

[차트 도구]-[디자인] 상황별 탭의 [종류] 그룹-[차트 종류 변경]을 클릭한 후 [콤보]를 선택합니다.

02 슬라이드에 화면 전환 효과를 삽입해 보고 텍스트에 사용자 지정 경로를 그려보세요.

예제파일 : SelfTest₩Part 06₩02.pptx   완성파일 : SelfTest₩Part 06₩02_완성.pptx
동영상 해설 : SelfTest₩Part 06₩02.wmv

HINT

[전환] 탭-[슬라이드 화면 전환] 그룹-[자세히]를 클릭합니다. 화면 전환 관련 갤러리가 나타나면 원하는 효과를 선택합니다. 텍스트에 사용자 지정 경로를 지정하기 위해 텍스트를 선택한 후 [애니메이션] 탭-[애니메이션] 그룹의 [자세히]를 클릭한 후 경로를 지정합니다.

07

슬라이드 쇼와 테마
그리고 인쇄하기

POWERPOINT · 2013

슬라이드 쇼는 프레젠테이션 진행시 반드시 익혀야 하는 기능입니다. 아무리 파워포인트의 다양한 기능을 숙지하고 잘 활용한다 하더라도 슬라이드 쇼의 기능을 모른채 프레젠테이션을 진행한다면 결과는 불보듯 뻔할 것입니다. 이번 파트에서는 슬라이드 쇼를 비롯해 다양한 서식과 디자인을 빠르게 만들어 주는 테마와 슬라이드 마스터, 그리고 인쇄 기능에 대해서 살펴보도록 하겠습니다.

LESSON

01 슬라이드 쇼 진행하기

레벨 ● ● ●

파워포인트로 슬라이드 작성이 모두 끝났다면 이제 발표 당일 프레젠테이션을 하는 일만 남았습니다. 하지만 그전에 확인해야 할 일이 있습니다. 슬라이드가 제대로 삽입되었는지 애니메이션 설정이 제대로 작동하는지 동영상이 올바르게 실행되는지 등 살펴볼 일이 많습니다. 여기서는 슬라이드 쇼를 통해 예행 연습을 해보고 슬라이드 쇼 재구성 등 슬라이드 쇼를 통해 할 수 있는 다양한 방법에 대해서 살펴보도록 하겠습니다.

기초탄탄 ● 슬라이드 쇼 기능 살펴보기

■ 슬라이드 쇼 진행하기 `432P`

슬라이드 쇼를 진행하는 방법 [슬라이드 쇼] 탭의 [슬라이드 쇼 시작] 그룹의 [처음부터] 혹은 [현재 슬라이드부터]를 클릭하거나 단축키인 F5 를 눌러 진행할 수 있습니다. [슬라이드 쇼] 탭의 [설정] 그룹에 있는 [슬라이드 쇼 설정]을 클릭하면 [쇼 설정] 대화상자가 나타납니다. 여기에서 다양한 슬라이드 쇼에 대한 고급 옵션을 지정할 수 있습니다.

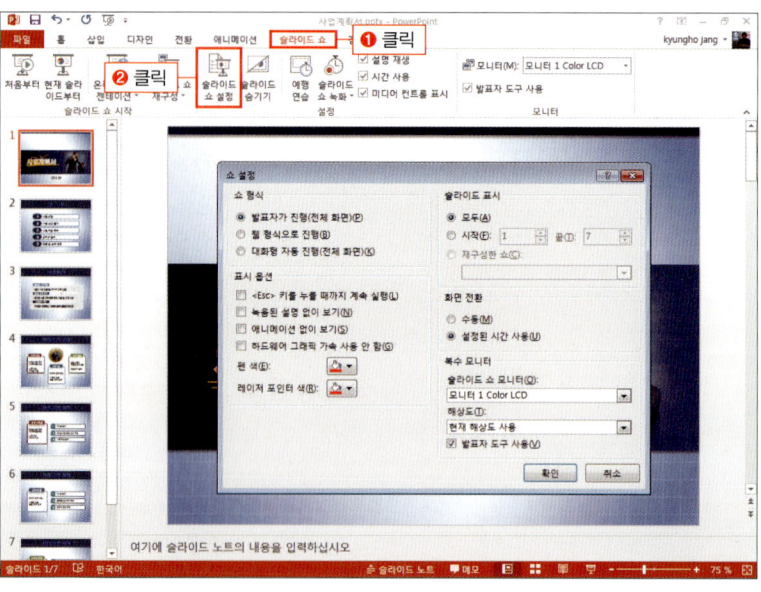

■ 포인트 옵션 살펴보기 434P

프레젠테이션을 진행할 때 보통 레이저 펜을 이용하여 슬라이드 쇼를 진행하게 됩니다. 하지만 파워포인트 내에도 이와 유사한 기능이 숨겨져 있습니다. 슬라이드 쇼에는 왼쪽 하단에 6개의 아이콘을 통해 옵션을 지정할 수 있습니다.

❶ 이전 슬라이드로 돌아가기

❷ 다음 슬라이드로 넘어가기

❸ 레이저 포인터를 비롯해 펜, 형광펜 표시하기

❹ 썸네일 화면으로 모든 슬라이드 보기

❺ 슬라이드 일부 확대하기

❻ 슬라이드 쇼 옵션 더 보기

레이저 포인터를 비롯해 펜, 형광펜 표시하기

슬라이드 쇼에서 왼쪽 하단의 아이콘 중 세 번째 아이콘을 클릭하면 슬라이드 쇼에서 레이저 펜과 같은 기능을 선택할 수 있습니다. 슬라이드 쇼에서 마우스 오른쪽을 클릭하면 다른 슬라이드로 바로 이동할 수 있거나 화면 어둡게 하기, 도움말 보기 등을 실행할 수 있답니다.

썸네일 화면으로 모든 슬라이드 보기

네 번째 단추는 [여러 슬라이드 보기]처럼 슬라이드 쇼에서 여러 슬라이드를 볼 수 있는 기능입니다.

 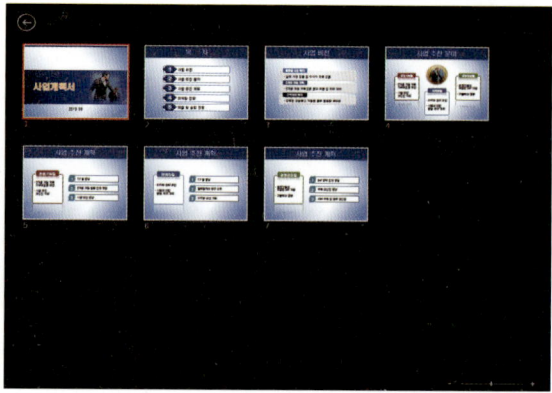

슬라이드 일부 확대하기

다섯 번째에 해당하는 단추는 화면을 특정 부분의 영역을 선택하여 확대할 수 있는 기능입니다. 마우스를 드래그하면 확대된 화면으로 나머지 부분도 확인할 수 있습니다.

슬라이드 쇼 옵션 더 보기

여섯 번째에 해당하는 단추는 슬라이드 쇼의 다양한 옵션을 지정할 수 있는 단추로서 화면을 어둡게 하거나 작업 표시줄 등을 표시할 수 있습니다.

■ 슬라이드 쇼 단축키

슬라이드 쇼와 관련된 단축키를 확인하기 위해서는 슬라이드 쇼 상태에서 마우스 오른쪽을 누른 후 [도움말]을 클릭하면 확인할 수 있습니다. 슬라이드 쇼와 관련된 단축키는 생각보다 많이 사용되므로 주요 단축키는 익혀 놓도록 합시다.

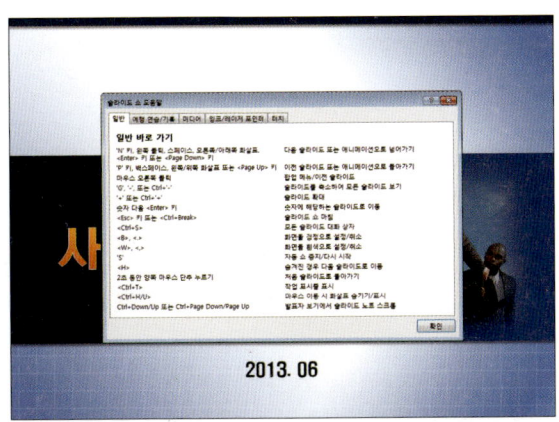

단축키	기능
Enter , Back Space , Page Down , →, ↓, 마우스 왼쪽 단추 클릭	다음 슬라이드로 이동하기
Back Space , Page Up , ←, ↑, 마우스 오른쪽 단추 클릭	이전 슬라이드로 이동하기
Esc , Ctrl + Pause Break	슬라이드 쇼 끝내기
슬라이드 번호 + Enter	원하는 슬라이드로 바로 이동하기
W , .	슬라이드 쇼 화면 흰색으로 변경/취소
W , .	슬라이드 쇼 화면 검정색으로 변경/취소
B , =	화살표 포인터 표시/숨기기
2초 동안 양쪽 마우스 단추 누르기	처음 슬라이드로 돌아가기
Ctrl + P	포인터를 펜으로 변경하기
Ctrl + A	포인터를 화살표로 변경하기

슬라이드 쇼는 슬라이드 작업의 최종 단계입니다. 즉, 프레젠테이션을 하기 위한 기능이지만 프레젠테이션을 진행하기 전에 전체 화면을 확인하는 과정에서도 반드시 거쳐야 하는 단계입니다.

예제 파일 | CD₩Part 07₩사업계획서.pptx **완성 파일 |** CD₩Part 07₩사업계획서_완성.pptx

01. 슬라이드 쇼를 처음부터 실행하기 위해 [슬라이드 쇼] 탭-[슬라이드 쇼 시작] 그룹-[처음부터]를 클릭하거나 F5 를 누릅니다.

> **TIP :** 특정 슬라이드부터 슬라이드 쇼를 실행하려면 슬라이드 쇼가 시작할 슬라이드를 선택한 다음 [슬라이드 쇼] 탭-[슬라이드 쇼 시작] 그룹-[현재 슬라이드부터]를 클릭하거나 Shift + F5 를 누르면 됩니다.

02. 슬라이드 쇼로 전환됩니다. 마우스로 화면을 클릭하거나 Enter 혹은 Space Bar 를 눌러 다음 페이지로 이동할 수 있습니다. 슬라이드 쇼에서 마우스 오른쪽을 클릭하여 [모든 슬라이드 보기]를 선택합니다.

> **TIP :** 슬라이드 쇼에서 왼쪽 하단의 아이콘 중 4번째를 클릭해도 [모든 슬라이드 보기]를 선택할 수 있습니다.

03. 모든 슬라이드가 슬라이드 쇼 모드에서 열립니다. 원하는 슬라이드를 클릭하여 빠르게 넘어갈 수 있습니다. 여기서는 2번 슬라이드를 클릭합니다.

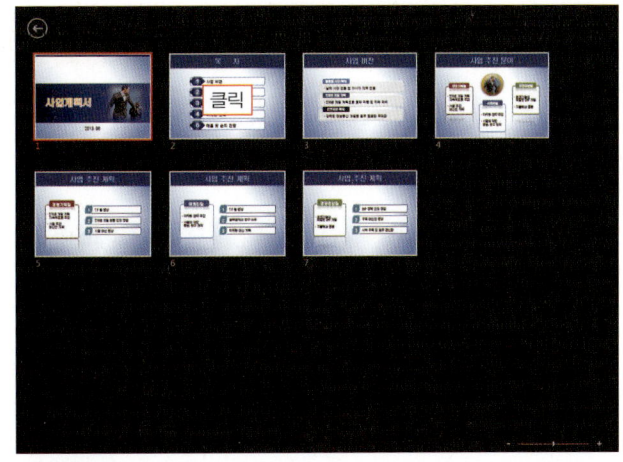

04. 2번 슬라이드가 슬라이드 쇼로 열립니다. 슬라이드 쇼에서 왼쪽 하단의 아이콘 중 첫 번째, 두 번째 아이콘을 클릭해 이전, 다음 슬라이드로 넘어갈 수 있습니다. 또한, 슬라이드 쇼 화면에서 페이지 번호를 입력한 후 Enter 를 누르면 원하는 슬라이드로 쉽게 이동할 수 있습니다. 여기서는 다섯 번째 슬라이드로 바로 넘어가기 위해 5 + Enter 를 누릅니다.

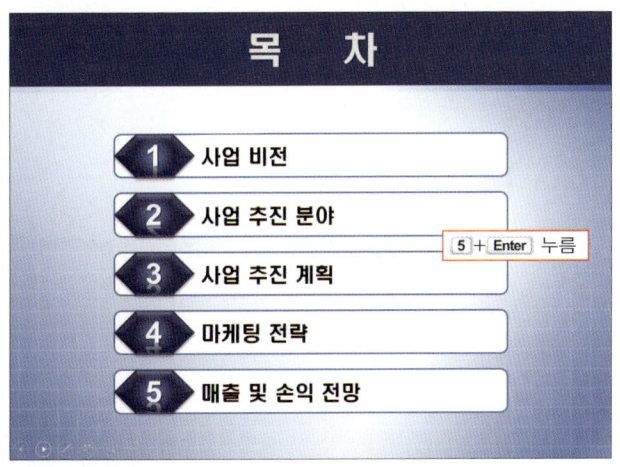

05. 다섯 번째 슬라이드로 바로 넘어갑니다. 슬라이드 쇼를 마치고 슬라이드 편집 화면으로 돌아오기 위해 Esc 를 누르거나 마우스 오른쪽을 클릭해 [쇼 마침]을 선택합니다.

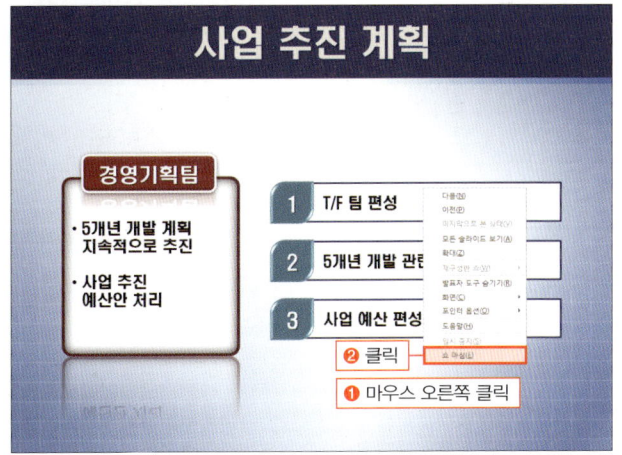

슬라이드 쇼를 진행하는 도중에 청중들에게 중요한 정보나 분위기 전환을 위해 포인트 옵션 기능을 사용할 수 있습니다.

01. 슬라이드 쇼를 진행하면서 특정 부분에 표시를 하기 위해 F5를 눌러 슬라이드 쇼를 진행한 다음 마우스 오른쪽 단추를 클릭한 후 [포인트 옵션]-[잉크 색]을 선택한 후 원하는 색상을 선택합니다.

02. 마우스 포인터 모양이 변경됩니다. 다음과 같이 마우스로 드래그하여 그려봅니다. 펜 효과가 슬라이드 쇼에 적용됩니다.

TIP : Ctrl + P를 누른 후 마우스를 드래그하여도 동일하게 펜 기능을 실행할 수 있으며, 내용을 삭제하고 싶다면 [E]를 누른 후 삭제할 수 있습니다.

03. 슬라이드 쇼에서 왼쪽 하단의 아이콘 중 세 번째 아이콘을 클릭해도 레이저 포인터나 펜, 형광펜 등을 선택해 그려 넣을 수 있습니다.

04. Esc 를 눌러 슬라이드 쇼를 마칩니다. 잉크 수석을 유지하겠냐고 묻는 메시지 장이 나타나면 [예] 혹은 [아니요]를 클릭합니다. 여기서는 [예]를 클릭합니다.

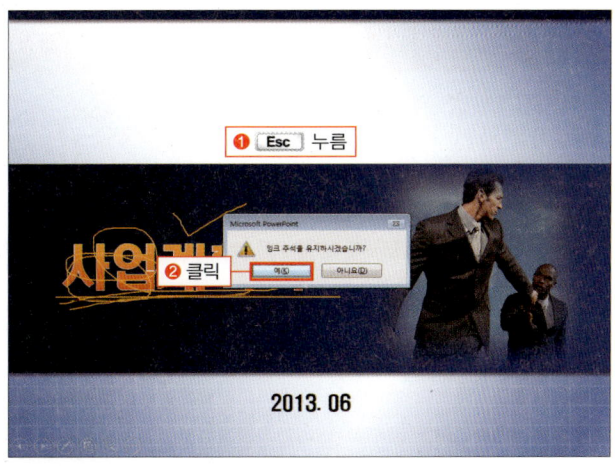

05. 슬라이드 편집 화면에 잉크 주석이 유지된 채 저장됩니다.

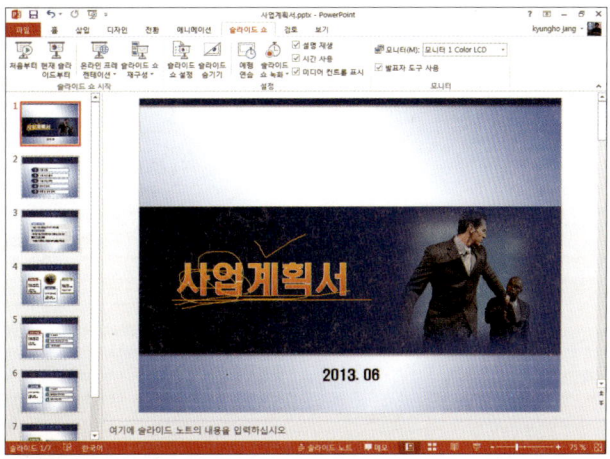

TIP : 레이저 포인트 표시하기

레이저 빔 없이도 레이저 빔 효과를 적용할 수 있습니다. 슬라이드 쇼를 진행하다 레이저 빔을 사용할 필요가 있을 경우에는 Ctrl 을 누른 채 마우스를 드래그하거나 왼쪽 하단의 아이콘 중 세 번째 아이콘을 클릭해서 레이저 포인터를 선택한 후 레이저 포인트를 표시할 수 있습니다.

파워포인트 2013에서는 슬라이드 쇼 진행시 특정 영역을 크게 확대할 수 있습니다. 여기서는 특정 영역을 확대하는 방법에 대해서 살펴보도록 하겠습니다.

01. 왼쪽 하단의 아이콘 중 돋보기 모양의 다섯 번째 아이콘을 클릭합니다.

02. 직사각형 모양의 영역이 표시됩니다. 확대를 원하는 영역을 마우스로 클릭합니다.

03. 원하는 영역이 확대되어 표시됩니다. Esc 를 눌러 확대를 해제합니다.

프레젠테이션 시 청중들의 관심을 얻기 위해 혹은 메시지를 강력하게 전달하기 위해 슬라이드 쇼의 화면을 잠시 어둡게 하거나 밝게 만들 수 있습니다.

01. 슬라이드 쇼에서 여섯 번째 아이콘을 클릭한 후 [화면]-[화면 어둡게 하기]를 선택하거나 단축키 B를 누릅니다.

TIP : 화면을 밝게 하기 위해서는 [화면]-[화면을 흰색으로 설정]을 선택하거나 단축키 W를 누릅니다.

02. 슬라이드 쇼 화면이 어둡게 변합니다.

03. 다시 B를 누르거나 Esc를 누르면 슬라이드 쇼 화면이 다시 나타납니다.

스티브잡스 프레젠테이션 배우기

프레젠테이션을 다루는 도서라면 단골 메뉴로 등장하는 인물이 하나 있습니다. 바로 스티브잡스입니다. 그의 프레젠테이션은 그 누구도 흉내내지 못하는 절제와 단순함, 강력하면서도 미묘한 슬라이드 디자인 등을 엿볼 수 있습니다.

Steve Jobs
1955-2011

▲ 애플의 전 CEO, 스티브잡스

스티브잡스는 아이폰과 아이팟, 매킨토시 등을 만든 애플의 CEO이자 이 시대의 가장 훌륭한 발표자 중한 사람입니다. 항상 검은 티셔츠와 청바지를 입고 프레젠테이션을 하는 그는 애플에서 나온 신제품을 직접 프레젠테이션함으로써 청중들에게 큰 감흥을 주었습니다. 일단, 그는 제품의 스펙 등을 설명할 때어려운 용어나 전문적인 단어는 사용하지 않습니다. 청중들이 잘 이해할 수 있도록 최대한 쉽게 이야기합니다.

프레젠테이션에서 가장 중요한 요소 3가지를 뽑으라면 당연히 스토리와 디자인, 그리고 발표자의 역량입니다. 스토리가 좋으면 그 프레젠테이션은 기억에 오래 남으며, 디자인이 이쁘면 청중들에게 강렬한인상을 남길 수 있습니다. 또한, 발표자의 역량이 뛰어나면 프레젠테이션을 신뢰할 수 있습니다.

이 세 가지를 동시에 갖춘 이가 바로 스티브잡스의 프레젠테이션이라고 할 수 있습니다. 누구나 최고의프레젠테이션을 진행하고 싶고 많은 이의 환호를 받으며 무대에서 내려오고 싶을 것입니다. 스티브잡스의 프레젠테이션을 보면 이 시대의 프레젠테이션은 어떻게 진행해야 하며 청중들과 어떤 방식으로 소통해야 하는 지에 대한 정석을 느낄 수가 있습니다. 스티브잡스의 프레젠테이션이 궁금하다면 다음 페이지의 링크를 참조하시기 바랍니다.

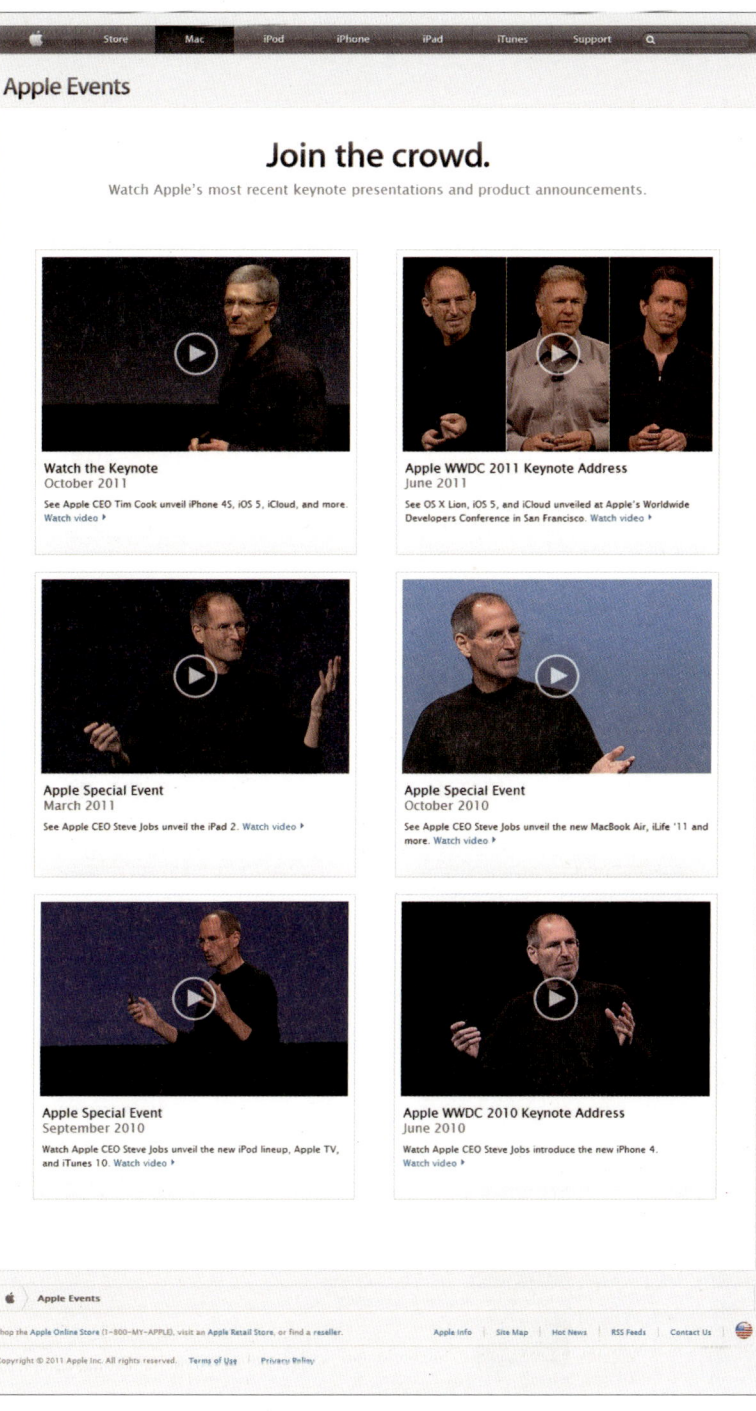

▲ 주소 : http://www.apple.com/quicktime/guide/appleevents

프레젠테이션 보물창고 테드 컨퍼런스

매년 2월이면 캘리포니아에서 테크놀로지(Technology), 엔터테인먼트(Entertainmant), 디자인(Design)의 앞 글자를 따서 테드 컨퍼런스가 열립니다. 테드 컨퍼런스는 세계적인 사상가와 사회 운동가들이 다양한 이슈를 가지고 20분 내외의 짧은 시간 안에 수준 높은 강연을 제공하는 것으로 유명합니다.

시간이 제한적이다 보니 발표자는 간결하고 압축적인 이야기를 할 수 밖에 없습니다. 그렇기에 군더더기 없는 내용은 물론 이거니와 다양한 사람들의 다양한 이야기를 한 공간에서 들을 수 있기에 프레젠테이션 발표 스킬에 많은 도움을 받을 수 있습니다.

테드 컨퍼런스에서 진행했던 동영상은 테드 홈페이지에 올려져 있기에 언제든지 참고할 수 있으니 프레젠테이션 시 참고하기 바랍니다. 유명한 강연에는 한국어 자막이 붙어서 제공합니다. 수많은 강연자의 다양한 프레젠테이션 스타일을 보면서 연구해 보면 언젠가는 자신도 멋진 프레젠테이션을 하는 당사자가 되어 있지 않을까 합니다. 테드 컨퍼런스의 강연 동영상은 아래의 주소를 통해 확인할 수 있습니다.

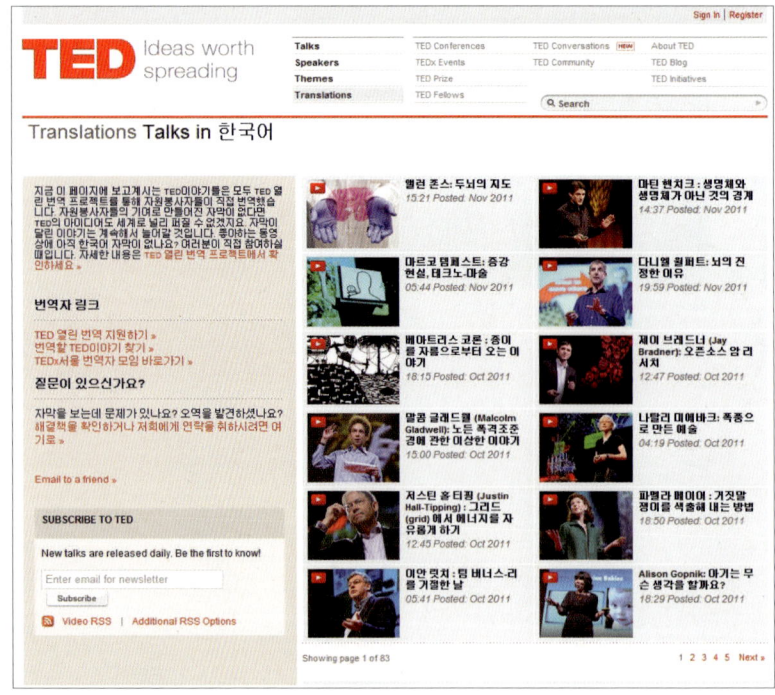

▲ 테드 컨퍼런스 : http://www.ted.com
▲ 한글판 테드 컨퍼런스 : http://www.ted.com/index.php/translate/languages/kor

LESSON 02 슬라이드 쇼 자동 진행하기

레벨 ● ● ●

때에 따라 슬라이드를 자동으로 진행해야 할 경우가 있습니다. 이럴 경우에는 화면 전환 효과를 통해 자동으로 설정할 수 있지만 이 방법 말고도 몇 가지 방법이 더 있습니다. 여기서는 슬라이드를 자동으로 진행할 수 있는 몇 가지 방법에 대해서 살펴보도록 하겠습니다.

기초 탄탄 ▶ 슬라이드 쇼 관련 여러 가지 기능

■ [슬라이드 쇼] 탭 살펴보기

프레젠테이션 전에 슬라이드 쇼 예행 연습을 통해 발표자의 부족한 실력이나 시간 등을 체크할 수 있습니다. [슬라이드 쇼] 탭-[설정] 그룹에서 [슬라이드 쇼 녹화]를 클릭한 후 [슬라이드 쇼 녹화] 대화 상자에서 [녹화 시작]을 클릭합니다.

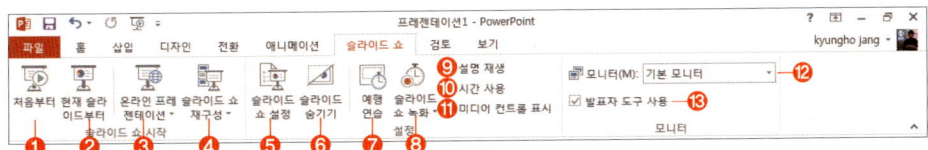

① **처음부터** : 슬라이드를 처음부터 슬라이드 쇼로 진행합니다.

② **현재 슬라이드부터** : 슬라이드를 현재 슬라이드부터 슬라이드 쇼로 진행합니다.

③ **온라인 프레젠테이션** : 슬라이드를 웹 브라우저에서 원격으로 브로드캐스트합니다.

④ **슬라이드 쇼 재구성** : 슬라이드 쇼를 재구성하여 때에 따라서 다르게 슬라이드 쇼를 재구성할 수 있습니다.

⑤ **슬라이드 쇼 설정** : [쇼 설정] 대화 상자를 열어 다양한 옵션을 지정합니다.

⑥ **슬라이드 숨기기** : 슬라이드 미리보기 화면에서 필요없는 슬라이드를 숨길 수 있습니다.

⑦ **예행 연습** : 예행 연습을 통해 시간을 체크하고 슬라이드 내용을 녹화할 수 있습니다.

⑧ **슬라이드 쇼 녹화** : 처음부터 혹은 현재 슬라이드부터 슬라이드 쇼를 녹화할 수 있습니다.

⑨ **설명 재생** : 슬라이드 쇼 녹화를 통해 설명과 동작을 녹화할 수 있습니다.

⑩ **시간 사용** : 시간을 기록할 수 있습니다.

⑪ **미디어 컨트롤 표시** : 오디오 및 비디오 재생시 재생 컨트롤을 표시할 수 있습니다.

⑫ **모니터** : 슬라이드 쇼 빛 발표자 도구를 표시할 모니터를 선택할 수 있습니다.

⑬ **발표자 도구 사용** : 발표자 도구를 사용힐지 신택할 수 있습니다.

441

■ [쇼 재구성] 대화상자 447P

프레젠테이션에 총 5장의 슬라이드가 있다면 슬라이드 1, 3, 5만 슬라이드 쇼에 포함하여 재구성할 수 있습니다. [슬라이드 쇼] 탭–[슬라이드 쇼 시작] 그룹–[슬라이드 쇼 재구성]을 클릭한 후 [쇼 재구성]을 선택하여 지정할 수 있습니다.

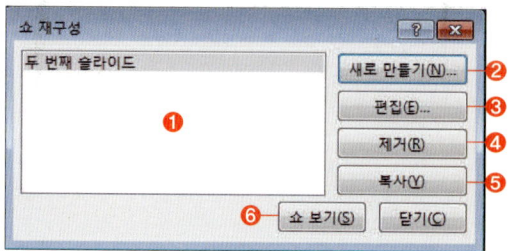

❶ 쇼 재구성 : 재구성한 슬라이드 파일이 나타납니다.

❷ 새로 만들기 : 슬라이드 쇼를 재구성할 파일을 생성합니다.

❸ 편집 : 슬라이드 쇼를 재구성할 슬라이드를 편집합니다.

❹ 제거 : 슬라이드 쇼를 재구성할 슬라이드를 제거합니다.

❺ 복사 : 슬라이드 쇼를 재구성할 슬라이드를 복사합니다.

❻ 쇼 보기 : 재구성한 슬라이드의 쇼 보기를 실행합니다.

■ 비디오로 녹화하기 451P

슬라이드를 비디오로 녹화하면 프레젠테이션을 자동으로 진행하는 효과를 얻을 수 있습니다. 또한, 파워포인트가 설치되어 있지 않은 곳이나 유튜브 등에 업로드하여 수월하게 슬라이드를 공유하거나 프레젠테이션할 수 있습니다.

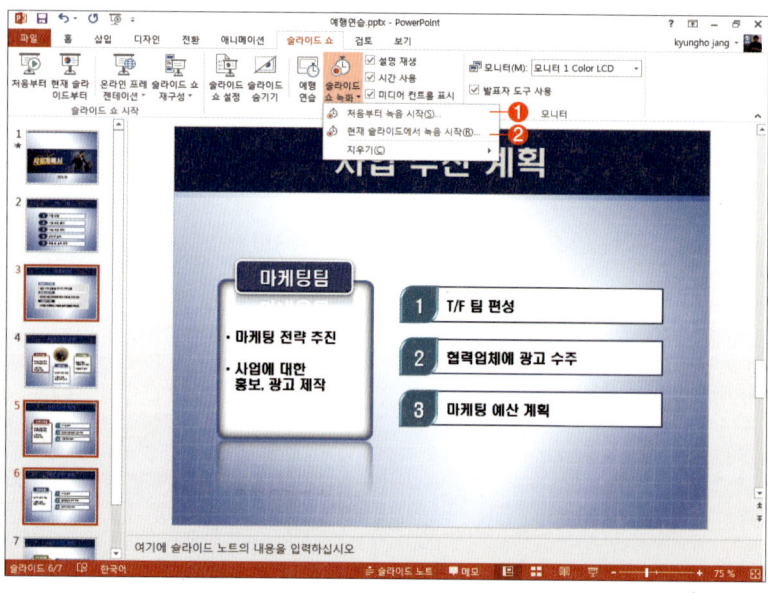

❶ **처음부터 녹음 시작** : 처음 슬라이드부터 녹음을 시작합니다.

❷ **현재 슬라이드에서 녹음 시작** : 현재 선택한 슬라이드에서 녹음을 시작합니다.

■ **온라인 프레젠테이션** `452P`

파워포인트 2013은 Microsoft Lync 혹은 Office Presentation Service를 통해 온라인 프레젠테이션을 제공합니다. 멀리 떨어져 있는 고객이나 부서 직원들과 실시간 온라인으로 프레젠테이션을 진행할 수 있습니다.

Microsoft Lync

Lync를 사용하면 메신저, 전자 메일, 오디오 및 비디오 통화, 영구 채팅방, 온라인 모임 및 프레젠테이션을 진행할 수 있습니다. 참고로, Lync 2013에 접근하지 않으면 [온라인 프레젠테이션]-[Microsoft Lync]가 나타나지 않습니다.

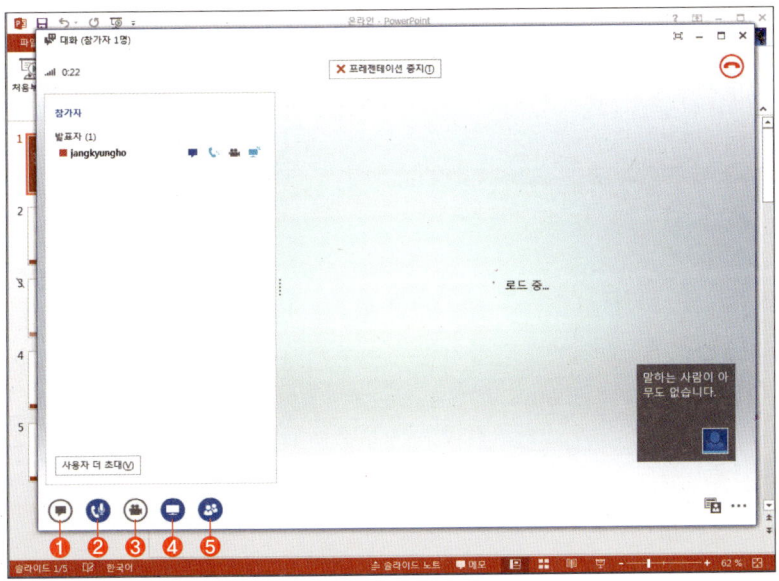

❶ **대화 창** : 대화 내용이 나타납니다.

❷ **소리 및 오디오 장치 관리** : 내 컴퓨터의 소리 및 오디오 장치를 관리할 수 있습니다.

❸ **비디오 관리** : 내 컴퓨터의 비디오를 관리할 수 있습니다.

❹ **공유할 내용 관리** : 공유할 내용을 관리할 수 있습니다.

❺ **다른 사람 초대** : 온라인 프레젠테이션을 진행할 다른 사람을 초대할 수 있습니다.

Office Presentation Service

Office Presentation Service를 통해 인터넷 주소를 생성하여 함께 진행할 당사자에게 보내 함께 프레젠테이션을 진행할 수 있습니다. [온라인 프레젠테이션]-[Office Presentation Service]를 선택하여 진행합니다.

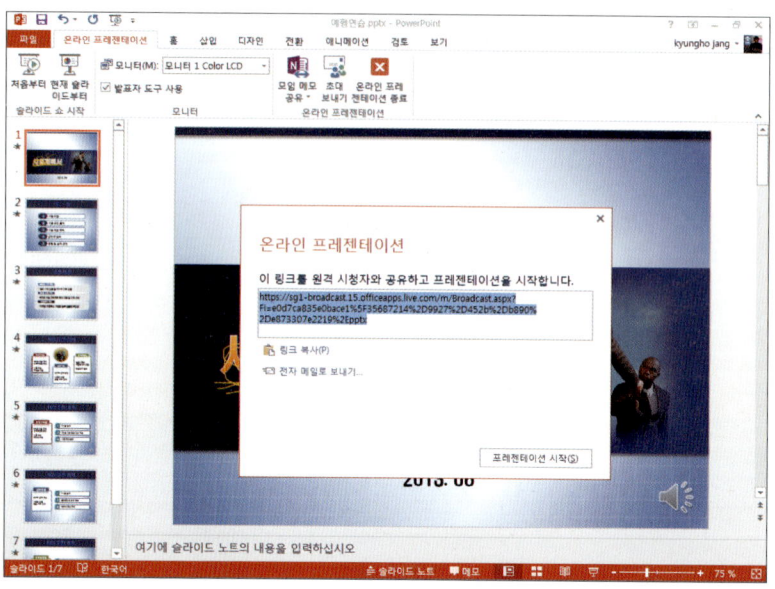

[온라인 프레젠테이션] 탭

온라인 프레젠테이션을 진행하면 [온라인 프레젠테이션] 탭이 나타납니다. 발표자 도구를 사용하거나 모임 메모를 작성하거나 공유할 수 있으며, 함께 진행할 대상자에게 초대 메시지를 보낼 수 있습니다.

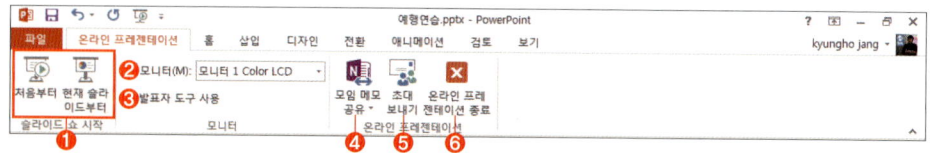

❶ [슬라이드 쇼 시작] 그룹 : 처음부터 혹은 현재 슬라이드부터 슬라이드 쇼를 진행할 수 있습니다.

❷ 모니터 : 프레젠테이션을 진행할 모니터를 선택할 수 있습니다. 만일, 듀얼 모니터일 경우 발표할 모니터와 발표자 도구를 사용할 모니터를 선택할 수 있습니다.

❸ 발표자 도구 사용 : 발표자 도구를 사용할지 선택할 수 있습니다.

❹ 모임 메모 공유 : 공유된 메모를 열거나 메모를 다른 사람과 공유할 수 있습니다.

❺ 초대 보내기 : 온라인 프레젠테이션 공유 주소를 복사하여 다른 사람을 초대할 수 있습니다.

❻ 온라인 프레젠테이션 종료 : 온라인 프레젠테이션을 종료합니다. 종료하면 연결된 사람들과 연결이 끊어집니다.

슬라이드 쇼를 통해 실제 프레젠테이션을 진행하기 전에 한 장의 슬라이드에 소요되는 시간 및 전체 슬라이드 쇼를 진행할 때 소요되는 시간을 체크할 수 있습니다.

예제 파일 | CD₩Part 07₩예행연습.pptx **완성 파일 |** CD₩Part 07₩예행연습_완성.pptx

01. 예행 연습을 진행하기 위해 [슬라이드 쇼] 탭-[설정] 그룹에서 [예행 연습]을 클릭합니다.

02. [녹화] 창이 뜨면서 예행 연습이 진행됩니다. 시간을 체크해가며 프레젠테이션을 진행해 봅니다.

03. 다시 진행하고 싶다면 [되돌리기] 단추를 클릭합니다. 경고창이 뜨면 [녹화 다시 시작]을 클릭합니다.

04. [녹화] 창의 시간이 초기화되며 다시 예행연습을 진행합니다.

05. 전체 슬라이드에 대한 예행 연습이 끝나면 전체 시간을 비롯해 경고창이 나타납니다. 경고 창에서 [예]를 클릭합니다. [여러 슬라이드]( )를 클릭합니다. 예행 연습에서 기록한 새 슬라이드 시간이 표시됩니다.

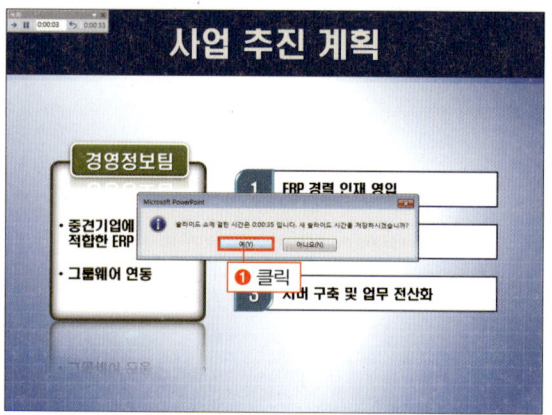

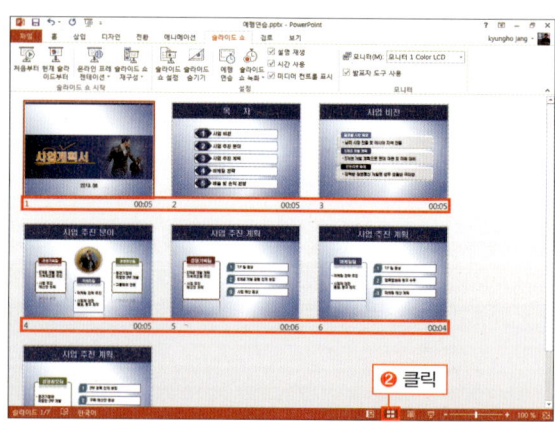

전체 슬라이드 중 몇 몇 슬라이드를 선택하여 슬라이드 쇼를 진행할 수 있습니다. 이 기능은 시간이 부족하거나 청중의 눈높이에 따라 프레젠테이션의 내용과 순서가 달라져야 할 때 사용할 수 있습니다.

01. 특정 페이지만으로 슬라이드 쇼를 재구성하기 위해 [슬라이드 쇼] 탭─[슬라이드 쇼 시작] 그룹─[슬라이드 쇼 재구성]을 클릭한 후 [쇼 재구성]을 클릭합니다.

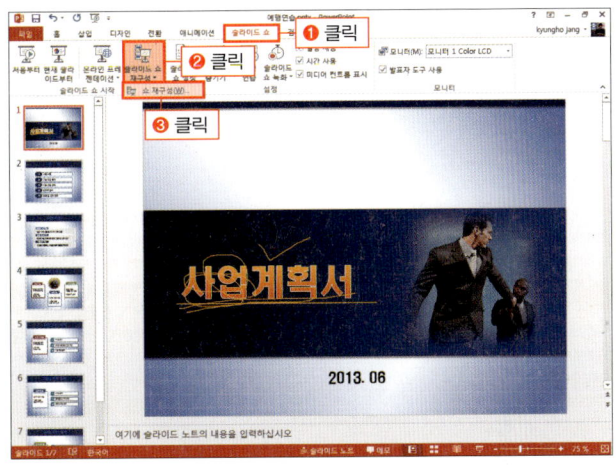

02. [쇼 재구성] 대화상자가 나타나면 [새로 만들기]를 클릭합니다.

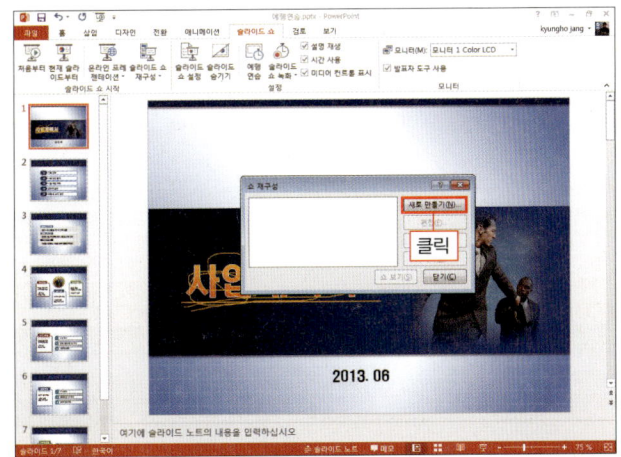

03. [쇼 재구성하기] 대화상자가 나타나면 [슬라이드 쇼 이름]에 『두 번째 슬라이드』를 입력합니다. 재구성할 슬라이드에 체크 표시를 한 후 [추가]를 클릭합니다.

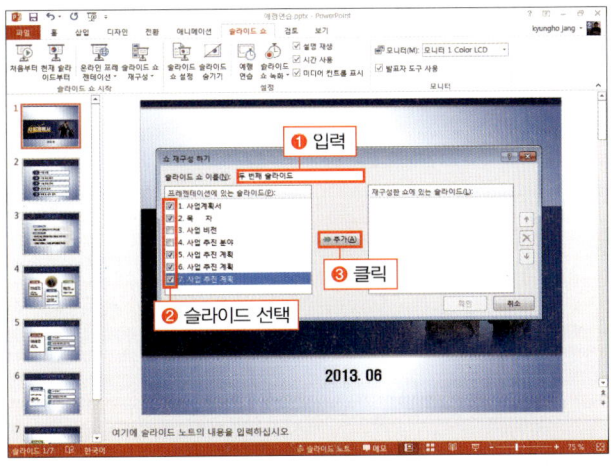

04. [재구성할 쇼에 있는 슬라이드] 목록에 선택한 슬라이드가 표시됩니다. [확인]을 클릭합니다.

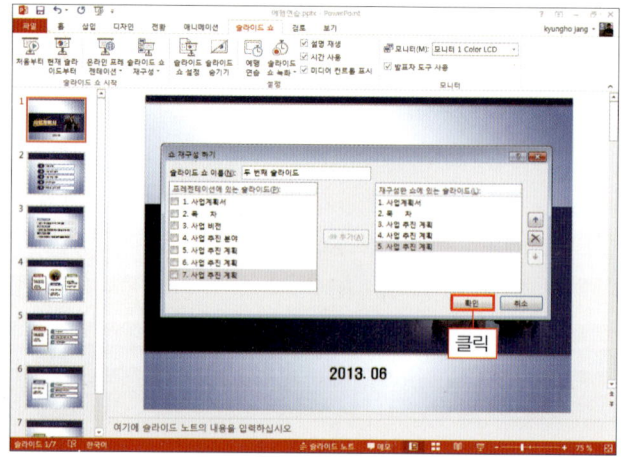

05. [쇼 재구성] 대화상자가 나타납니다. [쇼 재구성] 목록에 새로 만든 재구성한 슬라이드 쇼가 나타납니다. [쇼 보기]를 클릭합니다.

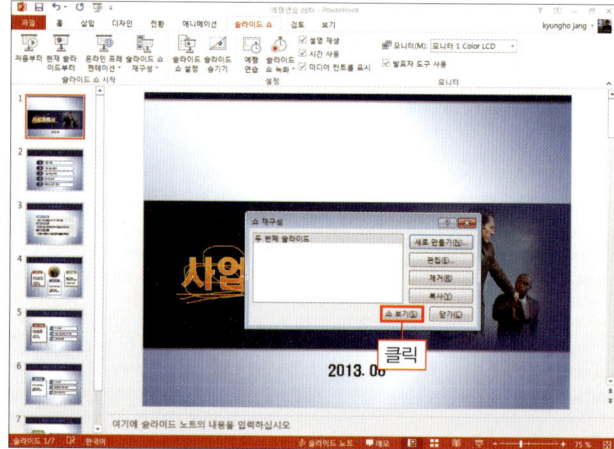

TIP : [쇼 재구성] 대화상자에서 [편집]을 클릭하면 원하는 슬라이드를 다시 재구성할 수 있습니다.

TIP : [슬라이드 쇼] 탭-[슬라이드 쇼 시작] 그룹에서 [슬라이드 쇼 재구성]을 클릭하면 생성한 '두 번째 슬라이드' 슬라이드 쇼 파일이 생성된 것을 확인할 수 있습니다.

06. 슬라이드 쇼 화면이 열립니다. 전체 슬라이드가 아닌 재구성한 슬라이드만으로 슬라이드 쇼가 진행됩니다.

'슬라이드 쇼 재구성하기'와 비슷한 기능이긴 하지만 숨긴 슬라이드를 슬라이드 편집 화면에서 눈으로 확인할 수 있기에 편리합니다.

01. 먼저, 재구성한 슬라이드 쇼를 제거한 후 필요없는 슬라이드를 숨겨 보도록 하겠습니다. [슬라이드 쇼] 탭-[슬라이드 쇼 시작] 그룹에서 [슬라이드 쇼 재구성]-[쇼 재구성]을 선택합니다.

02. [쇼 재구성] 대화상자에서 [제거]를 클릭하여 재구성한 '두 번째 슬라이드'를 제거합니다. [닫기]를 클릭합니다.

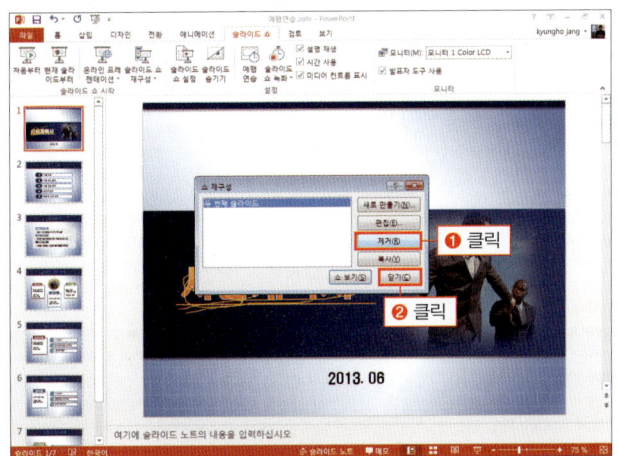

03. 재구성한 슬라이드가 삭제됩니다. 슬라이드를 숨기기 위해 3번 슬라이드를 선택합니다. [슬라이드 쇼] 탭-[설정] 그룹-[슬라이드 숨기기]를 클릭합니다.

> **TIP :** 슬라이드 쇼를 진행하다보면 시간적인 제약이나 청중들의 스타일에 따라 특정 슬라이드를 보여주지 말아야 할 경우가 생깁니다. 이럴 경우 슬라이드 숨기기 기능이 유용하게 사용됩니다. 물론, [슬라이드 쇼 재구성하기] 기능을 통해서도 가능하지만 [슬라이드 숨기기] 기능을 이용하면 보다 간편하게 슬라이드 삭제 없이 슬라이드를 재조정할 수 있습니다.

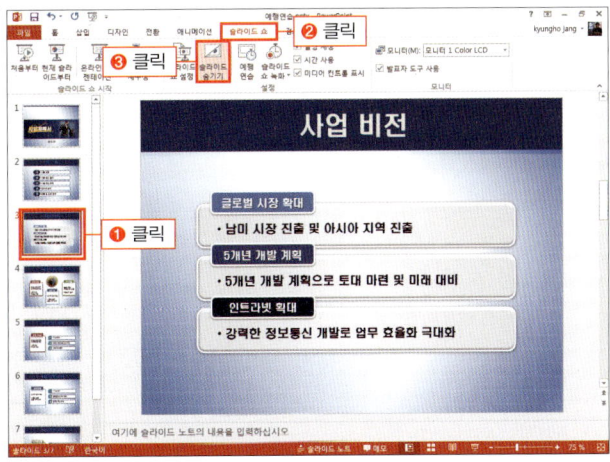

04. 3번 슬라이드가 연한 색상으로 변경됩니다. 이 슬라이드는 슬라이드 편집 화면에서는 보이지만 슬라이드 쇼를 진행하면 표시되지 않게 됩니다.

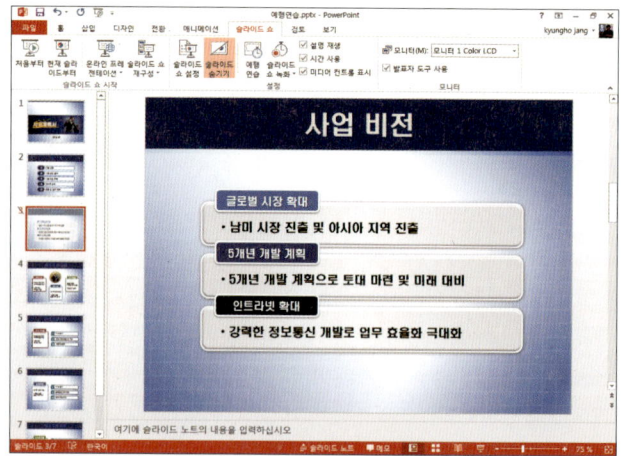

05. 5번과 6번 슬라이드를 [Ctrl]을 누른 채 선택한 후 [슬라이드 쇼] 탭-[설정] 그룹에서 [슬라이드 숨기기]를 클릭하여 슬라이드를 숨깁니다.

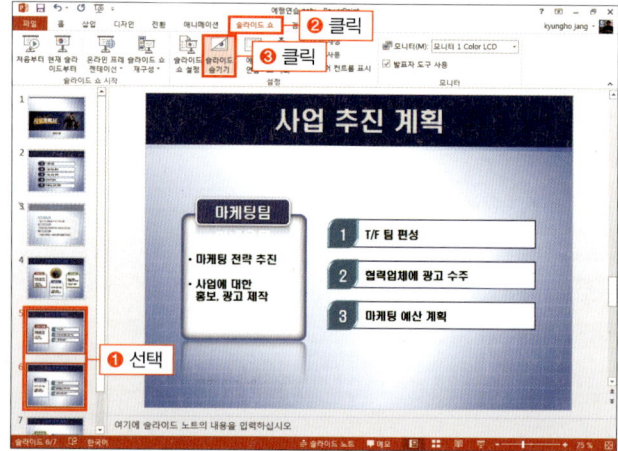

06. 5번, 6번 슬라이드가 연한 색상으로 변경됩니다. 다시 3번, 5번, 6번 슬라이드를 [Ctrl]를 누른 채 선택한 후 [슬라이드 쇼] 탭-[설정] 그룹-[슬라이드 숨기기]를 다시 선택합니다. 숨기기가 해제됩니다.

> **TIP** : 슬라이드 편집 화면에서는 3번, 5번, 6번 슬라이드가 표시되지만 슬라이드 쇼를 진행하면 슬라이드 숨기기를 한 3번 5번, 6번 슬라이드는 표시되지 않습니다.

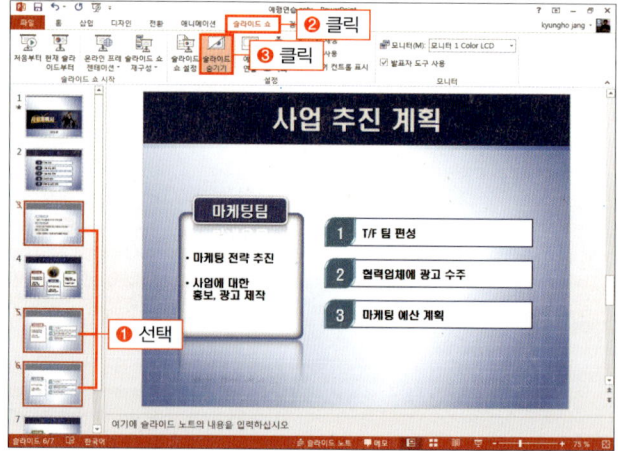

슬라이드 쇼를 비디오로 녹화하면 음성이나 레이저 포인터 동작 등이 모두 기록됩니다. [슬라이드 쇼] 탭-[설정] 그룹에서 [슬라이드 쇼 녹화]를 클릭하여 슬라이드 쇼를 진행합니다.

01. [슬라이드 쇼] 탭-[설정] 그룹에서 [슬라이드 쇼 녹화]의 아랫부분을 클릭한 후 [처음부터 녹음 시작]을 선택합니다.

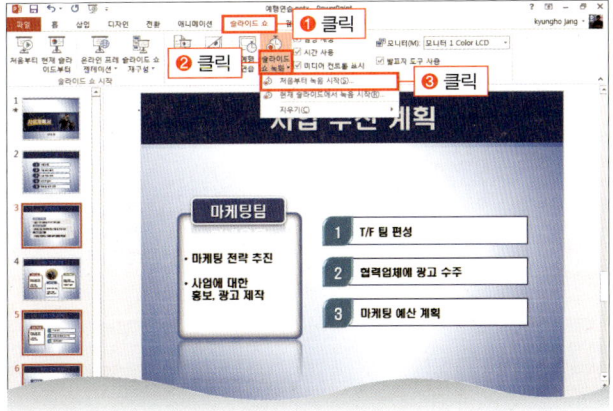

02. [슬라이드 쇼 녹화] 대화상자가 나타나면 [녹화 시작]을 클릭합니다.

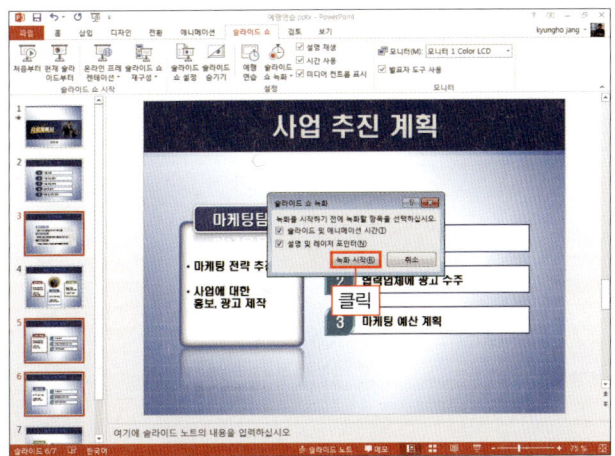

03. 슬라이드 쇼가 실행되며 녹화가 진행됩니다. 실제 프레젠테이션을 한다는 생각으로 내용을 녹화합니다. 슬라이드 쇼가 끝나면 첫 번째 슬라이드에 오디오 아이콘이 만들어집니다. 이를 클릭해 녹음된 내용을 확인할 수 있습니다.

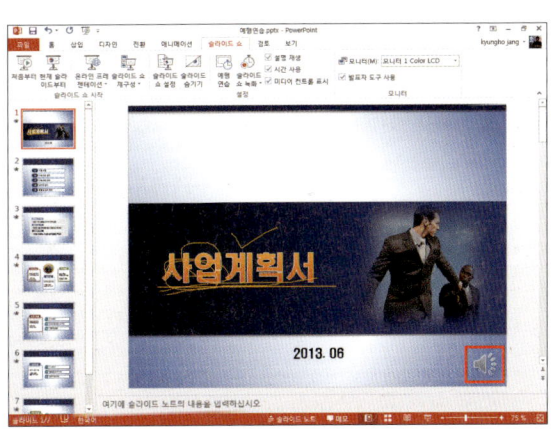

Office Presentation Service를 통해 웹 브라우저를 통해 온라인으로 프레젠테이션을 진행할 수 있습니다.

01. [슬라이드 쇼] 탭-[슬라이드 쇼 시작] 그룹에서 [온라인 프레젠테이션] 하단을 클릭한 후 [Office Presentation Service]을 클릭합니다.

02. [Office Presentation Service]는 외부의 다른 사람에게 특정 인터넷 주소를 알려주어 웹 브라우저를 통해 프레젠테이션을 진행할 수 있습니다. [온라인 프레젠테이션] 창이 뜨면 [연결]을 클릭합니다.

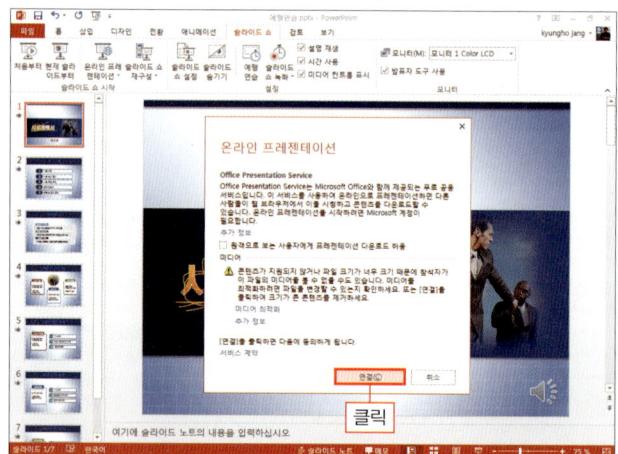

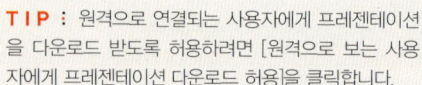
TIP : 원격으로 연결되는 사용자에게 프레젠테이션을 다운로드 받도록 허용하려면 [원격으로 보는 사용자에게 프레젠테이션 다운로드 허용]을 클릭합니다.

03. Office Presentation Service에 연결되면 인터넷 주소가 생성됩니다. [링크 복사]를 클릭하거나 [전자 메일로 보내기]를 클릭해 온라인으로 프레젠테이션을 진행할 당사자의 메일이나 채팅 프로그램을 통해 공유합니다. 공유가 완료되었으면 [프레젠테이션 시작]을 클릭하여 프레젠테이션을 진행합니다.

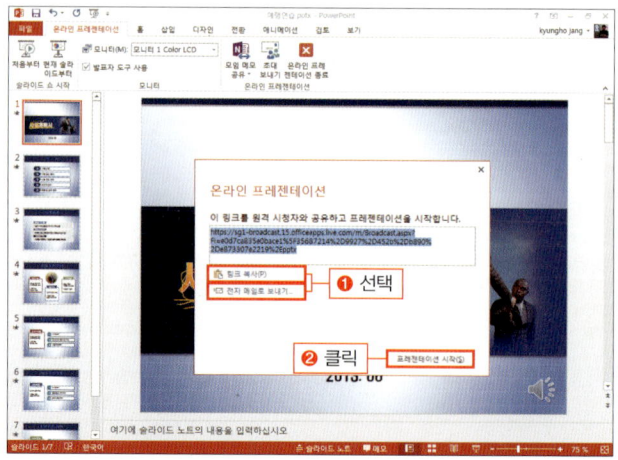

슬라이드에 하이퍼링크 지정하기

파워포인트 상에서 하이퍼링크는 프레젠테이션의 다른 슬라이드에 연결하거나 다른 프레젠테이션의 슬라이드, 혹은 메일 주소, 웹 페이지 연결 등에 사용합니다.

예제 파일 | CD\Part 07\하이퍼링크.pptx **완성 파일 |** CD\Part 07\하이퍼링크_완성.pptx

01. 두 번째 슬라이드를 선택합니다. '제안 비용 회수 방안'이라고 적힌 텍스트를 선택한 다음 [삽입] 탭의 [링크] 그룹에서 [하이퍼링크]를 클릭합니다.

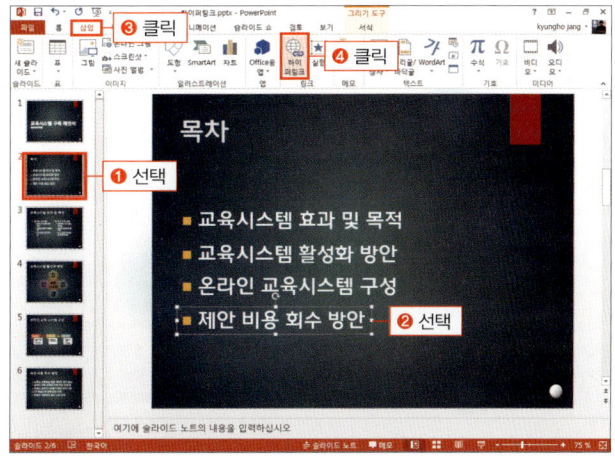

02. [하이퍼링크 삽입] 대화상자가 나타나면 [연결 대상]에서 [현재 문서]를 클릭합니다. [이 문서에서 위치 선택]에서 '6. 제안 비용 회수 방안'을 선택합니다. [확인]을 클릭합니다.

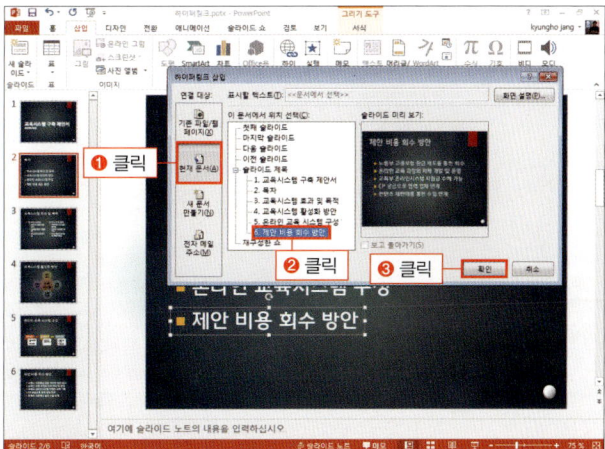

03. 이번에는 마우스 오른쪽 단추를 이용하여 하이퍼링크를 삽입해 보겠습니다. 6번째 슬라이드를 선택한 후 아이콘을 마우스 오른쪽으로 선택합니다. [하이퍼링크]를 선택합니다.

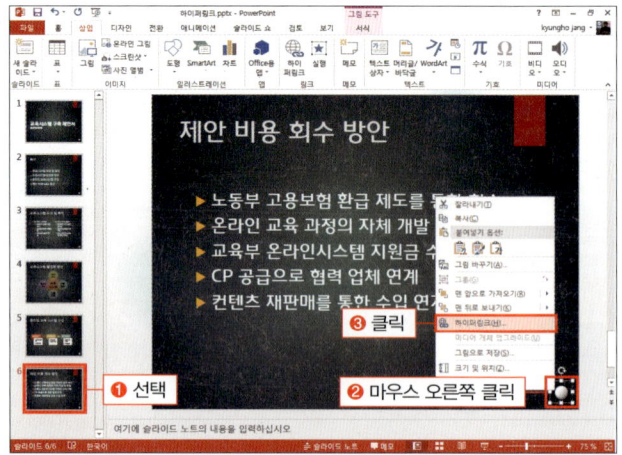

04. [하이퍼링크 삽입] 대화상자가 나타나면 [연결 대상]에서 [현재 문서]를 클릭한 다음 [이 문서에서 위치 선택]에서 '2 목차'를 선택합니다. [확인]을 클릭합니다.

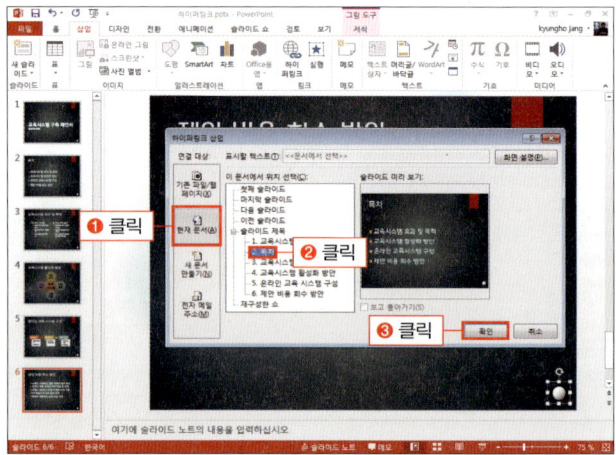

05. 하이퍼링크가 제대로 작동하는 지 확인하기 위해 F5를 누릅니다. 2번 슬라이드에서 '제안 비용 회수 방안'에 마우스를 가져갑니다. 마우스 모양이 화살표에서 손 모양으로 변경되면 하이퍼링크가 걸려 있는 개체로 판단할 수 있습니다. 개체를 클릭합니다.

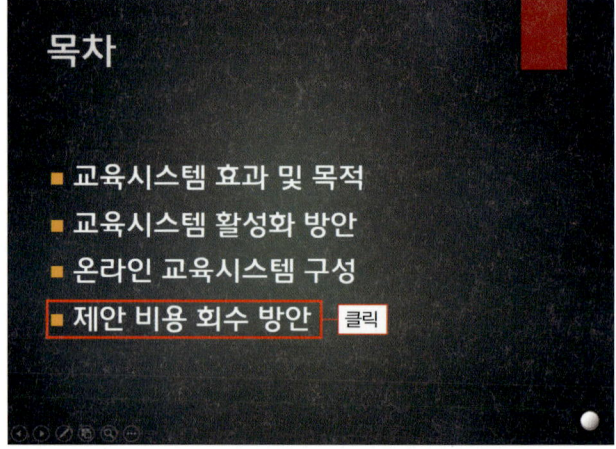

06. 6번 슬라이드로 넘어가는지 확인합니다. 6번 슬라이드로 넘어가면 이번에는 하이퍼링크를 설정한 아이콘을 클릭합니다. 아이콘을 클릭하면 2번 슬라이드인 목차 슬라이드로 바로 되돌아 갈 수 있습니다.

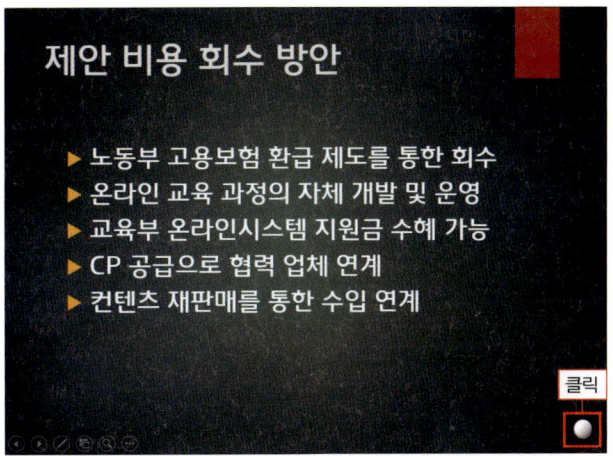

07. [Esc]를 눌러 슬라이드 편집 화면을 다시 엽니다. 파워포인트에서 하이퍼링크를 걸 때 슬라이드 뿐 아니라 인터넷 주소나 전자 메일 주소도 걸 수가 있습니다. 1번 슬라이드를 선택한 후 아이콘을 클릭합니다. [삽입] 탭-[링크] 그룹에서 [하이퍼링크]를 클릭합니다. [연결 대상]에서 [기존 파일/웹 페이지]를 선택한 다음 [주소]에 『http://cafe.naver.com/ppt』를 입력한 후 [확인]을 클릭합니다.

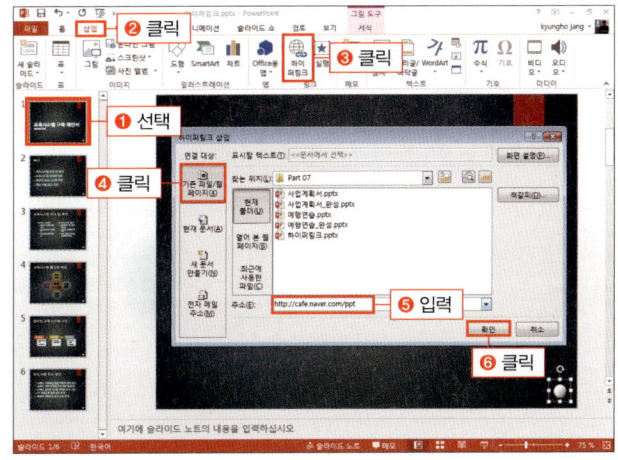

08. 전자 메일로 링크를 걸 수도 있는데 전자 메일은 [연결 대상]에서 [전자 메일 주소]를 선택한 다음 [전자 메일 주소]에 링크를 원하는 메일 주소를 입력합니다.

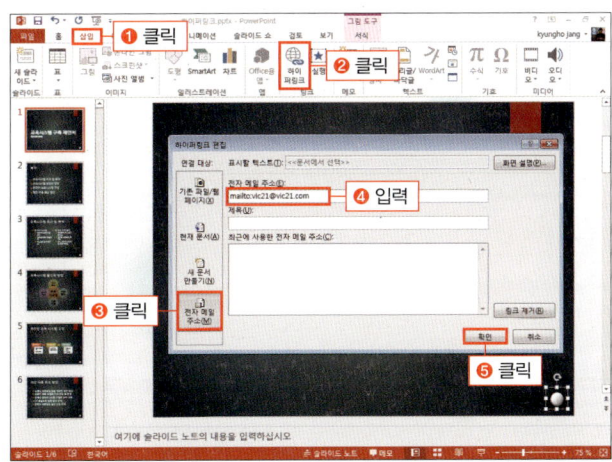

LESSON
03 슬라이드 마스터 만들기

레 벨 ● ● ●

슬라이드 마스터에서는 다양한 레이아웃 모양을 제공하기 때문에 사용자가 손쉽게 레이아웃을 편집할 수 있습니다. 특히, 콘텐츠나 그림, 차트 등 원하는 개체 틀을 선택하여 본인만의 슬라이드를 제작할 수 있습니다.

기초탄탄 ▶ 슬라이드 마스터란?

■ 슬라이드 마스터 종류 살펴보기

마스터에는 그 기능에 따라 슬라이드 마스터, 유인물 마스터, 슬라이드 노트 마스터 등 3가지 종류로 나뉘어집니다. 슬라이드 마스터는 일반적으로 슬라이드의 배경과 서식, 머리글과 바닥글, 페이지 번호 등을 설정할 수 있으며, 슬라이드 레이아웃과 모든 테마 정보를 저장하는 슬라이드를 말합니다. 유인물 마스터는 프레젠테이션 인쇄 시 유인물로 인쇄할 경우에 유인물의 배경 등을 지정할 때 사용합니다. 슬라이드 노트 마스터는 프레젠테이션을 슬라이드 노트로 인쇄할 경우에 슬라이드 노트의 머리글이나 날짜 등 서식을 지정할 때 사용합니다.

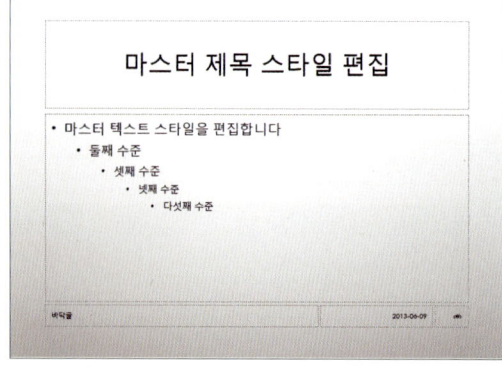

▲ 슬라이드 마스터

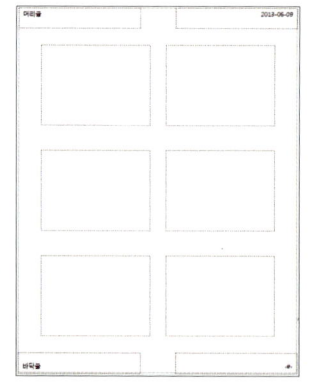

▲ 유인물 마스터

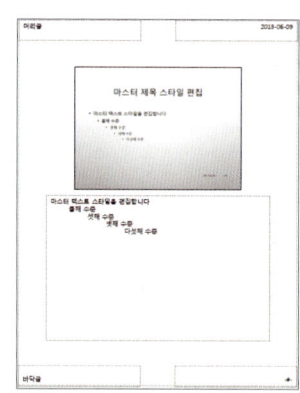

▲ 슬라이드 노트 마스터

■ 슬라이드 마스터와 제목 슬라이드 레이아웃

슬라이드 마스터는 주로 본문과 제목 슬라이드의 서식을 지정할 때 사용됩니다. 모든 프레젠테이션에는 슬라이드 마스터가 하나 이상 포함되어 있으며, 다양한 레이아웃으로 구성되어 있습니다. 필요에 따라서 슬라이드 마스터를 변경할 수 있는데, 슬라이드 마스터를 수정하면 프레젠테이션의 모든 슬라이드의 스타일이 일괄적으로 수정되어 편리하게 프레젠테이션을 관리할 수 있습니다.

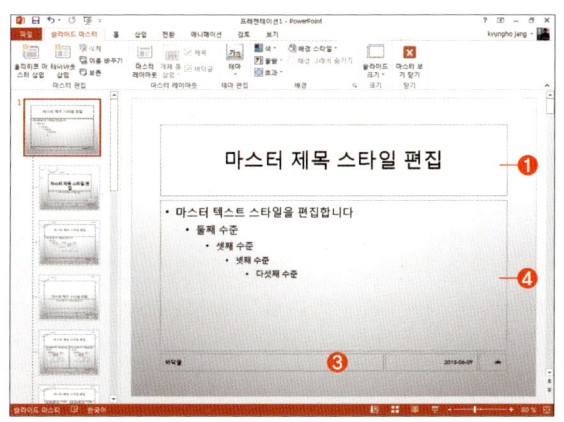

▲ 슬라이드 마스터

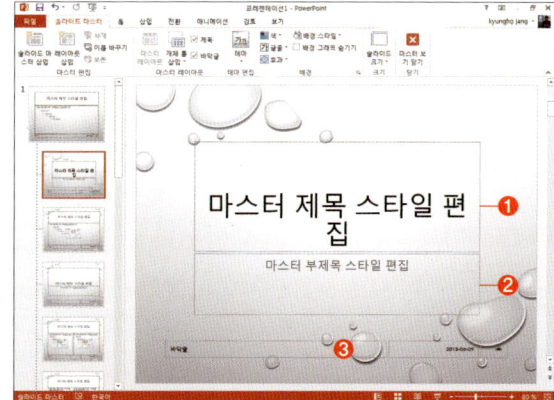

▲ 제목 슬라이드 레이아웃

❶ 제목 영역 : 제목 서식을 작성할 수 있는 영역입니다. 슬라이드의 제목이나 본문 내용의 제목 스타일을 편집합니다.

❷ 부제목 영역 : 부제목 서식을 작성할 수 있는 영역입니다.

❸ 날짜/바닥글/번호 영역 : 슬라이드에 날짜나 바닥글, 번호를 입력할 수 있는 영역으로 내용을 표시할 수도 표시하지 않을 수도 있습니다.

❹ 본문 영역 : 본문을 입력할 수 있는 영역입니다. 본문에는 글머리 기호나 여러 텍스트 서식을 지정합니다.

■ [슬라이드 마스터] 탭 살펴보기

테마 및 서식 파일로 저장하면 앞으로 지속적으로 활용할 수 있습니다. 여기서는 [슬라이드 마스터] 탭의 기능에 대해서 살펴보도록 하겠습니다.

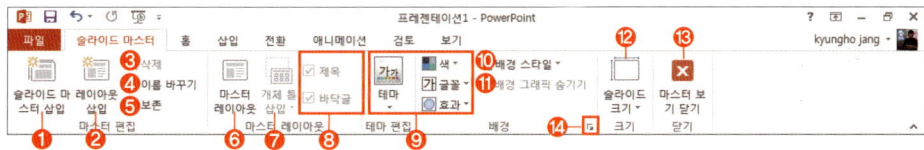

❶ 슬라이드 마스터 삽입 : 새 슬라이드 마스터를 삽입합니다.

❷ 레이아웃 삽입 : 새 슬라이드 레이아웃을 삽입합니다.

❸ 삭제 : 슬라이드 마스터나 레이아웃을 삭제합니다.

❹ 이름 바꾸기 : 슬라이드 마스터나 레이아웃의 이름을 변경합니다.

❺ 보존 : 다중 마스터가 설정되어 있을 때 기존 슬라이드 마스터가 변경되지 않도록 유지합니다.

❻ 마스터 레이아웃 : [마스터 레이아웃] 대화 상자를 열어 개체 틀을 선택합니다.

❼ 개체 틀 삽입 : 마스터에 개체 틀을 삽입할 수 있습니다.

❽ 제목 / 바닥글 : 제목 개체 틀 혹은 바닥글을 표시하거나 숨길 수 있습니다.

❾ 테마 편집 : 테마를 비롯해 색, 글꼴, 효과를 변경할 수 있습니다.

457

❿ 배경 스타일 : 배경 스타일을 변경합니다.

⓫ 배경 그래픽 숨기기 : 설정한 배경 그래픽을 숨깁니다.

⓬ 슬라이드 방향 : 가로 혹은 세로로 슬라이드 방향을 변경합니다.

⓭ 마스터 보기 닫기 : 슬라이드 마스터를 종료합니다.

⓮ 페이지 설정 : 대화상자 표시 아이콘 [페이지 설정] 대화 상자를 열어 슬라이드 크기를 비롯해 방향을 변경합니다.

슬라이드 마스터에서 배경 서식을 지정하면 모든 슬라이드에 동일한 배경이 지정되기 때문에 빠르고 편리하게 배경 서식을 지정할 수 있습니다.

예제 파일 l CD₩Part 08₩bg_01.png, bg_02.png **완성 파일 l** CD₩Part 08₩슬라이드마스터_완성.pptx

01. [디자인] 탭─[사용자 지정] 그룹에서 [슬라이드 크기]─[표준 (4:3)]을 클릭합니다.

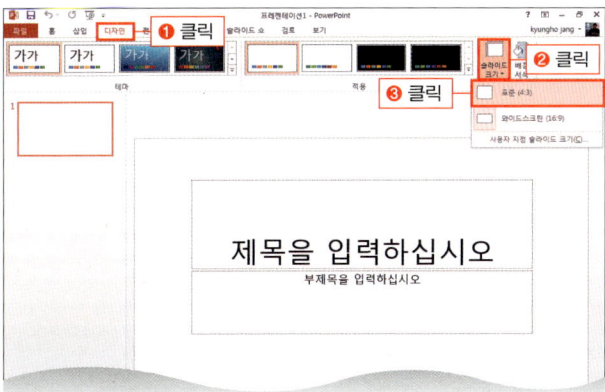

02. 슬라이드 편집 화면이 와이드 크기에서 표준 크기로 변경됩니다. 슬라이드 마스터에서 배경 서식을 지정하기 위해 [보기] 탭─[마스터 보기] 그룹─[슬라이드 마스터]를 클릭합니다.

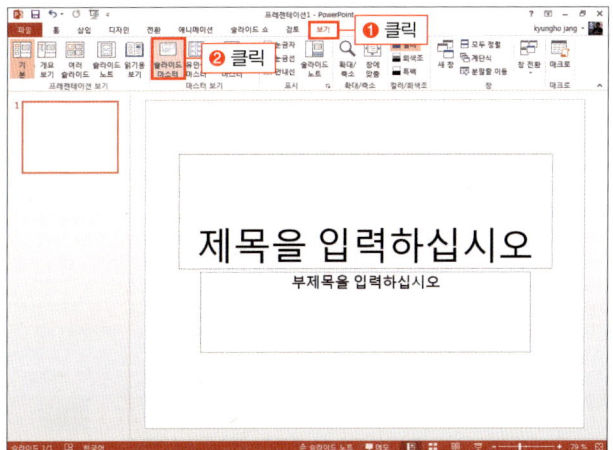

03. 슬라이드 마스터 화면이 열리면 맨 위에 있는 슬라이드 마스터를 클릭합니다. [슬라이드 마스터] 탭─[배경] 그룹─[배경 스타일]을 클릭한 후 [스타일 10]을 선택합니다.

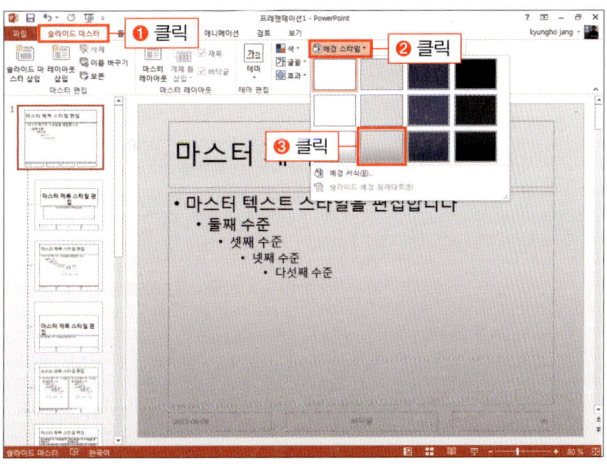

TIP : 슬라이드 미리보기 화면에 다양한 레이아웃이 나타납니다. 각각의 레이아웃에 다른 서식을 지정할 수도 있지만 제일 위에 있는 슬라이드 마스터에서 한 번에 동일한 서식을 지정하는 것이 가장 효율적입니다. 특정 레이아웃만 서식을 변경하려면 원하는 슬라이드 레이아웃을 선택한 다음 서식을 지정하도록 합니다.

04. 배경 스타일이 적용됩니다. 배경 서식을 가져와 슬라이드 마스터의 배경으로 지정할 수도 있습니다. [슬라이드 마스터]를 선택하고 [슬라이드 마스터] 탭-[배경] 그룹-[배경 스타일]을 클릭한 후 [배경 서식]을 선택합니다.

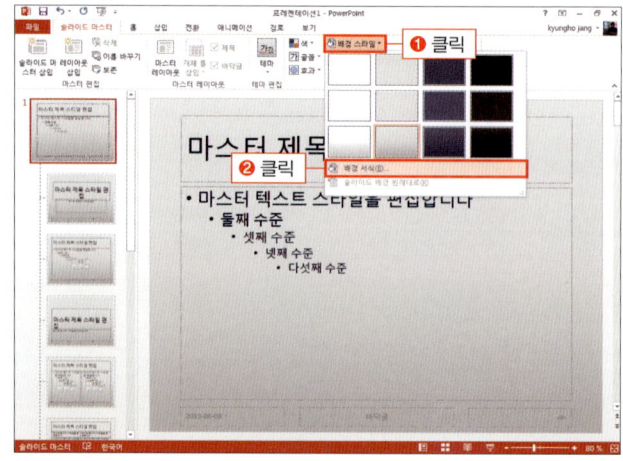

05. [배경 서식] 창이 나타납니다. [채우기] 항목에서 [그림 또는 질감 채우기]를 선택한 다음 [파일]을 클릭합니다. [그림 삽입] 대화상자가 나타나면 부록 CD의 'Part 07' 폴더에서 'bg_02.png' 파일을 선택한 다음 [삽입]을 클릭합니다.

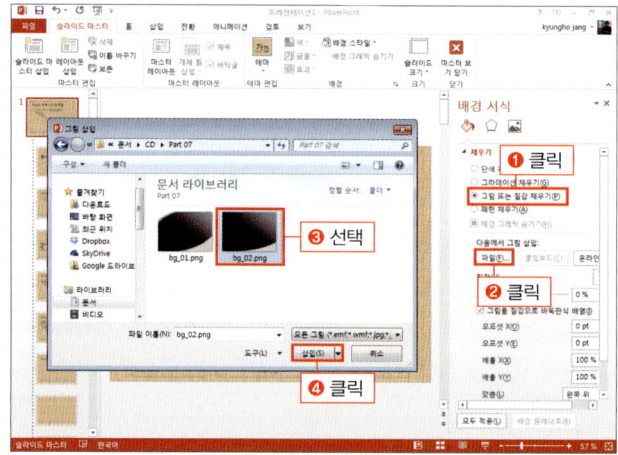

06. 슬라이드 마스터 편집 화면에 배경 그림이 삽입됩니다. 이번에는 제목 슬라이드에 배경 그림을 삽입해 보겠습니다. 제목 슬라이드 레이아웃을 선택한 후 [파일]을 클릭합니다. [그림 삽입] 대화상자가 나타나면 부록 CD의 'Part 07' 폴더에서 'bg_01.png' 파일을 선택한 다음 [삽입]을 클릭합니다.

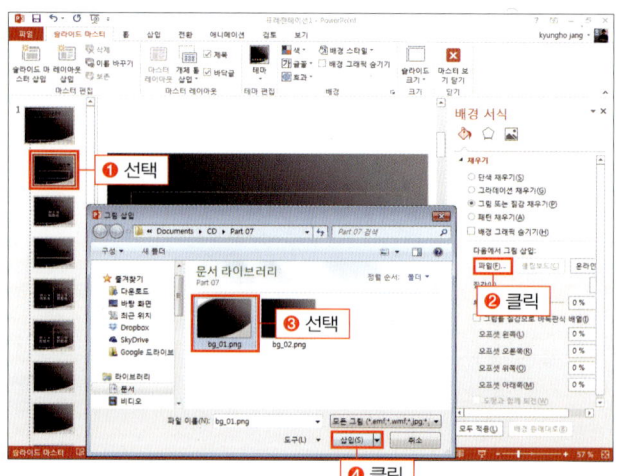

07. 제목 슬라이드에만 다른 배경 그림이 지정됩니다.

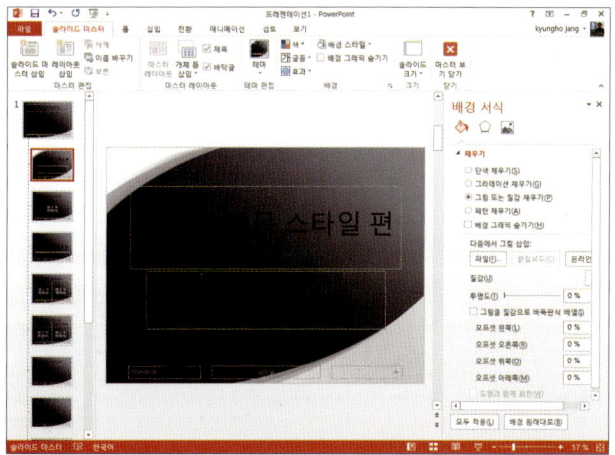

08. 텍스트 서식을 변경해 보도록 하겠습니다. 슬라이드 마스터를 선택한 후 텍스트 개체 틀을 모두 선택합니다. [홈] 탭-[글꼴] 그룹에서 글꼴 색상 및 크기 등을 조정합니다. [도형 서식] 창의 [닫기]를 클릭합니다.

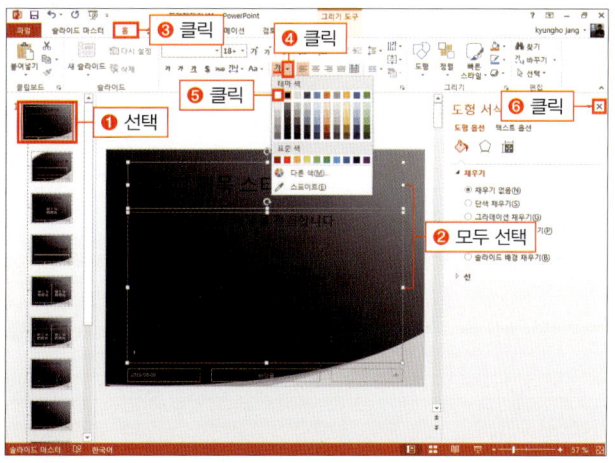

09. 슬라이드 마스터를 통해 슬라이드 테마가 지정됩니다.

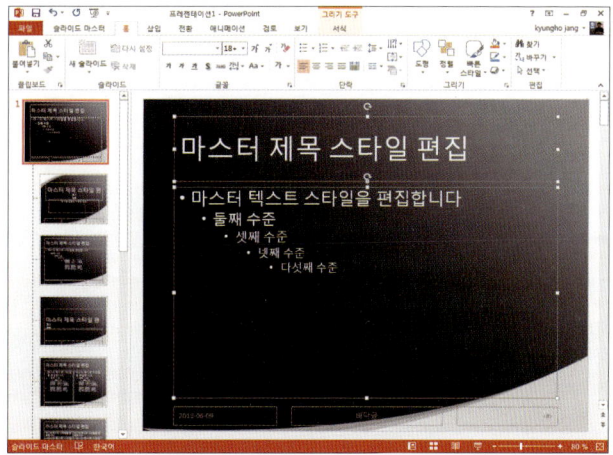

슬라이드 레이아웃 중에서는 사용하지 않는 레이아웃도 많습니다. 여기서는 필요없는 레이아웃을 제거해 보겠습니다.

01. [캡션 있는 콘텐츠 레이아웃]을 선택한 후 [슬라이드 마스터] 탭-[마스터 편집] 그룹의 [삭제]를 클릭합니다.

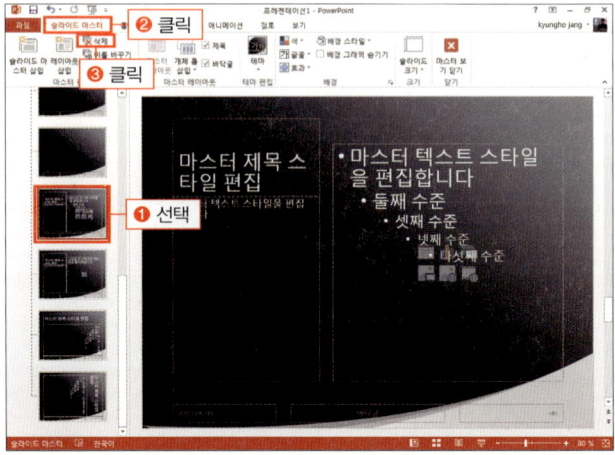

02. 슬라이드 레이아웃이 삭제됩니다. 마찬가지로 아래와 같이 여러 슬라이드를 선택한 후 [슬라이드 마스터] 탭-[마스터 편집] 그룹에서 [삭제]를 클릭합니다. [닫기] 그룹에서 [마스터 보기 닫기]를 클릭합니다.

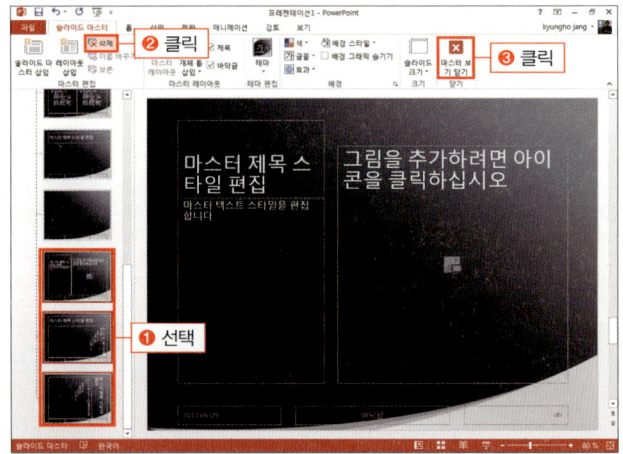

03. [홈] 탭-[슬라이드] 그룹에서 [레이아웃]을 클릭합니다. 필요없는 레이아웃이 정리된 것을 확인할 수 있습니다.

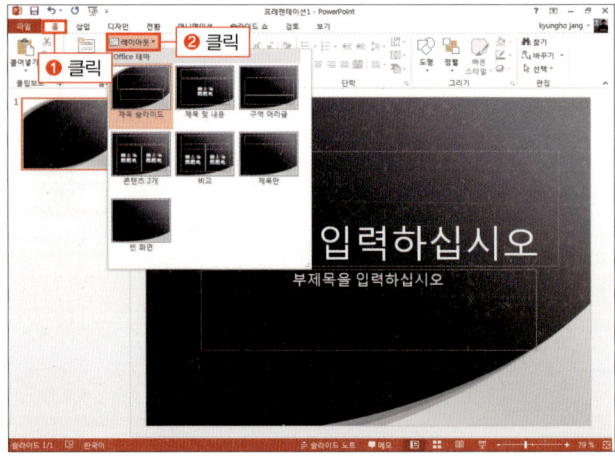

레이아웃은 슬라이드 마스터에서 새롭게 만들 수 있으며, 개체 틀을 삽입할 수 있습니다. 여기서는 레이아웃을 새로 만들고 이름을 지정해 보도록 하겠습니다.

01. 새로운 레이아웃은 슬라이드 마스터에서 지정할 수 있습니다. [보기] 탭-[마스터 보기]에서 [슬라이드 마스터]를 클릭합니다.

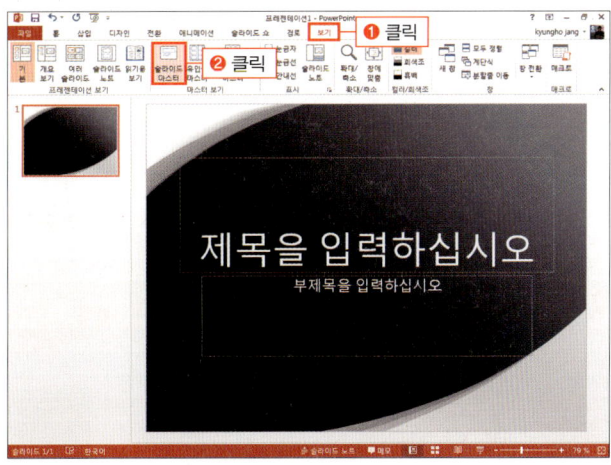

02. [슬라이드 마스터] 탭-[마스터 편집] 그룹에서 [레이아웃 삽입]을 클릭합니다.

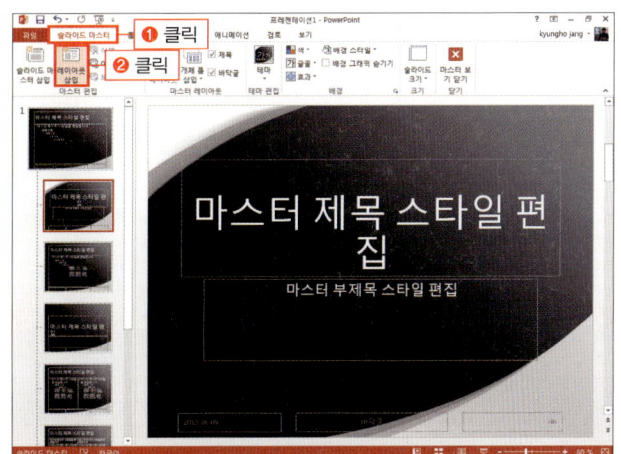

03. 사용자 레이아웃이 삽입됩니다. [슬라이드 마스터] 탭-[마스터 레이아웃] 그룹에서 [개체 틀 삽입]을 클릭합니다. 원하는 개체 틀을 선택합니다. 여기서는 [온라인 이미지]를 클릭합니다.

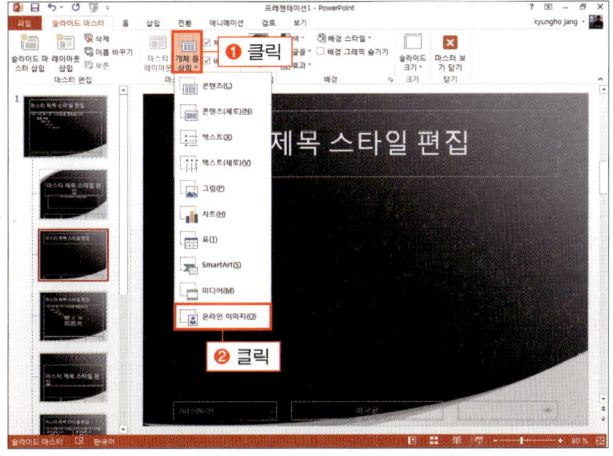

04. 슬라이드 편집 화면에서 마우스로 드래그하여 온라인 이미지 개체 틀을 삽입합니다.

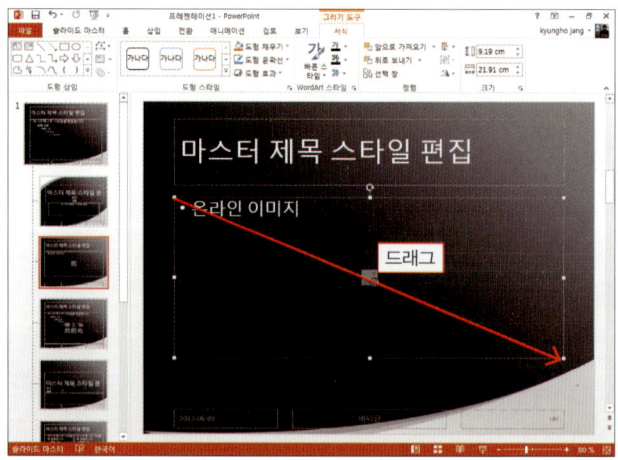

05. [슬라이드 마스터] 탭→[마스터 편집] 그룹에서 [이름 바꾸기]를 클릭합니다. [레이아웃 이름 바꾸기] 대화상자가 나타나면 [레이아웃 이름]에 『온라인 이미지』를 입력한 후 [이름 바꾸기]를 클릭합니다. [닫기] 그룹의 [마스터 보기 닫기]를 클릭합니다.

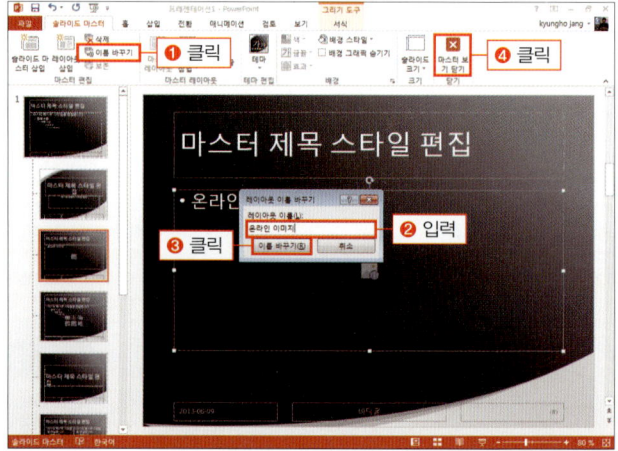

06. [홈] 탭→[슬라이드] 그룹에서 [새 슬라이드]의 아랫 부분을 클릭한 후 새롭게 생성한 [온라인 이미지]를 클릭합니다. 이처럼 원하는 레이아웃을 슬라이드 마스터에서 만들어 사용할 수 있습니다.

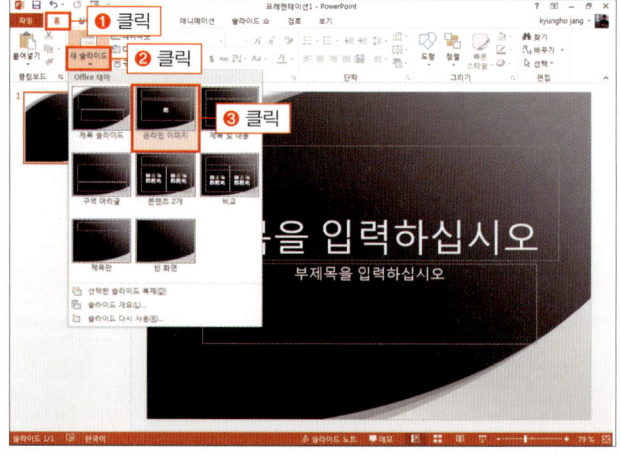

마스터 여러 개 적용하기

슬라이드 마스터는 파워포인트 기능 중 다소 고급 기능에 속합니다. 하지만 슬라이드 마스터를 제대로 활용할 수 있다면 슬라이드 작업 시간을 비롯해 다양한 슬라이드를 취합할 때에도 시간을 획기적으로 줄일 수 있습니다. 참고로, 슬라이드 마스터는 하나 뿐 아니라 원하는 숫자대로 여러 개 적용할 수 있습니다. 이를 다중 마스터 기능이라고 하는데 슬라이드 마스터에 여러 개의 다중 마스터를 만들어 놓고 원하는 슬라이드마다 다른 마스터를 지정할 수 있습니다.

예제 파일 | CD₩Part 07₩다중마스터.pptx   **완성 파일 |** CD₩Part 07₩다중마스터_완성.pptx

01. [보기] 탭−[마스터 보기] 그룹에서 [슬라이드 마스터]를 클릭합니다.

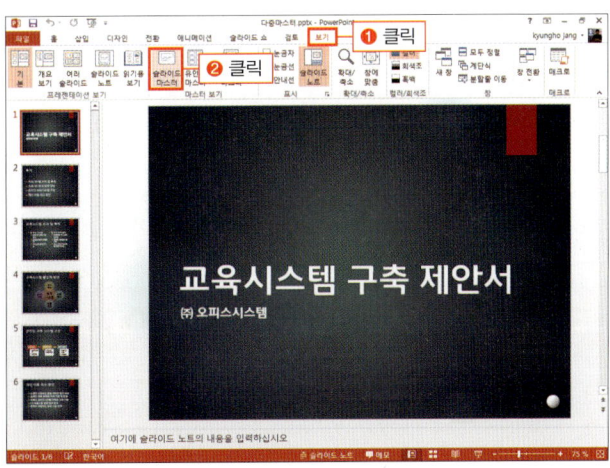

02. [슬라이드 마스터]에서 마우스 오른쪽을 클릭한 후 [마스터 유지]를 선택하거나 [마스터 편집] 그룹의 [보존]을 선택합니다.

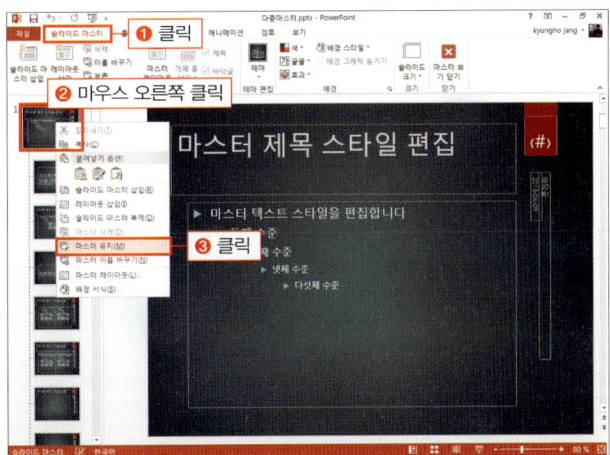

465

03. 슬라이드 마스터에 고정 단추가 생성됩니다. 슬라이드 마스터에서 마우스 오른쪽을 클릭해 [슬라이드 마스터 복제]를 선택합니다.

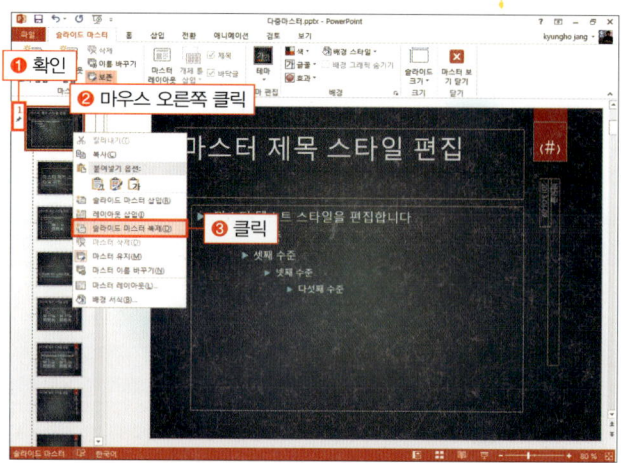

04. 슬라이드가 복제되면서 하단에 슬라이드 마스터를 비롯해 다중 마스터가 만들어집니다.

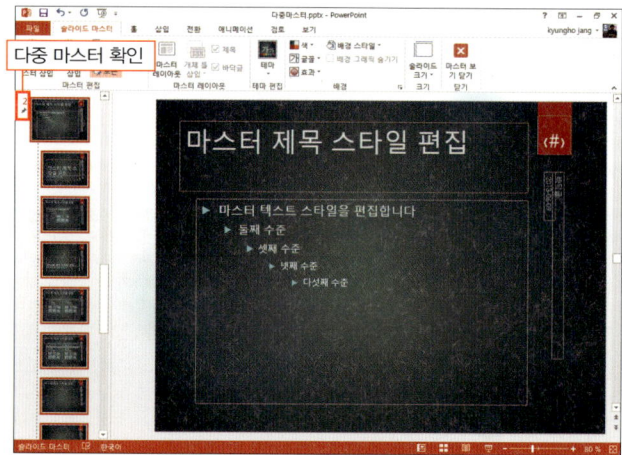

05. 다중 마스터도 기존에 적용한 슬라이드 마스터처럼 원하는 배경 및 서식을 적용할 수 있습니다. [슬라이드 마스터] 탭에서 [배경] 그룹의 [색]을 클릭한 후 [노랑]을 선택합니다.

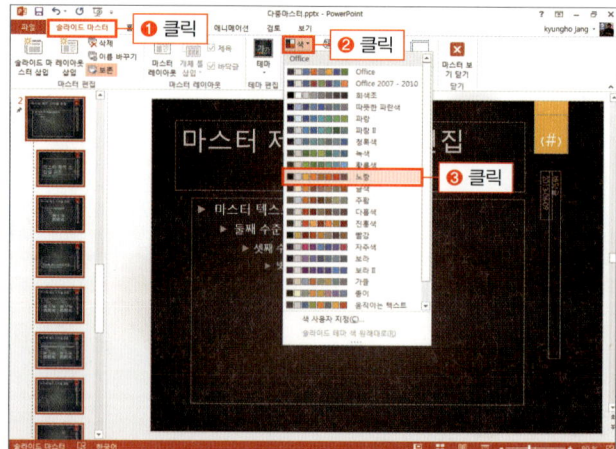

06. 다중 마스터가 완성되면 [닫기] 그룹의 [마스터 보기 닫기]를 클릭합니다.

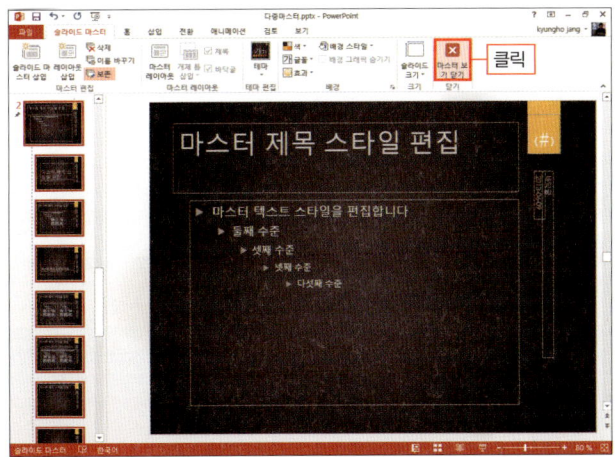

07. [홈] 탭에서 [슬라이드] 그룹에서 [새 슬라이드]의 하단을 클릭합니다. 다중 슬라이드 레이아웃이 적용되어 있는 것을 확인할 수 있습니다. 다중 슬라이드 레이아웃 중 원하는 레이아웃을 선택합니다.

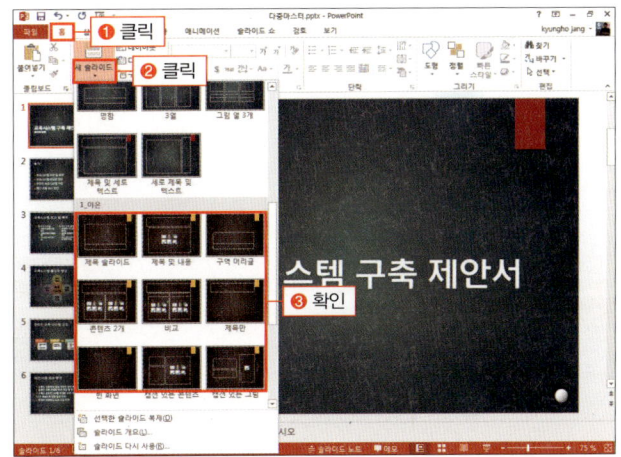

문제 해결 **기존 마스터가 해제되어 표시됩니다.**

다중 마스터를 적용할 경우 기존 마스터가 적용 해제될 수 있습니다. 다중 마스터를 지정하기 전에 [마스터 편집] 그룹의 [보존]을 선택하여 기존 마스터를 유지할 수 있습니다. [보존]을 선택하면 슬라이드 마스터에 [고정] 아이콘 표시가 나타나면서 마스터가 유지됩니다.

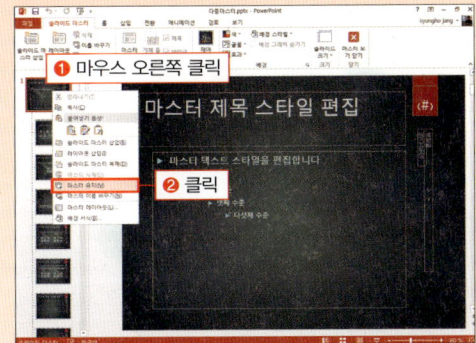
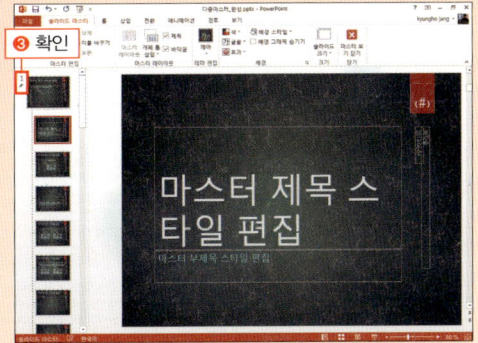

04 테마 적용하기

레 벨 ● ● ●

파워포인트의 테마는 다양한 서식 및 글꼴, 색상이 혼합된 디자인으로 사용자가 테마 색이나 테마 글꼴을 변경하여 사용할 수 있습니다. 원하는 테마를 선택하면 테마 효과에 해당하는 다양한 도형 스타일이나 선 효과가 다양하게 변경됩니다. 여기서는 테마를 적용해 보고 원하는 테마 색, 테마 글꼴로 변경하는 방법에 대해서 살펴보도록 하겠습니다.

기초탄탄 ▶ 테마 기능 살펴보기

■ [디자인] 탭 살펴보기

[디자인] 탭에서 테마를 선택할 수 있습니다. 테마 갤러리 위에 마우스를 위치시키면 슬라이드 편집 화면에 선택한 테마가 미리보기되어 원하는 효과를 쉽게 선택할 수 있습니다.

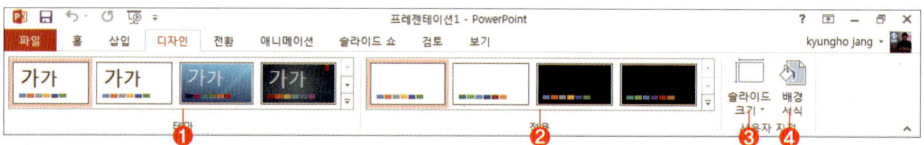

❶ [테마] 그룹 : 파워포인트에서 제공하는 다양한 테마를 선택할 수 있습니다.

❷ [적용] 그룹 : 색상이나 글꼴, 효과 등을 지정해 테마를 변경할 수 있습니다.

❸ 슬라이드 크기 : 와이드 스크린 혹은 표준으로 슬라이드 크기를 변경할 수 있습니다.

❹ 배경 서식 : 배경 서식을 지정할 수 있습니다.

다양한 효과를 위한 [적용] 그룹

[적용] 그룹은 파워포인트 2013에 새롭게 추가된 기능입니다. 테마를 적용한 후 다른 느낌의 색상을 선택하거나 글꼴, 또는 효과 등을 통해 같은 테마라도 다른 느낌의 테마로 탈바꿈할 수 있습니다.

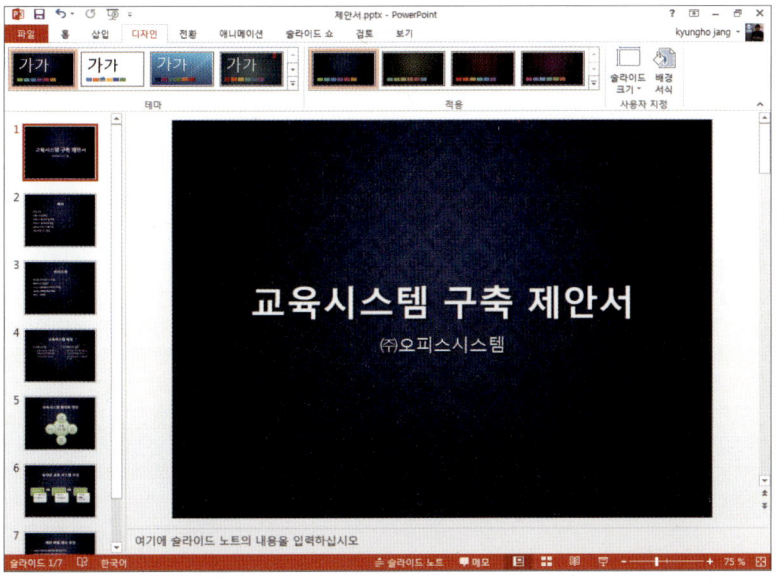

테마의 색상이나 글꼴, 효과 등을 파워포인트가 제공하는 다양한 갤러리 중에서 선택할 수 있습니다. 이미 전문가 수준의 색상과 글꼴, 효과가 준비되어 있기에 완성도 높은 테마 서식을 지정할 수 있습니다.

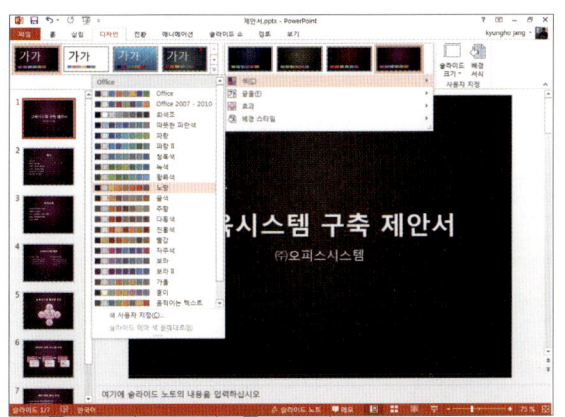
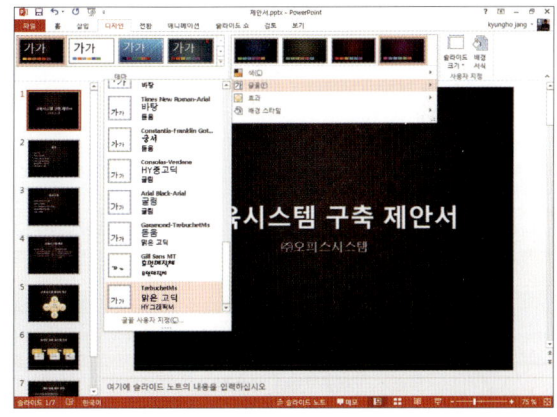

[새 테마 색 만들기] 대화상자 `473P`

자주 사용하는 테마 색을 등록해 놓으면 자신만의 테마 색을 필요할 때마다 불러올 수 있습니다. [디자인] 탭-[적용] 그룹의 [자세히]를 클릭한 다음 [색]-[색 사용자 지정]을 클릭합니다.

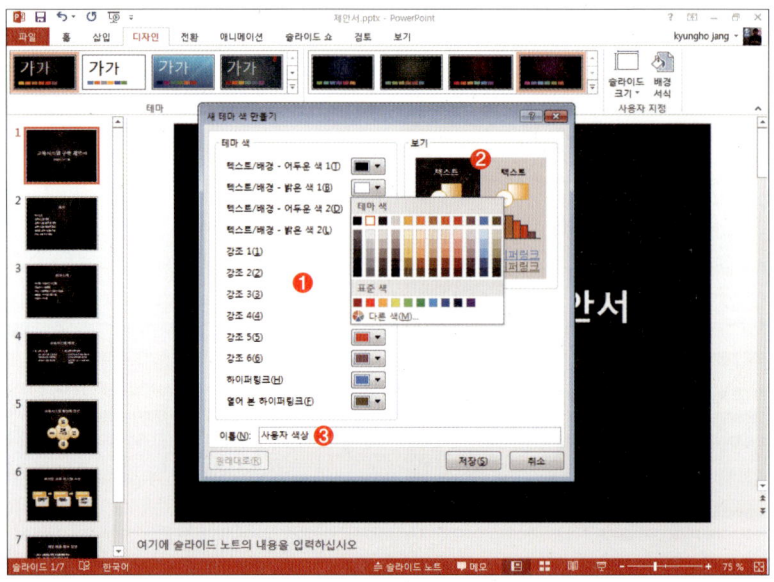

❶ **테마 색** : 제목 개체 틀이나 내용 개체 틀, 하이퍼링크 등에 원하는 테마 색상을 지정할 수 있습니다.

❷ **보기** : 적용한 테마 색을 미리 볼 수 있습니다.

❸ **이름** : 새 테마 색의 이름으로 지정합니다.

테마 효과 살펴보기 `473P`

테마 효과는 테마의 다양한 스타일을 변경하는 기능입니다. 원하는 테마 효과를 선택하면 테마 효과에 해당하는 다양한 도형 스타일이나 선 효과가 다양하게 변경됩니다.

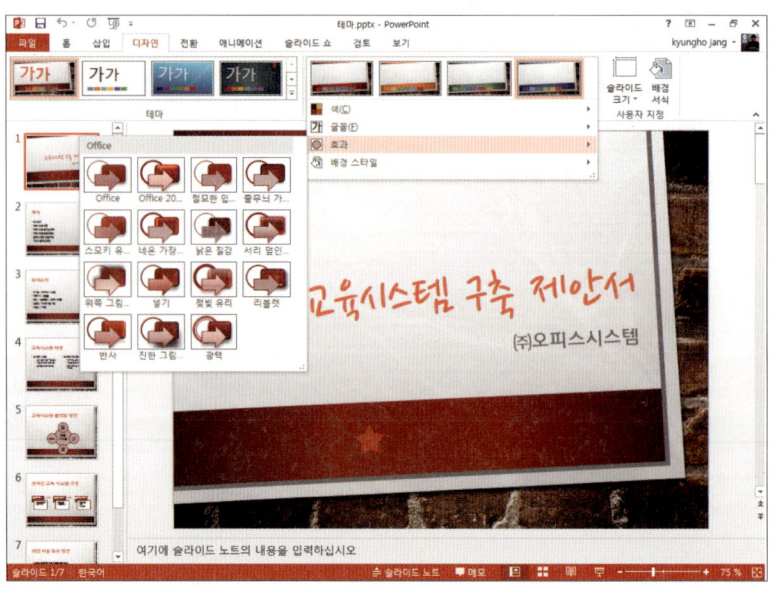

[디자인] 탭-[테마] 그룹을 클릭하면 전문가 수준의 다양한 테마 파일이 나타납니다. 이를 이용하면 누구나 쉽게 슬라이드를 디자인할 수 있습니다.

예제 파일 | CD₩Part 07₩제안서.pptx **완성 파일 |** CD₩Part 07₩제안서_완성.pptx

01. 흰 색 배경으로 구성된 예제 파일에 테마를 적용해 디자인이 가미된 멋진 슬라이드로 만들어 보도록 하겠습니다. [디자인] 탭-[테마] 그룹의 [자세히]를 클릭합니다.

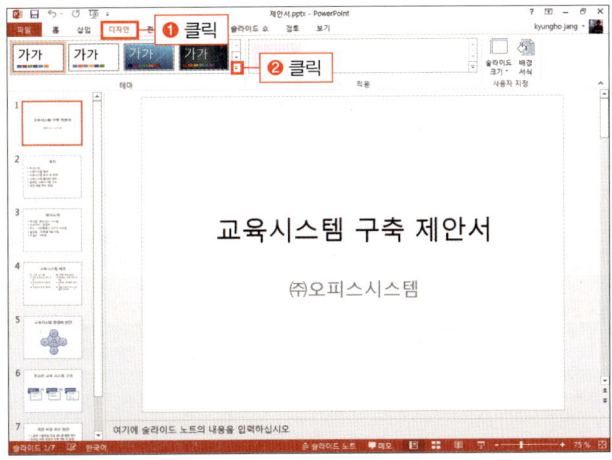

02. 테마 갤러리가 나타납니다. 테마 갤러리 위에 마우스를 위치시키면 슬라이드 편집 화면에 선택한 테마가 미리 보기됩니다. 원하는 테마 스타일을 선택합니다.

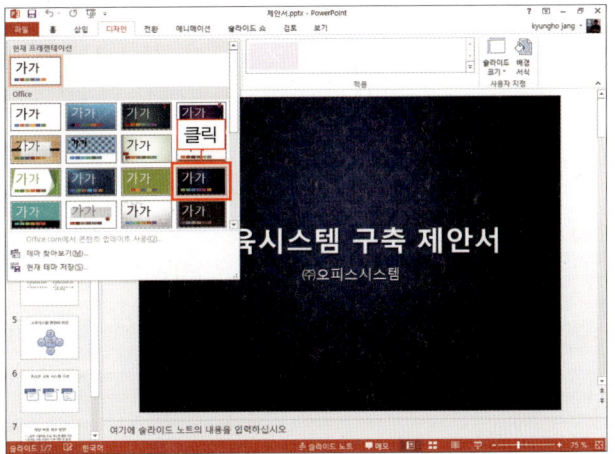

03. 선택한 테마가 전체 슬라이드에 적용됩니다. 선택한 테마도 다른 색상 및 텍스트 등을 지정할 수 있습니다. [디자인] 탭-[적용] 그룹에서 원하는 색상을 선택합니다.

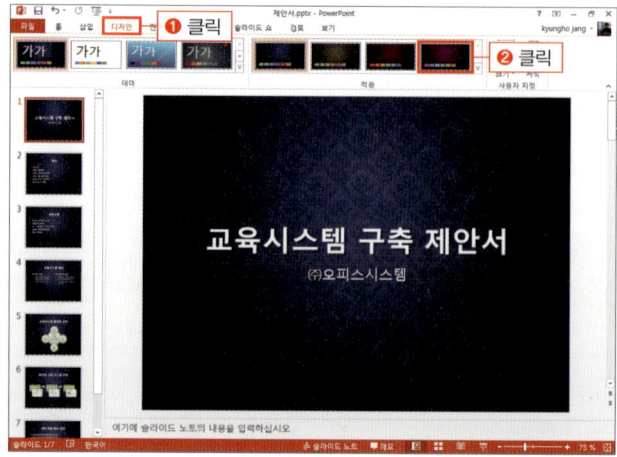

04. 선택한 색상으로 테마가 변경됩니다. 이번에는 [디자인] 탭-[적용] 그룹의 [자세히]를 클릭한 후 [색]-[노랑]을 선택합니다.

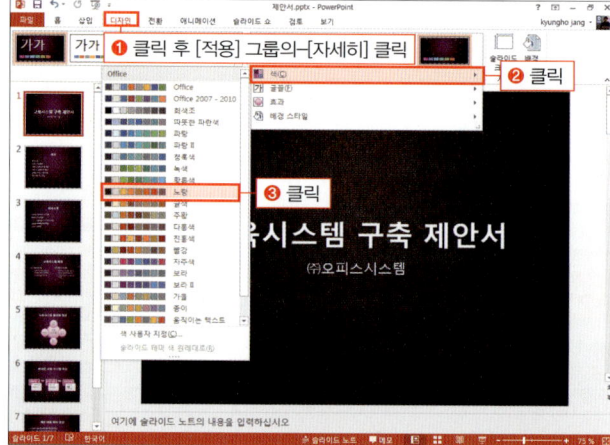

> **TIP** : [디자인] 탭-[적용] 그룹의 [자세히]를 클릭하면 색상을 비롯해 글꼴이나 효과 등을 적용하여 원하는 스타일로 변경할 수 있습니다.

05. 색상이 변경됩니다. 이번에는 적용한 테마에 글꼴을 변경해 보도록 하겠습니다. [디자인] 탭-[적용] 그룹의 [자세히]를 클릭한 후 [글꼴]을 선택하여 원하는 글꼴 스타일을 선택합니다.

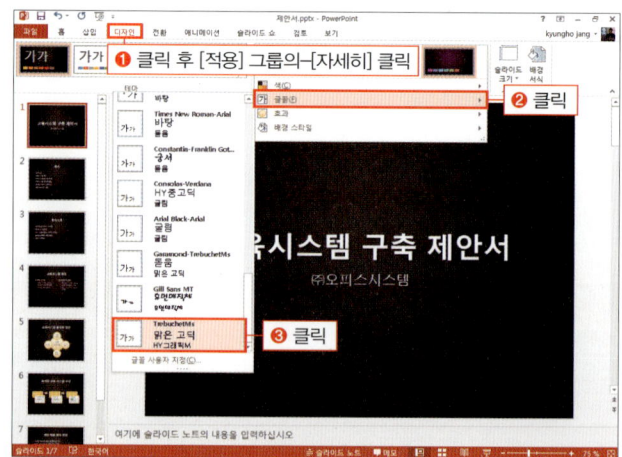

테마 갤러리에 나타나는 다양한 테마는 배경과 색상, 그리고 글꼴 등 서로 다른 서식이 적용되어 있습니다. 테마 색, 글꼴 및 효과는 원하는 효과로 변경할 수 있습니다.

01. 적용한 테마는 배경 스타일을 비롯하여 색상, 글꼴, 효과 등 다양한 서식을 변경할 수 있습니다. 테마 색을 변경하기 위해 [디자인] 탭─[적용] 그룹의 [자세히]를 클릭한 다음 [색]─[색 사용자 지정]을 클릭합니다.

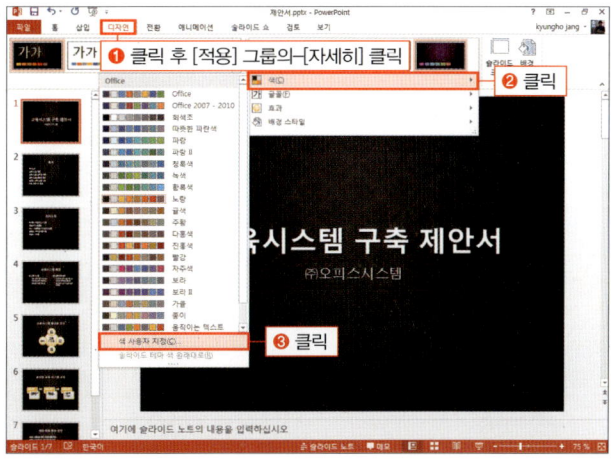

02. [새 테마 색 만들기] 대화상자가 나타납니다. [이름] 입력란에 『사용자 색상』을 입력합니다. 원하는 색상을 조합하여 원하는 색상을 지정합니다. [저장]을 클릭합니다.

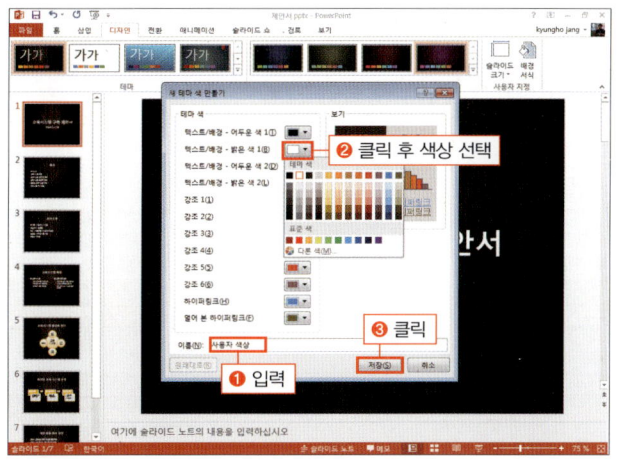

03. 사용자가 지정한 색상으로 테마 색상이 변경됩니다. [디자인] 탭─[적용] 그룹의 [자세히]를 클릭한 다음 [색]─[사용자 지정]에 새롭게 구성한 사용자 지정 색상을 확인합니다.

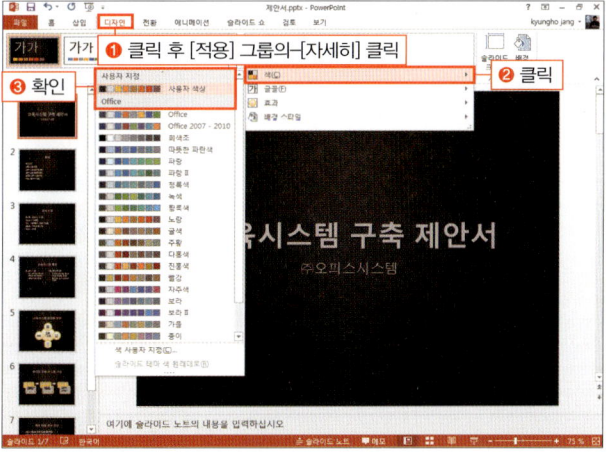

슬라이드에 테마를 적용하면 모든 레이아웃에 동일한 테마가 적용되며, 선택한 테마 스타일에 따라서 텍스트, 도형 등의 서식에도 변화가 생깁니다.

01. 테마 글꼴을 변경하기 위해 [디자인] 탭-[적용] 그룹의 [자세히]를 클릭한 다음 [글꼴]-[글꼴 사용자 지정]을 클릭합니다.

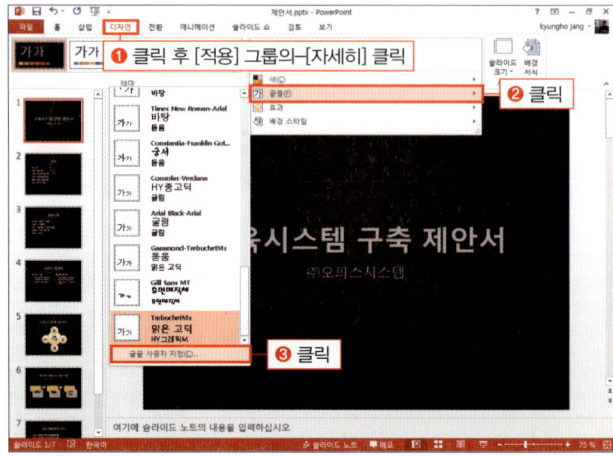

02. [새 테마 글꼴 만들기] 대화상자가 나타납니다. 여기서는 본문 글꼴을 사용자 글꼴로 지정해 보도록 하겠습니다. [이름] 입력란에 『사용자 글꼴』을 입력합니다. [한글 글꼴]-[제목 글꼴(한글)]의 글꼴을 [다음_Regular]로 변경합니다. [본문 글꼴(한글)]에는 [HY 견고딕]을 선택한 후 [저장]을 클릭합니다.

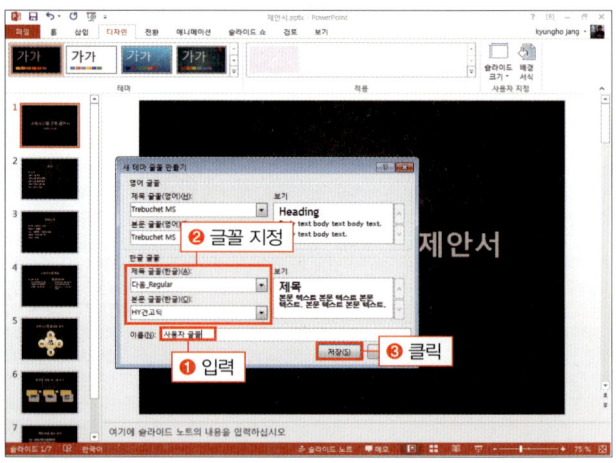

03. 사용자가 지정한 글꼴로 모두 변경됩니다. [디자인] 탭-[적용] 그룹의 [자세히]를 클릭한 다음 [글꼴]-[사용자 지정]에 새롭게 구성한 사용자 지정 글꼴을 확인합니다.

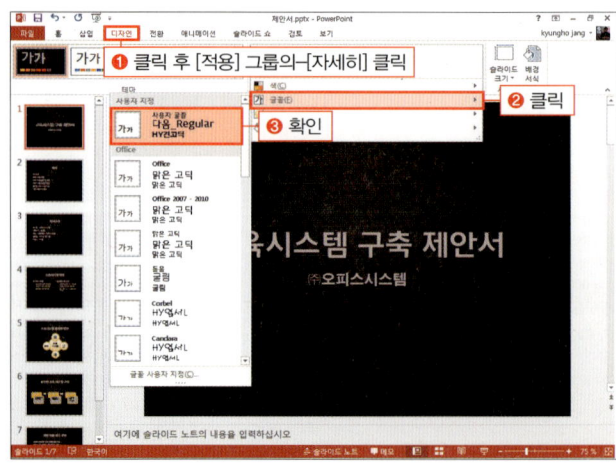

TIP : 사용자 지정한 테마를 삭제하고 싶으면 마우스 오른쪽을 클릭하여 [삭제]를 선택합니다.

테마 및 서식 파일 저장하기

힘들게 슬라이드 마스터를 이용하여 서식을 설정하였다면 이를 앞으로도 계속 사용할 수 있어야 합니다. 이럴 경우 서식 파일이라는 별도의 파일로 저장해두면 필요할 때마다 불러와 사용할 수 있습니다.

예제 파일 | CD₩Part 07₩테마.pptx   **완성 파일 |** CD₩Part 07₩테마.thmx

01. 테마를 저장해 보도록 하겠습니다. [디자인] 탭-[테마] 그룹의 [자세히]를 클릭한 후 [현재 테마 저장]을 선택합니다.

02. [현재 테마 저장] 대화 상자가 나타나면 [파일 이름]에 테마1.thmx를 입력하거나 확인한 후 [저장]을 클릭합니다.

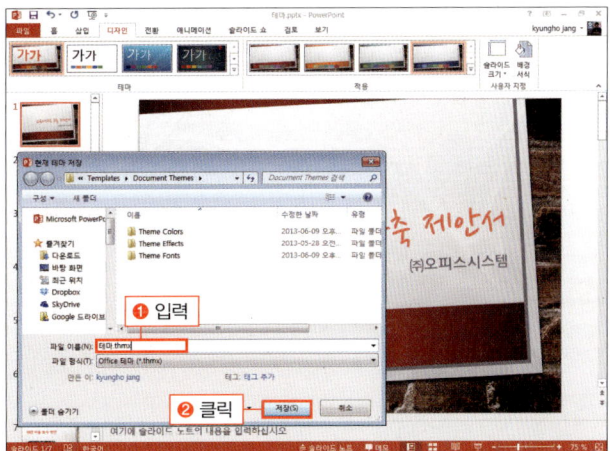

03. [디자인] 탭−[테마] 그룹의 [자세히]를 클릭합니다. [사용자 지정]에 새로운 테마가 나타납니다. 마우스를 올리면 파일 이름으로 지정한 '테마'라는 나만의 테마를 확인할 수 있습니다.

04. 이제 저장된 테마를 불러와 보도록 하겠습니다. 새 슬라이드를 불러옵니다. [디자인] 탭−[테마] 그룹의 [자세히]를 클릭한 후 [사용자 지정]−[테마]를 선택합니다.

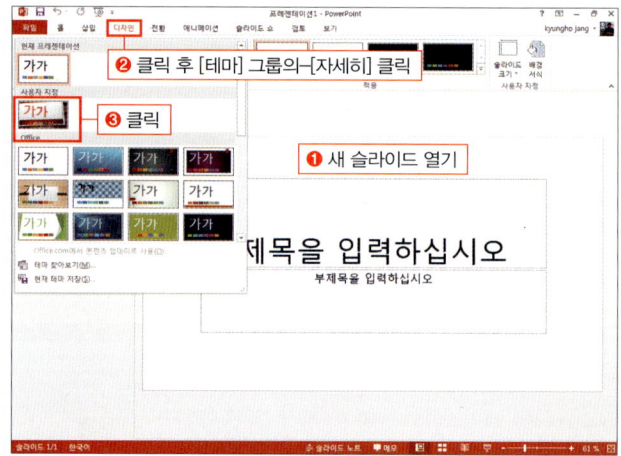

05. 저장한 테마가 새 슬라이드에 적용되어 나타납니다. 이처럼 사용자 지정 테마 색이나 글꼴을 통해 완성한 슬라이드 테마를 사용자 지정 테마로 저장하여 원할 때마다 언제든지 불러올 수 있습니다.

> **문제해결 사용자 테마를 삭제하고 싶어요.**
> 저장한 테마는 [디자인] 탭−[테마] 그룹의 [자세히]를 클릭한 후 [사용자 지정]−[테마]를 마우스 오른쪽을 눌러 삭제할 수 있습니다. 삭제 뿐 아니라 기본 테마로 설정할 수도 있습니다.

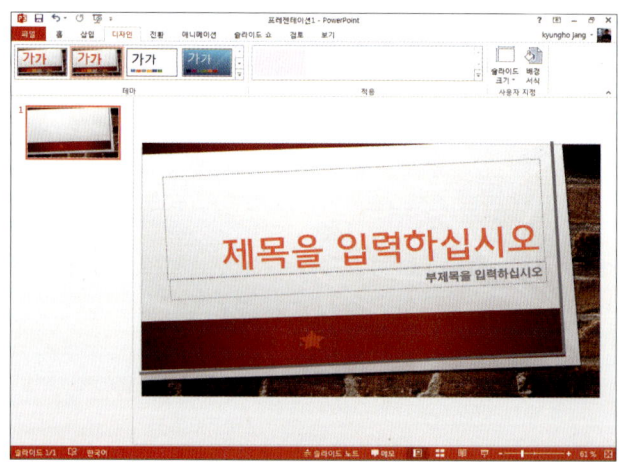

슬라이드 인쇄하기

슬라이드의 성격에 따라서는 유인물을 따로 인쇄할 필요가 있으며 컬러가 많이 들어간 슬라이드 같은 경우 흑백이나 회색조로도 인쇄하여 인쇄 비용을 줄일 필요도 있습니다. 이번에는 슬라이드를 인쇄하고 출판하는 기능에 대해서 살펴보겠습니다.

기초탄탄 ▶ 인쇄 기능 살펴보기

■ [인쇄] 기능 살펴보기 481P

[파일] 탭-[인쇄]를 클릭한 후 [전체 페이지 슬라이드]를 선택하여 [유인물] 항목의 원하는 슬라이드 페이지 수를 선택하면 원하는 페이지만큼 슬라이드를 인쇄할 수 있습니다. 여기서는 [인쇄]를 선택해 지정할 수 있는 인쇄 옵션에 대해서 잠시 살펴보도록 하겠습니다.

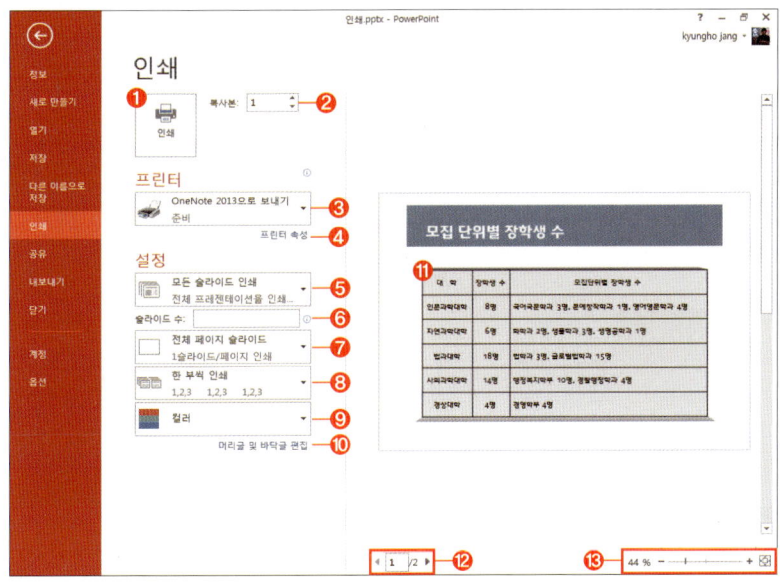

❶ 인쇄 : 인쇄를 진행합니다.

❷ 복사본 : 인쇄 부수를 조정할 수 있습니다.

❸ 프린터 : 프린터를 선택할 수 있습니다.

❹ 프린터 속성 : 선택한 프린터의 속성을 변경합니다.

❺ 모든 슬라이드 인쇄 : 모든 슬라이드를 인쇄할 것인지 특정 슬라이드를 인쇄할 것인지 선택합니다.

❻ **슬라이드 수** : 인쇄할 슬라이드 번호를 직접 입력합니다. 예를 들어, 『1』을 입력하면 첫번째 슬라이드만 인쇄되며, 『3-5』를 입력하면 세 번째 슬라이드부터 다섯 번째 슬라이드까지 인쇄됩니다.

❼ **전체 페이지 슬라이드** : 인쇄 모양을 변경할 수 있습니다.

❽ **한 부씩 인쇄** : 한 부씩 인쇄할 것인지 선택할 수 있습니다.

❾ **컬러** : 컬러 혹은 회색조, 흑백 중 원하는 색상을 선택할 수 있습니다.

❿ **머리글 및 바닥글 편집** : 머리글 및 바닥글을 편집할 수 있습니다.

⓫ **미리 보기** : 인쇄될 모양을 미리볼 수 있습니다.

⓬ **페이지 선택** : 미리 보기할 페이지를 선택합니다.

⓭ **미리 보기 확대/축소** : 미리 보기 화면을 확대 혹은 축소할 수 있습니다.

흑백이나 회색조로 인쇄하기

슬라이드는 칼라 혹은 흑백과 회색조로 인쇄를 할 수 있습니다. 흑백이나 회색조로 인쇄하려면 [파일] 탭-[인쇄]를 선택해 [컬러]에서 [회색조] 혹은 [흑백]을 선택해서 지정할 수 있습니다.

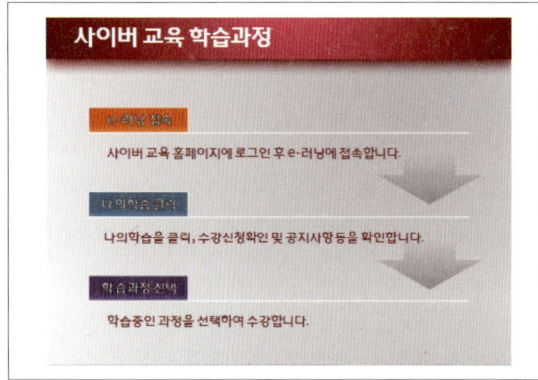

▲ 컬러

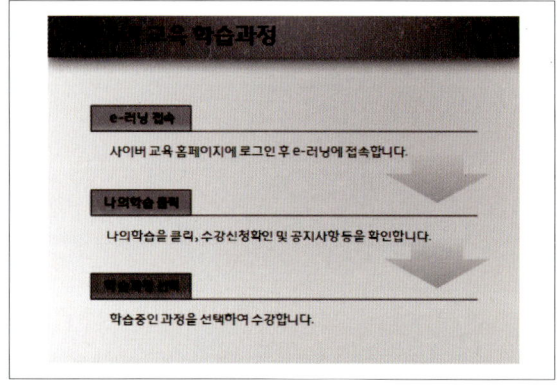

▲ 흑백

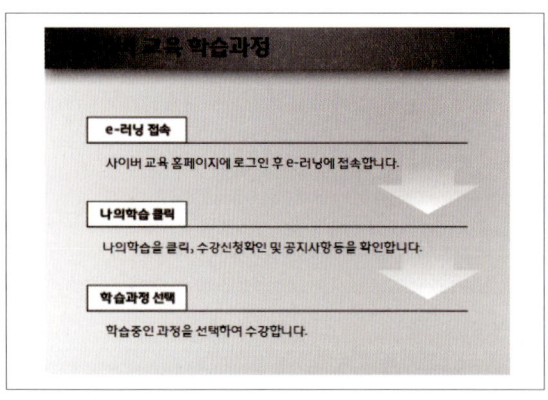

▲ 회색조

[머리글/바닥글] 대화상자 살펴보기

[파일] 탭−[인쇄]에서 [머리글 및 바닥글 편집]을 클릭하면 [머리글/바닥글] 대화상자가 나타납니다. 여기서는 [머리글/바닥글] 대화상자의 옵션에 대해서 잠시 살펴보도록 하겠습니다.

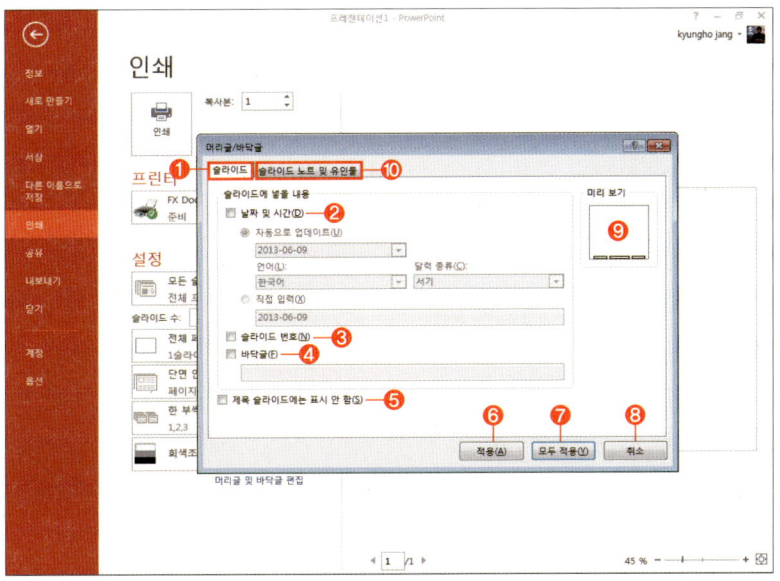

❶ [슬라이드] 탭 : 슬라이드 페이지에 넣을 머리글/바닥글을 선택할 수 있습니다.

❷ 날짜 및 시간 : 날짜 및 시간을 머리글/바닥글에 삽입할 수 있습니다.

❸ 슬라이드 번호 : 슬라이드 번호를 머리글/바닥글에 삽입할 수 있습니다.

❹ 바닥글 : 바닥글에 넣을 내용을 입력할 수 있습니다.

❺ 제목 슬라이드에는 표시 안 함 : 날짜 및 시간 혹은 페이지 번호 등을 제목 슬라이드에는 표시하지 않습니다.

❻ 적용 : 현재 슬라이드에만 머리글/바닥글에서 지정한 내용을 적용합니다.

❼ 모두 적용 : 슬라이드의 전체 페이지에 머리글/바닥글에서 지정한 내용을 모두 적용합니다.

❽ 취소 : 머리글/바닥글 지정을 취소합니다.

❾ 미리 보기 : 머리글/바닥글에 지정될 부분을 미리볼 수 있습니다.

❿ [슬라이드 노트 및 유인물] 탭 : 슬라이드 노트 및 유인물 페이지에 넣을 머리글/바닥글을 선택할 수 있습니다.

■ [페이지 설정] 대화상자 살펴보기 483P

[디자인] 탭-[사용자 지정] 그룹에서 [슬라이드 크기]-[사용자 지정 슬라이드 크기]를 클릭하면 [슬라이드 크기] 대화상자가 열립니다. 여기서는 슬라이드의 크기를 설정하거나 방향 등을 변경할 수 있습니다.

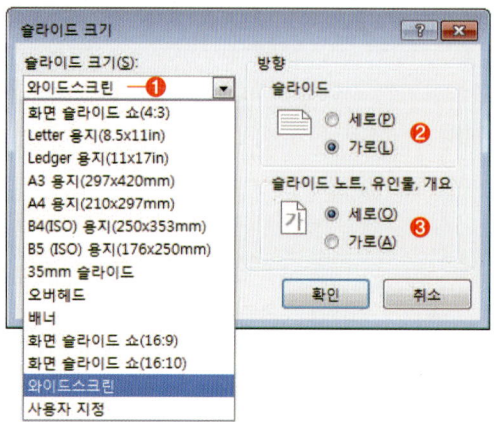

❶ 슬라이드 크기 : 화면 슬라이드 쇼(4:3), A3 용지, A4 용지 등 용도에 따라 다른 크기의 슬라이드를 선택할 수 있습니다.

❷ 슬라이드 : 슬라이드의 방향을 세로, 가로 중에서 선택할 수 있습니다.

❸ 슬라이드 노트, 유인물, 개요 : 슬라이드, 슬라이드 노트, 유인물 등 인쇄되는 방향을 가로, 세로 중에서 선택할 수 있습니다.

파워포인트 문서의 성격에 따라 다양한 용도로 인쇄할 수 있습니다. 유인물을 따로 인쇄할 경우도 있으며, 컬러가 많이 들어간 슬라이드 같은 경우 흑백이나 회색조로도 인쇄하여 인쇄 비용을 줄일 수도 있을 것입니다. 여기서는 여러 가지 파워포인트 슬라이드 인쇄 방법 및 회색조, 흑백으로 인쇄하는 방법 등을 배워보도록 하겠습니다.

예제 파일 | CD₩Part 07₩인쇄.pptx 완성 파일 | CD₩Part 07₩인쇄_완성.pptx

01. [파일] 탭을 클릭하여 [인쇄]를 선택하거나 **Ctrl**＋**P**를 누릅니다. 인쇄와 관련된 설정 옵션이 나타납니다. 오른쪽 미리 보기 화면을 통해 인쇄될 화면을 미리 확인할 수 있습니다. [다음 페이지]를 클릭하여 인쇄될 페이지를 확인합니다.

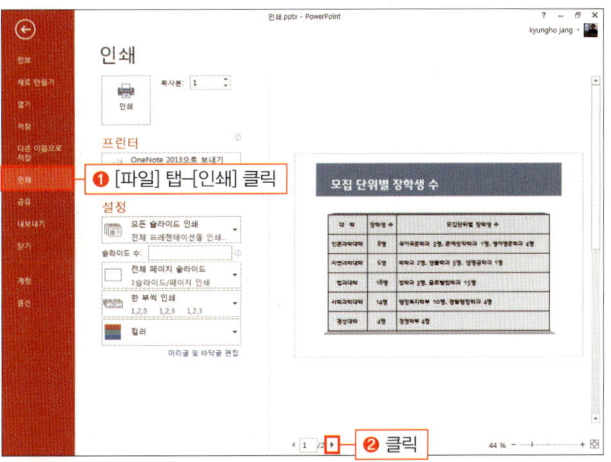

02. [프린터]를 클릭하여 인쇄를 진행할 프린터를 선택합니다.

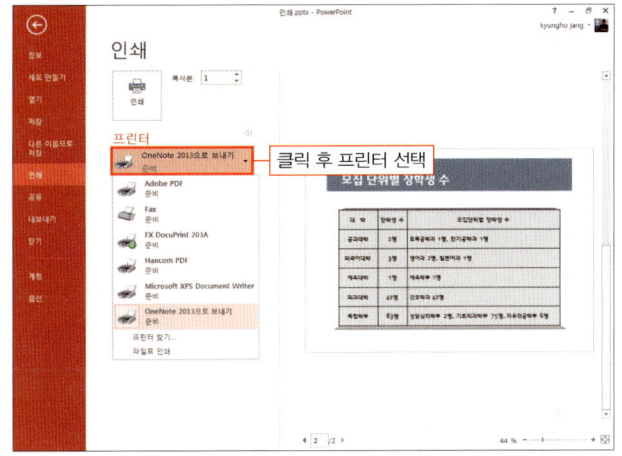

03. [전체 페이지 슬라이드]를 클릭한 후 슬라이드 노트나 유인물을 클릭해 원하는 설정으로 인쇄할 수 있습니다. 여기서는 [슬라이드 노트]를 선택합니다.

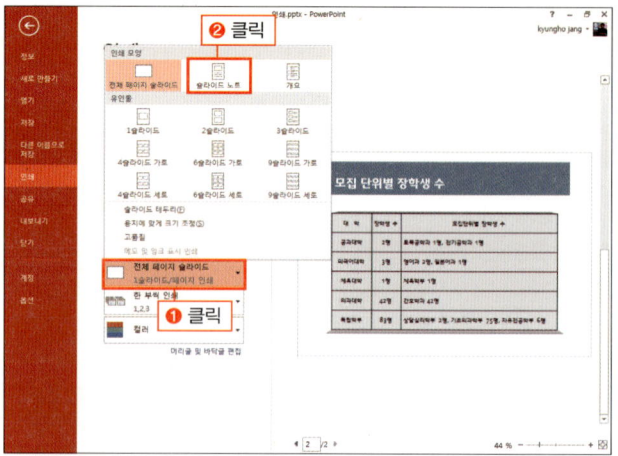

04. 미리 보기 화면에 슬라이드 노트가 표시됩니다. [확대/축소] 단추를 클릭해 슬라이드 노트를 확대 혹은 축소할 수 있습니다. 여기서는 [확대/축소] 단추를 클릭합니다. [확대/축소] 대화상자가 나타나면 [100%]를 선택한 후 [확인]을 클릭합니다.

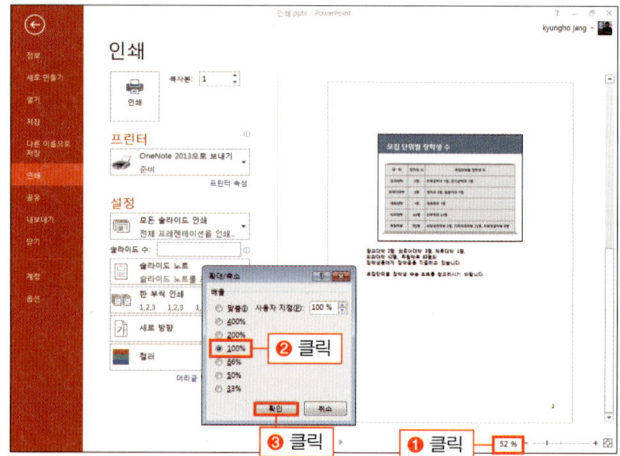

05. 미리 보기 화면을 원래대로 되돌리기 위해 [페이지 확대/축소] 단추를 클릭합니다.

TIP : [인쇄]를 누르면 [슬라이드 노트]로 인쇄가 가능합니다. 인쇄 설정 옵션을 통해 인쇄하고 싶은 범위나 유인물, 슬라이드 노트 등을 선택할 수 있습니다.

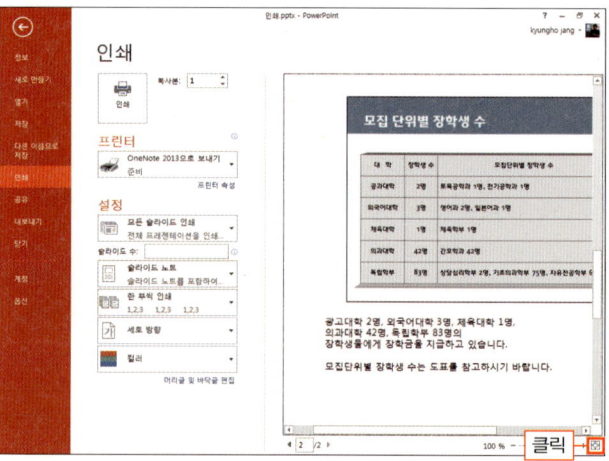

문제 해결 [인쇄]-[설정]에서 [컬러]로 지정해도 미리보기 화면에 흑백으로 표시됩니다.

프린터를 체크해 보세요. 프린터가 컬러 프린터인지 흑백 프린터인지에 따라 표시되는 미리보기 화면도 달라집니다. 즉, 연결된 프린터가 흑백 프린터일 경우 [설정]에서 [컬러]로 지정해도 미리보기 화면은 흑백으로 표시됩니다.

검토용 슬라이드나 유인물 형태의 인쇄를 위해서는 한 페이지에 여러 슬라이드를 인쇄하는 것이 효율적입니다. 여기서는 한 페이지에 여러 슬라이드를 인쇄하는 방법에 대해서 살펴보도록 하겠습니다.

01. [파일] 탭–[인쇄]를 클릭한 후 한 페이지에 2 슬라이드를 인쇄하기 위해 [설정]–[슬라이드 노트]를 클릭한 다음 [2슬라이드]를 선택합니다.

TIP : 한 페이지에 여러 장의 슬라이드를 인쇄하는 것을 유인물 인쇄라고 하며, 유인물로 먼저 설정이 되어야 한 페이지에 넣을 페이지 수를 지정할 수 있습니다.

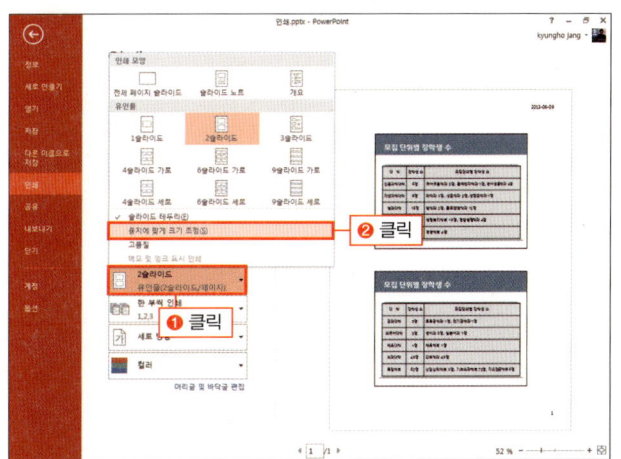

02. 용지에 맞게 크기를 조정하기 위해 [2슬라이드]–[용지에 맞게 크기 조정]을 클릭합니다.

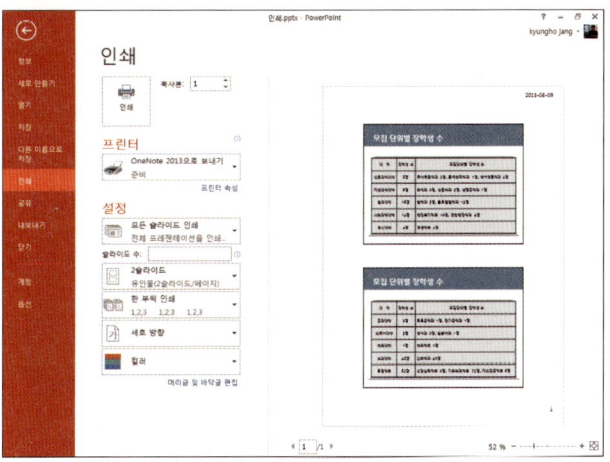

03. 미리보기 화면을 보면 용지에 맞게 크기가 조정된 것을 확인할 수 있습니다.

파워포인트는 워드나 엑셀과 달라서 출력시 컬러로 인쇄하면 토너나 잉크 소모가 크다는 단점이 있습니다. 이럴 때에는 회색조나 흑백으로 인쇄하여 해결할 수 있습니다.

01. [파일] 탭-[인쇄]를 클릭한 후 [컬러]에서 [회색조]를 선택합니다.

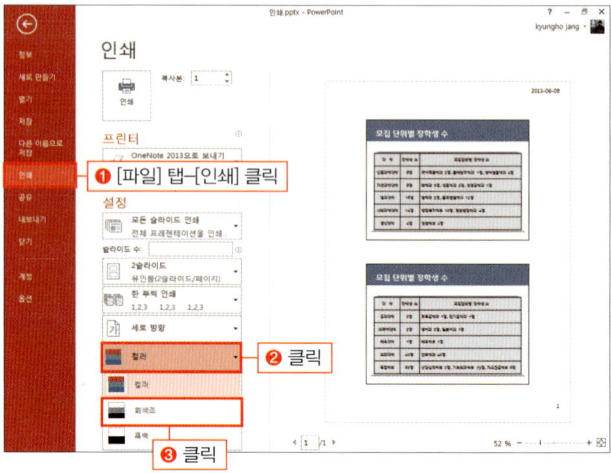

02. 컬러에서 회색조로 변경됩니다. 이번에는 흑백으로 변경해 보겠습니다. [회색조]를 클릭해 [흑백]을 선택합니다.

03. 회색조에서 흑백으로 미리보기 화면이 변경됩니다. [인쇄]를 클릭하면 흑백으로 슬라이드를 인쇄할 수 있습니다.

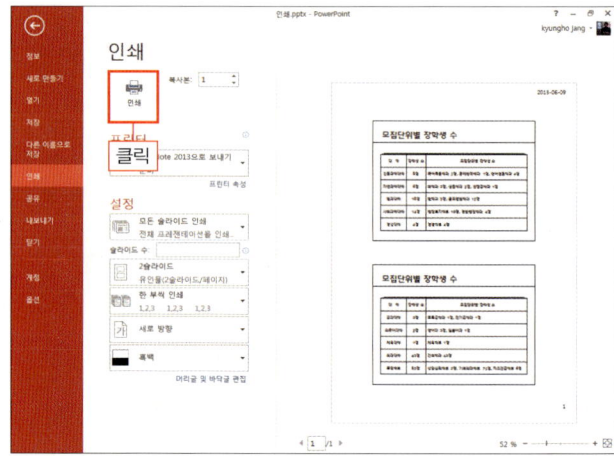

TIP : 회색조나 흑백으로 인쇄시 이미지나 텍스트가 자동으로 회색조와 흑백으로 전환되어 표시됩니다. 만일, 그라데이션 색상이나 다른 프로그램에서 만든 이미지나 아이콘의 경우 제대로 표시되지 않을 수 있습니다.

머리글/바닥글을 슬라이드에 포함하여 인쇄할 수 있습니다. 여기서는 유인물에 머리글/바닥글을 인쇄하는 방법에 대해서 살펴보도록 하겠습니다.

01. [파일] 탭–[인쇄]에서 [머리글 및 바닥글 편집]을 클릭합니다. [머리글/바닥글] 대화상자에서 [슬라이드 노트 및 유인물] 탭에서 [페이지 번호], [바닥글]에 체크 표시를 한 다음 [바닥글]에 『모집 단위별 장학생 수』를 입력한 다음 [모두 적용]을 선택합니다.

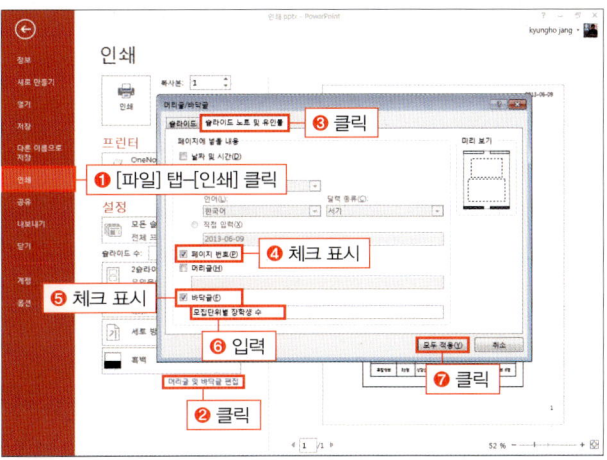

02. 인쇄 미리보기 화면에서 머리글 및 바닥글에 지정한 내용이 표시됩니다. 이번에는 인쇄할 때 세로 방향이 아닌 가로 방향으로 변경해 보도록 하겠습니다. [세로 방향]–[가로 방향]으로 선택합니다.

03. 인쇄 방향이 세로 방향에서 가로 방향으로 변경됩니다.

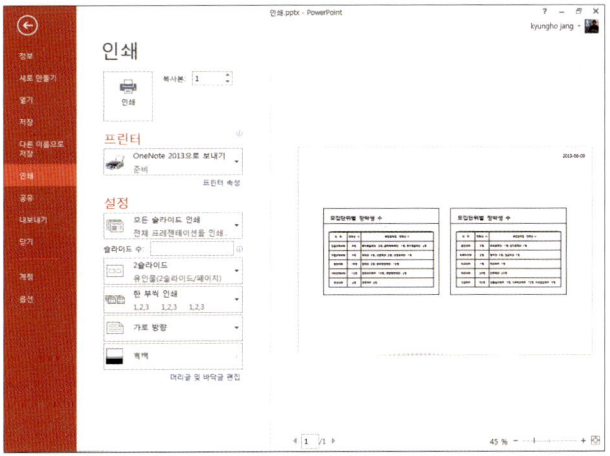

굳이 워드나 한글 프로그램을 이용하지 않더라도 개요 보기만 A4 용지에 인쇄할 수 있습니다.

예제 파일 | CD₩Part 07₩개요.pptx

01. 먼저, [개요] 창으로 전환하기 위해 [보기] 탭-[프레젠테이션 보기] 그룹에서 [개요 보기]를 선택합니다. [개요] 창으로 전환되면서 각 슬라이드에 대한 개요가 나타납니다. 여기서는 슬라이드 화면이 아닌 개요 텍스트를 인쇄해 보도록 하겠습니다. [파일] 탭을 클릭합니다.

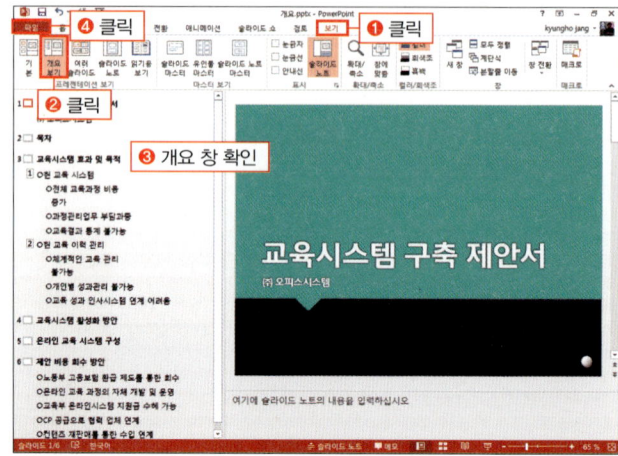

02. [인쇄]-[전체 페이지 슬라이드]를 클릭한 후 [개요]를 선택합니다.

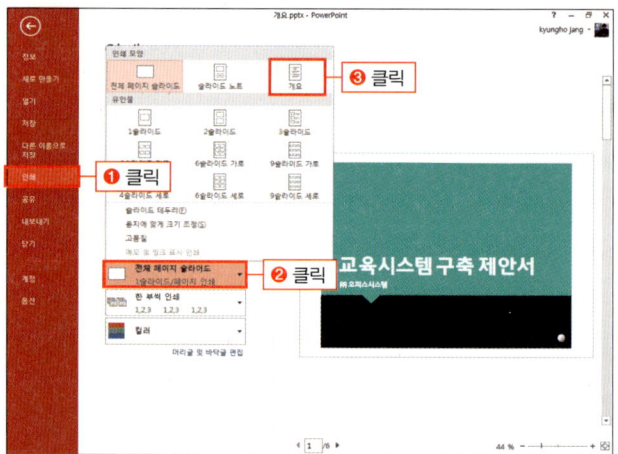

03. 미리보기 화면에 개요 문서가 열립니다. [인쇄]를 클릭해 개요 문서를 인쇄합니다.

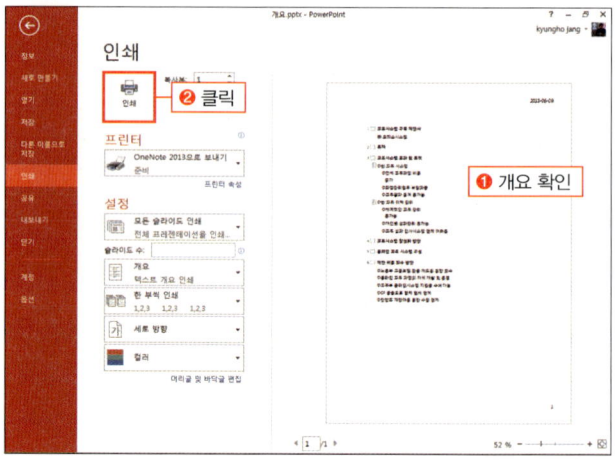

PDF로 변환하여 인쇄하기

PDF(Portable Document Format) 파일은 전자문서 파일 형태를 말하는데 어떤 운영체제에서도 전송과 읽기가 가능해 문서를 출판할 때 주로 사용하는 형태입니다. 특히, 변환 전의 파일보다 용량을 많이 줄여주고 뷰어 프로그램만 있어도 내용을 볼 수 있어 많이 사용하고 있습니다. 파워포인트 파일을 PDF 파일로 한 번에 변환할 수 있습니다.

예제 파일 | CD₩Part 07₩PDF.pptx **완성 파일 |** CD₩Part 07₩PDF.pdf

01. [파일]–[내보내기]–[PDF/XPS 문서 만들기]를 클릭한 다음 [PDF/XPS 만들기]를 선택합니다.

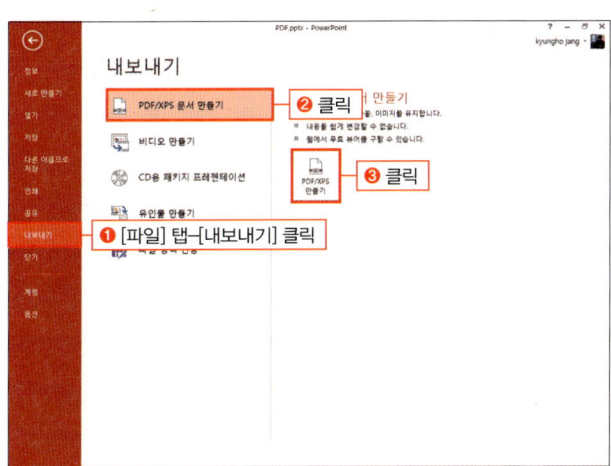

TIP : PDF(Portable Document Format)는 공유를 목적으로 하는 전자문서 파일 형식을 말하는 것으로 리눅스, 윈도우, 매킨토시 등 어떤 운영체제에서도 전송과 읽기가 가능한 전자문서 파일 형식이라고 볼 수 있습니다.

02. [PDF 또는 XPS로 게시] 대화상자가 나타나면 원하는 폴더를 선택한 다음 [파일 이름]에 『PDF』를 입력한 후 [게시]를 클릭합니다.

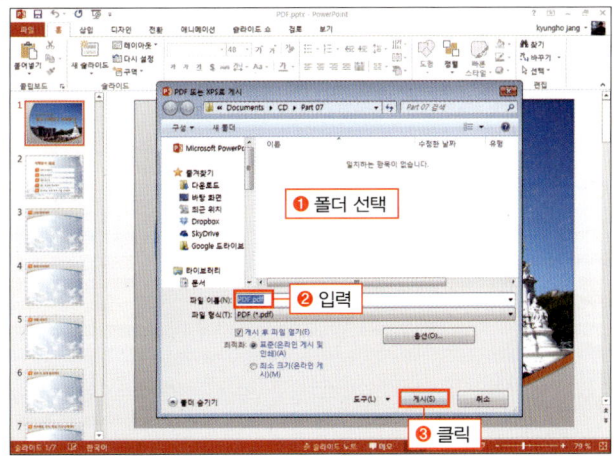

03. Adobe Acrobat 프로그램이 자동으로 실행됩니다. 한 장에 두 장의 슬라이드를 여백 없이 인쇄하기 위해 [File]—[Print]를 클릭합니다.

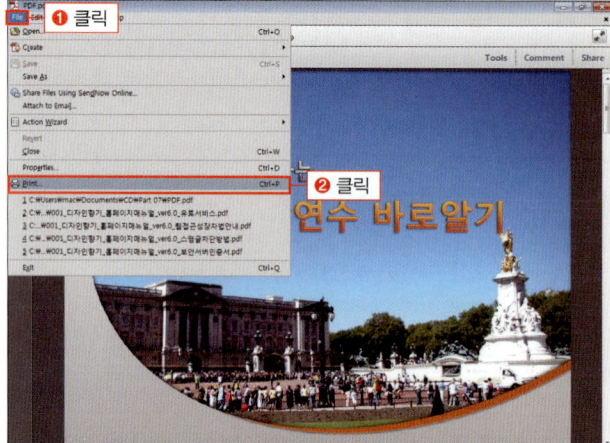

TIP : Adobe Acrobat 프로그램이 한글판일 경우 [파일]—[프린터]를 선택합니다.

04. [Print] 대화상자가 나타나면 [Page Sizing & Handling]—[Multiple]를 클릭합니다. [Pages per sheet]—[2]를 선택합니다. [Orientation]—[Landscape]를 선택합니다. [Print]를 클릭합니다.

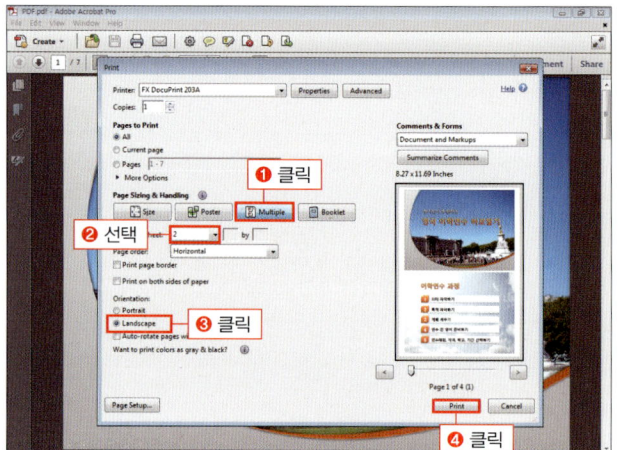

TIP : 한글판일 경우 [인쇄] 대화상자가 나타나면 [페이지 크기 조정 및 처리]—[다중]을 클릭합니다. [한 면에 인쇄할 페이지 수]에 [2]를 선택한 후 [페이지 순서]—[가로], [방향]—[가로 방향]을 선택한 후 [인쇄]를 클릭합니다.

TIP : 아크로뱃 리더 설치하기

컴퓨터에 따라서 PDF 프로그램이 설치되어 있지 않을 수 있습니다. 설치되어 있지 않다면 http://www.adobe.com/kr/downloads 에서 무료로 PDF Reader를 다운받아 설치합니다.

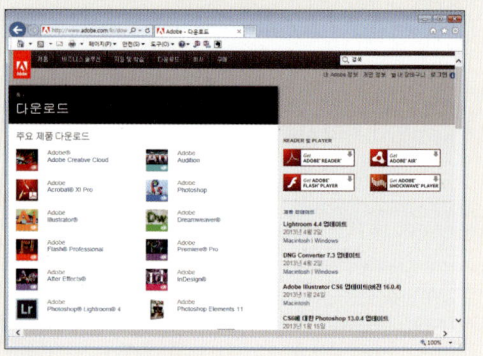

서론, 본론, 결론 법칙과 유인물 노하우

원고를 작성할 때에는 하나의 문장에 하나의 메시지만을 담는 것이 좋습니다. 하나의 메시지만이라도 제대로 전달할 수 있으면 적어도 실패할 프레젠테이션이 될 확률은 적어질 수 있습니다. 또한, 중복 어구도 피하는 것이 좋습니다. 계속 나오는 중복 어구는 청중들을 지루하게 하고 프레젠테이션 내용도 무미건조해 질 수 있습니다. 원고의 대부분을 차지하는 본론의 내용을 구성할 때에는 먼저 기본적인 골격, 즉 항목을 먼저 작성하고 세부 내용에 살을 붙이는 것이 좋습니다.

1. 서론–본론–결론 법칙

프레젠테이션에는 3단 구성이 가장 효과적입니다. 3단 구성이란 서론–본론–결론 법칙으로 이 방법은 글이 논리적으로 어긋나지 않게 하기 위한 기능을 합니다. 특히, 서론에서 이슈를 제시하거나 먼저 결론을 제시하여 청중들의 궁금증을 유발하고, 본론에서 자세한 설명과 함께 청중을 이해시키고 설득하여 동의를 구한 다음 결론에서 다시 한번 내용을 요약하고 강조하게 됩니다.

서론에서는

말하고자 하는 사항은 분명히 전달하고 문제 제기를 통해 주의를 집중시켜야 합니다. 먼저 결론을 이야기하거나 전체 개요를 설명하는 것도 좋고, 이번 프레젠테이션에서 다루게 될 내용에 대해서 언급하는 것도 좋습니다.

서론에서는 예시를 통해 주의를 환기시키는 것도 좋지만 너무 잘 알려진 이야기나 자신이 잘 알지 못하는 내용은 피하는 것이 좋습니다. 또한, 주제와 무관하거나 동떨어진 내용을 논의의 실마리로 삼아서도 안됩니다. 문제 제기와 관련해서는 본론과 결론의 내용을 염두에 두고 이야기하며 서론에서 너무 많은 내용을 이야기하는 것은 좋지 않습니다. 서론–본론–결론의 비례 균형을 파악하여 적절히 배분할 필요가 있습니다.

> * **서론의 주의 사항**
> – 너무 잘 알려진 이야기나 자신이 잘 알지 못하는 내용은 말하지 않는다.
> – 주제와 무관하거나 동떨어진 내용은 제외한다
> – 본론과 결론의 내용을 염두에 두고 서론 내용을 배분한다.
> – 장황하게 주제를 설명하거나 불평이나 변명을 제시하지 않는다.

본론에서는

서론에서 언급한 내용들을 하나하나 자세히 설명하고, 핵심에 대한 명쾌한 내용과 부연 설명을 통해 청중을 이해시킬 필요가 있습니다. 내용을 전달할 때에는 말로 표현하는 경우가 대부분이지만 비음성적인 제스처나 행동 등을 통해서도 충분히 전달할 수 있습니다. 내용을 전달할 때에는 제스처를 사용하거나 심리적 효과를 사용하여 청중들의 마음을 움직일 수도 있습니다.

> ✳ **본론의 주의 사항**
> – 서론의 문제제기를 벗어난 다른 주제를 펴서는 안된다.
> – 사실과 의견, 남의 견해와 나의 견해를 구분하여 주장한다.
> – 내용과 이를 뒷받침하는 근거가 명확하도록 전개한다.
> – 서론과 본론의 내용이 자연스러우면서도 연결되도록 전개한다.
> – 핵심에 대한 명쾌한 내용과 부연 설명을 통해 청중을 이해시킨다.

결론에서는

내용을 요약 후 강조하거나 핵심 내용을 반복 전달합니다. 반복 전달하다보면 청중들은 다른 내용은 잘 기억하지 못하더라도 반복 전달한 내용을 기억할 확률이 높습니다. 물론 반복 전달할 때에는 본론에서 청중들을 충분히 이해시키고 설득한 내용이어야 합니다. 뜬금없이 반복 전달되는 내용은 오히려 비효과적입니다. 결론에서는 서론에서 말한 문제제기와 본론에서 말한 내용을 다시 한번 정리한다는 의미에서 내용을 포괄적으로 요약하여 제시할 수 있어야 합니다. 결론 부분은 프레젠테이션 시 청중의 뇌리에 가장 오래 남아 있는 부분이라는 점을 명심합니다.

> ✳ **결론의 주의 사항**
> – 결론은 서론에서 언급한 문제제기와 본론의 주장에서 도출된 내용이어야 한다.
> – 객관적인 표현을 통해 명확한 내용으로 마무리하고, 추상적인 내용으로 마무리하지 않는다.
> – 결론은 새로운 이야기를 언급하는 부분이 아니다.

전체 프레젠테이션을 배분해 본다면 보통 서론은 10% 이내, 본론은 80%, 결론은 5% 이내로 구성될 수 있습니다. 나머지 5%는 질의와 응답으로 채워진다고 생각하면 됩니다. 본론이 프레젠테이션의 대부분을 차지하지만 막상 프레젠테이션을 진행하다보면 구성하기 어려운 부분이 서론과 결론입니다. 서론부터 차근차근 프레젠테이션 내용을 구성하는 것이 보편적인 방법이지만 주로 다루게 될 본론 부분을 먼저 구성해 놓고 서론과 결론을 차후 구성해 보는 것도 좋은 방법 중 하나입니다.

2. 유인물 작성 노하우

프레젠테이션 진행에 있어서 유인물 배포는 필수입니다. 유인물 배포는 발표자가 발표에 대한 부담을 줄여주는 역할을 하는 고마운 녀석이죠. 또한, 프레젠테이션에서 놓칠 수 있는 부분도 유인물이 대신해 줄 수도 있습니다.

유인물은 프레젠테이션 시작 전에 나누어주는 것은 바람직하지 않습니다. 발표자가 열심히 프레젠테이션을 하고 있는데 청중은 유인물만 쳐다보거나 파트너와 이미 내용을 가지고 토론을 하고 있는 장면은 상상하기 힘들 것입니다. 즉, 유인물은 프레젠테이션 종료 후 나눠주는 것이 좋습니다. 발표자는 연극배우이고 청중은 공연을 보러온 사람들이기에 청중들에게 프레젠테이션의 시나리오라고 볼 수 있는 유인물을 미리 나누어 줄 필요는 없습니다.

유인물은 발표자의 이야기에 집중하지 못하게 만드는 장애물입니다. 인물에 집중하느라 프레젠테이션의 주인공인 발표자의 동작과 말에는 집중하지 못할 수 있습니다. 결과론적으로 프레젠테이션 후 나눠주는 유인물이나 인터넷 상에 공유하는 프레젠테이션 자료가 청중들에게 오히려 만족을 주는 경우가 훨씬 많습니다. 프레젠테이션 후 배포하겠다고 약속하거나 인터넷을 통해 공유하겠다는 이야기만으로 청중들은 프레젠터의 이야기에 더욱 집중할 수 있을 것입니다.

유인물이 존재한다는 사실만으로 청중들은 프레젠터의 이야기에 더욱 집중할 수 있습니다. 다만, 청중들에 대한 배려라고 생각하고 유인물은 최대한 자세히 만들어 놓는 것이 좋습니다. 프레젠테이션을 진행하다보면 생각보다 많은 방해요소가 있을 수 있습니다. 프레젠테이션을 진행하다보면 이렇게 생각하지도 못한 여러 방해요소가 생기기 마련인데 유인물은 이런 방해요소에서 벗어날 수 있는 좋은 무기가 될 수 있습니다.

---

* 유인물 배포 시 주의사항

❶ 유인물에는 특별한 형식이 있지 않습니다.
단순히 내용을 나열해도 되고, 표나 도해로 작성해도 무방합니다. 또한, 파워포인트가 편하면 파워포인트의 유인물 형식을 이용하면 되고, 워드나 한글과 같은 워드프로세서가 편하면 이런 프로그램으로 유인물을 작성하면 됩니다.

❷ 슬라이드를 그대로 복사해서 나눠주는 방법은 피합니다.
유인물을 나눠줘야 하는 경우 슬라이드 내용을 그대로 다시 배포하는 것은 좋은 방법이 아닙니다. 이런 슬라이드는 웹이나 클라우드 서버를 통해, 혹은 이메일로 공유를 하고, 프레젠테이션에 온 청중들에게는 내용을 다시 정리한 유인물을 배포하도록 합시다.

- 슬라이드 쇼를 진행하는 방법은 [슬라이드 쇼] 탭의 [슬라이드 쇼 시작] 그룹의 [처음부터] 혹은 [현재 슬라이드부터]를 클릭하거나 단축키인 **F5**를 눌러 진행할 수 있습니다. **428P**

- 특정 슬라이드부터 슬라이드 쇼를 실행하려면 슬라이드 쇼가 시작할 슬라이드를 선택한 다음 [슬라이드 쇼] 탭-[슬라이드 쇼 시작] 그룹-[현재 슬라이드부터]를 클릭하거나 **Shift**+**F5**를 누르면 됩니다. **432P**

- 슬라이드 쇼에는 왼쪽 하단에 6개의 아이콘을 통해 옵션을 지정할 수 있습니다. **429P**

- 레이저 빔 없이도 레이저 빔 효과를 적용할 수 있습니다. 슬라이드 쇼를 진행하다 레이저 빔을 사용할 필요가 있을 경우에는 **Ctrl**을 누른 채 마우스를 드래그하거나 왼쪽 하단의 아이콘 중 세 번째 아이콘을 클릭해서 레이저 포인터를 선택한 후 레이저 포인트를 표시할 수 있습니다. **429P**

- 슬라이드 쇼와 관련된 단축키를 확인하기 위해서는 슬라이드 쇼 상태에서 마우스 오른쪽을 누른 후 [도움말]을 클릭하면 확인할 수 있습니다. **431P**

- Office Presentation Service를 통해 인터넷 주소를 생성하여 온라인으로 프레젠테이션을 진행할 수 있습니다. **452P**

- Microsoft Lync를 사용하면 메신저, 전자 메일, 오디오 및 비디오 통화, 영구 채팅방, 온라인 모임 및 프레젠테이션을 진행할 수 있습니다. **443P**

- 슬라이드 쇼를 재구성하면 전체 슬라이드 중 몇 몇 슬라이드를 선택하여 슬라이드 쇼를 진행할 수 있습니다. **447P**

- 파워포인트 상에서 하이퍼링크는 프레젠테이션의 다른 슬라이드에 연결하거나 다른 프레젠테이션의 슬라이드, 혹은 메일 주소, 웹 페이지 연결 등에 사용합니다. **453P**

- 마스터에는 그 기능에 따라 슬라이드 마스터, 유인물 마스터, 슬라이드 노트 마스터 등 3가지 종류로 나뉘어집니다. **456P**

- 슬라이드 마스터는 일반적으로 슬라이드의 배경과 서식, 머리글과 바닥글, 페이지 번호 등을 설정할 수 있으며, 슬라이드 레이아웃과 모든 테마 정보를 저장하는 슬라이드를 말합니다. **457P**

- 슬라이드 마스터를 이용하면 전체 슬라이드를 일관성 있게 제작할 수 있을 뿐만 아니라 여러 구성 요소의 서식을 편하게 작성할 수 있습니다. **459P**

- 파워포인트의 테마는 다양한 서식 및 글꼴, 색상이 혼합된 디자인으로 사용자가 테마 색이나 테마 글꼴을 변경하여 사용할 수 있습니다. **468P**

- [파일] 탭-[인쇄]를 클릭한 후 [전체 페이지 슬라이드]를 선택하여 [유인물] 항목의 원하는 슬라이드 페이지 수를 선택하면 원하는 페이지만큼 슬라이드를 인쇄할 수 있습니다. **477P**

01 슬라이드 쇼를 진행할 때 레이저 포인터를 비롯해 펜, 형광펜을 표시해 보세요.

예제파일 : SelfTest\Part 07\01.pptx   완성파일 : SelfTest\Part 07\01_완성.pptx
동영상 해설 : SelfTest\Part 07\01.wmv

HINT

F5를 눌러 슬라이드 쇼를 진행한 다음 마우스 오른쪽 단추를 클릭한 후 [포인트 옵션]-[잉크 색]을 선택하여 펜 및 형광펜 효과를 지정할 수 있습니다. 참고로, 레이저 빔은 **Ctrl**을 누른채 드래그하면 표시됩니다.

02 슬라이드에 테마를 적용하여 다른 느낌의 슬라이드를 만들어 보세요.

예제파일 : SelfTest\Part 07\02.pptx   완성파일 : SelfTest\Part 07\02_완성.pptx
동영상 해설 : SelfTest\Part 07\02.wmv

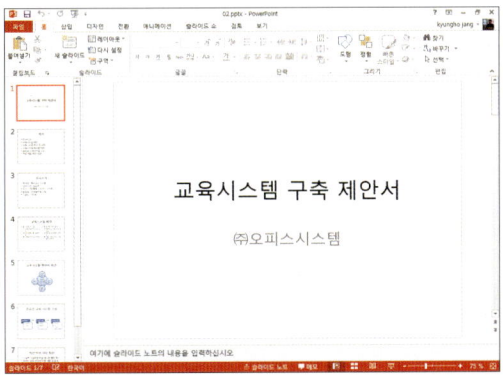 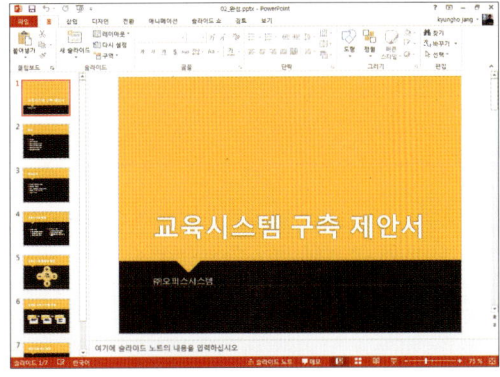

HINT

[디자인] 탭-[테마] 그룹의 [자세히]를 클릭하여 원하는 스타일을 선택합니다. 다른 색상 및 텍스트 등을 원한다면 [디자인] 탭-[적용] 그룹에서 원하는 형식을 선택합니다.

파워포인트 2013
활용 노하우

POWERPOINT · 2013

맞춤법 검사를 비롯해 발표자 도구를 활용한 프
레젠테이션 발표, 스크린샷과 화면 캡처 기능 등
숨겨져 있는 파워포인트의 유용한 기능들이 많
이 존재합니다. 여기서는 파워포인트 2013으로
할 수 있는 다양한 실무 활용 노하우에 대해서
살펴보도록 하겠습니다.

슬라이드 작업 후 혹시나 모를 오타에 대비해 맞춤법 검사를 진행하는 것이 좋습니다. 여기서는 맞춤법 검사를 비롯해 메모 활용, 문서 사용자 정의 표시하기 등 다양한 파워포인트 활용 방법에 대해서 살펴보겠습니다.

기초 탄탄 ▶ 여러 가지 활용 기능 살펴보기

■ [검토] 탭 살펴보기

맞춤법 검사나 리서치, 한글/한자 변환이나 메모 등은 [검토] 탭에서 실행할 수 있습니다.

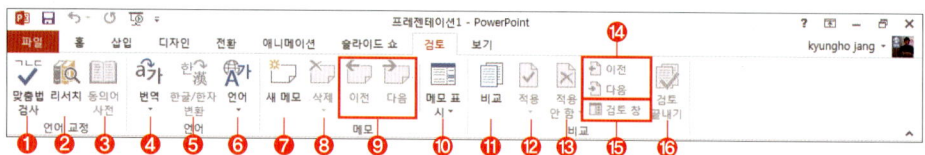

1 맞춤법 검사 : 맞춤법을 검사할 수 있습니다.

2 리서치 : 사전, 백과 사전, 번역 서비스 등을 선택해 검색할 수 있습니다.

3 동의어 사전 : 동일한 뜻의 새로운 단어를 추천합니다.

4 번역 : 사전 또는 온라인 서비스를 사용하여 텍스트를 다른 언어로 변경합니다.

5 한글/한자 변환 : 한글이나 한자를 변환할 수 있습니다.

6 언어 : 맞춤법 검사와 같은 언어 교정 도구에 사용할 언어를 선택합니다.

7 새 메모 : 슬라이드에 새로운 메모를 입력합니다.

8 삭제 : 메모를 삭제합니다.

9 이전 / 다음 : 여러 메모가 입력되어 있으면 이전과 다음을 선택해 메모를 확인할 수 있습니다.

10 메모 표시 : 메모 창을 표시합니다.

11 비교 : 현재 프레젠테이션을 다른 프레젠테이션과 비교합니다.

12 적용 : 변경 내용 모두 적용 등 추가 옵션을 지정할 수 있습니다.

13 적용 안 함 : 현재 변경 내용을 취소합니다.

14 이전 / 다음 : 이전 변경 내용, 다음 변경 내용을 선택할 수 있습니다.

⑮ 검토 창 : 검토 창을 표시합니다.

⑯ 검토 끝내기 : 프레젠테이션 검토를 끝냅니다.

■ [맞춤법 검사] 창과 [PowerPoint 옵션] 대화상자 `500P`

[맞춤법 검사] 창을 통해 맞춤법이 잘못된 단어를 선택하고 추천 단어로 변경할 수 있습니다. [파일] 탭-[옵션]을 클릭하면 [PowerPoint 옵션] 대화상자가 나타납니다. [언어 교정]을 선택하면 [PowerPoint에서 맞춤법 검사] 항목에서 텍스트를 입력할 때 자동으로 맞춤법 검사를 진행하거나 맞춤법 오류를 표시하지 않을 수 있습니다.

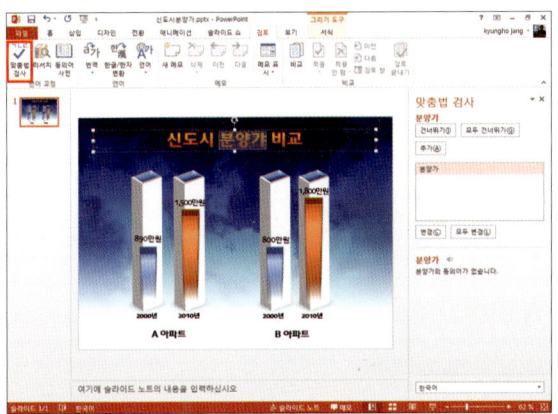

▲ 맞춤법 검사

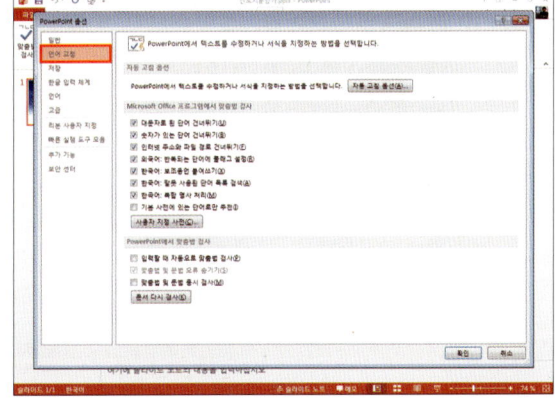

▲ 언어 교정

[파일] 탭-[옵션]을 클릭한 후 [언어 교정]-[사용자 지정 사전]을 선택하면 사용자가 사전을 직접 지정할 수 있습니다. [사용자 지정 사전] 대화상자의 [단어 목록 편집]을 클릭하면 맞춤법 검사 시 단어 등을 미리 지정하여 오류가 발생하지 않도록 설정할 수 있습니다.

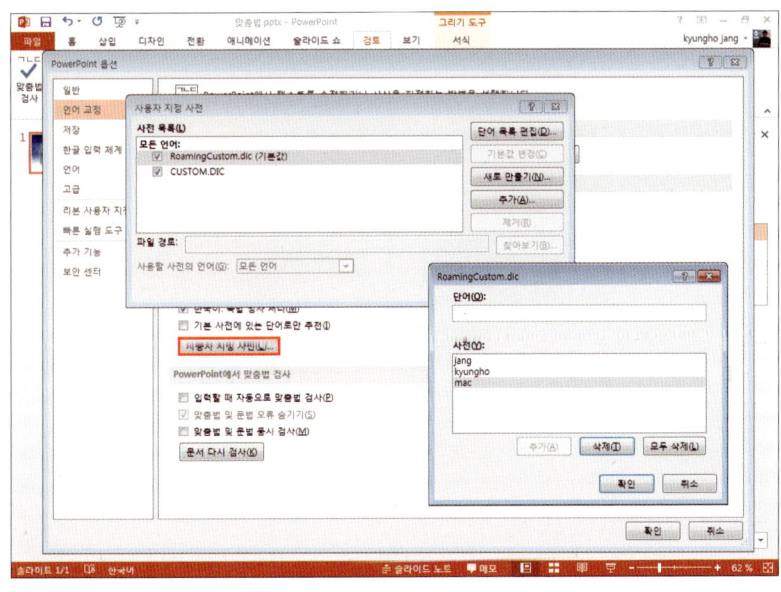

▲ 사용자 지정 사전

■ [메모] 창 살펴보기 501P

파워포인트로 공동 작업할 경우, 수정 사항이나 전달사항 등을 메모 기능을 이용하여 기입하면 여러 사람들이 꼼꼼히 체크할 수 있습니다. 메모를 표시하거나 새 메모를 입력할 수 있으며, [메모] 창의 사진을 더블 클릭하면 메모를 남긴 상대방에게 메일이나 메신저 채팅도 실시간 진행할 수 있습니다.

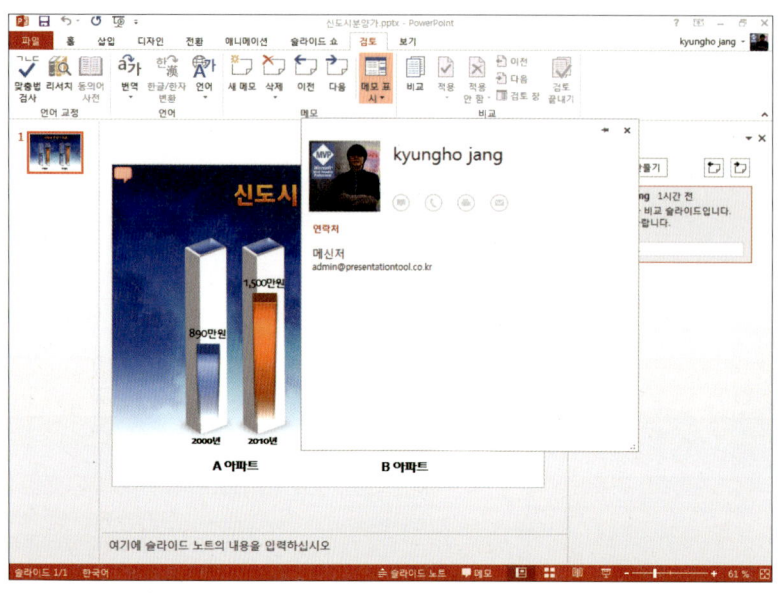
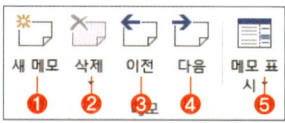

❶ 새 메모 : 새로운 메모를 추가합니다.

❷ 삭제 : 현재 메모 혹은 전체 메모를 삭제할 수 있습니다.

❸ 이전 : 이전 메모를 확인합니다.

❹ 다음 : 다음 메모를 확인합니다.

❺ 메모 표시 : 메모 창이나 메모 및 변경 내용을 표시하거나 감출 수 있습니다.

■ 스크린샷으로 화면 캡처하기 505P

스크린샷 기능을 이용하면 빠르고 간편하게 화면을 캡처하여 파워포인트에 바로 삽입할 수 있습니다. 스크린샷 기능은 컴퓨터에 작동 중인 인터넷 화면이나 보이는 화면의 정보를 캡처하여 슬라이드 편집 화면으로 불러올 수 있는 기능입니다. 참고로, 스크린샷에는 작동 중인 화면을 그대로 가져올 수 있는 [스크린샷] 기능과 부분적으로 특정 화면만 가져올 수 있는 [화면 캡처] 기능이 있습니다.

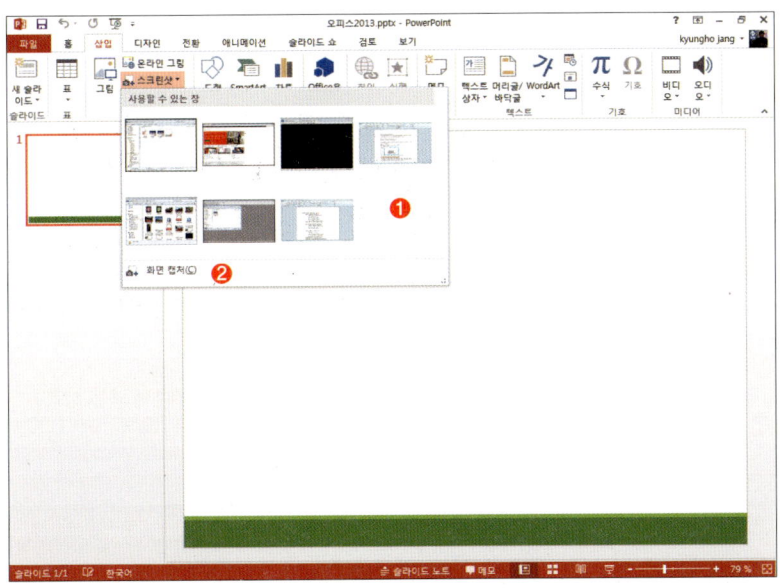

❶ 사용할 수 있는 창 : 현재 열려 있는 창 중에 스크린샷할 수 있는 페이지를 표시합니다.

❷ 화면 캡처 : 원하는 프로그램 혹은 웹 브라우저 페이지를 부분 캡처할 수 있습니다.

슬라이드를 프레젠테이션하거나 출판하기 전에 최종적으로 맞춤법 검사를 할 수 있습니다.

예제 파일 | CD₩Part 08₩신도시분양가.pptx   **완성 파일 |** CD₩Part 08₩신도시분양가_완성.pptx

01. [검토] 탭-[언어 교정] 그룹-[맞춤법 검사]를
클릭합니다.

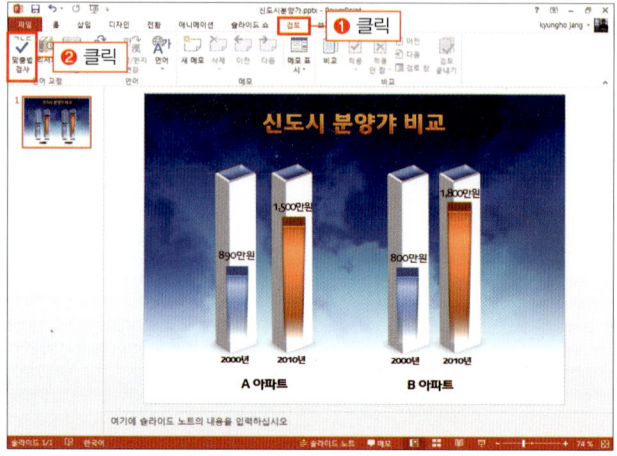

02. 슬라이드 화면에 오류가 있는 글자가 블록
설정되면서 [맞춤법 검사] 창이 나타납니다. 맞춤
법이 맞는 단어를 선택한 후 [변경]을 클릭합니다.

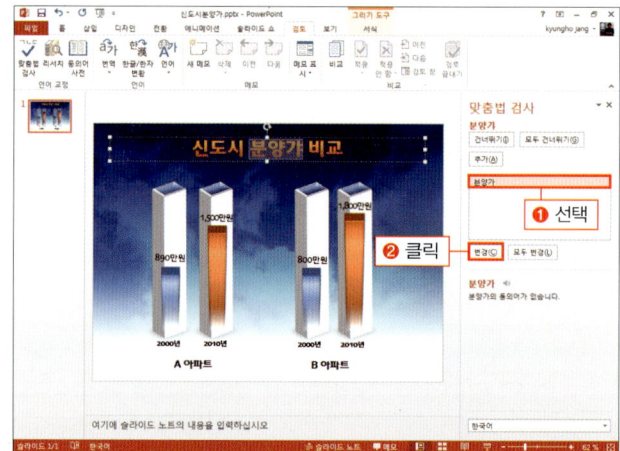

03. 바른 맞춤법이 표기되며 [맞춤법 검사가 끝
났습니다.] 창이 나타납니다. [확인]을 클릭합니다.

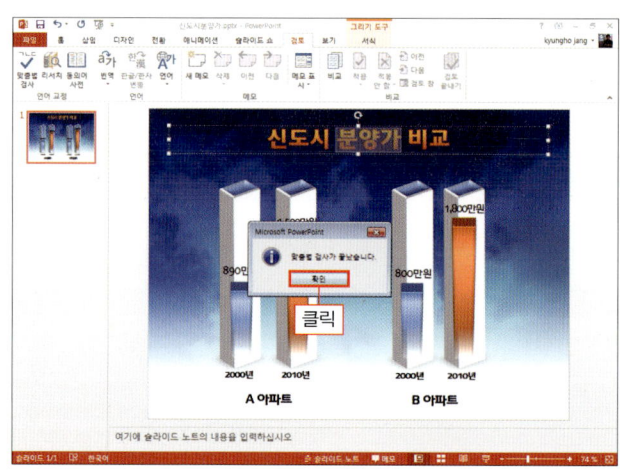

메모 기능은 협업이나 공동 작업을 진행할 경우 슬라이드에 포스트잇처럼 원하는 자리에 붙여 슬라이드를 함께 진행하는 사용자들이 메모를 확인할 수 있습니다.

01. [삽입] 탭–[메모] 그룹의 [메모]를 클릭합니다. 메모를 추가할 텍스트나 개체에 주황색의 메모 아이콘이 생성되며 [메모] 창이 나타납니다.

02. 입력란에 메모를 입력합니다. 입력을 완료하면 메모 상자의 바깥쪽을 클릭하거나 [Tab]을 누릅니다.

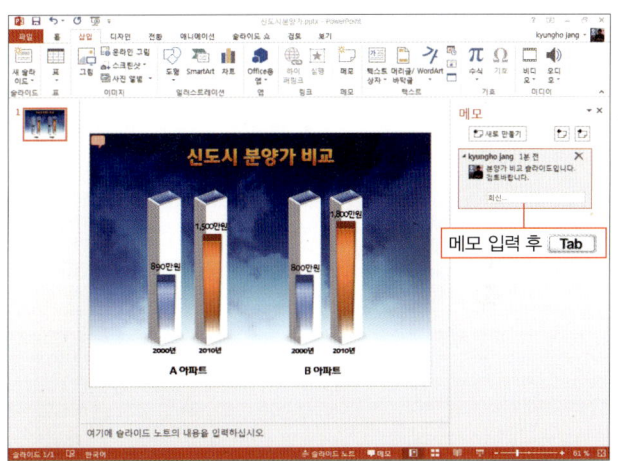

TIP : 메모가 입력되면 슬라이드 상단에 풍선 모양의 메모 아이콘이 나타납니다.

03. [메모] 창의 사진을 두번 클릭하면 메모를 남긴 상대방에게 메일이나 메신저 채팅도 실시간 진행할 수 있습니다. 이를 클릭해 메모를 확인할 수 있습니다.

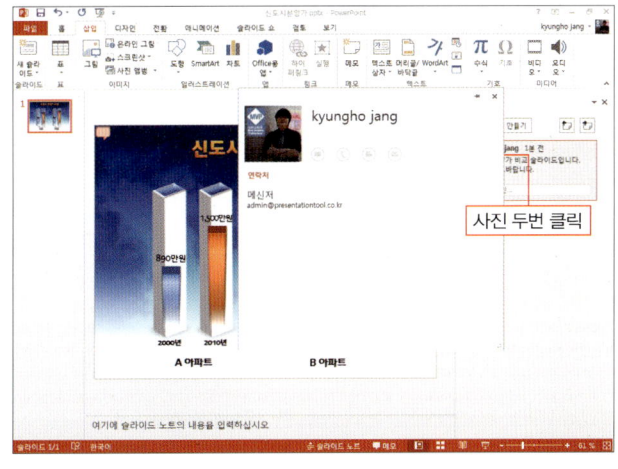

TIP : 입력한 메모를 더블 클릭하면 입력한 메모 내용을 수정할 수 있습니다. 또한, 상대방이 남긴 메모의 [회신] 입력란에 내용을 입력해 메모를 회신할 수 있습니다.

사용자 정의를 통해 프레젠테이션 문서에 만든 이, 제목, 키워드 등 다양한 문서 속성을 입력할 수 있습니다.

01. [파일] 탭을 클릭한 다음 [정보]를 선택합니다. 오른쪽에 있는 [속성]에서 [제목]을 클릭하여 제목을 수정하거나 [관련 사용자]에서 [만든 이 추가]를 클릭하여 만든 이를 추가합니다.

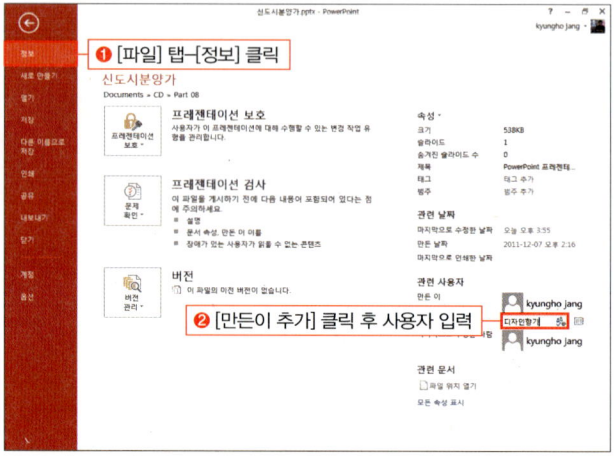

02. 만든 이가 추가되면 [태그 추가]를 클릭해 『차트』『분양가』『신도시』를 입력합니다.

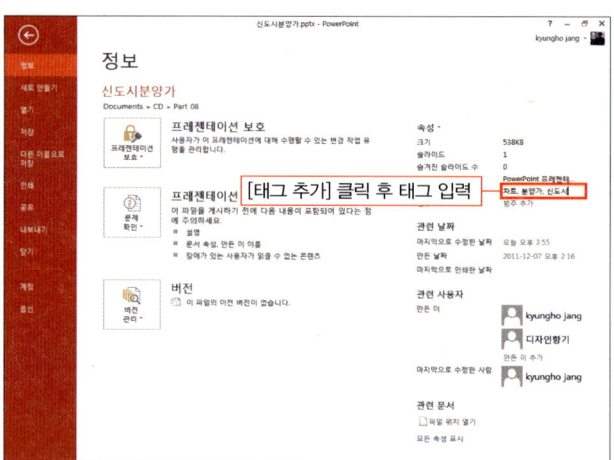

03. 문서에 사용자 정의를 한 후 [다른 이름으로 저장] 대화상자를 열면 사용자가 지정한 속성이 나타나게 됩니다. 또는, 내 컴퓨터의 탐색기를 열어 속성을 확인할 수도 있습니다.

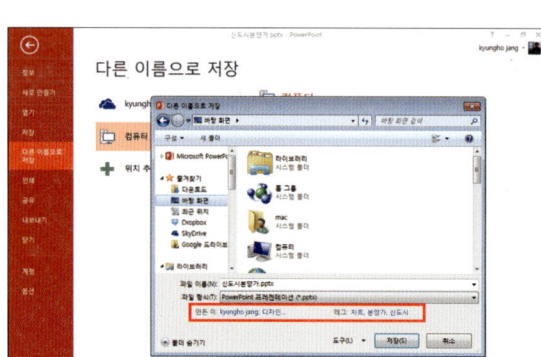
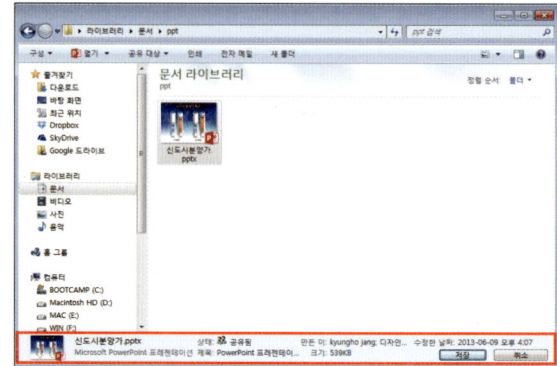

문서에 암호를 지정하여 보안을 설정할 수 있습니다. 암호가 지정한 후 암호를 분실하면 슬라이드를 열수 없기 때문에 신중하게 암호를 지정해야 합니다.

01. [파일] 탭–[정보]를 클릭한 다음 [프레젠테이션 보호]를 클릭하여 [암호 설정]을 선택합니다.

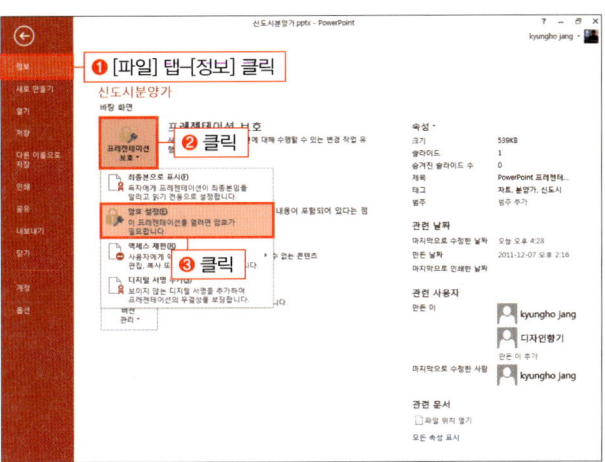

02. [문서 암호화] 대화상자가 나타나면 암호를 입력합니다. 여기서는 『1234』를 입력합니다. [확인]을 클릭합니다.

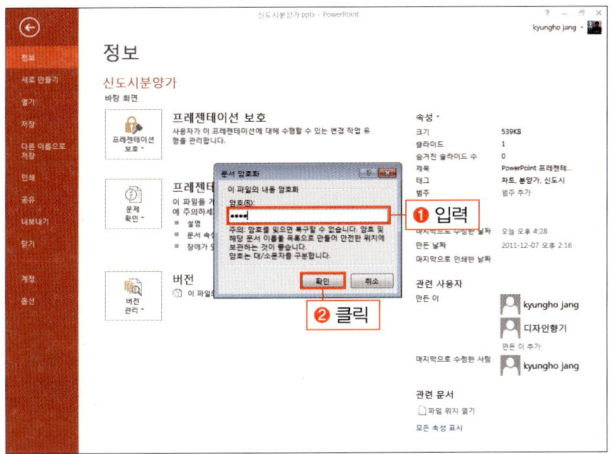

03. [암호 확인] 대화상자가 나타나면 다시 한번 암호를 입력합니다. [확인]을 클릭합니다.

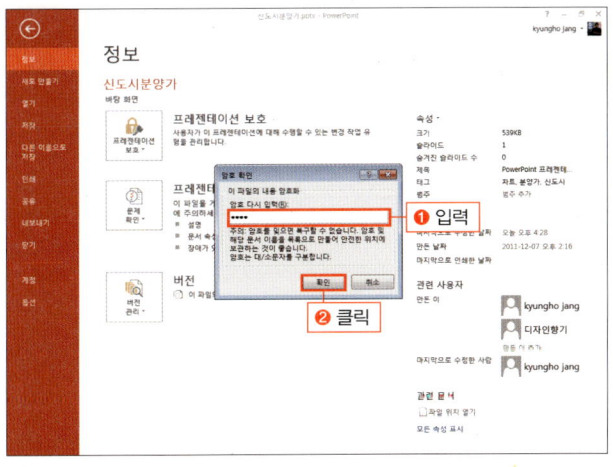

04. [정보]-[프레젠테이션 보호]에 사용 권한이 지정됩니다. 이제 문서를 열 때에는 저장한 암호를 입력해야만 문서를 열 수 있습니다. [다른 이름으로 저장]을 클릭해 원하는 폴더에 문서를 저장합니다. 저장 후 문서를 닫습니다.

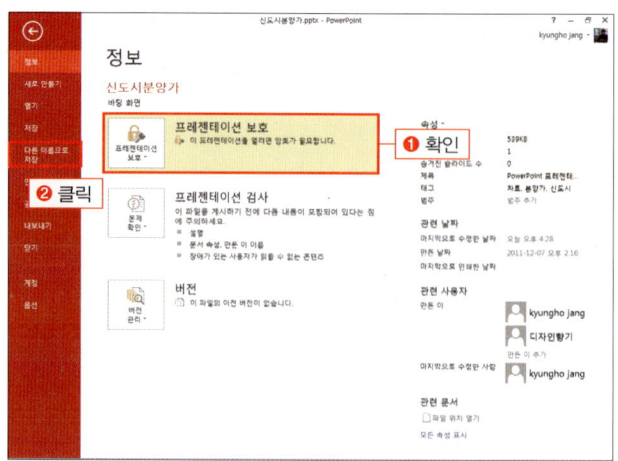

05. 저장한 문서를 다시 엽니다. [암호] 입력 창이 나타나는지 확인합니다. 암호를 입력합니다. 여기서는 『1234』를 입력한 후 [확인]을 클릭합니다.

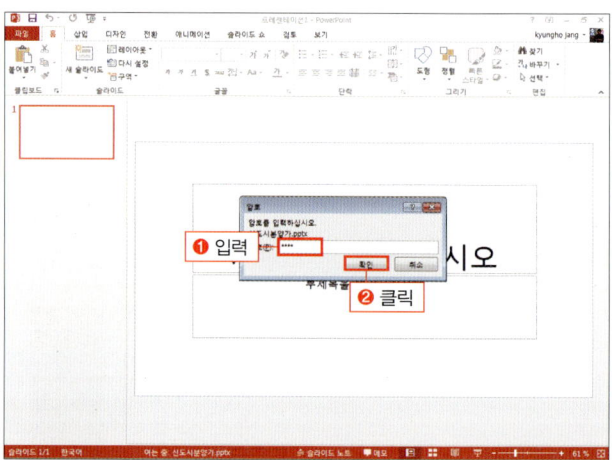

06. 슬라이드 문서가 열립니다.

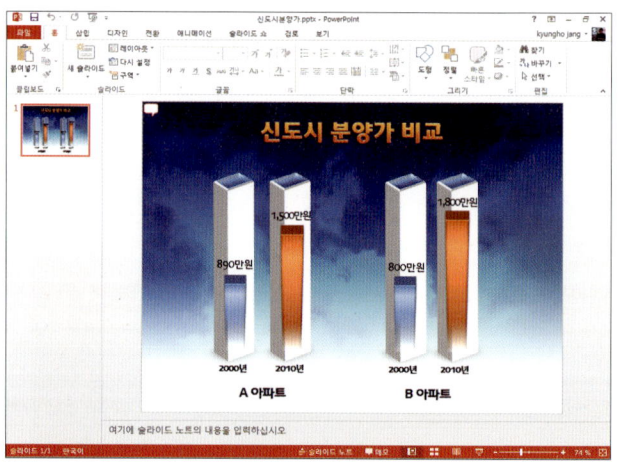

스크린 샷을 이용하면 인터넷 상의 다양한 그림을 캡처하여 슬라이드 바로 삽입할 수 있습니다. 또한 삽입한 그림은 자르기 기능을 통해 잘라낼 수 있습니다.

예제 파일 | CD₩Part 08₩오피스2013.pptx **완성 파일** | CD₩Part 08₩오피스2013_완성.pptx

01. [삽입] 탭-[스크린 샷]을 클릭하면 내 컴퓨터에 현재 띄워져 있는 창이 나타납니다. 이 중 하나의 창을 선택합니다.

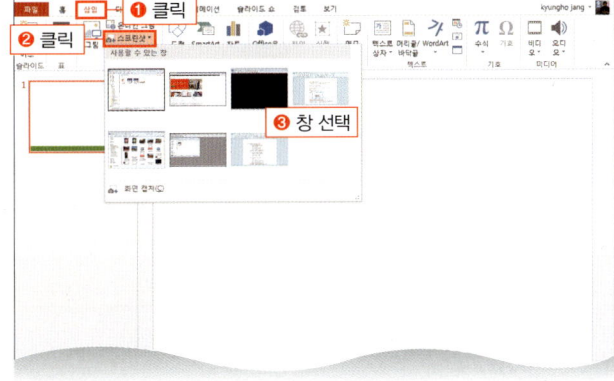

> **TIP** : 파워포인트 이외 다른 프로그램이 실행되지 않았다면 [스크린샷] 기능을 사용할 수 없습니다. 캡처를 원하는 프로그램을 실행한 후 이 기능을 진행합니다. 참고로, 내 컴퓨터에 현재 띄워져 있는 창에 따라 [사용할 수 있는 창] 화면이 달리 보일 수 있습니다.

02. 만일, [캡처된 브라우저 창의 URL로 자동 연결되는 하이퍼링크를 스크린샷에 지정하시겠습니까?] 창이 뜨면 [예]를 클릭합니다.

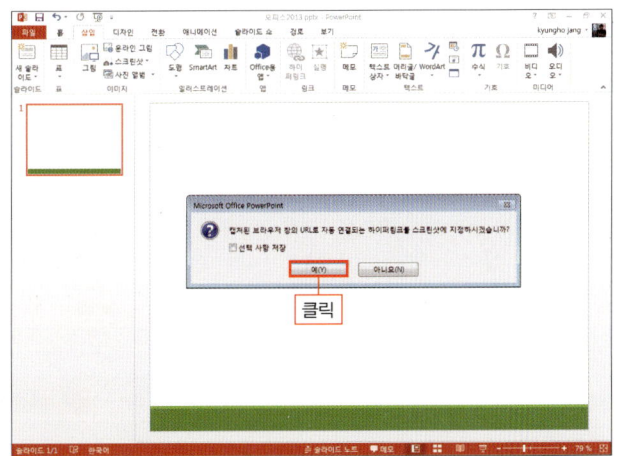

> **TIP** : [캡처된 브라우저 창의 URL로 자동 연결되는 하이퍼링크를 스크린샷에 지정하시겠습니까?] 창은 인터넷 창을 캡처했을 때 나타나는 경고 창으로 [예]를 누르면 슬라이드 쇼 진행시 스크린샷에 하이퍼링크가 자동 연결됩니다.

03. 선택한 화면이 바로 캡처됩니다. [그림 도구]-[서식] 상황별 탭의 [크기] 그룹의 [자르기] 기능을 이용해 필요한 부분만 가져오거나 여러 스타일을 지정해 완성합니다.

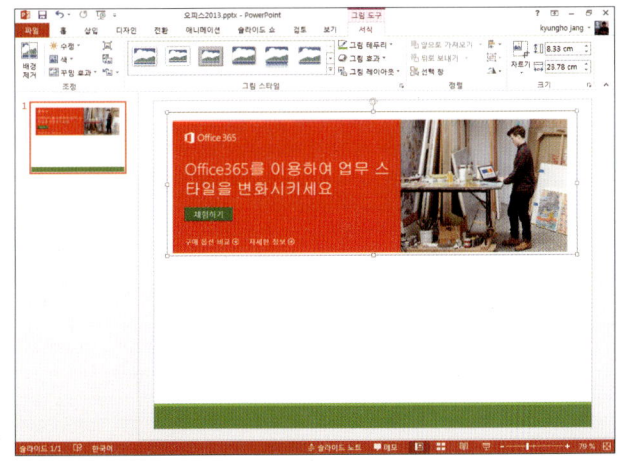

04. 특정 영역만 가져오고 싶다면 [삽입] 탭-[이미지] 그룹의 [스크린샷]-[화면 캡처]를 클릭합니다.

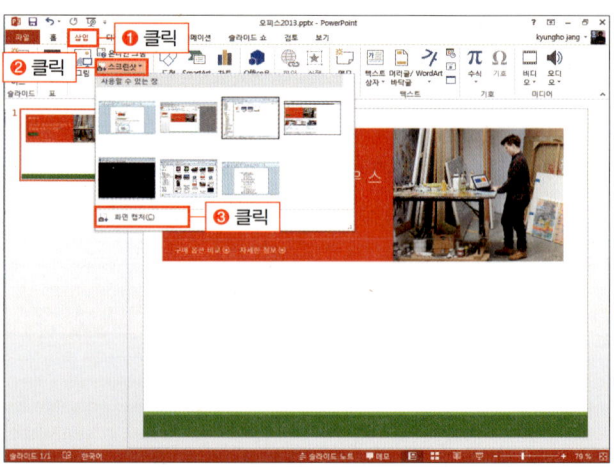

TIP : 캡처를 하고 싶은 화면을 먼저 실행한 후 [삽입] 탭-[이미지] 그룹의 [스크린샷]-[화면 캡처]를 선택합니다. 여기서는 인터넷 창을 통해 'http://cafe.naver.com/ppt' 사이트를 연 후 [스크린샷]-[화면 캡처]를 실행합니다.

05. 캡처할 창이 뜹니다. 캡처를 원하는 부분을 마우스로 드래그하여 선택합니다.

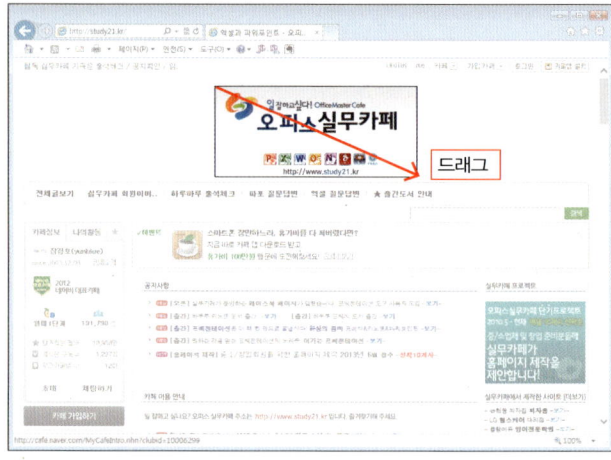

TIP : [화면 캡처] 기능은 바로 전에 실행한 프로그램 화면이 캡처됩니다.

06. 캡처한 영역이 슬라이드 편집 화면에 나타납니다.

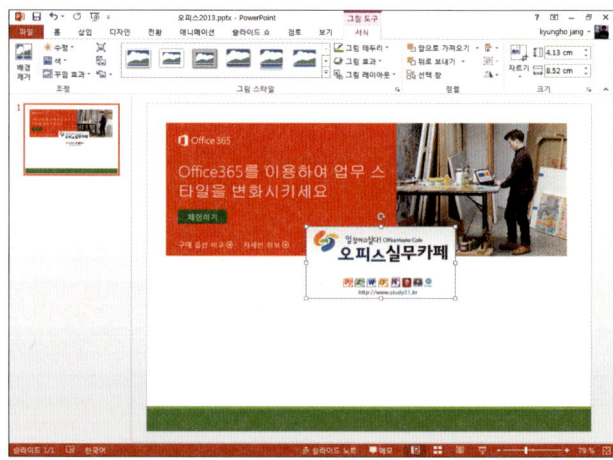

CD용 패키지 프레젠테이션 만들기

파워포인트 파일을 저장하거나 공유하는 방법은 많지만 오래전부터 가장 많이 활용해 오던 방법은 바로 자동 재생 CD로 만들어 저장하거나 배포하는 것입니다. CD용 패키지를 만들면 방대한 양의 슬라이드 파일 혹은 대용량의 슬라이드 파일도 손쉽게 저장하고 배포할 수 있습니다.

예제 파일 । CD\Part 08\정보화시스템.pptx

01. [파일] 탭–[내보내기]를 선택한 다음 [CD용 패키지 프레젠테이션]–[CD용 패키지]를 클릭합니다.

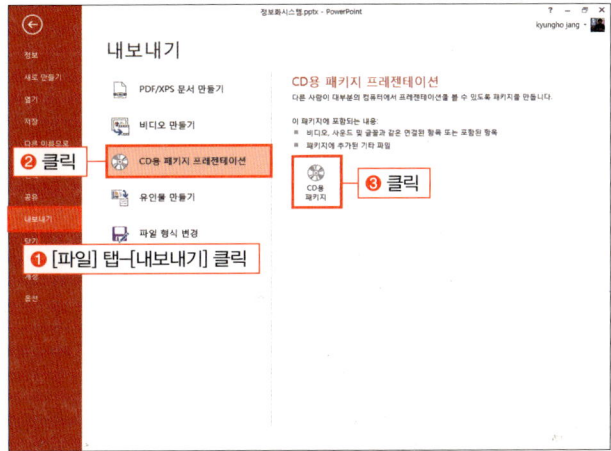

02. [CD용 패키지] 대화상자가 나타나면 [CD로 복사]를 클릭합니다. [연결된 파일을 패키지에 포함하시겠습니까?] 창이 뜨면 [예]를 누릅니다. 만들어진 CD를 CD–ROM에 넣어 실행이 잘 되는지 확인합니다.

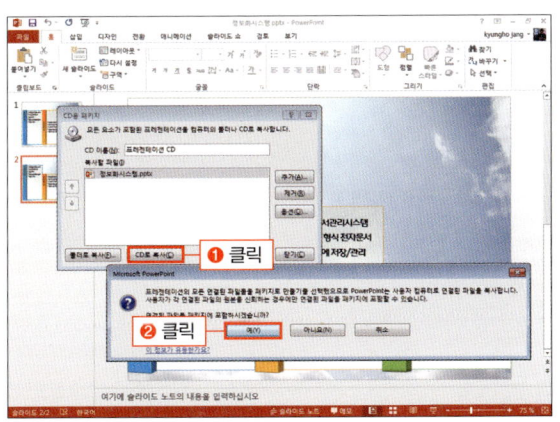

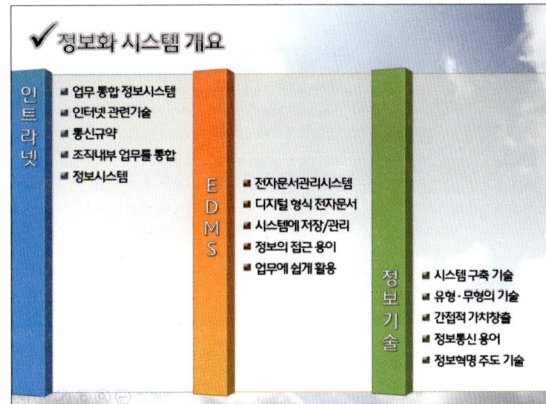

TIP : [옵션]을 클릭해 트루타입 글꼴을 CD에 포함하거나 암호를 지정할 수 있으며, 만일 CD–RW와 같은 기록매체가 없다면 본 기능을 따라할 수 없습니다.

LESSON 02

사진 갤러리와 무비 메이커 활용하기

레 벨 ● ● ○

파워포인트만으로도 멋진 슬라이드를 만들 수 있지만 마이크로소프트 사에서 무료로 제공하는 사진 갤러리와 무비 메이커 프로그램을 이용하면 보다 재미나고 역동적인 슬라이드를 만들 수 있습니다. 사진 갤러리는 파노라마 사진이나 합성 사진 등 사진을 편집할 수 있는 프로그램이며, 무비 메이커는 사진으로 동영상을 만들거나 동영상을 편집할 수 있는 프로그램입니다.

기초탄탄 ▶ 사진 갤러리와 무비 메이커 살펴보기

■ 미디어 프로그램 다운로드 받기 `510P`

http://windows.microsoft.com/ko-KR/windows/downloads 사이트를 통해 마이크로소프트사에서 무료로 배포하는 여러 프로그램을 다운로드 받을 수 있습니다.

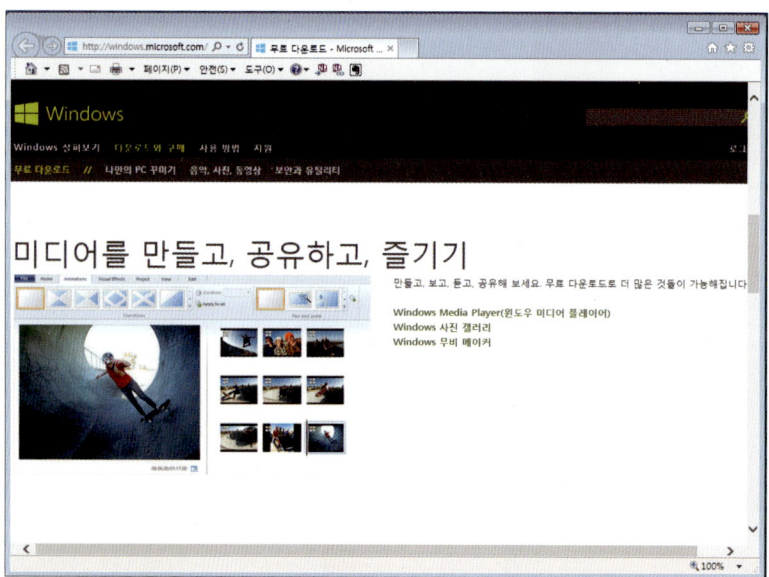

■ 사진 갤러리란? `512P`

사진 갤러리 프로그램을 통해 사진을 손쉽게 구성할 수 있으며, 온라인에서 공유할 수 있습니다. 사진 갤러리 프로그램을 통해 파노라마, 사진 합성 등 여러 사진 이미지를 만들 수 있습니다. 파노라마는 여러 장의 사진을 선택하면 사진 갤러리에서 자동으로 파노라마 사진을 만들 수 있습니다. 사진 합성은 두 장 이상의 사진에서 가장 잘 나온 부분을 하나로 결합할 수 있는 기능입니다. 사진 갤러리에는 사진의 조정, 노출, 색 설정 등을 변경하여 사진의 품질을 높일 수 있는 편집 도구가 제공되며, 사진 갤러리를 사용하면 적목 현상을 제거하고, 사진을 리터치하며, 사진에 독창적인 색상 및 톤 효과를 추가할 수 있습니다.

■ 무비 메이커란? `513P`

무비 메이커 프로그램을 통해 PC 또는 카메라에 담긴 사진과 장면을 무비 메이커에 추가하여 원하는 대로 동영상을 편집할 수 있습니다. 또한, Facebook, YouTube 등 다양한 소셜 네트워크를 통해 온라인으로 동영상을 배포할 수 있습니다. 또한, 무비 메이커에서 비디오의 속도를 변경하여 동영상에서 비디오가 재생되는 속도를 빠르게 또는 느리게 만들 수 있습니다.

사진 갤러리는 'http://windows.microsoft.com' 사이트의 다운로드 페이지에서 설치할 수 있습니다. 더불어 무비 메이커 등도 함께 설치해 보도록 하겠습니다.

01. 'http://windows.microsoft.com/ko-KR/ windows/downloads' 사이트에 접속합니다. [Windows 사진 갤러리]를 클릭합니다.

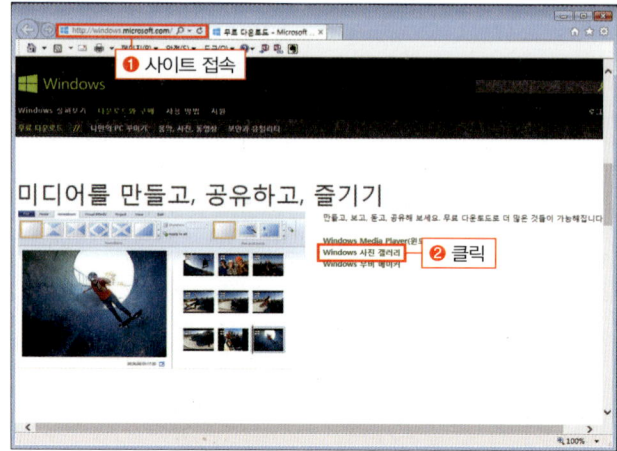

02. 사진 갤러리 다운로드 페이지가 열리면 [지금 다운로드]를 클릭합니다. [실행] 단추를 클릭합니다.

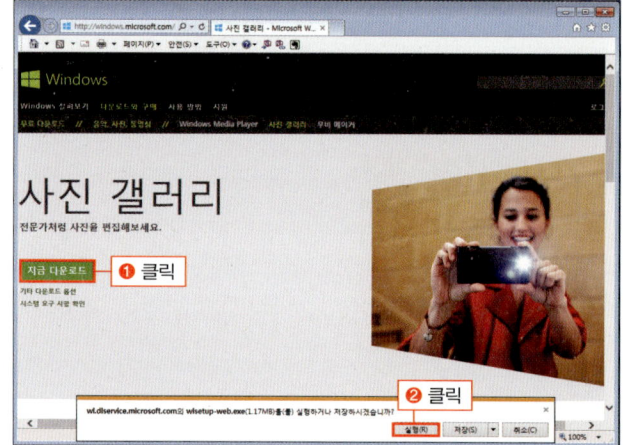

03. [Windows 필수 패키지 2012] 창에서 [설치하려는 프로그램 선택]을 선택하는 등 설치 화면이 나타나면 사용자가 원하는 옵션을 선택하여 프로그램을 설치합니다. 여기서는 무비 메이커 등도 함께 설치하기 위해 [Windows 필수 패키지 모두 설치(권장)]을 클릭하여 설치합니다.

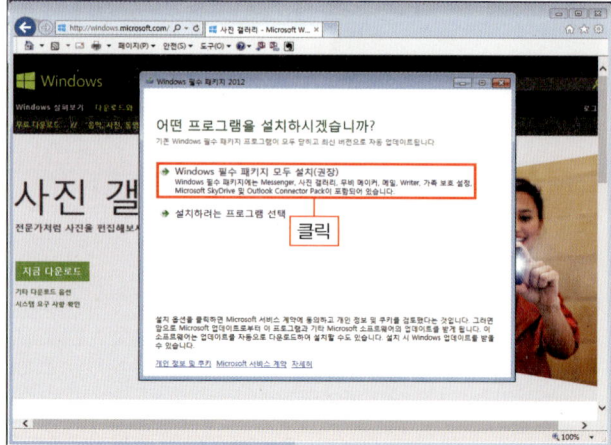

04. [Windows 필수 패키지 2012] 창이 뜨면 [동의함]을 클릭합니다.

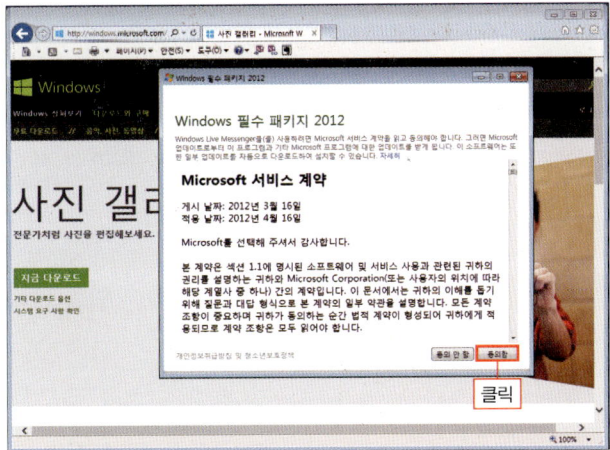

05. [메일 주소를 사용하여 로그인] 창이 뜨면 본인의 Windows Live 아이디와 암호를 입력한 후 [로그인]을 클릭합니다. 내 컴퓨터에서 [사진 갤러리] 프로그램을 선택하여 실행합니다.

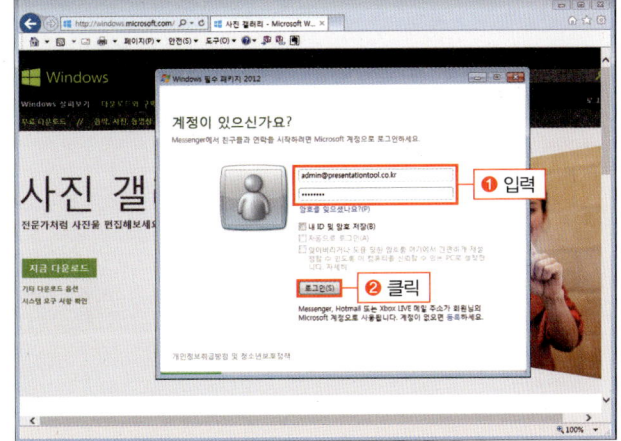

연관 검색 Windows Live 아이디가 없다면 44페이지를 참조해 생성합니다.

사진 갤러리 프로그램이 실행되면 라이브러리 폴더에 저장된 사진이나 비디오를 볼 수 있습니다. 여기서는 사진 갤러리를 통해 여러 장의 사진을 하나의 사진으로 표현하는 파노라마 기능을 비롯해 노출이나 밝기 등을 조절해 보도록 하겠습니다.

01. 사진 갤러리에서 사용할 사진을 모두 선택한 후 [만들기] 탭의 [도구] 그룹에 있는 [파노라마], [사진 합성], [자동 콜라주] 등 원하는 기능을 선택할 수 있습니다. 사진을 모두 선택합니다. 여기서는 [자동 콜라주]의 윗부분을 선택합니다.

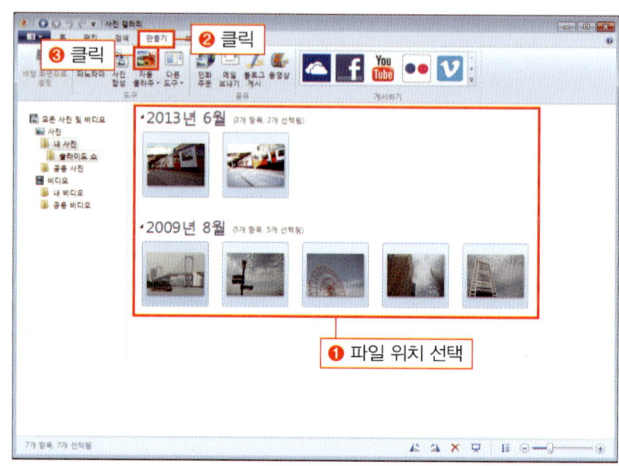

> **TIP :** 사진 갤러리에 나오는 사진은 내 컴퓨터에 저장된 사진에 따라 다르게 표시됩니다.

02. [자동 콜라주] 대화상자가 나타나면 파일 위치와 이름을 입력한 후 [저장]을 클릭합니다.

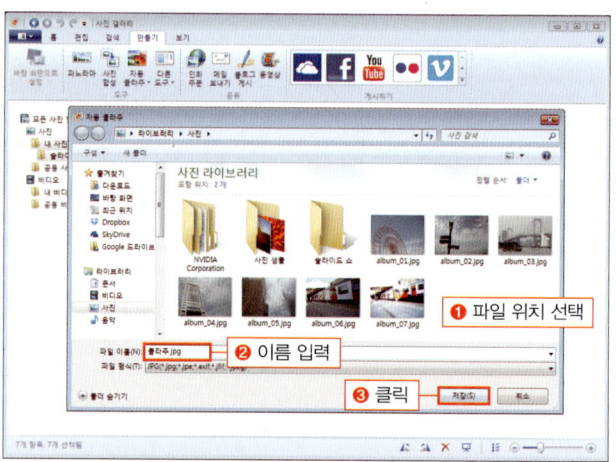

03. 자동으로 콜라주가 만들어집니다. [편집] 탭의 [보정] 그룹이나 [효과] 그룹을 통해 파워포인트에서 적용할 수 있는 여러 가지 사진 효과보다 다양한 효과를 적용할 수 있습니다.

무비 메이커 프로그램을 통해 원하는 대로 동영상을 편집할 수 있습니다. 동영상 파일을 편집하거나 이미지나 사진을 동영상 파일로 만들어 저장할 수 있습니다.

01. 여러 장의 사진을 선택하여 동영상을 만들어 보도록 하겠습니다. 무비 메이커를 실행합니다. [비디오 및 사진을 찾아보려면 여기를 클릭하세요.]를 선택합니다. 무비 메이커를 통해 사진을 동영상으로 만들 수 있습니다. [비디오 및 사진 추가] 대화상자가 열리면 사진을 여러 개 선택한 후 [열기]를 클릭합니다.

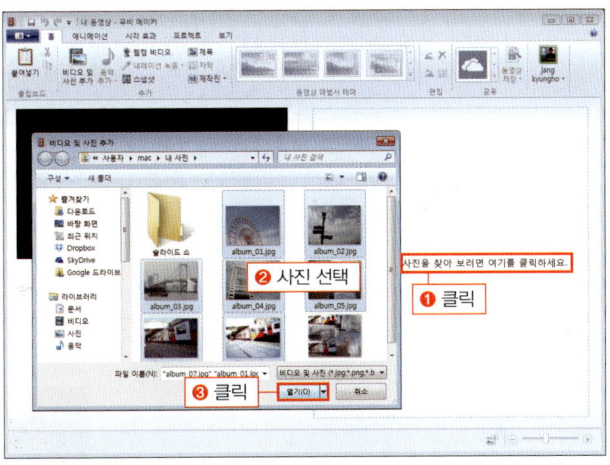

02. [홈] 탭–[동영상 마법사 테마] 그룹에서 원하는 테마를 선택합니다. 여기서는 [심플]을 선택합니다.

03. 동영상 테마가 자동으로 적용됩니다. [아직 음악이 추가되지 않았습니다. 지금 추가하시겠습니까?] 경고 창이 나타나면 [예]를 클릭합니다.

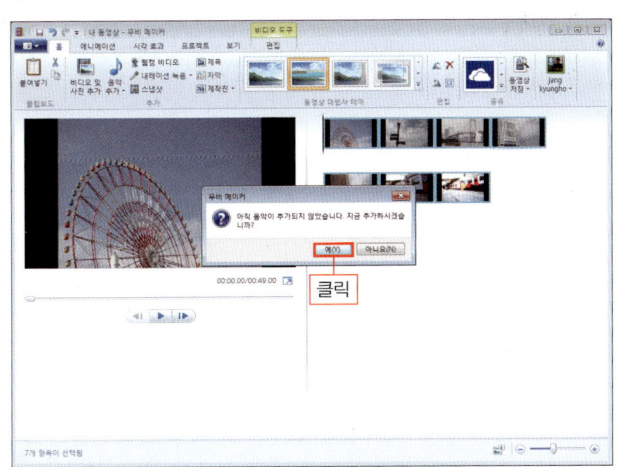

04. [음악 추가] 대화상자에서 배경 음악을 선택
합니다. [열기]를 클릭합니다.

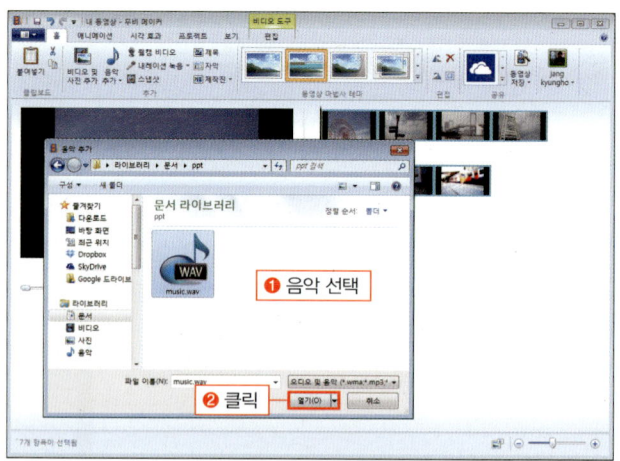

05. 음악이 동영상에 적용됩니다. [홈] 탭-[공유]
그룹에서 [동영상 저장] 하단을 클릭하여 원하는
형식으로 선택합니다.

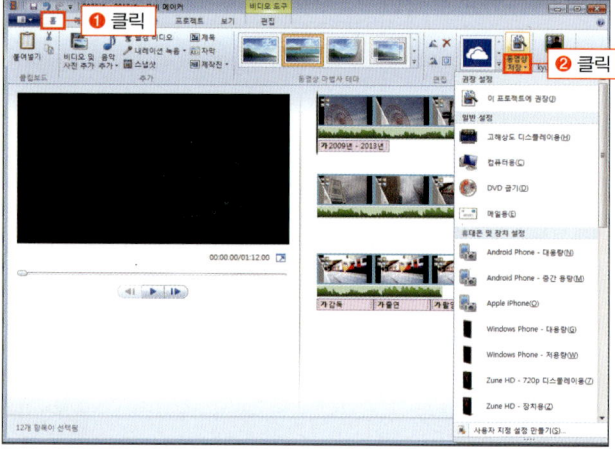

TIP : [홈] 탭-[공유] 그룹에서 [동영상 저장]을 통해
휴대폰 및 장치 설정 등 저장 관련 다양한 옵션을 선택
할 수 있습니다.

06. [동영상 저장] 대화상자가 나타나면 파일 위치 및 이름을 입력한 후 [저장]을 클릭합니다. 인코딩 과정이 완료되
면 [재생]을 클릭해 동영상을 재생하거나 [폴더 열기]를 클릭해 동영상이 잘 만들어졌는지 확인합니다.

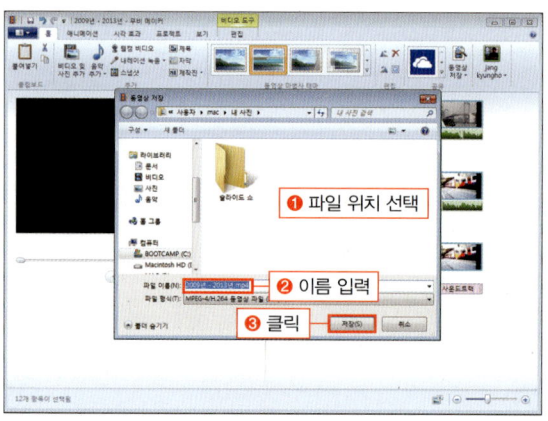 

03 발표자 도구 및 테크닉 노하우

레 벨 ● ● ●

발표자 도구란 프레젠테이션 시에 모니터 한 대 혹은 프로젝터를 통해 슬라이드 쇼를 진행하고, 또 다른 모니터 한 대는 발표자를 위한 발표자 보기를 표시해 프레젠테이션 발표를 도와주는 도구입니다. 이번 Lesson에서는 발표자 도구를 살펴보고 여러 가지 테크닉 노하우에 대해서 살펴보도록 하겠습니다.

기초탄탄 ▶ 발표자 도구 살펴보기

■ 발표자 도구란? `518P`

발표자 도구는 두 개 이상의 모니터가 있을 때 하나의 모니터에는 전체 화면 슬라이드 쇼를 표시하고, 다른 모니터에는 다음 슬라이드, 발표자 노트, 타이머 등 미리 보기를 표시하는 [발표자 보기] 창을 표시합니다. 만일, 모니터가 한 대밖에 없는 경우에는 `Alt` + `F5` 를 눌러 발표자 도구를 살펴볼 수 있습니다.

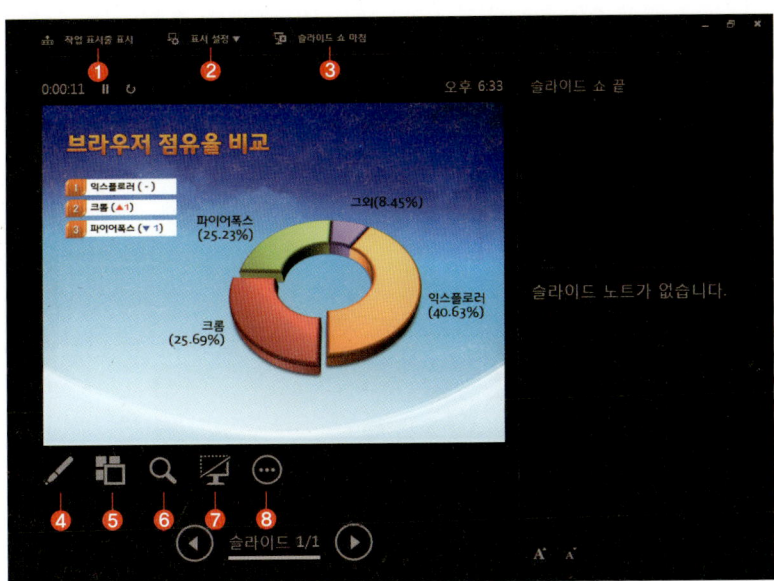

❶ **작업 표시줄 표시** : 하단에 윈도우 작업 표시줄을 표시합니다.

❷ **표시 설정** : 발표자 도구와 슬라이드 쇼 모니트를 서로 변경하거나 슬라이드 쇼를 복제하여 같은 화면을 표시합니다.

❸ **슬라이드 쇼 마침** : 슬라이드 쇼를 종료합니다.

❹ 펜 및 레이저 포인터 도구 : 펜과 레이저 포인트를 설정합니다.

❺ 모든 슬라이드 보기 : 모든 슬라이드를 미리볼 수 있습니다.

❻ 슬라이드 확대 : 슬라이드의 개체나 영역을 확대하여 표시할 수 있습니다.

❼ 슬라이드 쇼를 검정으로 설정/취소 : 슬라이드 쇼 화면을 검정으로 설정하거나 취소합니다.

❽ 슬라이드 쇼 옵션 더 보기 : 슬라이드 쇼와 관련된 옵션을 표시합니다.

■ [선택] 창 살펴보기 `520P`

[홈] 탭-[편집] 그룹에서 [선택]을 클릭하면 모두 선택, 개체 선택, 선택 창을 통해 개체를 선택할 수 있습니다.

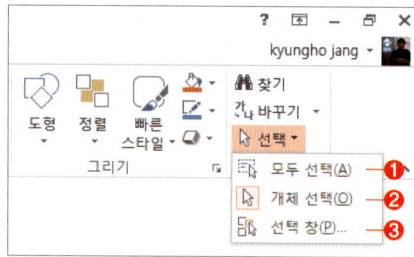

❶ 모두 선택 : 슬라이드 편집 화면의 모든 항목을 선택할 수 있습니다.

❷ 개체 선택 : 기본 설정되어 있는 옵션으로 슬라이드의 개체를 선택할 수 있습니다.

❸ 선택 창 : 선택 창을 열어 개체를 선택할 수 있습니다.

[홈] 탭-[편집] 그룹에서 [선택]-[선택 창]을 클릭하면 [선택 창]을 통해 슬라이드 편집 화면에 삽입한 다양한 개체의 모든 항목을 표시할 수 있습니다. 오른쪽의 눈 모양의 아이콘을 클릭하면 해당 개체를 슬라이드에서 숨길 수 있습니다. 또한, 위, 아래 단추를 클릭해 개체의 순서도 변경할 수 있습니다.

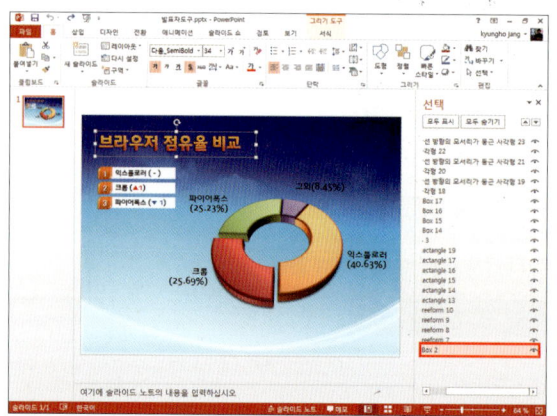

▲ 개체 표시

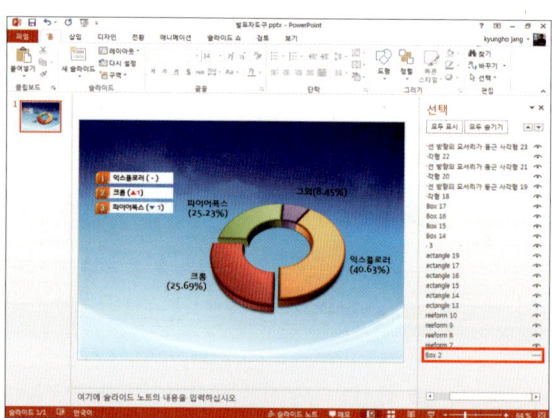

▲ 개체 숨기기

■ 표준과 와이드 스크린 521P

파워포인트 2007 이나 2010 버전의 슬라이드 크기는 전형적인 4:3 비율을 가지고 있지만 파워포인트 2013은 최근 트렌드에 따라 와이드 스크린과 HD 형식을 채택하고 있습니다. 하지만 와이드 화면이 불편하거나 빔 프로젝터가 와이드를 지원하지 않는다면 슬라이드 화면을 4:3 비율로 변경할 수 있습니다.

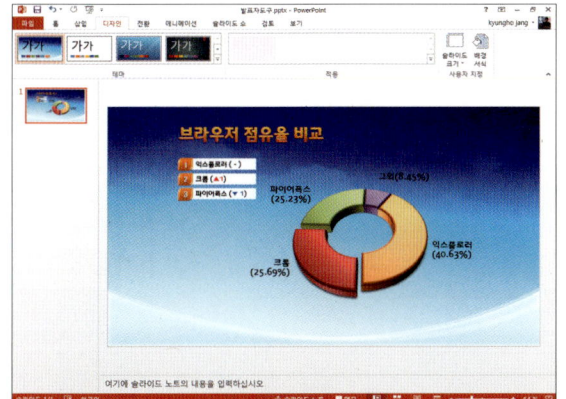

▲ 와이드 스크린 (16:9)

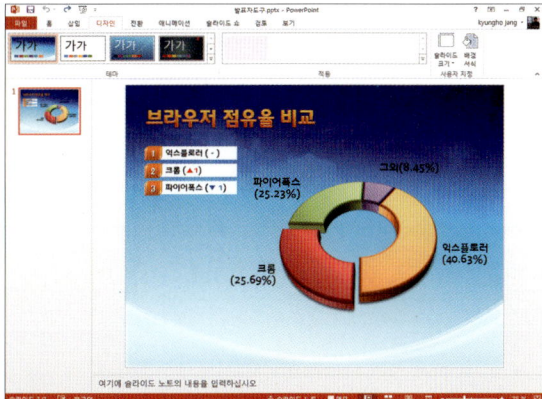

▲ 표준 스크린 (4:3)

발표자 도구를 사용하면 모니터 한 대는 슬라이드 쇼를 진행하고 또 다른 모니터 한 대는 발표자를 위한
발표자 보기를 표시할 수 있습니다.

예제 파일 | CD₩Part 08₩발표자도구.pptx **완성 파일 |** CD₩Part 08₩발표자도구_완성.pptx

01. [슬라이드 쇼] 탭-[모니터] 그룹의 [발표자
도구 사용]에 체크 표시가 되어 있는지 확인합니
다. 체크되어 있지 않다면 체크 표시를 합니다.
F5를 눌러 슬라이드 쇼를 진행합니다.

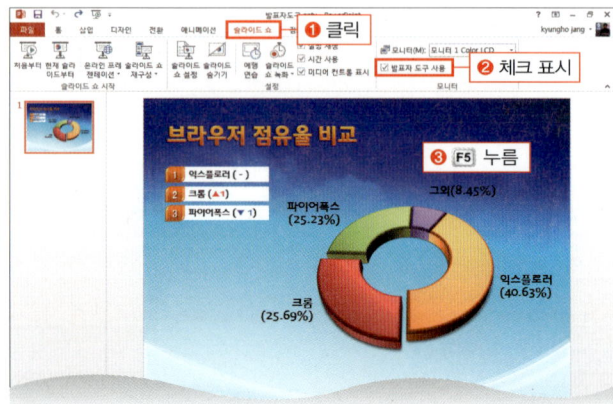

02. 만일, 슬라이드 쇼 진행시 발표자 도구가 표
시되지 않는다면 마우스 오른쪽을 클릭한 후 [발
표자 도구 표시]를 선택합니다.

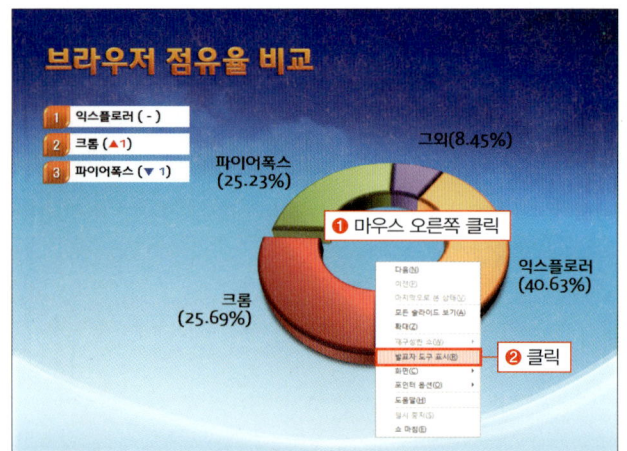

03. [발표자 보기] 창이 나타납니다. 발표자 보기
는 프레젠테이션을 진행하는 발표자만 볼 수 있
으며, 실제 프레젠테이션에서는 슬라이드 쇼가 진
행됩니다.

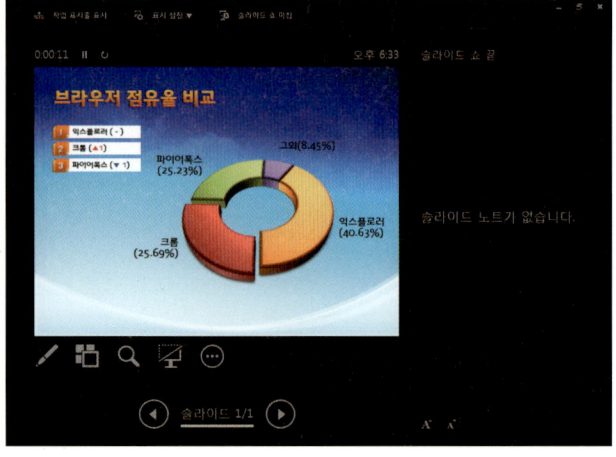

처음 파워포인트 2013을 실행하면 최근에 사용한 문서가 표시됩니다. 만일, 자주 사용하지 않더라도 최근에 사용한 문서에 표시하고 싶다면 문서 상단에 고정시켜 놓는 것이 좋습니다.

01. [파일] 탭-[열기]를 클릭하면 [최근에 사용한 프레젠테이션] 항목에 슬라이드 파일이 나타납니다. 자주 사용하는 슬라이드 문서에 마우스를 가져간 후 오른쪽 클립을 클릭합니다.

02. 클립의 모양이 변경되면서 [최근에 사용한 프레젠테이션] 상단에 고정됩니다. 클립을 다시 클릭하면 고정이 해제됩니다.

[선택 창]을 통해 슬라이드 편집 화면에 삽입한 다양한 개체의 모든 항목을 표시할 수 있습니다. 오른쪽의 눈 모양의 아이콘을 클릭하면 해당 개체를 슬라이드에서 숨길 수 있습니다. 또한, 위, 아래 단추를 클릭해 개체의 순서도 변경할 수 있습니다.

01. [홈] 탭-[편집] 그룹에서 [선택]을 클릭합니다. [선택 창]을 선택합니다.

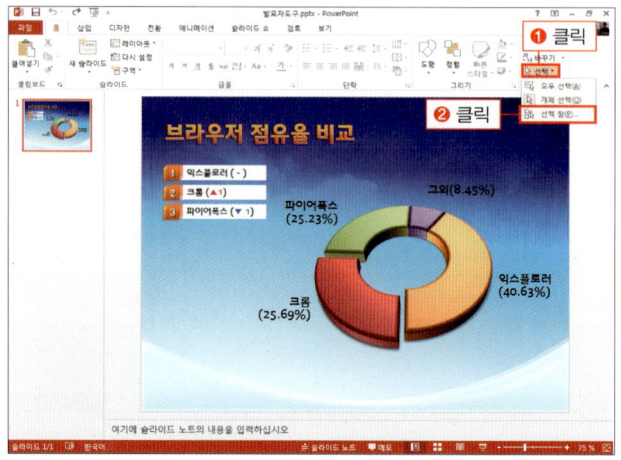

02. [선택] 창이 뜨면 현재 슬라이드 상의 모든 개체가 표시됩니다. 오른쪽의 눈 모양의 아이콘을 클릭합니다.

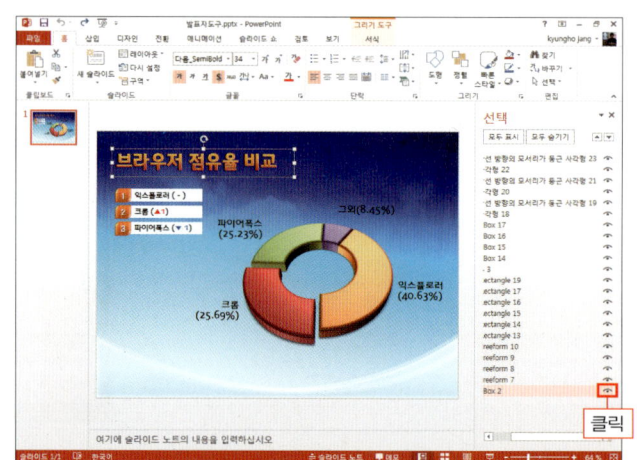

03. 선택한 개체가 슬라이드에서 숨겨집니다. 위, 아래 단추를 클릭해 개체의 순서도 변경할 수 있습니다. 다시 오른쪽의 눈 모양의 아이콘 부분을 클릭한 후 [닫기]를 선택합니다.

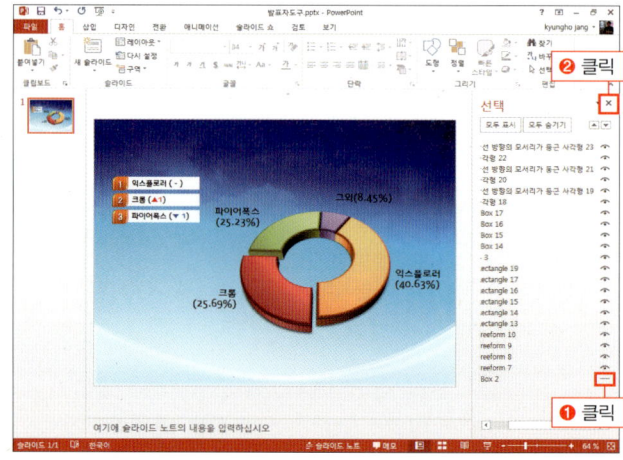

파워포인트 2007과 2010의 슬라이드 크기는 4:3 비율입니다. 하지만, 파워포인트 2013의 슬라이드 기본 크기는 16:9 의 와이드 화면으로 시작하며, 표준과 와이드 화면 중 선택할 수 있습니다.

01. 4:3 비율을 가지고 있는 슬라이드 화면 비율을 16:9 비율의 와이드 화면으로 변경해 보도록 하겠습니다. [디자인] 탭–[사용자 지정] 그룹에서 [슬라이드 크기]를 클릭합니다. [와이드 스크린]을 선택합니다.

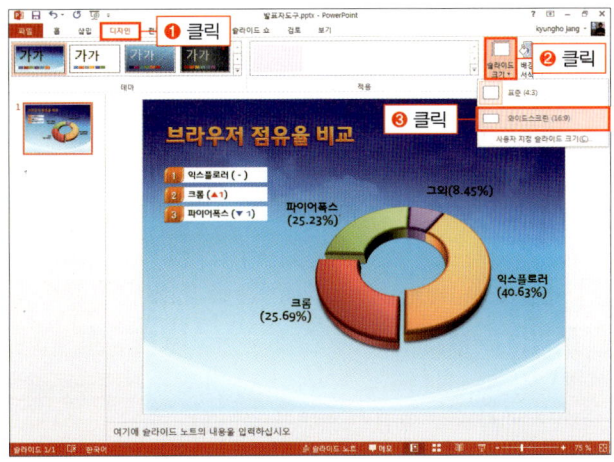

02. 슬라이드 편집 화면이 16:9 비율의 와이드 화면으로 변경됩니다. 다시 표준으로 되돌려 보겠습니다. [디자인] 탭–[사용자 지정] 그룹에서 [슬라이드 크기]를 클릭합니다. [표준 (4:3)]을 선택합니다.

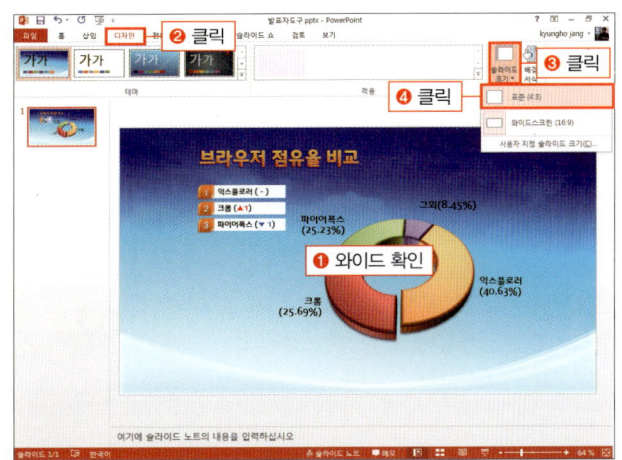

03. 경고창이 나타납니다. 콘텐츠를 최대 크기로 조정하거나 새 슬라이드에 맞게 크기를 줄일 수 있는데 여기서는 [최대화], [맞춤 확인]을 선택할 수 있습니다. [최대화]를 살펴보기 위해 [최대화]를 선택합니다.

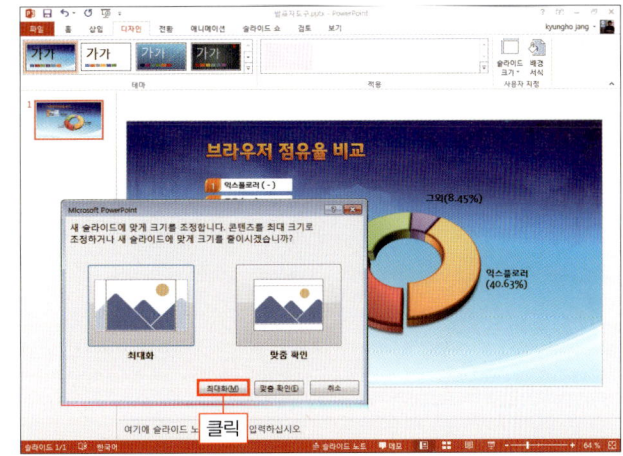

04. 슬라이드에 포함된 개체가 별도 조정되지 않고 강제 조정됩니다.

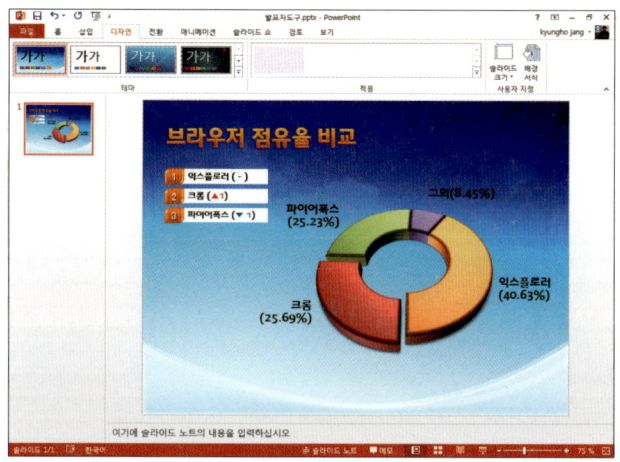

05. 그렇다면 [맞춤 확인]을 살펴보겠습니다. Ctrl + Z 를 누르거나 빠른 실행 도구 모음에서 [페이지 설정 취소]를 선택하여 되돌리기 한 후 [디자인] 탭-[사용자 지정] 그룹에서 [슬라이드 크기]를 클릭합니다. [표준 (4:3)]을 선택합니다. 경고 창이 나타나면 [맞춤 확인]을 선택합니다.

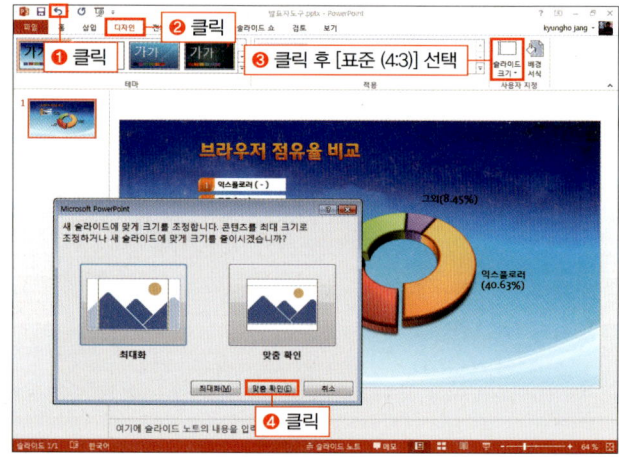

06. [최대화]와는 반대로 개체가 자동 조정되어 슬라이드 크기에 맞춰 자동 정렬되어 나타납니다.

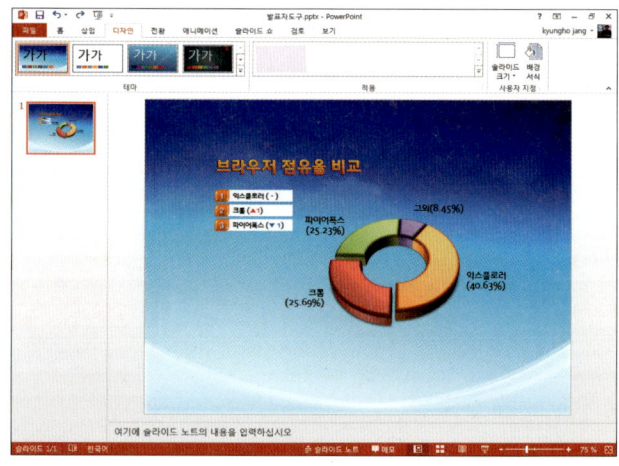

TIP : 파워포인트 2007이나 2010 버전의 슬라이드 크기는 전형적인 4:3 비율을 가지고 있지만 파워포인트 2013은 최근 트렌드에 따라 와이드 스크린과 HD 형식을 채택하고 있습니다. 하지만 와이드 화면이 불편하거나 빔 프로젝터가 와이드를 지원하지 않는다면 슬라이드 화면을 4:3 비율로 변경할 수 있습니다.

Office용 앱으로 다양한 앱 설치하기

Office용 앱은 오피스2013에서 새롭게 등장한 기능입니다. 다양한 앱을 다운로드받고 파워포인트나 엑셀 등 오피스 프로
그램에서 실행할 수 있습니다.

01. [삽입] 탭–[앱] 그룹에서 [Office용 앱]을 클릭
합니다. 사용한 앱이 없다면 [모두 보기]를 클릭합
니다.

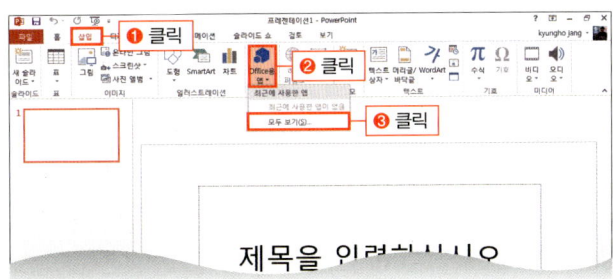

02. [Office용 앱] 창이 뜨면 [내 앱]과 [주요 앱]
탭을 통해 원하는 앱을 선택할 수 있습니다. [주
요 앱]을 선택합니다.

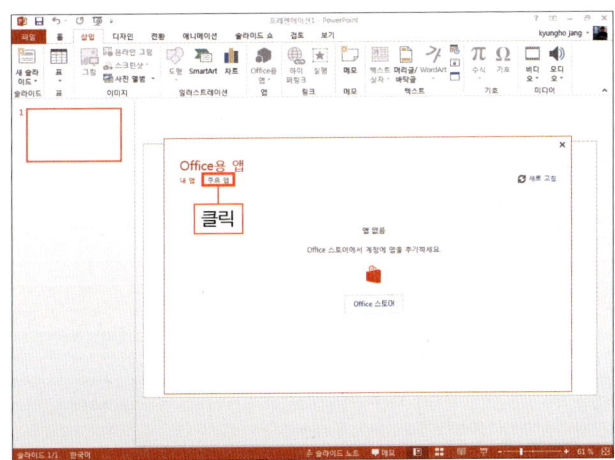

03. 원하는 오피스 앱을 선택하여 설치합니다.

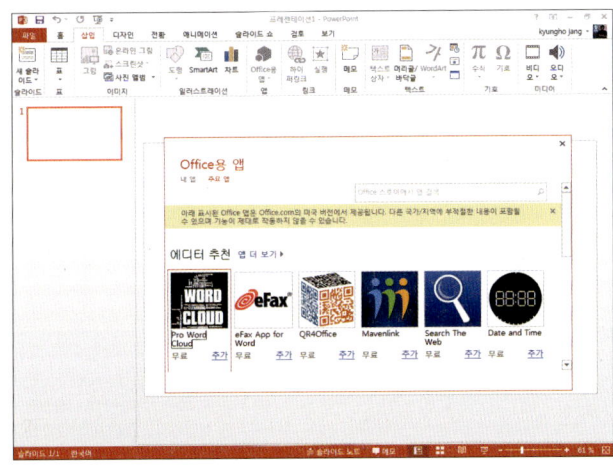

> **TIP** : Office 앱은 아직 국내는 활성화되지 않았습니
> 다. Office.com의 미국 버전에서 제공되므로 기능이 제
> 대로 작동하지 않을 수 있습니다

PART SUMMARY

- [맞춤법 검사]를 통해 맞춤법이 잘못된 단어를 선택하고 추천 단어로 변경할 수 있습니다. **500P**

- [삽입] 탭-[메모] 그룹의 [메모]를 클릭하여 수정 사항이나 전달사항 등을 메모 기능을 이용하여 기입하면 여러 사람들이 꼼꼼히 체크할 수 있습니다. **501P**

- 사용자 정의 기능을 통해 프레젠테이션 문서에 만든 이, 제목, 키워드 등 다양한 문서 속성을 입력할 수 있습니다. **502P**

- 스크린샷 기능을 이용하면 빠르고 간편하게 화면을 캡쳐하여 파워포인트에 바로 삽입할 수 있습니다. **505P**

- CD용 패키지를 만들면 방대한 양의 슬라이드 파일도 혹은 대용량의 슬라이드 파일도 손쉽게 저장하고 배포할 수 있습니다. **507P**

- 사진 갤러리는 파노라마 사진이나 합성 사진 등 사진을 편집할 수 있는 프로그램이며, 무비 메이커는 사진으로 동영상을 만들거나 동영상을 편집할 수 있는 프로그램입니다. **509P**

- 사진 갤러리나 무비 메이커는 'http://windows.microsoft.com' 사이트의 다운로드 페이지에서 설치할 수 있습니다. **510P**

- 발표자 도구란, 프레젠테이션시에 모니터 한 대 혹은 프로젝터를 통해 슬라이드 쇼를 진행하고, 또 다른 모니터 한 대는 발표자를 위한 발표자 보기를 표시해 프레젠테이션 발표를 도와주는 도구입니다. **518P**

- [홈] 탭-[편집] 그룹에서 [선택]을 클릭하면 모두 선택, 개체 선택, 선택 창을 통해 개체를 선택할 수 있습니다. **520P**

01 스크린샷 기능으로 오피스 실무카페 로고를 파워포인트로 가져오세요.

예제파일 : SelfTest\Part 08\01.pptx   완성파일 : SelfTest\Part 08\01_완성.pptx
동영상 해설 : SelfTest\Part 08\01.wmv

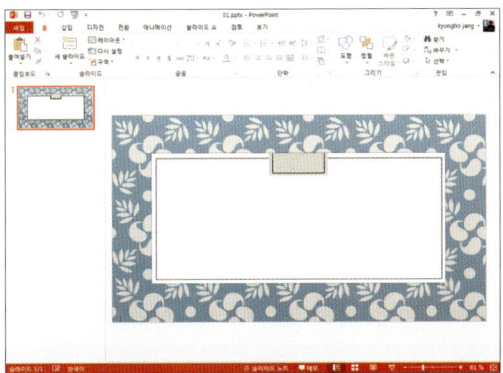 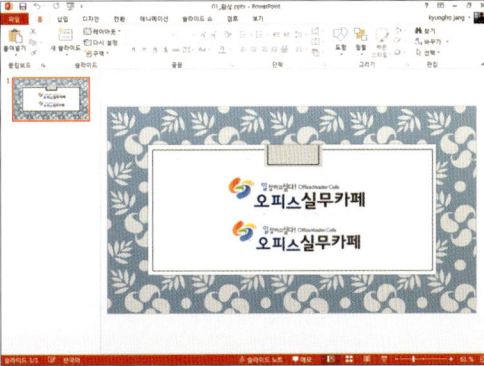

HINT

오피스 실무카페 사이트를 연 다음 [삽입] 탭-[스크린 샷]을 클릭하여 사이트를 캡처하거나 [삽입] 탭-[이미지] 그룹의 [스크린 샷]-[화면 캡처]를 클릭하여 원하는 부분만 캡처합니다.

02 최근에 사용한 프레젠테이션 항목에서 사용한 문서 목록을 고정해 보세요.

동영상 해설 : SelfTest\Part 08\02.wmv

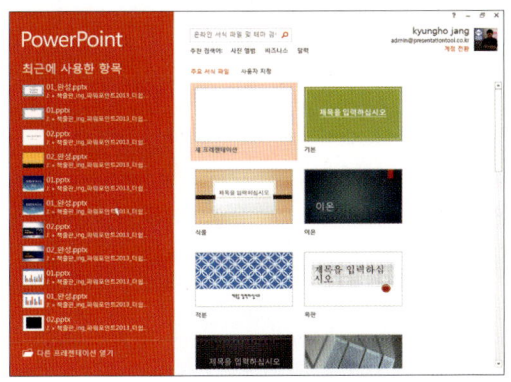 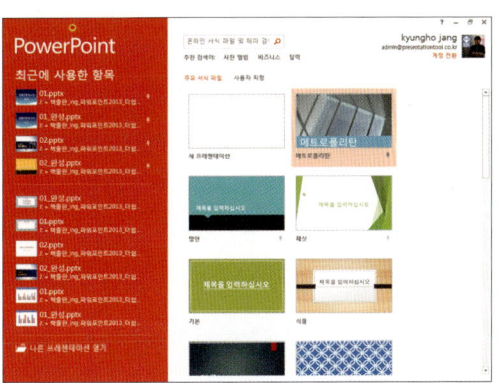

HINT

[파일] 탭-[열기]를 클릭하면 [최근에 사용한 프레젠테이션] 항목에 슬라이드 파일이 나타납니다. 자주 사용하는 슬라이드 문서에 마우스를 가져간 후 오른쪽 클립을 클릭합니다.

파워포인트를 써라. 하지만 잘 써라.

파워포인트는 우리나라뿐만 아니라 전 세계적으로 가장 많은 사용자를 가진 프레젠테이션 도구입니다. 파워포인트가 이렇게 전 세계적으로 인기있는 이유는 무려 10년 이상 이 프로그램이 사용되어 사용법이 다른 프로그램보다 비교적 간단하며, 호환성 및 활용할 수 있는 서식 및 템플릿이 많기 때문일 겁니다. 무엇보다 청중들은 파워포인트 방식에 무척이나 익숙하다는 장점도 가지고 있습니다.

하지만 우리는 종종 프레젠테이션 전문가라는 사람으로부터 파워포인트의 불필요성에 대한 이야기를 듣게 됩니다. 마우스 몇 번 클릭으로 슬라이드가 만들어질 정도로 사용방법이 간단하고 어느 컴퓨터에서나 사용할 수 있을 정도로 호환성이 뛰어나며, 거기에다 매년 혹은 수년마다 새롭게 업그레이드되는 프로그램이 왜 이런 대우를 받게 된 것일까요?

그건 파워포인트라는 프로그램의 문제가 아닌 파워포인트를 제대로 활용하지 못하는 사용자의 문제라고 생각됩니다. 일단 파워포인트를 위해 파워포인트라는 프로그램은 잠시 종료하고, A4 용지와 연필과 같은 필기구를 테이블 위에 놓습니다.

프레젠테이션 주제와 목차를 구성해 보고 슬라이드에 들어갈 내용을 한번 끄적거려 봅시다. 그 어떤 요소도 필요없습니다. 단순한 텍스트로 서술해 봅시다. 텍스트는 다시 재수정하여 그림이나 도형, 도표로 만들 수 있습니다. 사람마다 생각이나 아이디어가 다를 수 있기 때문에 프레젠테이션을 함께 준비하는 동료들과 함께 서로의 생각이나 아이디어를 교환하고 슬라이드를 한 단계씩 업그레이드할 수 있습니다.

파워포인트는 무척 쉽고 전문가에 따라서 여러가지 다양한 사용 방법을 제시하고 있기 때문에 파워포인트를 사용하는 단계보다는 직접 내용을 기획하고 A4 용지에 스케치하는 단계가 훨씬 중요합니다. 이런 단계가 끝나면 그 때서야 파워포인트라는 프로그램을 실행합니다. 그리고 이 책에서 배운 다양한 기능과 테크닉을 바탕으로 여러번 문서를 만들고 응용해 봅시다.

이 책을 덮는 순간 여러분들의 프레젠테이션 실력이나 파워포인트 실력이 월등이 나아지리라고는 생각하지 않습니다. 발표자가 발표를 많이 하면 할수록 실력과 경륜이 쌓이는 것처럼 프레젠테이션 역시 많이 진행하면 할수록, 그리고 파워포인트도 많이 활용하면 할수록 점점 나아지리라 생각됩니다.

이 책과 함께 앞으로 여러분들의 프레젠테이션과 파워포인트 라이프에 항상 즐겁고 보람찬 일이 가득하기를 바라겠습니다.

파워포인트 2013 더 쉽게 배우기

1판 1쇄 발행 2013년 9월 5일
1판 2쇄 발행 2014년 4월 25일

저　　자 | 장경호
발 행 인 | 김길수
발 행 처 | 영진닷컴
주　　소 | (우)153-803 서울특별시 금천구 가산동 664번지
　　　　　　대륭테크노타운 13차 10층
대표전화 | 1588-0789
등　　록 | 2007. 4. 27. 제16-4189

가격 20,000원
(부록 CD-ROM 1장 포함)

ISBN | 978-89-314-4558-9

도서문의처 | http://www.youngjin.com

YoungJin.com Y.
영진닷컴